总主编 曾宪义 王利明

21世纪法学系列教材

刑法分论

（第二版）

主编 谢望原 赫兴旺

撰稿人 （以撰写章节先后为序）

赫兴旺 付立庆 时延安

阮齐林 张 旭 谢望原

林 维

中国人民大学出版社

· 北京 ·

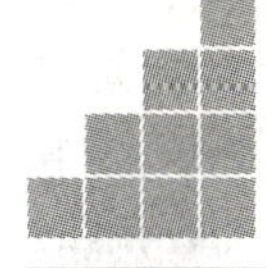

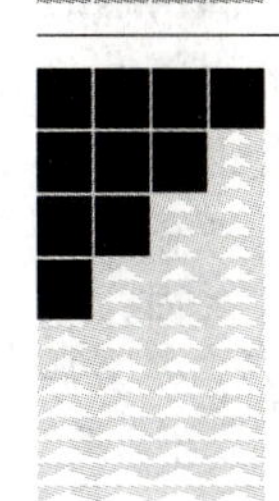

总　序

曾憲義

在人类文明与文化的发展中，中华民族曾作出过伟大的贡献，不仅最早开启了世界东方文明的大门，而且对人类法治、法学及法学教育的生成与发展进行了积极的探索与光辉的实践。

在我们祖先生存繁衍的土地上，自从摆脱动物生活、开始用双手去进行创造性的劳动、用人类特有的灵性去思考以后，我们人类在不断改造客观世界、创造辉煌的物质文明的同时，也在不断地探索人类的主观世界，逐渐形成了哲学思想、伦理道德、宗教信仰、风俗习惯等一系列维系道德人心、维持一定社会秩序的精神规范，更创造了博大精深、义理精微的法律制度。应该说，在人类所创造的诸种精神文化成果中，法律制度是一种极为奇特的社会现象。因为作为一项人类的精神成果，法律制度往往集中而突出地反映了人类在认识自身、调节社会、谋求发展的各个重要进程中的思想和行动。法律是现实社会的调节器，是人民权利的保障书，是通过国家的强制力来确认人的不同社会地位的有力杠杆，它来源于现实生活，而且真实地反映现实的要求。因而透过一个国家、一个民族、一个时代的法律制度，我们可以清楚地观察到当时人们关于人、社会、人与人的关系、社会组织以及哲学、宗教等诸多方面的思想与观点。同时，法律是一种具有国家强制力、约束力的社会规范，它以一种最明确的方式，对当时社会成员的言论或行动作出规范与要求，因而也清楚地反映了人类在各个历史发展阶段中对于不同的人所作出的种种具体要求和限制。因此，从法律制度的发展变迁中，同样可以看到人类自身不断发展、不断完善的历史轨迹。人类社会几千年的国家文明发展历史已经无可争辩地证明，法律制度乃是维系社会、调整各种社会关系、保持社会稳定的重要的工具。同时，法律制度的不断完善，也是人类社会文明进步的显著体现。

由于发展路径的不同、文化背景的差异，东方社会与西方世界对于法律的意义、底蕴的理解、阐释存有很大的差异，但是，在各自的发展过程中，都曾比较注重法律的制定与完善。中国古代虽然被看成是“礼治”的社会、“人治”的世界，被认为是“只有刑，没有法”的时代，但从《法经》到《唐律疏议》、《大清律例》等数十部优秀成文法典的存在，充分说明了成文制定法在中国古代社会中的突出地位，唯这些成文法制所体现出的精神旨趣与现代法律文明有较大不同而已。时至20世纪初叶，随着西风东渐、东西文化交流加快，中国社会开始由古代的、传统的社会体制向近现代文明过渡，建立健全的、符合现代理性精神的法律文明体系方成为现代社会的共识。正因为如此，近代以来的数百年间，在西方、东方各主要国家里，伴随着社会变革的潮起潮落，法律改革运动也一直呈方兴未艾之势。

从历史上看，法律的文明、进步，取决于诸多的社会因素。东西方法律发展的历史均充分证明，推动法律文明进步的动力，是现实的社会生活，是政治、经济和社会文化的变迁；同时，法律内容、法律技术的发展，往往依赖于一大批法律专家以及更多的受过法律教育的社会成员的研究和推动。从这个角度看，法学教育、法学研究的发展，对于法律文明的发展进步，也有着异常重要的意义。正因为如此，法学教育和法学研究在现代国家的国民教育体系和科学研究体系中，开始占有越来越重要的位置。

中国近代意义上的法学教育和法学研究，肇始于19世纪末的晚清时代。清光绪二十一年（公元1895年）开办的天津中西学堂，首次开设法科并招收学生，虽然规模较小，但仍可以视为中国最早的近代法学教育机构（天津中西学堂后改名为北洋大学，又发展为天津大学）。三年后，中国近代著名的思想家、有“维新骄子”之称的梁启超先生即在湖南《湘报》上发表题为《论中国宜讲求法律之学》的文章，用他惯有的富有感染力的激情文字，呼唤国人重视法学，发明法学，讲求法学。梁先生是清代末年一位开风气之先的思想巨子，在他的辉煌的学术生涯中，法学并非其专攻，但他仍以敏锐的眼光，预见到了新世纪中国法学研究和法学教育的发展。数年以后，清廷在内外压力之下，被迫宣布实施“新政”，推动变法修律。以修订法律大臣沈家本为代表的一批有识之士，在近十年的变法修律过程中，在大量翻译西方法学著作，引进西方法律观念，有限度地改造中国传统的法律体制的同时，也开始推动中国早期的法学教育和法学研究。20世纪初，中国最早设立的三所大学——北洋大学、京师大学堂、山西大学堂均设有法科或法律学科目，以期“端正方向，培养通才”。1906年，应修订法律大臣沈家本、伍廷芳等人的奏请，清政府在京师正式设立中国第一所专门的法政教育机构——京师法律学堂。次年，另一所法政学堂——直属清政府学部的京师法政学堂也正式招生。这些大学法科及法律、法政学堂的设立，应该是中国历史上近代意义上的正规专门法学教育的滥觞。

自清末以来，中国的法学教育作为法律事业的一个重要组成部分，随着中国社会的曲折发展，经历了极不平坦的发展历程。在20世纪的大部分时间里，中国社会一直充斥着各种矛盾和斗争。在外敌入侵、民族危亡的沉重压力之下，中国人民为寻找适合中国国情的发展道路而花费了无穷的心力，付出过沉重的代价。从客观上看，长期的社会骚动和频繁的政治变迁曾给中国的法治与法学带来过极大的消极影响。直至70年代末期，以“文化大革命”宣告结束为标志，中国社会从政治阵痛中清醒过来，开始用理性的目光重新审视中国的过去，规划国家和社会的未来，中国由此进入长期稳定、和平发展的大好时期，以这种大的社会环境为背景，中国的法学教育也获得了前所未有的发展机遇。

从宏观上看，实行改革开放以来，经过二十多年的努力，中国的法学教育事业所取得的成就是辉煌的。首先，经过“解放思想，实事求是”思想解放运动的洗礼，在中国法学界迅速清除了极左思潮及苏联法学模式的一些消极影响，根据本国国情建设社会主义法治国家已经成为国家民族的共识，这为中国法学教育和法学研究的发展奠定了稳固的思想基础。其次，随着法学禁区的不断被打破、法学研究的逐步深入，一个较为完善的法学学科体系已经建立起来。理论法学、部门法学各学科基本形成了比较系统和成熟的理论体系和学术框架，一些随着法学研究逐渐深入而出现的法学子学科、法学边缘学科也渐次成型。1997年，国家教育主管部门和教育部高校法学学科教学指导委员会对原有专业目录进行了又一次大幅度调整，决定自1999年起法学类本科只设一个单一的法学专业，按照一个专业招生，从而使法学学科的布局更加科学和合理。同时，在充分论证的基础上，确定了法学专业本科教学的14门核心课程，加上其他必修、选修课程的配合，由此形成了一个传统与更新并重、能够适应国家和社会发展需要的教学体系。法学硕士和博士研究生及法律硕士专业学位研究生的专业设置、课程教学和培养体系也日臻完善。再次，法学教育的规模迅速扩大，层次日趋齐全，结构日臻合理。目前中国有六百余所普通高等院校设置了法律院系或法律本科专业，在校本科学生和研究生已达二十余万人。除本科生外，在一些全国知名的法律院校，法学硕士研究生、法律硕士专业学位研究生、法学博士研究生已经逐步成为培养的重点。

众所周知，法律的进步、法治的完善，是一项综合性的社会工程。一方面，现实社会关系的发展，国家政治、经济和社会生活的变化，为法律的进步、变迁提供动力，提供社会的土壤。另一方面，法学教育、法学研究的发展，直接推动法律进步的进程。同时，全民法律意识、法律素质的提高，则是实现法治国理想的关键的、决定性的因素。在社会发展、法学教育、法学研究等几个攸关法律进步的重要环节中，法学教育无疑处于核心的、基础的地位。中国法学教育过去二十多年所走过的历程令人激动，所取得的成就也足资我们自豪。随着国家的发展、社会的进步，在21世纪，我们面临着更严峻的挑战和更灿烂的前景。“建设世界一流法学教育”，任重道远。

首先，法律是建立在经济基础之上的上层建筑，以法治为研究对象的法学也就成为一门实践性很强的学科。社会生活的发展变化，势必要对法学教育、法学研究不断提出新的要求。经过二十多年的奋斗，中国改革开放的前期目标已顺利实现。但随着改革开放的逐步深入，国家和社会的一些深层次问题，比如说社会主义市场经济秩序的真正建立、国有企业制度的改革、政治体制的完善、全民道德价值的重建、环境保护和自然资源的合理利用等等，也已经开始浮现出来。这些复杂问题的解决，无疑最终都会归结到法律制度的完善上来。建立一套完善、合理的法律制度，构建理想的和谐社会，乃一项持久而庞大的社会工程，需要全民族的智慧和努力。其中的基础性工作，如理论的论证、框架的设计、具体规范的拟订、法律实施中的纠偏等等，则有赖于法学研究的不断深入，以及高素质人才特别是法律人才的养成，而培养法律人才的任务，则是法学教育的直接责任。

其次，21世纪是一个多元化的世纪。20世纪中叶发生的信息技术革命，正在极大地改变着我们的世界。现代科学技术，特别是计算机网络信息技术的发展，使传统的生活方式、思想观念发生了根本的改变，并由此引发许多人类从未面对过的问题。就法学教育而言，在21世纪所要面临的，不仅是教学内容、研究对象的多元化问题，而且还有培养对象、培养目标的多元化、教学方式的多元化等一系列问题，这些问题都需要法学界去思考、去探索。

中国人民大学法学院建立于1950年，是新中国诞生后创办的第一所正规高等法学教育机构。在半个多世纪的岁月中，中国人民大学法学院以其雄厚的学术力量、严谨求实的学风、高水平的教学质量以及丰硕的学术研究成果，在全国法学教育领域处于领先地位，并开始跻身于世界著名法学院之林。据初步统计，中国人民大学法学院已经为国家培养法学专业本科生、硕士生、博士生一万余人，培养各类成人法科学生三十余万人。经过多年的努力，中国人民大学法学院形成了较为明显的学术优势，在现职教师中，既有一批资深望重、在国内外享有盛誉的法学前辈，更有一大批在改革开放后成长起来的优秀中青年法学家。这些老中青法学专家多年来在勤奋研究法学理论的同时，也积极投身于国家的立法、司法实践，对国家法制建设贡献良多。

有鉴于此，中国人民大学法学院与中国人民大学出版社经过研究协商，决定结合中国人民大学法学院的学术优势和中国人民大学出版社的出版力量，出版一套“21世纪法学系列教材”。自1998年开始编写出版本科教材，包括按照国家教育部所确定的法学专业核心课程和其所颁布印发的《全国高等学校法学专业核心课程基本要求》而编写的14门核心课程教材，也包括法学各领域、各新兴学科教材及教学参考书和案例分析在内，到2000年12月3日在人民大会堂大礼堂召开举世瞩目的“21世纪世界百所著名大学法学院院长论坛暨中国人民大学法学院成立五十周年庆祝大会”之时，业已出版了50本作为50周年院庆献礼，到现在总共出版了80本。为了进一步适应高等法学教育发展的形势和教学改革的需要，最近中国人民大学法学院与中国人民大学出版社决定将这套教材扩大为四个系列，即：“本科生用书”、“法学研究生用书”、“法律硕士研究生用书”以及“司法考试用书”，总数将达二百多本。我们设想，本套教材的编写，将更加注意“高水准”与“适用性”的合理结合。首先，本套教材将由中国人民大学法学院具有全国影响的各学科的学术带头人领衔，约请全国高校优秀学者参加，形成学术实力强大的编写阵容。同时，在编写教材时，将注意吸收中国法学研究的最新的学术成果，注意国际学术发展的最新动向，力求使教材内容能够站在21世纪的学术前沿，反映各学科成熟的理论，体现中国法学的水平。其次，本套教材在编写时，将针对新时期学生特点，将思想性、学术性、新颖性、可读性有机结合起来，注意运用典型生动的案例、简明流畅的语言去阐释法律理论与法律制度。

我们期望并且相信，经过组织者、编写者、出版者的共同努力，这套法学教材将以其质量效应、规模效应，力求成为奉献给新世纪的精品教材，我们诚挚地祈望得到方家和广大读者的教正。

2006年7月1日

序　言

法学教育是高等教育的重要组成部分，是建设社会主义法治国家、构建社会主义和谐社会的重要基础，并居于先导性的战略地位。在我国社会转型的新世纪、新阶段，法学教育不仅要为建设高素质的法律职业共同体服务，而且要面向全社会培养大批治理国家、管理社会、发展经济的高层次法律人才。近年来，法学教育取得了长足的进步，法科数量增长很快，教育质量稳步提高，培养层次日渐完善，目前已经形成了涵盖本科生、第二学士学位生、法学硕士研究生、法律硕士研究生、法学博士研究生的完整的法学人才培养体系，接受法科教育已经成为莘莘学子的优先选择之一。随着中国法治事业的迅速发展，我们有理由相信，中国法学教育的事业大有可为，中国法学教育的前途充满光明。

教育的基本功能在于育人，在于塑造德才兼备的高素质人才。法学教育的宗旨并非培养只会机械适用法律的“工匠”，而承载着培养追求正义、知法懂法、忠于法律、廉洁自律的法律人的任务。要完成法学教育的使命，首先必须认真抓好教材建设。我始终认为，教材是实现教育功能的重要工具和媒介，法学教材不仅仅是法学知识传承的载体，而且是规范教学内容、提高教学质量的关键，对法学教育的发展有着不可估量的作用。

第一，法学教材是传授法学基本知识的工具。初学法律，既要有好的老师，又要有好的教材。正如冯友兰先生所言：“学哲学的目的，是使人作为人能够成为人，而不是成为某种人。其他的学习（不是学哲学）是使人能够成为某种人，即有一定职业的人。”一套好的教材，能够高屋建瓴地展示法律的体系，能够准确简明地阐释法律的逻辑，能够深入浅出地叙述法律的精要，能够生动贴切地表达深奥的法理。所以，法学教材是学生学习法律的向导，是学生步入法律殿堂的阶梯。如果在入门之初教材就有偏颇之处，就可能误人子弟，学生日后还要花费大量时间与精力来修正已经形成的错误观念。

第二，法学教材是传播法律价值理念的载体。好的法学教材不仅要传授法学知识，更要传播法律的精神和法治的理念，例如对公平、正义的追求，尊重权利的观念。本科、研究生阶段的青年学子，正处在人生观、价值观形成的阶段，一套优秀的法学教材，对于他们价值观的塑造和健全人格的培养具有重要意义。

第三，法学教材是形成职业共同体的主要条件。建设社会主义法治国家，有赖于法律职业共同体的生成。一套好的法学教材，向法律研习者传授共同的知识，这对于培养一个接受共同的价值理念、共同的法律思维、共同的话语体系的法律共同体，具有重要的作用。

第四，法学教材是所有法律研习者的良师益友。没有好的教材，一个好的教师或可弥补教材的欠缺和不足，但对那些没有老师指导的自学者而言，教材就是老师，其重要作用是显而易见的。

长期以来，在我们的评价体系中，教材并没有获得应有的注重，对学术成果的形式优先考虑的往往是专著而非教材。在不少人的观念中，教材与创新、与学术精品甚至与学术无缘。其实，要真正写出一部好的教材，其难度之大、工作之艰辛、影响之深远，绝不低于一部优秀的专著，它甚至可以成为在几百年甚至更长的时间内发挥作用的传世之作。以查士丁尼的《法学阶梯》为例，所谓法学阶梯，即法学入门之义，就是一部教材。但它概括了罗马法的精髓，千百年来，一直是人们研习罗马法最基本的著述。日本著名学者我妻荣说过，大学教授有两大任务：一是写出自己熟悉的专业及学术领域的讲义乃至教科书；二是选择自己最有兴趣、最看重的题目，集中精力进行终生的研究。实际上，这两者是相辅相成的。写出一部好教材，必须要对相关领域形成一个完整的知识体系，还要能以深入浅出的语言将问题讲清楚、讲明白。没有编写教材的基本功，实际上也很难写出优秀的专著。当然，也只有对每一个专题都有一定研究，才能形成对这个学术领域的完整把握。

虽然近几年我国法学教育发展迅速，成绩显著，但是法学教育也面临许多挑战。各个学校的师资队伍和教学质量参差不齐，这就更需要推出更多的结构严谨、内容全面、角度各有侧重、能够适应不同需求的法学教材，为提高法学教学和人才培养质量、保障法学教育健康发展提供前提条件。

长期以来，中国人民大学法学院始终高度重视教材建设。作为新中国成立后建立的第一所正规的法学教育机构，中国人民大学法律系最早开设了社会主义法学教学课堂，编写了第一套社会主义法学讲义，培养了新中国第一批法学本科生和各学科的硕士生、博士生，产生了新中国最早的一批法学家和法律工作者。中国人民大学法律系因此被誉为"新中国法学教育的工作母机"。半个多世纪以来，中国人民大学法学院为社会主义法制建设培养了大批优秀的法律人才，并为法学事业的振兴和繁荣作出了卓越贡献，也因此成为引领中国法学教育的重镇、凝聚国内法律人才的平台和沟通中外法学交流的窗口，并在世界知名法学院行列中崭露头角。为了对中国法学教育事业作出更大的贡献，我们有义务也有责任出版一套体现我们最新研究成果的法学教材。

承蒙中国人民大学出版社的大力支持，我们组织编写了本套教材，其中包括本科生用书、法律硕士研究生用书、法学研究生用书和司法考试用书四大系列，分别面向不同层次法科教育需求。编写人员以中国人民大学法学院教师为主，反映了中国人民大学法学院整体的研究实力和学术视野。相信本套教材的出版，一定能够为新时期法学教育的繁荣发展发挥应有的作用。

是为序。

2006年7月10日

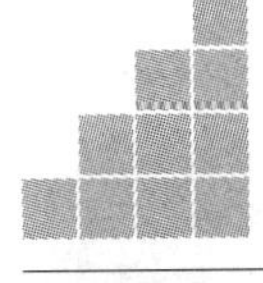

修订说明

本教材出版后，我国的刑事立法、刑事司法和理论研究均有了新的进展，立法机关于2009年、2011年先后颁布了《刑法修正案（七）》和《刑法修正案（八）》，对刑法进行了较大幅度的修改；最高司法机关也制定了一系列的刑法解释文件。与此同时，近几年来刑法学理论界也是热点频现，刑事司法实务中新型案件更是层出不穷。为了跟踪刑法学理论的发展，更加及时地反映我国的最新立法和司法状况，我们对本教材进行了系统的修订，以期对刑法学研究和学习提供最新的教材版本。

本书主编

2011年6月

前　言

应中国人民大学出版社邀请，国家重点研究基地中国人民大学刑事法律科学研究中心组织国内有关知名中青年刑法学者共同撰写了这本《刑法分论》。

本书编写的宗旨是：既有一定刑法学理论深度，满足高等学校法科大学生学习中国刑法分论基本理论的需要，同时兼顾司法考试实际，为司法考试者提供备考研习刑法分论的资料。为了达成此一目标，本书突出了以下几个特点：

1. 每章提示与该章内容有关的代表性重点参考文献，为读者进一步研读相关问题提供线索。

2. 为了节约篇幅，对个罪研究不是面面俱到，而是力求从理论与实践两方面完整解析那些常见多发犯罪，特别重视紧密结合相关司法解释研析问题。同时，对于一些常见多发犯罪引发的理论争议，作出了简要评析，并阐明了作者所持立场。

3. 本书仍然遵从我国正统犯罪构成理论，即四要件构成理论，但是考虑到有必要对正统犯罪构成理论体系结构略作调整，我们对具体犯罪的构成要件描述，采用了“犯罪的客观方面”—“犯罪的主体”—“犯罪的主观方面”—“犯罪的客体”这样的顺序，而没有采用传统的“犯罪客体”—“犯罪客观方面”—“犯罪主体”—“犯罪主观方面”那样的顺序。

4. 在刑法分论的顺序方面，原则上按照刑法分则各章罪名顺序论述。但是，考虑到刑法分则第七章规定的“危害国防利益罪”与第十章规定的“军人违反职责罪”有着某种内在联系，即均涉及国家军事安全或军事利益，应属于广义上的军事刑法范畴，故我们特地将该两类犯罪作为本书的第十章和第十一章，安排在最后一起论述。

5. 为了便于读者应对司法考试，本书特地在每章末附录了往年司法考试真题，并设计了与每章内容相关的模拟题。

本书的撰写分工（以撰写章节先后为序）如下：

国家重点研究基地中国人民大学刑事法律科学研究中心办公室主任、中国人民大学法学院教授、刑法教研室副主任赫兴旺博士撰写第一章、第五章；中国人民大学法学院副教授付立庆博士撰写第二章、第十章、第十一章；国家重点研究基地中国人民大学刑事法律科学研究中心办公室副主任、中国人民大学法学院副教授、美国法研究所副所长时延安博士撰写第三章、第九章；中国政法大学刑事司法学院教授阮齐林博士撰写第四章；吉林大学法学院副院长、教授张旭博士撰写第六章；国家重点研究基地中国人民大学刑事法律科学研究中心副主任、中国人民大学法学院教授、刑法教研室主任谢望原博士撰写第七章；中国青年政治学院法律系主任、教授林维博士撰写第八章。

最后有必要说明，特别感谢中国人民大学出版社法律分社的编辑们，他们严谨认真的编辑工作为本书增色良多！

本书主编

2008年6月26日

目　　录

第九章

第十章

第十一章

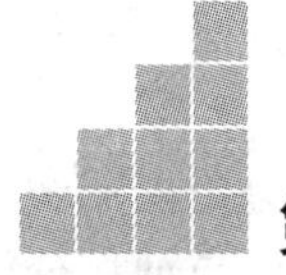

第一章
刑法分论概述

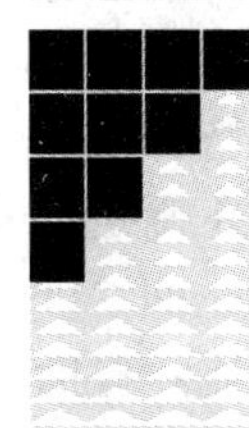

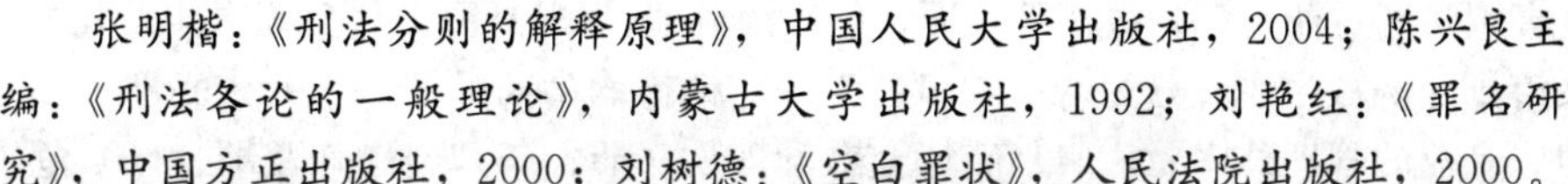

参考文献

张明楷：《刑法分则的解释原理》，中国人民大学出版社，2004；陈兴良主编：《刑法各论的一般理论》，内蒙古大学出版社，1992；刘艳红：《罪名研究》，中国方正出版社，2000；刘树德：《空白罪状》，人民法院出版社，2000。

第一节　刑法分论与刑法总论的关系

一、刑法分则与刑法总则的关系

《中华人民共和国刑法》即刑法典的实体内容分为总则和分则两编，另加没有实体内容的附则。刑法总则规定了犯罪、刑事责任和刑罚的一般原理、原则，在刑法典中居于指导地位。刑法分则则规定具体犯罪的构成要件及每个具体犯罪的法定刑。

总则和分则是两个不可分割的有机组成部分，总则是分则内容的抽象和概括，分则是总则的具体化，是总则原理、原则的具体运用。没有分则的具体化，总则规定的原理、原则就无从实现；但要正确地运用分则，还必须以总则的规定为指导和依据。总则和分则是一般与特殊、抽象与具体、共性与个性的关系，它们是紧密联系、相辅相成、不可分割的。

根据我国刑法规定的体例，我们可以把刑法以外其他刑法规范也分别归入刑法总则和刑法分则之中。

根据我国的刑法理论体系，刑法总论以刑法总则为研究的基础对象，刑法分论以刑法分则为研究的基础对象。因而刑法总则与刑法分则的关系，也就体现了刑法总论与刑法分论的关系。

刑法分论以刑法分则所规定的全部内容为研究对象，对各种具体犯罪的构成特征及其刑罚适用，从理论与实践的结合上进行具有科学根据的研究和理论分析，以解决正确定罪量刑的问题。

学习、研究刑法分论，有助于深入理解和正确贯彻刑法总论的基本原理、原则；有助于科学地理解各种具体犯罪的构成，划清罪与非罪、此罪与彼罪的界限，准确地定罪量刑；有助于发展刑法理论和修改与完善刑事立法以及推进刑事司法的进步。由于刑法分论具有很强的实践性，学习、研究时除坚持以刑法总论的有关原理、原则为指导外，还应当跟踪立法发展与司法实践，及时地了解和研究刑事立法对刑法分则内容的修改补充以及最高立法机关、最高司法机关对刑法的解释；突出重点、难点，主要掌握各种犯罪构成要件和划清罪与非罪、此罪与彼罪、重罪与轻罪 3 个界限。

二、刑法分则的体系

(一) 犯罪的分类排列

各国刑法分则体系中所划分的犯罪类型的繁简与多少有所不同。苏联、东欧和亚洲各社会主义国家的刑法典分则大都把犯罪类型划分得较为简明，一般包括十余类犯罪。有些国家的刑法典分则规定的犯罪类型繁多，如日本现行刑法典分则规定的犯罪有 40 章即 40 类，韩国现行刑法典分则规定的犯罪达 42 章即 42 类。

我国 1979 年通过、1997 年 3 月修订的中华人民共和国刑法，其分则依次规定有十章即十类犯罪：(1) 危害国家安全罪；(2) 危害公共安全罪；(3) 破坏社会主义市场经济秩序罪；(4) 侵犯公民人身权利、民主权利罪；(5) 侵犯财产罪；(6) 妨害社会管理秩序罪；(7) 危害国防利益罪；(8) 贪污贿赂罪；(9) 渎职罪；(10) 军人违反职责罪。其中破坏社会主义市场经济秩序罪又分为八节：(1) 生产、销售伪劣商品罪；(2) 走私罪；(3) 妨害对公司、企业的管理秩序罪；(4) 破坏金融管理秩序罪；(5) 金融诈骗罪；(6) 危害税收征管罪；(7) 侵犯知识产权罪；(8) 扰乱市场秩序罪。妨害社会管理秩序罪分为九节：(1) 扰乱公共秩序罪；(2) 妨害司法罪；(3) 妨害国(边)境管理罪；(4) 妨害文物管理罪；(5) 危害公共卫生罪；(6) 破坏环境资源保护罪；(7) 走私、贩卖、运输、制造毒品罪；(8) 组织、强迫、引诱、容留、介绍卖淫罪；(9) 制作、贩卖、传播淫秽物品罪。我国刑法对十类犯罪的分类排列，形成了我国现行刑法分则规范的体系。这一体系是在总结我国以往刑事立法、刑事司法的经验的基础上形成的，成为我国现阶段刑法立法上、刑事司法中乃至刑法理论上对犯罪进行归类的重要依据。

我国刑法典在 1997 年系统修订之后，到目前为止又进行了九次修改和补充，其中有八次是以刑法修正案的方式进行的，而且修订的内容主要是集中在刑法分则。经过这些修改，目前我国刑法中的罪名已达 467 个。

在刑法学的研究中，我们往往将刑法以外的其他刑法分则规范也根据其客体，分别归入刑法典的不同犯罪种类中予以研究。例如，1998 年 12 月 29 日全国人民代表大会常务委员会通过的《关于惩治骗购外汇、逃汇和非法买卖外汇犯罪的决定》中新增加的骗购外汇罪，我们就将其放在破坏社会主义市场经济秩序犯罪中予以研究，以保持刑法学研究体系的完整性。

（二）犯罪分类排列的依据

现代各个国家的刑法均对刑法分则规范进行分类，但是分类之后如何将不同类别的犯罪予以排列，则在一定程度上体现了不同的价值观念。强调公民个人权利保护的立法，往往将惩罚侵犯公民个人权利的犯罪排列在刑法分则之首，然后是侵犯公共权利的犯罪，最后是侵犯国家利益的犯罪。而强调社会公共利益的立法，则往往将侵犯国家利益的犯罪置于刑法分则之首，然后是侵犯公共利益的犯罪，最后是侵犯公民个人权利的犯罪。我国刑法分则没有采取上述两种分类方法，而是在以犯罪所侵害的客体为主、适当强调公共利益的基础之上，兼顾我国刑事立法的经验，对刑法分则规范进行分类排列的。详言之，我国刑法分则规范对犯罪进行分类的依据，主要是犯罪行为所侵犯的同类客体；对犯罪进行排列的依据，则主要是各类、各种犯罪的危害程度。

1. 根据犯罪行为所侵犯的同类客体进行分类

犯罪的同类客体，是指某一类犯罪所共同侵害的我国社会主义社会的社会关系的某一方面，同类客体揭示出同一类型犯罪在客体方面的共同本质，即一类犯罪不同于其他类型犯罪的危害性质，并在相当程度上反映出各类犯罪的不同的危害程度。犯罪的同类客体的原理，是我国刑事立法对犯罪进行分类的重要依据。我国刑法分则就是主要根据同类客体的原理，将各种具有同类属性的具体犯罪归为十类。

修订后的刑法典分则第三章破坏社会主义市场经济秩序罪和第六章妨害社会管理秩序罪两章之下分为若干节，而其他八章未作节的划分。这主要是考虑到破坏社会主义市场经济秩序罪和妨害社会管理秩序罪两章所包括的具体犯罪相当庞杂，以同类客体为依据，作更深层次的划分，有利于更清楚地把握不同类别犯罪的进一步特征。

2. 根据犯罪的危害程度进行排列

在对犯罪进行如此分类的基础上，将各类、各种犯罪进行合理的排列，是建立科学的刑法分则体系的另一个重要方面。对各类、各种犯罪，我国现行刑法分则体系主要是根据其社会危害程度的大小，基本上采取由重及轻的顺序排列。

危害国家安全罪由其同类客体所决定，危害的是国家安全，是人民的根本利益，其危害性质和危害程度最严重，因而列之于各类犯罪之首；危害公共安全罪在普通刑事犯罪中危害最严重，因而置其于危害国家安全罪之后、普通刑事犯罪之首；刑法分则第三章至第六章的破坏社会主义市场经济秩序罪，侵犯公民人身权利、民主权利罪，侵犯财产罪，妨害社会管理秩序罪，也主要是按照它们危害程度的大小依次排列的。应当指出，危害国防利益罪由于其同类客体之明显特点，贪污贿赂罪、渎职罪和军人违反职责罪与其他各章犯罪相比，其主体和同类客体也都有明显的不同，立法者出于立法技术和编排便利的考虑，而将这四类犯罪置于刑法典分则的较后部分。但是，这并不意味着这四类犯罪的社会危害性轻于其前一些章的犯罪。应该说，危害国防利益罪、贪污贿赂罪、渎职罪和军人违反职责罪之排列顺序，是各类犯罪按照危害程度进行排列的例外。

各类犯罪中具体犯罪的排列，也大体是按照其危害程度的大小，并适当考虑了一些犯罪之间性质的近似。例如，在危害公共安全罪一章中，放火、决水、爆炸、投放危险物质罪等犯罪的危害性最为严重，而且均属故意性质的以危险方法危害公共安全的犯罪，因而将它们列在此章犯罪前面；而重大飞行事故罪、铁路运营安全事故罪、交通肇事罪、重大责任事故罪、重大劳动安全事故罪、危险物品肇事罪、工程重大安全事故罪、教育设施重大安全事故罪和消防责任事故罪均属过失犯罪，危害性相对较轻，因而置于此章犯罪的后面。又如第四章侵犯公民人身权利、民主权利罪一章中，故意杀人罪的社会危害性最大，排列在这类犯罪之首；社会危害性其次的应是故意伤害罪。但为了照顾到过失致人死亡罪与过失致人重伤罪同故意杀人罪与故意伤害罪之间分别存在着内在的相互联系，就把故意杀人罪与过失致人死亡罪排列在一起，而把故意伤害罪和过失致人重伤罪排列在它们之后。这样既考虑到在一般情况下故意杀人罪与故意伤害罪的社会危害性程度的轻重不同，又考虑到它们同过失致人死亡与过失致人重伤之间内在的联系。再如，在设有“节”的第三章破坏社会主义市场经济秩序罪和第六章妨害社会管理秩序罪两章中，各节及节内各种具体犯罪的排列，一方面大体按危害程度的大小作了由重及轻的排列，另一方面也考虑了各节犯罪、各种犯罪之间的内在联系。

第二节 刑法分则规范的结构

一、刑法分则规范的要素

法学理论认为，每一个具体的法律规范，应当由假设、处理、制裁三个部分组成。一个完整的刑法分则规范也同样应当具备这些内容，在立法上具体表现为罪状和法定刑两个部分的内容。罪状部分规定、描写具体犯罪的基本构成特征，是刑法分论研究、分析每一个具体犯罪的构成要件的基础，是司法机关认定某人的行为是不是构成某一具体犯罪的标准；法定刑部分规定具体犯罪的刑事责任程度的大小，是某一犯罪行为应当受到国家刑罚惩罚的量，是法院对犯罪人具体适用刑罚的依据。

由于一个完整的刑法规范必须具备罪状和法定刑两个要素，那么在这两个要素不完整的情况下，就不能形成一个完整的刑法规范。比如，一个条文仅仅规定了某一个具体犯罪的罪状，但是没有规定其法定刑，该条文就还不是一个完整的刑法分则规范，它只有和其他刑法分则规范相结合，有了自己的法定刑，才能组成一个完整的刑法分则规范。因此，在学习刑法分则时，应当注意条文之间错综复杂的关系：有的刑法分则规范有两个以上的条文构成，有的一个刑法分则条文中包含了两个以上的刑法分则规范。具体表现为以下两种情况：

（一）一个条文包含两个以上刑法分则规范

基于立法技术简洁的考虑，立法者在立法时，故意将两个以上的刑法分则规范用一个条文予以规定，在确定该条文的罪名时应当根据实际刑法分则规范的个数来判断。这种立法模式在我国刑法中表现为两种情况：一是一个条文的同一款同时规定了不同的刑法分则规范。例如，刑法第398条第1款规定：国家机关工作人员违反保守国家秘密法的规定，故意或者过失泄露国家秘密，情节严重的，处3年以下有期徒刑或者拘役；情节特别严重的，处3年以上7年以下有期徒刑。该款的规定就包含了两个刑法分则规范即故意泄露国家秘密罪和过失泄露国家秘密罪。二是同一条文的不同款分别规定不同的刑法分则规范。例如，刑法第399条第1款规定了徇私枉法罪，其第2款规定了民事、行政枉法裁判罪。

（二）两个以上的条文构成一个刑法分则规范

同样是基于立法技术的考虑，立法者往往将一个刑法分则规范使用两个以上的条文规定，仅仅从一个条文中，我们并不能够完整地理解一个刑法分则规范，需要将若干个条文集合在一起，才能完整地把握一个罪刑规范。在具体表现上，两个以上的条文可以是刑法典中的两个不同条文，也可以是两个不同法律文件中的两个条文结合为一个完整的刑法分则规范。例如，刑法第 382 条仅仅规定了贪污罪的构成要件，立法者将贪污罪的法定刑规定在刑法第 383 条，这样我们只有将刑法典第 382 条和第 383 条结合在一起，才有可能清楚刑法规定的关于贪污罪的完整内容。

二、罪状

罪状是犯罪构成的基本内容，是定罪的法律依据。准确无误地查明某行为具备的法定罪状，才能正确地认定行为人的犯罪性质和确定罪名。根据刑法分则条文对犯罪构成要件描述形式的不同，可以把罪状分为以下几种：

1. 简单罪状。即在条文中只简单地规定罪名，而不具体叙述犯罪行为的构成特征。例如，刑法第 232 条规定："故意杀人的，处……"第 233 条规定："过失致人死亡的，处……"这两个条文中的"故意杀人"和"过失致人死亡"，就是简单罪状。

使用这种罪状，一般是立法者认为这些犯罪行为的特征为人所共知，无须在法律上再具体叙述。在解释该种刑法分则规范的构成要件时，必须根据人们日常生活中对某种概念的理解或者根据社会相当性观念来进行。当然，此种罪状的使用使法律条文简练，但因为缺乏对犯罪构成特征的具体描述，不利于对法律条文含义准确的理解和执行。

2. 叙明罪状。即在刑法分则条文中较为具体地叙述犯罪的构成特征。例如，刑法第 121 条规定："以暴力、胁迫或者其他方法劫持航空器的，处……"该条就是叙明罪状，描述了此种犯罪的客观特征和对象。又如，刑法第 130 条规定："非法携带枪支、弹药、管制刀具或者爆炸性、易燃性、放射性、毒害性、腐蚀性物品，进入公共场所或者公共交通工具，危及公共安全，情节严重的，处……"该条亦具体描述了犯罪的客观特征。再如，刑法第 360 条规定："明知自己患有梅毒、淋病等严重性病卖淫、嫖娼的，处……"第 363 条规定："以牟利为目的，制作、复制、出版、贩卖、传播淫秽物品的，处……"这两条均具体描述了犯罪的主观特征和客观表现。还有的刑法分则条文采用叙明罪状描述了犯罪的主体特征。例如，刑法第 305 条规定："在刑事诉讼中，证人、鉴定人、记录人、翻译人对与案件有重要关系的情节，故意作虚假证明、鉴定、记录、翻译，意图陷害他人或者隐匿罪证的，处……"叙明罪状易为人们理解和掌握，便于实践中正确定罪，因而我国刑法分则大多数条文采用叙明罪状。

3. 引证罪状。即引用同一法律中的其他条款来说明或确定某一犯罪构成的特征。例如，刑法第 119 条第 1 款规定的是故意破坏交通工具、交通设施、电力设备、燃气设备、易燃易爆设备造成严重后果的犯罪行为。第 2 款规定："过失犯前款罪的，处……"该款规定的是过失损坏交通工具罪、过失损坏交通设施罪、过失损坏电力设备罪、过失损坏易燃易爆设备罪，但对其构成特征要查看第 1 款的规定。刑法典分则条文使用引证罪状，是为了避免条款间文字上的重复。

4. 空白罪状。即在条文中指明要参照其他法律、法规中的规定来确定某一犯罪的构成特征。例如，刑法第 133 条规定："违反交通运输管理法规，因而发生重大事故，致人重伤、死亡或者使公私财产遭受重大损失的，处……"该条就是空白罪状，在这里，了解交通肇事罪的构成特征，就要参照交通运输管理法规。空白罪状都是用于同违反其他法律、法规有关而在刑法条文中又难以对其特征作出具体表述的犯罪。所谓违反的其他法律、法规，一般是经济、行政方面的法律、法规。但是应当注意，某些刑法条文虽然也标明了违反某种法律、法规的规定，但是在其后的内容中又明确写明了该罪的构成特征的，并不属于空白罪状，而应当属于叙明罪状。例如，刑法第340条规定："违反保护水产资源法规，在禁渔区、禁渔期或者使用禁用的工具、方法捕捞水产品，情节严重的，处……"就应当属于叙明罪状。

除了我国刑法理论界将罪状分为上述四种之外，根据刑法分则对罪状描述的是否确定，我们还可以将其分为封闭型罪状和开放型罪状。所谓封闭型罪状是指法律在描述罪状时穷尽了所有的构成要素，除此以外没有其他犯罪构成内容的罪状。例如，刑法第196条规定的信用卡诈骗罪的罪状，就穷尽了所有的诈骗行为。所谓开放型罪状是指刑法分则条文虽然对罪状有规定，但是并没有穷尽所有的构成要素，而是用概括的语言将构成要素予以笼统的描述。具体又可以分为两种情况：其一，只笼统地规定了某种犯罪的大致客观特征，对罪状没有具体的描述，如刑法第115条规定的以危险方法危害公共安全罪的罪状就是如此；其二，只规定了部分的构成要素，同时为了保证构成要素没有遗漏，又用一概括性的文字予以弹性描述，如刑法第225条规定的非法经营罪，在列明部分非法经营行为之后，仍然以"其他严重扰乱市场秩序的非法经营行为"作为概括规定。当然，如果某一个犯罪的罪状描述不是对行为而是对行为的具体方法的描述采用了概括性规定的，并不属于开放型罪状，如洗钱罪关于洗钱方法的规定、信用证诈骗罪关于诈骗方法的规定等，均属于此类情形。

从理论上分析，封闭型罪状因为穷尽了犯罪构成的要素，能够使构成要件明确、具体，是符合罪刑法定原则的要求的。而开放型罪状虽然在政策上能够将犯罪的构成随着形势的发展予以扩大，避免刑法规定的内容挂一漏万，但是由于其构成要件具有不确定性，因而是与罪刑法定原则的要求背道而驰的。

三、法定刑

法定刑，是指刑法分则规范对具体犯罪所规定的适用刑罚的规格和标准。法定刑包括对具体犯罪所适用的刑罚种类和刑罚幅度，简称为刑种和刑度。法定刑体现了国家对某种具体犯罪行为的评价、惩罚态度，反映出犯罪、刑事责任和刑罚的关系。法定刑是审判机关对犯罪人适用刑罚的法律依据，刑罚只能对犯罪人适用而且必须依法适用。对犯罪人判刑时，除法律有减轻处罚或者免除处罚的特殊规定外，必须在法定刑的范围内对其适用刑罚。

法定刑不同于宣告刑。法定刑是国家立法机关针对某种犯罪的危害性质和危害程度在法律上制定的量刑标准，它着眼于该种犯罪的共性，具有同样情节的犯罪行为，都应当同样适用。法定刑所体现的，是法律对犯罪行为惩罚的平均正义。宣告刑是法定刑的实际运用，是审判机关根据具体的犯罪事实、情节和犯罪人的个体状况对具体犯罪人依法判处并宣告应当实际执行的刑罚。宣告刑着眼于具体犯罪案件及犯罪人的特殊性，它所体现的是法律区别对待不同情况的犯罪事实和犯罪人的刑罚个别化，是刑罚对犯罪行为和犯罪人惩罚程度的分配正义的表现。根据各国立法实践和刑法理论，法定刑可以分为以下几种：

1. 绝对确定的法定刑。即在条文中规定单一、固定而无量刑幅度的刑种，如对某种犯罪只规定"处死刑"、"处无期徒刑"等。这种方式的缺陷是过于机械绝对，使法官无法根据具体案情选择轻重有别的刑罚，不利于刑罚个别化的实现。

2. 绝对不确定的法定刑。即在条文中不规定具体的刑种和刑度，只规定对某种犯罪要处以刑罚，具体如何处罚完全由法官掌握。其不足之处是没有统一的量刑标准，刑罚裁量权完全在法官手中，容易造成执法的不统一和不平衡，对统一和加强法治不利。

3. 相对确定的法定刑。即在条文中明确规定一定的刑种和刑度。这种形式的法定刑克服了前两种形式的弊端，既有刑罚的限度，又在此限度内有一定的幅度，便于法官在维护法治统一的基础上，根据犯罪的具体危害程度和犯罪人的人身危险性，在法定刑范围内选择确定适当的刑种刑度，有效地贯彻刑罚个别化原则。因而这种法定刑形式已为现代世界各国刑法所普遍采用。

我国现行刑法分则规范也普遍地采用了相对确定的法定刑。其表现形式主要有以下5种：(1) 分则条文仅规定法定刑的最高限度，其最低限度决定于刑法总则对某种刑种下限的规定。例如，刑法第151条第2款规定，走私国家禁止出口的文物、黄金、白银和其他贵重金属或者国家禁止进出口的珍贵动物及其制品，“情节较轻的，处5年以下有期徒刑，并处罚金”。结合刑法第45条关于有期徒刑下限为6个月的规定，可知该种犯罪此种情节的法定刑的主刑上限为有期徒刑5年，下限为有期徒刑6个月。(2) 分则条文仅规定法定刑的最低限度，其最高限度取决于刑法总则的有关规定。例如，刑法第237条第2款规定，聚众或者在公共场所当众实施强制猥亵、侮辱妇女犯罪行为的，处5年以上有期徒刑。结合刑法总则第45条关于有期徒刑上限为15年的规定，可知此档次的法定刑下限为5年有期徒刑，上限为15年有期徒刑。(3) 分则条文同时规定法定刑的最高限度与最低限度。例如，刑法第124条前半段规定：“破坏广播电视设施、公用电信设施，危害公共安全的，处三年以上七年以下有期徒刑。”(4) 分则条文规定两种以上主刑或者同时规定附加刑，各主刑除死刑、无期徒刑以外也有明确的幅度。例如，刑法第309条规定：“聚众哄闹、冲击法庭，或者殴打司法工作人员，严重扰乱法庭秩序的，处三年以下有期徒刑、拘役、管制或者罚金。”刑法第104条规定：“组织、策划、实施武装叛乱或者武装暴乱的，对首要分子或者罪行重大的，处无期徒刑或者十年以上有期徒刑；对积极参加的，处三年以上十年以下有期徒刑；对其他参加的，处三年以下有期徒刑、拘役、管制或者剥夺政治权利。”此种形式也称为选择性法定刑，法官既可以在几个刑种之间选择，又可以在选定刑种后再在刑度之内选择适当的刑期。由于这种形式灵活性较大，因而刑法中采用的较多。(5) 分则条文规定援引性的法定刑。即法律条文规定，某些犯罪必须援引其他条款的法定刑处罚。例如，刑法第125条第1款规定了非法制造、买卖、运输、邮寄、储存枪支、弹药、爆炸物罪及其法定刑；该条第2款规定：非法制造、买卖、运输、储存毒害性、放射性、传染病病原体等物质，危害公共安全的，依照前款的规定处罚。

在我国刑法分则条文中，所有犯罪的法定刑均是采用了相对确定的法定刑模式。

但是，在极个别犯罪的法定刑中，刑法对某些情节使用了绝对确定的法定刑规定模式。例如，刑法第121条规定，以暴力、胁迫或者其他方法劫持航空器，致人重伤、死亡或者使航空器遭受严重破坏的，处死刑。刑法第240条关于拐卖妇女、儿童罪的法定刑规定中，也有“情节特别严重的，处死刑，并处没收财产”的规定。根据这些规定，凡是符合法定情节的，法官就没有了自由裁量的余地，必须按照法律规定判处刑罚。

但是也需注意，我国刑法分则的一些犯罪由于法定刑幅度过大，也导致了法官量刑时的自由裁量权过大的弊端。从更科学的角度讲，法定刑的幅度应当尽量细化。

四、关于罪名问题

(一) 罪名的确定

简单地讲，罪名即某一种具体犯罪的名称，它是对某一种具体犯罪本质特征或主要特征的高度概括。严格来讲，罪名并不是刑法分则规范结构的内容，但是，刑法分则如果仅仅规定罪状，在司法实践中仍然不能够正确地运用。因此，只有进一步确定和使用罪名，才能够准确区分罪与非罪、此罪与彼罪的界限，正确定罪量刑。现代各国刑法确定罪名的方式主要有两类：(1) 明示式，即在分则条文中明确规定罪名。其中又可分为两种情形：一为标题明示式，即分则条文以标题载明罪名；二为定义明示式，即在条文中以定义形式载明罪名。明示式便于司法实践中统一和准确地使用罪名。采用此种方式的关键在于立法上规定的罪名要正确、妥当。(2) 包含式，即在分则条文中不载明罪名，只规定罪状，将罪名包含在罪状之中。采用此种方式的情况下，确定罪名时往往需要分析、概括罪状的规定，因而难免对罪名产生不一致的理解和概括。

我国现行刑法分则条文采用的是包含式和定义明示式的罪名确定方式，前者占绝大多数，后者为少数。包含式对简单罪状的条文而言，其罪名一般较为明显。例如，刑法第232条规定："故意杀人的，处……"其罪名即为"故意杀人罪"。但对许多叙明罪状的条文而言，就需要通过科学抽象和概括来确定其罪名。例如，刑法第180条规定："证券、期货交易内幕信息的知情人员或者非法获取证券、期货交易内幕信息的人员，在涉及证券的发行，证券、期货交易或者其他对证券、期货交易价格有重大影响的信息尚未公开前，买入或者卖出该证券，或者从事与该内幕信息有关的期货交易，或者泄露该信息或者明示、暗示他人从事上述交易活动，情节严重的，处……"类似这样的罪状所包含的罪名，需要从理论与实践相结合的角度予以科学概括。

定义明示式的罪名确定方式，在修订前的刑法中并未出现，修订后的刑法典在若干分则条文中加以使用。例如，刑法第382条第1款规定："国家工作人员利用职务上的便利，侵吞、窃取、骗取或者以其他手段非法占有公共财物的，是贪污罪。"

除立法上确定罪名外，刑法理论和司法实践中都可以对罪名进行概括。为了保证司法的统一性，最高人民法院、最高人民检察院都先后对修订后的刑法所规定的所有罪名进行了解释，二者都属于有权解释，在司法实践中应当予以遵守。本书是依据最高人民法院、最高人民检察院作出的关于罪名的解释进行论述的。

最高人民法院、最高人民检察院关于罪名的解释绝大多数是科学的，能够准确反映该罪的特征。但是，在学习研究中，切不可仅仅依照罪名来妄推其构成要件。例如，刑法第360条规定的犯罪罪名被确定为传播性病罪，就不能仅仅根据此罪名认为该罪的构成要件是行为人患有性病又故意传播给其他人的行为。事实上，该罪的罪状是明知自己患有严重性病而又实施卖淫、嫖娼的行为。再如，刑法第395条规定的犯罪被定义为巨额财产来源不明罪，也不能认为国家工作人员的财产说不清来源的才能构成该罪。根据该罪的罪状描述，国家工作人员财产或者支出明显超过合法收入，差额巨大，本人不能说明其来源是合法的，就构成本罪。

(二) 罪名的分类

根据我国刑法理论和刑法解释，我国刑法分则规范的罪名有单一罪名和选择性罪名之分。

所谓单一罪名，是指一个刑法分则规范中的内容能够使用一个词语予以概括的情形。例如，刑法第116条规定的破坏交通工具罪，概括了破坏火车、汽车、电车、船只、航空器的行为，行为人无论破坏其中哪一种对象，均统一使用破坏交通工具罪定罪。

所谓选择性罪名，是指刑法分则规范规定的犯罪行为或者犯罪对象不能够使用一个罪名简单地予以概括，虽然在外观上看是一个罪名，事实上，这个罪名是可以根据行为的具体情况进行分割的，即在具体定罪时，应当根据不同的事实行为具体使用不同的罪名。例如，刑法第125条规定的非法制造、买卖、运输、邮寄、储存枪支、弹药、爆炸物罪，在具体适用时，就应当根据行为人的具体行为确定选择性罪名。如果行为人仅仅实施了非法制造枪支的行为，具体定罪时应当使用非法制造枪支罪；如果行为人实施了非法制造枪支、买卖枪支的行为，具体定罪时应当使用非法制造、买卖枪支罪。也就是说，行为人实施了什么样的行为，就使用什么行为特征确定罪名，行为人的行为指向什么样的对象，就使用行为＋对象的方式确定罪名。

我国刑法中规定的选择性罪名，一般包括三种情况：一是行为是选择的，对象是单一的，如刑法第363条规定的制作、复制、出版、贩卖、传播淫秽物品牟利罪；二是行为是单一的，对象是选择的，如刑法第369条规定的破坏武器装备、军事设施、军事通信罪；三是行为和对象均是选择的，如刑法第280条规定的伪造、变造、买卖国家机关公文、证件、印章罪。当然，由于刑法规定的具体犯罪行为特征不同，有一些犯罪是由复合行为构成的，在立法上不是使用行为＋对象的模式，而是使用行为＋行为的模式。例如，刑法第297条规定的非法携带武器、管制刀具、爆炸物参加游行、示威罪，刑法第353条规定的引诱、教唆、欺骗他人吸毒罪，刑法第359条规定的引诱、容留、介绍卖淫罪等，均是如此。

需要特别研究的是选择性罪名之间能否进行并罚的问题，即行为人实施了刑法分则条文规定的可以选择定罪的不同行为或者实施了同一性质的行为但是是针对不同对象的，究竟是定一罪还是数罪并罚？例如，行为人非法制造了枪支，又制造了爆炸物，对其行为是定非法制造枪支、爆炸物罪，还是定非法制造枪支罪和非法制造爆炸物罪呢？有学者认为，如果行为人同时实施了两个以上的行为，或者其行为指向了两个以上不同的对象，罪名也应当根据其行为和对象进行选择确定。在适用选择性罪名定罪时，如果行为人实施了该罪名能够包含的若干个行为或者行为指向若干个对象的，仍然定一罪，不进行数罪并罚。我们认为，对于此类行为应当具体分析，根据行为人的行为是否具有可分性而分别处理：如果行为人实施两个以上的行为是针对性质不同的对象的，应当分别定罪，进行并罚。如行为人实施了非法制造枪支和爆炸物的行为，就应当分别定为非法制造枪支罪和非法制造爆炸物罪进行并罚，而不能只定一个非法制造枪支、爆炸物罪。如果行为人非法制造枪支然后又将其出卖的，应当以非法制造、买卖枪支罪一罪定罪处罚；如果行为人非法制造的枪支与其非法买卖的枪支不是同一宗的，仍应当分别定为非法制造枪支罪和非法买卖枪支罪进行并罚。

【附录】

一、司法考试真题

1. 甲利用到外国旅游的机会，为了自用，从不法分子手中购买了手枪1支、子弹60发，然后经过伪装将其邮寄回国内。后来甲得知乙欲抢银行，想得到一支枪，就与乙协商，以5 000元将其手枪出租给乙使用。乙使用该手枪抢劫某银行，随后被抓获。对甲的行为应如何处理？（　　）

A. 以买卖、邮寄枪支、弹药罪与抢劫罪并罚

B. 以买卖、邮寄枪支、弹药罪与非法出租枪支罪并罚

C. 以走私武器、弹药罪与抢劫罪并罚

D. 以走私武器、弹药罪、非法出租枪支罪、抢劫罪并罚

答案：C

2. 甲从A地购得面值2万元的假币，然后携带假币乘坐火车到B地。甲在车上与几个朋友赌博时被乘警发现，乘警按规定对甲处以罚款，甲欺骗乘警，以假币交纳罚款，被乘警发现。甲的行为构成下列哪些罪？（　　）

A. 购买、运输假币罪　　B. 诈骗罪

C. 持有、使用假币罪　　D. 赌博罪

答案：AC

二、模拟试题

1. 甲于2005年从境外携带海洛因30克入境后卖掉。2006年12月，甲又从乙处购买40克海洛因，倒卖渔利。对甲的行为应当：（　　）。

A. 以走私毒品罪定罪处罚　　B. 以贩卖毒品罪定罪处罚

C. 以走私毒品罪与贩卖毒品罪并罚　　D. 以走私、贩卖毒品罪定罪处罚

答案：C

2. 刑法第223条规定："投标人相互串通投标报价，损害招标人或者其他投标人利益，情节严重的，处……"该条规定的犯罪的罪名是：（　　）。

A. 内幕交易罪　　B. 泄露内幕信息罪

C. 合同诈骗罪　　D. 串通投标罪

答案：D

第二章
危害国家安全罪

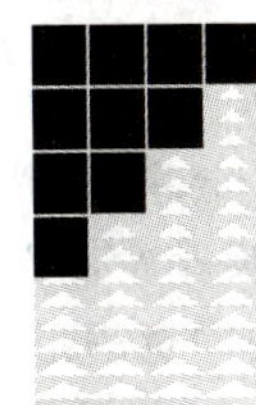

参考文献

陈兴良：《陈兴良刑法学教科书之规范刑法学》，中国政法大学出版社，2003；张明楷：《刑法学》，3版，法律出版社，2007；周光权：《刑法各论讲义》，清华大学出版社，2003；王作富主编：《刑法分则实务研究》（上），3版，中国方正出版社，2007；高铭暄、马克昌主编：《刑法学》，3版，北京大学出版社、高等教育出版社，2007；高铭暄、马克昌主编：《中国刑法解释》（下卷），中国社会科学出版社，2005；周道鸾、张军主编：《刑法罪名精释》，3版，人民法院出版社，2007。

第一节 危害国家安全罪概述

一、危害国家安全罪的概念

危害国家安全罪，参照我国刑法第13条关于犯罪定义的表述，是指危害中华人民共和国的国家主权、领土完整与安全，分裂国家、颠覆人民民主专政的政权和推翻社会主义制度的行为。现行刑法分则第一章“危害国家安全罪”，是由1979年刑法中的“反革命罪”的类罪名演变而来的。将“反革命罪”改为“危害国家安全罪”，祛除了旧刑法中意识形态化的表述方式，也使得这一类罪的同类客体更为明确、具体、客观。只是，正如有论者指出的那样，“现行刑法虽然取消了反革命罪名，但并非将旧刑法规定的具体反革命罪实行‘非犯罪化’，也不是将旧刑法分则第一章的规定全部删除，而是以危害国家安全罪的类罪名取代反革命罪名，并对一些具体犯罪的归类进行了调整”①。危害国家安全罪这一大类罪所侵犯的同类客体，是国家安全，即中华人民共和国的主权、领土完整与安全，人民民主专政政权和社会主义制度。

二、危害国家安全罪的类型

按照犯罪所侵犯的同类客体（同类法益），可以将犯罪作若干分类，这种分类既可以体现为现行刑法分则共十章的类罪，还可以概括地分为针对国家的犯罪、针对社会的犯罪与针对个人的犯罪。如此，危害国家安全罪并不等同于针对国家的犯罪。针对国家的犯罪又可以具体分为针对国家存立的犯罪和针对国家作用的犯罪，而危害国家安全罪（以及刑法分则第七章的危害国防利益罪和第十章的军人违反职责罪），属于针对国家存立的犯罪。刑法第102条至第112条对于危害国家安全罪的具体犯罪作了规定，共确定了12个危害国家安全的具体犯罪，对这些犯罪作整体考察，可以将其分为三大类：危害国家、颠覆政权的犯罪（这一类危害国家安全的犯罪最多，有7个罪名），叛变、叛逃的犯罪（2个罪名）和间谍、资敌的犯罪（3个罪名）。以下按照刑法分则对于危害国家安全罪的条文规定顺序，结合危害国家安全罪的类型特征，对于本章的犯罪一一予以分析。

第二节 危害国家安全罪分述

一、背叛国家罪

（一）概念与构成

背叛国家罪，是指勾结外国或与境外机构、组织、个人相勾结，危害中华人民共和国的主权、领土完整和安全的行为。

本罪的构成要件如下：

1. 本罪的客观方面表现为勾结外国或与境外机构、组织、个人相勾结，危害中华人民共和国的国家主权、领土完整和安全的行为。勾结外国，即与外国政府相勾结，而勾结之所以容易得逞，是因为该外国政府对我国怀有侵略、控制、颠覆等不良用心。与外国政府

---

① 张明楷：《刑法学》，3版，506页，北京，法律出版社，2007。

在我国境内设立的分支机构相勾结，也属于勾结外国。而与外国的政党、政治集团、社会势力、个人等相勾结，则属于“与境外机构、组织、个人相勾结”。“境外机构、组织”，包括境外机构、组织在中华人民共和国境内设立的分支机构和分支组织；“境外个人”包括居住在我国境内不具有我国国籍的人。危害中华人民共和国的主权、领土完整和安全的行为，或者是与外国或境外机构、组织、人员共同策划、共同进行，或者是接受外国或境外机构、组织、人员资助或者指使而独自进行，都要求“危害中华人民共和国的主权、领土完整和安全”。本罪并非阴谋犯，只有危害我国主权、领土完整和安全的意图外在表现为具体的行为，并且该行为确实具有“危害我国主权、领土完整和安全”的危险的时候，才成立本罪。

2. 本罪的主体为一般主体，即已满 16 周岁、具有刑事责任能力的中国公民，并且通常为窃据国家党、政、军机关要职，掌握重要权力、具有相当地位的人。

3. 本罪的主观方面为故意，即明知自己的行为会发生危害国家主权、领土完整与安全的结果，并且希望或者放任这种结果的发生。

4. 本罪的客体是中华人民共和国的国家安全，并且是国家安全中的国家主权、领土完整与安全。

（二）刑事处罚

根据刑法第 102 条的规定，犯背叛国家罪的，处无期徒刑或者 10 年以上有期徒刑。此外，犯背叛国家罪，对国家和人民危害特别严重、情节特别恶劣的，可以判处死刑；犯本罪的，可以并处没收财产（刑法第 113 条）。犯本罪的，应当附加剥夺政治权利（刑法第 56 条）。

二、分裂国家罪

（一）概念与构成

分裂国家罪，是指组织、策划、实施分裂国家、破坏国家统一的行为。

本罪的构成要件如下：

1. 本罪的客观方面表现为组织、策划、实施分裂国家、破坏国家统一的行为。

分裂国家、破坏国家统一的行为，一般表现为挑拨民族关系、制造民族矛盾，破坏各民族的团结与国家统一；实行少数民族地方割据，建立反中央政府的统治机构；采取多种措施抗拒中央人民政府对少数民族的统一领导等。[①] 此外，按照最高人民法院、最高人民检察院 1999 年 10 月 9 日颁布《关于办理组织和利用邪教组织犯罪案件具体应用法律若干问题的解释》第 7 条的规定，组织和利用邪教组织，组织、策划、实施、煽动分裂国家、破坏国家统一活动的，成立本罪。

2. 本罪的主体为一般主体，并且与背叛国家罪不同，外国公民和无国籍人也可以成为本罪的主体。

3. 本罪的主观方面为故意，即明知自己的行为会发生分裂国家、破坏国家统一的结果，并且希望或者放任这种结果的发生。

4. 本罪的客体是中华人民共和国的国家安全，并且是国家的统一。

---

① 参见周光权：《刑法各论讲义》，591 页，北京，清华大学出版社，2003；张明楷：《刑法学》，3 版，507 页，北京，法律出版社，2007。

(二)刑事处罚

刑法第103条第1款规定,犯分裂国家罪的,对首要分子或者罪行重大的,处无期徒刑或者10年以上有期徒刑;对积极参加的,处3年以上10年以下有期徒刑;对其他参加的,处3年以下有期徒刑、拘役、管制或者剥夺政治权利。此外,犯本罪对国家和人民危害特别严重、情节特别恶劣的,可以判处死刑(刑法第113条)。但是,正如有学者指出的那样,这一规定应该只适用于首要分子与罪行重大者①,而不应该包括积极参加者或者其他参加者。此外,犯本罪的,可以并处没收财产(刑法第113条),应当附加剥夺政治权利(刑法第56条)。根据刑法第106条的规定,与境外机构、组织、个人相勾结犯本罪的,从重处罚。

三、煽动分裂国家罪

(一)概念与构成

煽动分裂国家罪,是指煽动分裂国家、破坏国家统一的行为。

本罪的构成要件如下:

1. 本罪客观方面中的“煽动”,是指为了实现分裂国家、破坏国家统一的目的,而对不特定人或者多数人实施的,旨在使其产生分裂国家的犯罪决意,或者刺激、助长其已产生的分裂国家的犯罪决意的行为。② 煽动方式包括口头、书面与其他方式。此外,按照相关司法解释的规定,明知出版物中载有煽动分裂国家、破坏国家统一的内容,而予以出版、印刷、复制、发行、传播的,以本罪定罪处罚(最高人民法院1998年12月17日颁布的《关于审理非法出版物刑事案件具体应用法律若干问题的解释》第1条);组织和利用邪教组织,煽动分裂国家、破坏国家统一的,以本罪定罪处罚(最高人民法院、最高人民检察院1999年10月9日公布的《关于办理组织和利用邪教组织犯罪案件具体应用法律若干问题的解释》第7条);利用突发传染病疫情等灾害,制造、传播谣言,煽动分裂国家、破坏国家统一的,以本罪定罪处罚(最高人民法院、最高人民检察院2003年5月14日公布的《关于办理妨害预防、控制突发传染病疫情等灾害的刑事案件具体应用法律若干问题的解释》第10条第2款)。

这里,特别强调的是煽动行为要具有公开性,即必须是针对不特定或者多数人实施,但不以公然实施为必要,只要行为人实施了煽动行为,即使被煽动人并未实际实施分裂国家、破坏国家统一的行为,也不影响本罪的成立。“不是公开煽动,而只是鼓动、怂恿特定个人或少数人实施分裂国家行为的,不构成煽动分裂国家罪,乃是分裂国家罪的教唆犯。”③ 由此可见,煽动分裂国家罪并非一般性地将分裂国家罪的教唆犯独立成罪,而是仅将其中具有公开性的教唆行为单独通过另外的罪名予以明确的规定。

2. 本罪的主体为一般主体,凡达到16周岁、具备刑事责任能力的自然人都能构成本罪。

3. 本罪的主观方面表现为故意,即明知自己的煽动行为会导致他人实施分裂国家、破坏国家统一的行为,发生分裂国家、破坏国家统一的结果,并且希望或者放任这种结果的发生。

4. 本罪的客体是中华人民共和国的国家安全,并且是国家的统一。

---

① 参见张明楷:《刑法学》,3版,511页,北京,法律出版社,2007。

② 参见张明楷:《刑法学》,3版,508页,北京,法律出版社,2007。

③ 周光权:《刑法各论讲义》,593页,北京,清华大学出版社,2003。

（二）刑事处罚

根据刑法第103条第2款的规定，犯煽动分裂国家罪的，处5年以下有期徒刑、拘役、管制或者剥夺政治权利；首要分子或者罪行重大的，处5年以上有期徒刑。犯本罪的，可以并处没收财产（刑法第113条），应当附加剥夺政治权利（刑法第56条）。另外，根据刑法第106条的规定，与境外机构、组织、个人相勾结犯本罪的，从重处罚。

四、武装叛乱、暴乱罪

（一）概念与构成

武装叛乱、暴乱罪，是指组织、策划、实施武装叛乱、武装暴乱的行为。

本罪的构成要件如下：

1. 本罪的客观方面表现为组织、策划、实施武装叛乱、武装暴乱。武装，是指使用一切足以造成人身伤亡的各种军用的或者非军用的枪支弹药、爆炸物以及刀、剑等器械。叛乱，是指为背叛国家、投奔敌人而勾结国外、境外势力袭击国家机关或者公众，引起混乱的行为。暴乱，是指纠合多人，用暴力方式实施的破坏社会秩序并最终危害国家安全的行为。武装叛乱与武装暴乱都是以武装方式实施的危害国家安全的破坏行为，区别在于叛乱具有叛变或投奔境外的性质，而暴乱则完全是在境内实施的烧、杀、抢、夺等破坏行为。刑法第104条第1款描述了组织、策划、实施三种武装叛乱和武装暴乱的行为类型。其中的“组织、策划”，是指负责武装叛乱、武装暴乱的筹划、发起、实施，并且领导、指挥他人进行武装叛乱、武装暴乱的行为，而“实施”则是指直接实施武装叛乱或者武装暴乱。

2. 本罪的犯罪主体是一般主体，并且是多人，具体可以按照在犯罪中所起的作用区分为首要分子、罪行重大者、积极参加者和一般参加者。

3. 本罪的主观方面是故意，即明知武装叛乱或武装暴乱行为会发生危害国家安全的结果，并且希望或者放任这种结果发生。对于一般参加者来说，特别要求其对于自己的行为具有危害国家安全的性质有所认识，完全不能认识自己行为性质的，不构成本罪。

4. 本罪的客体是国家安全。

（二）司法认定与刑事处罚

1. 司法认定

在武装叛乱、武装暴乱的犯罪行为实施过程中，往往同时伴有侵害公民人身权利、财产权利的犯罪发生，如杀人、伤害、爆炸、放火、抢劫、聚众斗殴等，这种情况之下，是仅构成本罪，还是应以本罪与同时发生的相关犯罪并罚，需要根据不同情况区别处理：其一，如果这些行为是为顺利完成武装叛乱、武装暴乱所需要的，比如是在武装叛乱、武装暴乱的过程中为对抗政府当局的镇压、追剿而实施的杀人、伤害、放火、爆炸、抢劫等，后续行为可视为武装叛乱、暴乱行为中的当然行为或具体表现，以武装叛乱、暴乱对国家和人民危害特别严重、情节特别恶劣的情形加以处理，杀人、放火等行为被吸收，不再单独定罪。其二，如果相应的侵犯公民人身权利、民主权利等行为完全与武装叛乱、暴乱的目的无关，与危害国家安全的政治目的没有关联性（比如是在实施武装叛乱、暴乱的过程中针对普通居民实施的），则相应的行为不能为武装叛乱、暴乱罪所吸收而需要单独评价，此时，则应按照数罪并罚来处理。[①]

---

① 对这一问题的分析，请见周光权：《刑法各论讲义》，594页，北京，清华大学出版社，2003。

2. 刑事处罚

根据刑法第104条的规定，犯本罪的，对首要分子或者罪行重大的，处无期徒刑或者10年以上有期徒刑；对积极参加的，处3年以上10年以下有期徒刑；对其他参加的，处3年以下有期徒刑、拘役、管制或者剥夺政治权利；策动、胁迫、勾引、收买国家机关工作人员、武装部队人员、人民警察、民兵进行武装叛乱或者武装暴乱的，从重处罚。[①] 此外，犯本罪的，对国家和人民危害特别严重、情节特别恶劣的，可以判处死刑（刑法第113条）。[②] 犯本罪的，可以并处没收财产（刑法第113条），应当附加剥夺政治权利（刑法第56条）。此外，与境外机构、组织、个人相勾结犯本罪的，从重处罚（刑法第106条）。

五、颠覆国家政权罪

（一）概念与构成

颠覆国家政权罪，是指组织、策划、实施颠覆国家政权、推翻社会主义制度的行为。

本罪的构成要件如下：

1. 本罪的客观方面表现为，组织、策划、实施颠覆国家政权，推翻社会主义制度的行为。颠覆国家政权、推翻社会主义制度，是指通过不法手段改变国家基本统治结构，使合法政权被篡改，使社会主义制度覆灭。颠覆、推翻国家政权的方式多种多样，行为是公开还是秘密进行，是通过暴力手段还是非暴力的手段（比如和平演变），都在所不问。组织和利用邪教组织，组织、策划、实施颠覆国家政权、推翻社会主义制度活动的，成立本罪（最高人民法院、最高人民检察院1999年10月20日公布的《关于办理组织和利用邪教组织犯罪案件具体应用法律若干问题的解释》第7条）。

2. 本罪的主体是一般主体，其中的首要分子或者罪行重大者常常是具有相当社会地位和政治影响的人，不具有这种身份的，通常是本罪的积极参加者。

3. 本罪的主观方面是故意，即明知自己的行为可能会发生颠覆国家政权、推翻社会主义制度的后果，并且希望或者放任这种结果发生。

4. 本罪的客体是中华人民共和国的国家安全，并且是国家政权的安全性、平稳性和社会主义制度的安全存在。

（二）司法认定与刑事处罚

1. 司法认定

本罪在一定意义上属于典型的政治犯。尽管颠覆国家政权行为一旦实施就具有危害国家安全的性质，但不意味着本罪就是所谓的“举动犯”，一经着手实施就属既遂。颠覆行为着手实施但迅速被镇压的，只能成立本罪的未遂。但是，即便任何国家的刑法都只会对最终失败的颠覆政权的行为加以惩处，也不意味着本罪不存在既遂。如果着手实施颠覆国家政权的行为，造成某一地域的政权平稳性受到相当破坏的，就属于本罪的既遂。

2. 刑事处罚

根据刑法第105条第1款，犯颠覆国家政权罪的，对首要分子或罪行重大的，处无期徒刑或者10年以上有期徒刑；对积极参加的，处3年以上10年以下有期徒刑；对其他参

---

① 这里的策动，不同于单纯的策划，而是指鼓动、煽动他人进行武装叛乱或武装暴乱；胁迫，是指以使人产生恐惧心理的方法，迫使他人进行武装叛乱或武装暴乱；勾引，是指利用名利、地位、色情等引诱他人进行武装叛乱或武装暴乱；收买，是指利用金钱、物资等收买他人进行武装叛乱或武装暴乱。

② 同分裂国家罪的场合一样，这一规定应该只适用于首要分子与罪行重大者。

加的，处3年以下有期徒刑、拘役、管制或者剥夺政治权利。此外，与境外机构、组织、个人相勾结犯本罪的，从重处罚（刑法第106条）。犯本罪的，可以并处没收财产（刑法第113条），应当附加剥夺政治权利（刑法第56条）。同时，危害国家安全罪一章中背叛国家罪、分裂国家罪、武装叛乱、暴乱罪等在“对国家和人民危害特别严重、情节特别恶劣的”情况下可判处死刑，而对于颠覆国家政权罪这一在危害程度上较之背叛国家罪等更为严重的犯罪却未规定死刑，就是因为本罪不可能存在（或者说不可能处罚）通常意义上的致使国家政权彻底颠覆的既遂形态。

六、煽动颠覆国家政权罪

（一）概念与构成

煽动颠覆国家政权罪，是指以造谣、诽谤或者其他方式煽动颠覆国家政权、推翻社会主义制度的行为。

本罪的构成要件如下：

1. 本罪的客观方面表现为煽动颠覆国家政权的行为。煽动，就是鼓动、怂恿，刑法将煽动颠覆国家政权的具体行为方式规定为造谣、诽谤或者其他方式。造谣，是指无中生有、制造政治谣言欺骗公众，攻击我国的国家政权和社会主义制度。诽谤，是指捏造污蔑国家政权与社会主义制度的事实并加以扩散。其他方式是指除造谣、诽谤以外的方式，如发表颠覆国家政权的演讲，张贴、散发标语、传单、大字报、小字报等。此外，根据司法解释的规定，明知出版物中载有煽动颠覆国家政权、推翻社会主义制度的内容，而予以出版、印刷、复制、发行、传播的，以本罪论处（最高人民法院1998年12月17日公布的《关于审理非法出版物刑事案件具体应用法律若干问题的解释》第1条）。利用突发传染病疫情等灾害，制造、传播谣言，煽动颠覆国家政权、推翻社会主义制度的，以本罪定罪处罚（最高人民法院、最高人民检察院2003年5月14日公布的《关于办理妨害预防、控制突发传染病疫情等灾害的刑事案件具体应用法律若干问题的解释》第10条第2款）。组织和利用邪教组织，或者利用互联网，煽动颠覆国家政权、推翻社会主义制度的，也应构成本罪。
2. 本罪的主体为一般主体。
3. 本罪的主观方面为故意。
4. 本罪的客体是国家政权和社会主义制度的安全。

（二）司法认定与刑事处罚

1. 司法认定

本罪在认定过程中同样存在着与颠覆国家政权罪之教唆行为的区分问题，其关键在于对于本罪中“煽动”一词的理解。应该认为，这里的“煽动”应该具有公开性，其面对的对象是不特定或者多数人，如果怂恿、鼓动等仅针对特定的个人或者少数人实施时，应该认定为属于颠覆国家政权罪的教唆。

在更深的层次上，认定本罪时还涉及煽动颠覆国家政权行为与为宪法所保护的言论自由行为的界限问题。应该说，“言论自由”在任何国家都是有限度的，思想和表达自由不能突破保护国家安全、公共秩序、公共卫生或者道德等界限。所谓的言论自由一旦突破了上述界限，特别是具有严重的危害国家安全的属性时，即可能构成相应的犯罪。2009年12月24日，北京市第一中级人民法院以煽动颠覆国家政权罪判处作家刘晓波有期徒刑11年，并处剥夺政治权利2年，这一判决并为二审所维持。尽管这一判决也被一些西方媒体批评为“因言获罪”，但是从北京市第一中级人民法院和北京市高级人民法院一致认定的事实看，认定其构成本罪还是有法律和事实依据的。刘晓波的行为有两项：其一，2005年10月～2007年8月，刘晓波撰写并在互联网上发表《中共的独裁爱国主义》、《通过改变社会来改变政权》、《独裁崛起对世界民主化的负面效应》等多篇文章，多次煽动推翻中国的现政权；其二，2008年9月～12月，刘晓波伙同他人撰写了题为《零八宪章》的文章，提出“取消一党垄断执政特权”、“建立中华联邦共和国”等多项煽动性主张，并伙同他人在征集了三百余人的签名后，将《零八宪章》及签名发给境外网站，在“民主中国”、“独立中文笔会”等网站上发表。这些言论已经脱离了一般的批评性言论的范畴，属于具有现实社会危害性的行为，值得动用刑罚加以惩处。

2. 刑事处罚

根据刑法第105条、第106条、第113条和第56条的规定，犯煽动颠覆国家政权罪的，处5年以下有期徒刑、拘役、管制或者剥夺政治权利；首要分子或者罪行重大的，处5年以上有期徒刑；与境外机构、组织、个人相勾结犯本罪的，从重处罚。犯本罪的，可以并处没收财产；应当附加剥夺政治权利。

七、资助危害国家安全犯罪活动罪

（一）概念与构成

资助危害国家安全犯罪活动罪，是指境内外机构、组织、个人资助境内组织或者个人实施背叛国家罪、分裂国家罪、煽动分裂国家罪、武装叛乱、暴乱罪、颠覆国家政权罪、煽动颠覆国家政权罪的行为。

本罪的构成要件如下：

1. 本罪的客观方面表现为资助实施相应犯罪活动的行为。资助，具体是指向有危害国家安全行为的境内外机构、组织、个人提供经费、场所和物资等。资助的对象包括境内外的机构、组织或者个人。在1997年刑法中，本罪的资助对象原本规定为“境内组织或者个人”，但是对于境外的机构、组织或者个人以及境内的机构的资助行为，具有和资助境内的组织和个人实施相应犯罪行为同样的客体侵害性，因此，为了严密刑事法网，《刑法修正案（八）》（2011年5月1日起实施）删除了对本罪行为对象的列举式规定，事实上使得资助的对象涵盖了境内外的机构、组织或者个人。法律没有对资助的方式和时间等作出限定，因此，在境内组织或个人实施上述特定犯罪之前、之中、之后进行资助的，都成立本罪。① 实际上，以上为境内的组织或者个人实施刑法第102条至第105条规定的上述犯罪提供经费、场所、物资等的资助行为，原本属于相应各犯罪的（有形）帮助行为，立法者认为这样的帮助行为有必要以单独的犯罪来加以威慑，以警戒、预防对于相关犯罪的资助从而达到预防相关犯罪的目的，所以对于这样的帮助犯动用了特别的罪名和法条予以规制。如果境内外机构、组织或者个人的行为超出了资助的范围，与境内组织或者个人，共同故意组织、策划、实施刑法第102条至第105条规定的上述犯罪的，应以上述犯罪的共犯论处。同样，明知他人从事投敌叛变罪、叛逃罪、间谍罪等刑法第102条至第105条之外的危害国家安全的犯罪活动而给予资助的，不成立本罪，而可能成立相应危害国家安全犯罪的帮助犯。

---

① 参见张明楷：《刑法学》，3版，510页，北京，法律出版社，2007。

2. 本罪的主体是境内外机构、组织、个人，并且处罚的是其中的直接责任人员。境内外机构、组织，是指我国国境之内或者国境、边境以外的国家、地区的官方机构、组织等。境内外个人，具体包括中国公民、外国人以及无国籍人。

3. 本罪的主观方面为故意，要求行为人认识到境内组织或者个人将要、正在或者业已实施了刑法第102条至第105条所规定的危害国家安全的犯罪行为，否则不能以本罪论处。

4. 本罪的客体是国家安全，并且从本罪的性质（资助）上看，可以理解为对于客体的间接的侵犯。

（二）刑事处罚

根据刑法第107条规定，犯资助危害国家安全犯罪活动罪的，对直接责任人员，处5年以下有期徒刑、拘役、管制或者剥夺政治权利；情节严重的，处5年以上有期徒刑。此外，犯本罪的，可以并处没收财产（刑法第113条），应当附加剥夺政治权利（第56条）。

八、投敌叛变罪

（一）概念与构成

投敌叛变罪，是指中国公民背叛祖国、投靠敌方，出卖国家和人民利益，进行危害国家安全活动的行为。

本罪的构成要件如下：

1. 本罪的客观方面表现为投敌叛变，即背叛祖国、投靠敌方，实施危害国家安全的犯罪行为。投敌叛变行为是“投敌”行为与“叛变”行为的统一。其中的“投敌”，就是投靠敌方，主要有两种情况：一是投奔，即由我方逃到敌方，投奔敌人营垒，脱离我方的指挥、管辖；二是投降，即在被敌人捕俘后屈膝投降，宣布脱离我方。在这两种情况之中，投奔通常是主动投降地方营垒，而投降则是在被捕、被俘后被动投降。“叛变”是指背叛祖国、背叛人民。在以上投奔敌方或者向敌方投降的场合，只有进而为敌人效劳、服务，进行危害国家安全的活动的，才能认定为是“叛变”。“只有投奔国内的敌对势力或者国际上与我为敌国家的行为，没有背叛人民或国家的性质，不足以认定投敌叛变行为；只有投降行为，没有背叛人民或国家的行为，也不足以认定投敌叛变行为。”①

2. 本罪的主体是已经达到16周岁、具有刑事责任能力的中国公民。外国公民或者无国籍人不能单独成为投敌叛变罪的主体，但可能构成本罪的教唆犯或者帮助犯。

3. 本罪的主观方面为故意，即明知是投敌叛变的行为而有意实施，且犯罪者必须具有危害国家安全的故意。不具有这种故意投奔敌人占领区域而偷越国（边）境，没有实施危害国家安全活动的，不能认定为投敌叛变罪而可能构成其他犯罪。战时误入敌占区，但主观上并无投敌故意，以及虽被敌方俘虏，但并未进行危害国家安全活动的，也不成立本罪。

4. 本罪的客体是国家安全。

（二）司法认定与刑事处罚

1. 司法认定

行为人投敌叛变后进行其他危害国家安全活动的，比如投敌叛变后又向敌人提供情报或者参加间谍组织，实施危害国家安全活动的，属于投敌后“叛变”的具体表现形式（投

---

① 王作富主编：《刑法分则实务研究》（上），3版，16页，北京，中国方正出版社，2007。

敌叛变罪本身就包括了其他危害国家安全活动)，因此，上述情况只成立本罪，没有必要数罪并罚。

2. 刑事处罚

根据刑法第108条之规定，犯投敌叛变罪的，处3年以上10年以下有期徒刑；情节严重或者带领武装部队人员、人民警察、民兵投敌叛变的，处10年以上有期徒刑或者无期徒刑。这里的情节严重，一般是指携带武器或者国家秘密投敌叛变的，带领他人与其一同叛变的，叛变后为敌人效力的，高级官员或者负有重要职责的人员叛变等。[1] 此外，犯本罪而对国家和人民危害特别严重、情节特别恶劣的，可以判处死刑（刑法第113条）。犯本罪的，可以并处没收财产（刑法第113条），应当附加剥夺政治权利（刑法第56条）。

九、叛逃罪

(一) 概念与构成

叛逃罪，是指国家机关工作人员或者掌握了国家秘密的其他国家工作人员，在履行公务期间，擅离岗位，叛逃境外或者在境外叛逃，危害中华人民共和国国家安全的行为。

本罪的构成要件如下：

1. 本罪的客观方面表现为在履行公务期间，擅离岗位，叛逃境外或者在境外叛逃的行为。具体来看，本罪的客观方面主要包括以下内容：(1) 必须发生在履行公务期间。在履行公务期间，是指按照法律规定或授权担任职务，并按照权限行使职务职能的期间。“履行的公务是常任的还是临时的，是有偿的还是无报酬的，是在编的还是编外的，都在所不问，只要属于依法或依特别授权、委派的公务均可。”[2] 要注意的是，对于国家机关工作人员来说，并非具有相应身份的整个期间都属于“履行公务期间”，“规定‘在履行公务期间’的立法意图只能认为是控制刑罚打击面。”[3] 所以，“履行公务期间”应该是具体依照法律规定或者授权，担任职务并且履行相应职能的期间。(2) 必须是擅离岗位的叛逃。擅离岗位，即无正当理由、正当根据而离开自己的岗位，具体来说，是指未向有权批准的机关或人员报告，或虽已报告却未得到批准，或者未得到有权机关、人员的命令，而私自离开所在的工作岗位。没有离开自己工作岗位的，不可能认定为叛逃行为。(3) 行为方式包括两种，或者是“叛逃境外”，即在境内履行公务期间叛逃至境外，或者是“在境外叛逃”，即在境外履行公务期间叛逃。驻外使、领馆人员在任时出走，逾期不归，就属于“在境外叛逃”。至于叛逃行为是出于行为人的本意实施，还是在国外机构、组织的胁迫下实施，不影响叛逃行为的认定。(4) 本罪是否是纯粹的“行为犯”，即是否只要具备叛逃行为就一概成立本罪？1997年刑法要求本罪的成立必须“危害中华人民共和国国家安全”，而2011年修正通过的《刑法修正案（八）》则删除了这一要求。如何理解这一刑法修正？对此可能存在两种观点：一种认为这是刑法修正案将叛逃罪从原来的危险犯变为了行为犯，只要是“国家机关工作人员在履行公务期间，擅离岗位，叛逃境外或者在境外叛逃的”，即可构成本罪；另一种观点则认为，刑法修正案并未将叛逃罪规定为行为犯，而仅是将其从具体危险犯变更为抽象危险犯而已，成立叛逃罪仍然要求“危害中华人民共和国国家安全”，只不过是否危害国家安全已经不需要积极的证明，只要实施了相应的叛逃行

---

① 参见陈兴良：《陈兴良刑法学教科书之规范刑法学》，286页，北京，中国政法大学出版社，2003。

② 周光权：《刑法各论讲义》，599页，北京，清华大学出版社，2003。

③ 王作富主编：《刑法分则实务研究》(上)，3版，30页，北京，中国方正出版社，2007。

为通常就推定其具有了相应的危险，除非被告人通过叛逃的目的与动机、叛逃的方式与手段等内容，能够反证其叛逃行为并不足以危害国家安全。以上两种观点，一种是形式解释论的观点，似乎更符合刑法修正的字面表述；而另一种则是实质解释论的观点。本书初步认为，国家机关工作人员在履行公务期间的叛逃至境外行为或者在境外叛逃的行为，通常都会危害到国家安全，但也不能否认存在着确实不至于危害国家安全的例外情况。联系到本罪的法定刑（基本法定刑为5年以下有期徒刑、拘役、管制或者剥夺政治权利）已然不轻，所以本书认为修正后的叛逃罪仍为（抽象）危险犯而非行为犯。

2. 本罪的主体是特殊主体，即国家机关工作人员，或者掌握国家秘密的其他国家工作人员。根据刑法第430条规定，军人在履行公务期间，擅离岗位，叛逃境外或者在境外叛逃，危害国家军事利益的，应以军人叛逃罪定罪处罚。军人叛逃罪与本罪是特别法与普通法的关系。

3. 本罪的主观方面为故意，即明知自己的叛逃行为会发生危害国家安全的结果，并且希望或者放任这种结果发生。

4. 本罪的客体是中华人民共和国国家安全。

（二）刑事处罚

根据刑法第109条的规定，犯叛逃罪的，处5年以下有期徒刑、拘役、管制或者剥夺政治权利；情节严重的，处5年以上10年以下有期徒刑；掌握国家秘密的国家工作人员叛逃境外或者在境外叛逃的，从重处罚。这里，掌握国家秘密本身就是从重处罚的条件，而不论其所掌握的国家秘密是否已经出卖或泄露。此外，犯本罪的，可以并处没收财产（刑法第113条第2款），应当附加剥夺政治权利（刑法第56条）。

十、间谍罪

（一）概念与构成

间谍罪，是指参加间谍组织，接受间谍组织及其代理人的任务，或者为敌人指示轰击目标，危害国家安全的行为。

本罪的构成要件如下：

1. 本罪在客观方面具体包括：（1）参加间谍组织。这里的间谍组织，是指由外国政府或者境外敌对势力建立的旨在收集其他国家情报，对他国进行颠覆破坏活动，破坏他国国家安全的组织。参加间谍组织，就是经过一定的手续加入间谍组织之中，成为其成员。对此，当然应该认为，“这里的参加间谍组织是已经加入。只有行为人履行了一定的加入手续，无论这种手续是书面形式，还是口头形式，才能认定为参加间谍组织。如果行为人有意加入间谍组织，但是行为人未与间谍组织联系，或与间谍组织联系后，间谍组织未予以答复，不能认为行为人已经加入间谍组织”①。因为刑法将“参加间谍组织”本身作为独立成立本罪的客观要件之一，而尚未加入间谍组织的情况下，并未也不可能对国家安全造成危害，所以认为“参加间谍组织”是指“已经加入”是当然的。（2）接受间谍组织及其代理人的任务。这是指虽然尚未加入间谍组织，但是接受间谍组织及其代理人的指令，完成其交付的收集情报等任务。其中的间谍组织代理人，是指受间谍组织或者其成员的指使、委托、资助，进行或者授意、指使他人进行危害中华人民共和国国家安全活动的人（参见

① 王作富主编：《刑法分则实务研究》（上），3版，39页，北京，中国方正出版社，2007。

《中华人民共和国国家安全法实施细则》第4条)。间谍组织和间谍组织代理人由中华人民共和国国家安全部确认(参见《中华人民共和国国家安全法实施细则》第4条)。(3)为敌人指示轰击目标。敌人,是指敌视我国人民民主专政政权和社会主义制度,危害我国国家安全的武装力量以及敌对营垒。轰击目标,是指我方所有的、不为敌人所知晓且具有重要战略价值的阵地、军事设施或者其他目标。为敌人指示轰击目标,不以参加间谍组织或者接受间谍组织及其代理人的任务为前提。只要事实上为敌人指示了轰击目标的,就属于间谍行为。实施以上三种行为之一、危害国家安全的,即构成间谍罪,同时实施以上两种或者三种行为的,也不实行并罚。

2. 本罪的主体。与背叛国家罪、投敌叛变罪等罪的主体只能是中国公民不同,本罪的主体不限于中国公民,中国公民、外国公民或者无国籍人都可能成为本罪的主体。

3. 本罪的主观方面为故意,并且,参加间谍组织的,必须明知是间谍组织而参加;接受间谍任务的,必须明知是间谍组织或其代理人派遣的任务而接受;指示轰击目标的,必须明知对方是敌人而向其指示轰击目标。但不论行为人实施何种行为,都必须明知自己的行为会发生危害国家安全的结果,并且希望或者放任这种结果发生。实践之中出现的因为被诱骗而将间谍组织误认为一般机构,参加该组织之后也并未实际上参加危害国家安全活动的,或者并不明知间谍组织的性质,仅在其中从事一般勤杂事务的,都属于欠缺本罪的故意,不成立间谍罪。

4. 本罪的客体是中华人民共和国的国家安全。

(二)刑事处罚

根据刑法第110条、第113条和第56条的规定,犯间谍罪的,处10年以上有期徒刑或者无期徒刑;情节较轻的,处3年以上10年以下有期徒刑;对国家和人民危害特别严重、情节特别恶劣的,可以判处死刑。犯本罪的,可以并处没收财产,应当附加剥夺政治权利。本罪中的"情节较轻",是指虽然参加了间谍组织,但尚未从事具体的间谍活动,没有给我国的国家安全造成危害的,或者虽已接受间谍组织及其代理人的任务,但尚未开始实施具体的任务活动的,或为敌人指示的轰击目标错误,没有给我国造成损失的。而"对国家和人民危害特别严重、情节特别恶劣",是指犯间谍罪,致使我国的经济、政治、军事等利益遭受特别严重的损失,造成大量人员伤亡、巨额财产损失、军事设施严重破坏等。[①] 但是,认为"多次从事间谍活动"也属于"对国家和人民危害特别严重、情节特别恶劣"[②],可能值得商榷,因为考虑到在这种情况之下"可以判处死刑",所以还是应该尽量对"对国家和人民危害特别严重、情节特别恶劣"作限制解释为好,虽然多次从事间谍活动,但是并未造成特别严重的人员伤亡、财产损失的,不应该认定为"危害特别严重",也不宜认定为"情节特别恶劣"。

十一、为境外窃取、刺探、收买、非法提供国家秘密、情报罪

(一)概念与构成

为境外窃取、刺探、收买、非法提供国家秘密、情报罪,是指为境外的机构、组织、人员窃取、刺探、收买、非法提供国家秘密或者情报的行为。

本罪的构成要件如下:

---

① 参见陈兴良:《陈兴良刑法学教科书之规范刑法学》,288页,北京,中国政法大学出版社,2003。

② 陈兴良:《陈兴良刑法学教科书之规范刑法学》,288页,北京,中国政法大学出版社,2003。

1. 本罪的客观方面表现为，为境外的机构、组织或者个人窃取、刺探、收买、非法提供国家秘密或者情报。本罪中的境外机构，顾名思义，是指在中华人民共和国国境、边境以外的国家和地区的机构，也包括境外机构在中国境内设立的分支或者代表机构，如外国驻我国的大使馆、领事馆、办事处等。境外组织，是指在中华人民共和国国境、边境以外的国家和地区的政党、社会团体以及其他企事业单位等，也包括这些组织在中国境内的分支组织。境外人员，是指不隶属任何境外机构、组织的境外外国公民或无国籍人，也包括居住在中华人民共和国境内不具有中华人民共和国国籍的人。① 这里，行为人为我国台湾地区以及回归前的港、澳地区的机构、组织、人员窃取、刺探、收买、非法提供国家秘密、情报的，成立本罪不存在争议，问题是，为回归后的港、澳地区的机构、组织、人员窃取、刺探、收买、非法提供国家秘密、情报的，是否也构成本罪？对此，刑法理论上存在争议。我们认为，此时如果行为人的行为确实已经危害了国家安全而又无法构成危害国家安全的其他犯罪的，为了维护国家的安全与利益，可以认定为本罪。② 还需要说明的是，境外机构、组织、人员的性质没有限定，即境外机构、组织与个人是否与我国为敌，并不影响本罪的成立。

本罪的具体行为方式有四种：窃取、刺探、收买和非法提供。其中，窃取，是指用盗窃手段获取国家秘密文件、情报的行为，可能是直接窃取，也可能是借助计算机、照相、窃听、电磁波等辅助手段取得国家秘密或者情报。刺探，是指使用探听、侦察等方式获取国家秘密或者情报。刺探方式与窃取方式的不同之处在于，它并非采用盗窃手段去控制、支配国家秘密、情报，而是通过调查、询问等方式打听国家秘密、情报的信息。收买，是指利用金钱、物质或其他利益（比如色情）换取国家秘密或者情报。③ 非法提供，是指因为职务行为知晓或者由于某种原因掌握国家秘密、情报者违反保密法等相关法律的规定，擅自向境外机构、组织或者个人提供国家秘密或者情报使其知悉。通过互联网将国家秘密或者情报非法发送给境外的机构、组织、个人的，属于非法提供，依照本罪定罪处罚（最高人民法院 2001 年 1 月 17 日公布的《关于审理为境外窃取、刺探、收买、非法提供国家秘密、情报案件具体应用法律若干问题的解释》第 6 条）。本罪是选择性罪名，行为人只要实施了窃取、刺探、收买、非法提供等行为方式中的一种，就构成本罪，同时实施了上述多种行为，也仅成立一罪，不并罚。

按照有关司法解释，本罪中所涉及的“国家秘密”，是指《中华人民共和国保守国家秘密法》第 2 条、第 9 条以及《中华人民共和国保守国家秘密法实施办法》第 4 条确定的事项。具体而言，这里的“国家秘密”，是指关系国家的安全和利益，依照法定程序确定，在一定时间内只限一定范围的人员知悉的事项（《保守国家秘密法》第 2 条），具体而言，包括符合上述条件的下列秘密事项：国家事务的重大决策中的秘密事项；国防建设和武装力量活动中的秘密事项；外交和外事活动中的秘密事项以及对外承担保密义务的事项；国民经济和社会发展中的秘密事项；科学技术中的秘密事项；维护国家安全活动和追查刑事

---

① 以上关于境外机构、组织、人员范围的概括，参照了 1994 年 5 月国务院通过的《中华人民共和国国家安全法实施细则》第 3 条的规定。该条虽然是对《国家安全法》中“境外机构、组织、人员”范围的补充说明，但是可以援引到对于刑法相关犯罪关于“境外机构、组织、人员”范围的界定上。

② 参见王作富主编：《刑法分则实务研究》（上），3 版，47～48 页，北京，中国方正出版社，2007。

③ 有论者认为这里的收买是指“利用金钱等财产性利益去换取国家秘密、情报”。参见王作富主编：《刑法分则实务研究》（上），3 版，49 页，北京，中国方正出版社，2007。但是，这样会人为缩小“收买”的涵盖范围，不利于本罪的法益保护。实际上，通过财产性利益之外的其他利益（如色情）去换取国家秘密、情报，也完全无法认定为窃取、刺探或者非法提供而应该认定为“收买”。

犯罪中的秘密事项；其他经国家保密工作部门确定应当保守的国家秘密事项（《保守国家秘密法》第9条)。此外，某一事项泄露后会造成下列后果之一的，应当列入国家秘密：危害国家政权的巩固和防御能力；影响国家统一、民族团结和社会安定；损害国家在对外活动中的政治、经济利益；影响国家领导人、外国要员的安全；妨害国家重要的安全保卫工作；使保护国家秘密的措施可靠性降低或者失效；削弱国家的经济、科技实力；使国家机关依法行使职权失去保障（《保守国家秘密法实施办法》第4条)。政党的秘密事项关系到国家安全和利益的，也属于国家秘密（《保守国家秘密法》第9条)。此外，国家秘密的密级分为“绝密”、“机密”、“秘密”三级。“绝密”是最重要的国家秘密，泄露会使国家的安全和利益遭受特别严重的损害；“机密”是重要的国家秘密，泄露会使国家的安全和利益遭受严重的损害；“秘密”是一般的国家秘密，泄露会使国家的安全和利益遭受损害（《保守国家秘密法》第10条)。作为本罪犯罪对象的国家秘密，既包括绝密级的国家秘密，也包括机密级和秘密级的国家秘密。根据同一司法解释，作为本罪的犯罪对象的“情报”，是指关系国家安全和利益、尚未公开或者依照有关规定不应公开的事项。对为境外机构、组织、人员窃取、刺探、收买、非法提供国家秘密之外的情报的行为，以为境外窃取、刺探、收买、非法提供情报罪定罪处罚。

2. 本罪的犯罪主体为一般主体，不限于中国公民。

3. 本罪的主观方面为故意，即明知是国家秘密或者情报，而故意为境外机构、组织、人员窃取、刺探、收买或者非法提供。前述最高人民法院2001年1月17日的司法解释第5条指出，“行为人知道或者应当知道没有标明密级的事项关系国家安全和利益，而为境外窃取、刺探、收买、非法提供的，依照刑法第一百一十一条的规定以为境外窃取、刺探、收买、非法提供国家秘密罪定罪处罚。”不过，“应当知道”毕竟不属于实际知道，正如有论者指出的那样，将“应当知道”而实际上并不知道的情形认定为故意犯罪，意味着将过失行为认定为故意犯罪，存在疑问。所以，应将司法解释中的“应当知道”理解为根据事实推定行为人知道。[①] 为境外窃取、刺探、收买、非法提供国家秘密、情报罪在主观方面的动机多种多样，如有的可能是基于对我国社会主义制度的仇恨，有的则可能是为了通过非法提供国家秘密、情报等获取经济利益，等等。动机不影响本罪的成立。

4. 本罪的客体是国家的安全和利益，犯罪对象是国家秘密和情报。

（二）司法认定与刑事处罚

1. 司法认定

按照前述最高人民法院2001年1月17日的司法解释第6条的规定，将国家秘密通过互联网予以发布，情节严重的，依照故意泄露国家秘密罪或者过失泄露国家秘密罪定罪处罚。同一司法解释第7条还指出，审理为境外窃取、刺探、收买、非法提供国家秘密案件，需要对有关事项是否属于国家秘密以及属于何种密级进行鉴定的，由国家保密工作部门或者省、自治区、直辖市保密工作部门鉴定。

2. 刑事处罚

根据刑法第111条的规定，犯本罪的，处5年以上10年以下有期徒刑[②]；情节特别严

---

① 参见张明楷：《刑法学》，3版，513页，北京，法律出版社，2007。

② 前述司法解释第3条规定，为境外窃取、刺探、收买、非法提供国家秘密或者情报，具有下列情形之一的，处5年以上10年以下有期徒刑：为境外窃取、刺探、收买、非法提供机密级国家秘密的；为境外窃取、刺探、收买、非法提供三项以上秘密级国家秘密的；为境外窃取、刺探、收买、非法提供国家秘密或者情报，对国家安全和利益造成其他严重损害的。

重的，处10年以上有期徒刑或者无期徒刑[①]；情节较轻的，处5年以下有期徒刑、拘役、管制或者剥夺政治权利。[②] 此外，犯本罪对国家和人民危害特别严重、情节特别恶劣的，可以判处死刑（刑法第113条）。犯本罪的，可以并处没收财产（刑法第113条），应当附加剥夺政治权利（刑法第56条）。

十二、资敌罪

（一）概念与构成

资敌罪，是指战时供给敌人武器装备、军用物资的行为。

本罪的构成要件如下：

1. 本罪的客观方面表现为，战时供给敌人武器装备、军用物资。其中，所谓的战时，按照刑法第451条的规定，是指国家宣布进入战争状态、部队受领作战任务或者遭敌突然袭击时。部队执行戒严任务或者处置突发性暴力事件时，以战时论。虽然第451条对于“战时”的定义是针对刑法分则第十章“军人违反职责罪”而言的，但是，同样可适用于资敌罪中。非战时为敌对势力提供武器装备、军用物资的，不成立本罪，但有可能成立投敌叛变等其他危害国家安全罪。“敌人”不是指个别的敌对分子，而是指敌对营垒、带有军事性质的武装力量。资助的方法仅限于供给敌人武器装备、军用物资。武器装备，是指具有强大杀伤性的武器和军事技术装备，如各种武器、弹药、飞机、坦克、舰艇、军用通信设备等；军用物资，是指武器装备以外的其他军用物品，如军用医疗用品、军用工程材料等。

2. 本罪的主体仅限于中国公民。外国人、无国籍人在战时为中国的敌人提供武器装备、军用物资的，不构成本罪。当然，外国人或者无国籍人仍有可能成为资敌罪的共犯。

3. 本罪的主观方面表现为故意，即明知处于战时，明知对方为敌人，而故意向对方提供武器装备、军用物资加以资助。这里，作为主观方面的内容，对于“战时”、“敌人”等构成要件要素的明知是成立本罪所必不可少的。

4. 本罪的客体是国家安全，并且是战时的国家安全。

（二）刑事处罚

根据刑法第112条的规定，犯资敌罪的，处10年以上有期徒刑或者无期徒刑；情节较轻的，处3年以上10年以下有期徒刑。此外，犯本罪对国家和人民危害特别严重、情节特别恶劣的，可以判处死刑（刑法第113条）。犯本罪的，可以并处没收财产（刑法第113条），应当附加剥夺政治权利（刑法第56条）。

【附录】

一、司法考试真题

1. 某国家机关工作人员甲借到M国探亲的机会滞留不归。一年后甲受雇于N国的一

---

① 根据前述司法解释第2条，为境外窃取、刺探、收买、非法提供国家秘密或者情报，具有下列情形之一的，属于“情节特别严重”：为境外窃取、刺探、收买、非法提供绝密级国家秘密的；为境外窃取、刺探、收买、非法提供三项以上机密级国家秘密的；为境外窃取、刺探、收买、非法提供国家秘密或者情报，对国家安全和利益造成其他特别严重损害的。

② 按照前述司法解释第4条，为境外窃取、刺探、收买、非法提供秘密级国家秘密或者情报，属于“情节较轻”。

个专门收集有关中国军事情报的间谍组织，随后受该组织的指派潜回中国，找到其在某军区参谋部工作的战友乙，以1万美元的价格从乙手中购买了3份军事机密材料。对甲的行为应如何处理？（　　）

A. 以叛逃罪论处　　B. 以叛逃罪和间谍罪论处

C. 以间谍罪论处　　D. 以非法获取军事秘密罪论处

答案：C

2. 某国间谍戴某，结识了我国某国家机关机要员黄某。戴某谎称来华投资建厂需了解政策动向，让黄某借工作之便为其搞到密级为“机密”的《内参报告》四份。戴某拿到文件后送给黄某一部手机，并为其子前往某国留学提供了6万元资金。对黄某的行为如何定罪处罚？（　　）

A. 资助危害国家安全犯罪活动罪、非法获取国家秘密罪，数罪并罚

B. 为境外窃取、刺探、收买、非法提供国家秘密、情报罪与受贿罪，数罪并罚

C. 非法获取国家秘密罪、受贿罪，数罪并罚

D. 故意泄露国家秘密罪、受贿罪，从一重罪处断

答案：B

二、模拟试题

1. 对所有危害国家安全的犯罪，下述刑罚方法都可以适用的是(　　)。

A. 管制　　B. 附加剥夺政治权利

C. 没收财产　　D. 拘役

答案：BC

2. 危害国家安全的犯罪，法定最高刑是死刑的有(　　)。

A. 间谍罪　　B. 煽动颠覆国家政权罪

C. 资敌罪　　D. 叛逃罪

答案：AC

3. 下列关于资助危害国家安全犯罪活动罪，说法正确的是(　　)。

A. 犯罪主体是境内外机构、组织或者个人

B. 资助境内组织或者个人实施背叛国家罪、分裂国家罪、煽动分裂国家罪、武装叛乱、暴乱罪、颠覆国家政权罪、煽动颠覆国家政权罪

C. 战时供给敌人武器装备、军用物资资敌

D. 资助的时间没有限制，可以是在境内组织或者个人实施特定犯罪之前、之中和之后

答案：ABD

4. 叛逃罪的犯罪主体是(　　)。

A. 中国公民　　B. 中国国家机关工作人员

C. 中国国有企业的工作人员　　D. 掌握国家秘密的国家工作人员

答案：BD

5. 下列有关叛逃罪的表述，正确的是(　　)。

A. 犯罪主体是特殊主体，必须是国家机关工作人员和掌握国家秘密的国家工作人员

B. 叛逃行为必须发生在履行公务期间

C. 客观方面表现为擅离岗位，叛逃境外或者在境外叛逃

D. 如果行为人叛逃境外而又加入间谍组织的，应以叛逃罪与间谍罪实行数罪并罚

答案：ABCD

6. 故意向他人提供国家重要机密的行为，因提供的对象不同可以构成哪些罪？（　　）

A. 故意泄露国家秘密罪　　B. 资敌罪

C. 间谍罪　　D. 为境外非法提供国家秘密罪

答案：ACD

第三章 危害公共安全罪

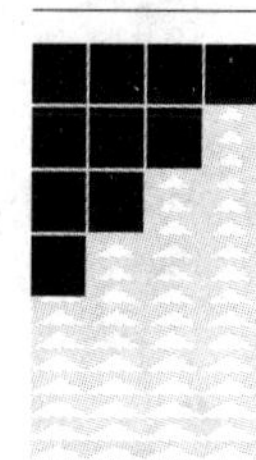

二十四、破坏广播电视设施、公用电信设施罪
二十五、过失损坏广播电视设施、公用电信设施罪
二十六、非法制造、买卖、运输、邮寄、储存枪支、弹药、爆炸物罪
二十七、非法制造、买卖、运输、储存危险物质罪
二十八、违规制造、销售枪支罪
二十九、盗窃、抢夺枪支、弹药、爆炸物、危险物质罪
三十、抢劫枪支、弹药、爆炸物、危险物质罪
三十一、非法持有、私藏枪支、弹药罪
三十二、非法出租、出借枪支罪
三十三、丢失枪支不报罪
三十四、非法携带枪支、弹药、管制刀具、危险物品危及公共安全罪
三十五、重大飞行事故罪
三十六、铁路运营安全事故罪
三十七、交通肇事罪
三十八、危险驾驶罪
三十九、重大责任事故罪
四十、强令违章冒险作业罪
四十一、重大劳动安全事故罪
四十二、大型群众性活动重大安全事故罪
四十三、危险物品肇事罪
四十四、工程重大安全事故罪
四十五、教育设施重大责任事故罪
四十六、消防责任事故罪
四十七、不报、谎报安全事故罪

参考文献

高铭暄、马克昌主编:《刑法学》,3版,北京大学出版社、高等教育出版社,2007;王作富主编:《刑法》,3版,中国人民大学出版社,2007;张明楷:《刑法学》,2版,法律出版社,2003;李希慧主编:《刑法各论》,中国人民大学出版社,2007;高铭暄、马克昌主编:《中国刑法解释》,中国社会科学出版社,2005;王作富主编:《刑法分则实务研究》,中国方正出版社,2007;鲍遂献、雷东升:《危害公共安全罪》,中国人民公安大学出版社,2003;赵秉志主编:《刑法争议问题研究》(下卷),河南人民出版社,1996;刘家琛主编:《新刑法条文释义》,人民法院出版社,1997。

第一节 危害公共安全罪概述

一、危害公共安全罪的概念和特征

危害公共安全罪,是指故意或过失地实施危害不特定或多数人的生命、健康或者重大公私财产安全的行为。刑法分则第二章对这类犯罪进行规定,2001年12月29日第九届全国人大常委会第二十五次会议通过的《中华人民共和国刑法修正案(三)》、2006年6月29日第十届全国人大常委会第二十二次会议通过的《中华人民共和国刑法修正案(六)》对该章部分犯罪进行了修正。

危害公共安全罪具有以下特征:

1. 危害公共安全罪的客体是公共安全。这是这类犯罪与其他犯罪相区别的基本特征。公共安全,即公共生产、经营、生活领域内人身、财产不受威胁与损害的状态,是公共活动得以正常进行的基本条件。就危害公共安全罪而言,行为人所针对的公共安全,其表现形式为不特定或者多数人的人身安全和重大公私财产的安全。

这类犯罪所侵犯的客体具有明显的公共性特征,而公共性即意味着与个体的、私人性的权益相区别。对于公共性的判断,不能仅仅以危害行为直接作用对象的多少来区分,而应考虑危害行为在实施时所影响的范围,具体而言,以事后的角度看待,处在行为实施现场的人身或财物受到潜在的或者现实的威胁或者实际损害的范围,对于一般人来说,如果认为危害行为作用的范围具有危及公共场域内人身安全和财产安全的性质,即可以认定该行为具有公共性。正是由于这类犯罪的客体具有公共性特征,在利益衡量和价值判断上,一般认为,这类犯罪的客体即公共安全应当优先于个人性的权益予以保护。当某一特定的危害行为造成对公共安全的危害的同时,对个人性的权益也形成侵害,对该行为的定性应以触犯的具体的危害公共安全罪论处。例如,甲意图杀死仇人乙,在乙居住的楼下安放了烈性炸药,结果导致包括乙在内的多人死亡和重大财产损失。对于该例,甲实施的爆炸行为应以爆炸罪论处,而非故意杀人罪。

2. 危害公共安全罪的危害行为表现为,对不特定或者多数人的生命、健康或者重大公私财产权益形成的危险或者实害。这类犯罪的危害行为的客观指向是处于公共场域内的人或者财产。公共场域，不限于通常所说的公共场所，而是指一个概括的空间范围，在这一空间范围内同时存在着多数的人身和（或者）财产权益。公共场域可能包含一定的私人场域（如私人住宅），并为私人场域提供一定的条件，也就是说，很多情况下，某个人身权益或者财产权益同时存在于私人场域和公共场域。如果针对私人场域的危害行为，并没有危及公共场域的安全，则只应以针对个人权益的犯罪来定罪；只有当同时对私人场域和公共场域的安全造成危害时，才考虑以具体的危害公共安全罪定罪。例如，甲在一幢居民楼里将乙杀死在家中，甲的行为仅构成故意杀人罪；如果甲用放火的方式将乙的房间点燃，进而导致整幢楼发生火灾，那么，甲的行为就应以放火罪定罪。从形式上看，处于公共场域内的人或者财产，表现为不特定或者多数人的生命、健康或者重大公私财产。"不特定"，是指犯罪行为可能侵犯的对象和可能造成的结果事先无法确定，行为人对于可能造成的结果难以预料其具体情况；"不特定"，并非行为人在实施危害行为时没有特定的侵犯对象或目标，而是指其行为所实际影响的对象是不特定的，而形成危害结果的范围是行为人难以控制的。"多数"，是指危害行为实质影响的是较多人的人身或财产权益，或者说，较多的人（即使是特定的多数人）感受到对其生命、健康或者财产的威胁。这类犯罪的危害表现为，对不特定或者多数人的人身或者重大公私财产权益形成危险或者造成实害。以形成危害的形式区分，可以把这类犯罪区分为三种类型：

（1）实害犯，如交通肇事罪、重大责任事故罪。这类犯罪的构成以造成具体危害结果为必要条件，否则即不构成犯罪。

（2）具体的危险犯，如放火罪、爆炸罪、投放危险物质罪等。这类犯罪的基本犯罪构成，以危害行为形成具体的危险为条件。所谓具体的危险犯，是指法律条文明文规定的以危险发生为构成要件要素的犯罪类型。

（3）抽象的危险犯，如非法制造、买卖、运输、邮寄、储存枪支、弹药、爆炸物罪，抢劫枪支、弹药、爆炸物罪等。这类犯罪的成立，实质上即表明其对刑法所保护的社会关系形成现实的危险。①

3. 危害公共安全罪中既有故意犯罪，又有过失犯罪。对于故意犯罪而言，行为人在主观上认识到自己的行为会造成危害公共安全的结果，希望或者放任这一结果的发生；行为人实施具体的危害行为时意图侵害的对象可能是特定的人或者财物，但是为实现这一目标而将危害行为指向不特定或者多数人的生命、健康或者重大公私财产权益，因而其认识因素和意志因素都与危害公共安全相联系。对于过失犯罪而言，行为人在主观上应当预见到行为可能发生危害公共安全的结果，因为疏忽大意没有预见，或者已经预见而轻信能够避免，以致发生危害公共安全的结果。危害公共安全罪中过失犯罪的数量在刑法分则各章中相对较多，而且很多属于业务过失的犯罪。与一般过失犯罪不同，业务过失犯罪中行为人违反了特别注意义务。由于业务过失与高度危险的行业联系在一起，而导致的后果也比较严重，因而对业务过失的处罚要比一般过失重一些。所谓"业务"，是指反复从事同种类行为为目的的社会活动，与一个人的职业、从事活动的性质等有紧密联系。对于从事业务活动的人而言，对其业务范围内的风险有更高的预见能力，并应负有更高的预见义务，这

---

① 参见张明楷：《刑法学》，2版，538页，北京，法律出版社，2003。关于我国刑法中是否存在抽象的危险犯，有论者持否定的态度（如熊选国：《刑法中行为论》，103～105页，北京，人民法院出版社，1992）。从我国刑法分则有关犯罪来看，将该罪定罪的实质根据即在于其危害行为对社会重大利益的危险，这种危险虽然表现得并不具体而不需要法律明示，但是这种危险也是现实的，而且可能转化为实际损害或者为造成实际损害创造条件。

一预见义务由相关的法律法规以及行业规范等确立的，换言之，对于业务过失的预见义务，相关的法律法规以及行业规范已经作了明确规定，行为人只要实施了违反有关业务规范禁止的作为或不作为，就证明其已经违反了特别注意义务。例如，交通肇事罪的行为人即违反了交通运输管理法规。此外，在火灾事故、生产事故、环境灾害等事件发生时，除了追究直接行为人的过失责任之外，对于负有监督或管理职责的监督者或管理者也有可能存在犯罪过失，即监督过失和管理过失：监督过失，是指违反指挥、命令、训练等监督直接行为人而防止危害结果发生义务的过失；管理过失，是指作为安全管理人员违反为预防事故而准备物资设备、人员制度的义务的过失。[①] 在监督过失中，被监督者的过失行为直接导致了危害结果的发生，而监督者对被监督者的行为负有监督义务，但却没有履行这一义务而导致危害结果的发生。在监督过失的情况下，实际存在被监督者（直接行为人）的过失与监督者的过失同时出现的情况，即出现了过失聚合的情形。例如，消防监督机构负有职责对特殊场所是否有火灾隐情进行监督，如果消防监督机构人员没有履行这一监督职责，当存在火灾隐患而发生重大火灾时，该人员即可能因为监督过失而构成玩忽职守罪（刑法第397条），而对火灾隐患负有防止义务的人而言，其行为可能构成失火罪。在管理过失中，行为人因为没有采取必要的防范措施，或者没有指示他人采取防范措施，导致了危害结果的发生，或者由于自然原因或第三人的无罪过行为导致了危害结果的发生。例如，刑法第136条规定的危险物品肇事罪就属于管理过失的犯罪。

二、危害公共安全罪的分类

根据现行刑法的规定，危害公共安全罪共有47个具体犯罪，可以归纳为五类：

1. 以危险方法危害公共安全的犯罪，包括放火罪、决水罪、爆炸罪、投放危险物质罪、以危险方法危害公共安全罪、失火罪、过失决水罪、过失爆炸罪、过失投放危险物质罪、过失以危险方法危害公共安全罪、危险驾驶罪。

2. 破坏公用工具、公共设施危害公共安全的犯罪，包括破坏交通工具罪，破坏交通设施罪，过失损坏交通工具罪，过失损坏交通设施罪，破坏电力设备罪，破坏易燃易爆设备罪，过失损坏电力设备罪，过失损坏易燃易爆设备罪，破坏广播电视设施、公用电信设施罪，过失损坏广播电视设施、公用电信设施罪。

3. 实施恐怖、危险活动危害公共安全的犯罪，包括组织、领导、参加恐怖组织罪，资助恐怖活动罪，劫持航空器罪，劫持船只、汽车罪，暴力危及飞行安全罪。

4. 违反武器、弹药和危险物质管理的危害公共安全犯罪，包括非法制造、买卖、运输、邮寄、储存枪支、弹药、爆炸物罪，非法制造、买卖、运输、储存危险物质罪，违规制造、销售枪支罪，盗窃、抢夺枪支、弹药、爆炸物、危险物质罪，抢劫枪支、弹药、爆炸物、危险物质罪，非法持有、私藏枪支、弹药罪，非法出租、出借枪支罪，丢失枪支不报罪，非法携带枪支、弹药、管制刀具、危险物品危及公共安全罪。

5. 造成重大责任事故危害公共安全的犯罪，包括重大飞行事故罪，铁路运营安全事故罪，交通肇事罪，重大责任事故罪，强令违章冒险作业罪，重大劳动安全事故罪，大型群众性活动重大安全事故罪，危险物品肇事罪，工程重大安全事故罪，教育设施重大安全事故罪，消防责任事故罪，不报、谎报安全事故罪。

---

① 参见［日］西田典之著，刘明祥、王昭武译：《日本刑法总论》，225～228页，北京，中国人民大学出版社，2007。

第二节　危害公共安全罪分述

一、放火罪

(一) 概念与构成

放火罪，是指故意放火焚烧公私财物，危害公共安全的行为。

本罪构成要件如下：

1. 本罪的客观方面表现为实施放火焚烧公私财物，危害公共安全的行为。所谓放火，是指使用各种引火物，点燃目的物，引起公私财物的燃烧，进而形成火灾的行为。放火的方法没有特别限制，可以用作为的方式实施，也可以用不作为的方式实施。以不作为方式实施，必须以行为人负有防止火灾发生的特定作为义务为前提。

2. 本罪的主体为一般主体，根据刑法第 17 条第 2 款的规定，为已满 14 周岁且具有刑事责任能力的自然人。

3. 本罪的主观方面为故意，即明知自己的放火行为会发生危害公共安全的结果，并且希望或者放任这一结果的发生，包括直接故意和间接故意，行为人基于何种动机实施放火行为，对构成本罪没有影响。

4. 本罪的客体为公共安全，即不特定或者多数人的生命、健康或者公私财产的安全。行为人燃烧他人财物，并不足以危害公共安全的，设若数额较大或者有其他严重情节的，应考虑以故意毁坏财物罪定罪（刑法第 275 条）。行为人引燃自己所有的财物，属于基于个人所有权的处分行为，一般不构成犯罪，但是如果足以危害公共安全的，也应以本罪定罪；行为人自焚并足以危害公共安全的，其行为也应以放火罪定罪。①

(二) 司法认定与刑事处罚

1. *司法认定*

（1）罪与非罪的界限。放火罪的成立，是以对公共安全造成具体的危险为条件，换言之，只要放火行为危及公共安全，即便并没有造成现实的实际损害，对行为人应以放火罪追究刑事责任，因而应区分放火罪与一般点燃特定对象的行为。判断点燃特定对象的行为是否属于放火罪的“放火行为”，关键在于该行为是否危害公共安全，如果该行为危害公共安全，即属于放火罪中放火行为，而是否危害公共安全，就是能否导致火灾的发生，即对象物燃烧后在时间上或者空间上失去控制所形成的灾害。在具体判断上，应首先将所有客观事实作为进行判断的事实材料，如行为本身的危险性，对象本身的性质、结构、价值，对象物与周围可燃物的距离，行为时的气候、气温等，而后根据客观的经验观察判断对象物燃烧的行为是否足以形成在时间上或者空间上失去控制的燃烧状态。②

（2）放火罪的既遂、未遂、中止形态。放火罪的基本犯罪构成（刑法第 114 条），以放火行为危及公共安全，尚未造成严重后果为条件，即形成对公共安全的具体危险；当这一危险出现时，就认为该罪已经达成既遂。如何判断这一具体危险的出现，即如何区分放火罪的既遂与未遂问题，刑法理论上有财物毁损说、点燃说、点燃并足以危害公共安全说、

---

① 参见 2001 年 6 月 4 日公布的最高人民法院、最高人民检察院《关于办理组织和利用邪教组织犯罪案件具体应用法律若干问题的解释（二）》第 10 条的规定。

② 参见张明楷：《刑法学》，2 版，540～541 页，北京，法律出版社，2003。

独立燃烧说等[1]，其中，独立燃烧说为多数人所支持。独立燃烧说，即只要放火的行为将对象物点燃后，达到已经脱离引燃媒介并能够独立燃烧的程度，即使没有造成实际的危害结果，也应视为放火罪既遂，反之，则为未遂，如放火行为尚未实行完毕，或者虽然当时已经点燃，但随后即熄灭的情形，即应视为放火罪的未遂。行为人点燃对象物并有可能危及公共安全，其自动使其没有达到独立燃烧程度的，属于放火罪的中止，不过，在放火行为导致对象物燃烧的状态下，行为人将引燃物撤离对象物，或者将引燃部分扑灭，但对象物仍可以独立继续燃烧的，则只能认定为放火罪既遂，而非放火罪的中止。

(3) 放火罪与以放火方法实施其他犯罪的界分。区分放火罪与以放火方法实施的其他犯罪，关键是看放火行为是否足以危及公共安全，如果行为人为追求特定目的的实现放火并危及公共安全，则应以放火罪定罪，反之，则以触犯的相应犯罪定罪。例如，甲与乙素有积怨，一日夜晚将乙院落里的谷仓点燃，结果导致波及周围数十家房舍的火灾。此例中，甲的行为就构成放火罪。

2. 刑事处罚

根据刑法第114、115条的规定，犯本罪，尚未造成严重后果的，处3年以上10年以下有期徒刑；犯本罪，致人重伤、死亡或者使公私财产遭受重大损失的，处10年以上有期徒刑、无期徒刑或者死刑。

二、决水罪

决水罪，是指故意利用水的破坏作用，制造水患，危害公共安全的行为。本罪的构成要件如下：(1) 本罪的客观方面表现为，实施危害公共安全的决水行为。“决水”，是指一切足以使水流的自然力失去有效控制，并形成水的泛滥。决水的行为，既可以是作为，如破坏水闸、堵塞水道等，也可以是不作为，如不关闭防水堤的水门。(2) 本罪的主体为一般主体，即年满16周岁且具有刑事责任能力的自然人。(3) 本罪的主观方面为故意，即明知决水的行为会造成水患，并且希望或者放任水患的发生。(4) 本罪的客体为公共安全。本罪的既遂标准，刑法理论上有财物浸没说、物质毁损说、效用灭失说、公共危险说和冲溢说（又称水流开始说）[2]，其中冲溢说更具说服力。冲溢说并不否定公共危险说，只是在承认该观点基础上提出了具体标准，即水流开始就意味着水流的自然力丧失了有效控制，此时也就对公共安全形成具体的危险。

根据刑法第114、115条的规定，犯决水罪，尚未造成严重后果的，处3年以上10年以下有期徒刑；犯决水罪，致人重伤、死亡或者使公私财产遭受重大损失的，处10年以上有期徒刑、无期徒刑或者死刑。

三、爆炸罪

爆炸罪，是指故意引起爆炸物或者其他设备、装置爆炸，危害公共安全的行为。本罪的构成要件如下：(1) 本罪的客观方面表现为，引起爆炸物或者其他设备、装置爆炸，危害公共安全的行为。引起爆炸物爆炸，主要是指引爆炸弹、炸药包、手榴弹、雷管及各种易爆的固体、液体、气体物品；引起其他设备爆炸，主要是指利用各种手段，导致机器、锅炉等设备或装置爆炸。爆炸行为必须足以危害公共安全，才成立本罪。行为人实施自爆

---

① 参见赵秉志主编：《刑法争议问题研究》（下卷），83～84页，郑州，河南人民出版社，1996。

② 参见王作富主编：《刑法分则实务研究》（上），72页，北京，中国方正出版社，2007。

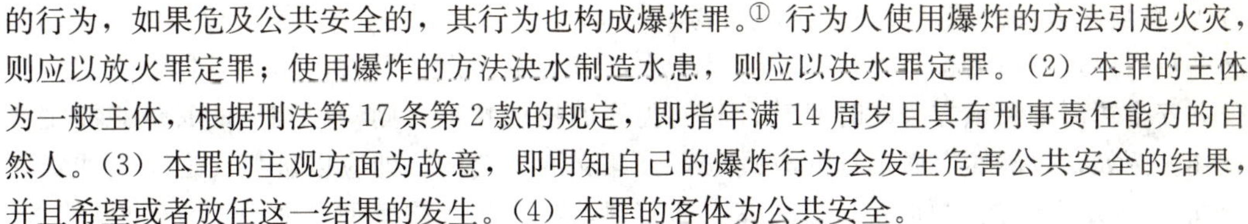

的行为，如果危及公共安全的，其行为也构成爆炸罪。[①] 行为人使用爆炸的方法引起火灾，则应以放火罪定罪；使用爆炸的方法决水制造水患，则应以决水罪定罪。(2) 本罪的主体为一般主体，根据刑法第 17 条第 2 款的规定，即指年满 14 周岁且具有刑事责任能力的自然人。(3) 本罪的主观方面为故意，即明知自己的爆炸行为会发生危害公共安全的结果，并且希望或者放任这一结果的发生。(4) 本罪的客体为公共安全。

根据刑法第 114、115 条的规定，犯爆炸罪，尚未造成严重后果的，处 3 年以上 10 年以下有期徒刑；犯爆炸罪，致人重伤、死亡或者使公私财产遭受重大损失的，处 10 年以上有期徒刑、无期徒刑或者死刑。

四、投放危险物质罪

投放危险物质罪，是指故意投放毒害性、放射性、传染病病原体等物质，危害公共安全的行为。本罪的构成要件如下：(1) 本罪的客观方面表现为，投放毒害性、放射性、传染病病原体等物质，危害公共安全的行为。"投放"，即指将危险物质投放于不特定或者多数人的饮食之中，或者投放于为人、畜等提供用水的河流、池塘、水井等，或者将含有危险物质的气体向空气中释放。毒害性物质，是指基于化学作用，能够导致有机体死亡或者伤害的物质，如氰化钾、剧毒农药等；放射性物质，是指能发出射线的物质，能够导致放射性损伤，直至死亡的物质；传染病病原体，是指能够引起疾病的微生物和寄生虫的统称。投放危险物质的行为，既可以是作为，也可以是不作为，其投放的场所应当是属于公共领域的场所。投放危险物质的行为，必须足以危及公共安全，如果使用危险物质杀伤特定个人，不构成本罪，而应以故意杀人罪定罪。对于投放危险物质的行为是否危及公共安全，应当根据实施行为的地点、时间等因素以及投放危险物质的性质、危险性程度予以考察。(2) 本罪的主体为一般主体，根据刑法第 17 条第 2 款的规定，即指年满 14 周岁且具有刑事责任能力的自然人。(3) 本罪的主观方面为故意，即行为人明知投放危险物质的行为会造成危害公共安全的结果，并且希望或者放任这一结果的发生。(4) 本罪的客体为公共安全。

根据刑法第 114、115 条的规定，犯本罪，尚未造成严重后果的，处 3 年以上 10 年以下有期徒刑；犯本罪，致人重伤、死亡或者使公私财产遭受重大损失的，处 10 年以上有期徒刑、无期徒刑或者死刑。

五、以危险方法危害公共安全罪

以危险方法危害公共安全罪，是指使用与放火、决水、爆炸、投放危险物质等危险性相当的其他危险的方法，危害公共安全的行为。本罪的构成要件如下：(1) 本罪的客观方面表现为，使用与放火、决水、爆炸、投放危险物质的危险性相当的危险方法，危险方法危害公共安全的行为。这里的危险方法，仅限于与放火、决水、爆炸、投放危险物质相当的方法，而不是任何可能危害公共安全的方法，如私设电网、驾车冲撞人群、扩散病毒等。2003 年 5 月 14 日最高人民法院、最高人民检察院《关于办理妨害预防、控制突发传染病疫情等灾害的刑事案件具体应用法律若干问题的解释》第 1 条规定，故意传播突发传染病病原体，危害公共安全的，按照以危险方法危害公共安全罪定罪处罚。2009 年 9

---

① 参见 2001 年 6 月 4 日最高人民法院、最高人民检察院《关于办理组织和利用邪教组织犯罪案件具体应用法律若干问题的解释（二）》第 10 条的规定。

月11日最高人民法院《关于印发醉酒驾车犯罪法律适用问题指导意见及相关典型案例的通知》指出，醉酒驾车，放任危害结果发生，造成重大伤亡事故，构成以危险方法危害公共安全罪。如果该方法同时又符合其他犯罪的构成特征，则应以相应的其他犯罪定罪处罚。例如，以破坏交通工具的方式危害公共交通安全的，即应以破坏交通工具罪定罪处罚。（2）本罪的主体为一般主体，即年满16周岁且具有刑事责任能力的自然人。（3）本罪的主观方面为故意。（4）本罪的客体为公共安全。

根据刑法第114、115条的规定，犯本罪，尚未造成严重后果的，处3年以上10年以下有期徒刑；犯本罪，致人重伤、死亡或者使公私财产遭受重大损失的，处10年以上有期徒刑、无期徒刑或者死刑。

六、失火罪

失火罪，是指过失地引起火灾，致人重伤、死亡或者使公私财产遭受重大损失的行为。本罪的构成要件如下：（1）本罪的客观方面表现为，引起火灾，造成他人重伤、死亡或者使公私财产遭受重大损失的行为。失火行为必须与严重后果之间具有因果关系。如果行为人虽有失火行为，但是并没有造成严重后果，其行为不构成本罪。（2）本罪的主体为一般主体，即年满16周岁且具有刑事责任能力的自然人。（3）本罪的主观方面为过失，即应当预见自己的行为可能引起火灾并造成危害公共安全的结果，因为疏忽大意没有预见或者已经预见而轻信能够避免，以致发生这一结果。本罪的过失是针对他人重伤、死亡或者公私财产重大损失的严重后果而言。（4）本罪的客体为公共安全。

根据刑法第115条第2款的规定，犯本罪的，处3年以上7年以下有期徒刑；情节较轻的，处3年以下有期徒刑或者拘役。

七、过失决水罪

过失决水罪，是指过失地造成水患，危害公共安全，致人重伤、死亡或者使公私财产遭受重大损失的行为。本罪的构成要件如下：（1）本罪的客观方面表现为，造成水患，危害公共安全，致人重伤、死亡或者使公私财产遭受重大损失的行为。（2）本罪的主体为一般主体，即年满16周岁且具有刑事责任能力的自然人。（3）本罪的主观方面为过失。本罪的过失是针对他人重伤、死亡或者公私财产重大损失的严重后果而言。（4）本罪的客体为公共安全。

根据刑法第115条第2款的规定，犯本罪的，处3年以上7年以下有期徒刑；情节较轻的，处3年以下有期徒刑或者拘役。

八、过失爆炸罪

过失爆炸罪，是指过失地引起爆炸，危害公共安全，致人重伤、死亡或者使公私财产遭受重大损失的行为。本罪的构成要件如下：（1）本罪的客观方面表现为，引起爆炸，致人重伤、死亡或者使公私财产遭受重大损失的行为。（2）本罪的主体为一般主体，即年满16周岁且具有刑事责任能力的自然人。（3）本罪的主观方面为过失。（4）本罪的客体为公共安全。

根据刑法第115条第2款的规定，犯本罪的，处3年以上7年以下有期徒刑；情节较轻的，处3年以下有期徒刑或者拘役。

九、过失投放危险物质罪

过失投放危险物质罪，是指过失地投放危险物质，危害公共安全，致人重伤、死亡或者使公私财产遭受重大损失的行为。本罪的构成要件如下：(1) 本罪的客观方面表现为，投放毒害性、放射性、传染病病原体等危险物质，危害公共安全，致人重伤、死亡或者使公私财产遭受重大损失的行为。(2) 本罪的主体为一般主体，即年满16周岁且具有刑事责任能力的自然人。(3) 本罪的主观方面为过失。(4) 本罪的客体为公共安全。

根据刑法第115条第2款的规定，犯本罪的，处3年以上7年以下有期徒刑；情节较轻的，处3年以下有期徒刑或者拘役。

十、过失以危险方法危害公共安全罪

过失以危险方法危害公共安全罪，是指过失地以危险方法，危害公共安全，致人重伤、死亡或者使公私财产遭受重大损失的行为。本罪的构成要件如下：(1) 本罪的客观方面表现为，使用与放火、决水、爆炸、投放危险物质等危险性相当的其他危险的方法，危害公共安全，致人重伤、死亡或者使公私财产遭受重大损失的行为。(2) 本罪的主体为一般主体，即年满16周岁且具有刑事责任能力的自然人。(3) 本罪的主观方面为过失。(4) 本罪的客体为公共安全。

根据刑法第115条第2款的规定，犯本罪的，处3年以上7年以下有期徒刑；情节较轻的，处3年以下有期徒刑或者拘役。

十一、破坏交通工具罪

(一) 概念与构成

破坏交通工具罪，是指故意地破坏火车、汽车、电车、船只、航空器，足以使火车、汽车、电车、船只、航空器发生倾覆、毁坏危险或者造成严重后果的行为。

本罪的构成要件如下：

1. 本罪的客观方面表现为，破坏火车、汽车、电车、船只、航空器，足以使火车、汽车、电车、船只、航空器发生倾覆、毁坏危险或者造成严重后果的行为。具体可以从三方面去理解：一是，行为人必须具有破坏交通工具的行为。这里的交通工具，法律明确规定包括火车、汽车、电车、船只、航空器。二是，破坏的是正在使用中的交通工具。这里的“正在使用”，即指已交付使用，包括运行中和交付使用停机待用。如果行为人破坏的是正在制造或者正在修理中的交通工具，或者虽然制造出来但并未交付使用的交通工具，不能构成本罪。三是，破坏行为必须足以导致使用中的交通工具发生倾覆、毁坏的危险。破坏行为针对的是上述交通工具的整体或者重要部件的破坏，由此使正在使用中的交通工具发生倾覆、毁坏的危险。“足以”，是指破坏行为虽还没有造成交通工具的倾覆、毁坏，但是破坏行为达到了交通工具运行安全无法得以保障的程度，存在发生倾覆、毁坏的现实可能性。“倾覆”，是指车辆倾倒、船只翻沉、航空器坠毁等；“毁坏”，是指交通工具的性能丧失、报废或者其他重大毁损。

2. 本罪的主体为一般主体，凡年满16周岁且具有刑事责任能力的人均能成为本罪的主体，可以是交通运输人员，也可以是其他人。

3. 本罪的主观方面为故意，包括直接故意，也包括间接故意。其故意的内容表现为明知自己的破坏行为会造成交通工具倾覆或者毁坏的危害结果，并且希望或放任这种结果的发生。犯罪动机如何并不影响本罪的成立。

4. 本罪的客体为交通运输安全。交通运输是实现旅客、货物空间转移的重要活动，而交通工具是交通运输的基本工具。破坏交通工具的行为，会直接危及不特定多数人或者物资的安全，乃至造成重大的人员伤亡、重大财产损失。

（二）司法认定与刑事处罚

1. 司法认定

(1) 破坏交通工具罪与盗窃罪、故意毁坏财物罪的界分。针对交通工具上的设备、部件进行盗窃、故意毁坏的行为，应以盗窃罪、故意毁坏财物罪还是破坏交通工具罪定罪？对此，应以盗窃、故意毁坏行为是否危及公共安全来进行判断。具体而言，对于盗窃、破坏没有正在使用的交通工具上的设备、部件的行为，由于该行为没有危及公共运输安全，因而不以破坏交通工具罪定罪，如果盗窃数额较大或多次盗窃的，或者毁坏财物数额较大或者有其他严重情节的，则应以盗窃罪（刑法第264条）或者故意毁坏财物罪（刑法第276条）定罪。对于盗窃、破坏正在使用中的交通工具上的设备、部件，并因此危及公共运输安全的，则应以破坏交通工具罪定罪；虽然盗窃、破坏正在使用中的交通工具上的设备、部件，但是并不足以危及公共运输安全的，则不以破坏交通工具罪定罪，如果盗窃数额较大或多次盗窃的，或者毁坏财物数额较大或者有其他严重情节的，则应以盗窃罪或者故意毁坏财物罪定罪。

(2) 破坏交通工具罪的未遂形态认定。破坏交通工具罪，是以行为造成交通工具倾覆、毁坏的实际危险状态作为既遂的标志，通常行为实行终了才会产生这种实际危险状态；如果行为人虽已着手对交通工具进行破坏，但尚不足以造成交通工具倾覆、毁坏的实际危险状态，就构成本罪的未遂。具体而言，行为人以破坏交通工具的意图着手破坏行为，尚不能造成交通工具倾覆、毁坏的实际危险状态，而只有破坏行为达到一定程度，也就是说造成交通工具关键部件损坏时，这种危险状态才可能形成，因而在破坏行为着手后至这种危险状态形成前，会存在一定的时间历程，如果行为人实施的破坏行为处于这一过程，并由于意志以外的原因没有在事实上使这一状态得以形成，则行为人应当负破坏交通工具罪（未遂）的刑事责任。例如，1986年11月26日，被告人贾某携带特意购买的改锥一把，小铁锤一个，避开值勤人员看护，乘机窜入停机坪一民航飞机处，用改锥猛戳该机油箱，造成三个凹陷的痕迹，当贾某正在用铁锤锤打改锥，想在油箱上打出几个洞时，被值勤人员发现。此案中，贾某的行为即应认定为破坏交通工具罪（未遂）。

2. 刑事处罚

根据刑法第116条的规定，犯本罪，尚未造成严重后果的，处3年以上10年以下有期徒刑。根据刑法第119条第1款的规定，犯本罪，造成严重后果的，处10年以上有期徒刑、无期徒刑或者死刑。

十二、破坏交通设施罪

破坏交通设施罪，是指故意地破坏轨道、桥梁、隧道、公路、机场、航道、灯塔、标志或者进行其他破坏活动，足以使火车、汽车、电车、船只、航空器发生倾覆、毁坏危险或者造成严重结果的行为。本罪的构成要件如下：(1) 本罪的客观方面表现为，破坏轨道、桥梁、隧道、公路、机场、航道、灯塔、标志或者进行其他破坏活动，足以使火车、汽车、电车、船只、航空器发生倾覆、毁坏危险或者造成严重结果的行为。“破坏”，是指使交通设施本身遭受毁损或者使交通设施丧失应用性能的行为；“其他破坏行为”，是指虽然没有直接针对上述交通设施进行破坏，但是其行为足以使火车、汽车、电车、船只、航空器发生倾覆、毁坏危险或者造成严重结果的行为，如故意错发指示信号等。[①]（2）本罪的主体是一般主体，即年满16周岁且具有刑事责任能力的自然人。（3）本罪的主观方面为故意，即明知自己破坏交通设施的行为会发生使交通工具倾覆或者毁坏的危害结果，并且希望或者放任这种结果的发生。（4）本罪的客体是交通运输安全。

根据刑法第117条的规定，犯本罪，尚未造成严重后果的，处3年以上10年以下有期徒刑。根据刑法第119条第1款的规定，犯本罪，造成严重后果的，处10年以上有期徒刑、无期徒刑或者死刑。

十三、破坏电力设备罪

（一）概念与构成

破坏电力设备罪，是指故意地破坏电力设备，危害公共电力安全的行为。

本罪的构成要件如下：

1. 本罪的客观方面表现为，破坏电力设备，危害公共电力安全的行为。本罪的对象是电力设备，根据2007年8月13日最高人民法院通过的《关于审理破坏电力设备刑事案件具体应用法律若干问题的解释》第4条第1款规定，是指处于运行、应急等使用中的电力设备；已经通电使用，只是由于枯水季节或电力不足等原因暂停使用的电力设备；已经交付使用但尚未通电的电力设备；不包括尚未安装完毕，或者已经安装完毕但尚未交付使用的电力设备。具体包括各种发电设备、供电设备与输变电设备。

2. 本罪的主体是一般主体，即年满16周岁且具有刑事责任能力的自然人。

3. 本罪的主观方面为故意，即明知自己破坏电力设备的行为会发生危害公共供电安全的行为，并且希望或者放任这种结果的发生。

4. 本罪的客体为公共供电安全。

（二）司法认定与刑事处罚

1. 司法认定

在本罪的司法认定中，应特别注意盗窃电力设备行为的定性。根据上述解释第3条的规定，盗窃电力设备，危害公共安全，但不构成盗窃罪的，以破坏电力设备罪定罪处罚；同时构成盗窃罪和破坏电力设备罪的，依照刑法处罚较重的规定定罪处罚。盗窃电力设备，没有危及公共安全，但应当追究刑事责任的，可以根据案件的不同情况，按照盗窃罪等犯罪处理。

2. 刑事处罚

根据刑法第118条的规定，犯本罪，尚未造成严重后果的，处3年以上10年以下有期徒刑。根据刑法第119条第1款的规定，犯本罪，造成严重后果的，处10年以上有期徒刑、无期徒刑或者死刑。这里的“严重结果”，根据上述司法解释第1条的规定，包括四种情形：（1）造成1人以上死亡、3人以上重伤或者10人以上轻伤的；（2）造成1万以上用户电力供应中断6小时以上，致使生产、生活受到严重影响的；（3）造成直接经济损失100万元以上的；（4）造成其他危害公共安全严重后果的。关于直接经济损失的计算，该解释第4条第1款规定，其计算范围包括电量损失金额，被毁损设备材料的购置、更换、修复费用，以及因停电给用户造成的直接经济损失等。

---

① 参见高铭暄、马克昌主编：《刑法学》，3版，547页，北京，北京大学出版社、高等教育出版社，2007。

十四、破坏易燃易爆设备罪

破坏易燃易爆设备罪，是指故意地破坏燃气或者其他易燃易爆设备，危害公共安全的行为。本罪的构成要件如下：(1) 本罪的客观方面表现为，破坏燃气或者其他易燃易爆设备，危害公共安全的行为。这里的燃气或者其他易燃易爆设备，是指正在使用中（包括已交付使用）的这类设备。破坏行为，既可以作为方式实施，也可以不作为方式实施。(2) 本罪的主体为一般主体，即年满16周岁且具有刑事责任能力的自然人。(3) 本罪的主观方面为故意，即明知自己破坏易燃易爆设备的行为会发生危害公共安全的行为，并且希望或者放任这种结果的发生。(4) 本罪的客体为公共安全。2002年4月10日最高人民法院公布的《关于对采用破坏性手段盗窃正在使用的油田输油管道中油品的行为如何适用法律问题的批复》规定，正在使用的油田输油管道，属于刑法规定的“易燃易爆设备”；行为人采用破坏性手段盗窃正在使用的油田输油管道中的油品，构成破坏易燃易爆设备罪、盗窃罪等犯罪的，依照处罚较重的规定定罪处罚。

根据刑法第118条的规定，犯本罪，尚未造成严重后果的，处3年以上10年以下有期徒刑。根据刑法第119条第1款的规定，犯本罪，造成严重后果的，处10年以上有期徒刑、无期徒刑或者死刑。

十五、过失损坏交通工具罪

过失破坏交通工具罪，是指过失地损坏火车、汽车、电车、船只、航空器，危害公共安全，造成严重后果的行为。本罪的构成要件如下：(1) 本罪的客观方面表现为，损坏火车、汽车、电车、船只、航空器，危害公共安全，造成严重后果的行为。“造成严重后果”，即实际造成交通工具倾覆、毁坏的重大公私财产的损失或者人员伤亡的后果。(2) 本罪的主体为一般主体，即年满16周岁且具有刑事责任能力的自然人。(3) 本罪的主观方面为过失，即应当预见自己的行为可能造成火车、汽车、电车、船只、航空器倾覆或者毁坏的结果，因为疏忽大意而没有预见或者已经预见而轻信能够避免，以致发生这种结果。(4) 本罪的客体为交通运输安全。

根据刑法第119条第2款的规定，犯本罪，处3年以上7年以下有期徒刑；情节较轻的，处3年以下有期徒刑或者拘役。

十六、过失损坏交通设施罪

过失损坏交通设施罪，是指过失地损坏轨道、桥梁、隧道、公路、机场、航道、灯塔、标志等交通设施，危害公共安全，造成严重后果的行为。本罪的构成要件如下：(1) 本罪的客观方面表现为，损坏轨道、桥梁、隧道、公路、机场、航道、灯塔、标志等交通设施，危害公共安全，造成严重后果的行为。“造成严重后果”，是指实际造成交通工具倾覆、毁坏的重大公私财产的损失或者人员伤亡的后果。(2) 本罪的主体为一般主体，即年满16周岁且具有刑事责任能力的自然人。(3) 本罪的主观方面为过失，即应当预见到自己损坏交通设施的行为可能发生使交通工具倾覆或者毁坏的结果，因为疏忽大意而没有预见或者已经预见而轻信能够避免，以致发生这一结果。(4) 本罪的客体为交通运输安全。

根据刑法第119条第2款的规定，犯本罪，处3年以上7年以下有期徒刑；情节较轻的，处3年以下有期徒刑或者拘役。

十七、过失损坏电力设备罪

过失损坏电力设备罪，是指过失地损坏电力设备，危害公共安全，造成严重后果的行为。本罪的构成要件如下：(1) 本罪的客观方面表现为，损坏电力设备，危害公共安全，造成严重后果的行为。这里的“严重后果”，根据2007年8月13日最高人民法院《关于审理破坏电力设备刑事案件具体应用法律若干问题的解释》第1条的规定，具体包括4种情形：1) 造成1人以上死亡、3人以上重伤或者10人以上轻伤的；2) 造成1万以上用户电力供应中断6小时以上，致使生产、生活受到严重影响的；3) 造成直接经济损失100万元以上的；4) 造成其他危害公共安全严重后果的。(2) 本罪的主体为一般主体，即年满16周岁且具有刑事责任能力的自然人。(3) 本罪的主观方面为过失，即应当预见到自己损坏电力设备的行为可能危害电力安全，因为疏忽大意而没有预见或者已经预见而轻信能够避免，以致发生这一结果。(4) 本罪的客体为公共电力安全。

根据刑法第119条第2款的规定，犯本罪，处3年以上7年以下有期徒刑；情节较轻的，处3年以下有期徒刑或者拘役。

十八、过失损坏易燃易爆设备罪

过失损坏易燃易爆设备罪，是指过失地损坏燃气或者其他易燃易爆设备，危害公共安全，造成严重后果的行为。本罪的构成要件如下：(1) 本罪的客观方面表现为，损坏燃气或者其他易燃易爆设备，危害公共安全，造成严重后果的行为。“造成严重后果”，是指实际造成人员伤亡或者重大公私财产损失。(2) 本罪的主体为一般主体，即年满16周岁且具有刑事责任能力的自然人。(3) 本罪的主观方面为过失，即应当预见到自己损坏易燃易爆设备的行为可能危害电力安全，因为疏忽大意而没有预见或者已经预见而轻信能够避免，以致发生这一结果。(4) 本罪的客体为公共安全。

根据刑法第119条第2款的规定，犯本罪，处3年以上7年以下有期徒刑；情节较轻的，处3年以下有期徒刑或者拘役。

十九、组织、领导、参加恐怖组织罪

(一) 概念与构成

组织、领导、参加恐怖组织罪，是指组织、领导或者参加恐怖活动组织的行为。本罪罪名属于选择性罪名，以行为人实施行为的性质来确定其罪名。

本罪的构成要件如下：

1. 本罪的客观方面表现为组织、领导或者参加恐怖活动组织的行为。恐怖活动，是指为了达到一定特殊目的，尤其是政治目的，而对他人的人身和财产权益等使用暴力、威胁等手段，以引起公众和社会的恐惧乃至恐慌的行为总称。恐怖活动组织，是指三人以上，以实施恐怖活动为目的而建立起来的，具有较强的组织性和稳定性，通过计划和实施恐怖活动而危害公共安全的犯罪组织。“组织”，是指发起、推动、组建恐怖活动组织的行为，主要包括创立、组建恐怖组织，确定该组织的宗旨、目的，确定恐怖组织的组织机构、人员安排、纪律规范、活动方式，发展恐怖组织成员，培训恐怖分子等具体表现形式。“领导”，是指在恐怖组织中居于核心地位，制订恐怖活动计划，指挥实施恐怖活动，即在该组织中发挥指挥、策划、协调作用的行为。“参加”，是指以某种方式加入恐怖活动组织，接受该组织的领导，实施或者准备实施该组织策划的恐怖活动的行为。

2. 本罪的主体为一般主体，即年满16周岁且具有刑事责任能力的自然人。

3. 本罪的主观方面为故意，且仅限于直接故意。对于组织、领导恐怖活动组织的行为人而言，即明知恐怖活动会危害公共安全，仍以实施恐怖活动为目的而组织、领导恐怖活动组织；对于参加恐怖活动组织的行为人而言，即明知是恐怖活动组织，仍参与其中并实施或者准备实施该组织策划的恐怖活动。行为人并不了解某一组织的性质，加入后才意识到其为恐怖活动组织的，如果立即退出该组织，则不应以本罪论处，如果仍继续充当其成员或者默认的，仍应以参加恐怖组织罪定罪。行为人基于何种动机实施组织、领导或者参加恐怖活动组织的行为，并不影响本罪的定罪。

4. 本罪的客体即为公共安全。恐怖活动，对公共安全具有直接的、现实的危害，而组织、领导、参加恐怖活动组织罪，以策划、实施恐怖活动为目的，因而其行为对公共安全即具有明显的危害。恐怖活动犯罪，被国际社会看作是影响社会稳定、和谐的大敌，并被视为国际犯罪。早在1937年11月16日，在国际联盟的主持下，27个国家的代表在日内瓦签署了《防止和惩治恐怖主义公约》，但是由于第二次世界大战的爆发，该公约没有生效。第二次世界大战后，国际社会先后签订了一系列国际公约，如1963年《东京公约》、1970年《海牙公约》、1971年《蒙特利尔公约》、1973年《关于防止和惩处侵害应受国际保护人员包括外交代表的罪行的公约》、1979年《反对劫持人质国际公约》、1987年《关于核材料的实质保护公约》等国际公约都明文规定了一些恐怖主义罪行。到20世纪末、21世纪初，国际社会在打击恐怖主义犯罪方面更是给予极大的关注，并出台诸多国际法律文件，如1998年联合国《制止恐怖主义爆炸事件的国际公约》、1999年联合国《消除国际恐怖主义的措施》、《制止向恐怖主义提供资助的国际公约》等。我国深受恐怖活动犯罪的危害，近年来在一些地区也发生多起恐怖袭击事件。为此，我国积极加入有关国际公约，并与一些周边国家缔结区域性条约，打击恐怖主义，如2003年3月29日生效的中国与哈萨克斯坦、吉尔吉斯斯坦、俄罗斯、塔吉克斯坦、乌兹别克斯坦缔结的《打击恐怖主义、分裂主义和极端主义的上海公约》。同时，我国还完善了国内法，在《刑法修正案（三）》中对恐怖活动犯罪及相关犯罪的规定进行了修改和补充。

（二）司法认定与刑事处罚

1. 司法认定

（1）恐怖活动组织与一般犯罪组织的界限。与其他类型的犯罪组织相比，恐怖活动组织是以实施恐怖活动为目的的组织，因而区分恐怖活动组织与一般犯罪组织，关键在于有无恐怖活动的目的。组织、领导、参加非恐怖性犯罪组织，如果刑法另有规定的，依照相关规定定罪处罚，如刑法第294条第1款组织、领导、参加黑社会性质组织罪，第300条第1款组织邪教组织破坏法律实施罪，如果刑法没有特别规定的，不构成独立的犯罪，而只能依据犯罪集团实施的具体犯罪确定罪名。

（2）实施本罪并实施其他犯罪的处理问题。根据刑法第120条第2款的规定，犯本罪并实施杀人、爆炸、绑架等犯罪的，依照数罪并罚的规定处罚。根据该条款规定，组织、领导、参加恐怖活动组织的行为，即构成本罪；如果该组织进而实施杀人、爆炸、绑架等恐怖活动，构成其他犯罪的，对于相关的组织者、领导者或者参加者，在对其行为分别以该罪与本罪定罪的基础上，根据数罪并罚的规定进行处理。

2. 刑事处罚

根据刑法第120条第1款和《刑法修正案（三）》第3条的规定，组织领导恐怖活动组织的，处10年以上有期徒刑或者无期徒刑；积极参加的，处3年以上10年以下有期徒刑；

其他参加的，处 3 年以下有期徒刑、拘役、管制或者剥夺政治权利。

根据《刑法修正案（八）》对刑法第 66 条的修订，恐怖活动犯罪的犯罪分子，在刑罚执行完毕或者赦免以后，在任何时候再犯上述罪的，都以累犯论处。

二十、资助恐怖活动罪

资助恐怖活动罪，是指故意资助恐怖活动组织或实施恐怖活动的个人的行为。本罪的构成要件如下：本罪的客观方面表现为资助恐怖活动组织或者实施恐怖活动的个人的行为。“资助”，是指向恐怖活动组织、实施恐怖活动的个人，提供用于进行恐怖活动的经费、场所和物资。① 资助的具体方式没有限制。本罪的行为仅限于资助，如果行为人在提供资助的同时，还实施了组织、领导、参加恐怖活动组织的行为，则应以组织、领导、参加恐怖组织罪定罪。本罪的主体包括自然人和单位。本罪的主观方面为故意，且仅为直接故意，即明知是恐怖活动组织或者实施恐怖活动的个人而予以资助。本罪的客体为公共安全。

根据刑法第 120 条之一的规定，犯本罪的，处 5 年以下有期徒刑、拘役、管制或者剥夺政治权利，并处罚金；情节严重的，处 5 年以上有期徒刑，并处罚金或者没收财产。单位犯本罪的，对单位判处罚金，并处其直接负责的主管人员和其他直接责任人员，依照上述规定处罚。

根据《刑法修正案（八）》对刑法第 66 条的修订，涉及恐怖活动犯罪的犯罪分子，在刑罚执行完毕或者赦免以后，在任何时候再犯上述罪的，都以累犯论处。

二十一、劫持航空器罪

（一）概念与构成

劫持航空器罪，是指以暴力、胁迫或者其他方法劫持航空器，危害公共安全的行为。

本罪的构成要件如下：

1. 本罪的客观方面表现为以暴力、胁迫或者其他方法劫持航空器，危害公共安全的行为。“暴力”，是指犯罪分子直接对航空器实施暴力袭击或采用杀害、伤害、殴打、捆绑、监禁、扣押等危害人身安全和人身自由的方法，使机组人员或者旅客不能反抗或者不敢反抗。“胁迫”，是指行为人以暴力相威胁，实行精神强制，使机组人员或者旅客不敢反抗。“其他方法”，是指与暴力、胁迫性质相当的，使航空器内的机组成员或其他人员不能反抗、不敢反抗或者不知反抗的方法，如对机组人员投放麻醉药品等。劫持航空器，是指行为人用暴力、胁迫或者其他方法控制航空器的飞行状态，主要包括两种情形：一是劫夺航空器，行为人直接驾驶或者操作航空器；二是强迫航空器驾驶、操作人员按照自己的意志

---

① 1999 年 12 月 9 日联合国大会《制止向恐怖主义提供资助的国际公约》第 2 条第 1 款规定，该公约所称的犯罪，“是指任何人以任何手段，直接或间接地非法和故意地提供或募集资金，其意图是将全部或部分资金用于，或者明知全部或部分资金将用于实施：（a）属附件所列条约之一的范围并经其定义为犯罪的一项行为；或（b）意图致使平民或在武装冲突情势中未积极参与敌对行动的任何其他人死亡或重伤的任何其他行为，如这些行为因其性质或相关情况旨在恐吓人口，或迫使一国政府或一个国际组织采取或不采取任何行动”。关于资金的界定，该公约第 1 条第 1 款规定：“‘资金’系指所有各种资产，不论是有形或无形资产、是动产还是不动产，不论以何种方式取得，和以任何形式，包括电子或数字形式证明这种资产的产权或权益的法律文件或证书，包括但不限于银行贷记、旅行支票、银行支票、邮政汇票、股票、证券、债券、汇票和信用证。”该公约这些规定，在适用资助恐怖组织罪时，可以作为参考。

驾驶、操作，从而控制航空器的运行。至于行为人是否劫夺了航空器，是否控制了航空器的运行，对于构成犯罪并无影响。

2. 本罪的主体是一般主体，凡已满16周岁且具有刑事责任能力的自然人都可以成为本罪的主体，既可以是中国公民，也可以是外国公民或无国籍的人。

3. 本罪的主观方面为故意，而且只限于直接故意，即明知自己的行为是劫持航空器的行为，却故意实施该行为。

4. 本罪的客体为航空运输安全。本罪中的航空器，具有以下特征：(1) 只限于可载人的航空器。对于非法控制无人驾驶航空器的遥控装置，从而占有该航空器或以该航空器从事其他犯罪的，则应适用盗窃罪，至于进而实施的其他犯罪，应当按照罪数理论进行处断。(2) 既包括民用航空器，又包括国家航空器。有观点认为，本罪的航空器仅限于民用航空器。[①] 本书认为，这一观点是不够妥当的，理由主要在于：虽然根据危害国际航空器三公约，劫持航空器犯罪中的航空器仅限于民用航空器，但不能根据国际刑法来解释国内刑法，根据刑法第121条的规定，法条并没有对航空器作出任何限定，劫持国家航空器的犯罪行为虽较为少见，但也可能发生，因而应当依法惩治[②]；而劫持国家航空器，实际上也同样会危及公共安全。国家航空器从事的实际上也是一种交通运输活动，在用途上与民用航空器并无本质的区别，只是其运载的是特殊的人员和物品，因此劫持国家航空器的行为同样会危及载乘的人员的人身安全以及航空器的安全，此外还会由此影响空中运输的安全，即导致空中航道出现紊乱，影响其他飞机的飞行安全。需要注意的是，如果军人在履行公务期间，劫持航空器并驾驶叛逃的，无论是民用航空器还是国家航空器，则其既触犯本罪又触犯军人叛逃罪，根据牵连犯的处断原则应当从一重罪论处，即应当以军人叛逃罪（刑法第430条）论处。(3) 应是正在使用中的航空器。理由在于：只有劫持正在使用或者正在飞行中的航空器，才构成对航空安全的威胁。对此，可参照《蒙特利尔公约》第2条规定："在本公约中：（甲）航空器从装载完毕、机舱外部各门均已关闭时起，直至打开任一机舱门以便卸载时为止，应被认为是在飞行中；航空器强迫降落时，在主管当局接管对该航空器及其所载人员和财产的责任前，应被认为仍在飞行中。（乙）从地面人员或机组为某一特定飞行而对航空器进行飞行前的准备时起，直到降落后24小时止，该航空器应被认为是在使用中；在任何情况下，使用的期间应包括本条甲款所规定的航空器是在飞行中的整个时间。"如果劫持的不是正在使用或者正在飞行中的，而是没有交付使用或者停放在机库内的航空器，则不能构成对航空安全的威胁，不构成本罪。

（二）司法认定与刑事处罚

1. 司法认定

(1) 本罪既遂、未遂形态的认定。关于本罪的既遂标准问题，理论上有着手说、离境说、目的说和控制说，其中控制说是最有说服力的。该观点认为，行为人着手实施劫持行为后，已经实际控制了该航空器的，为本罪的犯罪既遂；未能控制该航空器的，为本罪的未遂。根据刑法第121条的规定，本罪的既遂形态属于行为犯的范畴，其既遂标志是行为的完成或实施达到一定程度，具体而言，即实施劫持行为达到控制航空器的程度。所谓控制航空器，是指行为人能够依自己的意志来决定航空器的航向、速度等，也即航空器的飞行状态受行为人的意志支配。

---

① 参见何秉松主编：《刑法教科书》（下卷），693页，北京，中国法制出版社，2000。

② 参见张明楷：《刑法学》（下册），553页，北京，法律出版社，1997。

（2）本罪与破坏交通工具的界分。本罪的对象为航空器，而破坏交通工具罪的对象也包括航空器，而两罪又同属于危害公共安全罪的范畴。两者的区别主要在于：一是，主观方面不同。本罪的罪过形式仅限于直接故意，其行为目的是行为人按照自己的意志，强行控制航空器。破坏交通工具罪的罪过形式包括直接故意和间接故意，基于直接故意实施该罪时，行为人的行为目的是要将航空器本身加以毁坏。二是，危害行为的具体表现不同。本罪的危害行为是使用暴力、胁迫或者其他方法劫持航空器。而破坏交通工具罪的危害行为是用一定的方法将航空器毁坏。如果在劫持航空器的过程中使航空器遭到破坏，即使足以使航空器发生毁坏的危险的，也应以本罪论处。

2. 刑事处罚

根据刑法第 121 条的规定，犯本罪的，处 10 年以上有期徒刑或者无期徒刑；致人重伤、死亡或者使航空器遭受严重损坏的，处死刑。本罪关于死刑的规定是绝对的，即只要行为人实施劫持行为并致人重伤、死亡或者使航空器遭受严重破坏，没有法定减轻情节的，对行为人就应当适用死刑，包括死刑立即执行与死刑缓期执行。在实践中，根据该条适用死刑，应考虑三个方面：（1）出现“致人重伤、死亡或者使航空器遭受严重破坏”的结果是适用本罪死刑规定的前提条件。“航空器遭受严重破坏”是指，航空器的主要部件丧失效用、机舱被严重破坏等情形，在实践中，确定是否达到严重破坏的程度，主要考虑以下因素：损害结果是否导致飞行安全的较大危险、航空器被损害造成的经济损失等。行为人对该结果的心理态度，包括两种情形：一是，行为人以故意伤害、杀死他人或者破坏航空器作为具体的暴力、胁迫或者其他方法来劫持航空器的。二是，行为人劫持航空器，由于其行为导致飞行安全出现障碍等原因，过失地致人重伤、死亡或者航空器遭受破坏的。（2）该结果的发生必须与劫持行为有因果关系。只有劫持行为作为直接的原因而导致该结果的发生，行为人才应当对该结果负刑事责任。（3）该结果是在行为人着手劫持航空器以后直至劫持行为持续期间发生的。也就是说，只有在劫持行为进行中实施的伤害行为、杀人行为或者破坏航空器的行为造成该结果时，才能适用本罪关于死刑的规定。如果行为人在预备阶段以伤害、杀人等手段为劫持航空器作准备的，则不应适用该规定。

二十二、劫持船只、汽车罪

劫持船只、汽车罪，是指以暴力、胁迫或者其他方法劫持船只、汽车，危害公共安全的行为。本罪的构成要件如下：（1）本罪的客观方面表现为，以暴力、胁迫或者其他方法，劫持正在使用中的船只、汽车的行为。（2）本罪的主体为一般主体，即年满 16 周岁且具有刑事责任能力的自然人。（3）本罪的主观方面为故意，且限于直接故意。（4）本罪的客体是公共安全。本罪的既遂，以行为人实施了劫持船只、汽车的行为，并取得对船只、汽车的控制为标准。

根据刑法第 122 条的规定，犯本罪，处 5 年以上 10 年以下有期徒刑；造成严重后果的，处 10 年以上有期徒刑或者无期徒刑。

二十三、暴力危及飞行安全罪

暴力危及飞行安全罪，是指对飞行中的航空器上的人员使用暴力，危及飞行安全的行为。本罪的构成要件如下：（1）本罪的客观方面表现为，对飞行中的航空器上的人员使用暴力，危及飞行安全的行为。“暴力”，是指对飞行中的航空器中的人员实施捆绑、殴打、伤害等行为，但不应包括杀害和重伤害；实施暴力的对象，包括机组成员和乘客。“飞行中”，即自航空器处于起飞的临界状态，即自开始进行航空器发动时起，而以航空器降落后飞机停止滑行时为止。只有针对飞行中的航空器中的人员使用暴力的行为达到危及飞行安全的程度才能构成犯罪，对于这一程度的判断，是指导致航空器正常飞行状态受到严重干扰，并出现可能导致航空器坠毁、毁坏等具体的危险。(2) 本罪的主体为一般主体，即年满16周岁且具有刑事责任能力的自然人。(3) 本罪的主观方面为故意。(4) 本罪的客体是航空器的飞行安全。

根据刑法第123条的规定，犯本罪的，处5年以下有期徒刑或者拘役；造成严重后果的，处5年以上有期徒刑。

二十四、破坏广播电视设施、公用电信设施罪

(一) 破坏广播电视设施、公用电信设施罪的概念与构成

破坏广播电视设施、公用电信设施罪，是指故意地破坏正在使用的广播电视设施、公共电信设施，危害公共通信、传播安全的行为。

本罪的构成要件如下：

1. 本罪的客观方面表现为，破坏正在使用（包括已交付使用）的广播电视设施、公用电信设施的行为。“破坏”，是指使特定对象发生毁损，或者使这些设施丧失应有性能，其中破坏正在使用的公用电信设施，是指采用截断通信线路、损毁通信设备或者删除、修改、增加电信网计算机信息系统中存储、处理或者传输的数据和应用程序等手段进行破坏的行为。破坏广播电视设施、公用电信设施的行为，必须达到危害公共安全的程度，才能构成本罪。对于破坏公用电信设施危害公共安全的具体判断标准，2004年12月30日最高人民法院《关于审理破坏公用电信设施刑事案件具体应用法律若干问题的解释》第1条规定了五种情形：(1) 造成火警、匪警、医疗急救、交通事故报警、救灾、抢险、防汛等通信中断或者严重障碍，并因此贻误救助、救治、救灾、抢险等，致使人员死亡1人、重伤3人以上或者造成财产损失30万元以上的；(2) 造成2 000以上不满1万用户通信中断1小时以上，或者1万以上用户通信中断不满1小时的；(3) 在一个本地网范围内，网间通信全阻、关口局至某一局向全部中断或网间某一业务全部中断不满2小时或者直接影响范围不满5万（用户×小时）的；(4) 造成网间通信严重障碍，一日内累计2小时以上不满12小时的；(5) 其他危害公共安全的情形。2011年5月23日最高人民法院《关于审理破坏广播电视设施等刑事案件具体应用法律若干问题的解释》第1条规定：采取拆卸、毁坏设备，剪割缆线，删除、修改、增加广播电视设备系统中存储、处理、传输的数据和应用程序，非法占用频率等手段，破坏正在使用的广播电视设施，具有以下四种情形之一的，以本罪处罚：(1) 造成救灾、抢险、防汛和灾害预警等重大公共信息无法发布的；(2) 造成县级、地市（设区的市）级广播电视台中直接关系节目播出的设施无法使用，信号无法播出的；(3) 造成省级以上广播电视传输网内的设施无法使用，地市（设区的市）级广播电视传输网内的设施无法使用3小时以上，县级广播电视传输网内的设施无法使用12小时以上，信号无法传输的；(4) 其他危害公共安全的情形。

2. 本罪的主体为一般主体，即年满16周岁且具有刑事责任能力的自然人。

3. 本罪的主观方面为故意，即明知自己破坏广播电视设施、公用电信设施的行为会发生危害通信、传播安全的危害结果，并且希望或者放任这一结果的发生。

4. 本罪的客体为公共通信、传播安全。

（二）司法认定与刑事处罚

1. 司法认定

（1）故意破坏广播电视设施、公用电信设施造成财产损失的行为的定性。故意破坏广播电视设施、公用电信设施造成财产损失，并危害公共安全的，其行为构成本罪和故意毁坏财物罪，应当择一重罪论处，即应以本罪定罪处罚。故意破坏正在使用的广播电视设施、公用电信设施尚未危害公共安全，或者故意毁坏尚未投入使用的广播电视设施、公用电信设施，造成财物损失，构成犯罪的，以故意毁坏财物罪定罪处罚。根据最高人民法院《关于审理破坏广播电视设施等刑事案件具体应用法律若干问题的解释》第6条的规定，破坏正在使用的广播电视设施未危及公共安全，或者故意毁坏尚未投入使用的广播电视设施，造成财物损失数额较大或者有其他严重情节的，以故意毁坏财物罪定罪处罚。

（2）盗窃广播电视设施、公用电信设施行为的定性。根据1997年11月4日最高人民法院通过的《关于审理盗窃案件具体应用法律若干问题的解释》第12条第1项的规定，盗窃广播电视设施、公用电信设施价值数额不大，但是构成危害公共安全犯罪的，以本罪定罪处罚；盗窃广播电视设施、公用电信设施同时构成盗窃罪和破坏广播电视设施、公用电信设施罪的，择一重罪定罪处罚。根据《关于审理破坏广播电视设施等刑事案件具体应用法律若干问题的解释》第5条的规定，盗窃正在使用的广播电视设施，尚未构成盗窃罪，但具有本解释第1条、第2条规定情形的，以破坏广播电视设施罪定罪处罚；同时构成盗窃罪和破坏广播电视设施罪的，依照处罚较重的规定定罪处罚。

2. 刑事处罚

根据刑法第124条第1款的规定，犯本罪，处3年以上7年以下有期徒刑；造成严重后果的，处7年以上有期徒刑。这里的“严重后果”，根据《关于审理破坏公用电信设施刑事案件具体应用法律若干问题的解释》，具体包括：（1）造成火警、匪警、医疗急救、交通事故报警、救灾、抢险、防汛等通信中断或者严重障碍，并因此贻误救助、救治、救灾、抢险等，致使人员死亡2人以上、重伤6人以上或者造成财产损失60万元以上的；（2）造成1万以上用户通信中断1小时以上的；（3）在一个本地网范围内，网间通信全阻、关口局至某一局向全部中断或网间某一业务全部中断2小时以上或者直接影响范围5万（用户×小时）以上的；（4）造成网间通信严重障碍，一日内累计12小时以上的；（5）造成其他严重后果的。根据最高人民法院《关于审理破坏广播电视设施等刑事案件具体应用法律若干问题的解释》第2条规定，实施该解释第1条规定的行为，具有下列情形之一的，应当认定为刑法第124条第1款规定的“造成严重后果”，以本罪处7年以上有期徒刑：（1）造成救灾、抢险、防汛和灾害预警等重大公共信息无法发布，因此贻误排除险情或者疏导群众，致使1人以上死亡、3人以上重伤或者财产损失50万元以上，或者引起严重社会恐慌、社会秩序混乱的；（2）造成省级以上广播电视台中直接关系节目播出的设施无法使用，信号无法播出的；（3）造成省级以上广播电视传输网内的设施无法使用3小时以上，地市（设区的市）级广播电视传输网内的设施无法使用12小时以上，县级广播电视传输网内的设施无法使用48小时以上，信号无法传输的；（4）造成其他严重后果的。

二十五、过失损坏广播电视设施、公用电信设施罪

过失损坏广播电视设施、公用电信设施罪，是指过失地损坏广播电视设施、公用电信设施，危害公共安全，造成严重后果的行为。本罪的构成要件如下：（1）本罪的客观方面

表现为，损坏广播电视设施、公用电信设施，危害公共安全，造成严重后果的行为。(2) 本罪的主体为一般主体，即年满16周岁且具有刑事责任能力的自然人。(3) 本罪的主观方面是过失，即应当预见自己损害广播电视设施、公用电信设施的行为可能发生危害通信安全的结果，因为疏忽大意而没有预见或者已经预见而轻信能够避免，以致发生这种结果。(4) 本罪的客体为公共通信、传播安全。

根据刑法第124条第2款的规定，犯本罪，处3年以上7年以下有期徒刑；情节较轻的，处3年以下有期徒刑或者拘役。根据《关于审理破坏广播电视设施等刑事案件具体应用法律若干问题的解释》第3条的规定，过失损坏正在使用的广播电视设施，造成该解释第2条规定的严重后果的，依照刑法第124条第2款的规定，以过失损坏广播电视设施罪处3年以上7年以下有期徒刑；情节较轻的，处3年以下有期徒刑或者拘役。

二十六、非法制造、买卖、运输、邮寄、储存枪支、弹药、爆炸物罪

(一) 概念与构成

非法制造、买卖、运输、邮寄、储存枪支、弹药、爆炸物罪，是指违反国家有关枪支、弹药、爆炸物的管理法规，非法制造、买卖、运输、邮寄、储存枪支、弹药、爆炸物，危害公共安全的行为。

本罪的构成要件如下：

1. 本罪的客观方面表现为，违反国家有关枪支、弹药、爆炸物的管理法规，非法制造、买卖、运输、邮寄、储存枪支、弹药、爆炸物，危害公共安全的行为。国家有关枪支、弹药、爆炸物的管理法规，即指《中华人民共和国枪支管理法》、《民用爆炸物品安全管理条例》等法律法规。本罪的对象为枪支、弹药、爆炸物。枪支，根据1996年《枪支管理法》第46条的规定，是指以火药或者压缩气体等为动力，利用管状器具发射金属弹丸或者其他物质，足以致人伤亡或者丧失知觉的各种枪支。弹药，即指为枪支所用的弹药。爆炸物，是指具有较大爆破性、杀伤性的爆炸物，包括军用的和民用的爆炸物，其中民用爆炸物的范围，根据2006年《民用爆炸物品安全管理条例》第2条第2、3款的规定，民用爆炸物品，是指用于非军事目的、列入民用爆炸物品品名表的各类火药、炸药及其制品和雷管、导火索等点火、起爆器材；民用爆炸物品品名表由国务院国防科技工业主管部门会同国务院公安部门制订、公布。非法制造，是指未经国家有关部门批准，擅自制造枪支、弹药和爆炸物的行为；只要实际进行了制造行为，包括制作、组装、修理、改装和拼装等环节，不论是否制造成功，都属于非法制造的行为。非法买卖，是指未经国家有关部门批准，擅自购买或者销售枪支、弹药、爆炸物的行为；只要实施了购买或者销售的行为，即便实际的交易并没有成功，也属于非法买卖的行为；介绍买卖枪支、弹药、爆炸物的，以买卖枪支、弹药、爆炸物罪的共犯论处。非法运输，是指未经国家有关部门批准，擅自转移枪支、弹药、爆炸物存放地的行为；只要实施了运输行为，即便被转移的枪支、弹药、爆炸物没有被送到目的地，也属于非法运输。非法邮寄，是指违反国家有关法规，以邮件的方式邮寄枪支、弹药、爆炸物的行为。非法储存，根据2009年11月16日公布的最高人民法院《关于审理非法制造、买卖、运输枪支、弹药、爆炸物等刑事案件具体应用法律若干问题的解释》第8条的规定，是指明知是他人非法制造、买卖、运输、邮寄的枪支、弹药而为其存放的行为，或者非法存放爆炸物的行为。行为人只要实施非法制造、买卖、运输、邮寄、储存枪支、弹药、爆炸物的行为之一，即可构成本罪，如果行为人实施了其中两种以上的行为，也只构成一罪，而不进行数罪并罚，并根据其实际实施的行为来确定罪名。

2. 本罪的主体包括自然人和单位。

3. 本罪的主观方面为故意，即明知是枪支、弹药、爆炸物，而故意非法制造、买卖、运输、邮寄或者储存。如果在行为人不知是枪支、弹药、爆炸物的情况下，而实施了买卖、运输、邮寄或者储存的行为，则不构成本罪。

4. 本罪的客体为公共安全和国家对枪支、弹药、爆炸物的管理秩序。

（二）司法认定与刑事处罚

1. 司法认定

关于本罪的司法认定问题，应注意本罪的定罪标准，如此以准确区分罪与非罪的界限。根据上述解释第1条第1款的规定，个人或者单位非法制造、买卖、运输、邮寄、储存枪支、弹药、爆炸物，具有下列情形之一的，以非法制造、买卖、运输、邮寄、储存枪支、弹药、爆炸物罪定罪处罚：(1) 非法制造、买卖、运输、邮寄、储存军用枪支1支以上的；(2) 非法制造、买卖、运输、邮寄、储存以火药为动力发射枪弹的非军用枪支1支以上或者以压缩气体等为动力的其他非军用枪支2支以上的；(3) 非法制造、买卖、运输、邮寄、储存军用子弹10发以上、气枪铅弹500发以上或者其他非军用子弹100发以上的；(4) 非法制造、买卖、运输、邮寄、储存手榴弹1枚以上的；(5) 非法制造、买卖、运输、邮寄、储存爆炸装置的；(6) 非法制造、买卖、运输、邮寄、储存炸药、发射药、黑火药1千克以上或者烟火药3千克以上、雷管30枚以上或者导火索、导爆索30米以上的；(7) 具有生产爆炸物品资格的单位不按照规定的品种制造，或者具有销售、使用爆炸物品资格的单位超过限额买卖炸药、发射药、黑火药10千克以上或者烟火药30千克以上、雷管300枚以上或者导火索、导爆索300米以上的；(8) 多次非法制造、买卖、运输、邮寄、储存弹药、爆炸物的；(9) 虽未达到上述最低数量标准，但具有造成严重后果等其他恶劣情节的。根据该解释第7条的规定，对于非法制造、买卖、运输、邮寄、储存成套枪支散件的，以相应数量的枪支计；非成套枪支散件以每30件为一成套枪支散件计。行为人确因生产、生活所需而非法制造、买卖、运输枪支、弹药、爆炸物，没有造成严重社会危害，经教育确有悔改表现的，可依法免除或者从轻处罚。①

2. 刑事处罚

根据刑法第125条第1款的规定，犯本罪的，处3年以上10年以下有期徒刑；情节严重的，处10年以上有期徒刑、无期徒刑或者死刑。关于“情节严重”的认定标准，根据上述司法解释第2条的规定，具体指：(1) 非法制造、买卖、运输、邮寄、储存枪支、弹药、爆炸物的数量达到该解释第1条第（1）、（2）、（3）、（6）、（7）项规定的最低数量标准5倍以上的；(2) 非法制造、买卖、运输、邮寄、储存手榴弹3枚以上的；(3) 非法制造、买卖、运输、邮寄、储存爆炸装置，危害严重的；(4) 达到本解释第1条规定的最低数量标准，并具有造成严重后果等其他恶劣情节的。根据刑法第125条第3款的规定，单位犯本罪的，对单位判处罚金，并对其直接负责的主管人员和其他直接责任人员，依照该条第1款的规定处罚。

二十七、非法制造、买卖、运输、储存危险物质罪

非法制造、买卖、运输、储存危险物质罪，是指非法制造、买卖、运输、储存毒害

---

① 参见2001年9月17日最高人民法院公布的《对执行〈关于审理非法制造、买卖、运输枪支、弹药、爆炸物等刑事案件具体应用法律若干问题的解释〉有关问题的通知》第2条。

性、放射性、传染病病原体等物质，危害公共安全的行为。本罪的构成要件如下：（1）本罪的客观方面表现为，违反国家对危险物质的管理规定，制造、买卖、运输、储存毒害性、放射性、传染病病原体等物质，危害公共安全的行为。（2）本罪的主体包括自然人和单位。（3）本罪的主观方面为故意，即明知是制造、买卖、运输、储存毒害性、放射性、传染病病原体等物质，而非法制造、买卖、运输或者储存。（4）本罪客体为公共安全和国家对危险物质的管理秩序。

2003年10月1日起施行的最高人民法院、最高人民检察院《关于办理非法制造、买卖、运输、储存毒鼠强等禁用剧毒化学品刑事案件具体应用法律若干问题的解释》第1条规定，非法制造、买卖、运输、储存毒鼠强等禁用剧毒化学品，危害公共安全，具有下列情形之一的，以本罪论处：（1）非法制造、买卖、运输、储存原粉、原液、原药制剂50克以上，或者饵料2千克以上的；（2）在非法制造、买卖、运输、储存过程中致人重伤、死亡或者造成公私财产损失10万元以上的。该解释第5条第2款规定，确因生产、生活需要而非法制造、买卖、运输、储存毒鼠强等禁用剧毒化学品饵料自用，构成犯罪，但没有造成严重社会危害，经教育确有悔改表现的，可以依法从轻、减轻或者免除处罚。该解释第4条规定，对非法制造、买卖、运输、储存毒鼠强等禁用剧毒化学品行为负有查处职责的国家机关工作人员，滥用职权或者玩忽职守，致使公共财产、国家和人民利益遭受重大损失的，以滥用职权罪或者玩忽职守罪（刑法第397条）追究刑事责任。

根据刑法第125条第2款的规定，犯本罪的，处3年以上10年以下有期徒刑；情节严重的，处10年以上有期徒刑、无期徒刑或者死刑。根据上述解释第2条的规定，非法制造、买卖、运输、储存毒鼠强等禁用剧毒化学品，具有下列情形之一的，属于刑法第125条规定的“情节严重”：（1）非法制造、买卖、运输、储存原粉、原液、制剂500克以上，或者饵料20千克以上的；（2）在非法制造、买卖、运输、储存过程中致3人以上重伤、死亡，或者造成公私财产损失20万元以上的；（3）非法制造、买卖、运输、储存原粉、原药、制剂50克以上不满500克，或者饵料2千克以上不满20千克，并具有其他严重情节的。根据刑法第125条第3款的规定，单位犯本罪的，对单位判处罚金，并对其直接负责的主管人员和其他直接责任人员，依照该条第1款的规定处罚。

二十八、违规制造、销售枪支罪

违规制造、销售枪支罪，是指依法被指定、确定的枪支制造企业、销售企业，违反枪支管理规定，擅自制造、销售枪支的行为。本罪的构成要件如下：（1）本罪的客观方面表现为，依法被指定、确定的枪支制造企业、销售企业，违反枪支管理规定，擅自制造、销售枪支的行为，具体包括三种情形：1）超过限额或者不按照规定的品种制造、配售枪支的；2）制造无号、重号、假号的枪支的；3）非法销售枪支或者在境内销售为出口制造的枪支的。（2）本罪的主体为单位，且为依法被指定、确定的枪支制造企业、销售企业；如果个人或者非被指定的单位非法制造、销售枪支的，以非法制造、买卖枪支、弹药罪定罪。（3）本罪的主观方面为故意，且为直接故意，并具有非法销售的目的。（4）本罪的客体为公共安全和国家对枪支的管理程序。

根据最高人民法院《关于审理非法制造、买卖、运输枪支、弹药、爆炸物等刑事案件具体应用法律若干问题的解释》第3条第1款的规定，具有下列情形的应以本罪定罪：（1）违规制造枪支5支以上的；（2）违规销售枪支2支以上的；（3）虽未达到上述最低数量标准，但具有造成严重后果等其他恶劣情节的。

根据刑法第126条的规定，犯本罪，对单位判处罚金，并对其直接负责的主管人员和其他直接责任人员，处5年以下有期徒刑；情节严重的，处5年以上10年以下有期徒刑；情节特别严重的，处10年以上有期徒刑或者无期徒刑。根据上述解释第3条第2、3款的规定，具有下列情形之一的，属于刑法第126条规定的“情节严重”：（1）违规制造枪支20支以上的；（2）违规销售枪支10支以上的；（3）达到本条第1款规定的最低数量标准，并具有造成严重后果等其他恶劣情节的。具有下列情形之一的，属于刑法第126条规定的“情节特别严重”：（1）违规制造枪支50支以上的；（2）违规销售枪支30支以上的；（3）达到本条第2款规定的最低数量标准，并具有造成严重后果等其他恶劣情节的。

二十九、盗窃、抢夺枪支、弹药、爆炸物、危险物质罪

盗窃、抢夺枪支、弹药、爆炸物、危险物质罪，是指以非法占有为目的，秘密窃取或者公然夺取枪支、弹药、爆炸物、危险物质，危害公共安全的行为。本罪的构成要件如下：（1）本罪的客观方面表现为，秘密窃取或者公然夺取枪支、弹药、爆炸物、危险物质，危害公共安全的行为。（2）本罪的主体为一般主体，即年满16周岁且具有刑事责任能力的自然人。（3）本罪的主观方面为故意，且具有非法占有枪支、弹药、爆炸物、危险物质的目的。行为人在实施盗窃或者抢夺行为之时，应对盗窃或者抢夺的对象为枪支、弹药、爆炸物或危险物质存在明知；如果行为人对该事实缺少明知而实施盗窃或者抢夺的，不以本罪论处，应考虑以盗窃罪定罪处罚。（4）本罪的客体为公共安全。

根据最高人民法院《关于审理非法制造、买卖、运输枪支、弹药、爆炸物等刑事案件具体应用法律若干问题的解释》第4条第1款的规定，盗窃、抢夺枪支、弹药、爆炸物，具有下列情形之一的，以本罪定罪处罚：（1）盗窃、抢夺以火药为动力的发射枪弹非军用枪支1支以上或者以压缩气体等为动力的其他非军用枪支2支以上的；（2）盗窃、抢夺军用子弹10发以上、气枪铅弹500发以上或者其他非军用子弹100发以上的；（3）盗窃、抢夺爆炸装置的；（4）盗窃、抢夺炸药、发射药、黑火药1千克以上或者烟火药3千克以上、雷管30枚以上或者导火索、导爆索30米以上的；（5）虽未达到上述最低数量标准，但具有造成严重后果等其他恶劣情节的。

根据刑法第127条第1款的规定，犯本罪的，处3年以上10年以下有期徒刑；情节严重的，处10年以上有期徒刑、无期徒刑或者死刑。根据上述解释第4条第2款的规定，具有下列情形之一的，属于刑法第127条第1款规定的“情节严重”：（1）盗窃、抢夺枪支、弹药、爆炸物的数量达到本条第1款规定的最低数量标准5倍以上的；（2）盗窃、抢夺军用枪支的；（3）盗窃、抢夺手榴弹的；（4）盗窃、抢夺爆炸装置，危害严重的；（5）达到本条第1款规定的最低数量标准，并具有造成严重后果等其他恶劣情节的。根据刑法第127条第2款和《刑法修正案（三）》第6条的规定，盗窃、抢夺国家机关、军警人员、民兵的枪支、弹药、爆炸物的，处10年以上有期徒刑、无期徒刑或者死刑。

三十、抢劫枪支、弹药、爆炸物、危险物质罪

抢劫枪支、弹药、爆炸物、危险物质罪，是指以暴力、胁迫或者其他方法，劫取枪支、弹药、爆炸物或者危险物质，危害公共安全的行为。本罪的构成要件如下：（1）本罪的客观方面表现为，以暴力、胁迫或者其他方法，劫取枪支、弹药、爆炸物或者危险物质，危害公共安全的行为。（2）本罪的主体为一般主体，即年满16周岁且具有刑事责任能力的自然人。（3）本罪的主观方面为故意，且具有非法占有枪支、弹药、爆炸物、危险物

质的目的。行为人在实施抢劫行为之时，应对劫取行为所针对的对象为枪支、弹药、爆炸物或危险物质存在明知；如果行为人对该事实缺少明知而实施抢劫的，不以本罪论处，应以抢劫罪定罪处罚。(4) 本罪的客体为复杂客体，包括公共安全和枪支、弹药、爆炸物、危险物质的所有者、实际占有者、保管者的人身权利。

根据刑法第127条第2款的规定，犯本罪的，处10年以上有期徒刑、无期徒刑或者死刑。

三十一、非法持有、私藏枪支、弹药罪

非法持有、私藏枪支、弹药罪，是指违反枪支管理规定，非法持有、私藏枪支、弹药的行为。本罪的构成要件如下：(1) 本罪的客观方面表现为，违反枪支管理规定，非法持有、私藏枪支、弹药的行为。这里的“枪支管理规定”，即指枪支管理法等法律、法规的规定。根据最高人民法院《关于审理非法制造、买卖、运输枪支、弹药、爆炸物等刑事案件具体应用法律若干问题的解释》第8条第2、3款的规定，“非法持有”，是指不符合配备、配置枪支、弹药条件的人员，违反枪支管理法律、法规的规定，擅自持有枪支、弹药的行为。“私藏”，是指依法配备、配置枪支、弹药的人员，在配备、配置枪支、弹药的条件消除后，违反枪支管理法律、法规的规定，私自藏匿所配备、配置的枪支、弹药且拒不交出的行为。(2) 本罪的主体为一般主体，即年满16周岁且具有刑事责任能力的自然人。(3) 本罪的主观方面为故意，即行为人明知是枪支、弹药而予以非法持有或者私藏。(4) 本罪的客体为公共安全和国家对枪支、弹药的管理秩序。

根据上述解释第5条的规定，具有下列情形之一的，以本罪定罪处罚：(1) 非法持有、私藏军用枪支1支的；(2) 非法持有、私藏以火药为动力发射枪弹的非军用枪支1支或者以压缩气体等为动力的其他非军用枪支2支以上的；(3) 非法持有、私藏军用子弹20发以上，气枪铅弹1 000发以上或者其他非军用子弹200发以上的；(4) 非法持有、私藏手榴弹1枚以上的；(5) 非法持有、私藏的弹药造成人员伤亡、财产损失的。

根据刑法第128条第1款的规定，处3年以下有期徒刑、拘役或者管制；情节严重的，处3年以上7年以下有期徒刑。这里的“情节严重”，根据上述解释第5条第2款的规定，是指以下情形：(1) 非法持有、私藏军用枪支2支以上的；(2) 非法持有、私藏以火药为动力发射枪弹的非军用枪支2支以上或者以压缩气体等为动力的其他非军用枪支5支以上的；(3) 非法持有、私藏军用子弹100发以上，气枪铅弹5 000发以上或者其他非军用子弹1 000发以上的；(4) 非法持有、私藏手榴弹3枚以上的；(5) 达到本条第1款规定的最低数量标准，并具有造成严重后果等其他恶劣情节的。

三十二、非法出租、出借枪支罪

非法出租、出借枪支罪，是指依法配备公务用枪的人员或单位，非法出租、出借枪支的，或者依法配置枪支的人员或单位，非法出租、出借枪支，造成严重后果的行为。本罪的构成要件如下：(1) 本罪的客观方面表现为，依法配备公务用枪的人员或单位，非法出租、出借枪支的，或者依法配置枪支的人员或单位，非法出租、出借枪支，造成严重后果的行为。非法出租，是指违反枪支管理规定，擅自将枪支在一段时间内有偿提供给他人使用的行为；非法出借，是指违反枪支管理规定，擅自将枪支在一段时间内无偿提供他人使用的行为。根据1998年11月3日最高人民检察院《关于将公务用枪用作借债质押的行为如何适用法律问题的批复》规定，依法配备公务用枪的人员，违反法律规定，将公务用枪

用作借债质押物，使枪支处于非依法持枪人的控制、使用之下，严重危害公共安全，应以非法出借枪支罪追究刑事责任；对接受枪支质押的人员，构成犯罪的，应以非法持有枪支罪追究其刑事责任。就本罪的成立而言，依法配备公务用枪的人员或者单位，只要具有违反枪支管理规定，非法出租、出借枪支的行为，即构成本罪；而依法配置枪支的人员或单位非法出租、出借枪支，以造成严重后果为犯罪成立的条件。(2) 本罪的主体为依法配备公务用枪的人员或单位和依法配置枪支的人员或单位。关于本罪主体的具体范围，依照枪支管理规定来确定。(3) 本罪的主观方面为故意。(4) 本罪的客体为公共安全和国家有关枪支的管理秩序。

根据刑法第 128 条第 3 款的规定，犯本罪的，处 3 年以下有期徒刑、拘役或者管制；情节严重的，处 3 年以上 7 年以下有期徒刑。根据该条第 4 款的规定，单位犯本罪的，对单位判处罚金，并对其直接负责的主管人员和其他直接责任人员，依照上述有关法定刑的规定处罚。

三十三、丢失枪支不报罪

丢失枪支不报罪，是指依法配备公务用枪的人员，丢失枪支不及时报告，造成严重后果的行为。本罪的构成要件如下：(1) 本罪的客观方面表现为，丢失枪支不及时报告，造成严重后果的行为。“丢失”，是指因为疏于管理而遗失或者使枪支被盗、被抢或者被骗而失去对枪支控制的情况。“不及时报告”，是指行为人发现丢失枪支后不及时向本单位或者有关部门报告。“造成严重后果”，主要是指所丢失的枪支被他人用来作为犯罪工具。(2) 本罪的主体为依法配备公务用枪的人员。(3) 本罪的主观方面为过失，这里的过失是针对所造成的严重后果而言，而未及时报告的行为，可以是因为疏忽或者有意隐瞒。[①] (4) 本罪的客体为公共安全。

根据刑法第 129 条的规定，犯本罪的，处 3 年以下有期徒刑或者拘役。

三十四、非法携带枪支、弹药、管制刀具、危险物品危及公共安全罪

非法携带枪支、弹药、管制刀具、危险物品危及公共安全罪，是指非法携带枪支、弹药、管制刀具或者爆炸性、易燃性、放射性、毒害性、腐蚀性物品，进入公共场所或者公共交通工具，危及公共安全，情节严重的行为。本罪的构成要件如下：(1) 本罪的客观方面表现为，非法携带枪支、弹药、管制刀具或者爆炸性、易燃性、放射性、毒害性、腐蚀性物品，进入公共场所或者公共交通工具，危及公共安全，情节严重的行为。根据最高人民法院《关于审理非法制造、买卖、运输枪支、弹药、爆炸物等刑事案件具体应用法律若干问题的解释》第 6 条的规定，非法携带枪支、弹药、爆炸物进入公共场所或者公共交通工具，危及公共安全，具有下列情形之一的，属于“情节严重”：1) 携带枪支或者手榴弹的；2) 携带爆炸装置的；3) 携带炸药、发射药、黑火药 500 克以上或者烟火药 1 千克以上、雷管 20 枚以上或者导火索、导爆索 20 米以上的；4) 携带的弹药、爆炸物在公共场所或者公共交通工具上发生爆炸或者燃烧，尚未造成严重后果的；5) 具有其他严重情节的。行为人非法携带第 3 项规定的爆炸物进入公共场所或者公共交通工具，虽未达到上述数量标准，但拒不交出的，以本罪定罪处罚；携带的数量达到最低数量标准，能够主动、全部

---

① 参见高铭暄、马克昌主编：《刑法学》，400 页，北京，北京大学出版社、高等教育出版社，2007。

交出的，可不以犯罪论处。(2) 本罪的主体为一般主体，即年满16周岁且具有刑事责任能力的自然人。(3) 本罪的主观方面为故意，行为人明知是枪支、弹药、管制道具或者其他危险物品，而携带进入公共场所或者公共交通工具。(4) 本罪的客体为公共安全。

根据刑法第130条的规定，犯本罪，处3年以下有期徒刑、拘役或者管制。

三十五、重大飞行事故罪

重大飞行事故罪，是指航空人员违反规章制度，致使发生重大飞行事故，造成严重后果的行为。本罪的构成要件如下：(1) 本罪的客观方面表现为，违反航空规章制度，致使发生重大飞行事故，造成严重后果的行为。违反航空规章制度，是指违反航空法及其相关管理制度；重大飞行事故，是指航空器在飞行过程中因人为的原因发生的事故；造成严重后果，是指使航空器上的人员受重伤或者航空器、航空设施等公私财产遭受损失的情形。(2) 本罪的主体为特殊主体，即航空人员，包括空勤人员与地面人员。(3) 本罪的主观方面为过失，即应当预见自己违反规章制度的行为可能发生重大飞行事故，造成严重后果，因为疏忽大意而没有预见或者已经预见而轻信能够避免，以致发生这种结果。(4) 本罪的客体为航空运输安全。

根据刑法第131条的规定，犯本罪的，处3年以下有期徒刑或者拘役；造成飞机坠毁或者人员死亡的，处3年以上7年以下有期徒刑。这里的人员，包括航空人员，也包括其他人员。

三十六、铁路运营安全事故罪

铁路运营安全事故罪，是指铁路职工违反规章制度，致使发生铁路运营安全事故，造成严重后果的行为。本罪的构成要件如下：(1) 本罪的客观方面为，违反规章制度，致使发生铁路运营安全事故，造成严重后果的行为。违反规章制度，是指违反铁路运输安全管理方面的各种规章制度；铁路运营安全事故，是指在铁路运输过程中因人为的原因而发生的严重事故；造成严重后果，是指造成人员伤亡或者包括火车机车等在内的公私财产等遭受重大损失等结果。(2) 本罪的主体为铁路职工。(3) 本罪的主观方面为过失，即应当预见自己违反规章制度的行为可能发生铁路运营安全事故、造成严重后果，因为疏忽大意而没有预见或者已经预见而轻信能够避免，以致发生这种结果。(4) 本罪的客体为铁路运输的安全。

根据刑法第132条的规定，犯本罪的，造成严重后果的，处3年以下有期徒刑或者拘役；造成特别严重后果的，处3年以上7年以下有期徒刑。

三十七、交通肇事罪

(一) 概念与构成

交通肇事罪，是指违反交通运输管理法规，因而发生重大事故，致人重伤、死亡或者使公私财产遭受重大损失的行为。

本罪的构成要件如下：

1. 本罪的客观方面表现为，违反交通运输管理法规，因而发生重大事故，致人重伤、死亡或者使公私财产遭受重大损失的行为。具体而言，包括三个方面：(1) 必须是在交通运输过程中，违反交通运输管理法规的行为。这是导致交通肇事的原因。"交通运输管理法规"，是指与保障交通运输安全有关的各种法规，包括海上、内河、公路、城市道路等交通安全管理法规，如《道路交通安全法》、《海上交通安全法》、《内河交通安全管理条例》等。(2) 重大交通事故必须发生在交通过程中以及与交通有直接关系的活动中。根据2000年11月10日通过的最高人民法院《关于审理交通肇事刑事案件具体应用法律若干问题的解释》第8条的规定：在实行公共交通管理的范围内发生重大交通事故的，依照交通肇事罪和该解释规定办理。在公共交通管理的范围外，驾驶机动车辆或者使用其他交通工具致人伤亡或者致使公共财产或者他人财产遭受重大损失，构成犯罪的，分别依照刑法第134条重大责任事故罪、第135条重大劳动安全事故罪、第233条过失致人死亡罪等规定定罪处罚。(3) 违反交通运输管理法规的行为还必须造成重大事故，导致重伤、死亡或者公私财产重大损失的严重后果，且违章行为必须与严重后果之间具有因果关系。

2. 本罪的主体为一般主体，包括从事交通运输人员或者非交通运输人员。从事交通运输人员，是指具体从事公路交通运输和水路交通运输业务的人员，同保障交通安全具有直接关系的人员，包括具体操纵交通运输的驾驶人员、交通设备的操纵人员、交通运输活动的直接负责人员和交通运输安全的管理人员。根据2000年11月10日最高人民法院《关于审理交通肇事刑事案件具体应用法律若干问题的解释》第7条的规定，单位主管人员、机动车辆所有人或者机动车辆承包人指使、强令他人违章驾驶造成重大交通事故以交通肇事罪定罪处罚。非交通运输人员，是指交通运输人员以外的一切人员。根据1997年11月4日最高人民法院《关于审理盗窃案件具体应用法律若干问题的解释》第12条第4款的规定，在偷开机动车辆过程中发生交通肇事构成犯罪，又构成其他犯罪的，应当以本罪和其他罪实行数罪并罚。

3. 本罪的主观方面为过失，即应当预见违反交通运输管理法规的行为可能发生重大交通事故，因为疏忽大意而没有预见或者已经预见而且轻信能够避免，以致发生这种结果。

4. 本罪的客体为交通运输安全，即交通运输中不特定或者多数人人身或者重大公私财产的安全。这里的交通运输，应指航空、铁路运输以外的公路交通运输和水路交通运输，且为公共交通管理范围内的交通运输。对于航空人员在航空运输和铁路职工在铁路运营中发生重大事故构成犯罪的，应以重大飞行事故罪、铁路运营安全事故罪定罪处罚。

(二) 司法认定与刑事处罚

1. 司法认定

(1) 罪与非罪的界分。根据最高人民法院《关于审理交通肇事刑事案件具体应用法律若干问题的解释》第2条的规定，具有以下情形的，构成本罪：1) 死亡1人或者重伤3人以上，负事故全部或者主要责任的；2) 死亡3人以上，负事故同等责任的；3) 造成公共财产或者他人财产直接损失，负事故全部或者主要责任，无能力赔偿数额在30万元以上的。交通肇事致1人以上重伤，负事故全部或者主要责任，并具有下列情形之一的，以交通肇事罪定罪处罚：1) 酒后、吸食毒品后驾驶机动车辆的；2) 无驾驶资格驾驶机动车辆的；3) 明知是安全装置不全或者安全机件失灵的机动车辆而驾驶的；4) 明知是无牌证或者已报废的机动车辆而驾驶的；5) 严重超载驾驶的；6) 为逃避法律追究逃离事故现场的。未达到该解释规定的标准的，不能以本罪追究刑事责任。

(2) 本罪与相似犯罪的界分。区分本罪与以驾驶汽车方法实施的以危险方法危害公共安全罪，主要在于两者发生的场合及罪过形式不同：本罪致人重伤与死亡发生在交通运输过程中，而主观方面为过失，而后者的行为并非为了从事交通运输，并且主观方面是故意。如果行为人利用驾驶的交通工具，在公路或者其他公共场所冲撞人群，危害公共安全的，应按以危险方法危害公共安全罪定罪。此外，应区分本罪与过失损坏交通工具罪、过失损坏交通设施罪，主要在于两点：一是，本罪是违反交通运输管理法规的行为，而后者是破坏交通工具或交通设施的行为；二是，本罪发生在交通过程中以及与交通有直接关系的活动中，而后者并没有这种限制。

2. 刑事处罚

根据刑法第133条的规定，犯本罪，处3年以下有期徒刑或者拘役；交通运输肇事后逃逸或者有其他特别恶劣情节的，处3年以上7年以下有期徒刑；因逃逸致人死亡的，处7年以上有期徒刑。根据上述司法解释第3条的规定，"交通运输肇事后逃逸"，是指行为人具有本解释第2条第1款规定和第2款第（1）～（5）项规定的情形之一，在发生交通事故后，为逃避法律追究而逃跑的行为。根据该解释第4条的规定，交通肇事具有下列情形之一的，属于"有其他特别恶劣情节"，处3年以上7年以下有期徒刑：（1）死亡2人以上或者重伤5人以上，负事故全部或者主要责任的；（2）死亡6人以上，负事故同等责任的；（3）造成公共财产或者他人财产直接损失，负事故全部或者主要责任，无能力赔偿数额在60万元以上的。根据该解释第5条第1款的规定，"因逃逸致人死亡"，是指行为人在交通肇事后为逃避法律追究而逃跑，致使被害人因得不到救助而死亡的情形。根据该解释第6条规定，行为人在交通肇事后为逃避法律追究，将被害人带离事故现场后隐藏或者遗弃，致使被害人无法得到救助而死亡或者严重残疾的，以故意杀人罪或者故意伤害罪定罪处罚。根据该解释第5条第2款的规定，交通肇事后，单位主管人员、机动车辆所有人、承包人或者乘车人指使肇事人逃逸，致使被害人因得不到救助而死亡的，以交通肇事罪的共犯论处。

三十八、危险驾驶罪

（一）概念与构成

危险驾驶罪，是指在道路上驾驶机动车追逐竞驶，情节恶劣的，或者在道路上醉酒驾驶机动车的行为。该罪是《刑法修正案（八）》规定的一个新罪。

本罪的构成要件如下：

1. 本罪的客观方面表现为，在道路上驾驶机动车追逐竞驶，情节恶劣的，或者在道路上醉酒驾驶机动车的行为。具体而言，该罪中的危害行为包括两种情形：（1）驾驶机动车追逐竞驶，即俗称的"飙车"。其行为特征包括两个方面：一是超速行驶，二是与他人相互追逐。这里的"在道路上"，应指处于公共场域之下任何用于通行的道路，不限于机动车道。"情节恶劣"，是指危险驾驶的行为给处于公共场域下的人身安全或者重大财产安全形成高度的危险。（2）醉酒驾驶。醉酒区别于酒后。《中华人民共和国道路交通安全法》对"饮酒后"与"醉酒后"作出严格区分。根据"中华人民共和国国家标准——车辆驾驶人员血液、呼气酒精含量阈值与检验标准"的界定，车辆驾驶人员血液中的酒精含量大于或者等于80mg/100ml的驾驶行为属于醉酒驾驶。

2. 本罪的主体为一般主体，即年满16周岁且具有刑事责任能力的自然人。一般情形下，本罪的行为人都持有合法的机动车驾驶证照，但虽然未取得机动车驾驶许可或者已经被吊销、暂停驾驶许可的人，也可以成为本罪的主体。

3. 本罪的主观方面为故意，即明知自己已处于醉酒状态而仍从事驾驶机动车的行为，或者明知自己的行为属于追逐竞驶的行为而仍从事该行为。从行为人的心理上讲，行为人

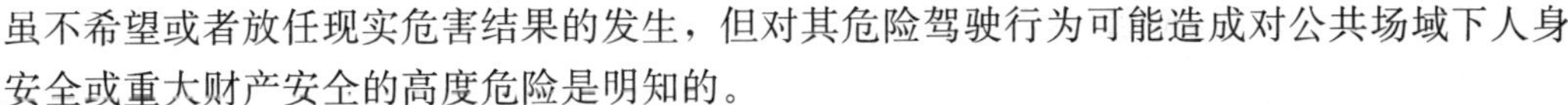

虽不希望或者放任现实危害结果的发生，但对其危险驾驶行为可能造成对公共场域下人身安全或重大财产安全的高度危险是明知的。

4. 本罪的客体为公共安全。危险驾驶行为会对处于公共场域之下的人身安全和重大财产安全形成高度危险，因而危及公共安全。

(二)"追逐竞驶"司法认定与刑事处罚

1. 司法认定

(1) 罪与非罪的界分

构成本罪的"追逐竞驶"行为，必须达到"情节恶劣"的程度，具体而言，即应达到对公共场域下人身安全和重大财产安全形成高度危险的程度。如果未达到这一程度，则不应以本罪追究刑事责任。但"醉酒驾驶"并无情节要求，只要行为人"醉驾"，即成立犯罪。

(2) 本罪与相似犯罪的区分

本罪与交通肇事罪的区分表现为：一是，构成交通肇事罪，必须具有"致人重伤、死亡或者使公私财产遭受重大损失"的结果，而构成本罪，只要达到对人身安全和重大财产安全形成高度危险的程度，而不需要发生具体的损害结果。二是，交通肇事罪的主观方面为过失，而本罪的主观方面为故意。

2. 刑事处罚

根据刑法第133条之一的规定，构成本罪，处拘役，并处罚金。

三十九、重大责任事故罪

(一) 概念与构成

重大责任事故罪，是指在生产、作业中违反有关安全管理的规定，因而发生重大伤亡事故或者造成其他严重后果的行为。

本罪的构成要件如下：

1. 本罪的客观方面表现为，在生产、作业中违反有关安全管理的规定，因而发生重大伤亡事故或者造成其他严重后果的行为。对本罪的客观方面，可以从以下三个方面来认识：(1) 行为人必须违反有关安全管理规定，即违反国家、主管部门和本单位制定的，与保障生产、作业安全有关的各种规章制度。(2) 违反有关安全管理规定的行为必须发生在生产、作业过程中。如果事故的发生与生产、作业没有关系，不构成本罪。例如，在工厂的休息室里用电炉热饭，不慎引起火灾而造成重大损失，即应定失火罪，而非本罪。(3) 必须导致重大伤亡事故或者其他严重后果。根据2007年2月28日公布的最高人民法院、最高人民检察院《关于办理危害矿山生产安全刑事案件具体应用法律若干问题的解释》第4条的规定，发生矿山生产安全事故，具有下列情形之一的，应当认定为"重大伤亡事故或者其他严重后果"：(1) 造成死亡1人以上，或者重伤3人以上的；(2) 造成直接经济损失100万元以上的；(3) 造成其他严重后果的情形。

2. 本罪的主体为从事生产、作业的人员。根据上述解释第1条的规定，本罪的主体包括对矿山生产、作业负有组织、指挥或者管理职责的负责人、管理人员、实际控制人、投资人等人员，以及直接从事矿山生产、作业的人员。

3. 本罪的主观方面为过失，即应当预见自己的行为可能发生重大事故，因为疏忽大意而没有预见或者已经预见而轻信能够避免，以致发生这种结果。

4. 本罪的客体为生产、作业的安全。

(二) 司法认定与刑事处罚

1. 司法认定

(1) 罪与非罪的界限。在实践中，应区分本罪与自然事故、技术事故及技术革新、科研失败而造成损失的界限，关键在于行为人主观上是否存在过失，以及是否有违反安全管理规定的行为；如果事故的发生是由违反安全管理规定的行为所引起，且行为人具有过失，则成立本罪，否则，即不构成犯罪。本罪与一般安全事故的界限在于是否造成重大伤亡事故或者有严重后果；如果造成重大伤亡事故或者有严重后果的，构成本罪，仅造成一般安全事故的，不构成本罪，应给予批评教育或行政处分。

(2) 本罪与失火罪、过失爆炸罪、过失投放危险物质罪的界分。区分本罪与失火罪、过失爆炸罪、过失投放危险物质罪，主要在于行为发生的场合不同：本罪是在生产、作业活动中，违反有关安全管理规定而发生重大伤亡事故或者其他严重后果；后者是在日常生活中由于忽视安全、缺乏必要的慎重而发生火灾、爆炸或者危险物质损害事故。

2. 刑事处罚

根据刑法第134条第1款和《刑法修正案（六)》第1条第1款的规定，犯本罪的，处3年以下有期徒刑或者拘役；情节特别恶劣的，处3年以上7年以下有期徒刑。根据《关于办理危害矿山生产安全刑事案件具体应用法律若干问题的解释》第4条第2款的规定，具有下列情形之一的，属于“情节特别恶劣”：(1) 造成死亡3人以上，或者重伤10人以上的；(2) 造成直接经济损失300万元以上的；(3) 其他特别恶劣的情节。

四十、强令违章冒险作业罪

强令违章冒险作业罪，是指强令他人违章冒险作业，因而发生重大伤亡事故或者造成其他严重后果的行为。本罪的构成要件如下：(1) 本罪的客观方面表现为，强令他人违章冒险作业，因而发生重大伤亡事故或者造成其他严重后果的行为。强令他人违章冒险作业，是指明知自己的决定违反安全生产、作业的规章制度，可能会发生安全事故，而强行命令他人违章冒险作业的情形。(2) 本罪的主体为一般主体，实践中主要是从事生产、施工、作业等管理工作的人员。根据2007年2月26日最高人民法院、最高人民检察院《关于办理危害矿山生产安全刑事案件具体应用法律若干问题的解释》第2条的规定，本罪的主体包括对矿山生产、作业负有组织、指挥或者管理职责的负责人、管理人员、实际控制人、投资人等人员。(3) 本罪的主观方面为过失，即应当知道强令他人违章冒险作业会发生重大伤亡事故或者造成其他严重后果，因为疏忽大意没有预见或者轻信能够避免，以致发生这种结果。(4) 本罪的客体为生产、作业安全。

根据刑法第134条第2款和《刑法修正案（六)》第1条第2款的规定，犯本罪，处5年以下有期徒刑或者拘役；情节特别恶劣的，处5年以上有期徒刑。根据上述司法解释第4条第2款的规定，具有下列情形之一的，属于“情节特别恶劣”：(1) 造成死亡3人以上，或者重伤10人以上的；(2) 造成直接经济损失300万元以上的；(3) 其他特别恶劣的情节。

四十一、重大劳动安全事故罪

重大劳动安全事故罪，是指安全生产设施或者安全生产条件不符合国家规定，因而发生重大伤亡事故或者造成其他严重后果的行为。本罪的构成要件如下：(1) 本罪的客观方面表现为，安全生产设施或者安全生产条件不符合国家规定，因而发生重大伤亡事故或者造成其他严重后果的行为。安全生产设施或者安全生产条件不符合国家规定，是指根本没有装备安全生产设施或根本不具有安全生产条件，或者虽然装备安全生产设施或具有一定的安全生产条件，但还没有达到国家规定的要求。(2) 本罪的主体为一般主体，在实践中主要是指对安全生产负有管理职责的主管人员和其他直接责任人员。(3) 本罪的主观方面为过失，即行为人应当预见安全生产设施或者安全生产条件不符合国家规定，会发生重大伤亡事故或者造成其他严重后果，因为疏忽大意没有预见或者已经预见但轻信能够避免，以致发生这种结果。(4) 本罪的客体为生产、作业场所的公共安全。

根据刑法第135条和《刑法修正案（六）》第2条的规定，犯本罪的，对直接负责的主管人员和其他直接责任人员，处3年以下有期徒刑或者拘役；情节特别恶劣的，处3年以上7年以下有期徒刑。

四十二、大型群众性活动重大安全事故罪

大型群众性活动重大安全事故罪，是指举办大型群众性活动违反安全管理规定，因而发生重大伤亡事故或者造成其他严重后果的行为。本罪的构成要件如下：(1) 本罪的客观方面表现为，举办大型群众性活动违反安全管理规定，因而发生重大伤亡事故或者造成其他严重后果的行为。例如，在广场、公园、体育场、游乐园等公共场所举行大型群众活动时，没有事先做好预防工作，或者采取应急措施不当，而导致重大人员伤亡的情形。(2) 本罪的主体为一般主体，在实践中主要是大型群众性活动的举办单位中对活动安全负有职责的主管人员和其他直接责任人员。(3) 本罪的主观方面为过失，即应当预见在大型群众性活动中违反安全管理规定的行为会发生重大伤亡事故或者造成其他严重后果，因为疏忽大意没有预见或者已经预见而轻信能够避免，以致发生这种结果。(4) 本罪的客体为大型群众性活动中的公共安全。

根据刑法第135条之一和《刑法修正案（六）》第3条的规定，犯本罪的，对直接负责的主管人员和其他直接责任人员，处3年以下有期徒刑或者拘役；情节特别恶劣的，处3年以上7年以下有期徒刑。

四十三、危险物品肇事罪

危险物品肇事罪，是指违反爆炸性、易燃性、放射性、毒害性、腐蚀性物品的管理规定，在生产、储存、运输、使用中发生重大事故，造成严重后果的行为。本罪的构成要件如下：(1) 本罪的客观方面表现为，违反爆炸性、易燃性、放射性、毒害性、腐蚀性物品的管理规定，在生产、储存、运输、使用中发生重大事故，造成严重后果的行为。该行为发生在生产、储存、运输、使用中，这是区分本罪与过失投放危险物质罪、过失爆炸罪的关键所在。(2) 本罪的主体为一般主体，主要是从事生产、储存、运输、使用危险物品的人员。(3) 本罪的主观方面为过失。(4) 本罪的客体为危险物品在生产、储存、运输、使用中的安全。

根据刑法第136条的规定，犯本罪的，处3年以下有期徒刑或者拘役；后果特别严重的，处3年以上7年以下有期徒刑。

四十四、工程重大安全事故罪

工程重大安全事故罪，是指建设单位、设计单位、施工单位、工程监理单位违反国家规定，降低工程质量标准，造成重大安全事故的行为。本罪的构成要件如下：(1) 本罪的

客观方面表现为，违反国家规定，降低工程质量标准，造成重大安全事故的行为。违反国家规定，是指违反国家关于建筑工程质量监督管理的法律法规。降低工程质量标准，是指提供、使用不合格的建筑材料、设备等，或者在施工中偷工减料，或者不按建筑工程质量标准进行设计或施工，或者降低标准进行监理。重大安全事故，是指建筑工程在建设中或者交付使用后，由于达不到质量标准而导致建筑物坍塌、断裂或者其他损坏，而造成人员伤亡或者重大经济损失的情形。(2) 本罪的主体为建设单位、设计单位、施工单位、工程监理单位中的直接负责人员。(3) 本罪的主观方面为过失。(4) 本罪的客体为公共安全。

根据刑法第137条的规定，犯本罪的，对直接责任人员，处5年以下有期徒刑或者拘役，并处罚金；后果特别严重的，处5年以上10年以下有期徒刑，并处罚金。

四十五、教育设施重大责任事故罪

教育设施重大责任事故罪，是指明知校舍或者教育教学设施有危险，而不采取措施或者不及时报告，致使发生重大伤亡事故的行为。本罪的构成要件如下：(1) 本罪的客观方面表现为，在校舍或者教育教学设施存在危险的情况下，不采取措施或者不及时报告，致使发生重大伤亡事故的行为。本罪为不作为犯；如果行为人采取了一定的有效措施或者及时向有关部门汇报情况，即使发生了重大伤亡事故，也不构成本罪。行为人不采取措施或者不及时报告的行为必须与重大伤亡事故之间具有因果关系。(2) 本罪的主体为对校舍、教育教学设施的安全负有直接责任的人员。(3) 本罪的主观方面为过失，但应明知校舍或教育教学设施存在危险、隐患。(4) 本罪的客体为学校、教育教学设施的公共安全。

根据刑法第138条的规定，对直接责任人员，处3年以下有期徒刑或者拘役；后果特别严重的，处3年以上7年以下有期徒刑。

四十六、消防责任事故罪

消防责任事故罪，是指违反消防管理法规，经消防监督机构通知采取改正措施而拒绝执行，造成严重后果的行为。本罪的构成要件如下：(1) 本罪的客观方面表现为，违反消防管理法规，经消防监督机构通知采取改正措施而拒绝执行，造成严重后果的行为。(2) 本罪的主体为负有防火安全职责的直接责任人员。(3) 本罪的主观方面为过失，但是对拒不执行消防监督机构的通知的行为则是故意而为的。(4) 本罪的客体为公共安全和国家消防监督管理秩序。

根据刑法第139条的规定，犯本罪的对直接责任人员，处3年以下有期徒刑或者拘役；后果特别严重的，处3年以上7年以下有期徒刑。

四十七、不报、谎报安全事故罪

不报、谎报安全事故罪，是指在安全事故发生后，负有报告职责的人员不报或者谎报事故情况，贻误事故抢救，情节严重的行为。本罪的构成要件如下：(1) 本罪的客观方面表现为，在安全事故发生后，不报或者谎报事故情况，贻误事故抢救，情节严重的行为。本罪中的“安全事故”，不限于刑法分则第二章中的某一安全事故，而包括本章中的各种安全事故。[①] 根据最高人民法院、最高人民检察院《关于办理危害矿山生产安全刑事案件

① 参见王作富主编：《刑法》，388页，北京，中国人民大学出版社，2007。

具体应用法律若干问题的解释》第6条第1款的规定，在矿山生产安全事故发生后，负有报告职责的人员不报或者谎报事故情况，贻误事故抢救，具有下列情形之一的，应当认定为“情节严重”：“（一）导致事故后果扩大，增加死亡一人以上，或者增加重伤三人以上，或者增加直接经济损失一百万元以上的；（二）实施下列行为之一，致使不能及时有效开展事故抢救的：1. 决定不报、谎报事故情况或者指使、串通有关人员不报、谎报事故情况的；2. 在事故抢救期间擅离职守或者逃匿的；3. 伪造、破坏事故现场，或者转移、藏匿、毁灭遇难人员尸体，或者转移、藏匿受伤人员的；4. 毁灭、伪造、隐匿与事故有关的图纸、记录、计算机数据等资料以及其他证据的；（三）其他严重的情节。”（2）本罪的主体为对发生安全事故负有报告职责的人员。根据上述解释第5条的规定，本罪的主体包括矿山生产经营单位的负责人、实际控制人、负责生产经营管理的投资人以及其他负有报告职责的人员。（3）本罪的主观方面为故意，即行为人明知应当在安全事故发生后及时向有关机关或部门报告事故的真实情况，而不报告或者不如实报告。（4）本罪的客体为公共安全和安全事故的报告制度。

根据刑法第139条之一和《刑法修正案（六）》第4条的规定，犯本罪的，处3年以下有期徒刑或者拘役；情节特别严重的，处3年以上7年以下有期徒刑。根据上述解释第6条第2款规定，具有下列情形之一的，应当认定为“情节特别严重”：“（一）导致事故后果扩大，增加死亡三人以上，或者增加重伤十人以上，或者增加直接经济损失三百万元以上的；（二）采用暴力、胁迫、命令等方式阻止他人报告事故情况导致事故后果扩大的；（三）其他特别严重的情节。”根据该解释第7条的规定，在矿山生产安全事故发生后，实施该解释第6条规定的相关行为，帮助负有报告职责的人员不报或者谎报事故情况，贻误事故抢救的，对组织者或者积极参加者，以本罪的共犯论处。

【附录】

一、司法考试真题

1. 罗某犯放火罪应被判处10年有期徒刑，此时人民法院对罗某还可以适用的附加刑是：（　　）。

A. 罚金　　B. 剥夺政治权利

C. 没收财产　　D. 赔偿经济损失

答案：B

2. 甲是搬运场司机，在搬运场驾车作业时违反操作规程，不慎将另一职工轧死。对甲的行为应当如何处理？（　　）

A. 按过失致人死亡罪处理　　B. 按交通肇事罪处理

C. 按重大责任事故罪处理　　D. 按意外事件罪处理

答案：C

3. 甲盗割正在使用中的铁路专用电话线，在构成犯罪的情况下，对甲应按照哪一选项处理？（　　）

A. 破坏公用电信设施罪

B. 破坏交通设施罪

C. 盗窃罪与破坏交通设施罪中处罚较重的犯罪

D. 盗窃罪与破坏公用电信设施罪中处罚较重的犯罪

答案：C

4. 甲系某公司经理，乙是其司机。某日，乙开车送甲去洽谈商务，途中因违章超速行驶当场将行人丙撞死，并致使行人丁重伤。乙欲送丁去医院救治，被甲阻止。甲催乙送其前去洽谈商务，并称否则会造成重大经济损失。于是，乙打电话给120急救站后离开肇事现场。但因时间延误，丁不治身亡。关于本案，下列哪一选项是正确的？（　　）

A. 甲不构成犯罪，乙构成交通肇事罪

B. 甲、乙均构成交通肇事罪

C. 乙构成交通肇事罪和不作为的故意杀人罪，甲是不作为的故意杀人罪

D. 甲、乙均构成故意杀人罪

答案：B

5. 甲为获利于某日晚向乙家的羊圈内（共有29只羊）投放毒药，待羊中毒后将羊运走，并将羊肉出售给他人。甲的行为构成哪些犯罪？（　　）

A. 盗窃罪

B. 投毒罪

C. 故意毁坏财物罪

D. 生产、销售有毒、有害食品罪

答案：AD

6. A为某国家机关工作人员，依法配备有公务用枪。A在有配偶（B女，生活在外地）的情况下，长期与C女共同生活，并生有一子（周围群众均认为A与C为夫妻关系），为此借用了D的3万元现金。D多次讨债，A无力偿还，于是A将公务用枪（无子弹）用作借债质押物交给D，约定A还款时，D将枪支归还A。3个月后，A仍然未能归还借款，D便将枪支送给其外甥E玩耍。E在一周后使用该枪支抢劫某银行储蓄所现金20余万元。请根据案情回答（1）～（3）题。

（1）关于A与C女共同生活的行为，下列哪些说法是错误的？（　　）

A. 法律不承认事实婚姻，所以，A不成立重婚罪

B. 事实婚姻是无效的，所以，A不成立重婚罪

C. A与C女属于同居而非事实婚姻，所以，A不成立重婚罪

D. 重婚罪侵犯的是配偶权，如果B女同意，则A不成立重婚罪

（2）关于A将枪支质押给D的行为，下列哪些说法是错误的？（　　）

A. A的行为既不属于非法出租，也不属于非法出借，根据罪刑法定原则，不成立非法出租、出借枪支罪

B. A的行为本身没有造成严重后果，故不成立非法出租、出借枪支罪

C. 由于枪内无子弹，A的行为不可能危害公共安全，故不成立非法出租、出借枪支罪

D. 对A的行为以滥用职权罪论处较为合适

（3）关于D的行为，下列哪些说法是错误的？（　　）

A. D的行为仅成立非法持有枪支罪

B. D的行为成立非法持有枪支罪和抢劫罪

C. D的行为虽然不成立抢劫罪，但应对E抢劫银行的犯罪行为承担一定的刑事责任

D. D的行为不成立犯罪

答案：（1）ABCD（2）ABCD（3）BCD

二、模拟试题

1. 放火罪既遂的判断标准为(　　)。

A. 放火的行为将目的物点燃后，已经达到脱离引燃媒介能够独立燃烧的程度

B. 行为人实施完点火行为后

C. 目的物烧毁后

D. 目的物被点燃后

答案：A

2. 区分放火罪与以放火方法实施其他犯罪的界限关键在于(　　)。

A. 目的物是否是特定的

B. 放火行为是否危及公共安全

C. 行为人的犯罪目的

D. 行为人使用的方法

答案：B

3. 下列哪些危害公共安全的犯罪的法定最高刑为死刑？(　　)

A. 决水罪

B. 破坏交通工具罪

C. 盗窃枪支罪

D. 劫持航空器罪

答案：ABCD

4. 下列哪些犯罪的主观方面为过失？(　　)

A. 以危险方法危害公共安全罪

B. 暴力危及飞行安全罪

C. 丢失枪支不报罪

D. 铁路运营安全事故罪

答案：CD

5. 下列有关劫持航空器罪的说法正确的是(　　)。

A. 该罪的犯罪对象为正在使用中的航空器

B. 劫持民用航空器的行为可以构成该罪

C. 劫持国家航空器的行为可以构成该罪

D. 军人驾驶航空器叛逃的构成该罪

答案：ABC

6. 下列有关非法出租、出借枪支罪的说法正确的是(　　)。

A. 该罪的犯罪对象只限于公务枪支

B. 依法配备公务用枪的人员，违反法律规定，将公务用枪作借债质押物，使枪支处于非依法持枪人的控制、使用之下的，应以该罪论处

C. 该罪的主体为一般主体

D. 该罪主观上必须以牟利为目的

答案：B

第四章 破坏社会主义市场经济秩序罪

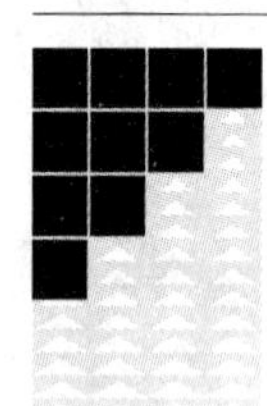

第一节 破坏市场经济秩序罪概述	一、刑法规定本类犯罪的体系和罪名 二、本类犯罪共性特征 三、认定此类犯罪应注意的问题
第二节 生产、销售伪劣商品罪	一、生产、销售伪劣产品罪 二、生产、销售假药罪 三、生产、销售劣药罪 四、生产、销售不符合安全标准的食品罪 五、生产、销售有毒、有害食品罪 六、生产、销售不符合标准的医用器材罪 七、生产、销售不符合安全标准的产品罪 八、生产、销售伪劣农药、兽药、化肥、种子罪 九、生产、销售不符合卫生标准的化妆品罪
第三节 走私罪	一、走私武器、弹药罪 二、走私核材料罪 三、走私假币罪 四、走私文物罪 五、走私贵重金属罪 六、走私珍贵动物、珍贵动物制品罪 七、走私国家禁止进出口的货物、物品罪 八、走私淫秽物品罪 九、走私废物罪 十、走私普通货物、物品罪

第四节 妨害对公司、 企业的管理秩序罪	一、虚报注册资本罪 二、虚假出资、抽逃出资罪 三、欺诈发行股票、债券罪 四、违规披露、不披露重要信息罪 五、妨害清算罪 六、隐匿、故意销毁会计凭证、会计账簿、财务会计报告罪 七、虚假破产罪 八、非国家工作人员受贿罪 九、对非国家工作人员行贿罪 十、对外国公职人员、国际公共组织官员行贿罪 十一、非法经营同类营业罪 十二、为亲友非法牟利罪 十三、签订、履行合同失职被骗罪 十四、国有公司、企业、事业单位人员失职罪 十五、国有公司、企业、事业单位人员滥用职权罪 十六、徇私舞弊低价折股、出售国有资产罪 十七、背信损害上市公司利益罪
第五节 破坏金融管理秩序罪	一、伪造货币罪 二、出售、购买、运输假币罪 三、金融工作人员购买假币、以假币换取货币罪 四、持有、使用假币罪 五、变造货币罪 六、擅自设立金融机构罪 七、伪造、变造、转让金融机构经营许可证、批准文件罪 八、高利转贷罪 九、骗取贷款、票据承兑、金融票证罪 十、非法吸收公众存款罪 十一、伪造、变造金融票证罪 十二、妨害信用卡管理罪 十三、窃取、收买、非法提供信用卡信息罪 十四、伪造、变造国家有价证券罪

十五、伪造、变造股票、公司、企业债券罪
十六、擅自发行股票、公司、企业债券罪
十七、内幕交易、泄露内幕信息罪
十八、利用未公开信息交易罪
十九、编造并传播证券、期货交易虚假信息罪
二十、诱骗投资者买卖证券、期货合约罪
二十一、操纵证券、期货市场罪
二十二、背信运用受托财产罪
二十三、违法运用资金罪
二十四、违法发放贷款罪
二十五、吸收客户资金不入账罪
二十六、违规出具金融票证罪
二十七、对违法票据承兑、付款、保证罪
二十八、逃汇罪
二十九、骗购外汇罪
三十、洗钱罪

第六节 金融诈骗罪

一、集资诈骗罪
二、贷款诈骗罪
三、票据诈骗罪
四、金融凭证诈骗罪
五、信用证诈骗罪
六、信用卡诈骗罪
七、有价证券诈骗罪
八、保险诈骗罪

第七节 危害税收征管罪

一、逃税罪
二、抗税罪
三、逃避追缴欠税罪
四、骗取出口退税罪
五、虚开增值税专用发票、用于骗取出口退税、抵扣税款发票罪

节	罪名
	六、虚开发票罪 七、伪造、出售伪造的增值税专用发票罪 八、非法出售增值税专用发票罪 九、非法购买增值税专用发票、购买伪造的增值税专用发票罪 十、非法制造、出售非法制造的用于骗取出口退税、抵扣税款发票罪 十一、非法制造、出售非法制造的发票罪 十二、非法出售用于骗取出口退税、抵扣税款发票罪 十三、非法出售发票罪 十四、持有伪造的发票罪
第八节 侵犯知识产权罪	一、假冒注册商标罪 二、销售假冒注册商标的商品罪 三、非法制造、销售非法制造的注册商标标识罪 四、假冒专利罪 五、侵犯著作权罪 六、销售侵权复制品罪 七、侵犯商业秘密罪
第九节 扰乱市场秩序罪	一、损害商业信誉、商品声誉罪 二、虚假广告罪 三、串通投标罪 四、合同诈骗罪 五、组织、领导传销活动罪 六、非法经营罪 七、强迫交易罪 八、伪造、倒卖伪造的有价票证罪 九、倒卖车票、船票罪 十、非法转让、倒卖土地使用权罪 十一、提供虚假证明文件罪 十二、出具证明文件重大失实罪 十三、逃避商检罪

参考文献

马克昌主编：《经济犯罪新论》，武汉大学出版社，1998；王作富主编：《刑法分则实务研究》，中国方正出版社，2007；张明楷：《刑法学》，法律出版社，2007；周道鸾、张军主编：《刑法罪名精释》（第三版），人民法院出版社，2007；陈兴良：《刑法疏议》，中国人民公安大学出版社，1997；张明楷：《诈骗罪与金融诈骗罪研究》，清华大学出版社，2006。

第一节　破坏市场经济秩序罪概述

一、刑法规定本类犯罪的体系和罪名

刑法分则第三章“破坏社会主义市场经济秩序罪”之下分八节共规定了108个罪名（含修正案增补罪名），它是一类犯罪的统称，泛指违反国家市场经济管理法规，破坏社会主义市场经济秩序，危害国家市场经济发展的行为。这八节的名称及其具体罪名如下：

1. 生产、销售伪劣商品罪，罪名包括：（1）生产、销售伪劣产品罪，（2）生产、销售假药罪，（3）生产、销售劣药罪，（4）生产、销售不符合安全标准的食品罪，（5）生产、销售有毒、有害食品罪，（6）生产、销售不符合标准的医用器材罪，（7）生产、销售不符合安全标准的产品罪，（8）生产、销售伪劣农药、兽药、化肥、种子罪，（9）生产、销售不符合卫生标准的化妆品罪。

2. 走私罪，罪名包括：（1）走私武器、弹药罪，（2）走私核材料罪，（3）走私假币罪，（4）走私文物罪，（5）走私贵重金属罪，（6）走私珍贵动物、珍贵动物制品罪，（7）走私国家禁止进出口的货物、物品罪，（8）走私淫秽物品罪，（9）走私废物罪，（10）走私普通货物、物品罪。

3. 妨害对公司、企业的管理秩序罪，罪名包括：（1）虚报注册资本罪，（2）虚假出资、抽逃出资罪，（3）欺诈发行股票、债券罪，（4）违规披露、不披露重要信息罪，（5）妨害清算罪，（6）隐匿、故意销毁会计凭证、会计账簿、财务会计报告罪，（7）虚假破产罪，（8）非国家工作人员受贿罪，（9）对非国家工作人员行贿罪，（10）对外国公职人员、国际公共组织官员行贿罪，（11）非法经营同类营业罪，（12）为亲友非法牟利罪，（13）签订、履行合同失职被骗罪，（14）国有公司、企业、事业单位人员失职罪，（15）国有公司、企业、事业单位人员滥用职权罪，（16）徇私舞弊低价折股、出售国有资产罪，（17）背信损害上市公司利益罪。

4. 破坏金融管理秩序罪，罪名包括：（1）伪造货币罪，（2）出售、购买、运输假币罪，（3）金融工作人员购买假币、以假币换取货币罪，（4）持有、使用假币罪，（5）变造货币罪，（6）擅自设立金融机构罪，（7）伪造、变造、转让金融机构经营许可证、批准文件罪，（8）高利转贷罪，（9）骗取贷款、票据承兑、金融票证罪，（10）非法吸收公众存款罪，（11）伪造、变造金融票证罪，（12）妨害信用卡管理罪，（13）窃取、收买、非法提供

信用卡信息罪，(14) 伪造、变造国家有价证券罪，(15) 伪造、变造股票、公司、企业债券罪，(16) 擅自发行股票、公司、企业债券罪，(17) 内幕交易、泄露内幕信息罪，(18) 利用未公开信息交易罪，(19) 编造并传播证券、期货交易虚假信息罪，(20) 诱骗投资者买卖证券、期货合约罪，(21) 操纵证券、期货市场罪，(22) 背信运用受托财产罪，(23) 违法运用资金罪，(24) 违法发放贷款罪，(25) 吸收客户资金不入账罪，(26) 违规出具金融票证罪，(27) 对违法票据承兑、付款、保证罪，(28) 逃汇罪，(29) 骗购外汇罪，(30) 洗钱罪。

5. 金融诈骗罪，罪名包括：(1) 集资诈骗罪，(2) 贷款诈骗罪，(3) 票据诈骗罪，(4) 金融凭证诈骗罪，(5) 信用证诈骗罪，(6) 信用卡诈骗罪，(7) 有价证券诈骗罪，(8) 保险诈骗罪。

6. 危害税收征管罪，罪名包括：(1) 逃税罪，(2) 抗税罪，(3) 逃避追缴欠税罪，(4) 骗取出口退税罪，(5) 虚开增值税专用发票、用于骗取出口退税、抵扣税款发票罪，(6) 虚开发票罪，(7) 伪造、出售伪造的增值税专用发票罪，(8) 非法出售增值税专用发票罪，(9) 非法购买增值税专用发票、购买伪造的增值税专用发票罪，(10) 非法制造、出售非法制造的用于骗取出口退税、抵扣税款发票罪，(11) 非法制造、出售非法制造的发票罪，(12) 非法出售用于骗取出口退税、抵扣税款发票罪，(13) 非法出售发票罪，(14) 持有伪造的发票罪。

7. 侵犯知识产权罪，罪名包括：(1) 假冒注册商标罪，(2) 销售假冒注册商标的商品罪，(3) 非法制造、销售非法制造的注册商标标识罪，(4) 假冒专利罪，(5) 侵犯著作权罪，(6) 销售侵权复制品罪，(7) 侵犯商业秘密罪。

8. 扰乱市场秩序罪，罪名包括：(1) 损害商业信誉、商品声誉罪，(2) 虚假广告罪，(3) 串通投标罪，(4) 合同诈骗罪，(5) 组织、领导传销活动罪，(6) 非法经营罪，(7) 强迫交易罪，(8) 伪造、倒卖伪造的有价票证罪，(9) 倒卖车票、船票罪，(10) 非法转让、倒卖土地使用权罪，(11) 提供虚假证明文件罪，(12) 出具证明文件重大失实罪，(13) 逃避商检罪。

二、本类犯罪共性特征

1. 本类犯罪通常具有违反国家经济管理法规的特征。由此须注意以下几点：

(1) 违反国家规定的理解。刑法第 96 条规定：本法所称违反国家规定，是指违反全国人民代表大会及其常务委员会制定的法律和决定，国务院制定的行政法规、规定的行政措施、发布的决定和命令。

(2) 本类犯罪大多是以行政、经济法、民商法为依据规定的，因此需要结合行政法、经济法、民商法的规定掌握。例如，妨害对公司、企业的管理秩序罪，不仅以公司法、企业法为基础，而且与其规定的追究违法责任或附属刑法条款相照应，所以有必要结合相关法规掌握。

(3) 为了区分违法与犯罪的界限，刑法对本类犯罪的行为、结果一般规定得较为详细、具体，很多采取的是列举式的规定。因此只有法定行为类型才能被认为是犯罪行为。此外，违法的严重程度成为追究刑事责任还是其他法律责任关键因素，违法犯罪的金额、数量成为区别罪与非罪的重要指标，需要留心掌握。

(4) 本类犯罪大多属于行政犯或法定犯，因此，其犯罪主体大多不限于自然人，往往包含单位犯罪主体。

2. 本类犯罪大多具有营利或贪利的动机，所以刑法往往配置财产刑作为其法律后果。

三、认定此类犯罪应注意的问题

1. 非法经营罪与其他经济犯罪的区别。经济犯罪大多具有“非法经营”的性质，但是如果刑法已经将该种非法经营行为单独规定为一种经济犯罪时，排斥适用非法经营罪（刑法第225条）。因此掌握刑法第225条非法经营罪的行为类型十分重要。

2. 经营性欺诈与非法占有性欺诈的区别。经济犯罪大多具有欺诈性，但它属于经营活动中违法实施的欺诈，如在生产销售产品活动中“以假充真、以次充好”，在推销产品中作“虚假广告”等，其特点是具有经营的形式和内容。与此相对，还有一种非法占有性欺诈，如诈骗罪、合同诈骗罪、金融诈骗罪等。二者虽然同样具有欺诈性，但性质根本不同，需要谨慎辨别、区分。

3. 经济犯罪大多是“法定犯”，需违反国家规定达到相当严重的程度才追究刑事责任。确定这类经济犯罪的“定罪”数量标准的主要依据是2008年6月公布的最高人民检察院、公安部《关于公安机关管辖的刑事案件立案追诉标准的规定（一）》（以下简称《2008立案追诉标准（一）》）和2010年5月公布的最高人民检察院、公安部《关于公安机关管辖的刑事案件立案追诉标准的规定（二）》（以下简称《2010立案追诉标准（二）》）等司法解释。

第二节 生产、销售伪劣商品罪

刑法第140～148条规定了9种生产、销售伪劣商品的犯罪。其重点是第149条规定发生竞合时依照处罚较重的规定定罪处罚。第140条之生产、销售伪劣产品罪在本类犯罪中具有基本类型的地位，以销售额达到5万元为成立犯罪的要件；在尚未销售的场合，以查获伪劣产品价值15万元以上为处罚未遂的要件。第141～148条规定之各特殊生产、销售伪劣产品罪，不以销售额或查获额为要件，多以发生特定“危险”或“结果”为要件。如果发生想象竞合，如销售劣药销售额达到5万元以上同时发生严重危害人体健康结果的，择一重罪处罚。犯本节之罪同时构成侵犯知识产权犯罪、非法经营罪的，属于想象竞合犯，择一重罪处罚。本类犯罪具有经营性欺诈的特点，这是它们与诈骗罪、合同诈骗罪区别的要点。刑法第150条确认本类犯罪的主体均包含单位。最高人民法院、最高人民检察院2001年4月公布的《关于办理生产、销售伪劣商品刑事案件具体应用法律若干问题的解释》（以下简称《办理伪劣商品刑案解释》）和2009年5月公布的《关于办理生产、销售假药、劣药刑事案件具体应用法律若干问题的解释》（以下简称《办理假劣药刑案解释》）是关于本类犯罪重要的司法解释。

一、生产、销售伪劣产品罪

（一）概念与构成

生产、销售伪劣产品罪，是指生产者、销售者违反国家产品质量管理法规，在产品中掺杂、掺假，以假充真，以次充好，或者以不合格产品冒充合格产品，销售金额在5万元以上的行为。

本罪的构成要件如下：

1. 本罪的客观方面表现为：

（1）生产、销售的是伪劣产品。根据《产品质量法》的规定，所谓产品，是指经过加工、制作，用于销售的产品，但不包括建设工程。所谓伪产品，主要指的是以假充真的产品。所谓劣产品，是指在产品中掺杂、掺假、以次充好或以不合格产品冒充合格的产品。

(2) 本罪行为有四种表现方式：第一，掺杂、掺假。根据《办理假劣药刑案解释》第1条的规定，所谓在产品中掺杂、掺假，是指在生产、销售的产品中掺入杂质或者异物，致使产品质量不符合国家法律、法规或者产品明示质量标准规定的质量要求，降低、失去应有使用性能的行为。例如，在酒中加水、在磷肥中加入同样颜色的泥土。第二，以假充真。所谓以假充真，就是以不具有某种使用性能的产品冒充具有该种使用性能的产品的行为，如以自来水冒充矿泉水。第三，以次充好。所谓以次充好，指以低等级、低档次产品冒充高等级、高档次的产品，或者以残次、废旧零配件组合拼装后冒充正品或者新产品的行为。第四，以不合格产品冒充合格产品。所谓以不合格产品冒充合格产品，指以不符合《产品质量法》第26条第2款规定的质量要求的产品冒充符合产品质量标准的产品。《产品质量法》第26条第2款规定：产品质量应当符合下列要求：1) 不存在危及人身、财产安全的不合理的危险，有保障人体健康和人身、财产安全的国家标准、行业标准的，应当符合该标准；2) 具备产品应当具备的使用性能，但是，对产品存在使用性能的瑕疵作出说明的除外；3) 符合在产品或者其包装上注明采用的产品标准，符合以产品说明、实物样品等方式表明的质量状况。不符合上述要求的产品，即属不合格产品。对上述行为及其产品的性质难以确定时，则应当委托法律、行政法规规定的产品质量检验机构进行鉴定。行为人只要实施了上述行为之一即可构成犯罪，在实践中，是以假充真、以次充好，还是以不合格产品冒充合格产品，可能很难作出绝对区分，实际上也没有区分的必要，只要实施其中一种行为即可定罪，同时实施多种行为的，也只以一罪论处。

“生产”包括产品的制造与加工者。“销售”包括批发和零售。生产、销售者是否取得有关产品的生产、销售的执照或许可，在所不问。其道理在于，无论是否具有生产、销售资格，都不得产销伪劣商品。

(3) 定罪数额要求：根据《2008立案追诉标准（一）》，生产、销售伪劣产品涉嫌下列情形之一的，应予立案追诉：1) 伪劣产品销售金额5万元以上的；2) 伪劣产品尚未销售，货值金额15万元以上的；3) 伪劣产品销售金额不满5万元，但将已销售金额乘以3倍后，与尚未销售的伪劣产品货值金额合计15万元以上的。构成本罪销售金额必须在5万元以上。根据《办理假劣药刑案解释》，所谓销售金额，是指生产者、销售者出售伪劣产品后所得和应得的全部违法收入。伪劣产品尚未销售，货值金额达到刑法第140条规定的销售金额3倍以上的，以生产、销售伪劣产品罪（未遂）定罪处罚。货值金额以违法生产、销售的伪劣产品的标价计算；没有标价的，按照同类合格产品的市场中间价格计算。货值金额难以确定的，委托指定的估价机构确定。对于多次实施生产、销售伪劣产品行为，未经处理的，销售金额或者货值金额累计计算。

2. 本罪的主体是一般主体，包括自然人和单位。

3. 本罪的主观方面为故意，包括直接故意和间接故意，即行为人明知生产、销售伪劣产品的行为会发生破坏市场经济秩序、侵犯消费者合法权益的危害结果，仍然希望或放任这种结果发生。行为人实施该类犯罪一般是为了谋取非法利润，但谋取非法利润的目的不是本罪的构成要件。

4. 本罪的客体是市场经济秩序，既破坏了商品生产、销售的管理秩序，又侵犯了消费者的合法权益。

(二)司法认定与刑事处罚

1. 司法认定

(1)刑法第140条之生产、销售伪劣产品罪与刑法第141条至第148条之罪的差别:第140条之罪,以销售金额在5万元以上为要件,而第141条至第148条之罪不以销售额为要件。其中,第141条的生产、销售假药罪,第144条的生产、销售有毒、有害食品罪,既不要求危险也不要求结果,只要实施了刑法禁止的行为即构成犯罪。刑法第143条的生产、销售不符合安全标准的食品罪,以造成中毒或致病危险为要件。其他各罪则以造成人身或财产危害结果为要件。

(2)法条竞合。行为人生产销售第141条至第148条之特殊伪劣产品构成犯罪,同时又达到第140条之罪的数额标准的,是法条竞合犯。例如,甲销售假药销售额达到5万元以上的,既构成第141条之销售假药罪也构成第140条之销售伪劣产品罪。依据刑法第149条之规定,依照处罚较重的规定定罪处罚,不数罪并罚。

(3)生产、销售伪劣产品,同时构成侵犯知识产权、非法经营等其他犯罪的,依照处罚较重的规定定罪处罚。犯本罪,又以暴力、威胁方法抗拒查处,构成其他犯罪的,依照数罪并罚的规定处罚。

(4)根据《办理伪劣商品刑案解释》,知道或者应当知道他人实施生产、销售伪劣商品犯罪,而为其提供贷款、资金、账号、发票、证明、许可证件,或者提供生产、经营场所或者运输、仓储、保管、邮寄等便利条件,或者提供制假生产技术的,以生产、销售伪劣商品犯罪的共犯论处。

2. 刑事处罚

根据刑法第140条的规定,生产、销售伪劣产品罪法定刑分为以下4个幅度:

(1)销售金额5万元以上不满20万元的,处2年以下有期徒刑或者拘役,并处或者单处销售金额50%以上2倍以下罚金;

(2)销售金额20万元以上不满50万元的,处2年以上7年以下有期徒刑,并处销售金额50%以上2倍以下罚金;

(3)销售金额50万元以上不满200万元的,处7年以上有期徒刑,并处销售金额50%以上2倍以下罚金;

(4)销售金额200万元以上的,处15年有期徒刑或者无期徒刑,并处销售金额50%以上2倍以下罚金或者没收财产。

根据刑法150条的规定,单位犯本罪的,对单位判处罚金,并对其责任人依照上述规定处罚。

根据《办理伪劣商品刑案解释》,国家机关工作人员参与生产、销售伪劣商品犯罪的,从重处罚。另根据有关司法解释,在预防、控制突发传染病疫情等灾害期间,生产、销售伪劣的防治、防护产品、物资,构成犯罪的,从重处罚。

二、生产、销售假药罪

(一)概念与构成

生产、销售假药罪,是指生产、销售假药的行为。

本罪的构成要件如下:

1. 本罪的客观方面表现为:

(1)生产、销售的必须是假药。假药,是指依照《中华人民共和国药品管理法》以下简称《药品管理法》的规定，属于假药和按假药处理的药品、非药品。根据《药品管理法》第48条的规定，假药是指：1）药品所含成分与国家药品标准规定的成分不符的；2）以非药品冒充药品或者以他种药品冒充此种药品的。按假药处理的药品指：1）国务院药品监督管理部门规定禁止使用的；2）依照本法必须批准而未经批准生产、进口，或者依照本法必须检验而未经检验即销售的；3）变质的；4）被污染的；5）使用依照本法必须取得批准文号而未取得批准文号的原料药生产的；6）所标明的适应症或者功能主治超出规定范围的。上述假药限于供人服用的假药，不包括兽药。但如果行为人以某种兽药冒充人用药品出售，也应以本罪论处。

（2）具有生产、销售假药的行为。行为人违反国家药品管理法规，实施了生产、销售假药的行为。违反国家药品管理法规，主要是指违反《药品管理法》等法律、法规。生产假药，是指非法制造、加工假药的行为。销售假药，是指将自己生产或他人生产的假药非法出售（批发或零售）的行为。生产和销售虽有联系但并不相同，行为人可能只生产假药而不销售假药，也可能只销售假药而不生产假药，只要生产或销售具备其一，即可构成生产假药罪或销售假药罪。如果行为人既生产，又销售的，则构成生产、销售假药罪，不实行数罪并罚。

根据《办理假劣药刑案解释》，医疗机构知道或者应当知道是假药而使用或者销售，以销售假药罪追究刑事责任。

2. 本罪的主体为一般主体，即已满16周岁，具有辨认、控制能力的自然人。本罪也可以由单位构成。

3. 本罪的主观方面是故意，即明知是假药而生产、销售。

4. 本罪的客体是复杂客体，既侵犯了药品的生产、销售管理秩序，又侵犯了不特定多人的健康权、生命权。

（二）司法认定与刑事处罚

1. 司法认定

行为人实施了生产、销售假药的行为，即可成立犯罪。刑法第141条原规定以“足以危害人体健康”为要件，经《刑法修正案（八）》修正，删除了此危险要件，表明本罪是行为犯或抽象危险犯，不以发生实害结果和具体危险为要件。

2. 刑事处罚

根据刑法第141条、第150条和《刑法修正案（八）》之规定，犯本罪的，处3年以下有期徒刑或者拘役，并处罚金；对人体健康造成严重危害或者有其他严重情节的，处3年以上10年以下有期徒刑，并处罚金；致人死亡或者有其他特别严重情节的，处10年以上有期徒刑、无期徒刑或者死刑，并处罚金或者没收财产。单位犯本罪的，对单位判处罚金，并对其责任人依照上述规定处罚。

根据《办理假劣药刑案解释》，“对人体健康造成严重危害”，是指假药被使用后，造成轻伤以上伤害，或者轻度残疾、中度残疾，或者器官组织损伤导致一般功能障碍或者严重功能障碍等严重危害人体健康的情形。

“其他特别严重情节”，参照《办理假劣药刑案解释》，可理解为：假药被使用后，造成重度残疾、3人以上重伤、3人以上中度残疾或者器官组织损伤导致严重功能障碍、10人以上轻伤、5人以上轻度残疾或者器官组织损伤导致一般功能障碍等情形。

三、生产、销售劣药罪

(一) 概念与构成

生产、销售劣药罪，是指生产、销售劣药，对人体健康造成严重危害的行为。

本罪的构成要件如下：

1. 本罪的客观方面表现为：生产、销售劣药，并且对人体健康造成严重危害的行为。

(1) “劣药”，根据《药品管理法》第49条的规定，指药品成分的含量不符合国家药品标准的药品。下列药品以劣药论处：1) 未标明有效期或者更改有效期的；2) 不注明或者更改生产批号的；3) 超过有效期的；4) 直接接触药品的包装材料和容器未经批准的；5) 擅自添加着色剂、防腐剂、香料、矫味剂及辅料的；6) 其他不符合药品标准规定的。

(2) 根据《办理假劣药刑案解释》，“对人体健康造成严重危害”，是指劣药被使用后，造成轻伤以上伤害，或者轻度残疾、中度残疾，或者器官组织损伤导致一般功能障碍或者严重功能障碍等危害人体健康的情形。

根据《办理假劣药刑案解释》，医疗机构知道或者应当知道是劣药而使用或者销售，严重危害人体健康的，以销售劣药罪追究刑事责任。

2. 本罪的主体是一般主体，包括自然人和单位。

3. 本罪的主观方面是故意。

4. 本罪的客体是国家对药品的生产、销售管理秩序和不特定多人的健康权、生命权。

(二) 司法认定与刑事处罚

1. 司法认定

本罪与生产、销售假药罪的界限。两罪的主要区别是：(1) 本罪生产、销售的是劣药，而后者生产、销售的是假药。(2) 本罪要求造成损害人体健康的严重危害结果，是结果犯；后者不要求造成严重危害人体健康的结果，是“行为犯”或抽象危险犯。

根据《办理假劣药刑案解释》，知道或者应当知道他人生产、销售假药、劣药，而有下列情形之一的，以共犯论处：

(1) 提供资金、贷款、账号、发票、证明、许可证件的；

(2) 提供生产、经营场所、设备或者运输、仓储、保管、邮寄等便利条件的；

(3) 提供生产技术，或者提供原料、辅料、包装材料的；

(4) 提供广告等宣传的。

2. 刑事处罚

根据刑法第142条和第150条的规定，犯本罪的，处3年以上10年以下有期徒刑，并处销售金额50%以上2倍以下罚金；后果特别严重的，处10年以上有期徒刑或者无期徒刑，并处销售金额50%以上2倍以下罚金或者没收财产。单位犯本罪的，对单位判处罚金，并对其直接负责的主管人员和其他直接责任人员，依照上述规定处罚。

根据《办理假劣药刑案解释》，“后果特别严重”，是指劣药被使用后，致人死亡、重度残疾、3人以上重伤、3人以上中度残疾或者器官组织损伤导致严重功能障碍、10人以上轻伤、5人以上轻度残疾或者器官组织损伤导致一般功能障碍等危害人体健康特别严重的情形。

四、生产、销售不符合安全标准的食品罪①

(一) 概念与构成

生产、销售不符合安全标准的食品罪，是指生产、销售不符合食品安全标准的食品，足以造成严重食物中毒事故或者其他严重食源性疾病的行为。

本罪的构成要件如下：

1. 本罪的客观方面表现为违反国家食品安全管理法规，实施了足以造成严重食物中毒事故或者其他严重食源性疾病的行为。根据《办理伪劣商品刑案解释》第 4 条的规定，经省级以上卫生行政部门确定的机构鉴定，食品中含有可能导致严重食物中毒事故或者其他严重食源性疾患的超标准的有害细菌或者其他污染物的，应认定为“足以造成严重食物中毒事故或者其他严重食源性疾病”。

本罪为危险犯，即足以造成严重食物中毒事故或者其他严重食源性疾病。根据《2008 立案追诉标准（一）》，生产、销售不符合安全标准的食品，含有可能导致严重食物中毒事故或者其他严重食源性疾病的超标准的有害细菌的或者其他污染物的，应予立案追诉。

2. 本罪的主体为一般主体，包括自然人和单位。

3. 本罪的主观方面为故意，过失不构成本罪。

4. 本罪的客体为国家对食品卫生的监督管理秩序和食品安全。

(二) 刑事处罚

根据刑法第 143 条和第 150 条以及《刑法修正案（八）》之规定，犯本罪的，处 3 年以下有期徒刑或者拘役，并处罚金；对人体健康造成严重危害或者有其他严重情节的，处 3 年以上 7 年以下有期徒刑，并处罚金；后果特别严重的，处 7 年以上有期徒刑或者无期徒刑，并处罚金或者没收财产。单位犯本罪的，对单位判处罚金，并对其责任人依照上述规定处罚。

参照《办理伪劣商品刑案解释》，“对人体健康造成严重危害”，是指不符合食品安全标准的食品被食用后，造成轻伤、重伤或者其他严重后果的。“后果特别严重”，是指不符合安全标准的食品被食用后，致人死亡、严重残疾、3 人以上重伤、10 人以上轻伤或者造成其他特别严重后果的。

五、生产、销售有毒、有害食品罪

(一) 概念与构成

生产、销售有毒、有害食品罪，是指在生产、销售的食品中掺入有毒、有害的非食品原料的，或者销售明知掺有有毒、有害的非食品原料的食品的行为。

本罪的构成要件如下：

1. 本罪的客观方面表现为三种行为方式：第一，在生产的食品中掺入有毒、有害的非食品原料；第二，在销售的食品中掺入有毒、有害的非食品原料；第三，销售明知掺有有毒、有害的非食品原料的食品。所谓有毒、有害的非食品原料，是指含有毒性元素或者对人体有害的成分而不能作为食品配料或者食品添加剂的物质。这类物质对人体具有生理毒性，食用后会引起不良反应，造成严重食物中毒或者其他食源性疾病，损害人体健康甚至

---

① 《刑法修正案（八）》将刑法第 143 条之生产、销售“不符合卫生标准的食品”修正为“不符合食品安全标准的食品”，此罪名也修改为：“生产、销售不符合安全标准的食品罪”。

威胁生命。所谓掺入，不仅包括将有毒、有害的非食品原料加入到生产、销售的食品中，而且包括把这些有毒、有害的非食品原料直接当做食品或者食品原料出售。

另根据2002年8月16日最高人民法院、最高人民检察院《关于办理非法生产、销售、使用禁止在饲料和动物饮用水中使用的药品等刑事案件具体应用法律若干问题的解释》第3条、第4条的规定，使用盐酸克仑特罗等禁止在饲料和动物饮用水中使用的药品或者含有该类药品的饲料养殖供人食用的动物，或者销售明知是使用该类药品或者含有该类药品的饲料养殖的供人食用的动物的，或者明知是使用盐酸克仑特罗等禁止在饲料和动物饮用水中使用的药品或者含有该类药品的饲料养殖的供人食用的动物，而提供屠宰等加工服务，或者销售其制品的，以本罪追究刑事责任。

本罪是行为犯，只要行为人实施了生产、销售有毒、有害食品的行为即构成犯罪。

2. 本罪的主体是一般主体，包括自然人和单位。

3. 本罪的主观方面是故意，即行为人明知是有毒、有害食品原料而故意掺入或者明知是掺有有毒、有害的非食品原料的食品而故意销售。

4. 本罪的客体是国家食品卫生监督管理秩序和不特定多数人的健康权、生命权。

(二) 司法认定与刑事处罚

1. 司法认定

本罪的认定主要是区别本罪与其他相关犯罪的界限：

(1) 本罪与生产、销售不符合安全标准的食品罪的界限。二者在犯罪客体、主体、主观方面等存在相同或相似之处，区别在于：1) 生产、销售食品的性质不同。本罪造成危害是“有毒、有害的非食品原料”，包括本身就不是食品的物质，如用工业酒精甲醇兑制假白酒，也包括在食品中掺入有毒、有害的物质，如白酒中加敌敌畏冒充茅台酒，使用工业用油加工饼干、糕点等。而不符合食品安全标准的食品，则通常本身是食品的物质，因为变质而产生毒害。2) 本罪是行为犯，只要实施了生产、销售有毒、有害食品的行为，即构成犯罪。后者是危险犯，除了实施生产、销售不符合食品安全标准的食品的行为之外，还要足以造成严重食物中毒事故或者其他严重食源性疾病，犯罪才能成立。

(2) 本罪与投放危险物质罪的界限。二者的区别在于：1) 客观方面不同。本罪在客观方面表现为在生产、销售的食品中掺入有毒、有害的非食品原料的行为；而后者除在食品中投放危险物质，还可能在其他场合，如公共饮用水源、河流等。2) 主观方面不完全相同。虽然二者都是故意犯罪，但本罪主观上往往是为了使食品产量增加、降低成本、增大利润而实施其行为；后者往往是出于追求其他目的而投放危险物质。3) 主体不同。本罪的自然人犯罪主体刑事责任年龄是已满16周岁，并且可以是单位；后者的刑事责任年龄是已满14周岁，不包括单位。

2. 刑事处罚

根据刑法第144条和第150条以及《刑法修正案（八）》的规定，犯本罪的，处5年以下有期徒刑，并处罚金；对人体健康造成严重危害或者有其他严重情节的，处5年以上10年以下有期徒刑，并处罚金；致人死亡或者有其他特别严重情节的，依照本法第141条的规定处罚，即处10年以上有期徒刑、无期徒刑或者死刑，并处罚金或者没收财产。单位犯本罪的，对单位判处罚金，并对其责任人员依照上述规定处罚。

“对人体健康造成严重危害”，根据《办理伪劣商品刑案解释》第5条的规定，是指有毒、有害食品被食用后，造成轻伤、重伤或者其他严重后果的。“其他特别严重情节”，参照《办理伪劣商品刑案解释》，包括有毒、有害食品被食用后，致人严重残疾、3人以上重伤、10人以上轻伤或者造成其他特别严重后果以及其他情节特别严重情形。

六、生产、销售不符合标准的医用器材罪

(一) 概念与构成

生产、销售不符合标准的医用器材罪，是指生产不符合保障人体健康的国家标准、行业标准的医疗器材、医用卫生材料，或者销售明知是不符合保障人体健康的国家标准、行业标准的医疗器材、医用卫生材料，足以对人体健康造成严重危害的行为。

本罪的构成要件如下：

1. 本罪的客观方面表现为生产或者销售不符合保障人体健康的国家标准、行业标准的医疗器材、医用卫生材料，并且足以严重危害人体健康。行为对象是医疗器材、医用卫生材料。所谓医疗器材，是指用于诊断、治疗、预防人体疾病的仪器、设备等物品。所谓医用卫生材料，是指在治疗过程中用于治病、防病的辅助材料，如医用包扎纱布、胶皮手套等。没有国家标准、行业标准的医疗器械，注册产品标准可视为保障人体健康的行业标准。医疗机构或者个人而购买并有偿使用的，可视为“销售”。

本罪是危险犯，行为需足以对人体健康造成严重危害。根据《2008立案追诉标准(一)》，生产、销售不符合标准的医用器材，涉嫌下列情形之一的，应予立案追诉：(1) 进入人体的医疗器械的材料中含有超过标准的有毒有害物质的；(2) 进入人体的医疗器械的有效性指标不符合标准要求，导致治疗、替代、调节、补偿功能部分或者全部丧失，可能造成贻误诊治或者人体严重损伤的；(3) 用于诊断、监护、治疗的有源医疗器械的安全指标不符合强制性标准要求，可能对人体构成伤害或者潜在危害的；(4) 用于诊断、监护、治疗的有源医疗器械的主要性能指标不合格，可能造成贻误诊治或者人体严重损伤的；(5) 未经批准，擅自增加功能或者适用范围，可能造成贻误诊治或者人体严重损伤的；(6) 其他足以严重危害人体健康或者对人体健康造成严重危害的情形。

根据《办理伪劣商品刑案解释》，医疗机构或者个人，知道或者应当知道是不符合保障人体健康的国家标准、行业标准的医疗器械、医用卫生材料而购买、使用，对人体健康造成严重危害的，以销售不符合标准的医用器材罪定罪处罚。

2. 本罪的主体是一般主体，自然人和单位均可构成本罪。

3. 本罪的主观方面是故意，单位或者个人知道或者应当知道是不符合保障人体健康的国家标准、行业标准的医疗器械、医用卫生材料而生产、销售。

4. 本罪的客体是国家对医用器材的质量监督管理秩序和不特定多数人的健康权、生命权。

(二) 刑事处罚

根据刑法第145条和第150条的规定，犯本罪的，处3年以下有期徒刑或者拘役，并处销售金额50%以上2倍以下罚金；对人体健康造成严重危害的，处3年以上10年以下有期徒刑，并处销售金额50%以上2倍以下罚金；后果特别严重的，处10年以上有期徒刑或者无期徒刑，并处销售金额50%以上2倍以下罚金或者没收财产。单位犯本罪的，对单位判处罚金，并对其责任人员依照上述规定处罚。

参照《办理伪劣商品刑案解释》，“对人体健康造成严重危害”，是指致人轻伤、重伤或者造成感染病毒性肝炎等难以治愈的疾病等严重后果的。“后果特别严重”，是指致人死亡、严重残疾、感染艾滋病、3人以上重伤、10人以上轻伤或者造成其他特别严重后果的。

七、生产、销售不符合安全标准的产品罪

（一）概念与构成

生产、销售不符合安全标准的产品罪，是指生产或者销售不符合保障人身、财产安全的国家标准、行业标准的产品造成严重后果的行为。

本罪的构成要件如下：

1. 本罪的客观方面表现为生产或者销售不符合保障人身、财产安全的国家标准、行业标准的产品，如电器、压力容器、易燃易爆产品等，并且造成严重后果。

本罪以发生严重结果为要件。根据《2008立案追诉标准（一）》的规定，造成人员重伤或者死亡或者直接经济损失10万元以上的，应予立案追诉。

2. 本罪的主体是一般主体，包括自然人和单位。

3. 本罪的主观方面是故意。

4. 本罪的客体是国家对电器、压力容器、易燃易爆产品等的生产、销售监督管理秩序和公民的健康权、生命权。

（二）司法认定与刑事处罚

1. 司法认定

要注意罪与非罪的界限：（1）产品是否符合国家标准或行业标准。如果行为人生产的产品符合国家标准、行业标准，即使发生严重后果，也不成立本罪。（2）行为与危害结果之间是否存在因果关系。如果行为人的行为与危害结果之间不存在因果关系，不能追究生产、销售者的刑事责任。通常在下列情况下，认为行为与危害结果之间没有因果关系：1）危害结果由于被害人使用不当造成。2）危害结果由第三人造成。在实践中，对于行为与危害结果之间的因果关系的认定是比较复杂的问题。对于不符合安全标准的产品产生危害结果，到底是由于产品质量导致，还是由于使用者违反常规或说明使用导致，双方当事人往往各执一词，并在一些情况下，无法对“造成严重后果”的产品进行检测，或者无法通过检测得出结论，在这种情况下，行为和结果之间是否具有因果关系，主要还是通过产品是否符合国家标准、行业标准来进行判断。

2. 刑事处罚

根据刑法第146条和第150条的规定，犯本罪的，处5年以下有期徒刑，并处销售金额50%以上2倍以下罚金；后果特别严重的，处5年以上有期徒刑，并处销售金额50%以上2倍以下罚金。单位犯本罪的，对单位判处罚金，并对其责任人依照上述规定处罚。

八、生产、销售伪劣农药、兽药、化肥、种子罪

（一）概念与构成

生产、销售伪劣农药、兽药、化肥、种子罪，是指生产、销售伪劣农药、兽药、化肥、种子，使生产遭受较大损失的行为。

本罪的构成要件如下：

1. 本罪的客观方面。（1）表现为以下行为方式：1）生产假农药、假兽药、假化肥。2）销售假的或者失去使用效能的农药、兽药、化肥、种子。3）生产者、销售者以不合格的农药、兽药、化肥、种子冒充合格的农药、兽药、化肥、种子。（2）发生使生产遭受较大损失的结果。根据《2008立案追诉标准（一）》，此结果主要指损失达到2万元以上。

2. 本罪的主体是一般主体，包括自然人和单位。

3. 本罪的主观方面是故意，明知是假的或者失去使用效能的农药、兽药、化肥、种子仍然销售。

4. 本罪的客体是国家对农业生产资料市场的管理秩序和农业生产安全。

(二) 刑事处罚

根据刑法第147条和第150条的规定，犯本罪的，处3年以下有期徒刑或者拘役，并处或者单处销售金额50%以上2倍以下罚金；使生产遭受重大损失的，处3年以上7年以下有期徒刑，并处销售金额50%以上2倍以下罚金；使生产遭受特别重大损失的，处7年以上有期徒刑或者无期徒刑，并处销售金额50%以上2倍以下罚金或者没收财产。单位犯本罪的，对单位判处罚金，并对其责任人依照上述规定处罚。

根据《办理伪劣商品刑案解释》第7条的规定，“重大损失”，一般以损失10万元为起点；“特别重大损失”，一般以损失50万元为起点。

九、生产、销售不符合卫生标准的化妆品罪

(一) 概念与构成

生产、销售不符合卫生标准的化妆品罪，是指生产或者销售不符合卫生标准的化妆品，造成严重后果的行为。

本罪的构成要件如下：

1. 本罪的客观方面表现为生产或者销售不符合卫生标准的化妆品，且造成严重后果的行为。行为对象是化妆品。所谓化妆品，指的是以涂擦、喷洒或者类似的方法，散布于人体表面某一部位（皮肤、毛发、指甲、口唇等），以达到清洁、消除不良气味、护肤、美容和修饰目的的日用化学工业品。不符合卫生标准化妆品的范围，可根据卫生部《化妆品卫生监督条例》的规定予以认定。

根据《2008立案追诉标准（一）》，“严重后果”，是指给他人造成下列情形之一：(1) 容貌毁损或者皮肤严重损伤的；(2) 器官组织损伤导致严重功能障碍的；(3) 精神失常或者自杀、自残造成重伤、死亡的。

2. 本罪的主体是一般主体，包括自然人和单位。

3. 本罪的主观方面是故意，即明知是不符合卫生标准的化妆品而生产、销售。

4. 本罪的客体是国家对于化妆品市场的管理秩序和消费者的健康权。

(二) 刑事处罚

根据刑法第148条和第150条的规定，犯本罪的，处3年以下有期徒刑或者拘役，并处或者单处销售金额50%以上2倍以下罚金。单位犯本罪的，对单位判处罚金，并对其责任人依照上述规定处罚。

第三节 走私罪

走私罪是一类犯罪的统称，其共同点是违反海关法规，逃避海关监管，运送物品出入国（边）境的行为。根据走私的对象，可分为两类：其一是刑法第151条、第152条之走私国家禁止进出口货物、物品犯罪；其二是第153条之走私普通货物、物品罪。通常认为二者之间是基本条款与补充条款的关系，即走私刑法第151、152条货品的，依据基本条款定罪处罚，排斥适用第153条；如果走私刑法第151、152条之外的货品的，统统适用刑法

第153条以走私普通货物、物品罪处罚。但也有例外的情形，如走私废物又偷逃应缴税额，同时构成走私废物罪和走私普通货物罪的，依司法解释择一重罪处罚。

走私“进口”还是“出口”一般不影响定性，但有例外。走私贵重金属罪、走私文物罪限于走私“出口”，若走私“进口”的，仍属于走私普通货物、物品的性质。

另外，刑法第157条规定：以暴力、威胁方法抗拒缉私的，以走私罪和妨害公务罪数罪并罚，这个规定可普遍适用于其他场合。关于本类罪重要的司法解释有：2000年9月公布的最高人民法院《关于审理走私刑事案件具体应用法律若干问题的解释》（以下简称《审理走私刑案解释》）和2006年11月公布的最高人民法院《关于审理走私刑事案件具体应用法律若干问题的解释（二）》（以下简称《审理走私刑案解释（二）》）。此外，2002年7月8日最高人民法院等发布的《办理走私刑事案件适用法律若干问题的意见》（以下简称《办理走私刑案意见》）。

一、走私武器、弹药罪

（一）概念与构成

走私武器、弹药罪，是指违反海关法规，逃避海关监管，走私武器、弹药的行为。

本罪的构成要件如下：

1. 本罪的客观方面表现为：

（1）走私对象为武器、弹药。这里的武器、弹药主要是指军用的武器、弹药、爆炸物以及《中华人民共和国禁止进出境物品表》中规定的其他武器、弹药。弹药的弹头、弹壳，如果能够组装并使用的，属于本罪对象；如果报废或者无法组装并使用的不是本罪对象。本罪的对象不包括管制刀具、仿真武器，对于走私管制刀具、仿真武器情节严重的，可按走私普通货物、物品罪定罪处罚。

（2）实行了逃避海关监管，走私武器、弹药的行为。具体包括以下行为方式：1）不经过设立海关的地点，非法运输、携带武器、弹药进出国（边）境；2）虽然通过设立海关的地点进出国（边）境，但采取隐匿、伪装、假报等欺骗手段，逃避海关监管、检查，非法运输、偷带或非法邮寄武器、弹药；3）直接向走私人收购走私进口的武器、弹药；4）在内海、领海、界河、界湖运输、收购、贩卖走私进口的武器、弹药；5）与走私武器、弹药的罪犯通谋，为其提供贷款、资金、账号、发票、证明，或者为其提供运输、保管、邮寄或者其他方便的。

2. 本罪的主体是一般主体，包括自然人和单位。

3. 本罪的主观方面是故意，过失不成立本罪，即明知是国家禁止进出口的武器、弹药，但故意逃避海关监管，以藏匿、伪装、假报等方式，运输、携带、邮寄武器、弹药进出国（边）境。

4. 本罪的客体是国家关于武器、弹药出入国边境的监管制度。

（二）司法认定与刑事处罚

1. *司法认定*

（1）定罪数量起点：走私军用枪支1支或非军用枪支2支以上的，或者走私军用子弹10发或非军用子弹100发以上的。未达到数额标准有其他恶劣情节也可定罪。

（2）行为人走私武器、弹药，对该宗武器、弹药同时有购买、运送、邮寄、储存、非法买卖行为的，只评价为一罪。

（3）以暴力、威胁方法抗拒缉私的，以走私武器、弹药罪与妨害公务罪数罪并罚。

2. 刑事处罚

根据刑法第151条和《刑法修正案（八）》的规定，犯本罪的，处7年以上有期徒刑，并处罚金或者没收财产；情节特别严重的，处无期徒刑或者死刑，并处没收财产；情节较轻的，处3年以上7年以下有期徒刑，并处罚金。单位犯本罪的，对单位判处罚金，并对其责任人依照上述规定处罚。

根据《审理走私刑案解释》及其之（二）第1条第2款的规定，具有下列情节之一的，处7年以上有期徒刑，并处罚金或者没收财产：（1）走私军用枪支1支或者军用子弹50发以上不满100发的；（2）走私非军用枪支5支以上不满10支或者非军用子弹500发以上不满1 000发的；（3）走私各种口径在60毫米以下常规炮弹、手榴弹或者枪榴弹等分别或者合计达到5枚以上不满10枚，或者走私各种口径超过60毫米以上常规炮弹合计不满5枚的；（4）走私武器、弹药达到定罪数量标准，并具有其他恶劣情节的。

"情节特别严重"是指：（1）走私武器、弹药数量超过前述《审理走私刑案解释》及其之（二）第1条第2款规定的数量标准的；（2）走私武器、弹药达到达到前述《审理走私刑案解释》及其之（二）第1条第2款规定的数量标准，并具有其他恶劣情节的；（3）走私具有巨大杀伤力的非常规炮弹1枚以上的。

"情节较轻"是指：（1）走私军用子弹不满50发的；（2）走私非军用枪支不满5支或者非军用子弹不满500发的；（3）走私各种口径在60毫米以下常规炮弹、手榴弹或者枪榴弹等分别或者合计不满5枚的；（4）走私武器、弹药虽未达到上述数量标准，但具有走私的武器、弹药被用于实施其他犯罪等恶劣情节的。

走私其他武器、弹药的，参照上述量刑标准处罚。

走私成套枪支散件的，以走私相应数量的枪支计；走私非成套枪支散件的，以每30件为一套枪支散件计。

武装掩护走私的，从重处罚。

二、走私核材料罪

（一）概念与构成

走私核材料罪，是指违反海关法规，逃避海关监管，走私核材料的行为。

本罪的构成要件如下：

1. 本罪的客观方面表现为违反海关法规，逃避海关监管，非法运输、携带、邮寄核材料进出国（边）境的行为。违反海关法规，主要指违反我国有关禁止核材料进出口的规定，包括《中华人民共和国海关法》、《中华人民共和国核材料管制条例》、《中华人民共和国核出口管制条例》以及《核材料实物保护公约》、《核安全公约》等国际公约的规定。本罪的犯罪对象是核材料。所谓核材料，是指可用来制造核武器的各种核材料和核燃料。根据1989年我国加入的《核材料实物保护公约》以及1997年国务院公布的《核材料管制清单》之规定，可确认核材料的范围。

2. 本罪的主体是一般主体，包括自然人和单位。

3. 本罪的主观方面是故意，即明知是国家禁止进出境的核材料，仍然进行走私。过失不构成本罪，行为人动机如何也不影响本罪的成立。

4. 本罪的客体是国家对核材料进出口的管理制度。

（二）刑事处罚

根据刑法第151条和《刑法修正案（八）》的规定，犯本罪的，处7年以上有期徒刑，并处罚金或者没收财产；情节特别严重的，处无期徒刑或者死刑，并处没收财产；情节较轻的，处3年以上7年以下有期徒刑，并处罚金。单位犯本罪的，对单位判处罚金，并对其责任人依照上述规定处罚。

三、走私假币罪

(一) 概念与构成

走私假币罪，是指违反海关法规，逃避海关监管，走私伪造的货币的行为。

本罪的构成要件如下：

1. 本罪的客观方面表现为违反海关法规，逃避海关监管，运输、携带、邮寄伪造的货币进出国（边）境的行为。行为对象是“伪造的货币”。所谓伪造的货币，是指仿照真货币的图案、形状、颜色等所制造出来的假货币，包括伪造的人民币、香港币、澳门币以及外国货币，如美元、欧元等。货币面额以人民币计，走私伪造的境外货币的，其面额以案发时国家外汇管理机关公布的外汇牌价折合人民币计算。

2. 本罪的主体是一般主体，包括自然人和单位。

3. 本罪的主观方面是故意，即明知是伪造的货币而运输、携带、邮寄进出国（边）境。不明知是伪造的货币而走私的，不成立本罪。

4. 本罪的客体是复杂客体，既侵犯了国家禁止假币进出口的制度，又侵犯了国家的货币管理制度。

(二) 司法认定与刑事处罚

1. 司法认定

根据《审理走私刑案解释》的规定，对走私伪造的货币定罪数量起点是总面额2 000元以上或者币量200张（枚）以上。

2. 刑事处罚

根据刑法第151条和《刑法修正案（八）》的规定，犯本罪的，处7年以上有期徒刑，并处罚金或者没收财产；情节特别严重的，处无期徒刑或者死刑，并处没收财产；情节较轻的，处3年以上7年以下有期徒刑，并处罚金。单位犯本罪的，对单位判处罚金，并对其责任人依照上述规定处罚。

根据《审理走私刑案解释》第2条第3款的规定，走私伪造的货币，具有下列情节之一的，处7年以上有期徒刑，并处罚金或者没收财产：(1) 走私伪造的货币，总面额2万元以上不足20万元或者币量2 000张（枚）以上不足2万张（枚）的；(2) 走私伪造的货币并流入市场，面额达到2 000元以上或者币量200张（枚）以上的。

“情节特别严重”是指：(1) 走私伪造的货币总面额20万元以上或者币量2万张（枚）以上的；(2) 走私伪造的货币并流入市场，总面额2万元以上或者币量2 000张（枚）以上的 (3) 走私伪造的货币达到总面额2万元以上或者币量2 000张（枚）以上的，并具有是犯罪集团的首要分子或者使用特种车进行走私等严重情节的。

“情节较轻”，是指走私伪造的货币面额不足2万元或者币量不足2 000张（枚）的。

四、走私文物罪

(一) 概念与构成

走私文物罪，是指违反海关法规，逃避海关监管，走私国家禁止出口的文物的行为。

本罪的构成要件如下：

1. 本罪的客观方面表现为违反海关法规，逃避海关监管，运输、携带、邮寄禁止出口的文物出国（边）境的行为。行为对象是国家禁止出口的文物。根据《中华人民共和国文物保护法》的规定，在中华人民共和国境内，下列文物受国家保护：（1）具有历史、艺术、科学价值的古文化遗址、古墓葬、古建筑、石窟寺和石刻、壁画；（2）与重大历史事件、革命运动或者著名人物有关的以及具有重要纪念意义、教育意义或者史料价值的近代现代重要史迹、实物、代表性建筑；（3）历史上各时代珍贵的艺术品、工艺美术品；（4）历史上各时代重要的文献资料以及具有历史、艺术、科学价值的手稿和图书资料等；（5）反映历史上各时代、各民族社会制度、社会生产、社会生活的代表性实物；（6）具有科学价值的古脊椎动物化石和古人类化石同文物一样受国家保护。但是，不是所有文物都是走私文物罪的对象，走私文物罪的对象还受到“国家禁止出口”的限制，主要指具有重要历史、艺术、科学价值的珍贵文物以及其他国家禁止出境的文物。本罪的行为方式仅限于出口，而不包括进口。如果将文物从境外走私至境内的，如果偷逃应缴税额较大或者一年内曾因走私被给予二次行政处罚又走私的，可以成立走私普通货物、物品罪。

2. 本罪的主体是一般主体，包括自然人和单位。

3. 本罪的主观方面是故意。如果行为人不知自己走私的是国家禁止出口的文物或者由于过失而运输、携带、邮寄国家禁止出口的文物出境的，不构成本罪。

4. 本罪的客体是国家对外贸易管制中禁止文物出口的管理制度。

（二）刑事处罚

根据刑法第 151 条和《刑法修正案（八）》的规定，犯本罪的，处 5 年以上 10 年以下有期徒刑，并处罚金；情节特别严重的，处 10 年以上有期徒刑或者无期徒刑，并处没收财产；情节较轻的，处 5 年以下有期徒刑，并处罚金。单位犯本罪的，对单位判处罚金，并对其责任人依照上述规定处罚。

参照《审理走私刑案解释》第 3 条第 2 款的规定，走私文物，具有下列情节之一的，处 5 年以上有期徒刑，并处罚金：（1）走私国家禁止出口的二级文物 2 件以下或者三级文物 3 件以上 8 件以下的；（2）走私国家禁止出口的三级文物 2 件以下的，并具有造成该文物严重毁损或者无法追回等恶劣情节的。

具有下列情节之一的，属于走私文物罪“情节特别严重”：（1）走私国家禁止出口的一级文物 1 件以上或者二级文物 3 件以上或者三级文物 9 件以上的；（2）走私国家禁止出口的文物达到前述《审理走私刑案解释》第 3 条第 2 款规定的数量标准，并造成该文物严重毁损或者无法追回的；（3）走私国家禁止出口的文物达到《审理走私刑案解释》第 3 条第 2 款规定的数量标准，并具有是犯罪集团的首要分子或者使用特种车进行走私等严重情节的。

“情节较轻”是指走私国家禁止出口的三级文物 2 件以下的。

五、走私贵重金属罪

（一）概念与构成

走私贵重金属罪，是指违反海关法规，逃避海关监管，走私黄金、白银或其他贵重金属出国（边）境的行为。

本罪的构成要件如下：

1. 本罪的客观方面表现为违反海关法规，逃避海关监管，运输、携带、邮寄黄金、白银或者其他贵重金属出国（边）境的行为。本罪的对象是贵重金属，包括黄金、白银以及与金、银同等重要的铱、铂、钯、铑、钛等国家禁止出口的各种贵重金属及其制品。本罪行为方式只限于出口而不包括进口。如果将贵重金属从境外走私进我国境内，只能成立走私普通货物、物品罪。

2. 本罪的主体是一般主体，包括自然人和单位。

3. 本罪的主观方面是故意，即明知是国家禁止出口的贵重金属而将其非法运输、携带、邮寄出境的。过失不成立本罪，本罪的成立也无须行为人具有牟利或其他目的。

4. 本罪的客体是国家对外贸易管制中有关禁止黄金、白银和其他贵重金属出口的监管制度。

（二）刑事处罚

根据刑法第151条和《刑法修正案（八）》的规定，犯本罪的，处5年以上10年以下有期徒刑，并处罚金；情节特别严重的，处10年以上有期徒刑或者无期徒刑，并处没收财产；情节较轻的，处5年以下有期徒刑，并处罚金。单位犯本罪的，对单位判处罚金，并对其责任人员依照上述规定处罚。

六、走私珍贵动物、珍贵动物制品罪

（一）概念与构成

走私珍贵动物、珍贵动物制品罪，是指违反海关法规，逃避海关监管，走私国家禁止进出口的珍贵动物及其制品进出国（边）境的行为。

本罪的构成要件如下：

1. 本罪的客观方面是违反海关法规，逃避海关监管，运输、携带、邮寄珍贵动物及其制品进出国（边）境的行为。行为对象是国家禁止进出口的珍贵动物或珍贵动物制品。珍贵动物，是指国务院1988年12月10日公布施行的《国家重点保护野生动物名录》中规定的国家一、二级保护野生动物和列入《濒危野生动植物种国际贸易公约》附录一、附录二中的野生动物以及驯养繁殖的上述物种。珍贵动物制品，是指用上述珍贵动物的毛皮、羽毛、骨、内脏、血、肉、胚胎、角等制成的标本、食品、药品、服装、工艺品、纪念品以及其他物品。

2. 本罪的主体是一般主体，包括自然人和单位。

3. 本罪的主观方面是故意，即行为人明知自己运输、携带、邮寄的是珍贵动物、珍贵动物制品，仍进行走私行为，过失不构成本罪。

4. 本罪的客体是复杂客体，既侵犯了国家对外贸易管理制度中有关禁止珍贵动物、珍贵动物制品进出口的管理制度，同时又侵犯了国家野生动物保护制度。

（二）刑事处罚

根据刑法第151条和《刑法修正案（八）》的规定，犯本罪，处5年以上10年以下有期徒刑，并处罚金；情节特别严重的，处10年以上有期徒刑或者无期徒刑，并处没收财产；情节较轻的，处5年以下有期徒刑，并处罚金。单位犯本罪的，对单位判处罚金，并对其责任人依照上述规定处罚。

根据《审理走私刑案解释》第4条的规定，走私国家一、二级保护动物数量较大或者走私珍贵动物制品价值20万元以上的，是“情节特别严重”。走私国家二级保护动物以下或走私珍贵动物制品价值10万元以下的，是“情节较轻”。

七、走私国家禁止进出口的货物、物品罪

（一）概念与构成

走私国家禁止进出口的货物、物品罪，是指违反海关法规，逃避海关监管，走私国家禁止进出口的货物、物品的行为。

本罪的构成要件如下：

1. 本罪的客观方面表现为违反海关法规，逃避海关监管，运输、携带、邮寄国家禁止进出口的货物、物品进出国（边）境的行为。行为对象是指刑法第151条第1款、第2款和第152条之外的国家禁止进出口的货物、物品，如禁止进出口的珍稀植物或珍稀植物制品、禁止进口来自疫区的动植物及其制品、禁止出口古植物化石等。所谓“珍稀植物”，指的是1984年国务院环境保护委员会公布的《珍贵濒危保护植物名目》中规定的三级以上的珍稀植物。具体而言：国家一级保护植物8种，如金红茶、水杉等；国家二级保护植物143种，如云南梧桐、野茶树等；国家三级保护植物203种，如曲柳、油杉等。所谓“珍稀植物制品”，指的是利用珍稀植物加工制作的标本、药材、工艺品、纪念品及其他制成品。

2. 本罪的主体是一般主体，包括自然人和单位。

3. 本罪的主观方面是故意，即行为人明知自己运输、携带、邮寄的是国家禁止进出口的货物、物品，仍进行走私行为。过失不构成本罪。

4. 本罪的客体是国家货物、物品的进出口的管理制度。

（二）刑事处罚

根据刑法第151条的规定，犯本罪的，处5年以下有期徒刑，并处或者单处罚金；情节严重的，处5年以上有期徒刑，并处罚金。单位犯本罪的，对单位判处罚金，并对其责任人依照上述规定处罚。

八、走私淫秽物品罪

（一）概念与构成

走私淫秽物品罪，是指以牟利或者传播为目的，违反海关法规，逃避海关监管，走私淫秽的影片、录像带、录音带、图片、书刊或其他淫秽物品的行为。

本罪的构成要件如下：

1. 本罪的客观方面表现为违反海关法规，逃避海关监管，走私淫秽物品的行为。行为对象是“淫秽物品”。所谓“淫秽物品”，是指具体描绘性行为或露骨宣扬色情的诲淫性的书刊、影片、录像带、录音带、电视片、幻灯片、照片、图画等物品。“其他淫秽物品”，根据《审理走私刑案解释》第5条的规定，指除淫秽的影片、录像带、录音带、图片、书刊以外的，通过文字、声音、形象等形式表现淫秽内容的影碟、音碟、电子出版物、电子信息等物品。但夹杂淫秽内容有艺术价值的文艺作品，表现人体美的美术作品，有关人体生理、医学知识和其他自然科学作品，不属于淫秽物品的范围。走私非淫秽的书刊、影碟、图片、录像带、图书等物品的，达到一定数额的，可以走私普通货物、物品罪定罪处罚。

2. 本罪的主体是一般主体，包括自然人和单位。

3. 本罪的主观方面是故意，并以牟利或者传播为目的。行为人为了自用走私少量淫秽物品，或者虽携带淫秽物品但本人并不知情的，均不成立本罪。行为人是否具有牟利或者

传播的目的，可通过走私淫秽物品的数量、次数等进行判断。牟利或传播的目的是否实际达到，不影响本罪的成立。

4. 本罪的客体是复杂客体，既侵犯了海关监管秩序，又侵犯了社会管理秩序。

(二) 刑事处罚

根据刑法第152条的规定，犯本罪的，处3年以上10年以下有期徒刑，并处罚金；情节严重的，处10年以上有期徒刑或者无期徒刑，并处罚金或者没收财产；情节较轻的，处3年以下有期徒刑、拘役或者管制，并处罚金。单位犯本罪的，对单位判处罚金，并对其责任人依照上述规定处罚。

根据《审理走私刑案解释》第5条第2款的规定，走私淫秽物品达到下列数量之一的，属于走私淫秽物品罪“情节较轻”：(1) 走私淫秽录像带、影碟50盘（张）以上至100盘（张）的；(2) 走私淫秽录音带、音碟100盘（张）以上至200盘（张）的；(3) 走私淫秽扑克、书刊、画册100副（册）以上至200副（册）的；(4) 走私淫秽照片、画片500张以上至1 000张的。

走私淫秽物品在前述《审理走私刑案解释》第5条第2款规定的最高数量以上不满最高数量5倍的，处3年以上10年以下有期徒刑，并处罚金。

“情节严重”，指走私淫秽物品在《审理走私刑案解释》第5条第2款的最高数量5倍以上的。

九、走私废物罪

(一) 概念与构成

走私废物罪，是指逃避海关监管，将境外固体废物、液态废物和气态废物运输进境，情节严重的行为。

本罪的构成要件如下：

1. 本罪的客观方面要求必须同时具备以下三个要素：(1) 违反海关法规，逃避海关监管。(2) 将境外的固体废物、液态废物或气态废物非法运输进入我国的国（边）境。如果是将我国境内的固体废物、液态废物或气态废物运输到我国国（边）境外，即使达到情节严重，也不能成立本罪。(3) 达到情节严重程度。“情节严重”根据《审理走私刑案解释（二）》第6条的规定，指下列情形之一：1) 走私国家禁止进口的危险性固体废物、液态废物分别或者合计达到1吨以上不满5吨的；2) 走私国家禁止进口的非危险性固体废物、液态废物分别或者合计达到5吨以上不满25吨的；3) 未经许可，走私国家限制进口的可用作原料的固体废物、液态废物分别或者合计达到20吨以上不满100吨的；4) 走私国家禁止进口的废物并造成重大环境污染事故。

2. 本罪的主体是一般主体，包括自然人和单位。

3. 本罪的主观方面是故意，即行为人明知是境外的废物，仍将其走私入境。过失不构成本罪，本罪的成立也不要求行为人具有特定的目的。

4. 本罪的客体是复杂客体，既侵犯了海关监管制度，又侵犯了环境保护制度。

(二) 刑事处罚

根据刑法第152条的规定，犯本罪的，处5年以下有期徒刑，并处或者单处罚金；情节特别严重的，处5年以上有期徒刑，并处罚金。单位犯本罪的，对单位判处罚金，并对其责任人依照上述规定处罚。

根据《审理走私刑案解释（二）》第7条的规定，“情节特别严重”指下列情形之一：

(1) 超过上述第 6 条“情节严重”的数量标准。(2) 达到上述第 6 条“情节严重”的数量标准并造成重大环境污染事故。(3) 造成重大环境污染事故且后果特别严重。

十、走私普通货物、物品罪

(一) 概念与构成

走私普通货物、物品罪，是指违反海关法规，走私刑法第 151 条、第 152 条、第 347 条规定以外的货物、物品，偷逃应缴税额较大或者一年内曾因走私被给予二次行政处罚后又走私的行为。

本罪的构成要件如下：

1. 本罪的客观方面表现为：(1) 行为对象是除刑法第 151 条、第 152 条以及第 347 条规定以外的货物、物品。(2) 违反海关法规，逃避海关监管。“违反海关法规”，指违反我国《海关法》、《进出口关税管理条例》及其他有关的法律、法规。“逃避海关监管”，指采用藏匿、隐瞒、伪报等方式蒙混过关，或者从不设关的国（边）境上进出绕关，躲避海关监督、管理和检查。(3) 行为方式具体包括以下内容：1) 未经国务院或国务院授权的部门批准，不经过设立海关的地点，非法运输、携带国家禁止或限制进出口的货物、物品或者依法应当缴纳关税的货物、物品进出国（边）境的。2) 虽然通过设立海关的地点进出国（边）境，但采取隐匿、伪装、假报等欺骗手段，逃避海关监管、检查，非法盗运、偷带或者非法邮寄国家禁止或限制进出口的货物、物品或者依法应当缴纳关税的货物、物品的。3) 未经国务院批准或者海关许可并补缴关税，擅自将批准进口的来料加工、来件配装、补偿贸易的原材料、零部件、制成品、设备等保税货物或者海关监管的其他货物、进境的海外运输工具等，非法在境内销售牟利的。根据最高人民法院《审理走私刑案解释》第 7 条的规定，“保税货物”，是指经海关批准，未办理纳税手续进境，在境内储存、加工、装配后应予复运出境的货物。保税货物包括通过加工贸易、补偿贸易等方式进口的货物，以及在保税仓库、保税工厂、保税区或者免税商店等储存、加工、寄售的货物。4) 假借捐赠名义进口货物、物品，或者未经海关许可并补缴关税，擅自将减税、免税进口捐赠货物、物品或者其他特定减税、免税进口用于特定企业、特定地区、特定用途的货物、物品，非法在境内销售牟利的。5) 直接向走私人非法收购国家禁止进口物品的，或者直接向走私人非法收购走私进口的其他货物、物品的。6) 在内海、领海、界河、界湖运输、收购、贩卖国家禁止进出口物品的，或者运输、收购、贩卖国家限制进出口货物、物品，数额较大，没有合法证明的。7) 与走私罪犯通谋，为其提供贷款、资金、账号、发票、证明，或者为其提供运输、保管、邮寄或者其他方便的。(4) 本罪要求走私货物、物品偷逃应缴税额较大或者一年内曾因走私被给予二次行政处罚后又走私的，才可成立本罪。“应缴税额”，是指进出口货物、物品应当缴纳的进出口关税和进口环节海关代征税的税额。走私货物、物品所偷逃的应缴税额，应当以走私行为案发时所适用的税则、税率、汇率和海关审定的完税价格计算，并以海关出具的证明为准。

2. 本罪的主体是一般主体，包括自然人和单位。

3. 本罪的主观方面是故意，过失不构成本罪。如果由于行为人不了解海关监管制度，或者由于疏忽漏报、错报关税，主观上没有走私故意的，不成立本罪。

4. 本罪的客体是国家外贸管制中对于普通货物、物品进出口的监管制度和税收制度。

(二) 司法认定与刑事处罚

1. 司法认定

(1) 走私普通货物、物品罪与其他走私罪的界限。本罪与其他走私罪是一种因对象不同在手段上(走私)竞合的法条竞合关系。例如,走私武器、弹药、核材料、伪造的货币、国家禁止出口的文物、黄金、白银和其他贵重金属、国家禁止进出口的货物、物品,根据法条竞合基本规定优先于补充规定适用的原理,按其他相应犯罪论处,不定本罪。

(2) 走私普通货物、物品罪与走私废物罪的区别。1) 经许可进口国家限制进口的可用作原料的废物时,偷逃应缴税额,构成犯罪的,以走私普通货物罪定罪处罚。其要点是"经许可",即办理了"原料废物"的进口手续,其性质与进口普通货物无异。虽经许可,但超过许可数量进口国家限制进口的可用作原料的废物,超过部分以未经许可论。2) 既未经许可,又偷逃应缴税额,同时构成走私废物罪和走私普通货物罪的,应当按照刑法处罚较重的规定定罪处罚。(《审理走私刑案解释(二)》第8条)

(3) 对在走私的普通货物、物品或者废物中藏匿刑法第151条(枪支弹药等)、第152条(淫秽物品)、第347条(毒品)、第350条(制毒物品)规定的货物、物品,构成犯罪的,以实际走私的货物、物品定罪处罚;构成数罪的,实行数罪并罚。(《审理走私刑案解释(二)》第5条)

2. 刑事处罚

根据刑法第153条和《刑法修正案(八)》的规定,犯本罪的,根据情节轻重,分别依照下列规定处罚:(1) 走私货物、物品偷逃应缴税额较大或者一年内曾因走私被给予二次行政处罚后又走私的,处3年以下有期徒刑或者拘役,并处偷逃应缴税额1倍以上5倍以下罚金。(2) 走私货物、物品偷逃应缴税额巨大或者有其他严重情节的,处3年以上10年以下有期徒刑,并处偷逃应缴税额1倍以上5倍以下罚金。(3) 走私货物、物品偷逃应缴税额特别巨大或者有其他特别严重情节的,处10年以上有期徒刑或者无期徒刑,并处偷逃应缴税额1倍以上5倍以下罚金或者没收财产。单位犯本罪的,对单位判处罚金,并对其直接责任人,处3年以下有期徒刑或者拘役;情节严重的,处3年以上10年以下有期徒刑;情节特别严重的,处10年以上有期徒刑。对多次走私未经处理的,按照累计走私货物、物品的偷逃应缴税额处罚。

"偷逃应缴税额巨大",至少在15万元以上。"特别巨大",至少在50万元以上。

第四节 妨害对公司、企业的管理秩序罪

本类犯罪的疑难点主要是由"身份"派生的界限。其一,非国家工作人员受贿罪与受贿罪的区别;对非国家工作人员行贿罪与行贿罪的区别。其二,签订、履行合同失职被骗罪,国有公司、企业、事业单位人员失职罪、滥用职权罪与有关渎职罪的区别。要点是身份不同。此外,为亲友非法牟利罪,非法经营同类营业罪,国有公司、企业、事业单位人员失职罪,签订、履行合同失职被骗罪的主体存在细微差别,应予注意。

一、虚报注册资本罪

(一) 概念与构成

虚报注册资本罪,是指申请公司登记时使用虚假证明文件或者采取其他欺诈手段虚报注册资本,欺骗公司登记主管部门,取得公司登记,虚报注册资本数额巨大,后果严重或

者有其他严重情节的行为。

本罪的构成要件如下：

1. 本罪的客观方面表现为：(1) 行为人申请公司登记使用虚假的证明文件或者采取其他欺诈手段虚报注册资本，欺骗公司登记主管部门。虚报注册资本，既包括没有达到注册资本的法定数额而虚报达到法定数额，也包括虽达到法定数额而虚报具有更高数额的情形。(2) 已经取得公司登记，即已被公司登记机关批准登记注册并已发给营业执照。未取得登记并获发营业执照的不成立本罪。(3) 必须虚报注册资本数额巨大、后果严重或者有其他严重情节。其具体认定标准，根据《2010 立案追诉标准（二）》第 3 条的规定，是指具备以下情形之一：1) 超过法定出资期限，实缴注册资本不足法定注册资本最低限额，有限责任公司虚报数额在 30 万元以上并占其应缴出资数额 60%以上的，股份有限公司虚报数额在 300 万元以上并占其应缴出资数额 30%以上的；2) 超过法定出资期限，实缴注册资本达到法定注册资本最低限额，但仍虚报注册资本，有限责任公司虚报数额在 100 万元以上并占其应缴出资数额 60%以上的，股份有限公司虚报数额在 1 000 万元以上并占其应缴出资数额 30%以上的；3) 造成投资者或者其他债权人直接经济损失累计数额在 10 万元以上的；4) 虽未达到上述数额标准，但具有下列情形之一的：第一，2 年内因虚报注册资本受过行政处罚 2 次以上，又虚报注册资本的；第二，向公司登记主管人员行贿的；第三，为进行违法活动而注册的。

2. 本罪的主体可由任何公司或申请公司登记的个人构成。根据公司法的规定，申请公司登记的人，在有限责任公司设立登记的情况下是指由全体股东指定的代表或者共同委托的代理人；在股份有限公司设立登记的情况下是指董事会；在国有独资公司设立登记的情况下，是指国家授权投资的机构或者国家授权的部门。承担资产评估、验资、验证、会计、审计、法律服务等职责的中介组织人员与申请公司登记的单位或者个人相通谋，故意提供虚假证明文件，欺骗公司登记主管部门，取得公司登记的，以共犯论处。

3. 本罪的主观方面是故意，并以骗取公司登记为目的，因过失多报注册资本的，不构成本罪。

4. 本罪的客体是公司的登记管理制度。

(二) 司法认定与刑事处罚

1. 司法认定

虚报注册资本罪与抽逃出资罪的区别：主要看是否为了骗取公司登记。虚报注册资本从公司登记主管部门骗取公司登记（成立或注册资本数）的，是虚报注册资本罪；从已经注册登记的公司账户上抽走资金的，是抽逃出资罪。实践中常遇到申请公司登记人根本没有资金机构也不打算实际出资，而是由办理公司登记的中介机构代办登记并“垫资”，取得公司登记后立即由中介机构收回。这种场合实质是虚假出资。

2. 刑事处罚

根据刑法第 158 条的规定，犯本罪的，处 3 年以下有期徒刑或者拘役，并处或者单处虚报注册资本金额 1%以上 5%以下罚金。单位犯本罪的，对单位判处罚金，并对其责任人处 3 年以下有期徒刑或者拘役。

二、虚假出资、抽逃出资罪

(一) 概念与构成

虚假出资、抽逃出资罪，是指公司发起人、股东违反公司法的规定未交付货币、实物或者未转移财产权，虚假出资，或者在公司成立后又抽逃出资，数额巨大、后果严重或者有其他严重情节的行为。

本罪的构成要件如下：

1. 本罪的客观方面表现为：(1) 违反公司法的规定，未交付货币、实物或者未转移财产权，虚假出资，或者在公司成立后又抽逃其出资。具体包括两种行为方式：1) 虚假出资。虚假出资可以是弄虚作假根本不出资，也可以是不按规定足额出资。2) 抽逃出资。即在公司成立后又违反法律规定，不经过登记机关批准，撤出其出资的行为。(2) 本罪成立要求虚假出资、抽逃出资的数额巨大，后果严重或者有其他严重情节的。根据《2010立案追诉标准（二）》第4条的规定，主要是指下列情况之一：1) 超过法定出资期限，有限责任公司股东虚假出资数额在30万元以上并占其应缴出资数额60%以上的，股份有限公司发起人、股东虚假出资数额在300万元以上并占其应缴出资数额30%以上的；2) 有限责任公司股东抽逃出资数额在30万元以上并占其实缴出资数额60%以上的，股份有限公司发起人、股东抽逃出资数额在300万元以上并占其实缴出资数额30%以上的；3) 造成公司、股东、债权人的直接经济损失累计数额在10万元以上的；4) 虽未达到上述数额标准，但具有下列情形之一的：第一，致使公司资不抵债或者无法正常经营的；第二，公司发起人、股东合谋虚假出资、抽逃出资的；第三，2年内因虚假出资、抽逃出资受过行政处罚2次以上，又虚假出资、抽逃出资的；第四，利用虚假出资、抽逃出资所得资金进行违法活动的。

2. 本罪的主体是特殊主体，即公司的发起人、股东，包括自然人和单位。

3. 本罪的主观方面是故意。

4. 本罪的客体是公司的出资管理制度及公司、其他股东和债权人的合法权益。

（二）刑事处罚

根据刑法第159条的规定，犯本罪的，处5年以下有期徒刑或者拘役，并处或者单处虚假出资金额或者抽逃出资金额2%以上10%以下罚金。单位犯本罪的，对单位判处罚金，并对其责任人处5年以下有期徒刑或者拘役。

三、欺诈发行股票、债券罪

（一）概念与构成

欺诈发行股票、债券罪，是指在招股说明书、认股书、公司、企业债券募集办法中隐瞒重要事实或者编造重大虚假内容，发行股票或者公司、企业债券，数额巨大、后果严重或者有其他严重情节的行为。

本罪的构成要件如下：

1. 本罪的客观方面表现为：(1) 在招股说明书、认股书、公司、企业债券募集办法中隐瞒重要事实或者编造重大虚假内容。(2) 行为人发行了股票或者公司、企业债券。(3) 行为人发行的股票或者公司、企业债券必须是数额巨大、后果严重或者有其他严重情节。对于数额巨大、后果严重或有其他严重情节的认定，根据《2010立案追诉标准（二）》第5条，这主要指下列情形之一：1) 发行数额在500万元以上的；2) 伪造、变造国家机关公文、有效证明文件或者相关凭证、单据的；3) 利用募集的资金进行违法活动的；4) 转移或者隐瞒所募集资金的。

2. 本罪的主体既可以是自然人，也可以是单位。但个人犯本罪只能是在公司、企业设立阶段；公司、企业登记成立后，犯罪主体只能是公司、企业。

3. 本罪的主观方面是故意。

4. 本罪的客体是公司、企业的股票、债券发行管理制度及公司、企业、股东和债权人的合法权益。

(二) 刑事处罚

根据刑法第160条的规定，犯本罪的，处5年以下有期徒刑或者拘役，并处或者单处非法募集资金金额1%以上5%以下罚金。单位犯本罪的，对单位判处罚金，并对其责任人处5年以下有期徒刑或者拘役。

四、违规披露、不披露重要信息罪

(一) 概念与构成

违规披露、不披露重要信息罪，是指依法负有信息披露义务的公司、企业向股东和社会公众提供虚假的或者隐瞒重要事实的财务会计报告，或者不按照规定披露依法应当披露的其他重要信息，严重损害股东和其他人利益，或者有其他严重情节的行为。

本罪经《刑法修正案（六)》修正，取消了原提供虚假财会报告罪罪名。

本罪的构成要件如下：

1. 本罪的客观方面包括两种行为：(1) 提供虚假的或者隐瞒重要事实的财务会计报告；(2) 对依法应当披露的其他重要信息不按照规定披露。实施前述行为且具有"严重损害股东或者其他人利益"或者"有其他严重情节"之一的。根据《2010立案追诉标准(二)》第6条，这指下列情形之一：1) 造成股东、债权人或者其他人直接经济损失数额累计在50万元以上的；2) 虚增或者虚减资产达到当期披露的资产总额30%以上的；3) 虚增或者虚减利润达到当期披露的利润总额30%以上的；4) 未按规定披露的重大诉讼、仲裁、担保、关联交易或者其他重大事项所涉及的数额或者连续12个月的累计数额占净资产50%以上的；5) 致使公司发行的股票、公司债券或者国务院依法认定的其他证券被终止上市交易或者多次被暂停上市交易的；6) 致使不符合发行条件的公司、企业骗取发行核准并且上市交易的；7) 在公司财务会计报告中将亏损披露为盈利，或者将盈利披露为亏损的；8) 多次提供虚假的或者隐瞒重要事实的财务会计报告，或者多次对依法应当披露的其他重要信息不按照规定披露的；9) 其他严重损害股东、债权人或者其他人利益，或者有其他严重情节的。

2. 本罪的主体是特殊主体，即依法负有信息披露义务的"公司、企业"，包括股票发行人、上市公司，公司、企业债券上市交易的公司、企业，银行、基金管理人、基金托管人和其他信息披露义务人。本罪属于单位犯罪，对单位实行"单罚"，即处罚直接负责的主管人员和其他直接责任人。原因在于如果处罚公司、企业将进一步损害作为被害人的股东和一般投资者的利益。

3. 本罪的主观方面是故意。

4. 本罪的客体是国家对于公司、企业信息披露的管理制度和股东及其他人的权益。

(二) 刑事处罚

根据刑法第161条规定，犯本罪的，对该犯罪单位的责任人处3年以下有期徒刑或者拘役，并处或者单处2万元以上20万元以下罚金。

五、妨害清算罪

（一）概念与构成

妨害清算罪，是指公司、企业进行清算时，隐匿财产，对资产负债表或者财产清单做虚伪记载或者在未清偿债务前分配公司、企业财产，严重损害债权人或者其他人利益的行为。

本罪的构成要件如下：

1. 本罪的客观方面包括三个要素：(1) 行为必须发生在公司、企业的清算财产过程中。清算，是指清理公司、企业尚未了结的事务，以保证公司、企业归于消灭的程序。(2) 实施了下列三种行为之一：1) 隐匿公司、企业财产；2) 对资产负债表或者财产清单作虚假记载；3) 在清偿债务前分配公司、企业财产。但本罪行为不包括集体私分国有资产的情况，如果集体私分国有资产的，应当以集体私分国有资产罪论处。(3) 严重损害债权人或者其他人的利益。根据《2010立案追诉标准（二）》第7条，这指下列情形之一：1) 隐匿财产价值在50万元以上的；2) 对资产负债表或者财产清单作虚伪记载涉及金额在50万元以上的；3) 在未清偿债务前分配公司、企业财产价值在50万元以上的；4) 造成债权人或者其他人直接经济损失数额累计在10万元以上的；5) 虽未达到上述数额标准，但应清偿的职工的工资、社会保险费用和法定补偿金得不到及时清偿，造成恶劣社会影响的。

2. 本罪的主体是公司、企业及其直接负责的主管人员和其他直接责任人员。

3. 本罪的主观方面是故意。

4. 本罪的客体是复杂客体，既侵犯了公司、企业的清算管理制度，也侵犯了债权人或者其他人的利益。

（二）刑事处罚

根据刑法第162条的规定，公司、企业犯本罪的，对其责任人处5年以下有期徒刑或者拘役，并处或者单处2万元以上20万元以下罚金。

六、隐匿、故意销毁会计凭证、会计账簿、财务会计报告罪

（一）概念与构成

隐匿、故意销毁会计凭证、会计账簿、财务会计报告罪，是指隐匿或者故意销毁依法应当保存的会计凭证、会计账簿、财务会计报告，情节严重的行为。

本罪的构成要件如下：

1. 本罪的客观方面包括以下要素：(1) 行为对象是依法应当保存的会计凭证、会计账簿、财务会计报告。会计凭证，是指会计核算中用以记录经济业务，明确经济责任并作为记账依据的书面证明，包括原始凭证与记账凭证。会计账簿是全面、连续、系统地记录并反映会计要素变动和经营过程及其结果的重要工具，是编制会计报表的依据，包括序时账簿、分类账簿和备查账簿。财务会计报告是提供企业财务状况、经营状况及其他相关信息，并予分析说明的书面报告，包括正规格式的会计报表和无正规格式的财务情况说明书等。会计凭证、会计账簿、财务会计报告都是记录反映企业财务状况的重要资料。(2) 行为方式表现为隐匿或者销毁。隐匿，是指妨害他人依法发现会计凭证、会计账簿、财务会计报告的一切行为；销毁，是指灭失会计凭证、会计账簿、财务会计报告效用的一切行为。(3) 情节严重，根据《2010立案追诉标准（二）》第8条，是指下列情形之一：1) 隐匿、销毁的会计资料涉及金额在50万元以上的；2) 依法应当向司法机关、行政机关、有关主管部门等提供而隐匿、故意销毁或者拒不交出会计凭证、会计账簿、财务会计报

告的。

2. 本罪的主体既可以是自然人，也可以是单位，但不限于公司、企业，所有依照会计法的规定办理会计事务的国家机关、社会团体、公司、企业、事业单位等组织和个人，均可成为本罪的主体。

3. 本罪的主观方面是故意，过失不构成本罪。从条文的表述来看，刑法只要求销毁行为是出于故意，隐匿不限于故意。而实际上，隐匿行为必须也只能是出于故意，因此，刑法条文没有予以强调。但实践中可能存在过失销毁的情况，立法者为了提醒司法者不要将过失销毁的行为也当做本罪处理，所以在“销毁”之前加上“故意”这一注意规定，提醒司法机关只追究故意销毁行为的刑事责任。

4. 本罪的客体是公司、企业的财会管理制度。

(二) 刑事处罚

根据刑法第 162 条之一的规定，犯本罪的，处 5 年以下有期徒刑或者拘役，并处或者单处 2 万元以上 20 万元以下罚金。单位犯本罪的，对单位判处罚金，并对其责任人依照上述规定处罚。

七、虚假破产罪

(一) 概念与构成

虚假破产罪，是指公司、企业通过隐匿财产、承担虚构的债务或者以其他方法转移、处分财产，实施虚假破产，严重损害债权人或者其他人利益的行为。

这是《刑法修正案（六）》增补的罪名。修订的动因是“针对在经济活动中出现的采用隐匿、转移财产等欺骗手段，搞假破产、真逃债，严重损害债权人利益”[①] 的情形，为维护市场经济秩序，特增加规定虚假破产罪。

本罪的构成要件如下：

1. 本罪的客观方面表现为使用弄虚作假的欺骗手段转移、处分财产，如隐匿财产，承担虚构的债务等，并严重损害了债权人或其他人的利益。根据《2010 立案追诉标准（二）》第 9 条的规定，虚假破产有列情形之一应予立案追诉：(1) 隐匿财产或承担虚构的债务或以其他方法转移、处分财产价值在 50 万元以上的；(2) 造成债权人或者其他人直接经济损失数额累计在 10 万元以上的；(3) 虽未达到上述数额标准，但应清偿的职工的工资、社会保险费用和法定补偿金得不到及时清偿，造成恶劣社会影响的。

2. 本罪的主体是公司、企业，是纯正的单位犯罪。对犯罪单位实行“单罚”，即只处罚直接负责的主管人员和其他直接责任人。

3. 本罪的主观方面是故意，即故意地进行虚假破产来逃避债务、损害债权人利益。

4. 本罪的客体是公司、企业破产的管理秩序和债权人及相关人员的合法权益。

(二) 司法认定与刑事处罚

1. 司法认定

本罪与妨害清算罪区别要点在于“是否进入清算程序”[②]。公司、企业因破产进入清算

---

① 全国人大常委会法制工作委员会原副主任安建：《关于〈中华人民共和国刑法修正案（六）（草案）〉的说明》。

② 黄太云：《〈中华人民共和国刑法修正案（六）〉的理解与适用》，载熊选国主编：《刑事审判参考》，总第 51 集，71 页，北京，法律出版社，2006。

程序以后非法隐匿、转移、分配财产损害债权人利益的，是妨害清算性质；在进入破产程序之前，非法隐匿、转移、分配财产损害债权人利益的，是虚假破产性质。《中华人民共和国企业破产法》第30条规定："破产申请受理时属于债务人的全部财产，以及破产申请受理后至破产程序终结前债务人取得的财产，为债务人财产。"第33条规定："涉及债务人财产的下列行为无效：（一）为逃避债务而隐匿、转移财产的；（二）虚构债务或者承认不真实的债务的。"破产申请被法院受理应认为是进入破产程序，本罪的虚假破产行为应限定发生在"破产申请被法院受理"之前。另有观点认为，"实施虚假破产"的时间界限应当截止于"提出破产申请之日"①。

2. 刑事处罚

根据刑法第162条之二的规定，犯本罪的，对其直接负责的主管人员和其他直接责任人员，处5年以下有期徒刑或者拘役，并处或者单处2万元以上20万元以下罚金。

八、非国家工作人员受贿罪

（一）概念与构成

非国家工作人员受贿罪，是指公司、企业或者其他单位的工作人员利用职务上的便利，索取他人财物或者非法收受他人财物，为他人谋取利益，数额较大的行为。

《刑法修正案（六）》修改了原罪名，即公司、企业人员受贿罪，将其他单位的工作人员纳入犯罪主体，更名为非国家工作人员受贿罪。

本罪的构成要件如下：

1. 本罪的客观方面表现为利用职务上的便利，索取或者非法收受他人财物，为他人谋取利益，并且数额较大。具体包括以下要素：（1）利用职务上的便利。即行为人利用自己在公司、企业或者其他单位的职务行为实施危害行为。（2）索取或者非法收受他人财物。所谓索取，既包括强索硬要，也包括明示或暗示的索要。所谓非法收受，是指违反法律规定被动地接受他人交付的财物。此外，公司、企业或者其他单位的工作人员在经济往来中，违反国家规定，收受各种名义的回扣、手续费，归个人所有的，也属于本罪中的受贿行为。（3）为他人谋取利益。不论是索取他人财物还是收受他人财物，都必须为他人谋取利益。这种谋取利益并不要求利益实际实现，只要承诺为其谋取就可以了。该利益是合法还是非法、是物质利益还是非物质利益，以及为他人谋取的利益是否实现，均不影响本罪的成立。（4）索取或非法收受他人财物"数额较大"。根据《2010立案追诉标准（二）》第10条的规定，"数额较大"的起点是5 000元以上。

2. 本罪的主体是公司、企业或其他单位的工作人员，但不包括国有公司、企业或其他单位中从事公务的人员和国有公司、企业或其他单位委派到非国有公司、企业或其他单位从事公务的人员。

根据最高人民法院、最高人民检察院《关于办理商业贿赂刑事案件适用法律若干问题的意见》，刑法第163条、第164条规定的"其他单位"，既包括事业单位、社会团体、村民委员会、居民委员会、村民小组等常设性的组织，也包括为组织体育赛事、文艺演出或者其他正当活动而成立的组委会、筹委会、工程承包队等非常设性的组织。"公司、企业或者其他单位的工作人员"，包括国有公司、企业以及其他国有单位中的非国家工作人员。

---

① 参见黄太云：《〈中华人民共和国刑法修正案（六）〉的理解与适用》，载熊选国主编：《刑事审判参考》，总第51集，72页，北京，法律出版社，2006。

根据刑法第184条的规定，银行或者其他金融机构的工作人员（不包括国有金融机构工作人员和国有金融机构委派到非国有金融机构从事公务的人员）在金融业务活动中索取他人财物或者非法收受他人财物，为他人谋取利益的，或者违反国家规定，收受各种名义的回扣、手续费，归个人所有的，依照非国家工作人员受贿罪定罪处罚。

3. 本罪的主观方面是故意，过失不构成本罪。

4. 本罪的客体是公司、企业或其他单位的正常管理活动和职务行为的廉洁性。

（二）司法认定与刑事处罚

1. 司法认定

（1）罪与非罪的区别。注意认定本罪中违反国家规定，收受各种名义的回扣、手续费，归个人所有的行为与正当业务行为的界限。《反不正当竞争法》第8条第1款规定：经营者不得采用财物或者其他手段进行贿赂以销售或者购买商品。在账外暗中给予对方单位或者个人回扣的，以行贿论处；对方单位或者个人在账外暗中收受回扣的，以受贿论处。同条第2款规定：经营者销售或者购买商品，可以以明示方式给对方折扣，可以给中间人佣金。经营者给对方折扣、给中间人佣金的，必须如实入账。接受折扣、佣金的经营者必须如实入账。根据该项规定，如果在经济往来中，公司、企业或者其他单位的人员虽然收受了各种名义的折扣、佣金，但如实计入本单位账目的，不能以本罪论处。但对违反规定，账外暗中接受而又归个人所有的，可能成立本罪。

（2）本罪与受贿罪的区别。区别的要点是主体不同，本罪主体是非国家工作人员；而受贿罪的主体是国家工作人员。

（3）根据《关于办理商业贿赂刑事案件适用法律若干问题的意见》：1）医疗机构中的医务人员，利用开处方的职务便利，以各种名义非法收受药品、医疗器械、医用卫生材料等医药产品销售方财物，为医药产品销售方谋取利益，数额较大的，是非国家工作人员受贿罪。2）学校及其他教育机构中的教师，利用教学活动的职务便利，以各种名义非法收受教材、教具、校服或者其他物品销售方财物，为教材、教具、校服或者其他物品销售方谋取利益，数额较大的，是非国家工作人员受贿罪。3）依法组建的评标委员会、竞争性谈判采购中谈判小组、询价采购中询价小组的组成人员，在招标、政府采购等事项的评标或者采购活动中，索取他人财物或者非法收受他人财物，为他人谋取利益，数额较大的，是非国家工作人员受贿罪。

2. 刑事处罚

根据刑法第163条的规定，犯本罪的，处5年以下有期徒刑或者拘役；数额巨大的，处5年以上有期徒刑，可以并处没收财产。“数额巨大”，参照1995年12月最高人民法院《关于办理违反公司法受贿、侵占、挪用等刑事案件适用法律若干问题的解释》，一般掌握在10万元以上。

九、对非国家工作人员行贿罪

（一）概念与构成

对非国家工作人员行贿罪，是指为谋取不正当利益，给予公司、企业或者其他单位的工作人员以数额较大的财物的行为。

《刑法修正案（六）》修改了原罪名，即对公司、企业人员行贿罪，将其他单位的工作人员纳入条文，更名为对非国家工作人员行贿罪。

本罪的构成要件如下：

1. 本罪的客观方面表现为给予公司、企业或者其他单位的工作人员以数额较大的财物的行为。具体包括以下要素：(1) 给予公司、企业或者其他单位的工作人员以财物。这里的“给予”，既包括主动提供、交付的行为，也应包括因被索取或者勒索而被动给付的情形。只是在被勒索的情形下应参照刑法第389条行贿罪的精神予以认定，即财物给付人未获得不正当利益的，不构成本罪；如获得了不正当利益，则以本罪论处。(2) 为了谋取不正当利益或者不正当的商业利益。“谋取不正当利益”根据《关于办理商业贿赂刑事案件适用法律若干问题的意见》的规定，“在行贿犯罪中，‘谋取不正当利益’，是指行贿人谋取违反法律、法规、规章或者政策规定的利益，或者要求对方违反法律、法规、规章、政策、行业规范的规定提供帮助或者方便条件。在招标投标、政府采购等商业活动中，违背公平原则，给予相关人员财物以谋取竞争优势的，属于‘谋取不正当利益’。”(3) 必须数额较大。所给予公司、企业或者其他单位工作人员的财物必须“数额较大”。根据《2010立案追诉标准（二）》第11条的规定，“数额较大”指个人行贿1万元以上；单位行贿20万元以上。

2. 本罪的主体是一般主体，包括自然人和单位。

3. 本罪的主观方面是故意，而且必须具有谋取不正当利益或者不正当商业利益的特定目的。但实际上是否获取了不正当利益或不正当商业利益，不影响本罪的成立。

4. 本罪的客体是公司、企业以及其他单位工作人员职务行为的廉洁性。

(二) 刑事处罚

根据刑法第164条的规定，犯本罪的，处3年以下有期徒刑或者拘役；数额巨大的，处3年以上10年以下有期徒刑，并处罚金。单位犯本罪的，对单位判处罚金，并对其责任人依照上述规定处罚。行贿人在被追诉前主动交待行贿行为的，可以减轻处罚或者免除处罚。

十、对外国公职人员、国际公共组织官员行贿罪

本罪为《刑法修正案（八）》新增罪名。对外国公职人员、国际公共组织官员行贿罪，是指为谋取不正当商业利益，给予外国公职人员或者国际公共组织官员以数额较大的财物的行为。本罪与对非国家工作人员行贿罪相比，特别之处即其行为对象为外国公职人员、国际公共组织官员。外国公职人员，是指中华人民共和国以外的其他国家的具有公共职务的人员；国际公共组织官员，则指在有关国际法确认的国际组织中供职的官员。

根据刑法第164条第2款的规定，犯本罪的，按照刑法第164条第1款规定处罚。单位犯本罪的，对单位判处罚金，并对其直接负责的主管人员和其他直接责任人员，依照刑法第164条第1款规定处罚。行贿人在被追诉前主动交代行贿行为的，可以减轻处罚或者免除处罚。

十一、非法经营同类营业罪

(一) 概念与构成

非法经营同类营业罪，是指国有公司、企业的董事、经理利用职务便利，自己经营或者为他人经营与其所任职公司、企业同类的营业，获取非法利益，数额巨大的行为。

本罪的构成要件如下：

1. 本罪的客观方面包括以下要素：(1) 必须利用职务上的便利，即利用自己在公司所任职务赋予的职权或者同职务有关的便利条件。(2) 必须有非法经营同类营业的行为。同

类营业，是指与自己所任职公司、企业营业执照中确定的经营范围的具体种类全部或部分相同的营业。(3) 获取的非法利益必须数额巨大。根据《2010 立案追诉标准（二）》第 12 条的规定，“数额巨大”是指非法经营同类营业获取非法利益数额在 10 万元以上的。

2. 本罪的主体是特殊主体，即必须是国有公司、企业的董事、经理。

3. 本罪的主观方面是故意，且具有获取非法利益的目的。

4. 本罪的客体是国有公司、企业的正常管理秩序。

（二）刑事处罚

根据刑法第 165 条的规定，犯本罪的，处 3 年以下有期徒刑或者拘役，并处或者单处罚金；数额特别巨大的，处 3 年以上 7 年以下有期徒刑，并处罚金。

十二、为亲友非法牟利罪

（一）概念与构成

为亲友非法牟利罪，是指国有公司、企业、事业单位的工作人员，利用职务便利，为亲友非法牟利，使国家利益遭受重大损失的行为。

本罪属于国外刑法背信罪（或称背任罪）中的一种特殊情形，旧中国刑法对背信罪也有规定。所谓背信罪，是指为他人处理事务的人，为谋求自己或第三人的利益，或出于损害委托人利益的目的，违背其任务，致使委托人的财产受到损失的行为。

本罪的构成要件如下：

1. 本罪的客观方面包括以下要素：(1) 必须利用了职务上的便利。所谓“利用职务便利”，是指利用自己主管、经管、经营、经手的公司、企业业务的便利。(2) 实施了下列三种行为之一：1) 将本单位的盈利业务交由自己的亲友经营。这里的盈利业务是指本可盈利的业务，或者说在正常情况下预计显然可以盈利的业务，而不仅指后来一定盈利的业务。2) 以明显高于市场的价格向自己的亲友经营管理的单位采购商品或者明显低于市场的价格向自己的亲友经营管理的单位销售商品。3) 向自己的亲友经营管理的单位采购不合格商品。(3) 必须使国家利益遭受重大损失。对于“重大损失”的认定，根据《2010 立案追诉标准（二）》第 13 条的规定，是指具有下列情形之一的：1) 造成国家直接经济损失数额在 10 万元以上的；2) 使其亲友非法获利数额在 20 万元以上的；3) 造成有关单位破产，停业、停产 6 个月以上，或者被吊销许可证和营业执照、责令关闭、撤销、解散的。

2. 本罪的主体是国有公司、企业、事业单位的工作人员。

3. 本罪的主观方面是故意，并具有为亲友非法牟利的目的。

4. 本罪的客体是国有公司、企业、事业单位的正常管理活动及国家利益。

（二）刑事处罚

根据刑法第 166 条的规定，犯本罪的，处 3 年以下有期徒刑或者拘役，并处或者单处罚金；致使国家利益遭受特别重大损失的，处 3 年以上 7 年以下有期徒刑，并处罚金。

十三、签订、履行合同失职被骗罪

（一）概念与构成

签订、履行合同失职被骗罪，是指国有公司、企业、事业单位直接负责的主管人员，在签订、履行合同过程中，因严重不负责任被诈骗，致使国家利益遭受重大损失的行为。

本罪的构成要件如下：

1. 本罪的客观方面包括以下要素：(1) 行为发生在签订、履行经济贸易等合同过程中。(2)因严重不负责任被诈骗。即由于没有履行合同法规定或惯例上所应遵循的最基本的注意义务而被骗。(3)致使国家利益遭受重大损失。根据《2010立案追诉标准(二)》第14条的规定,“重大损失”是指下列情形之一:1)造成国家直接经济损失数额在50万元以上的;2)造成有关单位破产,停业、停产6个月以上,或者被吊销许可证和营业执照、责令关闭、撤销、解散的;3)金融机构、从事对外贸易经营活动的公司、企业的工作人员严重不负责任,造成100万美元以上外汇被骗购或者逃汇1 000万美元以上的。“诈骗”,是指对方当事人的行为已经涉嫌诈骗犯罪,不以对方当事人已经被人民法院判决构成诈骗犯罪作为立案追诉的前提。

2. 本罪的主体是特殊主体,仅限于国有公司、企业、事业单位直接负责的主管人员。

3. 本罪的主观方面是过失,既可能是疏忽大意的过失,也可能是过于自信的过失。

4. 本罪的客体是国有公司、企业、事业单位的管理制度及国家利益。

(二)刑事处罚

根据刑法第167条的规定,犯本罪的,处3年以下有期徒刑或者拘役;致使国家利益遭受特别重大损失的,处3年以上7年以下有期徒刑。

十四、国有公司、企业、事业单位人员失职罪

(一)概念与构成

国有公司、企业、事业单位人员失职罪,是指国有公司、企业的工作人员由于严重不负责任,造成国有公司、企业破产或者严重损失,或者国有事业单位工作人员严重不负责任,致使国家利益遭受重大损失的行为。

本罪的构成要件如下:

1. 本罪的客观方面表现为行为人由于严重不负责任,造成国有公司、企业、事业单位破产或者严重损失,致使国家利益遭受重大损失。具体包括以下要素:(1)行为人严重不负责任,包括两种情形:1)不履行职责,即行为人应该履行且能够履行而不履行职责;2)不认真履行职责,即行为人虽然履行了一定的职责,但是没有尽到职责义务,做事马虎,草率行事。(2)造成国有公司、企业、事业单位破产或者严重损失,致使国家利益遭受重大损失,根据《2010立案追诉标准(二)》第15条的规定,是指下列情形之一:1)造成国家直接经济损失数额在50万元以上的;2)造成有关单位破产,停业、停产1年以上,或者被吊销许可证和营业执照、责令关闭、撤销、解散的。

2. 本罪的主体是国有公司、企业、事业单位的工作人员,这里的工作人员不限于主管人员,而是包括在国有公司、企业、事业单位工作的所有工作人员。

3. 本罪的主观方面是过失。

4. 本罪的客体是国有公司、企业、事业单位的管理制度及国家利益。

(二)刑事处罚

根据刑法第168条的规定,犯本罪的,处3年以下有期徒刑或者拘役;致使国家利益遭受特别重大损失的,处3年以上7年以下有期徒刑。上述人员徇私舞弊犯本罪的,应从重处罚。

十五、国有公司、企业、事业单位人员滥用职权罪

(一)概念与构成

国有公司、企业、事业单位人员滥用职权罪,是指国有公司、企业、事业单位的工作人员滥用职权,造成国有公司、企业破产或者严重损失,致使国家利益遭受重大损失的行为。

本罪的构成要件如下：

1. 本罪的客观方面表现为：滥用职权，造成国有公司、企业破产或严重损失，国家利益因此遭受重大损失的行为。具体包括以下内容：(1) 行为人滥用职权。滥用职权主要表现为故意不正当地行使自己职责范围内的权力或者超越自己的职责权限处理事务。(2) 造成国有公司、企业破产或者严重损失，致使国家利益遭受重大损失。根据《2010 立案追诉标准（二）》第 16 条的规定，“致使国家利益遭受重大损失”是指具有下列情形之一的：1) 造成国家直接经济损失数额在 30 万元以上的；2) 造成有关单位破产，停业、停产 6 个月以上，或者被吊销许可证和营业执照、责令关闭、撤销、解散的。

2. 本罪的主体是国有公司、企业、事业单位的工作人员，不仅包括主管人员，而且包括在国有公司、企业、事业单位工作的所有工作人员。

3. 本罪的主观方面是故意。

4. 客体：国有公司、企业、事业单位的管理制度及国家利益。

(二) 刑事处罚

根据刑法第 168 条的规定，犯本罪的，处 3 年以下有期徒刑或者拘役；致使国家利益遭受特别重大损失的，处 3 年以上 7 年以下有期徒刑。上述人员徇私舞弊犯本罪的，应从重处罚。

十六、徇私舞弊低价折股、出售国有资产罪

(一) 概念与构成

徇私舞弊低价折股、出售国有资产罪，是指国有公司、企业或者其上级主管部门直接负责的主管人员，徇私舞弊，将国有资产低价折股或者低价出售，致使国家利益遭受重大损失的行为。

本罪的构成要件如下：

1. 本罪的客观方面表现为徇私舞弊，将国有资产低价折股或者低价出售，致使国家利益遭受重大损失的行为。根据《2010 立案追诉标准（二）》第 17 条的规定，“遭受重大损失”是指具有下列情形之一的：(1) 造成国家直接经济损失数额在 30 万元以上的；(2) 造成有关单位破产，停业、停产 6 个月以上，或者被吊销许可证和营业执照、责令关闭、撤销、解散的。

2. 本罪的主体是特殊主体，即国有公司、企业或者上级主管部门直接负责的主管人员。

3. 本罪的主观方面是故意。

4. 本罪的客体是国家对国有公司、企业的管理制度和国有资产所有权。

(二) 刑事处罚

根据刑法第 169 条的规定，犯本罪的，处 3 年以下有期徒刑或者拘役；致使国家利益遭受特别重大损失的，处 3 年以上 7 年以下有期徒刑。

十七、背信损害上市公司利益罪

(一) 概念与构成

背信损害上市公司利益罪，是指上市公司的董事、监事、高级管理人员违背对公司的忠实义务，利用职务便利，操纵上市公司从事损害公司利益，致使上市公司利益遭受重大损失的行为。

这是《刑法修正案（六）》新增条文，增设本条之罪的宗旨在于："近年来，一些上市公司的管理人员、控股股东、实际控制人，以无偿占用或者明显不公允的关联交易等非法手段，侵占上市公司资产，严重损害上市公司和公众投资者的合法权益。对因此给上市公司造成重大损失的，应当追究刑事责任。"①

本罪的构成要件如下：

1. 本罪的客观方面表现为违背对公司的忠实义务，利用职务便利，操纵上市公司从事损害公司利益的行为，致使上市公司利益遭受重大损失。根据《2010立案追诉标准（二）》第18条的规定，有下列情形之一的，应予立案追诉：（1）无偿向其他单位或者个人提供资金、商品、服务或者其他资产，致使上市公司直接经济损失数额在150万元以上的；（2）以明显不公平的条件，提供或者接受资金、商品、服务或者其他资产，致使上市公司直接经济损失数额在150万元以上的；（3）向明显不具有清偿能力的单位或者个人提供资金、商品、服务或者其他资产，致使上市公司直接经济损失数额在150万元以上的；（4）为明显不具有清偿能力的单位或者个人提供担保，或者无正当理由为其他单位或者个人提供担保，致使上市公司直接经济损失数额在150万元以上的；（5）无正当理由放弃债权、承担债务，致使上市公司直接经济损失数额在150万元以上的；（6）致使公司发行的股票、公司债券或者国务院依法认定的其他证券被终止上市交易或者多次被暂停上市交易的；（7）其他致使上市公司利益遭受重大损失的。上市公司的控股股东或者实际控制人，指使上市公司董事、监事、高级管理人员实施上述行为的，也构成本罪。

2. 本罪的主体是特殊主体，即上市公司的董事、监事、高级管理人员和上市公司的控股股东或者实际控制人或单位。

3. 本罪的主观方面是故意，过失不构成本罪。

4. 本罪的客体是国家对上市公司的管理制度和上市公司的利益。

（二）刑事处罚

根据刑法第169条之一的规定，犯本罪的，处3年以下有期徒刑或者拘役，并处或者单处罚金；致使上市公司利益遭受特别重大损失的，处3年以上7年以下有期徒刑，并处罚金。单位犯本罪的，对单位判处罚金，并对其责任人依照上述规定处罚。

第五节 破坏金融管理秩序罪

本类犯罪的罪名较多也较庞杂，其中的疑难点是：（1）使用假币罪与出售假币罪的区别，要点在于是否存在"以假充真"，使用假币是以假币冒充真币，而出售假币不具有这一特征。（2）伪造货币并出售或者运输伪造的货币的，依照伪造货币罪一罪定罪从重处罚；出售、运输假币构成犯罪，同时有使用假币行为的，数罪并罚。（3）骗取贷款、票据承兑、金融票证罪不以非法占有为目的，这是该罪与贷款诈骗罪、票据诈骗罪区别的要点。（4）伪造金融票证罪与妨害信用卡管理罪的区别，伪造信用卡的，是伪造金融票证罪。（5）伪造金融票证罪与妨害信用卡管理罪如果作为金融诈骗罪的手段行为，则按照牵连犯择一重罪处罚。（6）违法运用资金罪、背信运用受托财产罪是单位行为，这是它们与挪用公款罪、挪用资金罪区别的要点。（7）洗钱罪对象包含7类犯罪的"赃钱"，它属于掩

---

① 全国人大常委会法制工作委员会原副主任安建：《关于〈中华人民共和国刑法修正案（六）（草案）〉的说明》。

饰隐瞒犯罪所得、犯罪所得收益罪的特别类型。

一、伪造货币罪

(一) 概念与构成

伪造货币罪，是指没有货币发行权的人，仿照真货币的外部特征，使用各种方法制造假货币，冒充真货币的行为。

本罪的构成要件如下：

1. 本罪的客观方面表现为仿照真货币的图案、式样、色彩等，使用各种方法制造假货币，冒充真货币的行为。具体包括以下内容：(1) 伪造的对象是流通的以下货币：1) 人民币（含普通纪念币、贵金属纪念币)、港元、澳门元；2) 其他国家及地区的法定货币。应注意的是，行为人所伪造的货币必须是正在流通的货币，如果行为人所伪造的是已停止流通的货币如古钱、废钞等，不能成为本罪对象。(2) 行为人实施了伪造行为。所谓“伪造”货币，是指非法制造货币，伪造的方法很多，对于纸币，有复印、拓印、刻印、缩印、手工描绘、剪制以及采用电子扫描分色或照相分色方式制版，采用现代化印刷机器制作；金属货币有浇铸、铸造、电镀等方法，无论采用何种方法非法制造货币，均不影响本罪的成立。(3) 所伪造或可能伪造出的货币应在外观上足以使一般人误认为是真货币。也就是说，对于所伪造的货币必须特别加以留意，或者具有一定的检测手段或专业知识，才能够发现是伪造的货币。如果行为人制造出来的货币完全不可能使一般人误认为是真货币的，则不成立伪造货币罪。但是，伪造的货币不要求与真币达到完全相同的程度，也无须达到足以欺骗专业人士的程度，只要伪造的货币所反映的外部特征足以使一般人误认为是真货币就可以了。

2. 本罪的主体是没有货币发行权的人，只限于已满 16 周岁、具有刑事责任能力的自然人，单位不是本罪的主体。根据最高人民法院 2000 年 9 月 8 日颁布并于 9 月 14 日起施行的《关于审理伪造货币等案件具体应用法律若干问题的解释》(以下简称《审理伪造货币案解释》) 第 1 条的规定，行为人制造货币版样或者与他人事前通谋，为他人伪造货币提供版样的，以本罪定罪处罚。

3. 本罪的主观方面是故意。至于行为人主观上是否要具有特定目的，在刑法理论上，争议很大。有学者主张伪造货币罪是目的犯，应以营利或者谋取非法利益为目的。① 有学者主张伪造货币罪是目的犯，但不能依“营利目的”作为要件，而应依“意图流通”或“意图使之进入流通领域”为目的。② 也有学者认为，如果从刑事立法学的角度来看，或许要求“以使用为目的”较为合适，但我国刑法鉴于伪造货币行为的严重危害程度，没有作出类似要求。从解释论上而言，不应认为伪造货币罪是目的犯。③ 现在看，第三种观点似为通说。

4. 本罪的客体是国家对货币的管理制度。

(二) 司法认定与刑事处罚

1. 司法认定

(1) 定罪数量起点：1) 根据《审理伪造货币案解释》第 1 条的规定，伪造货币的总面

---

① 参见苏惠渔主编：《刑法学》，506 页，北京，中国政法大学出版社，1997。

② 参见陈兴良：《刑法疏议》，304 页，北京，中国人民公安大学出版社，1997。

③ 参见张明楷：《刑法学》，607 页，北京，中国法制出版社，2003。

额在2 000元以上或者币量在200张（枚）以上的。2）根据《2010立案追诉标准（二）》第19条的规定，制造货币版样或者为他人伪造货币提供版样的。

（2）既遂与未遂的界限。本罪以行为人制造出足以使一般人误认为是真货币的假货币为既遂标准。行为人已经伪造出了这种货币的，才构成本罪的既遂。如果行为人已经着手实行伪造货币的行为，但由于行为人意志以外的原因，未能伪造出货币或者虽然将伪造货币行为实施完毕，但伪造出的货币明显不足以使一般人误认为是真币的，均应认定为本罪的未遂。

（3）行为人制造货币版样或者与他人事前通谋，为他人伪造货币提供版样的，以伪造货币罪定罪处罚。

2. 刑事处罚

根据刑法第170条的规定，犯本罪的，处3年以上10年以下有期徒刑，并处5万元以上50万元以下罚金；对于伪造货币集团的首要分子、伪造货币数额特别巨大或者有其他特别严重情节的，处10年以上有期徒刑、无期徒刑或者死刑，并处5万元以上50万元以下罚金或者没收财产。根据《审理伪造货币案解释》第1条的规定，伪造货币的总面额在2 000元以上不满3万元或者币量在200张（枚）以上不足3 000张（枚）的，适用第一档法定刑；伪造货币的总面额在3万元以上的，属于“伪造货币数额特别巨大”。以正在流通的境外货币为对象的假币犯罪，其伪造外币犯罪的数额，按照案发当日中国外汇交易中心或者中国人民银行授权机构公布的人民币对该货币的中间价折合成人民币计算。中国外汇交易中心或者中国人民银行授权机构未公布汇率中间价的境外货币，按照案发当日境内银行人民币对该货币的中间价折算成人民币，或者该货币在境内银行、国际外汇市场对美元汇率，与人民币对美元汇率中间价进行套算。以中国人民银行发行的普通纪念币和贵金属纪念币为对象的假币犯罪，其伪造普通纪念币犯罪的数额，以面额计算；假贵金属纪念币犯罪的数额，以贵金属纪念币的初始发售价格计算。

二、出售、购买、运输假币罪

（一）概念与构成

出售、购买、运输假币罪，是指明知是伪造的货币而出售、购买、运输，数额较大的行为。

本罪的构成要件如下：

1. 本罪的客观方面表现为出售、购买、运输假币，且数额较大的行为。出售，是指行为人将持有的伪造货币有偿地转让给他人的行为。出售通常是以低于假币面额的价格有偿转让。购买，是指行为人有偿取得假币的行为。购买通常是以低于假币面额的价格买进。运输，指采用携带、邮寄、利用他人、使用交通工具等方法进行运送的行为。运输应有相当的距离，如从甲城市转移往乙城市，从甲乡镇转移往乙乡镇，从假币的批发地转运到外地。如果距离过短，如在同一城区内由甲房屋转移到乙房屋的，就不能以运输论。“数额较大”，根据《审理伪造货币案解释》的规定，是指总面额在4 000元以上5万元以下，或者币量在400张（枚）以上的。本罪为选择性罪名，只要行为人实施了上述三种行为中的任何一种行为即可构成本罪，实施多种行为的，仍构成一罪。

2. 本罪的主体是一般主体，即年满16周岁、具有刑事责任能力的自然人均可以构成本罪主体。金融机构工作人员购买假币的，构成金融工作人员购买假币罪。如果金融机构工作人员出售、运输假币的，则按本罪处理。

3. 本罪的主观方面是故意，即明知是伪造的货币而予以出售、购买或者运输。过失不成立本罪。

4. 本罪的客体是国家的货币管理制度。

(二) 司法认定与刑事处罚

1. 司法认定

一罪与数罪的界限。行为人伪造货币并出售或者运输伪造的货币的，以伪造货币罪从重处罚，不另成立出售、运输假币罪。这种情况下，出售假币或运输假币的行为可以看作是伪造货币行为的必然延伸或当然结果，属于吸收犯，对于吸收犯从一重罪论处。但这仅限于行为人出售、运输自己伪造的假币的情形。如果行为人既伪造货币，又出售或运输他人伪造的货币，则应以伪造货币罪和出售或运输假币罪数罪并罚。

2. 刑事处罚

根据刑法第 171 条第 1 款和第 3 款的规定，犯本罪的，处 3 年以下有期徒刑或者拘役，并处 2 万元以上 20 万元以下罚金；数额巨大的，处 3 年以上 10 年以下有期徒刑，并处 5 万元以上 50 万元以下罚金；数额特别巨大的，处 10 年以上有期徒刑或者无期徒刑，并处 5 万元以上 50 万元以下罚金或者没收财产。伪造货币并出售或者运输伪造的货币的，依照刑法第 170 条规定的伪造货币罪定罪并从重处罚。

根据《审理伪造货币案解释》第 3 条的规定，“数额巨大”，指总面额在人民币 5 万元以上不满 20 万元，“数额特别巨大”，是指总面额在 20 万元以上。以正在流通的境外货币为对象的假币犯罪，其伪造外币犯罪的数额，按照案发当日中国外汇交易中心或者中国人民银行授权机构公布的人民币对该货币的中间价折合成人民币计算。中国外汇交易中心或者中国人民银行授权机构未公布汇率中间价的境外货币，按照案发当日境内银行人民币对该货币的中间价折算成人民币，或者该货币在境内银行、国际外汇市场对美元汇率，与人民币对美元汇率中间价进行套算。以中国人民银行发行的普通纪念币和贵金属纪念币为对象的假币犯罪，其伪造普通纪念币犯罪的数额，以面额计算；假贵金属纪念币犯罪的数额，以贵金属纪念币的初始发售价格计算。行为人实施了出售、购买或运输伪造的货币数个行为时，如果行为涉及的是作为同一对象的假币时，不重复计算。如果数个行为所涉及的不是作为同一对象的假币，则应当累计计算认定犯罪数额。

三、金融工作人员购买假币、以假币换取货币罪

(一) 概念与构成

金融工作人员购买假币、以假币换取货币罪，是指银行或者其他金融机构的工作人员，购买伪造的货币，或者利用职务上的便利，以伪造的货币换取货币的行为。

本罪的构成要件如下：

1. 本罪的客观方面表现为购买伪造的货币，或者利用职务上的便利，以伪造的货币换取货币的行为。具体有两种行为方式：(1) 购买伪造的货币；(2) 利用职务上的便利，以伪造的货币换取货币。利用职务之便，是指利用职务上管理金库、出纳现金、吸纳存款等便利条件，将伪造的货币换成真币。如果行为人并未利用自己的职务便利，而是利用了其他从事管理、经手货币的工作人员的工作疏忽，趁机以假币换取货币，不以本罪论处，而应以盗窃罪论处。“以伪造的货币换取货币”，既可以是为自己换取，也可以是为他人换取。本罪为选择性罪名，只要行为人实施了上述两种行为其中的一种行为即构成本罪，如果行为人同时实施了上述这两种行为，也只能按本罪一罪论处。

2. 本罪的主体是特殊主体，即只能由银行或者其他金融机构工作人员构成，但在金融机构中从事劳务性工作的非业务人员，如勤杂人员等，不能构成本罪的主体，对于银行或金融机构的性质没有要求，对本罪的成立没有影响。

3. 本罪的主观方面是故意。

4. 本罪的客体是国家对货币及金融机构工作人员的管理制度。

（二）司法认定和刑事处罚

1. 司法认定

根据《2010立案追诉标准（二）》第21条的规定，金融工作人员购买假币、以假币换取货币，总面额在2 000元以上或者币量在200张（枚）以上的，应予立案追诉。

2. 刑事处罚

根据刑法第171条第2款的规定，犯本罪的，处3年以上10年以下有期徒刑，并处2万元以上20万元以下罚金；数额巨大或者有其他严重情节的，处10年以上有期徒刑或者无期徒刑，并处2万元以上20万元以下罚金或者没收财产；情节较轻的，处3年以下有期徒刑或者拘役，并处或者单处1万元以上10万元以下罚金。

根据《审理伪造货币案解释》第4条的规定，“情节较轻”指面额不满人民币4 000元或者币量不足400张（枚）。“数额巨大”，指面额在5万元以上或者币量在5 000张（枚）以上的。

四、持有、使用假币罪

（一）概念与构成

持有、使用假币罪，是指明知是伪造的货币而持有、使用，数额较大的行为。

本罪的构成要件如下：

1. 本罪的客观方面表现为持有、使用假币，数额较大的行为。具体包括以下两个方面：（1）行为人持有或使用假币。持有假币，是指将伪造的货币置于行为人事实上的支配、控制之下的一种状态，不要求行为人实际握有伪造的货币，也可以表现为委托不明真相的人代为保管伪造的货币。使用假币，是指将伪造的货币当做真货币投入流通领域，作为一种支付手段加以利用的行为，如冒充真币购物、消费、赠送。使用既可以是在合法活动中使用，也可以用于非法的活动中，如用于赌博、行贿。注意本罪中的使用是将伪造的货币作为真币直接置于流通领域的行为，如果行为人以伪造的货币作为自己经济能力的证明而出示，如在签订合同时，将伪造的货币给对方看，以证明自己的合同履行能力，不应认定为本罪中的使用，但可能成立持有假币罪。（2）持有、使用的假币达到数额较大。数额较大的标准，根据《审理伪造货币案解释》第5条的规定，是指明知是假币而持有、使用，总面额达到4 000元以上的，或者币量在200张（枚）以上的。

2. 本罪的主体是一般主体，即年满16周岁、具有刑事责任能力的自然人，单位不是本罪的主体。

3. 本罪的主观方面是故意，即行为人明知是伪造的货币而持有、使用。如果行为人确实不知其持有、使用的货币是伪造的，不成立本罪。

4. 本罪的客体是国家的货币流通管理制度。

（二）司法认定与刑事处罚

1. 司法认定

（1）误收假币后又故意以各种途径将假币使用的行为，一般数额较小，不以犯罪论处，可以视情况予以批评教育，将假币予以没收，必要时也可由公安机关给予行政处罚。

（2）明知是伪造的货币而持有，数额较大，根据现有证据不能认定行为人是为了进行其他假币犯罪的，以持有假币罪定罪处罚；如果有证据证明其持有的假币已构成其他假币犯罪的，应当以其他假币犯罪定罪处罚。刑法设立持有假币罪，是为了惩罚那些没有证据证实行为人持有假币的来源或者用途的情形。例如，行为人供述假币是他人伪造或者来源于走私，因时过境迁，司法机关无法取证，在没有证据证实行为人实施其他假币犯罪的情况下，必须以持有假币罪定罪处罚。因此，只要有证据证实行为人实施了某一具体的假币犯罪，就不应以持有假币罪定罪处罚。对于在实施其他假币犯罪过程中被查获，又在其住所或者其他藏匿地查获的假币，理当也应认定为同一假币犯罪的数额。例如，在出售假币时被抓获的，除现场查获的假币应认定为出售假币的犯罪数额外，现场之外在行为人住所或者其他藏匿地查获的假币，也应认定为出售假币的犯罪数额。但有证据证实后者是行为人用于实施其他假币犯罪的除外。

（3）使用假币罪与持有假币罪的关系。使用假币必然持有假币，因此，行为人只有持有行为而没有使用行为的，认定为持有假币罪；如果行为人仅仅使用假币的，认定为使用假币罪；如果行为人既有持有假币行为也有使用假币行为的，如使用 5 000 元，手中尚持有 1 万元，认定为持有、使用假币罪一罪，数额相加处罚。

（4）使用假币罪与出售假币罪的界限。出售假币罪是“以假售假”，对于买方不隐瞒假币的真相，没有欺骗买方。其表现往往是买卖双方按折扣价格交易，如 100 元假币卖 30 元真币。与此相应，“买方”构成购买假币罪，二者（出售假币和购买假币）具有“对合犯罪”的关系，通常不按照共犯定罪处罚。使用假币的特点是以假（币）充真（币），掩饰隐瞒假币的真相，表现为直接按照假币票面金额使用，没有“折扣”问题。与此相应，收取假币一方是受害人。这对用假币还债、赌博性质认定上具有重要的作用，假如行为人掩盖假币真相，按票面金额抵债、赌博、当做“礼金”赠与，属于使用假币行为；假如行为人不掩盖假币真相，按市场假币的价格“打折”抵债、赌博，属于出售假币行为，对方（收方）往往具有购买假币的性质，双方实质上是一种变相买卖（交易）假币的行为。

（5）使用假币罪与诈骗罪的界限。使用假币时以假（币）充真（币），掩饰隐瞒假币的真相，当然具有欺骗性。所以，在过去的法律中没有使用假币罪的专门规定时，就是按诈骗罪定罪处罚的。现行刑法中专门规定了使用假币罪之后，对这种特定的诈骗行为就应当按照法条竞合的原理，适用特别规定而排斥一般规定（诈骗罪）的适用。

（6）一罪与数罪：1）行为人购买假币后使用，构成犯罪的，以购买假币罪定罪，从重处罚。2）行为人出售、运输假币构成犯罪，同时有使用假币行为的，以出售、运输假币罪和使用假币罪，实行数罪并罚。对 1）的情形不并罚而 2）的情形并罚，原因在于犯罪数额（假币）计算方法不同。例如，甲在福建购买 10 万元假币，使用了 5 000 元。在以购买假币罪一罪论处时，购买假币犯罪数额仍以当初实际购买额 10 万元为准，不扣除使用的 5 000 元。所以按照一罪处罚能罚当其罪且避免（对使用的 5 000 元）重复处罚。如果甲出售、运输假币又有使用假币行为的，分别按照实际数额计算，如甲实际出售 9.5 万元、实际使用 5 000 元的，以出售假币罪（9.5 万元）和使用假币罪（5 000 元）数罪并罚。换言之，在以购买假币罪处罚时，通常以实际购买额为准不扣除使用额，所以不必数罪并罚；在以出售假币罪论处时，通常以实际出售额为准，不包括使用额，所以数罪并罚。

在实践中，行为人出售、运输假币或持有、使用的假币，通常都是源自购买，在买卖过程中难免有运输行为。对涉假币犯罪，司法机关以何罪立案、起诉、判决通常与发案、取证有关。卖方为"上家"，买方为"下家"，在双方买卖（交易）时当场拿获的，卖方是出售假币罪、买方是购买假币罪。这属于双方行为都为罪的对合犯，也属于同案犯但通常不以共犯论处的特殊情况，犯罪金额以当时交易金额为准，如为10万元假币，则对双方分别以（卖方、上家）出售假币罪和（买方、下家）购买假币罪论处，这很简单。如果甲是在运输途中比如火车上被查获的（10万元假币），甲交待该10万元假币从福建乙处购买的，因无法找到"上家"乙取证，只能指控运输假币罪。假如查获甲持有10万元假币，如果能找到上家（卖方）的证据，起诉购买假币罪；如果能找到下家的（甲联系欲售与的人）方面的证据，起诉出售假币罪；如果找到运输方面的证据，起诉运输假币罪；如果既不能证明是运输也不能证实假币的来源（是否购买）和用途（是否出售），则只能起诉持有假币罪。

2. 刑事处罚

根据《刑法》第172条的规定，明知是伪造的货币而持有、使用，数额较大的，处3年以下有期徒刑或者拘役，并处或单处1万元以上10万元以下罚金；数额巨大的，处3年以上10年以下有期徒刑，并处2万元以上20万元以下罚金；数额特别巨大的，处10年以上有期徒刑，并处5万元以上50万元以下罚金或者没收财产。根据《审理伪造货币案解释》第5条的规定，明知是假币而持有、使用，总面额在5万元以上不满20万元的，属于"数额巨大"；总面额在20万元以上的，属于"数额特别巨大"。

五、变造货币罪

（一）概念与构成

变造货币罪，是指对真货币进行加工，使其改变为面值、币量不同的货币，数额较大的行为。

本罪的构成要件如下：

1. 本罪的客观方面表现为变造货币的行为。变造，是指采取挖补、剪贴、涂改、拼凑、揭层等方法对真币进行变更、加工，做成类似于真币的货币，改变货币面额或数量的行为。通常情况下，变造的货币都会较变造前的真币增值，如将10元的真货币变造为100元的货币。变造货币数额较大的才构成犯罪。根据《审理伪造货币案解释》第6条的规定，"数额较大"是指变造货币，总面额在2 000元以上，或者币量在200张（枚）以上的。

2. 本罪的主体是一般主体，但不包括单位。

3. 本罪的主观方面是故意，过失不构成本罪。

4. 本罪的客体是国家对货币的管理制度。

（二）刑事处罚

根据刑法第173条的规定，犯本罪的，处3年以下有期徒刑或者拘役，并处或者单处1万元以上10万元以下罚金；数额巨大的，处3年以上10年以下有期徒刑，并处2万元以上20万元以下罚金。根据《审理伪造货币案解释》的规定，变造货币的总面额在3万元以上的，属于"数额巨大"。

六、擅自设立金融机构罪

（一）概念与构成

擅自设立金融机构罪，是指未经国家有关主管机关批准，擅自设立商业银行、证券交易所、证券公司、期货交易所、期货经纪公司、保险公司或者其他金融机构的行为。

本罪的构成要件如下：

1. 本罪的客观方面表现为未经国家有关主管机关批准，擅自设立商业银行、证券交易所、证券公司、期货交易所、期货经纪公司、保险公司或其他金融机构的行为。对擅自设立金融机构的行为既可能是未经申请便自行设立，也可能是依法提出后没获批准而自行设立，还可能是虽获批准，但在未领取营业执照或其他与经营相关之手续尚未完结的情况下就开始经营。根据《2010立案追诉标准（二）》第24条，实施本罪行为涉嫌下列情形之一的，应予追诉：（1）擅自设立商业银行、证券、期货、保险机构及其他金融机构的；（2）擅自设立商业银行、证券、期货、保险机构及其他金融机构筹备组织的。

2. 本罪的主体既可以是自然人，也可以是单位。

3. 本罪的主观方面是故意。

4. 本罪的客体是国家对商业银行、证券交易所、证券公司、期货交易所、期货经纪公司、保险公司或者其他金融机构的审批管理制度。

（二）刑事处罚

根据刑法第174条的规定，犯本罪的，处3年以下有期徒刑或者拘役，并处或者单处2万元以上20万元以下罚金；情节严重的，处3年以上10年以下有期徒刑，并处5万元以上50万元以下罚金。单位犯本罪的，对单位判处罚金，并对其责任人依照上述规定处罚。

七、伪造、变造、转让金融机构经营许可证、批准文件罪

（一）概念与构成

伪造、变造、转让金融机构经营许可证、批准文件罪，是指个人或单位伪造、变造、转让商业银行、证券交易所、期货交易所、证券公司、期货经纪公司、保险公司或者其他金融机构经营许可证或者批准文件的行为。

本罪的构成要件如下：

1. 本罪的客观方面表现为伪造、变造、转让商业银行、证券交易所、期货交易所、证券公司、期货经纪公司、保险公司或者其他金融机构经营许可证或者批准文件的行为。所谓伪造，是指没有制作、发放权的人，仿照真实的金融机构经营许可证或者批准文件的特征，擅自制造金融机构经营许可证或者批准文件的行为。所谓变造，是指行为人采用各种手段对真实的金融机构经营许可证或批准文件进行加工改制的行为，如更改金融机构名称、注册资本数额、经营范围等行为，均属变造行为。所谓转让，是指行为人将真实有效的金融机构经营许可证或批准文件有偿或者无偿地让与他人的行为，包括出租、出借、出卖等行为。

2. 本罪的主体既可以是自然人，也可以是单位。

3. 本罪的主观方面是故意。

4. 本罪的客体是国家对商业银行、证券交易所、期货交易所、证券公司、期货经纪公司、保险公司或者其他金融机构经营许可证或者批准文件的管理秩序。

（二）刑事处罚

根据刑法第174条的规定，犯本罪的，处3年以下有期徒刑或者拘役，并处或者单处2万元以上20万元以下罚金；情节严重的，处3年以上10年以下有期徒刑，并处5万元以上50万元以下罚金。单位犯本罪的，对单位判处罚金，并对其责任人依照上述规定处罚。

八、高利转贷罪

（一）概念与构成

高利转贷罪，是指以转贷牟利为目的，套取金融机构信贷资金高利转贷给他人，违法所得数额较大的行为。

本罪的构成要件如下：

1. 本罪的客观方面表现为套取金融机构信贷资金转贷他人，违法所得数额较大的行为。具体包括以下要素：(1) 行为对象是信贷资金。信贷资金具体指金融机构用于发放贷款的资金，既包括担保贷款也包括信用贷款。这里的金融机构包括银行和其他金融机构，民间利用其他资金高利放贷的行为，属于违规行为，但不成立犯罪。(2) 套取信贷资金，即掩盖转贷他人的意图以虚假的理由贷款从金融机构取得贷款。(3) 高利转贷他人。套取金融机构信贷资金后，再以高于金融机构贷款利率的利率转贷给其他人或其他单位的行为，谋取高额利差。(4) 违法所得数额较大。根据《2010立案追诉标准（二）》第26条的规定，高利转贷涉嫌下列情形之一的，应予追诉：1) 高利转贷违法所得10万元以上的；2) 虽未达到上述数额标准，但因高利转贷受过行政处罚两次以上，又高利转贷的。

2. 本罪的主体既可以是自然人，也可以是单位。

3. 本罪的主观方面是故意，并且在套取信贷资金时具有转贷牟利的目的。若当时没有此目的，申请贷款后因情势变化，如贷款项目遭遇困难或丧失盈利前景等，为了减轻利息成本的压力，而将贷款供他人使用的，不成立本罪。

4. 本罪的客体是国家信贷资金管理制度。

（二）司法认定与刑事处罚

1. 司法认定

高利转贷罪与贷款诈骗罪、挪用公款罪的区别要点在于：高利转贷获取贷款的方面是基本正常的，不存在犯罪问题。只是在获取贷款后，为了牟取高利而转贷他人。而贷款诈骗是以非法占有贷款为目的，其获取贷款行为本身具有非法性和欺诈性。挪用公款则是在放贷环节上存在国家工作人员利用职务便利以贷款名义擅自挪用公款的行为。

2. 刑事处罚

根据刑法第175条的规定，犯本罪的，处3年以下有期徒刑或者拘役，并处违法所得1倍以上5倍以下罚金；数额巨大的，处3年以上7年以下有期徒刑，并处违法所得1倍以上5倍以下罚金。单位犯本罪的，对单位判处罚金，并对其责任人处3年以下有期徒刑或者拘役。

九、骗取贷款、票据承兑、金融票证罪

（一）概念与构成

骗取贷款、票据承兑、金融票证罪，是指以欺骗手段取得银行或者其他金融机构贷款、票据承兑、信用证、保函等，给银行或者其他金融机构造成重大损失或者有其他严重情节的行为。

本罪的构成要件如下：

1. 本罪的客观方面表现为以欺骗手段取得银行或者其他金融机构贷款、票据承兑、信用证、保函等，给银行或者其他金融机构造成重大损失或者有其他严重情节的行为。其具体包括以下三个方面：(1) 在申请贷款、票据承兑、信用证、保函等金融信用时，使用了

欺骗手段。即在申请如上金融信用时，故意做虚假陈述或提供与客观事实不符的材料，骗取金融机构的信任。(2) 取得了金融机构贷款或信用。即银行或其他金融机构由于行为人的“欺骗”，把本不符合取得金融机构贷款或信用的行为人误认为符合条件，并对其发放贷款或出具信用。(3) 使银行或者其他金融机构遭受重大损失，或者有其他严重情节，根据《2010立案追诉标准（二）》第27条的规定，是指下列情形之一：1) 以欺骗手段取得贷款、票据承兑、信用证、保函等，数额在100万元以上的；2) 以欺骗手段取得贷款、票据承兑、信用证、保函等，给银行或者其他金融机构造成直接经济损失数额在20万元以上的；3) 虽未达到上述数额标准，但多次以欺骗手段取得贷款、票据承兑、信用证、保函等的；4) 其他给银行或者其他金融机构造成重大损失或者有其他严重情节的情形。

2. 本罪的主体既包括个人，也包括单位。

3. 本罪的主观方面是故意，但尚不足以认定具有非法占有的目的。

4. 本罪的客体是金融管理秩序和金融机构的信用安全。

(二) 司法认定与刑事处罚

1. *司法认定*

本罪与贷款诈骗罪、票据诈骗罪、金融凭证诈骗罪的界限：构成本罪只需要证实行为人故意骗取贷款即可，不需要证实其具有非法占有的目的。“刑法第193条规定了贷款诈骗罪，对以非法占有为目的，诈骗银行或者其他金融机构贷款的行为规定了刑事责任……近来一些单位和个人以虚构事实、隐瞒真相等欺骗手段，骗用银行或其他金融机构的贷款，危害金融安全，但要认定骗贷人是否具有‘非法占有’贷款的目的很困难。建议规定，只要以欺骗手段取得贷款，情节严重的，就应追究刑事责任。”①

2. *刑事处罚*

根据刑法第175条之一的规定，犯本罪的，处3年以下有期徒刑或者拘役，并处或者单处罚金；给银行或者其他金融机构造成特别重大损失或者有其他特别严重情节的，处3年以上7年以下有期徒刑，并处罚金。单位犯本罪的，对单位判处罚金，并对其责任人依照前款的规定处罚。

十、非法吸收公众存款罪

(一) 概念与构成

非法吸收公众存款罪，是指非法吸收公众存款或者变相吸收公众存款，扰乱金融秩序的行为。

本罪的构成要件如下：

1. 本罪的客观方面表现为“非法吸收公众存款或者变相吸收公众存款”，即违反国家金融管理法律规定，向社会公众（包括单位和个人）吸收资金的行为。根据2010年12月13日公布的最高人民法院《关于审理非法集资刑事案件具体应用法律若干问题的解释》（以下简称《审理非法集资刑案解释》），该行为具有以下4个要素：(1) 未经有关部门依法批准或者借用合法经营的形式吸收资金；(2) 通过媒体、推介会、传单、手机短信等途径向社会公开宣传；(3) 承诺在一定期限内以货币、实物、股权等方式还本付息或者给付回报；(4) 向社会公众即社会不特定对象吸收资金。未向社会公开宣传，在亲友或者单位内

---

① 全国人大常委会法制工作委员会原副主任安建：《关于〈中华人民共和国刑法修正案（六）（草案）〉的说明》。

部针对特定对象吸收资金的，不属于非法吸收公众存款。

根据《审理非法集资刑案解释》第3条第1款的规定，非法吸收公众存款的数量标准是：(1) 个人非法吸收公众存款在20万元以上、单位在100万元以上的；(2) 个人非法吸收公众存款对象在30人以上、单位在150人以上的；(3) 个人非法吸收公众存款，给存款人造成直接经济损失数额在10万元以上、单位在50万元以上的；(4) 造成恶劣社会影响或其他严重后果的。

2. 本罪的主体既可以是自然人，也可以是单位。

3. 本罪的主观方面是故意。

4. 本罪的客体是国家对存款的管理秩序。

(二) 司法认定与刑事处罚

1. 司法认定

(1) 根据《审理非法集资刑案解释》，未经有关部门依法批准或者借用合法经营的形式吸收资金，实施下列行为之一的，是非法吸收公众存款罪：

1) 不具有房产销售的真实内容或者不以房产销售为主要目的，以返本销售、售后包租、约定回购、销售房产份额等方式非法吸收资金的；

2) 以转让林权并代为管护等方式非法吸收资金的；

3) 以代种植（养殖）、租种植（养殖）、联合种植（养殖）等方式非法吸收资金的；

4) 不具有销售商品、提供服务的真实内容或者不以销售商品、提供服务为主要目的，以商品回购、寄存代售等方式非法吸收资金的；

5) 不具有发行股票、债券的真实内容，以虚假转让股权、发售虚构债券等方式非法吸收资金的；

6) 不具有募集基金的真实内容，以假借境外基金、发售虚构基金等方式非法吸收资金的；

7) 不具有销售保险的真实内容，以假冒保险公司、伪造保险单据等方式非法吸收资金的；

8) 以投资入股的方式非法吸收资金的；

9) 以委托理财的方式非法吸收资金的；

10) 利用民间“会”、“社”等组织非法吸收资金的。

以非法占有为目的，使用诈骗方法实施上述行为之一的，是集资诈骗罪。

(2) 本罪与集资诈骗罪的区别。二者的区别在于主观目的不同，集资诈骗罪具有非法占有的目的。根据《审理非法集资刑案解释》，使用诈骗方法非法集资，具有下列情形之一的，可以认定为“以非法占有为目的”：

1) 集资后不用于生产经营活动或者用于生产经营活动与筹集资金规模明显不成比例，致使集资款不能返还的；

2) 肆意挥霍集资款，致使集资款不能返还的；

3) 携带集资款逃匿的；

4) 将集资款用于违法犯罪活动的；

5) 抽逃、转移资金、隐匿财产，逃避返还资金的；

6) 隐匿、销毁账目，或者搞假破产、假倒闭，逃避返还资金的；

7) 拒不交待资金去向，逃避返还资金的；

8) 其他可以认定非法占有目的的情形。

对于集资诈骗罪中的非法占有目的，应当区分情形进行具体认定。行为人部分非法集资行为具有非法占有目的的，对该部分非法集资行为所涉集资款以集资诈骗罪定罪处罚；非法集资共同犯罪中部分行为人具有非法占有目的，其他行为人没有非法占有集资款的共同故意和行为的，对具有非法占有目的的行为人以集资诈骗罪定罪处罚。

使用欺诈方式非法吸收公众存款，尚不足以认定具有非法占有目的的，可认定为非法吸收公众存款罪。

2. 刑事处罚

根据刑法第 176 条的规定，犯本罪的，处 3 年以下有期徒刑或者拘役，并处或者单处 2 万元以上 20 万元以下罚金；数额巨大或者有其他严重情节的，处 3 年以上 10 年以下有期徒刑，并处 5 万元以上 50 万元以下罚金。单位犯本罪的，对单位判处罚金，并对其责任人依照上述规定处罚。

根据《审理非法集资刑案解释》，非法吸收或者变相吸收公众存款具有下列情形之一的，属于“数额巨大或者有其他严重情节”：

（1）个人非法吸收数额在 100 万元以上的，单位在 500 万元以上的；

（2）个人非法吸收存款的对象在 100 人以上的，单位的对象在 500 人以上的；

（3）个人给存款人造成直接经济损失在 50 万元以上的，单位给存款人造成直接经济损失数额在 250 万元以上的；

（4）造成特别恶劣社会影响或者其他特别严重后果的。

非法吸收或者变相吸收公众存款的数额，以行为人所吸收的资金全额计算。案发前后已归还的数额，可以作为量刑情节酌情考虑。

非法吸收或者变相吸收公众存款，主要用于正常的生产经营活动，能够及时清退所吸收资金，可以免予刑事处罚；情节显著轻微的，不作为犯罪处理。

十一、伪造、变造金融票证罪

（一）概念与构成

伪造、变造金融票证罪，是指伪造、变造汇票、本票、支票、委托收款凭证、汇款凭证、银行存单及其他结算凭证、信用证或附随的单据、文件及伪造信用卡的行为。

本罪的构成要件如下：

1. 本罪的客观方面表现为伪造、变造各种金融票证的行为：（1）伪造金融票证。伪造有两种情况：其一是有形伪造，即没有金融票证制作权的人，假冒他人名义，仿照真实的金融票证的外部特征，擅自制造出外观上足以使一般人误认为是真实的金融票证的行为。其二是无形伪造，即具有金融票证制作权的人，超越其制作权限，制造记载内容虚假的金融票证的行为。（2）变造金融票证。变造，是指没有权限的人对真实的金融票证进行加工改造，从而改变其记载的内容，并达到足以使一般人误认为是真实的金融票证的行为。根据刑法第 177 条的规定，伪造、变造金融票证，包括下列情形：1）伪造、变造汇票、本票、支票。2）伪造、变造委托收款凭证、汇款凭证、银行存单等其他银行结算凭证。3）伪造、变造信用证或者附随的单据、文件。4）伪造信用卡，包括复制他人信用卡，将他人信用卡信息资料写入磁条介质、芯片的行为，也包括伪造空白信用卡。

2. 本罪的主体既包括个人，也包括单位。

3. 本罪的主观方面是故意，过失不构成本罪。行为人一般出于使用的目的而伪造、变造金融票证，但刑法对于本罪并没有特定目的的限定。

4. 本罪的客体是国家对金融票证的管理秩序。

(二) 司法认定和刑事处罚

1. 司法认定

根据《2010立案追诉标准(二)》第29条的规定，涉嫌下列情形之一的，应予立案追诉：(1) 伪造、变造金融票证，总面额在1万元以上或者数量在10张以上的；(2) 伪造信用卡1张以上，或者伪造空白信用卡10张以上的。

2. 刑事处罚

根据刑法第177条的规定，犯本罪的，处5年以下有期徒刑或者拘役，并处或者单处2万元以上20万元以下罚金；情节严重的，处5年以上10年以下有期徒刑，并处5万元以上50万元以下罚金；情节特别严重的，处10年以上有期徒刑或者无期徒刑，并处5万元以上50万元以下罚金或者没收财产。单位犯本罪的，对单位判处罚金，并对其责任人依照上述规定处罚。

(1) 根据最高人民法院、最高人民检察院2009年12月3日公布的《关于办理妨害信用卡管理刑事案件具体应用法律若干问题的解释》(以下简称《办理信用卡刑案解释》)的规定，“情节严重”，是指下列情形之一：

1) 伪造信用卡5张以上不满25张的；

2) 伪造的信用卡内存款余额、透支额度单独或者合计数额在20万元以上不满100万元的；

3) 伪造空白信用卡50张以上不满250张的；

4) 其他情节严重的情形。

(2) 根据《办理信用卡刑案解释》的规定，“情节特别严重”，是指下列情形之一：

1) 伪造信用卡25张以上的；

2) 伪造的信用卡内存款余额、透支额度单独或者合计数额在100万元以上的；

3) 伪造空白信用卡250张以上的；

4) 其他情节特别严重的情形。

本条所称“信用卡内存款余额、透支额度”，以信用卡被伪造后发卡行记录的最高存款余额、可透支额度计算。

十二、妨害信用卡管理罪

(一) 概念与构成

妨害信用卡管理罪，是指明知是伪造的信用卡、伪造的空白信用卡而持有、运输的，数量较大的，或者非法持有他人信用卡，数量较大的，或者使用虚假的身份证明骗领信用卡，或者出售、购买、为他人提供伪造的信用卡或者以虚假的身份证明骗领的信用卡的行为。

本罪是全国人大常委会2005年2月28日通过的《刑法修正案(五)》第1条第1款新增加的罪名，其内容被置于刑法第177条之后，作为第177条之一第1款列入条文。

本罪的构成要件如下：

1. 本罪的客观方面表现为妨害信用卡管理的行为。具体包括以下情形：(1) 明知是伪造的信用卡而持有、运输的。(2) 明知是伪造的空白信用卡而持有、运输，数量较大的，这里的“数量较大”是指10张以上。(3) 非法持有他人信用卡，数量较大的，这里的“数量较大”是指5张以上。(4) 使用虚假的身份证明骗领信用卡的。“骗领”其实就是指使用假身份证明申领信用卡。违背他人意愿，使用他人身份证、军官证、士兵证、港澳居民往来内地通行证、台湾居民来往大陆通行证、护照等身份证明申领信用卡的，视同骗领信用卡。(5) 出售、购买、为他人提供伪造的信用卡或者以虚假的身份证明骗领信用卡的。

2. 本罪的主体是自然人，单位不构成本罪。

3. 本罪的主观方面是故意，过失不构成本罪。

4. 本罪的客体是国家对信用卡的管理制度。

(二) 司法认定与刑事处罚

1. 司法认定

(1) 他人为信用卡申请人制作、提供虚假的财产状况、收入、职务等资信证明材料，涉及伪造、变造、买卖国家机关公文、证件、印章，或者涉及伪造公司、企业、事业单位、人民团体印章，应当追究刑事责任的，依照刑法第 280 条的规定，分别以伪造、变造、买卖国家机关公文、证件、印章罪和伪造公司、企业、事业单位、人民团体印章罪定罪处罚。

(2) 承担资产评估、验资、验证、会计、审计、法律服务等职责的中介组织或其人员，为信用卡申请人提供虚假的财产状况、收入、职务等资信证明材料，应当追究刑事责任的，依照刑法第 229 条的规定，分别以提供虚假证明文件罪和出具证明文件重大失实罪定罪处罚。

2. 刑事处罚

根据刑法第 177 条之一第 1 款的规定，犯本罪的，处 3 年以下有期徒刑或者拘役，并处或者单处 1 万元以上 10 万元以下罚金；数量巨大或者有其他严重情节的，处 3 年以上 10 年以下有期徒刑，并处 2 万元以上 20 万元以下罚金。

根据《办理信用卡刑案解释》的规定，有下列情形之一的，应当认定为“数量巨大”：

(1) 明知是伪造的信用卡而持有、运输 10 张以上的；

(2) 明知是伪造的空白信用卡而持有、运输 100 张以上的；

(3) 非法持有他人信用卡 50 张以上的；

(4) 使用虚假的身份证明骗领信用卡 10 张以上的；

(5) 出售、购买、为他人提供伪造的信用卡或者以虚假的身份证明骗领的信用卡 10 张以上的。

十三、窃取、收买、非法提供信用卡信息罪

(一) 概念与构成

窃取、收买、非法提供信用卡信息罪，是指窃取、收买或者非法提供他人信用卡信息资料的行为。

本罪是《刑法修正案（五）》第 1 条第 2 款新增加的犯罪，其内容被置于刑法第 177 条之后，作为第 177 条之一第 2 款列入条文。

本罪的构成要件如下：

1. 本罪的客观方面表现为窃取、收买或者非法提供他人信用卡信息资料的行为：(1) 行为对象是他人的信用卡信息资料。(2) 窃取，是指违背他人意志，非法获取他人信用卡信息资料。收买，是指以财物、金钱或其他利益为对价取得他人信用卡信息资料。非法提供，是指未经信用卡持有人同意，将其信用卡的信息资料提供给其他人的行为。非法提供的他人信用卡材料既可以是合法取得，也可以是非法取得。如果行为人将窃取、

收买的他人信用卡的信息资料非法提供给其他人的，也只以一罪论处，本罪为选择性罪名。

2. 本罪的主体是自然人，单位不是本罪的主体。

3. 本罪的主观方面是故意，即行为人明知是他人的信用卡信息资料仍予以窃取、收买、非法提供给其他人。

4. 本罪的客体是国家对信用卡信息资料的管理秩序。

（二）司法认定和刑事处罚

1. 司法认定

根据《办理信用卡刑案解释》第3条的规定，窃取、收买、非法提供他人信用卡信息资料，足以伪造可进行交易的信用卡，或者足以使他人以信用卡持卡人名义进行交易，涉及信用卡1张以上的，即可以定罪处罚。

2. 刑事处罚

根据刑法第177条之一的规定，犯本罪的，处3年以下有期徒刑或者拘役，并处或者单处1万元以上10万元以下罚金；数量巨大或者有其他严重情节的，处3年以上10年以下有期徒刑，并处2万元以上20万元以下罚金。银行或者其他金融机构的工作人员利用职务上的便利犯本罪的，从重处罚。

根据《办理信用卡刑案解释》的规定，"数量巨大"，是指非法获取的信用卡信息资料足以伪造信用卡5张以上，或者足以用持卡人名义交易涉及信用卡5张以上的。

十四、伪造、变造国家有价证券罪

（一）概念与构成

伪造、变造国家有价证券罪，是指伪造、变造国库券或者国家发行的其他有价证券，数额较大的行为。

本罪的构成要件如下：

1. 本罪的客观方面表现为伪造、变造国库券或者国家发行的其他有价证券，数额较大的行为。其具体包括以下要素：(1) 行为对象是国库券或者国家发行的其他有价证券。国库券即国家债券，是指国家为解决急需预算支出向社会公众和机构发行的，由国家财政负责还本付息的一种国家债务凭证。所谓国家发行的其他有价证券，是指国家发行的除国库券以外的，有一定货币票面价值的财产权利凭证，如国家主管机关批准发行的财政债券、国家建设债券、国家重点建设债券等。(2) 行为人实施了伪造、变造国库券等国家有价证券的行为。"伪造"，是指行为人仿照真实的国库券或者国家发行的其他有价证券的外部特征，通过印刷、复印、刻印、绘制等方法制作假的国家有价证券的行为。"变造"，是指行为人在真实的国库券或者国家发行的其他有价证券的基础上，通过剪接、挖补、涂改等方法，对有价证券的金额、发行期限等内容加以改变的行为。(3) 须达到数额较大。根据《2010立案追诉标准（二）》第32条的规定，伪造、变造国家有价证券的总面额2 000元以上为数额较大的起点。

2. 本罪的主体既可以是自然人，也可以是单位。

3. 本罪的主观方面是故意。

4. 本罪的客体是国家对有价证券的管理制度。

（二）刑事处罚

根据刑法第178条第1款、第3款的规定，犯本罪的，处3年以下有期徒刑或者拘役，并处或者单处 2 万元以上 20 万元以下罚金；数额巨大的，处 3 年以上 10 年以下有期徒刑，并处 5 万元以上 50 万元以下罚金；数额特别巨大的，处 10 年以上有期徒刑或者无期徒刑，并处 5 万元以上 50 万元以下罚金或者没收财产。单位犯本罪的，对单位判处罚金，并对其责任人依照上述规定处罚。

十五、伪造、变造股票、公司、企业债券罪

（一）概念与构成

伪造、变造股票、公司、企业债券罪，是指伪造、变造股票或者公司、企业债券，数额较大的行为。

本罪的构成要件如下：

1. 本罪的客观方面表现为伪造、变造股票或者公司、企业债券的行为。具体包括以下要素：(1) 行为对象是股票或者公司、企业债券。股票，是指股份有限公司为筹集资金公开发给股东的，证明其投资入股、拥有一定权利的有价证券。公司、企业债券，是指公司、企业为了筹集资金而依法发行的保证按照规定时间偿还本金和支付利息的书面债权凭证。(2) 行为人实施了伪造、变造股票或者公司、企业债券的行为。伪造，是指仿照真实的股票或者公司、企业的债券制作假股票、公司或企业债券的行为。变造，是指在真实的股票、公司或企业债券的基础上，通过剪接、挖补、涂改等方法改变股票、公司或企业债券面值的行为。(3) 数额较大。根据《2010 立案追诉标准（二）》第 33 条的规定，伪造、变造股票、公司、企业债券，总面额在5 000 元以上的，为数额较大。

2. 本罪的主体是一般主体，包括自然人和单位。

3. 本罪的主观方面是故意。

4. 本罪的客体是国家对股票、公司、企业债券的管理制度。

（二）刑事处罚

根据刑法第 178 条第 2 款、第 3 款的规定，犯本罪的，处 3 年以下有期徒刑或者拘役，并处或者单处 1 万元以上 10 万元以下罚金；数额巨大的，处 3 年以上 10 年以下有期徒刑，并处 2 万元以上 20 万元以下罚金。单位犯本罪的，对单位判处罚金，并对其责任人依照上述规定处罚。

十六、擅自发行股票、公司、企业债券罪

（一）概念与构成

擅自发行股票、公司、企业债券罪，是指未经国家有关主管部门批准，擅自发行股票或公司、企业债券数额巨大、后果严重或者有其他严重情节的行为。

本罪的构成要件如下：

1. 本罪的客观方面表现为擅自发行股票或公司、企业债券的行为。具体包括以下要素：(1) 行为对象是股票或公司、企业债券。(2) 未经国家有关主管部门批准，擅自发行股票或公司、企业债券。擅自发行，是指未经《公司法》和《企业债券管理条例》所确定的审批机关的批准，不具有发行条件而擅自发行股票、公司、企业债券，以及具有合法的发行条件但却违反《证券法》等法律法规发行股票、公司、企业债券。(3) 必须是擅自发行的股票、公司、企业债券数额巨大、后果严重或者有其他严重情节，根据《2010 立案追诉标准（二）》第 34 条，是指下列情形之一：1) 发行数额在 50 万元以上；2) 虽未达到上述数额标准，但擅自发行致使 30 人以上的投资者购买了股票或者公司、企业债券的；

3）不能及时清偿或清退的。

2. 本罪的主体是一般主体，既包括自然人，也包括单位；既包括不具备发行资格而擅自发行股票、公司、企业债券的单位和个人，也包括具备发行资格，但还没有得到国家有关主管部门的批准，而擅自发行公司、企业债券的单位和个人。

3. 本罪的主观方面是故意。

4. 本罪的客体是国家对股票、公司、企业债券发行的管理制度。

（二）司法认定与刑事处罚

1. 司法认定

（1）根据《审理非法集资刑案解释》第6条的规定，未经国家有关主管部门批准，向社会不特定对象发行、以转让股权等方式变相发行股票或者公司、企业债券，或者向特定对象发行、变相发行股票或者公司、企业债券累计超过200人的，应当认定为擅自发行股票、公司、企业债券行为。

（2）本罪与欺诈发行股票、债券罪的界限。二者存在相同之处：1）行为对象均是股票或者债券。2）主体均包括自然人和单位。3）主观方面均是故意。4）均要求数额巨大、后果严重或者有其他严重情节。区别的要点在于：本罪是未经国家有关主管部门批准，擅自发行股票或公司、企业债券；而欺诈发行股票、债券罪是在招股说明书、认股书或公司、企业债券募集办法中隐瞒重要事实或者编造重大虚假内容，发行股票或者公司、企业债券。当然存在既未经国家有关主管部门批准，又采取欺诈方法发行股票或公司、企业债券的情况，这种情况下属于一行为触犯数罪名，系想象竞合犯，从一重罪论处。

2. 刑事处罚

根据刑法第179条的规定，犯本罪的，处5年以下有期徒刑或者拘役，并处或者单处非法募集资金金额1%以上5%以下罚金。单位犯本罪的，对单位判处罚金，并对其责任人处5年以下有期徒刑或者拘役。

十七、内幕交易、泄露内幕信息罪

（一）概念与构成

内幕交易、泄露内幕信息罪，是指证券、期货交易内幕信息的知情人员或者非法获取证券、期货交易内幕信息的人员，在涉及证券的发行，证券、期货交易或其他对证券、期货交易的价格有重大影响的信息尚未公开之前，买入或者卖出该证券，或者从事与该内幕信息有关的期货交易，或者泄露该信息，情节严重的行为。

本罪的构成要件如下：

1. 本罪的客观方面表现为内幕交易或者泄露内幕信息的行为。（1）内幕交易，是指在内幕信息尚未公开之前买入、卖出该证券或者从事与该内幕信息有关的期货交易。（2）泄露内幕信息，是指知悉内幕信息的人员，将内幕信息透露给不应知道内幕信息的人员。内幕信息，是指在证券、期货交易活动中，涉及公司的经营、财务或者对该公司证券的市场价格、期货交易的价格有重大影响的尚未公开的信息。本罪为选择性罪名。（3）成立本罪要求情节严重。根据《2010立案追诉标准（二）》第35条的规定，情节严重是指：1）证券交易成交额累计在50万元以上的；2）期货交易占用保证金数额累计在30万元以上的；3）获利或者避免损失数额累计在15万元以上的；4）多次进行内幕交易、泄露内幕信息的。

2. 本罪的主体是特殊主体，即证券、期货交易内幕信息的知情人员或者非法获取了证券、期货交易内幕信息的人员和单位。根据《证券法》第74条的规定，内幕人员有如下几种：(1) 发行人的董事、监事、高级管理人员；(2) 持有公司5%以上股份的股东及其董事、监事、高级管理人员，公司的实际控制人及其董事、监事、高级管理人员；(3) 发行人控股的公司及其董事、监事、高级管理人员；(4) 由于所任公司职务可以获取公司有关内幕信息的人员；(5) 证券监督管理机构工作人员以及由于法定职责对证券的发行、交易进行管理的其他人员；(6) 保荐人、承销的证券公司、证券交易所、证券登记结算机构、证券交易服务机构的有关人员；(7) 国务院证券监督管理机构规定的其他人。非法获取证券、期货交易内幕信息的人员，即非内幕人员，是指除上述内幕人员以外，通过各种非法方法获取证券、期货交易内幕信息的人员。

3. 本罪的主观方面是故意，即明知证券、期货交易内幕信息尚未公开而进行内幕交易或明知是证券期货交易的内幕信息而泄露。

4. 本罪的客体是国家对证券、期货市场的管理秩序和证券、期货投资者的合法权益。

(二) 司法认定与刑事处罚

1. *司法认定*

罪与非罪的界限，主要掌握如下几点：(1) 必须是尚未公开的内幕信息。如果信息已经公开，就不属内幕信息，不成立本罪。只有是在内幕信息尚未公开之前买入或者卖出证券，或者从事与该内幕信息有关的期货交易，以及故意泄露该内幕信息的，才能构成本罪。因此，确定信息是否已经公开及公开的时间，对认定本罪十分重要。(2) 行为人必须是内幕信息的知情人员。如果行为人并非内幕信息的知情人员，而是利用掌握的公开的信息和资料，运用自己的专业知识，通过对证券、期货市场考察分析后，作出预测和判断，在内幕信息公开前发表个人观点或进行证券买卖或进行与该观点有关的期货交易，即使该观点的内容与内幕信息的内容相同，也不能认定构成本罪。

2. *刑事处罚*

根据刑法第180条第1款、第2款的规定，犯本罪的，处5年以下有期徒刑或者拘役，并处或者单处违法所得1倍以上5倍以下罚金；情节特别严重的，处5年以上10年以下有期徒刑，并处违法所得1倍以上5倍以下罚金。单位犯本罪的，对单位判处罚金，并对其责任人处5年以下有期徒刑或者拘役。

十八、利用未公开信息交易罪

(一) 概念与构成

利用未公开信息交易罪，是指金融机构的从业人员以及有关监管部门或者行业协会的工作人员，利用因职务便利获取的内幕信息以外的其他未公开的信息，违反规定，从事与该信息相关的证券、期货交易活动，或者明示、暗示他人从事相关交易活动，情节严重的行为。

本罪的构成要件如下：

1. 本罪的客观方面表现为利用因职务便利获取的内幕信息以外的其他未公开的信息，违反规定，从事与该信息相关的证券、期货交易活动，或者明示、暗示他人从事相关交易活动，情节严重的行为。

“其他未公开的信息”，是指内幕信息以外的与证券交易活动有关的，涉及公司的经营、财务或者对该公司证券的市场供求有重大影响的信息。社会公众获得该信息后，会对证券交易活动产生重大影响。

根据《2010立案追诉标准（二）》第36条的规定，“情节严重”，是指下列情形之一：(1) 证券交易成交额累计在50万元以上的；(2) 期货交易占用保证金数额累计在30万元以上的；(3) 获利或者避免损失数额累计在15万元以上的；(4) 多次利用内幕信息以外的其他未公开信息进行交易活动的。

2. 本罪的主体是特殊主体，即证券交易所、期货交易所、证券公司、期货经纪公司、基金管理公司、商业银行、保险公司等金融机构的从业人员以及有关监管部门或者行业协会的工作人员。

3. 本罪的主观方面是故意。

4. 本罪的客体是国家证券管理的相关法规所保护的市场秩序。

(二) 刑事处罚

根据刑法第180条的规定，犯本罪，处5年以下有期徒刑或者拘役，并处或者单处违法所得1倍以上5倍以下罚金；情节特别严重的，处5年以上10年以下有期徒刑，并处违法所得1倍以上5倍以下罚金。单位犯本罪的，对单位判处罚金，并对其责任人处5年以下有期徒刑或者拘役。

十九、编造并传播证券、期货交易虚假信息罪

(一) 概念与构成

编造并传播证券、期货交易虚假信息罪，是指编造并传播影响证券、期货交易的虚假信息，扰乱证券、期货交易市场，造成严重后果的行为。

本罪的构成要件如下：

1. 本罪的客观方面表现为编造并传播证券、期货交易虚假信息，扰乱证券、期货交易市场，并造成严重后果的行为。其具体包括以下要素：(1) 编造并传播虚假信息。编造，是指捏造根本不存在的信息或者篡改、加工、隐瞒真实的信息。传播，是指通过各种途径使信息为不特定的人或者多数人知悉。必须实施了编造与传播虚假信息这两个行为才成立本罪。如果只编造而没有传播影响证券、期货交易的虚假信息，或是没有编造而仅仅是单纯传播上述虚假信息的，均不能构成本罪。(2) 虚假信息必须是能影响证券、期货交易，扰乱证券、期货交易市场的虚假信息，否则也不可能构成本罪。(3) 造成严重后果。根据《2010立案追诉标准（二）》第37条的规定，“严重后果”，是指具有下列情形之一的：1) 获利或者避免损失数额累计在5万元以上的；2) 造成投资者直接经济损失数额在5万元以上的；3) 致使交易价格和交易量异常波动的；4) 虽未达到上述数额标准，但多次编造并且传播影响证券、期货交易的虚假信息的。

2. 本罪的主体是一般主体，包括自然人和单位。

3. 本罪的主观方面是故意。

4. 本罪的客体是证券、期货交易市场的正常管理秩序。

(二) 刑事处罚

根据刑法第181条的规定，犯本罪的，处5年以下有期徒刑或者拘役，并处或者单处1万元以上10万元以下罚金。单位犯本罪的，对单位判处罚金，并对其责任人处5年以下有期徒刑或者拘役。

二十、诱骗投资者买卖证券、期货合约罪

(一) 概念与构成

诱骗投资者买卖证券、期货合约罪，是指证券期货从业人员和监管人员，故意提供虚假信息或者伪造、变造、销毁交易记录，诱骗投资者买卖证券、期货合约，造成严重后果的行为。

本罪的构成要件如下：

1. 本罪的客观方面表现为提供虚假信息或者伪造、变造、销毁交易记录，诱骗投资者买卖证券、期货合约的行为。其具体包括以下要素：(1) 提供虚假信息或者伪造、变造、销毁交易记录。所谓“提供虚假信息”，是指行为人向投资者提供可能影响证券、期货市场价格的不真实的信息。提供方式没有限制，被提供信息的投资者既可以是一人也可以是多人。所谓“伪造、变造、销毁交易记录”，是指伪造、变造、销毁记载证券、期货合约交易情况的原始数据以及其他与证券、期货交易有关的记录等。提供虚假信息的行为和伪造、变造、销毁交易记录等行为，行为人只要实施了其中一行为并造成严重后果，均可成立本罪。(2) 诱骗投资者买卖证券、期货合约，造成严重后果。根据《2010 立案追诉标准(二)》第 38 条的规定，“严重后果”，是指具有下列情形之一的：1) 获利或者避免损失数额累计在五万元以上的；2) 造成投资者直接经济损失数额在 5 万元以上的；3) 致使交易价格和交易量异常波动的。

2. 本罪的主体是特殊主体，即证券交易所、期货交易所、证券公司、期货经纪公司的从业人员，证券业协会、期货业协会或者证券期货监督管理部门的工作人员，包括具有前述特定身份的自然人和单位。

3. 本罪的主观方面是故意，明知是虚假信息或者故意伪造、变造、销毁交易记录而向投资者提供，诱骗其买卖证券、期货合约。

4. 本罪的客体是证券、期货市场交易秩序和投资者的合法权益。

(二) 刑事处罚

根据刑法第 181 条的规定，犯本罪的，处 5 年以下有期徒刑或者拘役，并处或者单处 1 万元以上 10 万元以下罚金；情节特别恶劣的，处 5 年以上 10 年以下有期徒刑，并处 2 万元以上 20 万元以下罚金。单位犯本罪的，对单位判处罚金，并对其责任人处 5 年以下有期徒刑或者拘役。

二十一、操纵证券、期货市场罪

(一) 概念与构成

操纵证券、期货市场罪，是指操纵证券、期货市场，情节严重的行为。

操纵证券、期货市场罪是《刑法修正案（六)》修正而成，取消了原操纵证券、期货交易价格罪罪名。

本罪的构成要件如下：

1. 本罪的客观方面表现为操纵证券、期货市场，情节严重的行为。根据《2010 立案追诉标准（二)》第 39 条的规定，操纵证券、期货市场，涉嫌下列情形之一的，应予立案追诉：(1) 单独或者合谋，持有或者实际控制证券的流通股份数达到该证券的实际流通股份总量 30%以上，且在该证券连续 20 个交易日内联合或者连续买卖股份数累计达到该证券同期总成交量 30%以上的；(2) 单独或者合谋，持有或者实际控制期货合约的数量超过期

货交易所业务规则限定的持仓量50%以上，且在该期货合约连续20个交易日内联合或者连续买卖期货合约数累计达到该期货合约同期总成交量30%以上的；(3) 与他人串通，以事先约定的时间、价格和方式相互进行证券或者期货合约交易，且在该证券或者期货合约连续20个交易日内成交量累计达到该证券或者期货合约同期总成交量20%以上的；(4) 在自己实际控制的账户之间进行证券交易，或者以自己为交易对象，自买自卖期货合约，且在该证券或者期货合约连续20个交易日内成交量累计达到该证券或者期货合约同期总成交量20%以上的；(5) 单独或者合谋，当日连续申报买入或者卖出同一证券、期货合约并在成交前撤回申报，撤回申报量占当日该种股票总申报量或者该种期货合约总申报量50%以上的；(6) 上市公司及其董事、监事、高级管理人员、实际控制人、控股股东或者其他关联人单独或者合谋，利用信息优势，操纵该公司证券交易价格或者证券交易量的；(7) 证券公司、证券投资咨询机构、专业中介机构或者从业人员，违背有关从业禁止的规定，买卖或者持有相关证券，通过对证券或者其发行人、上市公司公开作出评价、预测或者投资建议，在该证券的交易中谋取利益，情节严重的。

2. 本罪的主体包括自然人和单位。

3. 本罪的主观方面是故意。鉴于从事证券期货交易人人皆追求获利避险，“获取不正当利益或者转嫁风险”的目的要素没有意义，且难以认定，所以《刑法修正案（六)》将其删除。

4. 本罪的客体是国家对证券、期货市场的管理秩序和投资者的合法利益。

(二) 刑事处罚

根据刑法第182条的规定，犯本罪，情节严重的，处5年以下有期徒刑或者拘役，并处或者单处罚金；情节特别严重的，处5年以上10年以下有期徒刑，并处罚金。单位犯前款罪的，对单位判处罚金，并对其责任人依照述规定处罚。

二十二、背信运用受托财产罪

(一) 概念与构成

背信运用受托财产罪，是指商业银行、证券交易所、期货交易所、证券公司、期货经纪公司、保险公司或者其他金融机构，违背受托义务，擅自运用客户资金或者其他委托、信托的财产，情节严重的行为。

本罪是《刑法修正案（六)》修正（第185条之一第1款）增加的罪名。

本罪的构成要件如下：

1. 本罪的客观方面表现为违背受托义务，擅自运用客户资金或者其他委托、信托的财产，情节严重的行为。具体包括以下要素：(1) 违背受托义务，擅自运用客户资金或者其他委托、信托的财产。所谓擅自运用，是指未得到客户授权而运用该客户的资金或者其他委托、信托的财产。(2) 擅自运用客户资金或者其他委托、信托的财产的行为是单位决定的。本罪是《刑法修正案（六)》所增设的。立法动因是“有些金融机构挪用客户资金的行为并不是其工作人员个人的行为，而是由单位决定实施的；对情节严重的，也应当追究刑事责任”。由此可见，本罪是金融机构单位挪用客户资金的行为。如果是个人挪用的，则视主体身份应认定为挪用公款罪或者挪用资金罪。(3) 情节严重。根据《2010立案追诉标准（二)》第40条的规定，“情节严重”是指以下情形之一：1) 擅自运用客户资金或者其他委托、信托的财产数额累计在30万元以上的；2) 虽未达到上述数额标准，但多次擅自运用客户资金或者其他委托、信托的财产，或者擅自运用多个客户资金或者其他委托、信托的财产的。

2. 本罪的主体是特殊主体，即商业银行、证券交易所、期货交易所、证券公司、期货经纪公司、保险公司或者其他金融机构。本罪是纯正的单位犯罪，主体必须是前述特定金融单位，这也是本罪与挪用公款罪、挪用资金罪区别的要点。

3. 本罪的主观方面是故意。

4. 本罪的客体是国家对金融市场的管理秩序和委托人的财产权益。

(二) 刑事处罚

根据修正后的刑法第 185 条之一第 1 款的规定，犯本罪，情节严重的，对单位判处罚金，并对其责任人处 3 年以下有期徒刑或者拘役，并处 3 万元以上 30 万元以下罚金；情节特别严重的，处 3 年以上 10 年以下有期徒刑，并处 5 万元以上 50 万元以下罚金。

二十三、违法运用资金罪

(一) 概念与构成

违法运用资金罪，是指公众资金管理机构，以及保险公司、保险资产管理公司、证券投资基金管理公司，违反国家规定运用资金的行为。

本罪是《刑法修正案（六）》修正（第 185 条之一第 2 款）增加的罪名。

本罪的构成要件如下：

1. 本罪的客观方面表现为违反国家规定运用资金的行为。行为对象是社会保障基金、住房公积金以及保险公司、基金公司的资金。

2. 本罪的主体是特殊主体，具体包括：(1) 公众资金管理机构，如社会保障基金管理机构、住房公积金管理机构等。(2) 保险公司、保险资产管理公司、证券投资基金管理公司。只能由前述特定单位构成，是纯正的单位犯罪。

3. 本罪的主观方面是故意。至于违法运用客户资金的目的，在所不问，不影响本罪的成立。

4. 本罪的客体是国家对于公众资金及特定行业资金的管理秩序。

(二) 司法认定与刑事处罚

1. 司法认定

(1) 根据《2010 立案追诉标准（二）》第 41 条，违法运用资金涉嫌下列情形之一的，应予立案追诉：1) 违反国家规定运用资金数额在 30 万元以上的；2) 虽未达到上述数额标准，但多次违反国家规定运用资金的。

(2) 本罪与背信运用受托财产罪的界限：(1) 主体不同。本罪主体是社会保障基金管理机构、住房公积金管理机构等公众资金管理机构，以及保险公司、保险资产管理公司、证券投资基金管理公司。背信运用受托财产罪的主体是商业银行、证券交易所、期货交易所、证券公司、期货经纪公司、保险公司或者其他金融机构。(2) 对象不同。本罪的对象是社会保障基金、住房公积金以及保险公司、基金公司的资金。背信运用受托财产罪的对象是客户资金或者其他委托、信托的财产。

2. 刑事处罚

根据修正后的刑法第 185 条之一的规定，犯本罪，情节严重的，对单位判处罚金，并对其责任人处 3 年以下有期徒刑或者拘役，并处 3 万元以上 30 万元以下罚金；情节特别严重的，处 3 年以上 10 年以下有期徒刑，并处 5 万元以上 50 万元以下罚金。

二十四、违法发放贷款罪

（一）概念与构成

违法发放贷款罪，是指银行或者其他金融机构的工作人员违反国家规定发放贷款，数额巨大或者造成重大损失的行为。

违法发放贷款罪是《刑法修正案（六）》修正而成，将刑法原来规定的违法向关系人发放贷款罪与违法发放贷款罪合并，取消了原违法向关系人发放贷款罪罪名。

本罪的构成要件如下：

1. 本罪的客观方面表现为违反国家规定发放贷款，数额巨大或者造成重大损失的行为。违反国家规定，是指违反全国人大和国务院制定的有关信贷管理的法规，如违反《商业银行法》、《担保法》、《贷款通则》、《贷款证管理办法》、《信贷资金管理办法》、《合同法》等，不依法审查贷款条件、不依法评估贷款人的资信；或者知道借款人不符合条件，但由于人情关系或接受了借款人贿赂及某种利益，利用自己的职权擅自向其发放贷款等。根据《2010立案追诉标准（二）》第42条的规定，数额巨大，是指违法发放贷款，数额在100万元以上；重大损失，是指违法发放贷款，造成直接经济损失数额在20万元以上。

2. 本罪的主体是特殊主体，即金融机构及其工作人员，如银行、信托投资公司、企业集团服务公司、金融租赁公司、城乡信用合作社等经营贷款业务的金融机构及其工作人员，包括自然人和单位。

3. 本罪的主观方面是故意。

4. 本罪的客体是国家对金融机构贷款活动的管理秩序和金融机构的财产权益。

（二）刑事处罚

根据刑法第186条的规定，犯本罪的，处5年以下有期徒刑或者拘役，并处1万元以上10万元以下罚金；数额特别巨大或者造成特别重大损失的，处5年以上有期徒刑，并处2万元以上20万元以下罚金。单位犯本罪的，对单位判处罚金，并对其责任人依照上述规定处罚。

银行或者其他金融机构的工作人员违反国家规定，向关系人发放贷款的，依照上述规定从重处罚。关系人，是指：（1）银行或其他金融机构的董事、监事、管理人员、信贷业务人员及其近亲属；（2）前项所列人员投资或者担任高级管理职务的公司、企业和其他经济组织。

二十五、吸收客户资金不入账罪

（一）概念与构成

吸收客户资金不入账罪，是指银行或者其他金融机构的工作人员吸收客户资金不入账，数额巨大或者造成重大损失的行为。

吸收客户资金不入账罪是《刑法修正案（六）》修正而成，取消了原用账外客户资金非法拆借、发放贷款罪罪名。

本罪的构成要件如下：

1. 客观方面表现为吸收客户资金不入账，数额巨大或者造成重大损失的行为。具体包括两个要素：（1）吸收客户资金不入账。所谓吸收客户资金不入账，是指违反国家有关法律的规定，未真实记录并全面反映其业务活动和财务状况。不入账，既可能是根本不入任何账户，也可能是不入法定的账户，而私自设立其他保密账户。（2）数额巨大或者造成重大损失。根据《2010立案追诉标准（二）》第43条的规定，数额巨大，是指吸收客户资金不入账，数额在100万元以上；造成重大损失，是指造成直接经济损失数额在20万元以上。

2. 本罪的主体是特殊主体，即银行或者其他金融机构及其工作人员，包括自然人和单位。

3. 本罪的主观方面是故意。

4. 本罪的客体是金融机构的管理秩序。

（二）司法认定与刑事处罚

1. 司法认定

本罪与挪用公款罪、挪用资金罪的区别：对于银行或者其他金融机构的工作人员利用职务上的便利，挪用已经记入金融机构法定存款账户的客户资金归个人使用的，或者吸收客户资金不入账，却给客户开具银行存单，客户也认为将款已存入银行，该款却被行为人以个人名义借贷给他人的，应认定为挪用公款罪或者挪用资金罪。因为在这种情况下：（1）事先没有与客户串通，客户无过错；（2）是个人行为而不是单位行为；（3）虽然是个人行为，但是单位（有关金融机构）应当对其职员个人的渎职行为对客户承担民事责任。在这种（金融机构职员）个人用账外客户资金非法拆借、发放贷款的情况下，单位（该金融机构）实际上承担着该笔账外资金的风险，所以，其实质是个人挪用行为。

2. 刑事处罚

根据刑法第187条的规定，犯本罪的，处5年以下有期徒刑或者拘役，并处2万元以上20万元以下罚金；数额特别巨大或者造成特别重大损失的，处5年以上有期徒刑，并处5万元以上50万元以下罚金。单位犯本罪的，对单位判处罚金，并对其责任人依照上述规定处罚。

二十六、违规出具金融票证罪

（一）概念与构成

违规出具金融票证罪，是指银行或者其他金融机构的工作人员违反规定，为他人出具信用证或者其他保函、票据、存单、资信证明，情节严重的行为。

违规出具金融票证罪是《刑法修正案（六）》修正而成，取消了原非法出具金融票证罪罪名。

本罪的构成要件如下：

1. 本罪的客观方面表现为违反规定，为他人出具信用证或者其他保函、票据、存单、资信证明，情节严重的行为。（1）违反规定，是指违反应当遵守的有关金融法律、法规、规章及银行、金融机构内部制定的规章制度等。（2）为他人出具信用证或者其他保函、票据、存单、资信证明。所谓“他人”，包括自然人和单位。信用证，是指开证银行或其他金融机构根据申请人的请求或者自己主动向一方（受益人）签发的一种书面协定。如果受益人满足了书面约定的条件，开证银行或者其他金融机构即向受益人付款的一种书面凭证。保函，是指银行以其自身的信用为他人承担责任的担保文件。票据，是指票据法上规定的汇票、本票、支票。存单，是指银行等金融机构签发给存款人的一种存款凭证。资信证明，是指证明个人或单位财产状况、偿还能力、信用程度等情况的证明文件。（3）情节严重。根据《2010立案追诉标准（二）》第44条的规定，情节严重，是指下列情形之一：1）违规出具信用证等数额在100万元以上的；2）违规出具信用证等造成直接经济损失20

万元以上的；3）多次违规出具信用证等的；4）接受贿赂违规出具信用证等的。

2. 本罪的主体是特殊主体，即银行或者其他金融机构及其工作人员，包括自然人和单位。

3. 本罪的主观方面是故意。

4. 本罪的客体是国家对金融票证的管理制度和金融机构的财产权益。

（二）刑事处罚

根据刑法第188条的规定，犯本罪的，处5年以下有期徒刑或者拘役；情节特别严重的，处5年以上有期徒刑。单位犯本罪的，对单位判处罚金，并对其责任人依照上述规定处罚。

二十七、对违法票据承兑、付款、保证罪

（一）概念与构成

对违法票据承兑、付款、保证罪，是指银行或其他金融机构的工作人员在票据业务中，对违反票据法规定的票据予以承兑、付款或者保证，造成重大损失的行为。

本罪的构成要件如下：

1. 本罪的客观方面表现为对违反票据法规定的票据予以承兑、付款、保证，造成重大损失的行为。这里的票据，根据我国票据法的规定包括本票、汇票、支票。“承兑”，是指汇票付款人承诺在汇票到期日支付汇票金额的行为；“付款”，是指票据付款人支付票据金额的行为；“保证”，是指对已经存在的票据上的债务进行担保的行为，保证人与被保证人对持票人承担连带责任，在票据到期后如果持票人或者收款人得不到付款的，应当由保证人足额付款。造成重大损失，既包括给银行或者其他金融机构造成重大损失，也包括给其他票据当事人造成重大损失。根据《2010立案追诉标准（二）》第45条的规定，重大损失，是指造成直接经济损失20万元以上。

2. 本罪的主体是特殊主体，即银行或者其他金融机构及其工作人员，包括自然人和单位。

3. 本罪的主观方面是故意，明知是违反票据法规定的票据而予以承兑、付款、保证。对于“造成重大损失”，不必具备明知。

4. 本罪的客体是国家的金融票据管理制度和金融机构的财产权益。

（二）刑事处罚

根据刑法第189条的规定，犯本罪的，处5年以下有期徒刑或者拘役；造成特别重大损失的，处5年以上有期徒刑。单位犯本罪的，对单位判处罚金，并对其责任人依照上述规定处罚。

二十八、逃汇罪

（一）概念与构成

逃汇罪，是指公司、企业或者其他单位违反国家规定，擅自将外汇存放境外，或者将境内的外汇非法转移到境外，数额较大的行为。

本罪的构成要件如下：

1. 本罪的客观方面表现为违反国家规定，擅自将外汇存放境外，或者将境内的外汇非法转移到境外，且数额较大的行为。其包括如下要素：（1）违反国家外汇管理法规，如《外汇管理规定》、《结汇、售汇和付汇管理规定》、《境外外汇管理规定》、《境内外汇账户

管理规定》等。（2）擅自将外汇存放境外，或者将境内的外汇非法转移到境外。（3）数额较大。根据《2010 立案追诉标准（二）》第 46 条的规定，数额较大，是指单笔在 200 万美元以上或者累计数额在 500 万美元以上。

2. 本罪的主体是公司、企业或其他单位。

3. 本罪的主观方面是故意。

4. 本罪的客体是国家外汇管理秩序。

（二）刑事处罚

根据刑法第 190 条和全国人大常委会《关于惩治骗购外汇、逃汇和非法买卖外汇犯罪的决定》第 3 条的规定，对犯本罪的单位，判处逃汇数额 5%以上 30%以下罚金，并对其责任人员 5 年以下有期徒刑或者拘役；数额巨大或者有其他严重情节的，处逃汇数额 5%以上 30%以下罚金，并对其责任人处 5 年以上有期徒刑。

二十九、骗购外汇罪

（一）概念与构成

骗购外汇罪，是指骗购外汇，数额较大的行为。

本罪的构成要件如下：

1. 本罪的客观方面表现为骗购外汇，数额较大的行为。具体包括如下要素：（1）对象是外汇。所谓外汇，是指以外币表示的可用作国际清偿的支付手段和资产。例如，外国货币、外币支付凭证、外币有价证券等。（2）行为包括三种方式：1）使用伪造、变造的海关签发的报关单、进口证明、外汇管理部门核准件等凭证和单据的欺骗方法骗购外汇，即使用虚假的或篡改的凭证和单据骗购外汇。2）重复使用海关签发的报关单、进口证明、外汇管理部门核准件等凭证和单据骗购外汇。3）以其他的方式骗购外汇，这是指除上述两种方法以外的其他手段，如利用签订假合同骗购外汇的等。（3）数额较大。根据《2010 立案追诉标准（二）》第 47 条的规定，数额较大，是指骗购外汇数额在 50 万美元以上的。

2. 本罪的主体是一般主体，包括自然人和单位。

3. 本罪的主观方面是故意。

4. 本罪的客体是国家的外汇管理制度。

（二）司法认定与刑事处罚

1. 司法认定

（1）共犯问题：1）明知用于骗购外汇而提供人民币资金的，以共犯论处。2）海关、外汇管理部门以及金融机构、从事对外贸易经营活动的公司、企业或者其他单位的工作人员与骗购外汇或者逃汇的行为人通谋，为其提供购买外汇的有关凭证或者其他便利的，或者明知是伪造、变造的凭证和单据而售汇、付汇的，以共犯论，从重处罚。

（2）本罪与相关犯罪的认定：海关、外汇管理部门的工作人员严重不负责任，造成大量外汇被骗购或者逃汇，致使国家利益遭受重大损失的，依照刑法第 397 条（玩忽职守罪、滥用职权罪）的规定定罪处罚。

2. 刑事处罚

根据全国人大常委会《关于惩治骗购外汇、逃汇和非法买卖外汇犯罪的决定》第 1 条的规定，犯本罪的，处 5 年以下有期徒刑或者拘役，并处骗购外汇数额 5%以上 30%以下罚金；数额巨大或者有其他严重情节的，处 5 年以上 10 年以下有期徒刑，并处骗购外汇数额 5%以上 30%以下罚金；数额特别巨大或者有其他特别严重情节的，处 10 年以上有期徒刑或者无期徒刑，并处骗购外汇数额5%以上30%以下罚金或者没收财产。单位犯本罪的，依照上述规定判处罚金，并对其责任人处5年以下有期徒刑或者拘役；数额巨大或者有其他严重情节的，处5年以上10年以下有期徒刑；数额特别巨大或者有其他特别严重情节的，处10年以上有期徒刑或者无期徒刑。伪造、变造海关签发的报关单、进口证明、外汇管理部门核准件等凭证和单据，并用于骗购外汇的，构成本罪，从重处罚。

三十、洗钱罪

（一）概念与构成

洗钱罪，是指明知是毒品犯罪、黑社会性质的组织犯罪、恐怖活动犯罪、走私犯罪、贪污贿赂犯罪、破坏金融管理秩序犯罪、金融诈骗犯罪的所得及其产生的收益，而掩饰、隐瞒其来源和性质的行为。

《刑法修正案（六）》将洗钱罪的上游犯罪由原先的四种犯罪（毒品犯罪、黑社会性质的组织犯罪、恐怖活动犯罪、走私犯罪）扩大为七种犯罪，增加了贪污贿赂犯罪、破坏金融管理秩序犯罪、金融诈骗犯罪。

本罪的构成要件如下：

1. 本罪的客观方面表现为掩饰、隐瞒7类犯罪所得及其收益的来源和性质的行为。包括以下要素：(1) 行为对象是毒品犯罪、黑社会性质的组织犯罪、恐怖活动犯罪、走私犯罪、贪污贿赂犯罪、破坏金融管理秩序犯罪、金融诈骗犯罪的所得及其产生的收益。前述7类犯罪是本罪的“上游犯罪”。只有掩饰隐瞒前述“上游犯罪”之犯罪所得及其收益，才成立本罪。(2) 协助非法转移、转换财产：1) 提供资金账户协助隐匿、转移、转换财产，包括开设新的银行资金账户，也包括将自己现有的合法银行资金账户提供使用。2) 协助将财产转换为现金、金融票据、有价证券，也包括将现金金融票据、有价证券转换成财产。3) 通过转账或者其他结算方式协助资金转移，将犯罪收入与合法收入相混合，以掩饰、隐瞒其非法来源和性质。4) 协助将资金汇往境外。5) 以其他方法掩饰、隐瞒犯罪所得及其收益的来源和性质的。根据2009年11月4日公布的最高人民法院《关于审理洗钱等刑事案件具体应用法律若干问题的解释》（以下简称《审理洗钱案解释》）第2条的规定，以下列方式协助转移、转换犯罪所得及其收益的，可以认定为掩饰、隐瞒犯罪所得及其收益的来源和性质：第一，通过典当、租赁、买卖、投资等方式，协助转移、转换犯罪所得及其收益的；第二，通过与商场、饭店、娱乐场所等现金密集型场所的经营收入相混合的方式，协助转移、转换犯罪所得及其收益的；第三，通过虚构交易、虚设债权债务、虚假担保、虚报收入等方式，协助将犯罪所得及其收益转换为“合法”财物的；第四，通过买卖彩票、奖券等方式，协助转换犯罪所得及其收益的；第五，通过赌博方式，协助将犯罪所得及其收益转换为赌博收益的；第六，协助将犯罪所得及其收益携带、运输或者邮寄出入境的。

2. 本罪的主体是一般主体，包括自然人和单位，但不包括上游犯罪的行为人，如果上游犯罪的行为人主体自己实施洗钱行为的，属于事后不可罚的行为，不以洗钱罪论处。

3. 本罪的主观方面是故意，即明知是毒品犯罪等7类上游犯罪所得及其产生的收益，而故意掩饰、隐瞒其性质和来源。根据《审理洗钱案解释》第1条的规定，对洗钱罪的7类上游犯罪所得及其收益的“明知”，应当结合被告人的认知能力，接触他人犯罪所得及其收益的情况，犯罪所得及其收益的种类、数额，犯罪所得及其收益的转换、转移方式以及被告人的供述等主、客观因素进行认定。具有下列情形之一的，可以认定被告人明知系犯罪所得及其收益，但有证据证明确实不知道的除外：

（1）知道他人从事犯罪活动，协助转换或者转移财物的；

（2）没有正当理由，通过非法途径协助转换或者转移财物的；

（3）没有正当理由，以明显低于市场的价格收购财物的；

（4）没有正当理由，协助转换或者转移财物，收取明显高于市场的“手续费”的；

（5）没有正当理由，协助他人将巨额现金散存于多个银行账户或者在不同银行账户之间频繁划转的；

（6）协助近亲属或者其他关系密切的人转换或者转移与其职业或者财产状况明显不符的财物的；

（7）其他可以认定行为人明知的情形。

行为人将属于刑法第 191 条（洗钱罪）7 类上游犯罪范围内的此种犯罪所得及其收益误认为彼种犯罪的，是同一构成要件范围内的具体对象认识错误，依法定符合说不影响“明知”的认定。

4. 本罪的客体是国家的正常的金融管理秩序和司法机关的正常活动。

（二）司法认定与刑事处罚

1. 司法认定

（1）洗钱罪与刑法第 312 条掩饰、隐瞒犯罪所得、犯罪所得收益罪的关系。二者是特别条款与一般条款的关系。洗钱罪限于刑法第 191 条特别规定的掩饰隐瞒 7 类上游犯罪所得及其收益。如果不属于这 7 类上游犯罪之犯罪所得及其收益的，不成立洗钱罪，可成立第 312 条规定之掩饰、隐瞒犯罪所得、犯罪所得收益罪。可以说，第 191 条之罪，是上游犯罪特定的狭义洗钱，而第 312 条之罪是广义的洗钱。所以《审理洗钱案解释》第 3 条规定，明知是犯罪所得及其产生的收益而予以掩饰、隐瞒，构成刑法第 312 条规定的犯罪，同时又构成刑法第 191 条或者第 349 条规定的犯罪的，依照处罚较重的规定定罪处罚。

（2）洗钱罪与刑法第 349 条窝藏毒品、毒赃罪的关系。以刑法第 191 条规定的方式掩饰、隐瞒毒品、毒赃来源和性质的，是洗钱罪；而以窝藏方式为毒品犯罪分子隐瞒毒品、毒赃的，是窝藏毒品、毒赃罪。被告人的掩饰隐瞒毒品毒赃的行为同时触犯第 191 条洗钱罪和第 349 条窝藏毒赃罪，择一重罪处断。

（3）“洗钱罪”与“上游犯罪”的关系。根据《审理洗钱案解释》第 4 条的规定，刑法第 191 条洗钱罪等“下游犯罪”，应当以“上游犯罪”事实成立为认定前提，即上游犯罪事实不成立的，相应的下游犯罪不可能成立。例如，甲提供账户协助乙把一笔百万美元资金汇往境外，经查证乙涉嫌走私罪不成立，该笔百万美元资金不属于犯罪所得，乙上游犯罪事实不成立，甲的洗钱罪当然不成立。再如，甲盗窃一辆自行车价值 450 元，托乙代为销售。乙以 300 元价格卖给丙。甲盗窃不够数额较大，不构成盗窃罪。“上游”甲盗窃不够罪，“下游”乙、丙涉赃行为也不构成犯罪。

不过，上游犯罪尚未依法裁判，但查证属实的；上游犯罪事实可以确认，因行为人死亡等原因依法不予追究刑事责任的；上游犯罪事实可以确认，依法以其他罪名定罪处罚的，不影响刑法第 191 条洗钱罪等下游犯罪的认定。例如，甲一审被判贪污罪，金额 100 万。乙明知甲该 100 万是犯罪所得，仍为其提供账户。后来，二审改判该 100 万是受贿罪。乙仍构成洗钱罪。

2. 刑事处罚

根据刑法第191条的规定，犯本罪的，没收上游犯罪的违法所得及其产生的收益，处5年以下有期徒刑或者拘役，并处或者单处洗钱数额5%以上20%以下罚金；情节严重的，处5年以上10年以下有期徒刑，并处洗钱数额5%以上20%以下罚金。单位犯本罪的，对单位判处罚金，并对其责任人处5年以下有期徒刑或者拘役；情节严重的，处5年以上10年以下有期徒刑。

第六节 金融诈骗罪

本类犯罪认定的疑难点是：(1) 与诈骗罪的区别，它们大体属于诈骗罪的特殊类型，通常与诈骗罪存在法条竞合关系，其特点是不仅骗取钱财，而且扰乱金融管理秩序。其中票据诈骗罪的特点是利用票据的支付、结算、抵押等金融功能实施诈骗，若不具有此特点的，应认定为诈骗罪或合同诈骗罪。(2) 非法占有目的的认定。对于诈骗贷款、利用票据的诈骗的行为，若不足以认定具有非法占有目的的，只能以骗取金融机构贷款、票据承兑罪论处；对于欺诈集资行为，如果不能认定非法占有目的的，只能以非法吸收公众存款罪论处。(3) 随着银行卡在生活中使用日益广泛，信用卡诈骗罪的认定与处罚越来越复杂。刑法第196条规定的信用卡诈骗行为类型是认定本罪的基本依据，对于盗窃、抢劫、诈骗、抢夺等犯罪手段获取信用卡后使用行为，通常以非法获取信用卡的手段确定犯罪性质，根据“用卡”的金额确定犯罪金额，不应根据“用卡”行为认定为信用卡诈骗罪。(4) 保险诈骗罪是特殊主体的犯罪，为骗取保险金恶意制造保险事故构成故意杀人罪、故意伤害罪、放火罪等的，应当数罪并罚。

一、集资诈骗罪

(一) 概念与构成

集资诈骗罪，是指以非法占有为目的，使用诈骗方法非法集资，数额较大的行为。

本罪的构成要件如下：

1. 本罪的客观方面表现为使用诈骗的方法非法集资，且数额较大的行为。所谓诈骗方法，是指行为人采取虚构资金用途，以虚假的证明文件和高回报率为诱饵，或者其他骗取集资款的手段。非法集资，是指未经有关机关批准向社会募集资金。数额较大，根据《审理非法集资刑案解释》第5条的规定，个人进行集资诈骗，数额在10万元以上的，单位进行集资诈骗，数额在50万元以上的，应当认定为“数额较大”。

2. 本罪的主体是一般主体，既可以是自然人，也可以是单位。

3. 本罪的主观方面是故意，且具有非法占有的目的。根据《审理非法集资刑案解释》第4条的规定，使用诈骗方法非法集资，具有下列情形之一的，可以认定为“以非法占有为目的”：

(1) 集资后不用于生产经营活动或者用于生产经营活动与筹集资金规模明显不成比例，致使集资款不能返还的；

(2) 肆意挥霍集资款，致使集资款不能返还的；

(3) 携带集资款逃匿的；

(4) 将集资款用于违法犯罪活动的；

(5) 抽逃、转移资金、隐匿财产，逃避返还资金的；

(6) 隐匿、销毁账目，或者搞假破产、假倒闭，逃避返还资金的；

(7) 拒不交待资金去向，逃避返还资金的；

(8) 其他可以认定非法占有目的的情形。

集资诈骗罪中的非法占有目的，应当区分情形进行具体认定。行为人部分非法集资行为具有非法占有目的的，对该部分非法集资行为所涉集资款以集资诈骗罪定罪处罚；非法集资共同犯罪中部分行为人具有非法占有目的，其他行为人没有非法占有集资款的共同故意和行为的，对具有非法占有目的的行为人以集资诈骗罪定罪处罚。

4. 本罪的客体是国家的金融管理秩序和公私财产所有权。

(二) 司法认定与刑事处罚

1. 司法认定

(1) 集资诈骗罪与诈骗罪的关系。本罪与诈骗罪的规定属于法条竞合关系，根据法条竞合原理，特别法优先适用，凡使用诈骗方法非法集资的，以本罪论处。

(2) 集资诈骗罪与非法吸收公众存款罪，擅自发行股票、公司、企业债券罪的界限。非法吸收公众存款罪，擅自发行股票、公司、企业债券罪，也是非法募集资金的行为。本罪与它们区别的要点在于，是否具有非法占有的目的。本罪必须以非法占有集资款为目的，而上述其他两种犯罪中的行为人没有非法占有的目的，并且具有返还的意图。所以《审理非法集资刑案解释》指出，以该解释第 2 条欺诈方式非法集资的，至少具有非法吸收公众存款性质，如果能够证实具有非法占有目的的，是集资诈骗性质。

(3)《审理非法集资刑案解释》第 8 条规定：明知他人从事欺诈发行股票、债券，非法吸收公众存款，擅自发行股票、债券，集资诈骗或者组织、领导传销活动等集资犯罪活动，为其提供广告等宣传的，以相关犯罪的共犯论处。

2. 刑事处罚

根据刑法第 192 条、第 199 条、第 200 条和《刑法修正案（八）》的规定，犯本罪的，处 5 年以下有期徒刑或者拘役，并处 2 万元以上 20 万元以下罚金；数额巨大或者有其他严重情节的，处 5 年以上 10 年以下有期徒刑，并处 5 万元以上 50 万元以下罚金；数额特别巨大或者有其他特别严重情节的，处 10 年以上有期徒刑或者无期徒刑，并处 5 万元以上 50 万元以下罚金或者没收财产；数额特别巨大并且给国家和人民利益造成特别重大损失的，处无期徒刑或者死刑，并处没收财产。单位犯本罪的，对单位判处罚金，并对其责任人处 5 年以下有期徒刑或者拘役，可以并处罚金；数额巨大或者有其他严重情节的，处 5 年以上 10 年以下有期徒刑，并处罚金；数额特别巨大或者有其他特别严重情节的，处 10 年以上有期徒刑或者无期徒刑，并处罚金。

根据《审理非法集资刑案解释》第 5 条的规定，个人集资诈骗 30 万元以上是“数额巨大”，100 万元以上的是“数额特别巨大”。单位集资诈骗，150 万元以上是“数额巨大”，500 万元以上是“数额特别巨大”。集资诈骗的数额以行为人实际骗取的数额计算，案发前已归还的数额应予扣除。行为人为实施集资诈骗活动而支付的广告费、中介费、手续费、回扣，或者用于行贿、赠与等费用，不予扣除。行为人为实施集资诈骗活动而支付的利息，除本金未归还可予折抵本金以外，应当计入诈骗数额。

二、贷款诈骗罪

(一) 概念与构成

贷款诈骗罪，是指以非法占有为目的，使用欺诈方法，诈骗银行或者其他金融机构的贷款，数额较大的行为。

本罪的构成要件如下：

1. 本罪的客观方面表现为使用欺诈的方法，诈骗银行或者其他金融机构的贷款，且数额较大的行为。具体包括以下要素：(1) 对象是银行或其他金融机构的贷款。(2) 骗取贷款行为方式：1) 编造引进资金、项目等理由的。2) 使用虚假的经济合同的。3) 使用虚假的证明文件的。证明文件是指申请贷款所需要的文件，如银行的存款证明、评估机构的资产评估报告、担保单位的担保函等。4) 使用虚假的产权证明作担保或者超出抵押物价值重复担保的。5) 以其他方法诈骗贷款的。(3) 数额较大，根据《2010立案追诉标准(二)》第50条的规定，诈骗贷款2万元以上的属于"数额较大"。

2. 本罪的主体是一般主体，只能是自然人，不包括单位。单位实施贷款诈骗的符合合同诈骗要件的，可适用合同诈骗罪处理。

3. 本罪的主观方面是故意，并且具有非法占有贷款的目的。

4. 本罪的客体是国家对金融机构的贷款管理制度和金融机构的财产所有权。

(二) 司法认定与刑事处罚

1. 司法认定

(1) 罪与非罪的界限。认定罪与非罪的界限要注意两点：1) 行为人是否具有"非法占有贷款的目的"。这是区分本罪与借贷纠纷的关键。实践中经常发生贷款人从银行或者其他金融机构获得贷款后，到期拖欠不还或者到期丧失还贷能力，因而发生借贷纠纷。不能将所有贷款到期不还的行为简单地认定为贷款诈骗罪，关键是看行为人贷款时主观上有无非法占有的目的。2) 非法目的的认定，要综合各种因素进行判断，如行为人在申请贷款时是否具有履约能力；是否使用了刑法规定的诈骗手段；取得贷款后是否按照原借贷合同规定的用途或事项使用；贷款到期后是否积极设法偿还；等等。

(2) 本罪与诈骗罪的界限。本罪与诈骗罪的规定属于法条竞合关系，根据法条竞合原理，特别法优先适用，即以非法占有为目的，诈骗银行或者其他金融机构贷款，数额较大的，以本罪论处。二者也存在如下区别：1) 犯罪对象不同。本罪的犯罪对象是贷款，诈骗罪的犯罪对象无限制，既可以是资金，也可以是其他形式的财物。2) 行为方式不同。本罪行为方式表现为通过金融机构的信贷业务实施诈骗，而诈骗罪的行为方式相对广泛得多。3) 数额要求不同。二者成立犯罪都要求"数额较大"，但具体标准不同。本罪"数额较大"的标准是诈骗贷款2万元以上。诈骗罪中数额较大的标准，如果是个人诈骗公私财物为2 000元以上，为"数额较大"。

(3) 本罪与合同诈骗罪的界限。"使用虚假的经济合同"，骗取金融机构贷款的，以本罪论处。单位"使用虚假的经济合同"，骗取金融机构贷款的，不符合本罪的主体条件，不成立本罪，但可以成立合同诈骗罪。

2. 刑事处罚

根据刑法第193条的规定，犯本罪的，处5年以下有期徒刑或者拘役，并处2万元以上20万元以下罚金；数额巨大或者有其他严重情节的，处5年以上10年以下有期徒刑，并处5万元以上50万元以下罚金；数额特别巨大或者有其他特别严重情节的，处10年以上有期徒刑或者无期徒刑，并处5万元以上50万元以下罚金或者没收财产。

参照1996年最高人民法院《关于审理诈骗案件具体应用法律的若干问题的解释》的规定，诈骗贷款数额在5万元以上的，为"数额巨大"；数额在20万元以上的，为"数额特别巨大"。"其他严重情节"是指：(1) 为骗取贷款，向银行或者其他金融机构工作人员行赂，数额较大的；(2) 挥霍贷款，或者利用贷款进行违法活动，致使贷款到期不能偿还的；(3) 隐匿贷款去向，贷款期限届满后，拒不偿还的；(4) 提供虚假的担保申请贷款，贷款期限届满后，拒不偿还的；(5) 假冒他人名义申请贷款，贷款期限届满后，拒不偿还的。"其他特别严重情节"是指：(1) 为骗取贷款，向银行或其他金融机构工作人员行贿，数额巨大的；(2) 携带贷款逃跑的；(3) 使用贷款进行犯罪活动的。

三、票据诈骗罪

(一) 概念与构成

票据诈骗罪，是指以非法占有为目的，利用金融票据进行诈骗活动，数额较大的行为。

本罪的构成要件如下：

1. 本罪的客观方面表现为利用金融票据进行诈骗活动，骗取数额较大财物的行为。具体包括以下要素：(1) 利用金融票据进行诈骗，具体包括以下行为方式：1) 明知是伪造、变造的汇票、本票、支票而使用的。这里的使用，是指将伪造、变造的票据作为真实票据予以利用，既可以是直接使用，如直接利用伪造、变造的金融票据骗取财物，也可以是间接使用，如将伪造、变造的金融票据作为抵押骗取财物。2) 明知是作废的汇票、本票、支票而使用的。作废的汇票、本票、支票，是指根据法律和有关规定不能使用的票据，包括过期的票据、无效的票据以及被依法宣布作废的票据。3) 冒用他人的汇票、本票、支票。所谓冒用，是指行为人擅自以合法持票人的名义支配、使用自己本没有支配权利的他人票据的行为。4) 签发空头支票或者以与其预留印鉴不符的支票，骗取财物的。所谓空头支票，是指出票人所签发的支票金额超过其付款时在付款人处实有的存款金额的支票。5) 汇票、本票的出票人签发无资金保证的汇票、本票或者在出票时作虚假记载，骗取财物的。出票人，是指制作票据，按照法定条件在票据上签章，并按照所记载的事项承担票据责任的人。所谓资金保证，是指出票人在承兑票据时，具有按票据支付的能力。出票人签发汇票、本票时，必须具有可靠的资金保证。所谓作虚假记载，是指在汇票或本票上作不真实的记载的行为，如在票据上记载根本不存在的付款地、出票地等。(2) 骗取数额较大财物，根据《2010 立案追诉标准（二）》第 51 条的规定，进行金融票据诈骗，个人诈骗数额在 1 万元以上的，单位诈骗数额在 10 万元以上的，是数额较大。

2. 本罪的主体是一般主体，包括自然人和单位。

3. 本罪的主观方面是故意，且具有非法占有的目的。尽管刑法 194 条没有在条文中明文规定"以非法占有为目的"作为本罪的构成要件，但是"以非法占有为目的"是诈骗行为的应有之义，只是立法在文字上没有特别强调而已。

4. 本罪的客体是国家对金融票据的管理制度和公私财产所有权。

(二) 刑事处罚

根据刑法第 194 条、第 200 条和《刑法修正案（八）》的规定，犯本罪的，处 5 年以下有期徒刑或者拘役，并处 2 万元以上 20 万元以下罚金；数额巨大或者有其他严重情节的，处 5 年以上 10 年以下有期徒刑，并处 5 万元以上 50 万元以下罚金；数额特别巨大或者有其他特别严重情节的，处 10 年以上有期徒刑或者无期徒刑，并处 5 万元以上 50 万元以下罚金或者没收财产。单位犯本罪的，对单位判处罚金，并对其责任人处 5 年以下有期徒刑或者拘役，可以并处罚金；数额巨大或者有其他严重情节的，处 5 年以上 10 年以下有期徒刑，并处罚金；数额特别巨大或者有其他特别严重情节的，处 10 年以上有期徒刑或者无期徒刑，并处罚金。参照《关于审理诈骗案件具体应用法律的若干问题的解释》，个人诈骗5万元以上的，为“数额巨大”；个人诈骗在10万元以上的，为“数额特别巨大”。单位诈骗30万元以上的，为“数额巨大”；单位诈骗在100万元以上的，为“数额特别巨大”。

四、金融凭证诈骗罪

（一）概念与构成

金融凭证诈骗罪，是指以非法占有为目的，使用伪造、变造的金融凭证骗取财物，数额较大的行为。

本罪的构成要件如下：

1. 本罪的客观方面表现为使用伪造、变造的金融凭证骗取数额较大财物的行为。具体包括以下要素：(1) 伪造、变造的金融凭证诈骗包括伪造、变造的委托收款凭证、汇票凭证、银行存单等其他银行结算凭证。根据《银行结算办法》的规定，“委托收款凭证”，是指收款人在委托银行向付款人收取款项时所填写的书面凭证；“汇款凭证”，是指汇款人委托银行将款项汇给外地收款人时所填写的书面凭证；“银行存单”，是指银行向存款人开具的结算凭证；“其他银行结算凭证”，是指除票据及上述凭证以外的各种银行结算凭证。(2) 骗取财物数额较大。根据《2010立案追诉标准（二）》第52条的规定，进行金融凭证诈骗，个人诈骗数额在1万元以上的，单位诈骗数额在10万元以上的，是数额较大。

2. 本罪的主体是一般主体，包括自然人和单位。

3. 本罪的主观方面是故意，并以非法占有他人财物为目的。

4. 本罪的客体是国家对金融票据的管理制度和公私财产所有权。

（二）刑事处罚

根据刑法第194条、第200条和《刑法修正案（八）》的规定，对金融凭证诈骗罪的刑事处罚与金融票据诈骗罪的相同。

五、信用证诈骗罪

（一）概念与构成

信用证诈骗罪，是指以非法占有为目的，利用信用证进行诈骗的行为。

本罪的构成要件如下：

1. 本罪的客观方面表现为利用信用证进行诈骗的行为。具体包括以下方式：(1) 使用伪造、变造的信用证或者附随的单据、文件，既包括自己伪造、变造信用证后使用，也包括明知是他人伪造、变造的信用证而使用的情形。(2) 使用作废的信用证。作废的信用证主要指过期的信用证、经涂改的信用证、无效的信用证等。(3) 骗取信用证，即以虚构事实、隐瞒真相的方法，欺骗开证银行为其开具信用证的。(4) 以其他方法进行信用证诈骗活动的。

2. 本罪的主体是一般主体，包括自然人和单位。

3. 本罪的主观方面是故意，并且具有非法占有他人财物的目的。

4. 本罪的客体是国家有关信用证的管理制度和公私财产所有权。

（二）刑事处罚

根据刑法第195条、第200条和《刑法修正案（八）》的规定，犯本罪的，处5年以下有期徒刑或者拘役，并处2万元以上20万元以下罚金；数额巨大或者有其他严重情节的，处5年以上10年以下有期徒刑，并处5万元以上50万元以下罚金；数额特别巨大或者有其他特别严重情节的，处10年以上有期徒刑或者无期徒刑，并处5万元以上50万元以下罚金或者没收财产单位犯本罪的，对单位判处罚金，并对其责任人处5年以下有期徒刑或者拘役，可以并处罚金；数额巨大或者有其他严重情节的，处5年以上10年以下有期徒刑，并处罚金；数额特别巨大或者有其他特别严重情节的，处10年以上有期徒刑或者无期徒刑，并处罚金。参照《关于审理诈骗案件具体应用法律的若干问题的解释》的规定，个人进行信用证诈骗数额在10万元以上的属于"数额巨大"；数额在50万元以上的属于"数额特别巨大"。单位进行信用证诈骗数额在50万元以上的为"数额巨大"；数额在250万元以上的为"数额特别巨大"。

六、信用卡诈骗罪

（一）概念与构成

信用卡诈骗罪，是指以非法占有为目的，利用信用卡进行诈骗活动，数额较大的行为。

本罪的构成要件如下：

1. 本罪的客观方面表现为利用信用卡进行诈骗活动，骗取数额较大财物的行为。具体包括以下要素：（1）本罪的行为对象是信用卡。根据《关于〈中华人民共和国刑法〉有关信用卡规定的解释》，刑法规定的"信用卡"，是指由商业银行或者其他金融机构发行的具有消费支付、信用贷款、转账结算、存取现金等全部功能或者部分功能的电子支付卡。（2）本罪的行为方式具体包括以下几种：1）使用伪造的信用卡，或者使用以虚假的身份证明骗领的信用卡进行诈骗的。"伪造信用卡"，是指仿照信用卡的质地、版式、外观以及真信用卡所记载的有关资料，非法制作信用卡的行为。"使用以虚假的身份证明骗领的信用卡"，是指行为人所持有、使用的信用卡并非伪造，而是发卡银行所发行的，但是行为人领取信用卡时是以虚假的身份证明骗领的，这种信用卡诈骗行为方式是《刑法修正案（五）》所增设的。2）使用作废的信用卡的。作废的信用卡，是指因法定原因失去效用的信用卡。具体包括以下几种情形：第一，由于超过有效使用期限而失效；第二，在信用卡有效期内中途停止使用，由于办理退卡手续而失效；第三，由于挂失而失效。3）冒用他人信用卡的。即指非持卡人擅自以持卡人的名义使用持卡人的信用卡，根据《办理信用卡刑案解释》的规定包括以下情形：第一，拾得他人信用卡并使用的；第二，骗取他人信用卡并使用的；第三，窃取、收买、骗取或者以其他非法方式获取他人信用卡信息资料，并通过互联网、通讯终端等使用的；第四，其他冒用他人信用卡的情形。4）恶意透支的。即指持卡人以非法占有为目的，超过规定限额或者规定期限透支，并且经发卡银行两次催收后超过3个月仍不归还的，应当认定为"恶意透支"。（3）数额较大。根据《办理信用卡刑案解释》的规定，信用卡诈骗活动，数额在5 000元以上不满5万元的为"数额较大"。恶意透支的"数额较大"是1万元以上不满10万元。恶意透支的数额，是指构成恶意透支的情况下持卡人拒不归还的数额或者尚未归还的数额，不包括复利、滞纳金、手续费等发卡银行收取的费用。持卡人在银行交纳保证金的，其恶意透支数额以超出保证金数额计算。

2. 本罪的主体是一般主体，只能是自然人，不包括单位。

3. 本罪的主观方面是故意，并且具有非法占有他人财物的目的。

对于善意透支的，不能认定为本罪。善意透支与恶意透支的区别在于行为人是否"以非法占有为目的”。根据《办理信用卡刑案解释》的规定，恶意透支有以下情形之一的，应当认定为“以非法占有为目的”：1）明知没有还款能力而大量透支，无法归还的；2）肆意挥霍透支的资金，无法归还的；3）透支后逃匿、改变联系方式，逃避银行催收的；4）抽逃、转移资金，隐匿财产，逃避还款的；5）使用透支的资金进行违法犯罪活动的；6）其他非法占有资金，拒不归还的行为。恶意透支有两种表现形式：一是超过规定限额透支；二是超过规定期限透支，并且还有一个限制条件，即“经发卡银行两次催收后超过3个月仍不归还”。如果行为人透支但发卡银行没有催收的，或者经发卡行催收后归还的，无论持卡人主观上是否有非法占有的目的，都不能认定为恶意透支，不成立信用卡诈骗罪。

4. 本罪的客体是国家对于信用卡的管理制度和公私财产所有权。

（二）司法认定与刑事处罚

1. 司法认定

（1）根据《办理信用卡刑案解释》的规定，持卡人以非法占有为目的，以虚构交易、虚开价格、现金退货等方式通过销售点终端机具（POS机）恶意透支数额较大的，以信用卡诈骗罪定罪处罚。

（2）信用卡诈骗罪与伪造金融票证罪的界限。“使用伪造的信用卡，或者使用以虚假的身份证明骗领的信用卡”是信用卡诈骗罪的行为方式之一。“伪造信用卡”是伪造金融票证罪的行为方式之一。如果行为人先伪造了信用卡，然后用之进行诈骗的，手段行为构成刑法第177条规定的伪造金融票证罪，目的行为又触犯了信用卡诈骗罪，如果诈骗“数额较大”，构成牵连犯，从一重罪处罚。如果诈骗未达到“数额较大”，仅以伪造金融票证罪论处。实施信用卡诈骗行为必须骗得数额较大财产才成立本罪，而实施了伪造信用卡的行为，无论是否发生危害结果，都构成伪造金融票证罪。另外，信用卡诈骗罪的主体限于自然人，伪造金融票证罪的主体个人和单位均可构成。

（3）“盗窃信用卡并使用”行为的认定。刑法第196条第3款规定：盗窃信用卡并使用的，依照本法第264条的规定，即以盗窃罪定罪处罚。注意，这里的信用卡指的是真实有效的信用卡，如果盗窃的是无效的信用卡，该使用行为应认定为信用卡诈骗罪。无论窃取“真卡”还是“假卡”，因为卡本身的价值微不足道，如未使用的一般没有定罪的必要。

（4）比较争议的问题是，行为人使用伪造的、作废的信用卡，或者使用以虚假的身份证明骗领的、冒用他人信用卡或者恶意透支，如果在自动取款机上进行操作，能否成立信用卡诈骗罪？有学者认为，既然是信用卡“诈骗”罪，那么，就应当有因为受骗而处分财产的人，“机器”不可能被骗，所以，刑法第196条中的“使用”、“冒用”应限定为对“人”使用、冒用。换言之，利用信用卡从自动取款机上非法取得财物的，很难认定为“诈骗”，认定为盗窃罪可能更为合适。① 《办理信用卡刑案解释》规定，拾得、骗取他人信用卡并使用的，属于冒用他人信用卡，是信用卡诈骗性质，不区分对人使用还是对机器使用，比较简明。本书认为，强调信用卡诈骗是诈骗的特别类型，不强求限定于对人冒用，亦未尝不可。例如，甲冒用他人信用卡从自动取款机提款1万元，到商场购物1万元，如果依照上述的观点，需对其分别以盗窃罪和信用卡诈骗罪数罪并罚，较为烦琐，不如统一认定为信用卡诈骗一罪定罪处罚简明。我国的信用卡大多是加密码使用

---

① 参见张明楷：《刑法学》，584页，北京，法律出版社，2003。

的，对“人”还是对“机械”冒用之间的区别日益模糊，缺乏实际意义。因为在商场购物、酒店消费时“刷卡”，虽然面对店员，但是因为大多不是“签字”使用而是凭密码使用，对信用卡是否存在“冒用”的问题，店员已经完全托付给机器对密码的辨认，根本不去验证签字、身份证与持卡人是否一致。因此在使用加密码的信用卡的场合，发生“冒用”既不是机械发生错误也不是人发生错误，在机器上凭密码刷卡时有人还是无人是一样的。在信用卡诈骗上无视时代的发展、事物的变化，恪守“机械不能陷入错误”的框框，似乎不合时宜。

2. 刑事处罚

根据刑法第196条的规定，犯本罪的，处5年以下有期徒刑或者拘役，并处2万元以上20万元以下罚金；数额巨大或者有其他严重情节的，处5年以上10年以下有期徒刑，并处5万元以上50万元以下罚金；数额特别巨大或者有其他特别严重情节的，处10年以上有期徒刑或者无期徒刑，并处5万元以上50万元以下罚金或者没收财产。根据《办理信用卡刑案解释》的规定，信用卡诈骗数额在5万元以上不满50万元的，应认定为“数额巨大”；在50万元以上的，应当认定为“数额特别巨大”。恶意透支的“数额巨大”标准为10万元以上；“数额特别巨大”的标准为100万元以上。恶意透支应当追究刑事责任，但在公安机关立案后人民法院判决宣告前已偿还全部透支款息的，可以从轻处罚，情节轻微的，可以免除处罚。恶意透支数额较大，在公安机关立案前已偿还全部透支款息，情节显著轻微的，可以依法不追究刑事责任。

七、有价证券诈骗罪

（一）概念与构成

有价证券诈骗罪，是指以非法占有为目的，使用伪造、变造的国库券或者国家发行的其他有价证券，进行诈骗活动，数额较大的行为。

本罪的构成要件如下：

1. 本罪的客观方面表现为使用伪造、变造的国库券或者国家发行的其他有价证券进行诈骗的行为。具体包括以下要素：（1）使用伪造、变造的国库券或者国家发行的其他有价证券进行诈骗。国家有价证券，包括国库券和国家发行的其他有价证券，如国家主管机关批准发行的财政债券、国家建设债券、国家重点建设债券等。股票、公司、企业债券不属于国家发行的有价证券。既可以是使用自己伪造、变造的国家发行的有价证券，也可以是明知是他人伪造、变造的国家发行的有价证券而使用。对于前一种情况，成立伪造、变造国家有价证券罪与本罪的牵连犯，从一重罪处罚。（2）数额较大。根据《2010立案追诉标准（二）》第55条的规定，有价证券诈骗数额在1万元以上的，属数额较大。

2. 本罪的主体是一般主体，只能是自然人，不包括单位。

3. 本罪的主观方面是故意，且具有非法占有他人财物的目的。

4. 本罪的客体是国家对有价证券的发行管理制度和公私财产所有权。

（二）刑事处罚

根据刑法第197条的规定，犯本罪的，处5年以下有期徒刑或者拘役，并处2万元以上20万元以下罚金；数额巨大或者有其他严重情节的，处5年以上10年以下有期徒刑，并处5万元以上50万元以下罚金；数额特别巨大或者有其他特别严重情节的，处10年以上有期徒刑或者无期徒刑，并处5万元以上50万元以下罚金或者没收财产。

八、保险诈骗罪

（一）概念与构成

保险诈骗罪，是指投保人、被保险人、受益人，以非法占有为目的，采取虚构事实、隐瞒真相的方法，骗取保险金，数额较大的行为。

本罪的构成要件如下：

1. 本罪的客观方面表现为采取刑法第198条规定的方式骗取保险金，数额较大的行为。具体表现为以下五种行为：（1）投保人故意虚构保险标的，骗取保险金的。虚构保险标的，是指捏造根本不存在或不真实的保险标的与保险人订立保险合同。（2）投保人、被保险人或者受益人对发生的保险事故编造虚假的原因或者夸大损失的程度，骗取保险金的。“编造虚假原因”，是指对于所发生的保险事故本来是保险责任以外的原因导致，但投保人、被保险人或者受益人谎称由于保险责任范围内的原因所致，向保险人骗取保险金。“夸大损失的程度”，是指保险事故发生后，投保人、被保险人或者受益人故意夸大保险标的损失的程度，骗取超出应得赔偿数额的保险金。（3）投保人、被保险人或者受益人编造未曾发生的保险事故，骗取保险金的。（4）投保人、被保险人故意造成财产损失的保险事故，骗取保险金的。“故意造成财产损失的保险事故”，是指投保人、被保险人，在保险合同的有效期内，故意人为地制造保险标的损失的保险事故，骗取保险金的行为。例如，为了骗取保险金，故意放火烧毁已经投保的房屋，进而骗取保险金。（5）投保人、受益人故意造成被保险人死亡、伤残或者疾病，骗取保险金的。这种行为是指投保人、受益人为了骗取保险金，采取杀害、伤害、虐待等方法，故意人为制造保险事故，致被保险人死亡、伤残或者疾病，进而骗取保险金的行为。有上述第（4）、（5）种行为，同时构成其他犯罪的，数罪并罚。

成立本罪，以骗取数额较大的财物为要件，根据《2010立案追诉标准（二）》第56条的规定，个人进行保险诈骗，数额在1万元以上的；单位进行保险诈骗，数额在5万元以上的，是数额较大。

2. 本罪的主体是特殊主体，包括投保人、被保险人或者受益人。但根据行为方式的不同，身份要求有所差别。其中，虚构保险标的限于投保人，在故意造成财产损失的保险事故场合只有投保人和被保险人，在故意造成被保险人死伤的场合则只限于投保人和受益人。

3. 本罪的主观方面是故意，并且行为人具有非法占有保险金的目的。

4. 本罪的客体是国家有关保险制度的管理制度和保险人的财产所有权。

（二）司法认定与刑事处罚

1. 司法认定

（1）着手和既遂。行为人开始向保险机构提出保险理赔为保险诈骗罪的“着手”，通过欺骗使保险机构陷入错误取得其支付保险理赔金为既遂。行为人在着手前，虚构保险标的或恶意制造保险事故的行为，是保险诈骗的预备行为。该预备行为触犯其他罪如故意杀人罪、放火罪等，单独评价处罚，如在恶意制造保险事故后，提出保险理赔的，成立数罪。根据刑法第198条第2款的规定，投保人、被保险人故意造成财产损失的保险事故，投保人、受益人故意造成被保险人死亡、伤残或者疾病，骗取保险金，同时构成其他犯罪的，依照数罪并罚的规定处罚。

（2）共犯。根据刑法第198条第4款的规定，保险事故的鉴定人、证明人、财产评估人故意提供虚假的证明文件，为他人诈骗提供条件的，以保险诈骗的共犯论处。如果这里的鉴定人、证明人、财产评估人属于刑法第 229 条规定的承担资产评估、验资、验证、会计、审计、法律服务等职责的中介组织人员，则其行为（要求情节严重）同时触犯保险诈骗罪（帮助犯）和故意提供虚假证明文件罪，属想象竞合犯，应从一重罪论处。

（3）保险诈骗罪的共犯与贪污、职务侵占罪的区别。刑法第 183 条规定：保险公司的工作人员利用职务上的便利，故意编造未曾发生的保险事故进行虚假理赔，骗取保险金归自己所有的，依照本法第 271 条（职务侵占罪）的规定定罪处罚。国有保险公司工作人员和国有保险公司委派到非国有保险公司从事公务的人员有前款行为的，依照本法第 382 条、第 383 条（贪污罪）的规定定罪处罚。

2. 刑事处罚

根据刑法第 198 条的规定，犯本罪的，处 5 年以下有期徒刑或者拘役，并处 1 万元以上 10 万元以下罚金；数额巨大或者有其他严重情节的，处 5 年以上 10 年以下有期徒刑，并处 2 万元以上 20 万元以下罚金；数额特别巨大或者有其他特别严重情节的，处 10 年以上有期徒刑，并处 2 万元以上 20 万元以下罚金或者没收财产。单位犯本罪的，对单位判处罚金，并对其直接负责的主管人员和其他直接责任人员，处 5 年以下有期徒刑或者拘役；数额巨大或者有其他严重情节的，处 5 年以上 10 年以下有期徒刑；数额特别巨大或者有其他特别严重情节的，处 10 年以上有期徒刑。

参照《关于审理诈骗案件具体应用法律的若干问题的解释》的规定，个人进行保险诈骗数额在 5 万元以上的，属于“数额巨大”；在 20 万元以上的，属于“数额特别巨大”。单位进行保险诈骗数额在 25 万元以上的属于“数额巨大”；数额在 100 万元以上的，属于“数额特别巨大”。

第七节　危害税收征管罪

本类犯罪的疑难点是：（1）骗取出口退税罪与逃税罪的区别，要点是将本人（本单位）已就某批产品缴纳税款以假报出口的方式骗回的，是逃税罪；以虚构纳税事实并以假报出口的方式骗取出口退税的，是骗取出口退税罪。（2）虚开增值税专用发票罪与逃税罪的区别，要点是是否采取虚开增值税专用发票的方式逃税或帮助他人逃税，如果虚开增值税发票没有逃税的意思和效果，仅仅是虚构业绩的，不构成涉税的犯罪。

一、逃税罪

（一）概念与构成

逃税罪，是指纳税人采取欺骗、隐瞒手段进行虚假纳税申报或者不申报，逃避缴纳税款数额较大或者因逃税受到两次行政处罚又逃税的行为。

本罪的构成要件如下：

1. 本罪的客观方面表现为采取欺骗、隐瞒手段，进行虚假纳税申报或者不申报，逃避缴纳税款数额较大或者因逃税受到二次行政处罚又逃税的行为。具体包括以下要素：（1）包括两种方式：1）虚假申报；2）不申报。欺骗、隐瞒的手段，常见采取伪造、隐匿、销毁账簿、记账凭证的手段；或者作假账的手段。（2）达到数额较大或具备其他严重情形。根据《2010 立案追诉标准（二）》第 57 条的规定，逃税涉嫌下列情形之一的，应予立案追诉：1）逃避缴纳税款数额在 5 万元以上并且占各税种应纳税总额 10%以上，经税务机关依法下达追缴通知后，不补缴应纳税款、不缴纳滞纳金或者不接受行政处罚的；2）纳税人5年内因逃避缴纳税款受过刑事处罚或者被税务机关给予二次以上行政处罚，又逃避缴纳税款，数额在5万元以上并且占各税种应纳税总额10%以上的；3）扣缴义务人采取欺骗、隐瞒手段，不缴或者少缴已扣、已收税款，数额在5万元以上的。根据《关于审理偷税抗税刑事案件具体应用法律若干问题的解释》的规定，“逃税数额”，是指在确定的纳税期间，不缴或者少缴各税种税款的总额。“逃税数额占应纳税额的百分比”，是指一个纳税年度中的各税种逃税总额与该纳税年度应纳税总额的比例。不按纳税年度确定纳税期的其他纳税人，逃税数额占应纳税额的百分比，按照行为人最后一次逃税行为发生之日前一年中各税种逃税总额与该年纳税总额的比例确定。纳税义务存续期间不足一个纳税年度的，逃税数额占应纳税额的百分比，按照各税种逃税总额与实际发生纳税义务期间应当缴纳税款总额的比例确定。逃税行为跨越若干个纳税年度，只要其中一个纳税年度的逃税数额及百分比达到刑法第201条第1款规定的情节严重的标准，即构成逃税罪。各纳税年度的逃税数额应当累计计算，逃税百分比应当按照最高的百分比确定。注意，这个比例标准与数额标准必须同时具备。如果逃避纳税不够较大或所占比例不足应纳税税额的10%以上的，属于一般违法行为。

对多次犯有逃税行为，未经处理的，按照累计数额计算。未经处理，是指纳税人或者扣缴义务人在5年内多次实施逃税行为，但每次逃税数额均未达到逃税罪构成犯罪的数额标准，且未受行政处罚的情形。

2. 本罪的主体是特殊主体，包括纳税人和扣缴义务人。纳税人，是指法律、行政法规规定负有纳税义务的单位和个人；扣缴义务人，是指法律、行政法规规定负有代扣代缴、代收代缴税款义务的单位和个人，其中又分为代扣代缴义务人和代收代缴义务人。无照经营的，不免除其纳税义务，故不妨碍追究其逃税罪的刑事责任。

3. 本罪的主观方面是故意。

4. 本罪的客体是国家税收征管制度。

(二）司法认定与刑事处罚

1. 司法认定

(1）对“初犯”宽大政策。本条保护客体主要是为了维护税收征管秩序，保证国家税收收入。对属于初犯，经税务机关指出后积极补缴税款和滞纳金，履行了纳税义务，接受行政处罚的，可不再作为犯罪追究刑事责任，这样处理可以较好地体现宽严相济的刑事政策。但是，对于5年内因逃避缴纳税款受过刑事处罚或者被税务机关给予二次以上行政处罚的，不适用此项宽大规定。

根据《2010立案追诉标准（二）》第57条的规定，纳税人在公安机关立案后再补缴应纳税款、缴纳滞纳金或者接受行政处罚的，不影响刑事责任的追究。据此，对“初犯”宽大政策仅限于在被公安机关立案前。

(2）区分逃税罪与漏税的界限。逃税与漏税虽然都是少征税款，但是性质完全不同。漏税，是指纳税单位或个人，由于不了解、不熟悉税法规定和财务制度或因工作粗心大意，错用税率、漏报应税项目，不计应税数量、销售金额和经营利润等原因，非故意地发生漏缴或少缴税款的行为。漏税属于一般的违法行为，其与逃税的区别在于：1）逃税行为是故意实施的，并且具有不缴或少缴税款的目的。而漏税是无意识实施的，不具有不缴或少缴税款的目的。2）逃税行为表现为采取欺骗、隐瞒等非法手段不缴或少缴税款，而漏税行为客观上并不存在弄虚作假等非法手段，行为也不具有欺骗性和逃避性的特点。

(3) 区分逃税罪与欠税的界限。欠税，是指在法律规定的纳税期限内，纳税人因无力缴纳税款而拖欠税款的行为。逃税与欠税的区别在于：逃税具有不缴、少缴税款的故意，并且采取非法手段偷逃税款；而欠税只是因客观原因没有按时缴纳税款，并无偷逃税款的故意，也未使用非法手段。

(4) 区分逃税罪与避税的界限。避税，是指利用税法的漏洞、缺陷或模糊之处，选择有利于自己的计税方法，规避或者减轻纳税义务的行为。逃税和避税的区别在于：逃税是采用违法手段，而避税虽然是钻法律的空子，但并非“手段非法”，其手段不是法律明文规定可做的范围，也不是法律明文规定不可做的范围，是由于立法疏忽而未纳入法律调整的范围，只能日后通过完善税法来解决。

(5) 共犯问题。税务人员利用职务上的便利，索取纳税人（自然人、法人）财物的，或者非法收受纳税人财物，为纳税人谋取利益的，以受贿罪论处；非法所得虽未达到追究受贿罪的数额标准，但情节较重的，也应以受贿罪论处。税务人员与纳税人相互勾结，共同实施逃税行为，情节严重的，以逃税共犯论处，从重处罚。

(6) 使用伪造、变造、盗窃的武装部队车辆号牌，不缴或者少缴应纳的车辆购置税、车辆使用税等税款，逃税数额占应纳税额的10%以上，且逃税数额在1万元以上的，以逃税罪定罪处罚。

2. 刑事处罚

根据刑法第201条、《刑法修正案（七）》的规定，犯本罪的，处3年以下有期徒刑或者拘役，并处罚金；数额巨大并且占应纳税额30%以上的，处3年以上7年以下有期徒刑，并处罚金。单位犯本罪的，对单位判处罚金，并对其责任人员依照上述规定处罚。

判处罚金的，在执行前，应当先由税务机关追缴税款。根据前述司法解释，纳税人、扣缴义务人因同一逃税行为受到行政处罚，又被移送起诉的，人民法院应当依法受理。依法定罪并判处罚金的，行政罚款冲抵罚金。

二、抗税罪

(一) 概念与构成

抗税罪，是指纳税人或者扣缴义务人以暴力、威胁方法拒不缴纳税款的行为。

本罪的构成要件如下：

1. 本罪的客观方面表现为以暴力、威胁方法拒不缴纳税款的行为。暴力包括两种情况：一是对人暴力，即对履行税收职责的税务人员的人身不法行使暴力，如对征税人员实施殴打、伤害等。二是对物暴力，即冲击、打砸税务机关，使税务机关不能从事正常的税收活动。威胁方法，是指对履行税收职责的税务人员实行精神上的强制，使其不敢正常履行税收职责，如扬言杀害、伤害征税工作人员或其亲属等。暴力、威胁是手段行为，目的是拒绝缴纳税款。

2. 本罪的主体是特殊主体，即纳税人和扣缴义务人，且只能是自然人，单位不能成为本罪主体。对于单位集体抗税的案件，只能针对抗税的领导者、组织者及主要参与者，如果其行为符合抗税罪的构成要件，以抗税罪论处。

3. 本罪的主观方面是故意。

4. 本罪的客体是国家的税收征管制度和国家税收人员的人身权利。

（二）司法认定与刑事处罚

1. 司法认定

（1）罪与非罪的界限。根据《2010立案追诉标准（二）》第58条的规定，暴力抗税有下列情形之一，应予立案：1）造成税务工作人员轻微伤以上的；2）以给税务工作人员及其亲友的生命、健康、财产等造成损害为威胁，抗拒缴纳税款的；3）聚众抗拒缴纳税款的；4）以其他暴力、威胁方法拒不缴纳税款的。根据《税收征收管理法》的规定，抗税情节轻微，未构成犯罪的，由税务机关追缴其拒缴的税款，处以拒缴税款1倍以上5倍以下的罚款。由此可推知，不能将所有抗税行为都作为抗税罪处理，在认定本罪时仍要考虑暴力、威胁程度，抗税的次数，所造成的后果影响等因素。对于抗税情节轻微的，不能以本罪论处。

（2）数罪并罚问题。实施暴力是抗税罪的应有之义，所以因抗税故意伤害致人轻伤的，是抗税罪的情节加重犯，不需数罪并罚；致人重伤、死亡，构成故意伤害罪、故意杀人罪的，分别依照刑法第234条第2款（故意伤害罪致人重伤或死亡）、第232条（故意杀人罪）的规定定罪处罚，也不数罪并罚。此外，妨害公务是抗税罪的应有之义，所以，因抗税而妨害公务的，也不需数罪并罚。

（3）共犯问题。根据《关于审理偷税抗税刑事案件具体应用法律若干问题的解释》的规定，与纳税人或者扣缴义务人共同实施抗税行为的，以抗税罪的共犯依法处罚。

2. 刑事处罚

根据刑法第202条和第212条的规定，犯本罪的，处3年以下有期徒刑或者拘役，并处拒缴税款1倍以上5倍以下罚金；情节严重的，处3年以上7年以下有期徒刑，并处拒缴税款1倍以上5倍以下罚金。在对判处罚金的犯罪分子执行罚金前，应当先由税务机关追缴所逃避的税款。根据《关于审理偷税抗税刑事案件具体应用法律若干问题的解释》的规定，实施抗税行为具有下列情形之一的，属于“情节严重”：（1）聚众抗税的首要分子；（2）抗税数额在10万元以上的；（3）多次抗税的；（4）故意伤害致人轻伤的；（5）具有其他严重情节的。

三、逃避追缴欠税罪

（一）概念与构成

逃避追缴欠税罪，是指纳税人欠缴应纳税款，采取转移或者隐匿财产的手段，致使税务机关无法追缴欠缴的税款，数额较大的行为。

本罪的构成要件如下：

1. 本罪的客观方面表现为在欠缴应纳税款的前提下，采取转移或者隐匿财产的手段，致使税务机关无法追缴欠缴的税款，数额较大的行为。具体包括以下内容：（1）行为人欠缴应纳税款。即纳税人超过纳税期限，没有按时缴纳或者缴足应纳税款。（2）行为人有转移和隐匿财产的行为。“转移财产”，通常指从开户银行、其他金融机构中提走存款或者转移到其他户头，或者将财产的通常存放地点予以改变的行为。“隐匿财产”，是指将财产予以隐藏，使税务机关难以发现的行为。（3）转移、隐匿财产的行为致使税务机关无法追缴欠缴的税款。“无法追缴”，是指税务机关不能或不能全额追缴欠缴税款，而非指绝对不能追缴。（4）无法追缴的欠税须达到数额较大。根据《2010立案追诉标准（二）》第59条的规定，“数额较大”以1万元为起点。这里的“数额”既非指转移、隐匿财产的数额，也非指欠税数额，而是指税务机关无法追缴的数额。

2. 本罪的主体是纳税人，包括自然人和单位。

3. 本罪的主观方面是故意，即行为人明知转移、隐匿财产的行为，会发生税务机关对于欠缴的税款追缴不能的结果，并且希望这种结果的发生。

4. 本罪的客体是国家税收征管制度。

(二) 刑事处罚

根据刑法第 203 条、第 211 条和第 212 条的规定，犯本罪的，处 3 年以下有期徒刑或者拘役，并处或者单处欠缴税款 1 倍以上 5 倍以下罚金；数额在 10 万元以上的，处 3 年以上 7 年以下有期徒刑，并处欠缴税款 1 倍以上 5 倍以下罚金。单位犯本罪的，对单位判处罚金，并对其责任人依照上述规定处罚。被判处罚金的，在执行前，应当先由税务机关追缴所欠缴的税款。

四、骗取出口退税罪

(一) 概念与构成

骗取出口退税罪，是指以假报出口或者欺骗手段，骗取国家出口退税款，数额较大的行为。

本罪的构成要件如下：

1. 本罪的客观方面表现为以假报出口或者其他欺骗手段，骗取国家出口退税款，且数额较大的行为。根据 2002 年 9 月 17 日发布的最高人民法院《关于审理骗取出口退税刑事案件具体应用法律若干问题的解释》的规定：(1) 假报出口，是指以虚构已税货物出口事实为目的，具有下列情形之一的行为：1) 伪造或者签订虚假的买卖合同；2) 以伪造、变造或者其他非法手段取得出口货物报关单、出口收汇核销单、出口货物专用缴款书等有关出口退税单据、凭证；3) 虚开、伪造、非法购买增值税专用发票或者其他可以用于出口退税的发票；4) 其他虚构已税货物出口事实的行为。(2) 其他欺骗手段，是指以下情形之一：1) 骗取出口货物退税资格的；2) 将未纳税或者免税货物作为已税货物出口的；3) 虽有货物出口，但虚构该出口货物的品名、数量、单价等要素，骗取未实际纳税部分出口退税款的；4) 以其他手段骗取出口退税款的。(3) 数额较大，是指骗取国家出口退税款 5 万元以上的。对于有进出口经营权的公司、企业，明知他人意欲骗取国家出口退税款，仍违反国家有关进出口经营的规定，允许他人自带客户、自带货源、自带汇票并自行报关，骗取国家出口退税款的，以本罪定罪处罚。本罪的对象是作为国内税的产品税、增值税、营业税和特别消费税四项特定税种的税款。

2. 本罪的主体是一般主体，包括自然人和单位。

3. 本罪的主观方面是故意，以非法占有为目的。

4. 本罪的客体是国家的出口退税制度和公共财产权。

(二) 司法认定与刑事处罚

1. 司法认定

根据刑法第 204 条第 2 款的规定，纳税人缴纳税款后，采取假报出口或其他欺骗手段，骗取所缴纳的税款的，依照逃税罪定罪处罚；骗取税款超过所缴纳的税款部分，依照骗取出口退税款的规定处罚。骗取出口退税罪与逃税罪的区别在于纳税人是否已经缴纳了税款。如果行为人根本没有纳税，骗取出口退税的，成立本罪；如果行为人缴纳税款后，又采取假报出口等欺骗手段骗回所缴纳的税款的，成立逃税罪。对于骗取税款超出所缴纳的税款部分，成立本罪，与逃税罪实行数罪并罚。

2. 刑事处罚

根据刑法第 204 条、第 211 条和第 212 条的规定，犯本罪的，处 5 年以下有期徒刑或者拘役，并处骗取税款1倍以上5倍以下罚金；数额巨大或者有其他严重情节的，处5年以上10年以下有期徒刑，并处骗取税款1倍以上5倍以下罚金；数额特别巨大或者有其他特别严重情节的，处10年以上有期徒刑或者无期徒刑，并处骗取税款1倍以上5倍以下罚金或者没收财产。单位犯本罪的，对单位判处罚金，并对其责任人依照上述规定处罚。被判处罚金的，在执行前，应当先由税务机关追缴税款。

根据《关于审理骗取出口退税刑事案件具体应用法律若干问题的解释》的规定，骗取国家出口退税款50万元以上的，为“数额巨大”；骗取国家出口退税款250万元以上的，为“数额特别巨大”。具有下列情形之一的，属于“其他严重情节”：(1) 造成国家税款损失30万元以上并且在第一审判决宣告前无法追回的；(2) 因骗取国家出口退税行为受过行政处罚，两年内又骗取国家出口退税款数额在30万元以上的；(3) 情节严重的其他情形。具有下列情形之一的，属于本罪的“其他特别严重情节”：1) 造成国家税款损失150万元以上并且在第一审判决宣告前无法追回的；2) 因骗取国家出口退税行为受过行政处罚，两年内又骗取国家出口退税款数额在150万元以上的；3) 情节特别严重的其他情形。

根据上述解释第7条的规定，实施骗取国家出口退税行为，没有实际取得出口退税款的，可以比照既遂犯从轻或者减轻处罚。

五、虚开增值税专用发票、用于骗取出口退税、抵扣税款发票罪

(一) 概念与构成

虚开增值税专用发票、用于骗取出口退税、抵扣税款发票罪，是指故意虚开增值税专用发票、用于骗取出口退税、抵扣税款的其他发票的行为。

本罪的构成要件如下：

1. 本罪的客观方面表现为：虚开专用发票的行为，包括虚开增值税专用发票与虚开用于骗取出口退税、抵扣税款的其他发票的行为。“出口退税、抵扣税款的其他发票”，是指除增值税专用发票以外的，具有出口退税、抵扣税款功能的收付款凭证或者完税凭证。“虚开”包括：(1) 为他人虚开；(2) 为自己虚开；(3) 让他人为自己虚开；(4) 介绍他人虚开。《关于适用〈全国人民代表大会常务委员会关于惩治虚开、伪造和非法出售增值税专用发票犯罪的决定〉的若干问题的解释》中规定，虚开税款数额在1万元以上或者虚开增值税专用发票致使国家税款被骗取5 000元以上的，应当定罪处罚。

2. 本罪的主体包括自然人和单位。

3. 本罪的主观方面是故意，即行为人明知虚开增值税专用发票或者用于骗取出口退税、抵扣税款的其他发票会造成国家税款流失的结果，而积极追求该结果的发生。过失不构成本罪。本罪不要求行为人具有偷逃、骗取税款的目的。因为在为“他人虚开”、“介绍他人虚开”的场合，只要有帮助他人偷逃、骗取税款的认识就可以构成本罪，不问行为人本人有没有偷逃、骗取税款的目的。“刑法将虚开增值税专用发票规定为犯罪，主要是为了惩治那些为自己或为他人偷逃、骗取国家税款虚开增值税专用发票的行为。因此，对于确有证据证实行为人不具有偷、骗税的目的，客观上也不会造成国家税款流失的虚开增值税专用发票的行为，不以虚开增值税专用发票罪论处”①。因此，通过虚开增值税专用发票

① 牛克乾：《虚开增值税专用发票、用于骗取出口退税、抵扣税款发票犯罪法律适用的若干问题》，载熊选国主编：《刑事审判参考》，总第49集，140页，北京，法律出版社，2006。

夸大销售业绩或企业实力，没有造成国家税款损失或流失的，不以虚开增值税专用发票罪论处。

4. 本罪的客体是国家对于专用发票的管理制度和税收征管制度。

(二) 司法认定与刑事处罚

1. *司法认定*

(1) 罪与非罪的界限。本罪的实质仍是逃税，如果仅有虚开行为但不用于本人或他人逃税的，不构成本罪。例如，有些上市公司为了制造虚假繁荣、抬升股价而在虚构交易时虚开增值税专用发票，并无逃税的意思和行为，不构成本罪。

(2) 本罪与逃税罪的界限。主要看是否采取“虚开”方式逃税。“虚开”的要点是开具无真实交易活动的发票，或者开具的金额与实际交易不符。逃税罪与虚开用于抵扣增值税的发票罪虽然本质上都是危害税收征管、偷逃税收，但属于性质不同的犯罪。这体现在二者的处罚有明显的差异：逃税罪法定最高刑为7年有期徒刑，而虚开增值税专用发票或其他可用于抵扣税款的发票罪法定最高刑为无期徒刑。二者本质上均属于偷逃税收的犯罪，但法定最高刑差别如此悬殊，反映出立法者对二者危害性的不同评价，因此应当严格区分。

二者区别的关键在于是否用于“抵扣增值税”上，而不在于是否逃税和是否使用增值税发票。这需要了解增值税的抵扣规定。所谓增值税，顾名思义是指因提供产品或劳务等产生增值而缴纳的税种，而一个企业提供产品（或劳务）增值的部分实际受付出部分的制约。如果付出越大、增值越小，相反付出越小、增值越大，因而影响缴纳增值税额的多少。当一个企业既是卖方又是买方时，不仅作为卖方负担增值税负，而且作为买方也负担了对方（另一卖方的）加在产品中的增值税负。让企业承担这种双重税负显然不合理，所以增值税条例中规定了“抵扣”制度：一个企业缴纳的增值税额仅仅是其当期销项（卖出）税额减去当期进项（买进）税额的余额部分（或差额部分），即允许企业以当期进项（因买进而承担的）增值税额抵扣其（因卖出产品）增值而应缴纳的增值税额。例如，A公司获得抵扣税款资格后，从税务机关领取可抵扣（增值税）税款的发票（主要是增值税专用发票），如果A公司卖给B公司一台机器价格100万元，按17%的税率计算，增值税额是17万元（销项税额）。A公司需给B公司开具增值税发票，其上载明机器价格100万元，增值税17万元。A公司就此项交易向B公司收取117万元。A公司是该发票的出票方；B公司是该发票的受票方。A公司就该笔交易（销项税额）承担缴纳17万元的纳税义务。B公司作为受票方就该笔交易作为进项税额可以用于抵扣税款。假如A公司同期为制造机器从C公司买进了50万元的零件，C公司需给A公司开具增值税发票，其上载明，零件价格50万元，增值税额17%为8.5万元。A公司作为受票方可凭该进项税额8.5万元抵扣销项税额，即原本应缴纳增值税17万元，经使用进项税额8.5万元抵扣，实际只需交纳8.5万元增值税。

有些不法之徒利用这一抵扣制度，使用增值税专用发票或其他可用于抵扣增值税的发票虚开进项税额，用于抵扣销项（卖出）税额，从而达到不缴或者少缴增值税，即偷逃缴纳增值税的目的。更有一些不法之徒，甚至专门为他人虚开发票，从中牟利。同时，还伴生诸如非法买卖增值税专用发票，伪造、买卖伪造的增值税专用发票等犯罪。

另外，国家为了防止滥用抵扣制度，对纳税户抵扣税款资格也有所限制，即限于一般纳税人。如果行为人仅仅虚开了可抵扣税款的发票，偷逃税收，但不是直接用于抵扣增值税款，而是通过虚开做大支出成本，降低收入，从而达到偷逃税收的目的的，属于一般的逃税行为，而不是特定的以虚开发票直接抵扣税款（增值税）的方式逃税，不构成虚开用于抵扣税款发票罪。

（3）罪数。非法购买增值税专用发票或者购买伪造的增值税专用发票又虚开或者出售的，分别依照刑法第205条、第206条、第207条定罪处罚，不需要数罪并罚。

2. 刑事处罚

根据刑法第205条和《刑法修正案（八）》的规定，犯本罪的，处3年以下有期徒刑或者拘役，并处2万元以上20万元以下罚金；虚开的税款数额较大或者有其他严重情节的，处3年以上10年以下有期徒刑，并处5万元以上50万元以下罚金；虚开的税款数额巨大或者有其他特别严重情节的，处10年以上有期徒刑或者无期徒刑，并处5万元以上50万元以下罚金或者没收财产。单位犯本罪的，对单位判处罚金，并对其责任人处3年以下有期徒刑或者拘役；虚开的税款数额较大或者有其他严重情节的，处3年以上10年以下有期徒刑；虚开的税款数额巨大或者有其他特别严重情节的，处10年以上有期徒刑或者无期徒刑。根据上述司法解释，虚开税款数额在10万元以上的，属于“虚开的税款数额较大”。具有下列情节之一的，属于“有其他严重情节”：（1）因虚开专用发票致使国家税款被骗5万元以上的；（2）具有其他严重情节的。虚开税款数额50万元以上的，属于“虚开的税款数额巨大”。具有下列情节之一的，属于“有其他特别严重情节”：（1）因虚开专用发票致使国家税款被骗30万元以上的；（2）虚开的税款数额接近巨大并有其他严重情节的；（3）具有其他特别严重情节的。利用虚开的专用发票实际抵扣税款或者骗取出口退税100万元以上的，属于“骗取国家税款，数额特别巨大”；造成国家税款损失50万元以上并且在侦查终结前无法追回的，属于“给国家利益造成特别重大损失”。利用虚开的专用发票骗取国家税款数额特别巨大，给国家利益造成特别重大损失，为“情节特别严重”的基本内容。在执行罚金、没收财产前，应先由税务机关追缴税款。

六、虚开发票罪①

（一）概念与构成

虚开发票罪，是指虚开增值税专用发票或者虚开用于骗取出口退税、抵扣税款的其他发票以外的其他发票，情节严重的行为。

本罪的构成要件如下：

1. 本罪的客观方面表现为虚开刑法第205条所规定之发票以外的其他发票情节严重的行为。

2. 本罪的主体是普通主体，包括个人和单位。

3. 本罪的主观方面是故意。

4. 本罪的客体是国家对于发票的管理制度。

（二）刑事处罚

根据刑法第205条之一的规定，犯本罪处2年以下有期徒刑、拘役或者管制，并处罚金；情节特别严重的，处2年以上7年以下有期徒刑，并处罚金。单位犯前本罪的，对单位判处罚金，并对其责任人依照前述的规定处罚。

---

① 这是《刑法修正案（八）》第33条新增规定。

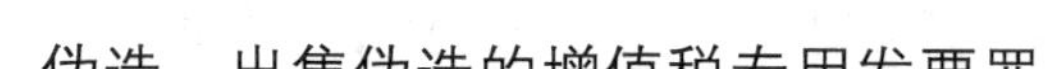

七、伪造、出售伪造的增值税专用发票罪

（一）概念与构成

伪造、出售伪造的增值税专用发票罪，是指伪造增值税专用发票或者出售伪造的增值税专用发票的行为。

本罪的构成要件如下：

1. 本罪的客观方面表现为伪造增值税专用发票或者出售伪造的增值税专用发票的行为。伪造增值税专用发票，是指仿照真实增值税专用发票的外部特征，非法制造假增值税专用发票，并达到足以使一般人信以为真的程度。对本罪中的“伪造”一词可以从广义上进行理解，也包括变造增值税发票的行为。出售伪造的增值税专用发票的行为，是指将伪造的增值税专用发票出卖给他人的行为。

根据《2010 立案追诉标准（二）》第 62 条的规定，伪造或者出售伪造的增值税专用发票 25 份以上或票面额累计在 10 万元以上的，应予立案追诉。

2. 本罪的主体是一般主体，包括自然人和单位。

3. 本罪的主观方面是故意。

4. 本罪的客体是国家对发票的管理秩序。

（二）刑事处罚

根据刑法第 206 条和《刑法修正案（八）》的规定，犯本罪的，处 3 年以下有期徒刑、拘役或者管制，并处 2 万元以上 20 万元以下罚金；数量较大或者有其他严重情节的，处 3 年以上 10 年以下有期徒刑，并处 5 万元以上 50 万元以下罚金；数量巨大或者有其他特别严重情节的，处 10 年以上有期徒刑或者无期徒刑，并处 5 万元以上 50 万元以下罚金或者没收财产。单位犯本罪的，对单位判处罚金，并对其责任人处 3 年以下有期徒刑、拘役或者管制；数量较大或者有其他严重情节的，处 3 年以上 10 年以下有期徒刑；数量巨大或者有其他特别严重情节的，处 10 年以上有期徒刑或者无期徒刑。

八、非法出售增值税专用发票罪

（一）概念与构成

非法出售增值税专用发票罪，是指违反国家发票管理法规，故意非法出售增值税专用发票的行为。

本罪的构成要件如下：

1. 客观方面表现为非法出售增值税专用发票的行为。行为对象是真实的增值税专用发票，不包括伪造的增值税专用发票。根据《2010 立案追诉标准（二）》第 63 条的规定，非法出售增值税专用发票 25 份以上或者票面额累计在 10 万元以上的，应予立案追诉。

2. 本罪的主体是一般主体，包括自然人和单位。

3. 本罪的主观方面是故意。

4. 本罪的客体是国家对发票的管理秩序。

（二）刑事处罚

根据刑法第 207 条和第 211 条的规定，犯本罪的，处 3 年以下有期徒刑、拘役或者管制，并处 2 万元以上 20 万元以下罚金；数量较大的，处 3 年以上 10 年以下有期徒刑，并处 5 万元以上 50 万元以下罚金；数量巨大的，处 10 年以上有期徒刑或者无期徒刑，并处 5

万元以上50万元以下罚金或者没收财产。单位犯本罪的，对单位判处罚金，并对其责任人依照上述规定处罚。

九、非法购买增值税专用发票、购买伪造的增值税专用发票罪

（一）概念与构成

非法购买增值税专用发票、购买伪造的增值税专用发票罪，是指违反国家发票管理法规，故意非法购买增值税专用发票，或者购买伪造的增值税专用发票的行为。

本罪的构成要件如下：

1. 本罪的客观方面表现为违反国家发票管理法规，非法购买增值税专用发票，或者购买伪造的增值税专用发票的行为。非法购买，是指不按照我国发票管理的法规，在指定的税务机关购买，而是向指定的税务机关以外的单位或者个人购买增值税专用发票。本罪是选择性罪名，非法购买真、伪两种增值税专用发票的，仍成立一罪，数额累计计算，不实行数罪并罚。根据《2010立案追诉标准（二）》第64条的规定，非法购买增值税专用发票或者购买伪造的增值税专用发票25份以上或者票面额累计在10万元以上的，应予立案追诉。

2. 本罪的主体是一般主体，包括自然人和单位。

3. 本罪的主观方面是故意。

4. 本罪的客体是国家对发票的管理秩序。

（二）司法认定与刑事处罚

1. 司法认定

根据刑法第208条第2款的规定，非法购买增值税专用发票或者购买伪造的增值税专用发票又虚开或者出售的，分别以虚开增值税专用发票、用于骗取出口退税、抵扣税款发票罪，伪造、出售伪造的增值税专用发票罪，非法出售增值税专用发票罪论处。

2. 刑事处罚

根据刑法第208条和第211条的规定，犯本罪的，处5年以下有期徒刑或者拘役，并处或者单处2万元以上20万元以下罚金。单位犯本罪的，对单位判处罚金，并对其责任人依照上述规定处罚。

十、非法制造、出售非法制造的用于骗取出口退税、抵扣税款发票罪

（一）概念与构成

非法制造、出售非法制造的用于骗取出口退税、抵扣税款发票罪，是指违反国家发票管理法规，故意伪造、擅自制造或者出售伪造、擅自制造的可以用于骗取出口退税、抵扣税款的非增值税专用发票的行为。

本罪的构成要件如下：

1. 本罪的客观方面表现为非法制造、出售非法制造的用于骗取出口退税、抵扣税款发票的行为。非法制造包括伪造和擅自制造。“伪造”，是指无印制资格的个人或者单位私自印制发票的行为。“擅自制造”，是指有印制资格的个人或单位在未经授权的情况下或者超出批准范围，私自印制上述发票的行为。根据《2010立案追诉标准（二）》第65条的规定，以本罪行为涉发票50份以上或票面金额20万元以上的，应予立案追诉。

2. 本罪的主体是一般主体，包括自然人和单位。

3. 本罪的主观方面是故意。

4. 本罪的客体是国家对发票的管理秩序。

(二) 刑事处罚

根据刑法第 209 条第 1 款和第 211 条的规定，犯本罪的，处 3 年以下有期徒刑、拘役或者管制，并处 2 万元以上 20 万元以下罚金；数量巨大的，处 3 年以上 7 年以下有期徒刑，并处 5 万元以上 50 万元以下罚金；数量特别巨大的，处 7 年以上有期徒刑，并处 5 万元以上 50 万元以下罚金或者没收财产。单位犯本罪的，对单位判处罚金，并对其责任人依照上述规定处罚。“数量巨大”以 200 份为起点，“数量特别巨大”以 1 000 份为起点。

十一、非法制造、出售非法制造的发票罪

(一) 概念与构成

非法制造、出售非法制造的发票罪，是指违反国家发票管理法规，故意伪造、擅自制造或者出售伪造、擅自制造的非用于骗取出口退税、抵扣税款的其他发票的行为。

本罪的构成要件如下：

1. 本罪的客观方面表现为伪造、擅自制造或者出售伪造、擅自制造的普通发票的行为。根据《2010 立案追诉标准（二）》第 66 条的规定，以本罪行为涉普通发票 100 份以上或者票面额累计在 40 万元以上的，应予立案追诉。

2. 本罪的主体是一般主体，包括自然人和单位。

3. 本罪的主观方面是故意。

4. 本罪的客体是国家对发票的管理秩序。

(二) 刑事处罚

根据刑法第 209 条第 2 款和第 211 条的规定，犯本罪的，处 2 年以下有期徒刑、拘役或者管制，并处或者单处 1 万元以上 5 万元以下罚金；情节严重的，处 2 年以上 7 年以下有期徒刑，并处 5 万元以上 50 万元以下罚金。单位犯本罪的，对单位判处罚金，并对其责任人依照上述规定处罚。

十二、非法出售用于骗取出口退税、抵扣税款发票罪

(一) 概念与构成

非法出售用于骗取出口退税、抵扣税款发票罪，是指违反国家发票管理法规，故意非法出售，除增值税专用发票以外的，可以用于骗取出口退税、抵扣税款的其他发票的行为。

本罪的构成要件如下：

1. 本罪的客观方面表现为非法出售增值税专用发票以外的可用于骗取出口退税、抵扣税款的其他发票的行为。行为对象是真实的发票。根据《2010 立案追诉标准（二）》第 67 条的规定，以本罪行为涉有关发票 50 份以上或面额累计达 20 万元以上的，应予立案追诉。

2. 本罪的主体是一般主体，包括自然人和单位。

3. 木罪的主观方面是故意。

4. 本罪的客体是国家对发票的管理秩序。

(二) 刑事处罚

根据刑法第 209 条第 3 款、第 211 条的规定，犯本罪的，处 3 年以下有期徒刑、拘役或者管制，并处 2 万元以上 20 万元以下罚金；数量巨大的，处 3 年以上 7 年以下有期徒

刑，并处5万元以上50万元以下罚金；数量特别巨大的，处7年以上有期徒刑，并处5万元以上50万元以下罚金或者没收财产。单位犯本罪的，对单位判处罚金，并对其责任人依照上述规定处罚。根据有关解释，“数量巨大”以200份为起点，“数量特别巨大”以1 000份为起点。

十三、非法出售发票罪

（一）概念与构成

非法出售发票罪，是指违反国家发票管理法规，故意非法出售除增值税专用发票，可以用于骗取出口退税、抵扣税款以外的其他发票的行为。

本罪的构成要件如下：

1. 本罪的客观方面表现为非法出售除增值税专用发票，可以用于骗取出口退税、抵扣税款以外的普通发票的行为。行为人所出售的必须是真实有效的普通发票，否则，不成立本罪。根据《2010立案追诉标准（二）》第68条的规定，非法出售普通发票100份以上或者票面额累计在40万元以上的，应予立案追诉。
2. 本罪的主体是一般主体，包括自然人和单位。
3. 本罪的主观方面是故意。
4. 本罪的客体是国家对发票的管理秩序。

（二）刑事处罚

根据刑法第209条第4款和第211条的规定，本罪的刑事责任与非法制造、出售非法制造的发票罪完全相同。

十四、持有伪造的发票罪[①]

（一）概念与构成

持有伪造的发票罪，是指明知是伪造的发票而持有，数量较大的行为。

1. 本罪的客观方面表现为持有数量较大的伪造的发票的行为。
2. 本罪的主体是一般主体，包括自然人和单位。
3. 本罪的主观方面是故意，明知是伪造的发票而持有。
4. 本罪的客体是国家对发票的管理秩序。

（二）刑事处罚

根据刑法第210条之一的规定，犯本罪的，处2年以下有期徒刑、拘役或者管制，并处罚金；数量巨大的，处2年以上7年以下有期徒刑，并处罚金。单位犯本罪的，对单位判处罚金，并对其责任人依照前述的规定处罚。

第八节　侵犯知识产权罪

本类犯罪的疑难点是：(1) 罪数问题，犯侵犯著作权罪而后销售该侵权复制品的，以侵犯著作权罪处罚；假冒注册商标而后销售该假冒注册商标的商品的，以假冒注册商标罪处罚；生产、销售假冒注册商标的伪劣商品的，择一重罪处罚。(2) 制作、出售假冒他人

---

① 这是《刑法修正案（八）》第35条新增规定。

署名的美术作品，属于侵犯著作权的行为之一，通常不按照诈骗罪定罪处罚。(3) 侵犯商业秘密罪的要点，其一是非法手段获取或违反约定泄露使用商业秘密，其二是给权利人造成重大损失达50万元以上，在损失难以确认时，侵权人的获利可以算作权利人的损失。关于本类犯罪的重要司法解释有：2004年12月8日公布的最高人民法院、最高人民检察院《关于办理侵犯知识产权刑事案件具体应用法律若干问题的解释》(以下简称《办理知识产权刑案解释》)，2007年4月5日公布的最高人民法院、最高人民检察院《关于办理侵犯知识产权刑事案件具体应用法律若干问题的解释（二）》(以下简称《办理知识产权刑案解释（二）》) 和2011年1月10日公布的最高人民法院、最高人民检察院、公安部、司法部《关于办理侵犯知识产权刑事案件适用法律若干问题的意见》(以下简称《办理知识产权刑案意见》)。关于本节犯罪重要的概念有："非法经营数额"，是指行为人在实施侵犯知识产权行为过程中，制造、储存、运输、销售侵权产品的价值。已销售的侵权产品的价值，按照实际销售的价格计算。制造、储存、运输和未销售的侵权产品的价值，按照标价或者已经查清的侵权产品的实际销售平均价格计算。侵权产品没有标价或者无法查清其实际销售价格的，按照被侵权产品的市场中间价格计算。多次实施侵犯知识产权行为，未经行政处理或者刑事处罚的，非法经营数额、违法所得数额或者销售金额累计计算。

一、假冒注册商标罪

(一) 概念与构成

假冒注册商标罪，是指未经注册商标所有人许可，在同一种商品上使用与其注册商标相同的商标，情节严重的行为。

本罪的构成要件如下：

1. 本罪的客观方面表现为未经注册商标所有人许可，在同一种商品上使用与其注册商标相同的商标，情节严重的行为。具体包括以下要素：(1) 在同一种商品上使用的与他人注册商标相同的商标。首先，行为人所使用的与他人注册商标相同的商标针对同一种商品。"同一种商品"，是指同一品种的商品或者完全相同的商品。关于"同一种商品"的认定，《办理知识产权刑案意见》指出：名称相同的商品以及名称不同但指同一事物的商品，可以认定为"同一种商品"。"名称"，是指国家工商行政管理总局商标局在商标注册工作中对商品使用的名称，通常即《商标注册用商品和服务国际分类》中规定的商品名称。"名称不同但指同一事物的商品"，是指在功能、用途、主要原料、消费对象、销售渠道等方面相同或者基本相同，相关公众一般认为是同一种事物的商品。认定"同一种商品"，应当在权利人注册商标核定使用的商品和行为人实际生产销售的商品之间进行比较。其次，行为人所使用的商标与他人的注册商标相同。根据《办理知识产权刑案解释》的规定，"相同的商标"，是指与被假冒的注册商标完全相同，或者与被假冒的注册商标在视觉上基本无差别、足以对公众产生误导的商标。《办理知识产权刑案意见》进一步具体明确，具有下列情形之一，可以认定为"与其注册商标相同的商标"：1) 改变注册商标的字体、字母大小写或者文字横竖排列，与注册商标之间仅有细微差别的；2) 改变注册商标的文字、字母、数字等之间的间距，不影响体现注册商标显著特征的；3) 改变注册商标颜色的。"使用"，是指将注册商标或者假冒的注册商标用于商品、商品包装或者容器以及产品说明书、商品交易文书，或者将注册商标或者假冒的注册商标用于广告宣传、展览以及其他商业活动等行为。在类似的商品上使用与他人注册商标相同或者相似的商标的，以及在同一种商品上使用与他人注册商标相似的商标，不成立本罪。(2) 行为人未经注册商标所有人许可，这是本罪成立的前提。《商标法》第40条规定：“商标注册人可以通过签订商标使用许可合同，许可他人使用其注册商标。”因此，如果行为人经商标所有人许可后使用其注册商标的，是合法行为，不存在侵犯注册商标专用权的问题。(3) 成立本罪须情节严重。根据《2010立案追诉标准（二）》第69条的规定，假冒注册商标涉嫌下列情形之一的，应予立案追诉：1）非法经营数额在5万元以上或者违法所得数额在3万元以上的；2）假冒两种以上注册商标，非法经营数额在3万元以上或者违法所得数额在2万元以上的。

2. 本罪的主体是一般主体，包括自然人和单位。

3. 本罪的主观方面是故意，即行为人认识到自己未经注册商标所有人许可，而在同一种商品上使用了与其注册商标相同的商标，会造成损害他人权益、危害社会的结果，但仍然希望或放任这种结果的发生。至于行为人的动机、目的如何，不影响本罪的成立，虽然实践中，行为人多以牟利为目的，但是此目的并非本罪的构成要件。

4. 本罪的客体是国家的商标管理制度和他人的注册商标专用权。

(二) 司法认定与刑事处罚

1. 司法认定

(1) 罪与非罪的界限。第一，未经注册商标所有人许可，在同一种商品上使用与其注册商标相同的商标，如果未达到情节严重的，属于一般商标侵权行为，不成立本罪。第二，要注意把假冒他人注册商标的行为与相关的不正当竞争行为相区别。根据《反不正当竞争法》第5条的规定，不正当竞争行为包括以下三种行为：擅自使用知名商品特有的名称、包装、装潢，或者使用与知名商品相似的名称、包装、装潢，造成与他人的知名商品相混淆，使购买者误认为是该知名商品；擅自使用他人的企业名称或者姓名，使公众误认为是他人的商品；在商品上伪造或者冒用认证标志、名优标志等质量标志，伪造产地，对商品质量作引人误解的虚假表示。这三种行为虽然是不正当竞争行为，但不是假冒他人注册商标的行为，不成立本罪。第三，要注意商标与商品装潢的区别。商标一般附着于装潢之上，有些企业虽然不制作假冒其他企业的注册商标，但是却制造该产品的装潢，以达到使消费者混淆、欺骗消费者的目的。因此，也有学者认为，假冒他人商品装潢的，视同为假冒他人商标，但没有在理论界获得认可。通说观点认为，只要商标不同，即使擅自制造、使用了他人商品的独特装潢，也不成立本罪。反之，如果使用了与他人注册商标相同的商标，即使没有使用他人商品的装潢，也可能成立本罪。第四，本罪的行为对象为他人已注册的商标，如果假冒他人已注销的注册商标的，不成立本罪。

(2) 本罪与以假冒注册商标的方式生产、销售伪劣商品犯罪的关系。对以假冒注册商标的方式生产、销售伪劣商品犯罪如何处理有不同观点，大体分为以下两种：第一种观点认为，从犯罪构成的角度来看，行为人主观上有两个故意，客观上实施了两种行为，侵犯了两种客体，应当实行数罪并罚。第二种观点认为，只能按一罪处罚，而对于一罪的依据又各有不同。有人主张该行为成立牵连犯，即假冒注册商标与生产、销售伪劣商品的行为是手段行为与目的行为的关系；有人主张该行为是法条竞合犯或者想象竞合犯，即主张把假冒注册商标与生产、销售伪劣商品看作是一个行为，一个行为触犯数个法条或者触犯数个罪名。无论哪种主张，得出的结论都是以一罪论处，而不能实行数罪并罚。本书倾向于后一种主张，即生产、销售假冒注册商标的伪劣商品的，择一重罪处罚，不需要数罪并罚。

2. 刑事处罚

根据刑法第 213 条和第 220 条的规定，犯本罪的，处 3 年以下有期徒刑或者拘役，并处或者单处罚金；情节特别严重的，处 3 年以上 7 年以下有期徒刑，并处罚金。单位犯本罪的，对单位判处罚金，并对其责任人员依照上述规定处罚。根据《办理知识产权刑案解释》的规定，具有下列情形之一的，属于“情节特别严重”：(1) 非法经营数额在 25 万元以上或者违法所得数额在 15 万元以上的；(2) 假冒两种以上注册商标，非法经营数额在 15 万元以上或者违法所得数额在 10 万元以上的。

二、销售假冒注册商标的商品罪

(一) 概念与构成

销售假冒注册商标的商品罪，是指明知是假冒注册商标的商品，而予以销售，销售金额数额较大的行为。

本罪的构成要件如下：

1. 本罪的客观方面表现为销售假冒注册商标的商品，并且销售金额数额较大的行为。包括以下要素：(1) 行为对象是假冒注册商标的商品，即指未经注册商标所有人许可，使用与其注册商标相同的商标的同一种商品。至于这种假冒商品的质量优劣，与正牌商品的差异如何，不影响本罪的成立。(2) 销售假冒注册商标的商品的行为。销售，是指以一切形式出卖假冒注册商标的商品的行为，既包括零售，也包括批发；既包括自销，也包括代销。但如果是将假冒注册商标的商品无偿赠送他人，或者购买来供自己消费的，不成立本罪。(3) 销售金额须达到数额较大。“销售金额”，是指销售假冒注册商标的商品后所得和应得的全部违法收入。根据《2010 立案追诉标准（二）》第 70 条的规定，销售假冒注册商标的商品涉嫌下列情形之一的，应予立案追诉：1) 销售金额在 5 万元以上的；2) 尚未销售，货值金额在 15 万元以上的；3) 销售金额不满 5 万元，但已销售金额与尚未销售的货值金额合计在 15 万元以上的。“销售金额”，是指销售假冒注册商标的商品后所得和应得的全部违法收入。

2. 本罪的主体是一般主体，包括自然人和单位。

3. 本罪的主观方面是故意，即行为人明知自己销售的对象是假冒注册商标的商品。根据《办理知识产权刑案解释》第 9 条的规定，具有下列情形之一的，应当认定为属于刑法第 214 条规定的“明知”：(1) 知道自己销售的商品上的注册商标被涂改、调换或者覆盖的；(2) 因销售假冒注册商标的商品受到过行政处罚或者承担过民事责任，又销售同一种假冒注册商标的商品的；(3) 伪造、涂改商标注册人授权文件或者知道该文件被伪造、涂改的；(4) 其他知道或者应当知道是假冒注册商标的商品的情形。

4. 本罪的客体是国家的商标管理制度和他人的注册商标专用权。

(二) 司法认定与刑事处罚

1. 司法认定

(1) 本罪与生产、销售伪劣产品罪的竞合。销售假冒注册商标的商品通常是伪劣产品，因此，实施一个销售行为可能同时触犯销售假冒注册商标的商品罪和销售伪劣产品罪，这种情况下，属于想象竞合犯，从一重罪论处。

(2) 本罪与假冒注册商标罪的界限。行为人既实施了假冒注册商标的行为，又销售自己假冒注册商标的商品的，这种情况下，销售假冒注册商标的商品的行为属于假冒注册商标罪整个犯罪过程的组成部分，属于吸收犯，只以假冒注册商标罪论处，不实行数罪并罚。如果行为人事先与假冒注册商标的犯罪人通谋，按照分工，销售假冒注册商标的商品的，对行为人应以假冒注册商标罪的共犯论处。

2. 刑事处罚

根据刑法第 214 条、第 220 条的规定，犯本罪的，处 3 年以下有期徒刑或者拘役，并处或者单处罚金；销售金额数额巨大的，处 3 年以上 7 年以下有期徒刑，并处罚金。单位犯本罪的，对单位判处罚金，并对其责任人员依照前述规定处罚。根据《办理知识产权刑案解释》的规定，销售金额在 25 万元以上的，属于“数额巨大”。

三、非法制造、销售非法制造的注册商标标识罪

（一）概念与构成

非法制造、销售非法制造的注册商标标识罪，是指伪造、擅自制造他人注册商标标识，或者销售伪造、擅自制造的注册商标标识，情节严重的行为。

本罪的构成要件如下：

1. 本罪的客观方面表现为非法制造、销售非法制造的注册商标标识，并且情节严重的行为。根据《2010 立案追诉标准（二）》第 71 条的规定，涉嫌下列情形之一的，应予立案追诉：（1）伪造、擅自制造或者销售伪造、擅自制造的注册商标标识数量在 2 万件以上，或者非法经营数额在 5 万元以上，或者违法所得数额在 3 万元以上的；（2）伪造、擅自制造或者销售伪造、擅自制造两种以上注册商标标识数量在 1 万件以上，或者非法经营数额在 3 万元以上，或者违法所得数额在 2 万元以上的。

2. 本罪的主体是一般主体，包括自然人和单位。

3. 本罪的主观方面是故意。

4. 本罪的客体是国家的商标管理制度和他人的注册商标专用权。

（二）刑事处罚

根据刑法第 215 条、第 220 条的规定，犯本罪的，处 3 年以下有期徒刑、拘役或者管制，并处或者单处罚金；情节特别严重的，处 3 年以上 7 年以下有期徒刑，并处罚金。单位犯本罪的，对单位判处罚金，并对其责任人员依照上述规定处罚。

根据《办理知识产权刑案解释》的规定，有下列情形之一的，属于“情节特别严重”：（1）伪造、擅自制造或者销售伪造、擅自制造的注册商标标识数量在 10 万件以上，或者非法经营数额在 25 万元以上，或者违法所得数额在 15 万元以上的；（2）伪造、擅自制造或者销售伪造、擅自制造两种以上注册商标标识数量在 5 万件以上，或者非法经营数额在 15 万元以上，或者违法所得数额在 10 万元以上的。

四、假冒专利罪

（一）概念与构成

假冒专利罪，是指违反国家专利管理法规，假冒他人专利，情节严重的行为。

本罪的构成要件如下：

1. 本罪的客观方面表现为违反国家专利管理法规，假冒他人专利，且情节严重的行为。根据《办理知识产权刑案解释》第 10 条的规定，实施下列行为之一的，属于“假冒他人专利”的行为：（1）未经许可，在其制造或者销售的产品、产品的包装上标注他人专利号的；（2）未经许可，在广告或者其他宣传材料中使用他人的专利号，使人将所涉及的技术误认为是他人专利技术的；（3）未经许可，在合同中使用他人的专利号，使人将合同涉

及的技术误认为是他人专利技术的；（4）伪造或者变造他人的专利证书、专利文件或者专利申请文件的。成立本罪要求情节严重。情节严重的认定标准，根据《办理知识产权刑案解释》第4条的规定，假冒他人专利，具有下列情形之一的，属于“情节严重”：（1）非法经营数额在20万元以上或者违法所得数额在10万元以上的；（2）给专利权人造成直接经济损失50万元以上的；（3）假冒两项以上他人专利，非法经营数额在10万元以上或者违法所得数额在5万元以上的；（4）其他情节严重的情形。

2. 本罪的主体是一般主体，包括自然人和单位。

3. 本罪的主观方面是故意，过失不构成本罪。

4. 本罪的客体是市场竞争秩序和他人的专利权。

（二）刑事处罚

根据刑法第216条和第220条的规定，犯本罪的，处3年以下有期徒刑或者拘役，并处或者单处罚金。单位犯本罪的，对单位判处罚金，并对其责任人员依照上述规定处罚。

五、侵犯著作权罪

（一）概念与构成

侵犯著作权罪，是指以营利为目的，违反著作权法的规定，侵犯他人著作权，违法所得数额较大或者有其他严重情节的行为。

本罪的构成要件如下：

1. 本罪的客观方面表现为侵犯他人著作权，违法所得数额较大或者有其他严重情节的行为。（1）实施了侵犯他人著作权的行为。具体包括以下四种行为方式：1）未经著作权人许可，复制发行其文字作品，音乐、电影、电视、录像作品，计算机软件及其他作品。“未经著作权人许可”，是指没有得到著作权人授权或者伪造、涂改著作权人授权许可文件或者超出授权许可范围的情形。根据《办理知识产权刑案解释（二）》的规定，“复制发行”，包括复制、发行或者既复制又发行的行为。“发行”，是指通过出售、出租等方式向公众提供一定数量的作品复制件的行为。侵权产品的持有人通过广告征订等方式推销侵权产品的，属于“发行”。“发行”，包括总发行、批发、零售、通过信息网络传播以及出租、展销等活动。通过信息网络向公众传播他人文字作品、音乐、电影、电视、录像作品、计算机软件及其他作品的行为，应当视为“复制发行”。2）出版他人享有专有出版权的图书。出版，是指将作品编辑加工后，经过复制向公众发行的行为。专有出版权，是指图书出版者对著作权人交付的作品，根据出版合同而享有的，由著作权人转让或许可使用的，在合同有效期和约定地区内独家享有并排除他人出版某一作品的权利。3）未经录音录像制作者许可，复制发行其制作的录音录像。录音录像制作者是指制造录音制品、制作录像作品的人。4）制作、出售假冒他人署名的美术作品。美术作品，是指绘画、书法、雕塑、建筑等以线条、色彩或者其他方法构成的有审美意义的平面或立体的造型艺术作品。（2）违法所得数额较大或者有其他严重情节。根据《办理知识产权刑案解释》、《办理知识产权刑案解释（二）》的规定，以营利为目的，实施刑法第217条所列侵犯著作权行为之一，违法所得数额在3万元以上的，属于“违法所得数额较大”；具有下列情形之一的，属于“有其他严重情节”：1）非法经营数额在5万元以上的；2）未经著作权人许可，复制发行其文字作品、音乐、电影、电视、录像作品、计算机软件及其他作品，复制品数量合计在500张（份）以上的；3）其他严重情节的情形。单位实施上述行为的，按照本解释规定的相应个人犯罪的定罪量刑标准的3倍定罪量刑。根据《办理知识产权刑案意见》的规定，通过信息网络传播侵权作品行为具有下列情形之一的，也属于“其他严重情节”：1）非法经营数额在5万元以上的；2）传播他人作品的数量合计在500件（部）以上的；3）传播他人作品的实际被点击数达到5万次以上的；4）以会员制方式传播他人作品，注册会员达到1 000人以上的；5）数额或者数量虽未达到第1）项至第4）项规定标准，但分别达到其中两项以上标准一半以上的。

2. 本罪的主体是一般主体，包括自然人和单位。

3. 本罪的主观方面是故意，且具有营利的目的。以刊登收费广告等方式直接或者间接收取费用的情形，属于“以营利为目的”。根据《办理知识产权刑案意见》的规定，除销售外，具有下列情形之一的，可以认定为“以营利为目的”：(1) 以在他人作品中刊登收费广告、捆绑第三方作品等方式直接或者间接收取费用的；(2) 通过信息网络传播他人作品，或者利用他人上传的侵权作品，在网站或者网页上提供刊登收费广告服务，直接或者间接收取费用的；(3) 以会员制方式通过信息网络传播他人作品，收取会员注册费或者其他费用的；(4) 其他利用他人作品牟利的情形。

4. 本罪的客体是他人的著作权和市场竞争秩序。

(二) 司法认定和刑事处罚

1. 司法认定

根据《知识产权刑案解释（二)》的规定，非法出版、复制、发行他人作品，侵犯著作权构成犯罪的，按照侵犯著作权罪定罪处罚。《办理知识产权刑案意见》也重申：非法出版、复制、发行他人作品，侵犯著作权构成犯罪的，按照侵犯著作权罪定罪处罚，不认定为非法经营罪等其他犯罪。这意味着排斥适用非法经营罪。过去，因为侵犯著作权罪违法所得数额和非法侵犯版权较难查证，往往对非法出版、复制、发行他人作品的行为按照非法经营罪处罚。上述司法解释强调对侵犯著作权罪与非法经营罪的区分，不可随意适用非法经营罪替代侵犯著作权罪。

2. 刑事处罚

根据刑法第217条和第220条的规定，犯本罪的，处3年以下有期徒刑或者拘役，并处或者单处罚金；违法所得数额巨大或者有其他特别严重情节的，处3年以上7年以下有期徒刑，并处罚金。单位犯本罪的，对单位判处罚金，并对其直责任人员依照上述规定处罚。根据《办理知识产权刑案解释》、《办理知识产权刑案解释（二)》的规定，违法所得数额在15万元以上的，属于“违法所得数额巨大”；具有下列情形之一的，属于“有其他特别严重情节”：(1) 非法经营数额在25万元以上的；(2) 未经著作权人许可，复制发行其文字作品、音乐、电影、电视、录像作品、计算机软件及其他作品，复制品数量合计在2 500张（份）以上的；(3) 其他特别严重情节的情形。对于侵犯知识产权犯罪的，人民法院应当综合考虑犯罪的违法所得、非法经营数额、给权利人造成的损失、社会危害性等情节，依法判处罚金。罚金数额一般在违法所得的1倍以上5倍以下，或者按照非法经营数额的50%以上1倍以下确定。

六、销售侵权复制品罪

(一) 概念与构成

销售侵权复制品罪，是指自然人或者单位，以营利为目的，销售明知是侵权复制品的物品，违法所得数额巨大的行为。

本罪的构成要件如下：

1. 本罪的客观方面表现为销售侵权复制品，违法所得数额巨大的行为。根据《办理知识产权刑案解释》的规定，销售侵权复制品，违法所得数额在10万元以上的，属于“违法所得数额巨大”，单位实施上述行为的，按照本解释规定的相应个人犯罪的定罪量刑标准的3倍定罪量刑。

2. 本罪的主体是一般主体，包括自然人和单位。但必须是侵权复制品制作者以外的自然人或单位，侵权复制品制作者销售制作的侵权复制品的，属于吸收犯，仅成立侵犯著作权罪，不成立本罪。

3. 本罪的主观方面是故意，且具有营利目的。

4. 本罪的客体是他人的著作权和市场竞争秩序。

（二）司法认定与刑事处罚

1. 司法认定

数罪并罚问题：（1）实施刑法第217条规定的侵犯著作权行为，又销售该侵权复制品，构成犯罪的，以侵犯著作权罪（一罪）定罪处罚（不数罪并罚）。（2）实施刑法第217条规定的侵犯著作权的犯罪行为，又销售明知是他人的侵权复制品，构成犯罪的，应当实行数罪并罚。

2. 刑事处罚

根据刑法第218条和第220条的规定，犯本罪的，处3年以下有期徒刑或者拘役，并处或者单处罚金。单位犯本罪的，对单位判处罚金，并对其责任人员依照上述规定处罚。

七、侵犯商业秘密罪

（一）概念与构成

侵犯商业秘密罪，是指以盗窃、利诱、胁迫、披露、擅自使用等不正当手段，侵犯商业秘密，给商业秘密的权利人造成重大损失的行为。

本罪的构成要件如下：

1. 本罪的客观方面表现为侵犯他人商业秘密，并且给权利人造成了重大损失的行为。具体包括以下要素：（1）行为对象是商业秘密。商业秘密，是指不为公众所知悉，能为权利人带来经济利益，具有实用性并经权利人采取保密措施的技术信息和经营信息。商业秘密具有以下特点：第一，商业秘密是一种技术信息和经营信息，包括设计、程序、产品配方、制作工艺、制作方法、管理诀窍、客户名单、货源情况、产销策略、招投标中的标的及标书内容等信息。第二，商业秘密是不为公众所知悉的事项，具有新颖性和相对秘密性。第三，商业秘密能为权利人带来经济利益。权利人，是指商业秘密所有人和经商业秘密所有人许可的商业秘密使用人。经济利益，是指通过使用能给权利人带来现实或潜在的物质利益，如增加财产或者财产上的利益，使其具有竞争优势，不具有经济利益的信息，不构成商业秘密。第四，商业秘密具有实用性，即具有现实可用性，权利人能够将商业秘密直接运用于生产、经营活动。第五，商业秘密权利人采取了保密措施，具有保密性。对于权利人采取保密措施并不要求万无一失，只要采取了合理的保密措施，尽到保密义务就可以了。（2）侵犯他人商业秘密的行为之一：1）以盗窃、利诱、胁迫或者其他不正当手段获取权利人的商业秘密；2）披露、使用或者允许他人使用以前项手段获取的权利人的商业秘密；3）违反约定或者违反权利人有关保守商业秘密的要求，披露、使用或者允许他人使用其所掌握的商业秘密；4）明知或者应知是前述三项违法行为，而获取、使用或者披露他人商业秘密。（3）给权利人造成重大损失的。这里的重大损失，是指经济上的重大损失，既包括有形的损失，如减少赢利、增加亏损，也包括无形的损失，如在竞争中处于不利地位等。损失既可以是由行为人泄露、公开商业秘密造成，也可以是由于行为人使用或者允许他人使用商业秘密而造成的。根据《2010立案追诉标准（二）》第73条的规定，给商业秘密的权利人造成损失数额在50万元以上或者致使商业秘密权利人破产的，属于“给商业秘密的权利人造成重大损失”。被害人的实际损失难以确定时，也可以根据侵害人的获利确定损失额。因侵犯商业秘密违法所得数额在50万元以上也可立案追诉。

2. 本罪的主体是一般主体，包括自然人和单位。

3. 本罪的主观方面是故意。但是，上述客观行为第4）项中“应知是前述三项违法行为，而获取、使用或者披露他人商业秘密”的情形，该“应知”推断为知道。动机和目的如何，不影响本罪的成立。

4. 本罪的客体是国家对商业秘密的管理制度和商业秘密权利人对商业秘密享有的专用权。

（二）司法认定与刑事处罚

1. 司法认定

（1）罪与非罪的界限。判断标准：1）行为人侵犯的是否是他人的商业秘密。2）是否给商业秘密的权利人造成重大损失。虽然侵犯了他人的商业秘密，但没有给权利人造成重大损失；或者虽然给商业秘密的权利人造成了重大损失，但侵犯的是非权利人的商业秘密，均不成立本罪。

（2）本罪与假冒注册商标罪、假冒专利罪、侵犯著作权罪的界限。它们相同之处是都侵犯了知识产权，但有如下区别：1）对象不同。本罪是商业秘密，而后三者分别是商标、专利权和著作权；2）客观方面的行为不同。本罪为以不法手段获取商业秘密，或者非法披露、使用或者允许他人使用商业秘密，其他犯罪主要表现为假冒行为。行为人采用不正当手段获取他人商业秘密后，又使用该商业秘密制造产品并假冒他人注册商标，或者只是单纯非法使用他人商业秘密制造产品而又假冒他人注册商标，可认定为一行为触犯数罪名，从一重罪论处。

（3）本罪与侵犯国家秘密罪的竞合。如果行为人侵犯的商业秘密同时属于国家秘密，行为人侵犯这种秘密时，同时触犯两个罪名，除了触犯侵犯商业秘密罪之外，还可能触犯故意泄露国家秘密罪、过失泄露国家秘密罪、非法获取国家秘密罪、为境外窃取、刺探、收买、非法提供国家秘密、情报罪。这种情况下，应从一重罪处断，依照侵犯国家秘密的有关犯罪处理。

2. 刑事处罚

根据刑法第219条和第220条的规定，犯本罪的，处3年以下有期徒刑或者拘役，并处或者单处罚金；造成特别严重后果的，处3年以上7年以下有期徒刑，并处罚金。单位犯本罪的，对单位判处罚金，并对其责任人依照上述规定处罚。根据《办理知识产权刑案解释》的规定，给商业秘密的权利人造成损失数额在250万元以上的，属于“造成特别严重后果”。

第九节　扰乱市场秩序罪

本类犯罪的疑难问题有：（1）最重要而疑难的罪名有合同诈骗罪和非法经营罪，要领是掌握刑法第224条和第225条所规定之犯罪行为种类，对于非法经营罪还需掌握司法实务中确认的非法经营罪行为类型。（2）强迫交易罪与敲诈勒索、抢劫、寻衅滋事罪的区别，要领是经营者在经营过程中是否强索与交易商品、劳务价值相差不大的财物。如果脱离交易商品、劳务价值强行索取数额巨大财物的，不是强迫交易罪，而应以其他犯罪论处。(3) 中介组织人员收受贿赂提供虚假证明文件的，构成提供虚假证明文件罪的加重犯，不要另外再定非国家工作人员受贿罪。

一、损害商业信誉、商品声誉罪

(一) 概念与构成

损害商业信誉、商品声誉罪，是指捏造并散布虚伪事实，损害他人的商业信誉、商品声誉，给他人造成重大损失或者有其他严重情节的行为。

本罪的构成要件如下：

1. 本罪的客观方面表现为捏造并散布虚伪事实，损害他人的商业信誉、商品声誉，给他人造成重大损失或者有其他严重情节的行为。具体包括以下内容：(1) 行为人实施了捏造并散布虚伪事实的行为。捏造，是指虚构、编造不符合真实情况或并不存在的事实。散布，是指使不特定或多数人知悉行为人所捏造的虚伪事实。散布的方式和途径是多种多样的。捏造和散布是并列的实行行为，必须同时具备才成立本罪，只有捏造行为而没有散布行为，或只有散布行为而没有捏造行为的，均不能认定为本罪。(2) 行为人损害了他人的商业信誉、商品声誉。“他人”，是指捏造并散布者以外的主体，并不限于竞争对手，也可以是非竞争对手，包括自然人和单位。商业信誉，是指社会对他人在商业活动中的可信赖程度、价值和地位的客观评价；商品声誉，是指社会对商品的良好评价。(3) 给他人造成重大损失或者有其他严重情节。《2010 立案追诉标准（二）》第 74 条规定，损害他人的商业信誉、商品声誉，涉嫌下列情形之一的，应予立案追诉：1) 给他人造成直接经济损失 50 万元以上的；2) 虽未达到 50 万元损失，但具有下列情形之一的：第一，利用互联网或者其他媒体公开损害他人商业信誉、商品声誉的；第二，造成公司、企业等单位停业、停产 6 个月以上，或者破产的。

2. 本罪的主体是一般主体，包括自然人和单位。

3. 本罪的主观方面是故意，即明知自己捏造并散布虚伪事实的行为会损害他人的商誉，并且希望或者放任这种结果的发生。

4. 本罪的客体是市场竞争秩序和他人的商誉权。

(二) 司法认定与刑事处罚

1. 司法认定

(1) 消费者使用过激的方式维权，可能对他人商誉造成不利影响，但不构成犯罪。例如，甲所购某名牌轿车行驶不久，发动机就发生故障，经多次修理仍未排除。甲用牛车拉着该轿车在闹市区展示。甲的行为不构成损害商品声誉罪。因为该产品（汽车）确实有瑕疵，厂商自身应该承受由此对商誉发生的不利影响。甲充其量也只是“维权过激”。

(2) 本罪与假冒注册商标罪的界限。如果行为人为了损害他人的商誉，在自己生产的伪劣产品上假冒他人优质产品的注册商标，造成他人重大损失的，属于想象竞合犯，从重罪即假冒注册商标罪论处。

2. 刑事处罚

根据刑法第 221 条和第 231 条的规定，犯本罪的，处 2 年以下有期徒刑或者拘役，并处或者单处罚金。单位犯本罪的，对单位判处罚金，并对其责任人依照上述规定处罚。

二、虚假广告罪

（一）概念与构成

虚假广告罪，是指广告主、广告经营者、广告发布者，违反国家规定，利用广告对商品或者服务作虚假宣传，情节严重的行为。

本罪的构成要件如下：

1. 本罪的客观方面表现为违反国家规定，利用广告对商品或者服务作虚假宣传，且情节严重的行为。具体包括以下要素：（1）违反国家规定，指违反《广告法》、《反不正当竞争法》及相关法律、法规的规定。根据《广告法》的规定，"广告"，是指商品经营者或者服务提供者承担费用，通过一定媒介和形式直接或者间接地介绍自己所推销的商品或者所提供的服务的商业广告。因此，本"广告"，指的是商业性广告。（2）利用广告对商品或者服务作虚假宣传。虚假宣传，是指广告的内容与真实情况不相符，主要包括两种情况：一是对商品或者服务作夸大失实的宣传；二是对商品或者服务作语义含糊、足以导致误解的宣传。（3）情节严重。根据《2010立案追诉标准（二）》第75条的规定，虚假广告涉嫌下列情形之一的，应予立案追诉：1）违法所得10万元以上；2）给单个消费者造成直接经济损失5万元以上，或者给多个消费者造成直接经济损失数额累计20万元以上；3）假借预防、控制突发事件的名义，利用广告作虚假宣传，致使多人上当受骗，违法所得3万元以上；4）虽未达到前述数额标准，但两年内因利用广告作虚假宣传，受过行政处罚两次以上，又利用广告作虚假宣传的；5）造成人身伤残的；6）其他情节严重的情形。

2. 本罪的主体是特殊主体，即广告主、广告经营者、广告发布者，单位可以成为本罪的主体。根据《广告法》的规定，"广告主"，是指为推销商品或提供服务，自行或委托他人设计、制作、发布广告的单位或个人；"广告经营者"，是指受委托提供广告设计、制作、代理服务的法人、其他经济组织或者个人；"广告发布者"，是指为广告主或者广告主委托的广告经营者发布广告的法人或其他经济组织。

3. 本罪的主观方面是故意，即明知利用广告对商品或者服务进行虚假宣传的行为会扰乱市场秩序，损害消费者的权益，仍然希望或者放任该结果的发生。

4. 本罪的客体是市场竞争秩序和消费者的合法权益。

（二）司法认定与刑事处罚

1. *司法认定*

（1）罪与非罪的界限。商业广告，或多或少都有夸大的性质，所以不能将凡具有夸大性质的广告都认定为虚假广告。具体认定是要考察是否达到情节严重的程度。虽为虚假广告，但情节并不严重的，不能成立本罪。例如，广告商乙在拍摄某减肥药广告时，以肥胖的郭某当替身拍摄减肥前的画面，再以苗条的影视明星刘某做代言人夸赞减肥效果。事后查明，该药具有一定的减肥作用，则乙不构成虚假广告罪。因为乙制作的广告虽然有虚假成分，但产品毕竟有一定的减肥效果，是夸大宣传。夸大宣传的广告不是虚假广告，另外，也可认为乙的行为尚未达到"情节严重"的程度，不构成犯罪。

（2）本罪与非法吸收公众存款罪、集资诈骗罪、欺诈发行股票、债券罪等关联。根据《审理非法集资刑案解释》第8条的规定，广告经营者、广告发布者违反国家规定，利用广告为非法集资活动相关的商品或者服务作虚假宣传，情节严重的，以虚假广告罪定罪处罚。如果集资诈骗罪等犯罪得逞，则构成数罪。

明知他人从事欺诈发行股票、债券，非法吸收公众存款，擅自发行股票、债券，集资诈骗或者组织、领导传销活动等集资犯罪活动，为其提供广告等宣传的，以相关犯罪的共犯论处。

(3) 本罪与生产、销售伪劣商品罪的关联。利用虚假广告为自己生产的伪劣产品作不实宣传或者利用广告销售伪劣商品的，可以认定为行为人的手段行为又触犯了其他罪名，属于牵连犯，择一重罪论处，即认定为生产、销售伪劣商品罪。

(4) 本罪与诈骗罪的界限。二者区别的要点在于：本罪虽然利用广告对商品或者服务作虚假宣传，但广告中所宣传的商品或服务毕竟是真实存在的；而诈骗罪，通过虚构事实、隐瞒真相的方法，骗取被害人的财物，行为人在广告中所宣称的商品或服务是根本不存在的。如果推销的商品或者服务根本不存在，利用虚假广告骗取财物的，以诈骗罪论处。

2. 刑事处罚

根据刑法第222条和第231条的规定，犯本罪的，处2年以下有期徒刑或者拘役，并处或者单处罚金。单位犯本罪的，对单位判处罚金，并对其直接负责的主管人员和其他直接责任人员，依照上述规定处罚。

三、串通投标罪

(一) 概念与构成

串通投标罪，是指投标人相互串通投标报价，损害招标人或者其他投标人的利益，情节严重，或者投标人与招标人串通投标，损害国家、集体、公民的合法权益的行为。

本罪的构成要件如下：

1. 本罪的客观方面表现为串通投标报价，损害招标人或者其他投标人的利益，情节严重，或者损害国家、集体、公民的合法权益的行为。具体包括以下要素：(1) 串通投标，包括：1) 投标人相互串通投标报价，损害招标人或者其他投标人的利益。“串通投标报价”，是指投标人之间相互串通，在投标过程中抬高或压低投标报价的行为。2) 投标人与招标人串通投标，损害国家、集体、公民的合法权益，此“串通投标”，是指投标人与招标人私下勾结，事先根据招标底价确定投标报价、中标价格及其他事宜的行为。(2) 情节严重，严重损害招标人或者其他投标人利益。根据《2010立案追诉标准（二）》第76条的规定，投标人相互串通投标报价，或者投标人与招标人串通投标，涉嫌下列情形之一的，应予立案追诉：1) 损害招标人、投标人或者国家、集体、公民的合法利益，造成直接经济损失50万元以上；2) 违法所得10万元以上；3) 中标项目金额在200万元以上；4) 采取威胁、欺骗或者贿赂等非法手段的；5) 虽未达到前述数额标准，但两年内因串通投标，受过行政处罚两次以上，又串通投标的。

2. 本罪的主体是特殊主体，即招标人和投标人。本罪属于必要的共犯，即只有两个以上的主体之间相互串通投标时，才可能成立本罪。

3. 本罪的主观方面是故意，至于犯罪目的如何，不影响本罪的成立。

4. 本罪的客体是正常的市场竞争秩序和国家、集体、公民的合法权益。

(二) 刑事处罚

根据刑法第223条和第231条的规定，犯本罪的，处3年以下有期徒刑或者拘役，并处或者单处罚金。单位犯本罪的，对单位判处罚金，并对其责任人员依照前述规定处罚。

四、合同诈骗罪

（一）概念与构成

合同诈骗罪，是指以非法占有为目的，在签订、履行合同的过程中，使用欺诈手段，骗取对方当事人财物，数额较大的行为。

本罪的构成要件如下：

1. 本罪的客观方面表现为在签订、履行合同的过程中，使用欺诈手段，骗取对方当事人数额较大财物的行为。(1) 在签订、履行合同的过程中，这是合同诈骗罪的突出特点。从实质理解，应是当事人在从事市场经济活动过程中通过签订、履行合同，实现商品、服务交易的经济目的。因此，这合同诈骗罪的"合同"，应限于关系市场经济秩序、合同信用，反映市场交易内容的合同，包括书面和口头的合同。(2) 骗取当事人财物，刑法第224条列明常见4种合同诈骗行为：1) 以虚构的单位或者冒用他人名义签订合同的；2) 以伪造、变造、作废的票据或者其他虚假的产权证明作担保的；3) 没有实际履行能力，以先履行小额合同或者部分合同的方法，诱骗对方当事人继续签订或者履行合同的；4) 收受对方当事人给付的货物、货款、预付款或者担保财产后逃跑的；5) 以其他方法骗取对方当事人财物的。(3) 骗取对方当事人数额较大的财物。根据《2010立案追诉标准(二)》第77条的规定，这数额较大是2万元。

2. 本罪的主体是一般主体，包括自然人和单位。

3. 本罪的主观方面是故意，且以非法占有他人财物为的目的。

4. 本罪的客体是市场经济秩序和合同的信用。以书面合同、协议等形式，约定与市场经济活动无关的内容，骗取他人钱财的，不扰乱市场经济秩序，不必适用合同诈骗罪。

（二）司法认定与刑事处罚

1. *司法认定*

(1) 罪与非罪的界限。主要是合同诈骗罪与经济合同纠纷的判断问题，关键在于行为人是否具有非法占有他人财物的目的。可以从两个方面来进行考察：1) 行为人是否采用了刑法所规定的欺诈手段。使用了刑法第224条所列明的欺诈行为的，一般可以认为有非法占有他人财物的目的，将其认定为合同诈骗罪。2) 综合签订合同前后的各种表现及各种因素，认定是否具有非法占有的目的。例如，根据行为人在签订合同时有无履约能力，在签订合同后有无履行合同的实际行动，未履行合同的原因等情况来进行认定。根据司法经验，行为人通过诈骗方法获取钱财且不能归还，具有下列情形之一的，可以认定为具有非法占有的目的：第一，没有履约能力却骗取大量钱财；第二，获取钱财后没有用在约定的用途上或有赢利预期经济活动中，或挥霍或处分或用于违法犯罪活动的；第三，无正当理由隐匿、处分钱财，逃避归还的。

(2) 本罪与诈骗罪的界限。区分本罪与诈骗罪不能简单以有无合同为标准。诈骗罪也可能以合同的方式实施；合同诈骗罪也可能不以书面合同的方式存在，如口头合同。二者区别的关键在于：合同诈骗罪中的"合同"的内容事关市场经济活动，侵犯市场经济秩序和合同的信用。

(3) 本罪与金融诈骗罪的界限。刑法上规定的各种金融诈骗罪，都可能利用合同的形式来实施，如贷款诈骗利用贷款合同、保险诈骗利用保险合同。这是法条竞合，按特别法优先适用规则，以金融诈骗罪论处。其中，作为司法实务上的特殊情形，单位以贷款合同的形式诈骗贷款时，如果符合合同诈骗罪要件的，以合同诈骗罪论处。因为贷款诈骗罪的主体不包括单位，欲追究单位贷款诈骗的刑事责任，不得不适用合同诈骗罪。

2. 刑事处罚

根据刑法第224条和第231条的规定，犯本罪的，处3年以下有期徒刑或者拘役，并处或者单处罚金；数额巨大或者有其他严重情节的，处3年以上10年以下有期徒刑，并处罚金；数额特别巨大或者有其他特别严重情节的，处10年以上有期徒刑或者无期徒刑，并处罚金或者没收财产。单位犯本罪的，对单位判处罚金，并对其责任人依照前述规定处罚。

五、组织、领导传销活动罪

(一) 概念与构成

组织、领导传销活动罪，是指组织、领导传销活动严重扰乱经济社会秩序的行为。

这是经由《刑法修正案（七）》增补第224条之一所确立的罪名。

本罪的构成要件如下：

1. 本罪的客观方面表现为组织、领导传销活动，严重扰乱经济社会秩序的行为。

“传销活动”，是指以推销商品、提供服务等经营活动为名，要求参加者以缴纳费用或者购买商品、服务等方式获得加入资格，并按照一定顺序组成层级，直接或者间接以发展人员的数量作为计酬或者返利的依据，引诱、胁迫参加者继续发展他人参加，骗取财物，扰乱经济社会秩序的活动。

“传销活动”的特征有：(1) 需交相当高的费用取得参加资格。传销活动往往以推销产品、服务等的经营活动为名，但要求参加者交纳一定的费用获取参加的资格，即所谓的“入门费”。通常的方式是要求参加者高价购买商品，如用数千元买进成本不过百元的产品。也有的直接以“入会费”、“会员费”的名义收取费用。(2) 以参加者缴纳的入门费作为“营利”的来源，形成依靠不断吸收新参加者收取入门费的营利模式，即所谓“拉人头”。(3) 设置吸引他人参加和鼓励已参加者吸收新参加者的计酬机制。这种计酬机制通常从两个途径使参加者获利：其一，从本人吸收的新参加者缴纳的入门费中直接获利；其二，从“下线”吸收的新参加者缴纳的入门费中提成获利。本人吸收的参加者是本人的“下线”，本人成为其“上线”，“下线”吸收的成员成为本人的“下下线”，由此形成“金字塔式”提成级层。“上线”可以从“下线”、下线的下线……提成获利。这种计酬方式产生一个激励机制就是不断吸收新成员。吸收的成员越多收入越高，本人下线吸收的成员越多本人级别越高，提成的范围越大，最初启动某项传销活动的人，能够直接或间接地从几乎全体参加者的入门费中获利。努力成为上线坐收暴利同时也成为诱惑他人加入传销的诱饵。(4) 传销活动具有严重的社会危害性。首先，它具有欺骗性。正常的经营活动需通过提供商品、服务满足客户需要营利，而传销活动完全依靠吸收参加者收取入门费获利、维持传销组织运转，没有营利的内容势必不能维持久远，每一个加入者其实都是上当受骗者。其次，组织领导者宣扬可以成为众多人上线而坐收暴利，以此诱骗他人加入，同时刺激成员不择手段地诱骗他人加入，会引发诸多社会不稳定因素。

组织、领导传销活动的行为，是指在传销活动中起组织、领导作用的发起人、决策人、操纵人，以及在传销活动中担负策划、指挥、布置、协调等重要职责，或者在传销活动实施中起到关键作用的人员。实施这种组织、领导行为的人，通常被称为传销活动的组织者、领导者。鉴于被诱骗参加传销的人众多，他们本身也是受害者，所以刑法只把组织、领导非法传销的行为规定为犯罪。参加传销的行为不认为是犯罪。

根据《2010立案追诉标准（二）》第78条的规定，组织、领导的传销活动人员在30人以上且层级在3级以上的，对组织者、领导者，应予立案追诉。例如，甲、乙、丙、丁等人以某生物科技有限公司连锁销售的形式，销售X保健品（每份成本15元）。其销售模式为“五级三节制”：高级业务员（A级600份以上）、业务经理（B级65份～599份）、业务主任（C级10份～64份）、业务组长（D级3份～9份）、实习业务员（E级1份～2份）。并且规定购买第一份份额和产品的价格是3 800元，以后购买份额的价格都是3 300元，然后根据级别和发展的下线申购的份额款获得提成。甲、乙、丙、丁发展了四百余人，涉案金额五百余万元。甲、乙、丙、丁的行为构成组织、领导传销罪。

2. 本罪的主体是一般主体，任何人实施组织、领导传销行为达到严重扰乱经济社会秩序程度的，可以构成本罪。

3. 本罪的主观方面是故意。

4. 本罪的客体是经济社会秩序。

（二）司法认定与刑事处罚

1. *司法认定*

本罪与非法经营罪的区别：因为《刑法修正案（七）》已经专门将组织、领导传销活动的行为单独规定为犯罪，故不适用非法经营罪。

2. *刑事处罚*

根据刑法第224条之一的规定，犯本罪的，处5年以下有期徒刑或者拘役，并处罚金；情节严重的，处5年以上有期徒刑，并处罚金。

六、非法经营罪

（一）概念与构成

非法经营罪，是指违反国家规定，从事非法经营活动，扰乱市场秩序，情节严重的行为。

本罪的构成要件如下：

1. 本罪的客观方面表现为违反国家规定，从事非法经营活动，情节严重的行为。根据刑法第96条的规定，本法所称违反国家规定，是指违反全国人民代表大会及其常务委员会制定的法律和决定，国务院制定的行政法规、规定的行政措施、发布的决定和命令，不包括地方法规和中央各部委的规章。非法经营活动，是指刑法第225条列明的以及司法实务广泛认可严重扰乱市场秩序的活动。

2. 本罪的主体是一般主体，包括自然人和单位。

3. 本罪的主观方面是故意。

4. 本罪的客体是市场交易的正常秩序。

（二）司法认定与刑事处罚

1. *司法认定*

刑法第225条（非法经营罪）是惩治经济犯罪的基本条款，采取了列举非法经营行为类型和其他扰乱市场秩序行为的立法模式，其构成要件具有开放性、适用范围宽广、司法解释空间大的特点，同时也产生了严格解释、适用的要求。因而，在司法实务中形成了极为具体的定罪行为类型。根据《2010立案追诉标准（二）》第79条的规定，非法经营案涉嫌下列情形之一的，应予立案追诉：

（1）违反国家有关盐业管理规定，非法生产、储运、销售食盐，扰乱市场秩序，具有下列情形之一的：1）非法经营食盐 20 吨以上；2）曾因非法经营食盐行为受过 2 次以上行政处罚又非法经营食盐 10 吨以上的。

（2）违反国家烟草专卖管理法律法规，未经烟草专卖行政主管部门许可，无烟草专卖生产企业许可证、烟草专卖批发企业许可证、特种烟草专卖经营企业许可证、烟草专卖零售许可证等许可证明，非法经营烟草专卖品，具有下列情形之一的：1）非法经营额 5 万元以上，或者违法所得额 2 万元以上的；2）非法经营卷烟 20 万支以上的；3）曾因非法经营烟草专卖品 3 年内受过 2 次以上行政处罚，又非法经营烟草专卖品且数额在 3 万元以上的。

（3）未经国家有关主管部门批准，非法经营证券、期货、保险业务，或者非法从事资金支付结算业务，具有下列情形之一的：1）非法经营证券、期货、保险业务，数额在 30 万元以上的；2）非法从事资金支付结算业务，数额在 200 万元以上的；3）违反国家规定，使用销售点终端机具（POS 机）等方法，以虚构交易、虚开价格、现金退货等方式向信用卡持卡人直接支付现金，数额在 100 万元以上的，或者造成金融机构资金 20 万元以上逾期未还的，或者造成金融机构经济损失 10 万元以上的；4）违法所得额 5 万元以上的。

（4）非法经营外汇，具有下列情形之一的：1）在外汇指定银行和中国外汇交易中心及其分中心以外买卖外汇 20 万美元以上的，或者违法所得额 5 万元以上的；2）公司、企业或者其他单位违反有关外贸代理业务的规定，采用非法手段，或者明知是伪造、变造的凭证、商业单据，为他人向外汇指定银行骗购外汇，数额在 500 万美元以上或者违法所得额 50 万元以上的；3）居间介绍骗购外汇，数额在 100 万美元以上或者违法所得数额在 10 万元以上的。

（5）出版、印刷、复制、发行严重危害社会秩序和扰乱市场秩序的非法出版物，具有下列情形之一的：1）个人非法经营数额在 5 万元以上的，单位非法经营数额在 15 万元以上的；2）个人违法所得数额在 2 万元以上的，单位违法所得数额在 5 万元以上的；3）个人非法经营报纸 5 000 份或者期刊 5 000 本或者图书 2 000 册或者音像制品、电子出版物 500 张（盒）以上的，单位非法经营报纸 15 000 份或者期刊 15 000 本或者图书 5 000 册或者音像制品、电子出版物 1 500 张（盒）以上的；4）虽未达到前述数额标准，但具有下列情形之一的：第一，2 年内因出版、印刷、复制、发行非法出版物受过行政处罚 2 次以上的，又出版、印刷、复制、发行非法出版物的；第二，因出版、印刷、复制、发行非法出版物造成恶劣社会影响或者其他严重后果的。

（6）非法从事出版物的出版、印刷、复制、发行业务，严重扰乱市场秩序，具有下列情形之一的：1）个人非法经营数额在 15 万元以上的，单位非法经营数额在 50 万元以上的；2）个人违法所得数额在 5 万元以上的，单位违法所得数额在 15 万元以上的；3）个人非法经营报纸 15 000 份或者期刊 15 000 本或者图书 5 000 册或者音像制品、电子出版物 1 500 张（盒）以上的，单位非法经营报纸 5 万份或者期刊 5 万本或者图书 15 000 册或者音像制品、电子出版物 5 000 张（盒）以上的；4）虽未达到前述数额标准，2 年内因非法从事出版物的出版、印刷、复制、发行业务受过行政处罚 2 次以上的，又非法从事出版物的出版、印刷、复制、发行业务的。

（7）采取租用国际专线、私设转接设备或者其他方法，擅自经营国际电信业务或者涉港澳台电信业务进行营利活动，扰乱电信市场管理秩序，具有下列情形之一的：1）经营去话业务数额在 100 万元以上的；2）经营来话业务造成电信资费损失数额在 100 万元以上的；3）虽未达到上述数额标准，但具有下列情形之一的：第一，2 年内因非法经营国际电信业务或者涉港澳台电信业务行为受过行政处罚2次以上，又非法经营国际电信业务或者涉港澳台电信业务的；第二，因非法经营国际电信业务或者涉港澳台电信业务行为造成其他严重后果的。

(8) 从事其他非法经营活动，具有下列情形之一的：1) 个人非法经营数额在5万元以上，或者违法所得数额在1万元以上的；2) 单位非法经营数额在50万元以上，或者违法所得数额在10万元以上的；3) 虽未达到上述数额标准，但2年内因同种非法经营行为受过2次以上行政处罚，又进行同种非法经营行为的；4) 其他情节严重的情形。

2. 刑事处罚

根据刑法第225条、第231条的规定，犯本罪的，处5年以下有期徒刑或者拘役，并处或者单处违法所得1倍以上5倍以下的罚金；情节特别严重的，处5年以上有期徒刑，并处违法所得1倍以上5倍以下罚金或者没收财产。单位犯本罪的，对单位判处罚金，并对其责任人依照前述规定处罚。

七、强迫交易罪

(一) 概念与构成

强迫交易罪，是指以暴力、威胁手段强迫交易，情节严重的行为。

本罪的构成要件如下：

1. 本罪的客观方面表现为以暴力、威胁手段强迫交易，情节严重的行为。根据刑法第226条和《刑法修正案（八）》的规定，具体包括以下要素：(1) 以暴力、威胁手段实施刑法第226条禁止的行为：1) 强买强卖商品；2) 强迫他人提供或者接受服务；3) 强迫他人参与或者退出投标、拍卖；4) 强迫他人转让或者收购公司、企业的股份、债券或者其他资产；5) 强迫他人参与或者退出特定的经营活动的。强迫进行上述交易包括他人本无交易意愿，强迫他人接受交易，也包括他人虽有交易意愿，但鉴于价格不公平、方式不合理等而拒绝，强迫他人接受交易。(2) 情节严重。情节严重的判断，主要从强迫交易的次数、数额、造成的影响、是否受过行政处罚等方面进行综合判断。

2. 本罪的主体是一般主体，包括自然人和单位。

3. 本罪的主观方面是故意。

4. 本罪的客体是公平自由的市场交易秩序和公民的合法权益。

(二) 司法认定与刑事处罚

1. 司法认定

(1) 本罪与抢劫罪的区别。本罪与抢劫罪的区分是司法实践中的一个难点问题，二者在客观上都有暴力、胁迫的行为，主观上也都是故意。二者的区别是：1) 二者的客体不同。抢劫罪侵犯的客体是公私财产所有权和他人的人身权利。强迫交易罪侵犯的客体是市场交易秩序和公民的合法权益。2) 二者的暴力、威胁的程度不同。抢劫罪的暴力、胁迫须达到使被害人不敢反抗或不能反抗的程度。而强迫交易罪中的暴力使得被害人不得已而违背其真实意愿进行交易就可以了。3) 行为发生的场合不同。强迫交易罪必须发生在经营或交易活动过程中，而抢劫罪则无此限制。4) 犯罪主体不同。强迫交易罪的主体是已满16周岁的自然人，也可以是单位。抢劫罪的主体是已满14周岁的自然人。5) 犯罪主观方面不同。抢劫罪以非法占有他人财物为目的，而强迫交易罪没有犯罪目的要求。根据最高人民法院《关于审理抢劫、抢夺刑事案件适用法律若干问题的意见》的规定，从事正常商品买卖、交易或者劳动服务的人，以暴力、胁迫手段迫使他人交出与合理价钱、费用相差不大的钱物，情节严重的，以强迫交易罪定罪处罚；以非法占有为目的，以买卖、交易、服务为幌子采用暴力、胁迫手段迫使他人交出与合理价钱、费用相差悬殊的钱物的，以抢劫罪定罪处刑。在具体认定时，既要考虑超出合理价钱、费用的绝对数额，还要考虑超出合理价钱、费用的比例，加以综合判断。

（2）本罪与敲诈勒索罪的区别。二者的区别要点在于索取的财物与交易的商品和提供的服务是否大体相当。如果行为人根本不从事有关交易、无交易的内容而借口敲诈财物数额较大的，是敲诈勒索罪。

（3）本罪与强迫卖血罪的竞合。本罪与强迫卖血罪存在法条竞合，特别规定优先适用。对于强迫他人卖血的，以强迫卖血罪论处。

2. 刑事处罚

根据刑法第226条和第231条的规定，犯本罪的，处3年以下有期徒刑或者拘役，并处或者单处罚金。单位犯本罪的，对单位判处罚金，并对其直接负责的主管人员以及其他直接责任人员，依照上述规定处罚。

八、伪造、倒卖伪造的有价票证罪

（一）概念与构成

伪造、倒卖伪造的有价票证罪，是指伪造或者倒卖伪造的车票、船票、邮票或者其他有价票证，数额较大的行为。

本罪的构成要件如下：

1. 本罪的客观方面表现为伪造或者倒卖伪造的车票、船票、邮票或者其他有价票证，数额较大的行为。根据2000年12月5日公布的最高人民法院《关于对变造、倒卖变造邮票行为如何适用法律问题的解释》的规定，对变造或者倒卖变造的邮票数额较大的，应按本罪定罪处罚。因此，本罪中的伪造，是广义的伪造，不仅包括伪造有价票证的行为，也包括变造有价票证的行为。倒卖，一般是指低价买进、高价卖出或者转手贩卖。行为人伪造或者倒卖伪造有价票证的，成立本罪。如果行为人伪造或者倒卖伪造的金融票证、票据，则成立破坏金融秩序的犯罪或者金融诈骗犯罪。根据2003年4月2日公布的最高人民检察院《关于非法制作、出售、使用IC电话卡行为如何适用法律问题的答复》的规定，非法制作或者出售非法制作的IC电话卡，数额较大的，以本罪定罪处罚。至于犯罪数额，可以根据销售数额认定。

2. 本罪的主体是一般主体，包括自然人和单位。

3. 本罪的主观方面是故意。

4. 本罪的客体是国家对有价票证的管理秩序。

（二）刑事处罚

根据刑法第227条第1款和第231条的规定，犯本罪的，处2年以下有期徒刑、拘役或者管制，并处或者单处票证价额1倍以上5倍以下的罚金；数额巨大的，处2年以上7年以下有期徒刑，并处票证价额1倍以上5倍以下罚金。单位犯本罪的，对单位判处罚金，并对其责任人依照前述规定处罚。

九、倒卖车票、船票罪

（一）概念与构成

倒卖车票、船票罪，是指倒卖车票、船票，情节严重的行为。

本罪的构成要件如下：

1. 本罪的客观方面表现为倒卖车票、船票，情节严重的行为。行为对象是真的车票、船票，不包括伪造的。飞机票不是本罪行为对象。根据最高人民法院《关于审理倒卖车票刑事案件有关问题的解释》第1条的规定，高价、变相加价倒卖车票或者倒卖坐席、卧铺签字号及订购车票凭证，票面数额在5 000元以上，或者非法获利数额在2 000元以上的，属于本罪的“情节严重”。

2. 本罪的主体是一般主体，包括自然人和单位。

3. 本罪的主观方面是故意。

4. 本罪的客体是国家对车票、船票的管理秩序。

（二）刑事处罚

根据刑法第227条第2款和第231条的规定，犯本罪的，处3年以下有期徒刑、拘役或者管制，并处或者单处票证价额1倍以上5倍以下的罚金。单位犯本罪的，对单位判处罚金，并对其责任人依照前述规定处罚。

根据《关于审理倒卖车票刑事案件有关问题的解释》第2条的规定，对于铁路职工倒卖车票或者与其他人员勾结倒卖车票，组织倒卖车票的首要分子，曾因倒卖车票受过治安处罚2次以上或者被劳动教养1次以上，2年内又倒卖车票，构成倒卖车票罪的，依法从重处罚。

十、非法转让、倒卖土地使用权罪

（一）概念与构成

非法转让、倒卖土地使用权罪，是指以牟利为目的，违反土地管理法规，非法转让、倒卖土地使用权，情节严重的行为。

本罪的构成要件如下：

1. 本罪的客观方面表现为违反土地管理法规，非法转让、倒卖土地使用权，情节严重的行为。根据2001年8月31日全国人大常委会《关于〈中华人民共和国刑法〉第228条、第342条、第410条的解释》的规定，“违反土地管理法规”，是指违反土地管理法、森林法、草原法等法律以及有关行政法规中关于土地管理的规定。“非法转让土地使用权”，指行为人在合法取得土地使用权后，违反国家土地管理法规规定，未经批准，擅自将土地转让给他人的行为。“非法倒卖土地使用权”，指土地受让者违反国家土地管理法规，擿自将土地转手卖给他人，从中谋取差价的行为。成立本罪还要求达到情节严重。根据2000年6月19日公布的最高人民法院《关于审理破坏土地资源刑事案件具体应用法律若干问题的解释》（以下简称《审理破坏土地刑案解释》）的规定，具有下列情形之一的，属于“情节严重”：（1）非法转让、倒卖基本农田5亩以上的；（2）非法转让、倒卖基本农田以外的耕地10亩以上的；（3）非法转让、倒卖其他土地20亩以上的；（4）非法获利50万元以上的；（5）非法转让、倒卖土地接近上述数量标准并具有其他恶劣情节的，如曾因非法转让、倒卖土地使用权受过行政处罚或者造成严重后果等。

2. 本罪的主体是一般主体，包括自然人和单位。

3. 本罪的主观方面是故意，且以牟利为目的。

4. 本罪的客体是国家对土地使用权的管理秩序。

（二）刑事处罚

根据刑法第228条和第231条的规定，非法转让、倒卖土地使用权，情节严重的，处

3年以下有期徒刑或者拘役，并处或者单处非法转让、倒卖土地使用价额5%以上20%以下的罚金；情节特别严重的，处3年以上7年以下有期徒刑，并处非法转让、倒卖土地使用权价额5%以上20%以下的罚金。单位犯本罪的，对单位判处罚金，并对其责任人依照前述规定处罚。

根据《审理破坏土地刑案解释》第2条的规定，具有下列情形之一的，属于非法转让、倒卖土地使用权“情节特别严重”：(1) 非法转让、倒卖基本农田10亩以上的；(2) 非法转让、倒卖基本农田以外的耕地20亩以上的；(3) 非法转让、倒卖其他土地40亩以上的；(4) 非法获利100万元以上的；(5) 非法转让、倒卖土地接近上述数量标准并具有其他恶劣情节，如造成严重后果等。

十一、提供虚假证明文件罪

(一) 概念与构成

提供虚假证明文件罪，是指承担资产评估、验资、验证、会计、审计、法律服务等职责的中介组织的人员，故意提供虚假的证明文件，情节严重的行为。

本罪的构成要件如下：

1. 本罪的客观方面表现为提供虚假的中介证明文件情节严重的行为。行为对象为资产评估机构、会计师事务所、审计师事务所、律师事务所等中介服务机构提供的虚假中介证明文件。根据《2010立案追诉标准(二)》第81条的规定，故意提供虚假证明文件案，涉嫌下列情形之一的，属于本罪的“情节严重”，应予立案追诉：1) 给国家、公众或者其他投资者造成直接经济损失50万元以上的；2) 违法所得额10万元以上的；3) 虚假证明文件虚构数额在100万元且占实际数额30%上的；4) 虽未达到上述数额标准，但具有下列情形之一的：第一，在提供虚假证明文件过程中索取或者非法接受他人财物的；第二，2年内因提供虚假证明文件，受过行政处罚2次以上，又提供虚假证明文件的。

2. 本罪的主体是特殊主体，即承担资产评估、验资、验证、会计、审计、法律服务等职责的中介组织及其工作人员。

3. 本罪的主观方面是故意。

4. 本罪的客体是国家对中介市场的监督管理制度。

(二) 刑事处罚

根据刑法第229条第1款、第2款和第231条的规定，犯本罪的，处5年以下有期徒刑或者拘役，并处罚金；索取他人财物或者非法收受他人财物而犯本罪的，处5年以上10年以下有期徒刑，并处罚金。单位犯本罪的，对单位判处罚金，并对其责任人依照前述规定处罚。

十二、出具证明文件重大失实罪

(一) 概念与构成

出具证明文件重大失实罪，是指承担资产评估、验资、验证、会计、审计、法律服务等职责的中介组织的人员，严重不负责任，出具的证明文件重大失实，造成严重后果的行为。

本罪的构成要件如下：

1. 本罪的客观方面表现为出具的证明文件重大失实，造成严重后果的行为。根据《2010立案追诉标准(二)》第82条的规定，给国家、公众或者其他投资者造成直接经济损失数额在100万元以上的，属于“造成严重后果”。

2. 本罪的主体是特殊主体，即承担资产评估、验资、验证、会计、审计、法律服务等职责的中介组织及其人员。

3. 本罪的主观方面是过失。

4. 本罪的客体是国家对中介市场的监督管理制度。

(二) 刑事处罚

根据刑法第229条第3款和第231条的规定，犯本罪的，处3年以下有期徒刑或者拘役，并处或者单处罚金。单位犯本罪的，对单位判处罚金，并对其责任人依照前述规定处罚。

十三、逃避商检罪

(一) 概念与构成

逃避商检罪，是指违反进出口商品检验法的规定，逃避商品检验，将必须经商检机构检验的进口商品未报经检验而擅自销售、使用，或者将必须经商检机构检验的出口商品未报经检验合格而擅自出口，情节严重的行为。

本罪的构成要件如下：

1. 本罪的客观方面表现为逃避商品检验，将必须经商检机构检验的进口商品未报经检验而擅自销售、使用，或者将必须经商检机构检验的出口商品未报经检验合格而擅自出口，且情节严重的行为。根据《2010立案追诉标准（二）》第83条的规定，逃避商检，有下列情形之一，应予立案追诉：(1) 给国家、单位或者个人造成的直接经济损失数额在50万元以上的；(2) 逃避商检的进出口货物货值金额在300万元以上的；(3) 导致病疫流行、灾害事故的；(4) 多次逃避商检的；(5) 引起国际经济贸易纠纷，严重影响国家对外贸易关系，或者严重损害国家声誉的。

2. 本罪的主体是一般主体，包括自然人和单位。

3. 本罪的主观方面是故意。

4. 本罪的客体是国家进出口商品检验管理制度。

(二) 刑事处罚

根据刑法第230条和第231条的规定，犯本罪的，处3年以下有期徒刑或者拘役，并处或者单处罚金。单位犯本罪的，对单位判处罚金，并对其责任人依照前述规定处罚。

【附录】

一、司法考试真题

1. 杨某生产假冒避孕药品，其成分为面粉和白糖的混合物，货值金额达15万多元，尚未销售即被查获。关于杨某的行为，下列哪一选项是正确的？（　　）

A. 不构成犯罪

B. 以生产、销售伪劣产品罪（未遂）定罪处罚

C. 以生产、销售伪劣产品罪（既遂）定罪处罚

D. 触犯生产假药罪与生产、销售伪劣产品罪（未遂），依照处罚较重的规定定罪处罚

答案：D

2. 甲将邻居交售粮站的稻米淋洒农药，取出部分作饵料，毒死麻雀后售与饭馆，非法获利 5 000 元。关于甲行为的定性，下列哪一选项是正确的？（　　）

A. 构成故意毁坏财物罪

B. 构成以危险方法危害公共安全罪和盗窃罪

C. 仅构成以危险方法危害公共安全罪

D. 构成投放危险物质罪和销售有毒、有害食品罪

答案：D

3. 刘某专营散酒收售，农村小卖部为其供应对象。刘某从他人处得知某村办酒厂生产的散酒价格低廉，虽掺有少量有毒物质，但不会致命，遂大量购进并转销给多家小卖部出售，结果致许多饮者中毒甚至双眼失明。下列哪些选项是正确的？（　　）

A. 造成饮用者中毒的直接责任人是某村办酒厂，应以生产和销售有毒、有害食品罪追究其刑事责任；刘某不清楚酒的有毒成分，可不负刑事责任

B. 对刘某应当以生产和销售有毒、有害食品罪追究刑事责任

C. 应当对构成犯罪者并处罚金或没收财产

D. 村办酒厂和刘某构成共同犯罪

答案：BC

4. 甲为了获取超额利润，在明知其所经销的电器产品不符合保障人身安全的国家标准的情况下，仍然大量进货销售，销售金额总计达到 180 万元。一企业因使用这种电器而导致短路，引起火灾，造成 3 人轻伤，部分厂房被烧毁，直接经济损失 10 万元。下列关于甲的行为的说法哪些是正确的？（　　）

A. 应当数罪并罚

B. 构成销售不符合安全标准的产品罪

C. 构成销售伪劣产品罪

D. 应按照销售伪劣产品罪和销售不符合安全标准的产品罪中的一个重罪定罪处罚

答案：BCD

5. 某化妆品厂系私营企业，所生产的婴儿护肤产品供不应求。为增加产量，厂长童某决定改变配方，增加添加剂。结果生产出不符合卫生标准的劣质产品，销售金额达 30 万元。消费者使用后程度不同地引起过敏、脱皮等不良反应。在如何确定犯罪主体性质及定罪的罪名上，下列哪些选项是正确的？（　　）

A. 生产、销售伪劣产品罪

B. 生产销售不符合卫生标准的化妆品罪

C. 单位犯罪

D. 自然人犯罪

答案：AC

6. 黄某、王某二人从境外走私入境假币 150 余万元。运载假币的渔船刚一到岸，即被海关缉私人员发现。黄某、王某手持铁棍、匕首将缉私人员打成重伤后携带假币逃走。对黄某、王某的犯罪行为应以哪些犯罪论处？（　　）

A. 走私假币罪　　B. 运输假币罪

C. 故意伤害罪　　D. 妨害公务罪

答案：AC

7. 下列哪一说法是正确的?(　　)

A. 甲违反海关法规，将大量黄金运输进境，不予申报，逃避关税。甲的行为成立走私贵重金属罪

B. 乙生产、销售劣药，没有对人体健康造成严重危害，但销售金额超过了5万元。乙的行为成立生产、销售伪劣产品罪

C. 丙在自己的35名同学中高息揽储，吸收存款100万元，然后以更高的利息贷给他人。丙向其同学还本付息后，违法所得达到数额较大标准。丙的行为成立非法经营罪与高利转贷罪的想象竞合犯

D. 承担资产评估职责的丁，非法收受他人财物后，故意提供虚假证明文件。丁的行为构成非国家工作人员受贿罪与提供虚假证明文件罪，应实行数罪并罚

答案：B

8. 甲、乙二人出资10万元，同时通过购买并使用伪造的商业零售发票，虚填商品实物价值人民币50万元，骗取审计事务所出具验资报告，欺骗公司登记主管部门，以60万元注册资本取得“××贸易有限公司”营业执照。后甲、乙又合谋将上述10万元资本金转移用于注册另一公司。甲、乙二人的行为构成：(　　)。

A. 虚报注册资本罪　　B. 虚假出资罪

C. 虚报注册资本罪与抽逃出资罪　　D. 虚假出资罪与抽逃出资罪

答案：C

9. 关于货币犯罪，下列哪一选项是正确的?(　　)

A. 以货币碎片为材料，加入其他纸张，制作成假币的，属于变造货币

B. 将金属货币熔化后，制作成较薄的、更多的金属货币的，属于变造货币

C. 将伪造的货币赠与他人的，属于使用假币

D. 运输假币并使用假币的，按运输假币罪从重处罚

答案：C

10. 下列哪一行为可以构成使用假币罪?(　　)

A. 甲用总面额1万元的假币参加赌博

B. 甲(系银行工作人员)利用职务上的便利，以伪造的货币换取货币

C. 甲在与他人签订经济合同时，为显示自己的经济实力，将总面额20万元的假币冒充真币出示给对方看

D. 甲用总面额10万元的假币换取高某的1万元真币

答案：A

11. 甲从A地购得面值2万元的假币，然后携带假币乘坐火车到B地。甲在车上与几个朋友赌博时被乘警发现，乘警按规定对甲处以罚款，甲欺骗乘警，以假币缴纳罚款，被乘警发现。甲的行为构成下列哪些罪?(　　)

A. 购买、运输假币罪　　B. 诈骗罪

C. 持有、使用假币罪　　D. 赌博罪

答案：AC

12. 甲公司走私汽车获利人民币4 000万元后，欲通过乙公司(非国有)的账户将这笔资金换成外汇转移至香港，并说明可按资金数额的10%支付“手续费”。乙公司得知该笔资金为甲公司走私犯罪所得，仍同意为该资金转账提供账户，并在收取“手续费”400万元后，将该资金折换成438万美元，以预付货款为名汇往甲公司在香港的账户。乙公司的

行为构成：（　　）。

A. 走私罪（共犯）　　B. 洗钱罪

C. 逃汇罪　　D. 单位受贿罪

答案：B

13. X公司系甲、乙二人合伙依法注册成立的公司，以钢材批发零售为营业范围。丙因自己的公司急需资金，便找到甲、乙借款，承诺向X公司支付高于银行利息五个百分点的利息，并另给甲、乙个人好处费。甲、乙见有利可图，即以购买钢材为由，以X公司的名义向某银行贷款1 000万元，贷期半年。甲、乙将贷款按约定的利息标准借与丙，丙给甲、乙各10万元的好处费。半年后，丙将借款及利息还给X公司，甲、乙即向银行归还本息。关于甲、乙、丙行为的定性，下列哪一选项是正确的？（　　）

A. 甲、乙构成高利转贷罪，丙无罪

B. 甲、乙构成骗取贷款罪，丙无罪

C. 甲、乙构成高利转贷罪、非国家工作人员受贿罪，丙构成对非国家工作人员行贿罪

D. 甲、乙构成骗取贷款罪、非国家工作人员受贿罪，丙构成对非国家工作人员行贿罪

答案：C

14. 甲受国有事业单位委派，担任某农村信用合作社主任。某日，乙找甲，说要贷款200万做生意，但无任何可抵押财产也无担保人，不符合信贷条件。乙表示若能贷出款来，就会给甲10万元作为辛苦费。丁是甲嘱咐该合作社主管信贷的职员丙“一定办好此事”。丙无奈，明知不符合条件仍然放贷。乙当即给甲10万元，其余190万元贷后用于挥霍，经合作社多次催收，乙拒绝归还。请回答。

（1）甲的行为触犯的罪名是：（　　）

A. 受贿罪　　B. 贷款诈骗罪

C. 玩忽职守罪　　D. 违法发放贷款罪

答案：AD

（2）对于乙、丙的行为，下列说法正确的是：（　　）

A. 乙构成贷款诈骗罪　　B. 乙构成行贿罪

C. 丙构成违法发放贷款罪　　D. 丙构成玩忽职守罪

答案：ABC

15. 关于贷款诈骗罪的判断，下列哪一选项是正确的？（　　）

A. 甲以欺骗手段骗取银行贷款，给银行造成重大损失，构成贷款诈骗罪

B. 乙以牟利为目的套取银行信贷资金，转贷给某企业，从中赚取巨额利益，构成贷款诈骗罪

C. 丙公司以非法占有为目的，编造虚假的项目骗取银行贷款，该公司构成贷款诈骗罪

D. 丁使用虚假的证明文件，骗取银行贷款后携款潜逃，构成贷款诈骗罪

答案：D

16. 张某窃得同事一张银行借记卡及身份证，向丈夫何某谎称路上所拾。张某与何某根据身份证号码试出了借记卡密码，持卡消费5 000元。关于本案，下列哪一说法是正确的？（　　）

A. 张某与何某均构成盗窃罪

B. 张某与何某均构成信用卡诈骗罪

C. 张某构成盗窃罪，何某构成信用卡诈骗罪

D. 张某构成信用卡诈骗罪，何某不构成犯罪

答案：C

17. 甲将自己的汽车藏匿，以汽车被盗为由向保险公司索赔。保险公司认为该案存有疑点，随即报警。在掌握充分证据后，侦查机关安排保险公司向甲“理赔”。甲到保险公司二楼财务室领取20万元赔偿金后，刚走到一楼即被守候的多名侦查人员抓获。关于甲的行为，下列哪一选项是正确的？（　　）

A. 保险诈骗罪未遂　　B. 保险诈骗罪既遂

C. 保险诈骗罪预备　　D. 合同诈骗罪

答案：A

18. 李某租用某建筑公司场地开了一家酒店，并为酒店财产投了10万元人民币保险，后因经营不善，无力支付租金，场地被该建筑公司封锁。李某决定放火烧毁酒楼，一是报复该建筑公司（因酒店旁边还有该建筑公司的其他建筑），二是可以获取保险赔偿金。李某放火后到保险公司理赔时被公安机关抓获归案。下列关于本案的意见哪些是正确的？（　　）

A. 李某的行为触犯放火罪和保险诈骗罪两个罪名

B. 放火罪与保险诈骗（未遂）罪应并罚

C. 放火罪与保险诈骗罪相竞合，只定放火罪

D. 放火罪与保险诈骗（预备）罪应并罚

答案：AB

19. 甲公司为了解决资金不足，以与虚构的单位签订供货合同的方法，向银行申请获得贷款200万元，并将该款用于购置造酒设备和原料，后因生产、销售假冒注册商标的红酒被查处，导致银行贷款不能归还。甲公司获取贷款的行为构成：（　　）

A. 贷款诈骗罪　　B. 合同诈骗罪

C. 集资诈骗罪　　D. 民事欺诈，不构成犯罪

答案：B

20. 钱某持盗来的身份证及伪造的空头支票，骗取某音像中心VCD光盘4 000张，票面金额3.5万元。物价部门进行赃物估价鉴定的结论为：“盗版光盘无价值”。对钱某骗取光盘的行为应如何定性？（　　）

A. 钱某的行为不构成犯罪

B. 钱某的行为构成票据诈骗罪的既遂，数额按票面金额计算

C. 钱某的行为构成票据诈骗罪的未遂

D. 钱某的行为构成诈骗罪的既遂，数额按票面金额计算

答案：B

21. 被告人江某与被害人郑某是同一家电脑公司的工作人员，二人同住一间集体宿舍。某日，郑某将自己的信用卡交江某保管，3天之后索回。一周后，郑某发现自己的信用卡丢失，到银行挂失时，得知卡上1.5万元已被人取走。郑某报案后，司法机关找到了江某。江某承认是其所为，但对作案事实前后供述不一。第一次供述称，在郑某将信用卡交其保管时，利用以前与郑某一起取款时偷记下的郑某信用卡上的密码，私下在取款机上取款；第二次供述称，是仿制了一张信用卡后，用所获取的郑某信用卡上的有关信息取款；第三次供述却称，是拾得郑某的信用卡后，用该卡取款。但被害人郑某怀疑是江某盗窃其信用卡后取走卡上所存的钱款。请回答以下（1）～（4）题。

(1) 如果郑某将信用卡交江某保管时，江某私下用来取走了现金，下列说法正确的是：(　　)。

A. 江某构成侵占罪　　B. 江某构成信用卡诈骗罪

C. 江某构成盗窃罪　　D. 江某不构成犯罪

答案：B

(2) 如果江某用自己仿制的信用卡在自动取款机上提取了现金，下列说法正确的是：(　　)。

A. 江某构成伪造金融票证罪　　B. 江某构成伪造信用卡罪

C. 江某构成信用卡诈骗罪　　D. 应该实行数罪并罚

答案：C

(3) 如果江某拾得信用卡后，用该信用卡在自动取款机上提取了现金，下列说法错误的是：(　　)。

A. 江某构成侵占罪　　B. 江某构成信用卡诈骗罪

C. 江某构成侵占遗失物罪　　D. 江某不构成犯罪，其行为属不当得利

答案：ACD

(4) 如果江某盗窃信用卡后，用该信用卡在自动取款机上提取了现金，下列说法正确的是：(　　)。

A. 江某构成盗窃信用卡罪

B. 江某构成信用卡诈骗罪

C. 江某既构成盗窃罪又构成信用卡诈骗罪，应实行数罪并罚

D. 江某构成盗窃罪

答案：D

22. 案例分析题

丁某系某市东郊电器厂（私营企业，不具有法人资格）厂长，2003年因厂里资金紧缺，多次向银行贷款未果。为此，丁某仿照银行存单上的印章模式，伪造了甲银行的储蓄章和行政章，以及银行工作人员的人名章，伪造了户名分别为黄某和唐某在甲银行存款额均为50万元的存单两张。随后，丁某约请乙银行办事处（系国有金融机构）副主任朱某吃饭，并将东郊电器厂欲在乙银行办事处申请存单抵押贷款的打算告诉了朱某，承诺事后必有重谢。朱某见有利可图，就让丁某第二天到办事处找信贷科科长张某办理，并答应向张某打招呼。次日，丁某来到乙银行办事处。朱某将其介绍给张某，让其多加关照。

张某在审查丁某提交的贷款材料时，对甲银行的两张存单有所怀疑，遂发函给甲银行查询。此时，丁某通过朱某催促张某，张某遂打电话询问查询事宜。甲银行储蓄科科长答应抓紧办理，但张某未等回函，就为丁某办理了抵押贷款手续，并报朱某审批。后甲银行未就查询事宜回函。

朱某审批时发现材料有问题，就把丁某找来询问。丁某见瞒不过朱某，就将假存单之事全盘托出，并欺骗朱某说有一笔大生意保证挣钱，贷款将如期归还，并当场给朱某10万元好处费，朱某见丁某信誓旦旦，便收受了好处费，同意批给丁某100万元贷款。丁某获得贷款后，以感谢为名送给张某5万元，张某予以收受。丁某将贷款全部投入电器厂经营，结果亏损殆尽，致使银行贷款不能归还。检察机关将本案起诉至法院。

问题：简析丁某、朱某和张某涉嫌犯罪行为触犯的罪名，然后根据有关的刑法理论和法律规定确定三人分别应如何定罪处罚。

答案：

（1）丁某：伪造企业印章罪，伪造金融票证罪，金融凭证诈骗罪，贷款诈骗罪，行贿罪。其中：1）伪造企业印章罪和伪造金融凭证罪之间存在牵连关系，按照从一重罪处断的原则，应定伪造金融凭证罪；2）伪造金融票证罪与金融凭证诈骗罪之间又存在牵连关系，按照从一重罪处断的原则，应以金融凭证诈骗罪论处；3）金融凭证诈骗罪与贷款诈骗罪之间也存在法条竞合关系，按照重法优于轻法的原则，应以金融凭证诈骗罪论处。综上，丁某构成金融凭证诈骗罪和行贿罪，应实行数罪并罚。

（2）朱某：金融凭证诈骗罪的共犯和受贿罪，应实行数罪并罚。

（3）张某：国有公司、企业、事业单位人员失职罪和受贿罪，应实行数罪并罚。

23. 某企业生产的一批外贸供货产品因外商原因无法出口，该企业采用伪造出口退税单证和签订虚假买卖合同等方法，骗取出口退税 50 万元（其中包括该批产品已征的产品税、增值税等税款 19 万元）。对该企业应当如何处理？（　　）

A. 以合同诈骗罪处罚　　B. 以逃税罪处罚

C. 以骗取出口退税罪处罚　　D. 以逃税罪和骗取出口退税罪并罚

答案：D

24. 对涉及增值税专用发票的犯罪案件，下列哪些处理是正确的？（　　）

A. 非法购买增值税专用发票的，按非法购买增值税专用发票罪定罪处罚

B. 非法购买增值税专用发票后又虚开的，按非法购买增值税专用发票罪和虚开增值税专用发票罪并罚

C. 非法购买增值税专用发票后又出售的，按非法出售增值税专用发票罪定罪处罚

D. 非法购买伪造的增值税专用发票后又出售的，按出售伪造的增值税专用发票罪定罪处罚

答案：ACD

25. 某外贸公司在缴纳了 100 万元的税款后，采取虚报出口的手段，骗得税务机关退税 180 万元，后被查获。对该公司应如何处理？（　　）

A. 以逃税罪处理

B. 以骗取出口退税罪处理

C. 其中的 100 万元按逃税罪处理，余下的 80 万元按骗取出口退税罪处理

D. 其中的 100 万元按骗取出口退税罪处理，余下的 80 万元按逃税罪处理

答案：C

26. 某企业因产品出口得到国家出口退税款 300 万元，后因产品质量问题被国外客商退货 1/3。该企业隐瞒这一事实且未补缴应缴的税款 100 万元。该企业的行为构成何种犯罪？（　　）

A. 骗取出口退税罪

B. 逃避追缴欠税罪

C. 逃税罪

D. 虚开用于骗取出口退税、抵扣税款发票罪

答案：C

27. 关于骗取出口退税罪和虚开增值税发票罪的说法，下列哪些选项是正确的？（　　）

A. 甲公司具有进出口经营权，明知他人意欲骗取国家出口退税款，仍违反国家规定允许他人自带客户、自带货源、自带汇票并自行报关，骗取国家出口退税款。对

甲公司应以骗取出口退税罪论处

B. 乙公司虚开用于骗取出口退税的发票，并利用该虚开的发票骗取数额巨大的出口退税，其行为构成虚开用于骗取出口退税发票罪与骗取出口退税罪，实行数罪并罚

C. 丙公司缴纳 200 万元税款后，以假报出口的手段，一次性骗取国家出口退税款 400 万元，丙公司的行为分别构成逃税罪与骗取出口退税罪，实行数罪并罚

D. 丁公司虚开增值税专用发票并骗取国家税款，数额特别巨大，情节特别严重，给国家利益造成特别重大损失。对丁公司应当以虚开增值税专用发票罪论处

答案：ACD

28. 甲公司拥有的某项独家技术每年为公司带来 100 万元利润，故对该技术严加保密。乙公司经理丙为获得该技术，带人将甲公司技术员丁在其回家路上强行拦截并推入丙的汽车，对丁说如果他提供该技术资料就给他 2 万元，如果不提供就将他嫖娼之事公之于众。丁同意配合。次日丁向丙提供了该技术资料，并获得 2 万元报酬。丙的行为构成：(　　)。

A. 强迫交易罪　　B. 敲诈勒索罪

C. 绑架罪　　D. 侵犯商业秘密罪

答案：D

29. 李某为了牟利，未经著作权人许可，私自复制了若干部影视作品的 VCD，并以批零兼营等方式销售，销售金额为 11 万元，其中纯利润 6 万元。李某的行为构成何罪？(　　)

A. 销售侵权复制品罪　　B. 侵犯著作权罪

C. 非法经营罪　　D. 生产、销售伪劣产品罪

答案：B

30. 对下列与扰乱市场秩序罪相关的案例的判断，哪一选项是正确的？(　　)

A. 甲所购某名牌轿车行驶不久，发动机就发生故障，经多次修理仍未排除。甲用牛车拉着该轿车在闹市区展示。甲构成损害商品声誉罪

B. 广告商乙在拍摄某减肥药广告时，以肥胖的郭某当替身拍摄减肥前的画面，再以苗条的影视明星刘某做代言人夸赞减肥效果。事后查明，该药具有一定的减肥作用。乙构成虚假广告罪

C. 丙按照所在企业安排研发出某关键技术，但其违反保密协议将该技术有偿提供给其他厂家使用，获利 400 万元。丙构成侵犯商业秘密罪

D. 章某因房地产开发急需资金，以高息向丁借款 500 万元，且按期归还本息。丁尝到甜头后，多次发放高利贷，非法获利数百万元。丁构成非法经营罪

答案：C

31. 下列关于扰乱市场秩序罪的说法哪些是正确的？(　　)

A. 单位可以构成刑法规定的各种扰乱市场秩序的犯罪

B. 广告主、广告经营者和广告发布者之外的其他人不能单独构成虚假广告罪

C. 招标人不能构成串通投标罪

D. 不以牟利为目的，非法转让土地使用权的，不能构成非法转让土地使用权罪

答案：ABD

32. 根据我国刑法的规定，以非法占有为目的，在签订履行合同的过程中，骗取对方当事人的财物，数额较大的，构成合同诈骗罪。下列哪种行为不符合上述条件，不构成合同诈骗罪？(　　)

A. 甲未经卢某同意即用卢某名义签订合同

B. 乙为取得对方当事人的信任，要求自己在审计事务所工作的同学杨某为自己出具一份假的产权证明作担保

C. 丙在签订合同后，携带对方当事人的2 000元定金逃匿

D. 丁借用其他单位的公章和合同文本签订合同

答案：D

33. 下列哪些行为构成非法经营罪？（　　）

A. 甲违反国家规定，擅自经营国际电信业务，扰乱电信市场秩序，情节严重

B. 乙非法组织传销活动，扰乱市场秩序，情节严重

C. 丙买卖国家机关颁发的野生动物进出口许可证

D. 丁复制、发行盗版的《国家计算机考试大纲》

答案：AC

34. 关于刑事责任的追究，下列哪些选项是正确的？（　　）

A. 甲非法从事资金支付结算业务，构成非法吸收公众存款罪

B. 乙采取欺骗手段进行虚假纳税申报，逃避缴纳税款1 000万元，但经税务机关依法下达追缴通知后，补缴了应纳税款。即便乙拒绝缴纳滞纳金，也不应当再对其追究刑事责任

C. 丙明知赵某实施高利转贷行为获利200万元，而为其提供资金账户的，构成洗钱罪

D. 丁组织多名男性卖淫，由于刑法第358条并未限定组织卖淫罪中的被组织者是妇女，对丁应当追究刑事责任

答案：CD

35. 律师赵某接受律师事务所指派，为某公司股票上市提供法律意见。赵某在接受该公司的10万元财物之后，提供了虚假的法律意见书，导致不具备上市条件的该公司取得上市资格，严重损害了股东利益。赵某的行为构成何罪？（　　）

A. 受贿罪

B. 非国家工作人员受贿罪

C. 提供虚假证明文件罪

D. 非国家工作人员受贿罪和提供虚假证明文件罪，应当数罪并罚

答案：C

二、模拟试题

1. 甲、乙、丙商量合伙做三金片（药名）的生意。甲购来穿心莲片（药品名，价格低廉），乙、丙等租房请工人将穿心莲片用三金片的包装瓶进行分瓶包装，然后装箱200余件。之后，甲打电话与某医药公司的莫某联系，向莫某谎称该批药是从桂林三金药业公司内部得到的正宗三金片，莫某表示要货。双方签订合同，约定验货付款。甲为了骗过莫某，让莫某“到厂里提货”，甲预先把180件假三金片运到三金药业集团公司门前的路口，莫某来验货时，甲称这批货是刚从公司里提出来的，莫某信以为真。之后，双方以每件1 200元的价格成交，莫某共付甲货款20万元，甲、乙、丙共同分享。对甲、乙、丙的行为应以何罪定罪处罚？（　　）

A. 销售假药罪　　B. 合同诈骗罪

C. 诈骗罪　　D. 销售劣药罪

答案：A

2. 甲逃避海关监管使用大货柜车走私进口豪华整装汽车 10 辆，并在汽车中还发现藏匿有手枪 10 支、黄金 50 千克、一级文物 3 件，甲构成何罪？（　　）

A. 走私普通货物、物品罪　　B. 走私武器、弹药罪

C. 走私贵重金属罪　　D. 走私文物罪

答案：AB

3. 甲系 R 信用社办公室主任，R 社领导提出单位每个人都要揽储。甲以有揽储任务为名，找亲朋好友帮其完成揽储任务。甲利用工作之便，盗取 R 社空白存单，并偷盖社主任私章、社公章、收款员私章，给储户开存单，同时直接收取现金；或者让储户将存款从其他银行转入信用社，然后甲将款转入进自己的活期存折。甲将这种方式收取的资金归自己做生意使用。在 3 年期间，甲采用连续揽储归还到期存款、利息的办法，维持资金周转。涉案金额 280 万元，至案发共有 20 张存单、70 万元存款被甲占用，无法归还。甲构成：（　　）。

A. 挪用资金罪　　B. 挪用公款罪

C. 吸收客户资金不入账罪　　D. 非法吸收公众存款罪

答案：A

4. 甲从乙处借 6 万元从李四处购买了面值为 50 万元的假币。甲因为假币没有卖出无法归还乙的欠款。乙提出甲用假币 50 万元偿还 6 万元债务。甲同意，给乙假币 50 万元抵债。之后某国家机关会计丙挪用公款 8 万元从乙手中购买 40 万元假币。丙用假币购买毒品贩卖获利 28 万元。丙安排好友丁从贩毒分子张三手中取回贩卖毒品获利的 28 万元存入丁工作的储蓄所。则：

A. 甲、乙均成立购买、出售假币罪

B. 丙构成挪用公款罪、购买假币罪、贩卖毒品罪，数罪并罚

C. 丙构成挪用公款罪、购买假币罪、贩卖毒品罪、使用假币罪，数罪并罚

D. 丁构成转移毒赃罪和洗钱罪，择一重罪处罚

答案：ABD

5. 甲、乙是夫妻。甲系某市立医院的院长，乙收受了药商 K 的价值 5 万元的钻戒之后，让甲在医院药品采购时关照 K，甲利用职务上的便利使医院高价采购 K 百万元的药品。一年后，K 送给乙一辆价值 10 万元的轿车，乙让甲在药品采购中关照 K。甲颇为不悦，说不能老这样给 K 白帮忙。乙赶忙说，这回不是白忙乎了，K 给了一辆轿车。甲说，这还差不多，以规定的价格采购 200 万元的药品。另外，甲还利用开处方的职务便利，收受药商 B 的医药器材回扣款 8 万元。如何认定甲、乙的行为？（　　）

A. 乙构成利用影响力受贿罪。金额 5 万元

B. 甲构成受贿罪，乙构成甲受贿罪的共犯，该受贿罪共同犯罪的金额是 10 万元

C. 甲构成非国家工作人员受贿罪，金额 8 万元

D. 乙没有国家国作人员的身份，所以不可能构成受贿罪的共犯

答案：ABC

6. 关于诈骗罪，下列说法正确的是？（　　）

A. 甲以生活窘迫为名，与乙立下借款合同，骗借乙的财物后挥霍　空而不予偿还，甲的行为构成合同诈骗罪

B. 甲为找钱买毒品吸食，向乙谎称生意上周转不开，急需借款 10 万，为显示自己有偿还能力，还将一个伪造的 30 万元定期存单给乙看，声称存款 1 个月到期后立即取款归还借款。甲从乙处拿到 10 万元后全部用来购买毒品吸食，甲构成金融凭证

诈骗罪

C. 甲以虚构的X公司名义与Y公司签订购买锅炉合同，并使用伪造的X公司空头转账支票做担保，Y公司依合同交付价值7万元锅炉一台，甲以4万元转卖他人携款"蒸发"，甲的行为构成合同诈骗罪

D. 甲冒用E公司的名义，与F公司签订购买冲床的合同，并使用E公司已经清户的空头支票支付购冲床款，骗取F公司车床一台，价值14万，甲的行为构成票据诈骗罪

答案：CD

7. 甲到乙开的珠宝商店，向乙提出刷卡购买珠宝之后，乙以现金退货方式支付现金。甲使用信用卡套取现金120万，返给乙套现额5%的手续费共6万元，实际获得现金114万元。甲使用该笔透支的资金用于制造假药销售被查处。发卡银行两次向甲催收透支的120万元，甲超过3个月仍不归还。如何认定甲、乙的行为？（　　）

A. 甲是妨害信用卡管理罪　　B. 甲是信用卡诈骗罪

C. 甲的犯罪金额是114万元　　D. 乙是甲信用卡诈骗罪共犯

答案：B

8. 甲公司为一般纳税人，其分支机构乙单位是独立核算没有法人资格的小规模纳税人。乙单位从甲公司分3批购进价值300万元的货物，并在2001年6月30日前完成销售。2001年6月30日后，乙单位成为一般纳税人。甲公司为了让乙单位能多抵扣税金、少纳税，就该300万元的3笔交易填开了30份总价款300万元的增值税专用发票，乙单位用该发票抵扣了51万元税款。甲公司和乙单位构成：（　　）

A. 虚开增值税专用发票罪　　B. 逃税罪

C. 无罪　　D. 诈骗罪

答案：B

9. 王某自2008年3月起，未经批准在网络上设立"去听去听"音乐网（http://www.7t7t.com），提供音乐试听。其中包括国际唱片业协会会员环球唱片有限公司、华纳国际音乐股份有限公司等享有版权的677首歌曲，王某均未经许可。2009年3月～6月，王某在该网站植入广告，获取广告费用12 837元。王某行为的性质如何？（　　）

A. 销售侵权复制品罪　　B. 侵犯著作权罪

C. 不构成犯罪　　D. 非法经营罪

答案：B

10. 某市G农资公司是集体所有制企业，甲受政府主管部门委派担任G公司总经理。G公司将4万吨进口化肥配额指标卖给X公司，甲出面与X公司口头约定每吨150元，其中每吨100元共400万元的价款汇到农资公司账上，每吨50元价款共200万元以"代理费"名义汇到T公司，后由T公司自提50万元，余下150万元提取现金交给甲本人。T公司实际没有从事任何代理活动。之后，G公司还通过Y公司代理，将2万吨进口化肥指标转卖给E公司，每吨价款120元共240万元由E公司汇到G公司的账户，每吨30元代理费共60万元付给Y公司，Y公司为表示感谢付给甲20万元。下列说法正确的是？（　　）

A. G公司构成非法经营罪

B. G公司是单位犯罪，对单位判处罚金，对直接责任人甲等判处刑罚

C. 甲的行为构成立非法经营罪、贪污罪、受贿罪，数罪并罚

D. 甲的行为构成立非法经营罪、受贿罪，数罪并罚

答案：ABC

第五章

侵犯公民人身权利、民主权利罪

二十二、暴力取证罪
二十三、虐待被监管人罪
二十四、煽动民族仇恨、民族歧视罪
二十五、出版歧视、侮辱少数民族作品罪
二十六、非法剥夺公民宗教信仰自由罪
二十七、侵犯少数民族风俗习惯罪
二十八、侵犯通信自由罪
二十九、私自开拆、隐匿、毁弃邮件、电报罪
三十、出售、非法提供公民个人信息罪
三十一、非法获取公民个人信息罪
三十二、报复陷害罪
三十三、打击报复会计、统计人员罪
三十四、破坏选举罪
三十五、暴力干涉婚姻自由罪
三十六、重婚罪
三十七、破坏军婚罪
三十八、虐待罪
三十九、遗弃罪
四十、拐骗儿童罪
四十一、组织残疾人、儿童乞讨罪
四十二、组织未成年人进行违反治安管理活动罪

参考文献

宁汉林：《杀人罪》，群众出版社，1986；肖中华：《侵犯公民人身权利罪》，中国人民公安大学出版社，1998；王作富主编：《刑法分则实务研究》，中国方正出版社，2007；伍柳村主编：《杀人伤害罪个案研究》，四川大学出版社，1990；祝铭山主编：《强奸罪》，中国法制出版社，2004；高铭暄、马克昌主编：《中国刑法解释》（下卷），中国社会科学出版社，2005。

第一节 侵犯公民人身权利、民主权利罪概述

一、侵犯公民人身权利、民主权利罪的概念和特征

侵犯公民人身权利、民主权利罪，是指故意或者过失地侵犯他人人身权利和其他与人身直接有关的权利，以及非法剥夺或者妨害公民自由地行使依法享有的管理国家事务和参加政治活动权利的行为。人是社会关系的主体，一切社会活动都是人们从事各种活动的表现。为了实现人的主体性，保证社会活动的正常开展，法律必须对公民的人身权利、民主权利和其他与人身相关的权利予以保护。经过国际人权斗争和摩擦的历练以及我国民众对人权保护的呼声的日益高涨，近些年我国政府加大了人权保护的力度。2004 年 3 月通过的宪法修正案，明确规定了人权保护的内容。我国刑法历来重视对公民人身权利、民主权利以及与人身相关的权利的保护，规定了一系列惩治侵犯公民这些权利犯罪的条款，构成了我国人权保障法律体系中重要的内容。

此类犯罪侵犯的客体，是公民的人身权利和其他与人身直接相关的权利以及民主权利，具体内容比较复杂，大致包括以下几个方面：一是公民的人身权利，包括生命权、健康权、人身自由权、人格权、名誉权；二是与公民人身权利相关的其他权利，包括婚姻家庭关系方面的有关权利，如婚姻自由权、家庭成员地位平等权、家庭婚姻关系不受侵犯的权利、接受抚养的权利；三是公民的民主权利，即公民作为国家的主人参加国家管理的权利，包括选举权和被选举权等。此外，为了维护民族团结，我国刑法也在本章规定了一些侵犯民族团结以及歧视、侮辱少数民族的犯罪。

此类犯罪的主体多是一般主体，但也有一些犯罪的主体是特殊主体。例如，报复陷害罪、非法剥夺公民宗教信仰自由罪、侵犯少数民族风俗习惯罪等，其主体只能是国家机关工作人员。根据刑法第 17 条第 2 款的规定，已满 14 周岁的人应对本章中的故意杀人、故意伤害致人重伤或者死亡、强奸等犯罪负刑事责任。

二、侵犯公民人身权利、民主权利罪的种类

根据犯罪的直接客体和其他特点，本类犯罪共 42 个具体罪种，可分为以下几类：(1) 侵犯生命的犯罪，如故意杀人罪，过失致人死亡罪。(2) 侵犯健康的犯罪，如故意伤害罪，组织出卖人体器官罪，过失致人重伤罪。(3) 侵犯妇女、儿童、残疾人身心健康的犯罪，如强奸罪，强制猥亵、侮辱妇女罪，猥亵儿童罪，雇佣童工从事危重劳动罪，组织残疾人、儿童乞讨罪，组织未成年人进行违反治安管理活动罪。(4) 侵犯行动自由的犯罪，如绑架罪，非法拘禁罪，拐卖妇女、儿童罪，收买被拐卖的妇女儿童罪，聚众阻碍解救被拐卖的妇女、儿童罪。(5) 侵犯劳动权权利的犯罪，如强迫劳动罪。(6) 侵犯人格、名誉、住宅安宁及私密的犯罪，如侮辱罪，诽谤罪，非法搜查罪，非法侵入住宅罪，侵犯通信自由罪，私自开拆、隐匿、毁弃邮件、电报罪，出售、非法提供公民个人信息罪，非法获取公民个人信息罪。(7) 侵犯婚姻、家庭关系的犯罪，如虐待罪，遗弃罪，重婚罪，破坏军婚罪，暴力干涉婚姻自由罪，拐骗儿童罪。(8) 侵犯民主权利的犯罪，如破坏选举罪，报复陷害罪，打击、报复会计、统计人员罪。(9) 借国家机关权力侵犯人身权利的犯罪，如刑讯逼供罪，虐待被监管人罪，暴力取证罪，诬告陷害罪。(10) 侵犯宗教信仰及以少数民族为对象的犯罪，如非法剥夺公民宗教信仰自由罪，侵犯少数民族风俗习惯罪，

出版歧视、侮辱少数民族作品罪，煽动民族仇恨、民族歧视罪。

本章重点罪名包括故意杀人罪，故意伤害罪，强奸罪，非法拘禁罪，绑架罪，拐卖妇女、儿童罪，诬告陷害罪，刑讯逼供罪，破坏选举罪，重婚罪，虐待罪。

第二节 侵犯公民人身权利、民主权利罪分述

一、故意杀人罪

（一）概念与构成

故意杀人罪，是指故意非法地剥夺他人生命的行为。

本罪的构成要件如下：

1. 本罪的客观方面表现为行为人实施非法剥夺他人生命的行为。这一特征有两个要点需要把握：其一，剥夺他人的生命必须是缺乏法律根据的，即具有违法性。如果是合法地结束一个人的生命，如依法执行死刑、战争状态下将敌方人员击毙、正当防卫条件下将侵害人杀死等，都不能构成故意杀人罪。但是，实践中经常见到的“大义灭亲”——杀死自己的亲属，经被害人同意而将被害人杀死的行为，都因缺乏法律根据而应当构成故意杀人罪。其二，行为人必须实施了杀害他人的行为。至于杀人的手段，可以是暴力的，也可以是非暴力的，还可以是利用工具、动物甚至第三人的行为。行为的方式，可以是积极的作为，也可以是以消极的不作为方式导致他人死亡。在以不作为方式故意杀人的情况下，行为人必须具有特定的义务。在不作为义务的来源上，尽管国外有立法例确认了道德义务在一定条件下可以作为不作为杀人义务的来源，但在我国立法上并未规定此种行为可以构成犯罪，司法实践也持否定态度。必须强调，无论行为人所采用的是何种方法，都必须具有导致他人死亡的现实可能性，才能够称为杀人的行为。如果行为人采用根本不可能对他人生命造成任何危害的方式意图“杀人”的，如“迷信犯”，不能视为杀人行为。本罪的着手行为表现为行为人实施意图直接剥夺他人生命的行为，如果仅仅是准备工具、跟踪被害人、练习性瞄准以及其他试探性行为，均不是着手行为。此外，故意杀人罪是结果犯，是否将人杀死，是区别本罪既遂与否的标志。

当然，从自然规律的角度来讲，每个人最终都是要死亡的，虽然杀人行为并没有改变这一规律，但是它改变了人死亡的自然过程，而这正是法律惩罚此等行为的根据。因此，可以说，故意杀人罪是行为人非法地故意提前结束他人生命的行为。本罪所侵犯的对象为具有生命的自然人，并无男女老少之分，也无健康与否、是否与行为人有亲属关系之别。危害生命尚未开始的胎儿以及生命已经结束的尸体，均不能构成故意杀人罪。

至于人之生命开始与终结的标准，中外立法及司法实践掌握不一。人的生命开始的标准，大致有阵痛说、一部分露出说、全部露出说、断带说、独立呼吸说等不同观点和立法例。我国刑法学界一般主张独立呼吸说，但是也有人对此提出异议。

关于人死亡的标准，我国目前采取心死说，即心脏停止跳动、呼吸和脉搏停止作为人死亡的标志。随着医学科学的发展，国外一些发达国家已采用脑死亡作为人生命结束的标准。我国目前关于脑死亡立法的呼声也日益高涨，一旦立法通过，我国也将采取脑死亡的标准来确定自然人的死亡。

2. 本罪的主体是一般主体。根据刑法第17条第2款的规定，已满14周岁的人犯本罪的，应当负刑事责任。

3. 本罪的主观方面是故意。故意的内容是剥夺他人的生命。至于犯罪动机如何，并不影响定罪，但在量刑时有一定的意义。故意的形态可以分为直接故意杀人和间接故意杀人。行为人希望或放任自己的行为导致他人死亡的心理态度，是区分故意杀人罪与过失致人死亡罪、故意伤害罪的界限。

4. 本罪的客体是他人的生命权利。生命权利是一个人存活的基本保证，是自然人享有其他人身权利的基础，因此，在侵犯人身权利的犯罪中，故意杀人罪的危害性最为严重。侵犯他人的生命权利，也是故意杀人罪在犯罪客体方面区别于其他侵犯人身权利犯罪的重要特征之一。

（二）司法认定与刑事处罚

1. *司法认定*

（1）本罪与一些危害公共安全犯罪的竞合关系。在实践中，行为人常常采用放火、爆炸、投放危险物质或者其他危害公共安全的方法杀人，在此情况下，形成故意杀人罪与放火罪、爆炸罪、投放危险物质罪等犯罪的竞合，可以按照想象竞合犯的处断原则，从一重罪处罚。但是，如果行为人的放火、爆炸、投放危险物质等行为尚不足以危及公共安全的，则直接以故意杀人罪论处；如果行为人将人杀死后又实施放火、爆炸、投放危险物质等危害公共安全行为的，则应以本罪和相关的危害公共安全犯罪进行并罚。

（2）本罪同有关暴力犯罪中致人死亡的联系与区别。我国刑法中有诸多暴力性犯罪致人死亡的处罚规定，它们和故意杀人罪的区别与联系主要表现为两个方面：其一，某种暴力性犯罪中的致人死亡并不包含故意杀人内容，则行为人实施此种犯罪过程中故意将被害人杀死的，应当按照想象竞合犯的原则，以所犯之罪和故意杀人罪中处罚较重的犯罪定罪处罚。但是，如果行为人在实施完毕某种故意犯罪之后又实施了故意杀人行为的，应当以所犯之罪与故意杀人罪进行并罚。如暴力干涉他人婚姻自由，又使用暴力故意杀害被害人的，就应以暴力干涉婚姻自由罪和故意杀人罪进行并罚。其二，某种暴力性犯罪的构成要件或处罚情节中已包括故意杀人内容，则行为人实施该犯罪并将被害人杀害的，因故意杀人的情节已被吸收，就不再单独论罪，而直接以该种暴力犯罪一罪处罚。如抢劫致人死亡、绑架并杀害人质等，都不再单独处罚其杀人的行为。但是，如果行为人在实施了上述暴力性犯罪之后，为了灭口、逃避侦查等原因而将被害人杀害的，其故意杀人行为与有关的暴力犯罪之间就不存在吸收关系，应按照故意杀人罪和有关的暴力犯罪进行并罚。

（3）引起他人自杀与本罪的关系。自杀是自己亲手结束自己生命的行为，在我国刑法中并不认为是犯罪。但是在实践中，行为人的某种行为导致其他人自杀，是否构成故意杀人罪却值得研究。解决此类案件，应把握以下三个方面的内容：其一，行为人是否实施了某种犯罪行为；其二，行为人的行为与他人自杀之间是否具有因果关系；其三，行为人对他人自杀是一种什么样的心理态度。根据上述标准并结合引起自杀的不同原因，我们可以将此类案件具体分为以下几种情况分别处理：

其一，行为人实施的行为不具有违法性，或是有轻微的违法性但并未达到犯罪的程度，自杀主要是自杀者基于心胸过于狭窄或重大误解所致，不能对行为人追究刑事责任。

其二，行为人实施了某种犯罪行为，如强奸、暴力干涉婚姻自由、非法拘禁、刑讯逼供、虐待、侮辱、诽谤等，而引起被害人自杀的，其行为与被害人自杀之间存在间接因果关系，行为人应当对他人自杀的结果承担刑事责任。但因行为人缺乏剥夺他人生命的故意，不能以故意杀人罪论处，而应以上述相关的犯罪定罪，将引起他人自杀作为从重处罚的一个情节。

其三，行为人具有剥夺他人生命的故意，而逼迫、诱骗、教唆或帮助他人自杀的，一律按照故意杀人罪论处。逼迫他人自杀，是指行为人采用暴力、胁迫等方法，故意置被害人于走投无路之境地，逼其自杀的情形；诱骗他人自杀，是指故意设下圈套或者陷阱，或者利用他人的无知，诱使他人自杀的情形；教唆他人自杀，是指在他人本无自杀意念或尚无自杀决意的情况下，行为人用鼓动、怂恿的方法，使他人产生自杀意念或自杀决定，进而自杀的情形；帮助他人自杀，是指行为人在他人自杀时提供行为或物质上的帮助，促使他人自杀的情形。这些情形中，行为人主观上都有剥夺他人生命的故意，实施了导致他人死亡的某些行为，且这些行为与自杀者死亡之间具有因果关系，完全符合故意杀人罪的构成要件。根据有关司法解释，组织和利用邪教组织制造、散布迷信邪说，指使、胁迫其成员或者其他人实施自杀的，以故意杀人罪论处。①

(4) 受嘱托杀人案件的定性。受嘱托杀人是指行为人接受他人的嘱托，而故意地将其杀死的行为。从行为人的角度来看，这是一种被害人承诺的行为。在一般具有危害性的行为中，被害人承诺可以作为违法阻却的一个理由，从而免除行为人的刑事责任。但是从各国的立法及司法实践来看，被害人承诺的范围一般不应包括自己的生命在内，对受嘱托而杀死他人的，应当追究刑事责任。我国刑法对此未作明文规定，在司法实践中对此种行为应以故意杀人罪论处。

与受嘱托杀人相关的一个热点问题是关于安乐死是否构成杀人罪的争论。从本质上讲，应身患绝症、濒临死亡之人的要求，采取措施（如注射毒剂）提早结束其生命，也属于受嘱托杀人的范围，不能阻却其违法性，仍应以故意杀人罪论处。但是，鉴于安乐死与一般的受嘱托杀人相比具有特殊性，其是否应予以合法化，在国内外都引起了激烈的争论。目前，已有个别国家通过立法将安乐死合法化。但在我国，安乐死是否合法化的问题仍处于理论争论阶段，实践中仍然以故意杀人罪论处。

(5) 相约自杀案件的处理。相约自杀是指二人以上约定共同结束生命的行为。我国刑法并没有规定自杀的刑事责任，所以对于自杀行为不存在犯罪问题。但是，在相约自杀未遂的情况下，是否对自杀未遂者以故意杀人罪论处，也颇值得研究。从实践中的案例来看，大致可以分为四种情况：

其一，相约自杀，各自实施自杀行为的，对自杀未遂者不能追究刑事责任。

其二，行为人教唆、帮助他人自杀，自己也同他人约定自杀，结果该人自杀未遂的，可以按照教唆、帮助他人自杀的情形处理。

其三，行为人与他人相约共同自杀，但他人无勇气或无能力实施自杀，要求行为人先将其杀死再自杀；行为人将他人杀死之后，自杀未遂的，符合受嘱托杀人的特征，仍应以故意杀人罪论处。

其四，行为人以虚假的意思表示，假意与他人相约自杀，他人自杀而行为人未自杀的，符合诱骗他人自杀特征，应以故意杀人罪论处。

2. 刑事处罚

根据刑法第232条的规定，犯故意杀人罪的，处死刑、无期徒刑或者10年以上有期徒刑；情节较轻的，处3年以上10年以下有期徒刑。

从我国刑法的规定来看，本罪的法定刑是相对比较简单的，仅仅分为两个量刑档次。

---

① 参见最高人民法院、最高人民检察院1999年10月9日发布的《关于办理组织和利用邪教组织犯罪案件具体应用法律若干问题的解释》。

在适用时，法官自由裁量的权力是比较大的。从司法实践来看，情节较轻的杀人犯罪一般是指帮助他人自杀、受嘱托杀人、义愤杀人、溺婴、被害人具有重大过错引起的杀人、大义灭亲的杀人、侠义杀人（所谓替天行道），等等。

二、过失致人死亡罪

过失致人死亡罪，是指由于过失而致人死亡的行为。本罪的客观方面表现为致人死亡行为，致人死亡的行为与死亡结果之间存在因果关系。本罪主观方面是过失。

认定本罪应注意如下几个问题：第一，要将本罪与故意（尤其是间接故意）杀人罪区分开来。前者对死亡结果持否定态度，后者对死亡结果持希望或者放任态度。需要特别注意的是行为人基于过于自信的过失导致他人死亡与间接故意杀人的界限。在过于自信的过失的心理支配之下，行为人对自己行为的自信均是有一定根据的，如果行为人对自己的行为凭空自信而没有合理的根据可以凭借的，应当构成间接故意犯罪。第二，要把本罪同意外事件区别开来。前者对死亡结果应当预见，后者对死亡结果没有预见，也不应当预见；前者行为人主观上有过失的罪过，应当负刑事责任，后者行为人主观上无罪过，不应当负刑事责任。第三，要把本罪与刑法另有规定的致人死亡的行为区别开来。刑法第 233 条规定："本法另有规定的，依照规定。"这是指实践中因过失致人死亡的情况较多，刑法分则对这些情况如失火、交通肇事、重大责任事故等都作了专门规定，分别有独立的罪名和法定刑，可分别按照各有关条款的规定定罪处刑，不再另定过失致人死亡罪。

依照刑法第 233 条的规定，犯本罪的，处 3 年以上 7 年以下有期徒刑；情节较轻的，处 3 年以下有期徒刑。

三、故意伤害罪

（一）概念与构成

故意伤害罪，是指故意非法地损害他人身体健康的行为。

本罪的构成要件如下：

1. 本罪的客观方面表现为行为人非法损害他人身体健康的行为。这一特征有两层含义：其一，行为人的行为必须是非法的，如果是合法行为如医疗行为，就不能构成本罪。其二，必须使他人的身体健康受到损害。身体健康受到损害，包括人身组织的损害和身体器官正常机能的损害两个方面；损害的程度可以分为轻伤、重伤、致人死亡三个层次。至于行为人是采用暴力的还是非暴力的、作为的还是不作为的方式实施犯罪，均在所不问。

2. 本罪的主体是一般主体。至于负刑事责任的年龄，根据刑法第 17 条的规定，分为两种情况：故意伤害致人轻伤的，已满 16 周岁的人应当负刑事责任；故意伤害致人重伤或者死亡的，已满 14 周岁的人应当负刑事责任。

3. 本罪的主观方面是故意。故意的内容是行为人对自己的行为导致他人人身损害的结果持希望或放任的态度。故意的形态有直接故意伤害和间接故意伤害。至于行为人在主观上要造成什么样的伤害结果，有的有明确肯定的认识，在多数情况下，只有概括认识，对伤害的部位和造成轻伤还是重伤，是不明确、不肯定的。故意伤害的动机多种多样，有的为了个人报复、嫉妒，有的出于滋事斗殴，有的由于家庭、婚姻或其他纠纷引起，等等。不同的动机不影响本罪的成立。根据相关司法解释，组织和利用邪教组织制造、散布迷信邪说，指使、胁迫其成员或者其他人实施自伤行为的，依照故意伤害罪定罪处罚。[①]

4. 本罪的客体是他人的健康权利。这是本罪区别于其他侵犯人身权利犯罪的一个重要特征。从犯罪对象上看，本罪所侵害的只能是行为人以外的具有生命的自然人，因为没有生命，便无所谓健康。损害自己健康的，也不能构成本罪。只有伤害自己的身体是为了损害社会利益而触犯刑律的，才应依有关法律规定定罪。例如，军人战时自伤身体，逃避履行军事义务的，以刑法第434条规定的战时自伤罪论处；自伤身体是为了嫁祸于人、诬陷他人，意图使他人受到刑事追究，情节严重的，应以刑法第243条规定的诬告陷害罪论处。

（二）司法认定与刑事处罚

1. 司法认定

（1）伤害程度判定的标准。在故意伤害犯罪中，行为人的行为对被害人造成的损害程度，对定罪量刑具有重大影响。根据我国刑法的规定和司法实践经验，将伤害程度分为轻微伤、轻伤、重伤、伤害致死。其中，轻微伤不属于伤害罪的范围，对行为人应按治安管理处罚法予以处罚；轻伤、重伤和伤害致死同属于伤害罪，只是罪轻罪重之别。根据刑法第95条的规定，具有下列情形之一的，都属于重伤：1）使人肢体残废或者毁人容貌的；2）使人丧失听觉、视觉或者其他器官机能的；3）其他对于人身健康有重大伤害的。为了使重伤、轻伤的标准具体化，司法部、最高人民法院、最高人民检察院、公安部于1990年3月29日拟定了《人体重伤鉴定标准》，最高人民法院、最高人民检察院、公安部、司法部于1990年颁布了《人体轻伤鉴定标准（试行）》，分别对重伤、轻伤的具体认定标准作了较为详细的规定。

在司法实践中，对于伤害结果的鉴定，是以被害人受伤当时的伤势为准，还是以治疗后的结果为准，有不同的见解。通说认为，伤害结果应将伤害当时的伤势与治疗后的结果结合起来进行综合考量，同时也应兼顾受伤部位同被害人职业的关系等因素。

（2）本罪与故意杀人罪的区别。故意伤害罪与故意杀人罪的区别，从理论上应重点把握两个方面：一是从犯罪的客体上看，故意伤害罪侵犯的是他人的人身健康权，故意杀人罪则是侵犯了他人的生命权。二是在主观方面，两罪虽然都是故意犯罪，但故意的内容有重大区别。在故意伤害罪中，行为人是明知自己的行为会造成他人身体损害的结果，并且希望或放任这种结果的发生；而在故意杀人罪中，行为人是明知自己的行为会造成他人死亡的结果，并且希望或放任这种结果的发生。在实践中，查明行为人主观故意的内容，对于认定其行为的性质具有重要意义。如果行为人在实施行为时，对他人是死是伤均持放任的态度，则如何确定行为人行为的性质是有困难的。一般来讲，可以根据行为人的客观行为进行分析判断，判断的因素有：1）致命武器原理，即通过对行为人所使用的工具、手段是否具有强烈的致命性的分析来判断其主观方面是否具有杀人的故意。2）打击部位原理，即通过对行为人所打击的部位是否具有致命性的分析来判断其主观方面是否具有杀人的故意。3）综合分析原理，即根据行为人使用的手段和工具、打击的部位是不是致命等因素进行综合考察，以确定行为人的故意内容是剥夺他人生命还是损害他人健康。因为根据前面两个原理，对行为人的主观方面的判断往往是片面的，并不能准确反映行为人的主观心理内容，如虽然使用了致命的武器，但是并没有打击致命的部位，也不能得出行为人具有杀人的故意；反之，行为人杀人使用的是非致命的武器，但是打击的部位是致命的，

---

① 参见最高人民法院、最高人民检察院1999年10月9日发布的《关于办理组织和利用邪教组织犯罪案件具体应用法律若干问题的解释》。

则可以认定为有杀人的故意。例如，使用绳索往被害人身上抽打，一般可以判断行为人是伤害的故意；如果将绳索套在脖子上猛拉，则可以认定行为人具有杀人的故意。4）结果原理，即如果通过上述因素的分析仍然不能确定行为人的主观心理内容的，则应根据行为人的行为所造成的最终结果来认定行为人行为的性质，即造成伤害结果的，定故意伤害罪，造成死亡结果的，定故意杀人罪。当然，根据什么时候的结果判断，仍然是存在问题的，我国古代用“保辜”制度予以解决，英美法系目前普遍采用101天的规则处理，即：在101天之内死亡的，属于杀人；超过101天死亡的，属于伤害。我国目前实践中并没有确定的标准，我们认为应当以司法机关介入时的状况作为判断标准比较适宜。

根据上述方法对行为人的主观故意内容和客观行为特征分析后，能够确定行为人主观上只有致人伤害的故意，而无致人死亡的故意，结果却造成了致人死亡结果的，仍应以故意伤害罪论处；能够确定行为人主观上意图致人死亡，因意志以外的原因客观上只造成伤害，没有导致他人死亡的，也应按故意杀人（未遂）罪处理。

（3）本罪与其他暴力性犯罪的关系。故意伤害罪与其他暴力性犯罪的区别，主要是看其他暴力性犯罪的构成要件或处罚情节中是否包含了故意伤害罪的内容以及包含到何种程度。凡是其他暴力性犯罪能够包含的伤害行为，都适用刑法第234条第2款规定的“本法另有规定的，依照规定”的原则，不再定故意伤害罪；凡是暴力性犯罪中只包含轻伤，而不包含重伤情节的，在行为人故意致人重伤的情况下，则应以故意伤害罪定罪处罚。例如，刑讯逼供罪、暴力取证罪、虐待被监管人罪、聚众斗殴罪以及妨害公务罪中的暴力，仅包括致人轻伤的情形，如果行为人实施上述犯罪致人轻伤的，直接以上述相关犯罪定罪处罚；如果行为人实施上述犯罪致人伤残、死亡的，均超出了上述犯罪暴力的内容，认为行为人基于伤害故意，都应以故意伤害罪定罪处罚。

2. 刑事处罚

依照刑法第234条的规定，犯本罪的，处3年以下有期徒刑、拘役或者管制；致人重伤的，处3年以上10年以下有期徒刑；致人死亡或者以特别残忍手段致人重伤造成严重残疾的，处10年以上有期徒刑、无期徒刑或者死刑。

一般来讲，本罪的第一个量刑档次主要是针对致人轻伤的情形的。本罪虽然规定了死刑，但是对其适用的条件仍然作了较为严格的限制。

四、组织出卖人体器官罪

组织出卖人体器官罪，是指违反国家规定，组织他人进行出卖人体器官的行为。本罪是《刑法修正案（八）》新增加的犯罪行为，在此之前司法机关对此类行为多以非法经营罪定罪处罚，因此，在适用本罪时，应当注意法条的适用变化。

人体器官禁止买卖是国际通行的规则。国务院2007年颁发的《人体器官移植条例》明确规定：任何组织和个人不得以任何形式买卖人体器官，不得从事与买卖人体器官有关的任何活动。认定本罪时应当注意如下几个问题：其一，本罪处罚的是组织行为，即寻找器官供体、联络受体的行为，如果供体自己同意提供器官的，并不构成犯罪；其二，被组织的他人即供体必须是同意出卖器官的，如果供体不同意或者使用强迫、欺骗的手段摘取其器官的，应当以故意杀人罪或者故意伤害罪定罪处罚；其三，违背本人生前意愿摘取其尸体器官，或者本人生前未表示同意，违反国家规定，违背其近亲属意愿摘取其尸体器官的，以侮辱尸体罪定罪处罚。

根据刑法第234条之一的规定，犯本罪的，处5年以下有期徒刑，并处罚金；情节严重的，处5年以上有期徒刑，并处罚金或者没收财产。

五、过失致人重伤罪

过失致人重伤罪，是指行为人因过失造成他人身体重伤的行为。本罪的客观方面表现为行为人实施了非法损害他人身体健康的行为，并且伤害结果达到重伤的程度。如果致人死亡的，应以过失致人死亡罪论处。本罪的主观方面要求行为人出于过失，即行为人对自己的行为造成他人重伤的结果有过失。刑法分则规定的其他犯罪中包含过失致人重伤情节的，依照相关的犯罪定罪处罚，不再定本罪。

依照刑法第235条的规定，犯本罪的，处3年以下有期徒刑或拘役。

六、强奸罪

（一）概念与构成

强奸罪，是指违背女性的意志，使用暴力、胁迫或者其他手段，强行与女性性交或者奸淫幼女的行为。以往奸淫幼女的按奸淫幼女罪定罪处罚，最高人民法院、最高人民检察院2002年3月15日发布《关于执行〈中华人民共和国刑法〉确定罪名的补充规定》，取消奸淫幼女罪的罪名，改为按强奸罪定罪处罚。

本罪的构成要件如下：

1. 本罪的客观方面一般表现为行为人违背女性意志，强行与其发生性交的行为。违背女性意志，是强奸罪的基本特征。在本罪中，女性是被害的对象，包括幼女、少女和成年妇女。至于被害女性是何种身份、何种道德状况，均在所不问。违背女性意志，对于不同的女性，表现不同。对于正常的成年女性而言，如要在违背女性意志的情况下性交，行为人往往要采取一些使该女性不能反抗、不知反抗或不敢反抗的手段。这些手段正是违背女性意志这个基本特征的外在表现。因此，考察犯罪手段，对于确定与成年女性发生性行为是否属于强奸具有重要意义。

在司法实践中，强行与女性发生性交行为的手段通常有以下几种：(1) 暴力手段。即行为人使用暴力，对被害女性直接施以身体上的强制，如殴打、捆绑、按倒、卡脖子、塞嘴巴等，使女性不能反抗。(2) 胁迫手段。即行为人对被害女性施以威胁、恫吓，进行精神上的强制，如以杀伤被害人或其家属、揭发其隐私；利用迷信邪说对被害人进行恐吓、欺骗；利用教养或从属关系以及孤立无援的状态，使女性不敢反抗。(3) 其他手段。即行为人使用暴力、胁迫以外的手段，使被害女性不知反抗或无法反抗。例如，乘女性昏迷、熟睡、重病之机进行奸淫；以灌醉酒或用药物将女性麻醉，使其处于昏迷状态而奸淫；以为女性治病为名进行奸淫；深夜冒充女性的丈夫或恋人使女性受蒙蔽而奸淫；等等。这些手段在本质上都是违背女性意志的。采用什么手段，只是考察违背女性意志的客观事实。要正确认定此类强奸犯罪，关键是要查明行为人是否违背女性意志而与之性交。

但是，对于明知是患精神病而无性表示能力的妇女，或者是未满14周岁的幼女而与其发生性行为的，无论行为人是否采取暴力、胁迫等手段，也不论对方是否表示同意，均应“以强奸论”，即构成强奸罪。[①]

2. 本罪的主体是一般主体。依照刑法第17条第2款的规定，已满14周岁的人犯强奸

---

① 参见最高人民法院2003年1月17日发布的《关于行为人不明知是不满十四周岁的幼女双方自愿发生性关系是否构成强奸罪问题的批复》。

罪的，应当负刑事责任。由于本罪的客观行为具有手段的复合性即强制手段和奸淫行为，所以在共同犯罪的情况下，这些行为就可能由不同的人分别实施，因此男子和女子均可以构成本罪的实行犯。当然，由于本罪的特殊性，奸淫的行为只能由男子实施，女子成为本罪的实行犯，自然也只能是实施强制行为。但是，在间接正犯的情况下，女性也可以单独构成本罪。

3. 本罪的主观方面是直接故意。构成本罪的主观方面，不仅要求是故意，并且要求具有奸淫的目的，即意图与被害女性性交的目的。这是从主观方面区分强奸行为与猥亵行为的关键。如果行为人所发生性行为的对象是幼女的，一般还应当要求其明知对方是幼女。根据最高人民法院 2003 年 1 月 17 日发布的《关于行为人不明知是不满十四周岁的幼女双方自愿发生性关系是否构成强奸罪问题的批复》，行为人不知道对方是不满 14 周岁的幼女，双方自愿发生性行为，未造成严重后果，情节显著轻微的，不认为是犯罪。但是，在理论和实践中，对于上述司法解释是否适当、可行，存在着严重分歧，有待于进一步研究。[①] 我们认为，根据我国刑法关于故意犯罪的规定，行为人对自己行为的对象应当具有明知，在刑法分则中，行为人主观方面的明知也仅仅是应当知道就为已足，并不要求必须确知。因此，对于奸淫幼女而构成的强奸罪，仍然应当要求行为人主观上应当对幼女的年龄具有明知。当然，明知的标准并不以行为人的主观认识为依据，而是根据社会相当性观念来判断的。

4. 本罪的客体是女性的性自主权利和身心健康权利。在现代社会，女性与何人发生性关系，均应由其自己决定，其他人不能强迫，这乃是女性性的自主权利。强奸犯罪就是行为人无视女性的性的决定权，强行与其发生性关系。但是对于不满 14 周岁的幼女和患有精神病的妇女来说，因其身体尚未发育到可以发生性行为的程度或者不能正确表达自己的意志，法律推定她们没有正确表达发生性行为意识的能力，自然也谈不上性的自主权，行为人与其发生性行为的，则是对其身心健康的摧残。

（二）司法认定与刑事处罚

1. 司法认定

（1）本罪的既遂标准。根据我国的刑法规定和刑法基本理论，犯罪既遂以犯罪行为是否达到法定程度作为标准。就强奸罪来说，行为人的行为是否完成了性交，是认定该罪既遂与否的标准。至于性交行为达到何种程度为性交完成的标志，应当根据被害女性的不同情况，采取不同的标准：如果被害女性已满 14 周岁，以行为人的生殖器插入女性生殖器作为标准；如果被害女性不满 14 周岁，以双方的生殖器接触作为标准。

（2）本罪与通奸的界限。通奸是指一方或者双方有配偶的男女之间，自愿发生性交的行为。在我国，通奸一般属于道德规范调整的范围，应受到正统社会舆论的谴责，情节严重的，可给予党纪、政纪的处分。强奸与通奸的本质区别在于性交是否违背女性意志。从理论上讲通奸与强奸并不难划分，但在实践中情况比较复杂，易于混淆。根据司法实践经验，是否认定为强奸可以区分为以下几种情况：

1）有的妇女原来与人通奸，事情败露后，为保全自己的名誉，或者怕夫妻关系破裂，把通奸说成强奸；也有的犯罪分子在案发后，为了推脱罪责，把强奸说成通奸。这种情况都不能改变原来通奸或者强奸的性质，司法机关应查明真相，实事求是地认定。

2）对所谓"半推半就"的案件，不能一概视为强奸或通奸，因为在这种情况下行为

---

① 参见朱苏力：《一个不公正的司法解释》，载http：//article.chinalawinfo.com；陈兴良：《奸淫幼女构成犯罪应以明知为前提——为一个司法解释辩护》，载《法律科学》，2003（6）。

人强制手段不明显，也不都是违背妇女意志。只有确实查明与妇女发生性交的行为是违背其意志的，才宜认定为强奸性质。否则，应以通奸论。

3）原属通奸，后女方因故与男方断绝往来，而男方继续纠缠不休，并使用暴力、威胁或者其他手段，强行与妇女性交的，应认定为强奸罪。

4）第一次是强奸，但女方并未告发，尔后形成了通奸关系，后来的性交并不违背妇女意志，而是女方愿意的，一般不宜再以强奸罪追究男方刑事责任；如果以后多次性交是在男方的强制下，女方忍辱屈从的，则仍应以强奸罪追究男方刑事责任。

5）被淫乱分子强奸的女性，后来与该淫乱分子一起参加淫乱活动，对行为人原来强奸女性的行为，应定为强奸罪。

6）对于有从属关系的男女发生性交的，是否构成强奸罪，要作具体分析。如果行为人是利用职务上的从属关系或教养关系进行打击、迫害、要挟、刁难或者乘人之危，逼迫妇女违心屈从与之发生性交的，应认定为强奸罪。如果行为人利用职权引诱女方，女方基于利用行为人而与之发生性交的，或者虽有教养关系，但女方已满14周岁，男方又未使用强制手段的，不以强奸罪论处。

（3）强奸未遂同强制猥亵、侮辱妇女罪的界限。二者区分的关键在于行为人主观上有无奸淫的目的。如果行为人具有奸淫的目的，已着手实行强奸行为，只是由于被害人的反抗或者其他行为人意志以外的原因而未得逞的，应定为强奸未遂；如果行为人只以暴力、胁迫或者其他方法强制猥亵、侮辱妇女，以满足其变态性欲，并无强行奸淫的目的，构成犯罪的，应以强制猥亵、侮辱妇女罪论处。

（4）轮奸与聚众淫乱罪的界限。轮奸，是指两个以上的男性出于共同故意，先后紧接着对同一女性强行奸淫的行为。轮奸较之一般强奸有更大的社会危害性，是强奸罪的从重处罚情节，并不是独立的罪名。聚众淫乱罪，是指聚集多人乱搞两性关系的行为，其中的男女之间不存在强迫与被强迫的关系，对于发生性交的行为，每个人都是自愿的。

（5）青少年之间性行为性质的认定。在司法实践中，青少年之间发生性行为的现象时有发生，在认定此类行为是否构成强奸犯罪的时候，应当慎重。根据我国的司法实践经验，重点应当把握以下原则：

1）已满14周岁不满16周岁的男少年，同不满14周岁的幼女发生性行为，情节显著轻微危害不大的，依照刑法第13条的规定，可以不认为是犯罪，责令其家长、监护人严加管教。如果情节比较严重、危害较大的，可以认定为强奸罪。

2）已满16周岁的男少年，明知对方是幼女而与其发生性行为的，不管幼女是否同意，一般应认定为强奸罪。如果由于幼女谎报年龄，从体态上也不能判断是幼女，行为人不明知是幼女而与其发生性行为的，不宜定强奸罪。

3）男青少年在染有淫乱恶习的幼女的勾引下与其发生性行为，情节显著轻微危害不大的，可不以犯罪论处。

（6）关于婚内强奸的认定。在合法的婚姻关系存续期间，丈夫强行与自己的妻子发生性行为是否构成强奸罪的问题，理论上及实践中均存在争论。外国的一些立法和我国台湾地区已有关于婚内强奸的规定，尽管我国司法实践中也有婚内强奸犯罪的判决，但是刑法理论的通说仍然认为婚内强奸不能以强奸罪论处。①

---

① 参见高铭暄、马克昌主编：《刑法学》（下），823页，北京，中国法制出版社，1999；张明楷：《刑法学》，692页，北京，法律出版社，2003。

（7）关于男子能否成为强奸罪对象的问题。域外一些立法例已经将男子也归入强奸罪的对象范围之内，我国也有人提出强奸罪的对象应当包括男子在内。我们认为，根据目前我国刑法的规定，强奸罪的对象只能是妇女和幼女，不可能解释为包括男子。至于今后是否将此类行为予以犯罪化，是可以根据社会形势的发展进行研究的。

（8）关于强奸行为的具体内容。强奸行为的内容各个国家和地区的刑法规定并不完全一致，有的仅仅是指两性之生殖器的接触，如果只是一方的生殖器介入，如男子用生殖器接触女性之非生殖器部位，或者男子用生殖器以外之身体部位甚至用物品接触女性之生殖器，均不能构成强奸罪；而有些国家、地区的立法则将强奸行为扩展至所有的性接触，包括口交、肛交及其他性行为。我国刑法中的强奸行为仍然是狭义的性行为，即仅仅是指两性生殖器官的接触。

2. 刑事处罚

依照刑法第236条的规定，犯本罪的，处3年以上10年以下有期徒刑。有下列情形之一的，处10年以上有期徒刑、无期徒刑或者死刑：（1）强奸妇女、奸淫幼女情节恶劣的；（2）强奸妇女、奸淫幼女多人的；（3）在公共场所当众强奸妇女的；（4）二人以上轮奸的；（5）致使被害人重伤、死亡或者造成其他严重后果的。奸淫不满14周岁幼女的，应当在上述法定刑幅度内予以从重处罚。

轮奸是指两个以上的行为人基于共同强奸犯罪的故意，在同一时间内对同一女性实施强奸的行为。轮奸在我国刑法中不是独立的犯罪行为，只是强奸罪的一种特殊处罚情节。有学者认为，轮奸是强奸罪的共同正犯，二人以上的男子均必须有奸淫的目的和行为，如果在奸淫的过程中有一人因意志以外的原因未得逞的，对未得逞者应当以强奸罪的未遂论处。[①] 我们认为，共同犯罪的既遂应当坚持“部分行为，全部责任”的精神，无论是否属于必要的共同犯罪，并无区别。轮奸犯罪过程中，只要其中一个行为人的行为达到了强奸罪的既遂，其他共同犯罪人自然也应当按照强奸罪的既遂论处，这是共同强奸既遂的标准，而不是单个人强奸既遂的标准。如果按照前述观点来认定，不仅会导致刑法理论的混乱，也会导致刑罚适用效果的不合理。例如，对于帮助别人实施强奸的，在实行犯既遂的情况下，帮助犯也是既遂；而在共同轮奸的情况下，还没有来得及实施轮奸行为的犯罪人却构成未遂，显然与我国刑法对共同犯罪采取更为严厉惩罚的立法宗旨相违背。因此，轮奸未遂并不等于强奸未遂，绝不能将二者混为一谈。

七、强制猥亵、侮辱妇女罪

强制猥亵、侮辱妇女罪，是指以暴力、胁迫或者其他方法强制猥亵、侮辱妇女的行为。本罪的主要特征是：（1）在客观方面表现为以暴力或者其他方法强制实施猥亵或侮辱的行为。犯罪侵犯的对象为14周岁以上的女性。猥亵，是指性交以外的淫秽性的下流行为，具体表现为行为人为了追求性的刺激，以满足其变态性欲，对妇女的身体进行抠摸、搂抱、鸡奸等。这里的侮辱妇女的行为，是指与猥亵的淫秽性类似的令妇女难堪的其他性骚扰行为，如用淫秽语言调戏妇女；偷剪妇女衣裤，当众强剪妇女发辫，使其出丑；向妇女暴露性器官；强行让妇女抚摸男性性器官，等等。（2）本罪的主体是一般主体。（3）本罪只能由故意构成。行为人有无奸淫的目的，是强奸罪与本罪相区别的一个重要标志。

---

① 参见陈兴良：《陈兴良刑法学教科书之规范刑法学》，469页，北京，中国政法大学出版社，2003。

依照刑法第237条的规定，犯本罪的，处5年以下有期徒刑或者拘役；聚众或者在公共场所当众犯本罪的，处5年以上有期徒刑。

八、猥亵儿童罪

猥亵儿童罪，是指对不满14周岁的儿童实施猥亵的行为。本罪的主要特征是：(1) 犯罪客观方面表现为对不满14周岁的儿童实施猥亵行为，包括玩弄儿童的性器官和让儿童玩弄性器官或者直接和儿童发生其他色情行为。至于猥亵行为是暴力的还是非暴力的，均在所不问。(2) 犯罪主体是一般主体。(3) 犯罪主观方面是故意。

依照刑法第237条的规定，犯本罪的，处5年以下有期徒刑或者拘役；聚众或者在公共场所当众犯本罪的，处5年以上有期徒刑。本罪的法定刑是引用强制猥亵、侮辱妇女罪的法定刑，根据法律的规定，对行为人进行处罚时，还应当在上述法定刑幅度内从重处罚。

九、非法拘禁罪

(一) 概念与构成

非法拘禁罪，是指故意非法剥夺他人行动自由的行为。

本罪的构成要件如下：

1. 本罪的客观方面表现为行为人实施了非法拘禁他人或者以其他方法剥夺他人行动自由的行为。这一特征有两个要点需要把握：其一，行为人的行为必须是非法的。如果国家机关工作人员合法地将公民予以拘押，即使是后来证明羁押有误，也不能构成非法拘禁罪；医生对病人实行隔离、监管以及监护人对无行为能力之人实行的监护、军队对违纪军人关禁闭等合法行为，均不能视为非法拘禁。当然，如上述行为是被滥用的，则失去合法性，仍可构成犯罪。其二，行为人实施了将他人限制在一定的空间以内，使其不得自主脱离该空间的行为。在实践中，只要行为人的行为对被害人的行动自由形成障碍就可以认为属于拘禁，至于被害人是否能够从该场所逃离，不影响本罪的成立。行为人所设置的障碍可以是有形的，也可以是无形的：前者如关押于一定的场所，后者如利用被害人的恐惧、羞耻心理而不便离开某种场所。至于行为是否具有暴力性，是作为还是不作为，使用何种手段、方式，均在所不问。行为人的行为既可以是直接地施加于被害人的身体，如捆绑等，也可以是设置某种物质障碍，使被害人不能自由出入某场所，如仓库保管员误将某人锁入仓库内，发现之后故意不予释放等，均可构成本罪。被害人被限制的场所是否具有一定的行动空间，是否有一定的生活甚至娱乐、健身设施等也均在所不问。

2. 本罪的主体是一般主体。

3. 本罪的主观方面是故意，包括直接故意和间接故意。至于行为人动机如何，并不影响本罪的成立。刑法第238条强调，为索取债务非法扣押、拘禁他人的，应以本罪论处，至于债务本身是否合法，在所不问。①

4. 本罪的客体是他人行动自由的权利。行动自由是指公民身体在不受强制约束的条件下，按照自己的意志，在任意的时间、空间自由支配自己的行动。一个人享有行动自由，是从事其他社会活动的前提，没有了行动自由，公民所享有的其他权利就没有办法实现，

---

① 参见最高人民法院2000年7月13日公布的《关于对为索取法律不予保护的债务非法拘禁他人行为如何定罪问题的解释》。

应当履行的义务自然也没有办法完成。因此，此类犯罪不仅严重侵犯了公民个人的权利，也大大影响了社会生活的正常秩序。

那么，本罪的对象是否仅仅限于具有行动意志或者具有行动能力的人呢？理论界有不同的观点。有人认为，行动的自由以行动的意志为前提，所以没有行动意志的人自然没有被剥夺行动自由的可能，而且行动自由只有能够行动的人才有，处于不能行动状态的人自然也不能成为本罪的对象。我们认为，行动自由是一项公民权利，具有一定的抽象性，在实践中除了根本没有行动能力的人（如刚刚出生的婴儿、植物人）等不能成为本罪的对象之外，其他凡是具有行动自由可能的人，即使缺乏责任能力、行动能力或者缺乏行动意识，也仍然可以成为本罪的对象。因此，对于临时丧失意志或者行动能力的人（如醉酒者、熟睡者）实施非法拘禁行为的，仍然构成本罪。

（二）司法认定与刑事处罚

1. 司法认定

（1）本罪既遂与未遂的区分。本罪所侵害的是公民的行动自由，在既遂形态上是一种行为犯，即行为人的行为达到剥夺他人行动自由的程度时，犯罪即告既遂；行为人的行为在尚未达到剥夺他人行动自由的程度时停止下来，则只能构成未完成形态。因此，被害人的行动自由是否被剥夺，是区分本罪既遂与否的标准。与此同时，本罪是一种继续犯，犯罪一旦既遂，其持续时间的长短并不影响行为的性质，只是危害程度上有所差异。

（2）本罪与非罪的界限。如上所述，只要行为人的行为达到了剥夺他人的行动自由的程度，原则上均可构成犯罪的既遂。但是，在实践中，非法拘禁的情况千差万别，判断行为人的行为是否达到了犯罪的程度，也应综合考量其危害性，对于情节显著轻微危害不大的，不应以犯罪论处。根据有关司法解释[①]，非法拘禁他人具有下列情节之一的，应以犯罪论处：1）非法剥夺他人人身自由24小时以上的；2）非法剥夺他人人身自由，并使用械具或者捆绑等恶劣手段，或者实施殴打、侮辱、虐待行为的；3）非法拘禁，造成被拘禁人轻伤、重伤、死亡的；4）非法拘禁，情节严重，导致被拘禁人自杀、自残造成重伤、死亡，或者精神失常的；5）非法拘禁3人次以上的；6）司法工作人员对明知是没有违法犯罪事实的人而非法拘禁的；7）其他非法拘禁应予追究刑事责任的情形。

（3）本罪与其他犯罪的竞合或牵连问题。在我国刑法中，除非法拘禁罪外，还有其他一些犯罪行为是可以以非法剥夺他人行动自由的方法实施的，如强奸罪、刑讯逼供罪、暴力干涉婚姻自由罪、拐骗儿童罪、妨害公务罪等，在此情形下，应分别情况，按照想象竞合犯或牵连犯的处罚原则定罪处罚。

（4）本罪与故意伤害罪、故意杀人罪以及过失致人重伤罪、过失致人死亡罪的界限。刑法第238条规定，非法拘禁他人，具有殴打情节的，从重处罚。殴打往往会致人伤残、死亡。非法拘禁他人犯罪中的“殴打”，以故意致人轻伤为限。如果行为人故意致人重伤，或者故意杀害被害人的，则已超出了非法拘禁罪的构成和处罚条件，对行为人应直接以故意伤害罪或者故意杀人罪定罪处罚；如果行为人的拘禁行为过失地导致被害人重伤、死亡的，则已为非法拘禁罪的结果加重情节所包含，仍以非法拘禁罪定罪处罚，不再以过失致人重伤罪或过失致人死亡罪论。

2. 刑事处罚

依照刑法第238条的规定，犯本罪的，处3年以下有期徒刑、拘役、管制或者剥夺政

---

① 参见最高人民检察院2006年7月26日公布的《关于渎职侵权犯罪案件立案标准的规定》。

治权利；具有殴打、侮辱情节的，从重处罚。犯本罪致人重伤的，处3年以上10年以下有期徒刑；致人死亡的，处10年以上有期徒刑。非法拘禁他人使用暴力致人伤残、死亡的，分别以故意伤害罪或故意杀人罪定罪处罚。为索取债务非法扣押、拘禁他人的，依照上述规定处罚。国家机关工作人员利用职权犯本罪的，从重处罚。

十、绑架罪

（一）概念与构成

绑架罪，是指以勒索财物或其他要求为目的，绑架他人作为人质的行为。

本罪的构成要件如下：

1. 本罪的客观方面表现为行为人实施了绑架他人作为人质的行为。绑架，是指以暴力、胁迫、麻醉或其他方法，强行拘禁被害人的行为。其中，强行拘禁被害人作为人质，是本罪客观方面一个重要特征。应当说，只要符合这一特征，均可构成犯罪。至于行为人采用什么样的手段，将被害人挟持在什么场所，并不重要。但是，在实践中，由于绑架犯罪以暴力实施者较为常见，刑法第239条就特别强调，以勒索财物为目的偷盗婴幼儿的，也构成绑架罪，旨在对没有认知及反抗能力的婴幼儿实行特别保护。

2. 本罪的主体是一般主体。即年满16周岁、具有刑事责任能力的人均可构成本罪主体。至于行为人与被害人关系如何，在所不问。

3. 本罪的主观方面是故意。行为人除了具有一般意义上的故意以外，还具有将被害人作为人质的目的。所谓作为人质，是指行为人以扣押的被害人作为交换条件，向他人提出要求，满足其所提要求时，释放被害人；不满足其要求时，继续加害于被害人。如果行为人主观上不具有将被害人作为人质的目的，而是为了直接实施某种犯罪而剥夺他人的行动自由的，则不能论以绑架罪。例如，行为人为实施杀人，伤害，强奸，拐卖妇女、儿童，妨害公务，虐待，暴力干涉婚姻自由等犯罪，而将被害人予以绑架的，均不能以绑架罪论处。刑法第238条也明确规定，为索取债务非法扣押、拘禁他人的，以非法拘禁罪论处，不以绑架罪定罪。我国刑法对行为人将他人绑架作为人质提出要求的内容规定了两个方面：一是勒索财物，即将被害人作为人质，要求其他人交付一定数量的财物，赎回被害人；二是其他政治、经济等方面的要求，如劫持人质要求释放在押人犯、提供交通工具等等。这里有一个问题值得研究，即行为人劫持人质所提出的要求是否仅限于非法的，也就是说行为人为了获得其本应得到的合法权益以劫持人质的方法向有关部门、人员施加压力时，是否构成绑架罪呢？我们认为，绑架罪是一种严重侵犯公民人身权利的犯罪，不得被用作实现合法权益的手段。即合法权益的实现，只能通过合法的途径解决，不能以侵犯他人人身权利的方法获取。因此，尽管行为人的要求是合法的，也不能阻却其绑架行为的犯罪性质。

4. 本罪的客体是他人的人身自由和财产及其他个人、社会利益。在这些客体中，侵犯他人的人身自由是本罪最基本、最固定的内容，所以刑法将本罪规定于侵犯公民人身权利罪之中。在实践中，本罪的行为也是通过侵犯被害人的人身权利来危害其他利益的。

（二）司法认定与刑事处罚

1. 司法认定

（1）本罪的既遂标准。关于绑架罪的既遂标准，刑法理论界的意见并不一致，产生歧见的根源是将绑架罪构成要件中的行为视为单一行为还是视为复合行为。认为是单一行为者主张，绑架罪的既遂以被害人的人身自由被剥夺作为标准；认为是复合行为者主张，绑架罪的既遂仅有劫持他人的行为尚不够，需要进一步实施目的行为如勒索财物等，方能成立。持复合行为观点者认为，如果按单一行为说，有以下两个问题不能得到正确、合理的解决：一是犯罪中止问题。按照单一行为说，行为人一经实施绑架行为，即构成既遂，行为人即使放弃勒索或其他要求，也没有犯罪中止之余地。这不仅不合情理，也与刑法鼓励犯罪分子自动放弃本可以继续实施的犯罪的精神相悖。二是共同犯罪问题。在司法实践中，有的行为人在其他犯罪分子实施了绑架行为后，参与勒索他人财物的行为。对于此种情况，按单一行为说，显然不能按绑架的共同犯罪处理，于理于法都是说不通的。

我们认为，我国刑法中的绑架罪是一种严重侵犯公民人身权利的犯罪，立法设立本罪的宗旨在于对公民的人身权利予以重点保护。至于财产等其他权利或利益，在本罪中处于次要地位。从构成要件上看，绑架行为与以人质相要挟提出要求都是绑架罪的构成要件，但前者属于客观行为要件，后者属于主观要件，二者不具有客观要件的复合性。即只要行为人主观上以勒索财物或其他要挟为目的，客观上实施了绑架的行为，即可构成犯罪的既遂，并不要求其勒索行为必须实施，更不要求其目的一定实现。至于上述复合说提出的犯罪中止和共同犯罪问题，都不足以推翻我国刑法的基本理论。根据我国刑法理论，犯罪既遂之后，无论行为人是否停止其犯罪行为，均不可能再有犯罪中止的出现。至于事后帮助绑架犯罪人实施勒索行为的认定，完全能够根据我国刑法理论予以解决。根据我国刑法理论，只要犯罪人所实施的犯罪构成要件内的行为还没有结束，其他人和行为人达成共识而形成共同犯罪故意的，均可以构成共同犯罪。此种形式属于事中共同犯罪。绑架罪在犯罪形态上属于继续犯，行为人在非法剥夺被害人的人身自由后，其犯罪构成要件内的绑架行为并没有结束，在此情况下，另外的人员与绑架人形成共同犯罪的故意是完全可能的，仍然可以成立绑架罪的共同犯罪。

（2）本罪与非法拘禁罪的区别。从犯罪客体和客观行为要件上看，绑架罪与非法拘禁罪，都是非法地剥夺了他人的行动自由，在本质和外部特征上是趋于同一的。两罪区别的关键，是看行为人主观上是否具有剥夺他人行动自由并将其作为人质进行勒索或要挟的目的。如果不具备这种目的而非法剥夺他人行动自由的，应以非法拘禁罪论处；具备这一目的的，则构成绑架罪。但根据刑法第 238 条的规定，为索取债务非法扣押、拘禁他人的，不按绑架罪论处。

（3）本罪涉及的罪数问题。绑架是一种暴力性犯罪，在犯罪过程中往往会导致被害人伤亡的后果，与其他犯罪之间形成想象竞合犯或法定吸收关系。具体表现为：

1）行为人在实施绑架犯罪行为时故意或过失地致人重伤，形成绑架罪与故意伤害罪或过失致人重伤罪的竞合，理论上应按一重罪处罚。但是，在我国刑法上，此种结果已为绑架罪所包含，符合刑法第 234 条和第 235 条规定的“本法另有规定的，依照规定”的情形，应直接以绑架罪定罪处罚。

2）行为人在实施绑架犯罪行为过程中，过失地致被害人死亡，形成绑架罪与过失致人死亡罪之间的想象竞合，理论上应按一重罪处罚。但是，在立法上，刑法第 239 条将此种情况作为绑架罪的结果加重犯予以规定，符合刑法第 233 条规定的“本法另有规定的，依照规定”的情形，仍然按绑架罪定罪处罚。

3）行为人在实施绑架犯罪行为过程中或犯罪既遂之后，故意将被害人杀死（撕票），理论上独立地构成故意杀人罪。但是根据刑法第 239 条的规定，此种情况属于绑架罪的一个处罚情节，已为绑架罪所吸收，应以绑架罪定罪处罚，不再单独论以故意杀人罪。

4）绑架犯罪引起被害人自杀的，绑架行为与被害人自杀之间存在一定的联系，行为人也应对此承担刑事责任，应当按照绑架罪从重处罚。

除上述情形之外，行为人在绑架过程中又实施了其他加害于被害人的行为构成犯罪的，应当与绑架罪进行并罚。例如，绑架妇女做人质，又实施强奸行为的，就应当以绑架罪和强奸罪进行并罚。

（4）不满16周岁的人绑架他人又撕票的如何处理。根据我国刑法第17条第2款的规定，不满16周岁的人，对绑架罪并不负刑事责任，但是，对于故意杀人行为是应当负刑事责任的。那么，如果其在实施了绑架他人的行为后又杀害被害人的，应当如何处理？理论上和实践中存在不同观点。有人认为，按照严格的罪刑法定原则，绑架罪不在刑法第17条第2款的规定范围之内，行为人即使绑架后又将人质杀害，也不能追究其刑事责任。但是，理论界一般认为，根据罪刑法定的要求，刑法第17条第2款没有规定绑架罪，对于绑架行为自然不能追究刑事责任。但是，行为人除了有绑架行为以外，还实施了杀人行为，虽然刑法对绑架行为不能予以定罪评价，但是对行为人实施的杀人行为是可以进行独立评价的，应当追究其刑事责任。全国人民代表大会常务委员会法制工作委员会也赞同理论界的多数观点，认为上述这类人的行为应当负刑事责任。① 然而，在实践中究竟以什么罪名追究其刑事责任，仍然存在不同意见。有人认为，行为人实施的行为性质是绑架，即在绑架过程中杀害被绑架人，根据刑法的规定，只能以绑架罪定罪处罚。② 理论界多数人认为，行为人的行为虽然从整体上看具有绑架的性质，但是，在追究其刑事责任时，评价的仅仅是其杀人行为，应当直接以故意杀人罪定罪处罚。事实上，不满16周岁的人实施的此类行为，根本不能构成绑架罪，自然也不能适用绑架罪的法定刑，行为人仅仅是构成了故意杀人罪，与绑架罪是没有关系的。

2. 刑事处罚

依照《刑法》第239条的规定，犯本罪的，处10年以上有期徒刑或者无期徒刑，并处罚金或者没收财产；情节较轻的，处5年以上10年以下有期徒刑，并处罚金；致使被绑架人死亡或者杀害被绑架人的，处死刑，并处没收财产。“致使被绑架人死亡”，是指行为人的绑架行为直接导致被害人死亡，也包括被害人不堪忍受被绑架的处境而自杀的情形。本罪的法定刑中“致使被绑架人死亡或者杀害被绑架人的，处死刑”的规定，属于绝对确定法定刑的规定模式。

需要特别注意的是，本罪的法定刑系2009年2月28日的《刑法修正案（七）》第6条修改而来的。修改的内容是在法定刑中增加了“情节较轻的，处五年以上十年以下有期徒刑，并处罚金”的内容。因此，修改后本罪的法定最低刑有所降低，在适用时要注意新旧法律的变化，根据从旧兼从轻的原则准确适用法律。

十一、拐卖妇女、儿童罪

（一）概念与构成

拐卖妇女、儿童罪，是指以出卖为目的，拐骗、绑架、收买、贩卖、接送、中转妇女、儿童的行为。

---

① 参见全国人民代表大会常务委员会法制工作委员会2002年7月24日《关于已满十四周岁不满十六周岁的人承担刑事责任范围问题的答复意见》。

② 参见最高人民检察院研究室2003年4月18日《关于相对刑事责任年龄的人承担刑事责任范围有关问题的答复》。

本罪的构成要件如下：

1. 本罪的客观方面表现为行为人实施了拐卖妇女、儿童的行为。根据刑法第240条的规定，拐卖妇女、儿童是指以出卖为目的，有拐骗、绑架、收买、贩卖、接送、中转妇女、儿童的行为之一的情形。“拐骗”，是指采用欺骗、利诱等方法使被害人轻信后脱离家庭，置于行为人控制之下；“绑架”，是指以暴力、胁迫或者麻醉等方法劫持妇女、儿童；“收买”，是指以出卖为目的，用一定的钱物购买妇女、儿童；“贩卖”，是指将拐骗、绑架、收买的妇女、儿童转手出卖；“接送”、“中转”，是指在拐卖妇女、儿童的共同犯罪中，分工接送被害人或者将被害人转手交给其他人贩子，为人贩子找买主，为人贩子在拐卖途中窝藏、看管被拐卖的妇女、儿童等。行为人只要实施了上述行为之一，即构成本罪。因此，在理解本罪的行为时，切不可认为构成本罪必须拐、卖俱存。此外，根据刑法第240条之规定，以出卖为目的而偷盗婴幼儿的，也构成拐卖妇女、儿童罪。

2. 本罪的主体是一般主体。凡年满16周岁、具有刑事责任能力的人，都可成为本罪的主体，男女、国籍在所不问。

3. 本罪的主观方面是故意。构成本罪，行为人必须具有出卖的目的，至于该目的是否实现，出卖后是否获利，均不影响犯罪的成立。

4. 本罪的客体是妇女、儿童的人身自由和人格尊严权利。人是社会关系的主体，生而享有人身自由和人格尊严，任何人不得非法剥夺他人的人身自由，其人格尊严更是神圣不可侵犯。拐卖妇女、儿童罪，其本质是将妇女、儿童作为社会关系之客体，当做商品予以交换，是对他人人格尊严的严重践踏。本罪的对象仅限于妇女和儿童，不包括已满14周岁的男子。在实践中若发生拐卖已满14周岁男子的行为的，并无相应的拐卖型犯罪直接予以定罪处罚。如果行为人的行为触犯了其他犯罪如非法拘禁、伤害、杀人等，直接依照相关的犯罪定罪处罚。本罪所称之妇女，是指已满14周岁的女性；本罪所称之儿童，是指未满14周岁的男女儿童。必须注意，本罪所侵犯的对象，仅有年龄与性别的限制，至于被害人精神状况、健康状况如何、生活质量好坏、是否同意被卖以及与犯罪人是何种关系、是否具有中国国籍①，均在所不问。

（二）司法认定与刑事处罚

1. 司法认定

（1）本罪与以勒索财物为目的的绑架罪的界限。两罪的客观行为有相同之处，其主要区别是：1）客体不同。前罪的客体是被害人的人身权利和人格尊严；后罪的客体是他人的人身权利和财产权利。2）犯罪对象不同。前罪仅限于妇女、儿童；后罪可以是任何人。3）取财方式不同。前罪通过将妇女、儿童出卖得到钱财；后罪是向被绑架人质的亲属或关系人勒索财物。4）主观目的不同。前罪以出卖为目的；后罪以勒索财物为目的。

（2）拐卖妇女罪与借介绍婚姻从中索取钱财行为的界限。二者的主要区别是：1）目的不同。前者为出卖妇女；后者为介绍婚姻，其目的是借机索财。2）前者中被拐卖的妇女往往不知自己被拐卖，有被欺骗和违背其意志的因素；后者在客观上并没有欺骗妇女或违背其意志的因素，被介绍的男女双方都知悉婚姻的真实情况。

（3）拐卖妇女罪与诈骗罪的界限。在司法实践中，有的妇女与他人合谋，将妇女卖与他人为妻，得款后即溜之大吉（俗称“放飞鸽”）。此时卖者和被卖者共同构成诈骗罪。拐

---

① 参见最高人民法院1999年12月23日通过的《关于审理拐卖妇女案件适用法律有关问题的解释》。

卖妇女罪与这种形式的诈骗罪的主要区别是：1）客体不同。前罪的客体是他人的人身权利和人格尊严权利；后罪的客体是财产所有权。2）客观方面不同。前罪是以欺骗方法，蒙蔽妇女，将其卖给他人；后罪则是卖者与被卖者合谋，共同实施骗取他人财物的行为。3）主观方面不同。前罪的目的是将被拐来的妇女“出卖”后获得财物；后罪则是以非法占有为目的直接骗取对方财物。

（4）拐卖儿童罪与拐骗儿童罪的界限。两罪都侵犯了他人的人身权利，犯罪对象都是儿童，都可以采取欺骗手段。两罪的主要区别是犯罪目的不同：前罪是以出卖为目的；后罪非以出卖为目的，一般是为了供自己或他人收养、奴役。

（5）本罪既遂的标准。从构成要件上看，以出卖为目的是本罪的主观要件，拐卖是行为要件。因此，构成本罪的既遂，应以行为人的拐卖行为是否成立为标准，而不是以出卖的目的是否实现为标准。只要行为人以出卖为目的实施了六种法定的拐卖行为之一，即可构成犯罪的既遂。

（6）本罪的罪数问题。在实践中，拐卖妇女、儿童的犯罪分子大多手段残忍，不顾被害人的人身安全，在犯罪过程中，常常使用暴力殴打、侮辱被害人，从而涉及其他犯罪，如伤害、杀害、强奸被害人，或者强迫被拐卖的妇女卖淫等。从刑法理论上讲，这些行为都已非拐卖妇女、儿童罪的构成要件所能包含，应独立地构成相应的犯罪。但是，是否对这些独立的犯罪与本罪进行并罚，则应依据法律规定予以区分：1）拐卖妇女、儿童的犯罪分子奸淫被拐卖妇女、强迫被拐卖妇女卖淫的，均作为吸收情节，按拐卖妇女、儿童罪定罪处罚，不再单独定罪。2）拐卖妇女、儿童的犯罪行为本身直接导致被害人重伤、死亡的，构成拐卖妇女、儿童犯罪的结果加重犯，也不另定罪名。3）拐卖妇女、儿童过程中，行为人又故意伤害、杀害被害人的，应对行为人的故意伤害、杀害行为进行独立评价，以拐卖妇女、儿童罪和故意伤害罪、故意杀人罪进行并罚。4）行为人开始是基于勒索钱财目的将被害人（妇女或者婴幼儿）予以绑架，在绑架后又将被害人出卖的，属于两个独立的犯罪行为，应当进行并罚。

（7）拐卖非妇女、儿童行为的处理。我国刑法关于拐卖犯罪的对象仅仅限于妇女和儿童，如果行为人所拐卖的不是妇女或者儿童，应当如何处理呢？对此，应当区分几种情况分别认定：1）行为人误认为是妇女而实际是非妇女的（如两性人或者男子）予以拐卖的，属于对象不能犯之未遂，仍然构成拐卖妇女犯罪，但是属于未遂形态。2）如果行为人明知是非妇女而冒充妇女出卖的，应当按照诈骗罪论处。3）如果行为人明知是非妇女，并告诉买受人实际情况的，应当根据具体情况以故意伤害罪、非法拘禁罪或者侮辱罪定罪处罚。

（8）出卖自己亲属行为的定性。在司法实践中，将自己亲属出卖的行为屡有发生，因为此类行为与拐卖妇女、儿童的行为在外观上不同，导致法律适用难题。

1991年12月29日公布的《收养法》第30条明确规定，出卖亲生子女的，以遗弃罪定罪处罚；而1998年11月4日修改后的《收养法》只是笼统地规定：出卖亲生子女，构成犯罪的，依法追究刑事责任。由于修改后的法律没有再明确规定以遗弃罪定罪处罚，如何处理此类行为，在实践中存在不同意见。2000年最高人民法院、最高人民检察院、公安部、民政部、司法部、全国妇联联合发布的《关于打击拐卖妇女儿童犯罪有关问题的通知》中认为：以营利为目的出卖不满14周岁的子女，情节恶劣的，借收养名义拐卖儿童的以及出卖捡拾的儿童的，均应以拐卖儿童罪追究刑事责任；出卖14周岁以上女性亲属或者其他不满14周岁亲属的，以拐卖妇女、儿童罪追究刑事责任。我们认为，拐卖行为中的

“买卖”应当包含买与卖，同时还包括买卖行为。行为人没有买的行为而只有卖的行为，仍然属于“买卖”行为。行为人出卖自己的女性或者未成年亲属的行为，应当以拐卖妇女、儿童罪定罪处罚。

区分借送养之名出卖亲生子女与民间送养行为的界限。区分的关键在于行为人是否具有非法获利的目的。应当通过审查将子女“送”人的背景和原因、有无收取钱财及收取钱财的多少、对方是否具有抚养目的及有无抚养能力等事实，综合判断行为人是否具有非法获利的目的。

根据 2010 年 3 月 15 日最高人民法院、最高人民检察院、公安部、司法部联合公布的《关于依法惩治拐卖妇女儿童犯罪的意见》的规定，具有下列情形之一的，可以认定属于出卖亲生子女，应当以拐卖妇女、儿童罪论处：

1）将生育作为非法获利手段，生育后即出卖子女的；

2）明知对方不具有抚养目的，或者根本不考虑对方是否具有抚养目的，为收取钱财将子女“送”给他人的；

3）为收取明显不属于“营养费”、“感谢费”的巨额钱财将子女“送”给他人的；

4）其他足以反映行为人具有非法获利目的的“送养”行为的。

不是出于非法获利目的，而是迫于生活困难，或者受重男轻女思想影响，私自将没有独立生活能力的子女送给他人抚养，包括收取少量“营养费”、“感谢费”的，属于民间送养行为，不能以拐卖妇女、儿童罪论处。对私自送养导致子女身心健康受到严重损害，或者具有其他恶劣情节，符合遗弃罪特征的，可以遗弃罪论处；情节显著轻微危害不大的，可由公安机关依法予以行政处罚。

(9) 以出卖为目的强抢儿童，或者捡拾儿童后予以出卖，符合刑法第 240 条第 2 款规定的，应当以拐卖儿童罪论处。

(10) 以抚养为目的偷盗婴幼儿或者拐骗儿童，之后予以出卖的，以拐卖儿童罪论处。

(11) 将妇女拐卖给有关场所，致使被拐卖的妇女被迫卖淫或者从事其他色情服务的，以拐卖妇女罪论处。有关场所的经营管理人员事前与拐卖妇女的犯罪人通谋的，对该经营管理人员以拐卖妇女罪的共犯论处；同时构成拐卖妇女罪和组织卖淫罪的，择一重罪论处。

(12) 医疗机构、社会福利机构等单位的工作人员以非法获利为目的，将所诊疗、护理、抚养的儿童贩卖给他人的，以拐卖儿童罪论处。

(13) 明知他人拐卖妇女、儿童，仍然向其提供被拐卖妇女、儿童的健康证明、出生证明或者其他帮助的，以拐卖妇女、儿童罪的共犯论处。明知他人系拐卖儿童的“人贩子”，仍然利用从事诊疗、福利救助等工作的便利或者了解被拐卖方情况的条件，居间介绍的，以拐卖儿童罪的共犯论处。

2. 刑事处罚

依照刑法第 240 条的规定，犯本罪的，处 5 年以上 10 年以下有期徒刑，并处罚金。有下列情形之一的，处 10 年以上有期徒刑或者无期徒刑，并处罚金或者没收财产；情节特别严重的，处死刑，并处没收财产：(1) 拐卖妇女、儿童集团的首要分子；(2) 拐卖妇女、儿童 3 人以上的；(3) 奸淫被拐卖的妇女的；(4) 诱骗、强迫被拐卖的妇女卖淫或者将被拐卖的妇女卖给他人迫使其卖淫的；(5) 以出卖为目的，使用暴力、胁迫或者麻醉方法绑架妇女、儿童的；(6) 以出卖为目的，偷盗婴幼儿的；(7) 造成被拐卖的妇女、儿童或者其亲属重伤、死亡或者其他严重后果的；(8) 将妇女、儿童卖往境外的。本法定刑中“造成被拐卖的妇女、儿童或者其亲属重伤、死亡的”内容是刑法中依间接因果关系承担刑事责任的立法范例。

十二、收买被拐卖的妇女、儿童罪

收买被拐卖的妇女、儿童罪，是指不以出卖为目的，明知是被拐卖的妇女、儿童而予以收买的行为。本罪的构成要件如下：(1) 本罪的客观方面表现为对拐卖的妇女、儿童实施收买行为。犯罪所侵犯的对象必须是被拐卖的妇女、儿童。根据最高人民法院、最高人民检察院、公安部、司法部联合公布的《关于依法惩治拐卖妇女儿童犯罪的意见》的规定，明知是被拐卖的妇女、儿童而收买，具有下列情形之一的，以收买被拐卖的妇女、儿童罪论处；同时构成其他犯罪的，依照数罪并罚的规定处罚：1) 收买被拐卖的妇女后，违背被收买妇女的意愿，阻碍其返回原居住地的；2) 阻碍对被收买妇女、儿童进行解救的；3) 非法剥夺、限制被收买妇女、儿童的人身自由，情节严重，或者对被收买妇女、儿童有强奸、伤害、侮辱、虐待等行为的；4) 所收买的妇女、儿童被解救后又再次收买，或者收买多名被拐卖的妇女、儿童的；5) 组织、诱骗、强迫被收买的妇女、儿童从事乞讨、苦役，或者盗窃、传销、卖淫等违法犯罪活动的；6) 造成被收买妇女、儿童或者其亲属重伤、死亡以及其他严重后果的；7) 具有其他严重情节的。(2) 本罪的主体是一般主体。明知他人收买被拐卖的妇女、儿童，仍然向其提供被收买妇女、儿童的户籍证明、出生证明或者其他帮助的，以收买被拐卖的妇女、儿童罪的共犯论处，但是，收买人未被追究刑事责任的除外。认定是否“明知”，应当根据证人证言、犯罪嫌疑人、被告人及其同案人供述和辩解，结合提供帮助的人次，以及是否明显违反相关规章制度、工作流程等，予以综合判断。(3) 本罪的主观方面是故意，但不具有出卖的目的，这是本罪与拐卖妇女、儿童罪的一个重要区别。(4) 本罪的客体是妇女、儿童的人身自由和人格尊严权利。

依照刑法第241条第1款的规定，犯本罪的，处3年以下有期徒刑、拘役或者管制。强行与被收买的妇女性交的，以强奸罪论处并与本罪实行并罚；非法剥夺、限制被收买的妇女、儿童的人身自由或者有伤害、侮辱等犯罪行为的，以相关的犯罪与本罪进行并罚。如果收买后又出卖的，以拐卖妇女、儿童罪定罪处罚。行为人收买后，按照被收买妇女的意愿，不阻碍其返回原居住地的，对被收买的妇女、儿童没有虐待行为，不阻碍对其进行解救的，可以不追究刑事责任。

十三、聚众阻碍解救被收买的妇女、儿童罪

聚众阻碍解救被收买的妇女、儿童罪，是指纠集、煽动多人阻碍国家机关工作人员解救被收买的妇女、儿童，以及参与聚众阻碍国家机关工作人员解救被收买的妇女、儿童的行为。本罪的构成要件如下：(1) 本罪的客观方面是聚众阻碍解救被收买的妇女、儿童的行为。所谓“聚众”，是指纠集、组织、策划、指挥多人共同阻碍国家机关工作人员执行解救公务；“阻碍”，是指阻止、妨碍，如以暴力、威胁、恫吓等多种形式。如果犯罪行为不是以聚众方式实施的，则不构成本罪，而应依照刑法第277条规定的妨害公务罪定罪处罚。(2) 本罪的主体，包括两类人员，即在聚众犯罪中起组织、策划、煽动、指挥作用的首要分子和使用暴力、威胁方法的参与者。(3) 本罪的主观方面是故意。(4) 本罪的客体是妇女、儿童的人身自由和人格尊严权利。

依照刑法第242条的规定，犯本罪的，根据行为人在犯罪中的地位和作用不同而处以不同的刑罚：对首要分子，处5年以下有期徒刑或者拘役；对使用暴力、威胁方法的其他

参与者，处3年以下有期徒刑、拘役、管制或者罚金。

十四、诬告陷害罪

（一）概念与构成

诬告陷害罪，是指捏造犯罪事实，向国家机关或有关单位作告发，意图使他人受到刑事追究，情节严重的行为。

本罪的构成要件如下：

1. 本罪的客观方面表现为行为人实施了捏造犯罪事实，并向国家机关和有关单位进行告发的行为。这一特征有两个要点：其一，必须有捏造犯罪事实的行为。捏造犯罪事实是引起刑事追究的前提条件，至于是否捏造了证据，不影响本罪的成立。如果捏造的某些事实不属于犯罪事实，而是损害他人人格、名誉的事实，不构成诬告陷害罪，情节严重构成犯罪的，以诽谤罪论处。捏造的事实既可以是全部的，也可以是部分的。捏造的方式是多种多样的，既包括文字的，也包括口头的，同时也有直接制造别人犯罪的假象进行栽赃陷害的，如将有关的犯罪证据置于被诬陷人的处所等。其二，必须有向国家机关或其他单位告发的行为。“捏造”和“告发”是成立诬告陷害罪的客观必备要件。告发的形式可以是投书检举告发，也可以是向有关部门当面告发；可以是署名告发，也可以是匿名告发；可以向公安司法部门告发，也可以向其他有关单位或者有关人员告发。以他人名义作案，实质上是一种特殊的告发形式，其目的是诬陷他人，使司法机关信以为真，去追究他人的刑事责任，不论其作案后又另外告发与否都构成诬告陷害罪。本罪属于行为犯，只要行为人以诬陷他人为目的，实施了捏造犯罪事实并告发的诬陷行为，便构成既遂。至于被诬陷者实际上是否受到刑事追究，不影响犯罪的成立。

2. 本罪的主体是一般主体。

3. 本罪的主观方面是故意，并具有诬陷他人，使其受到刑事追究的目的。动机如何，在所不问。

4. 本罪的客体是他人的人身权利和司法机关的司法权力。行为人意图假借司法机关的活动实现其诬陷无辜的目的，这既侵犯公民的人身权利，又可能干扰司法机关的正常活动，导致冤假错案，败坏司法机关的声誉。诬陷、告发必须有特定对象，没有特定对象，不能引起刑事诉讼，也谈不上对公民人身权利的侵犯。对诬陷、告发的对象，不一定指名道姓，只要从诬陷的内容和对被诬陷者的形象方面的描述，使人不难判断出被诬陷者是谁就足够了。被诬陷的对象，法律未作特殊限制，可以是任何公民，其中包括正在服刑的犯人。但是，诬告单位犯罪的，一般不宜认定为犯罪。

（二）司法认定与刑事处罚

1. 司法认定

（1）本罪与错告、检举失实的界限。二者在客观方面有相同之处，即都是向国家机关或有关单位进行告发，告发的事实都与客观实际情况不相符合。二者的本质区别在于：行为人主观心理状态不同。诬告陷害是故意捏造事实，出于使他人受到刑事追究的目的，向国家机关告发，而错告、检举失实则是鉴于对情况不了解或思想方法上的片面性而告发检举，主观上没有陷害他人的目的，而且往往是为了伸张正义，同犯罪分子作斗争，向有关方面进行告发、检举的。前者是应受到法律制裁的犯罪行为；后者是一般的错误行为，不受刑事责任追究。

（2）诬告陷害与一般诬告行为的界限。二者在客观方面都具有捏造事实并向有关单位告发的行为，在主观上都具有诬告他人的故意。其区别的关键在于：一要看捏造的是犯罪事实还是一般违法的、错误的事实；二要看诬告是意图使被诬陷者受刑事追究还是受党纪、政纪处分。

（3）本罪既遂的标准。本罪的构成要件中，主观方面以使他人受到刑事追究为目的，客观上实施了捏造犯罪事实并进行告发的行为，其既遂的标准是行为实施完毕，即只要行为人捏造了犯罪事实并且进行了告发，不论他人是否受到刑事追究，均构成犯罪的既遂。

（4）诬告他人犯甲罪但实际该人犯乙罪的应如何处理。在司法实践中，有些告发的事实与司法机关最后查证的事实不同，甚至罪名也不同，在处理时应当慎重。如果告发的事实是存在的，只是告发人告发的罪名不当的，不能构成本罪；如果告发人所告发的事实根本不存在，即使司法机关基于该告发破获了被告发人所犯的其他犯罪的，告发人仍然应当构成本罪。例如，甲告发乙犯有贪污罪，基于该告发，司法机关对乙采取了强制措施。经查证，乙根本没有贪污罪的事实，但是犯有受贿罪。司法机关应当以受贿罪追究乙刑事责任，对于甲，则应当以诬告陷害罪追究刑事责任。

（5）行为人误告成案的应当如何处理。行为人并没有掌握被告发人的犯罪事实，而是基于诬告陷害的目的，捏造了他人的犯罪事实而予以告发，结果司法机关却查证属实，导致行为人的诬告“误打误中”。对于此等行为，仍然应当认定行为人的行为属于诬告，但是可以按照“情节轻微”或者“情节显著轻微”来处理。当然，对于没有捏造他人的犯罪事实，只是提供举报线索的，应当坚决否定其犯罪性。

2. 刑事处罚

依照刑法第243条的规定，犯本罪的，处3年以下有期徒刑、拘役或者管制；造成严重后果的，处3年以上10年以下有期徒刑。国家机关工作人员犯本罪的，从重处罚。

十五、强迫劳动罪

强迫劳动罪，是指以暴力、威胁或者限制人身自由的方法强迫他人劳动的行为。本罪是《刑法修正案（八）》修订的犯罪，其修改的主要内容是改变了本罪的主体和客观行为。在适用本罪时，应当注意法律的变更。

本罪的主要构成特征是：（1）犯罪客观方面表现为使用暴力、威胁或者以限制人身自由的方法强迫他人劳动。明知他人实施本罪行为而为其招募、运送人员或者有其他协助强迫他人劳动行为的，也构成本罪。认定本罪时，要注意有些单位领导强迫命令、简单粗暴的工作作风与限制人身自由强迫劳动构成犯罪的界限。（2）犯罪主体包括自然人，也包括单位。对于不能认定为单位的“黑砖窑”、“黑煤窑”等强迫他人劳动的行为，均以本罪论处。应当注意，行为人使用暴力导致他人重伤、死亡的，应当以故意杀人罪或者故意伤害罪定罪处罚。

依照刑法第244条的规定，犯本罪的，处3年以下有期徒刑或者拘役，并处罚金；情节严重的，处3年以上10年以下有期徒刑，并处罚金。单位犯本罪的，对单位判处罚金，并对直接负责的主管人员和其他责任人员依上述对自然人的处罚规定处罚。

十六、雇用童工从事危重劳动罪

雇用童工从事危重劳动罪，是指违反劳动管理法规，雇用未满16周岁的未成年人从事超强度体力劳动，或者从事高空、井下作业的，或者在爆炸性、易燃性、放射性、毒害性等危险环境下从事劳动，情节严重的行为。本罪是2002年12月28日全国人民代表大会常务委员会通过的《刑法修正案（四）》第 4 条新增加的一个罪种，因此，本罪规范的生效时间是 2002 年 12 月 28 日，在此之前实施的类似行为，并不构成本罪。本罪的主要特征是：(1) 犯罪客观方面表现为两个方面：首先是违反了《劳动法》的上述规定，非法招用了不满 16 周岁的未成年人；其次让该未满 16 周岁的未成年人从事超强度体力劳动，或者从事高空、井下作业，或者在爆炸性、易燃性、放射性、毒害性等危险环境下从事劳动，并且情节严重。(2) 犯罪主体是用人单位，家庭中使用未成年人从事一定的危险劳动，并不能构成本罪。(3) 犯罪客体是未成年人的身心健康。我国劳动法第 15 条规定：禁止用人单位招用未满 16 周岁的未成年人；文艺、体育和特种工艺单位招用未满 16 周岁的未成年人，必须依照国家有关规定，履行审批手续，并保障其接受义务教育的权利。国务院《禁止使用童工的规定》对此也作出了明确规定。由于未成年人的身体仍然处于发育阶段，社会生活经验也不丰富，对危险的判断和处理能力均不如成年人强，从事超强度体力劳动以及从事危险作业对他们的身心健康具有很大的损害。因此，本罪的设立是国家在劳动领域对未成年人实施的一种特殊保护。

根据刑法第 244 条之一的规定，犯本罪的，对直接责任人员，处 3 年以下有期徒刑或者拘役，并处罚金；情节特别严重的，处 3 年以上 7 年以下有期徒刑，并处罚金。行为人实施了本罪的行为，造成事故，又构成其他犯罪的，依照数罪并罚的规定处罚。

十七、非法搜查罪

非法搜查罪，是指非法对他人的身体或住宅进行搜查的行为。本罪的主要特征是：(1) 犯罪客观方面表现为非法对他人的身体或住宅进行搜查的行为。具体可以分为两种情况：一是无权搜查的人非法搜查；二是有搜查权的人违反法律规定，滥用搜查权擅自对他人的人身、住宅进行搜查。行为所指向的对象仅限于公民的身体和住宅，搜查其他场所的，不构成本罪。但是如果其他场所如牧民的帐篷、渔民的船只等作为生活场所的，同样可以成为本罪的侵犯对象。(2) 犯罪主体是一般主体，并不限于司法工作人员。(3) 犯罪主观方面是故意，但动机如何，不影响犯罪的成立。根据有关司法解释的规定，非法搜查行为具备下列情节之一的，应以犯罪论处：其一，非法搜查他人身体、住宅，并实施殴打、侮辱等行为的；其二，非法搜查，情节严重，导致被搜查人或者其近亲属自杀、自残造成重伤、死亡或者精神失常的；其三，非法搜查，造成财物严重损坏的；其四，非法搜查 3 人（户）次以上的；其五，司法工作人员对明知是与涉嫌犯罪无关的人身、住宅非法搜查的；其六，其他非法搜查应予追究刑事责任的情形。①

依照刑法第 245 条的规定，犯本罪的，处 3 年以下有期徒刑或者拘役。司法工作人员滥用职权犯本罪的，从重处罚。

十八、非法侵入住宅罪

非法侵入住宅罪，是指非法闯入他人住宅或者经要求退出仍拒不退出的行为。本罪的主要特征是：(1) 犯罪客观方面表现为两种情况：一是未经住宅主人同意，无正当理由擅自闯入他人住宅。“擅自”是指没有得到居住人、看守人的同意，也没有可以推定居住人、看守人事后承诺的理由。虽然经过同意而进入住宅，但是没有经过同意而又进入住宅内的

① 参见最高人民检察院 2006 年 7 月 26 日公布的《关于渎职侵权犯罪案件立案标准的规定》。

特别场所的，仍然可以构成非法侵入住宅罪。二是经主人要求退出仍拒不退出的行为。行为人的行为符合其中一种情况的就构成犯罪。一般来讲，拒不退出的行为在进入时往往是合法的，只是在居住人、看守人表示反对继续停留的情况下而坚持停留。本罪侵犯的对象是公民的住宅，即公民居住和生活的场所。(2) 犯罪主体是一般主体，并不限于司法工作人员。(3) 犯罪主观方面是故意，非出于故意而误入他人住宅的，不构成本罪。行为人为了实施其他犯罪如盗窃、抢夺、抢劫等犯罪而非法侵入他人住宅的，可以成立牵连犯，按照牵连犯的处罚原则处理。

依照刑法第245条的规定，犯本罪的，处3年以下有期徒刑或者拘役。司法工作人员滥用职权犯本罪的，从重处罚。

十九、侮辱罪

侮辱罪，是指使用暴力或者其他方法，公然贬低他人人格，破坏他人名誉，情节严重的行为。本罪的主要特征是：(1) 犯罪客观方面表现为行为人采用暴力或其他方法（如言词、文字、图画等），公然贬低他人人格、毁坏其名誉。本罪所侵犯的是社会公众对被害人的名誉评价，不以行为人自己的感受为标准。构成本罪必须具备情节严重的条件，否则不能以犯罪论处。本罪的对象不包括单位，但是是否包括已经去世之人，尚有争议。鉴于我国刑法未设置专门的侮辱死人之罪，在本罪中是可以将死人解释为犯罪对象的。(2) 犯罪主观方面是故意，并具有贬低他人人格、破坏他人名誉的目的。行为人使用暴力方法侮辱他人，过失致人重伤、死亡的，属于想象竞合犯，应以一重罪定罪处罚。若行为人基于故意伤害他人的，则应以故意伤害罪定罪处罚。

依照刑法第246条的规定，犯本罪的，处3年以下有期徒刑、拘役、管制或者剥夺政治权利。本罪属于告诉才处理的犯罪，但严重危害社会秩序和国家利益的侮辱行为除外。

二十、诽谤罪

诽谤罪，是指故意捏造并散布某种虚构的事实，损害他人人格和名誉，情节严重的行为。本罪的主要特征是：(1) 犯罪客观方面表现为行为人无中生有地编造损害他人人格、名誉的虚假事实并向众人扩散的行为。构成本罪必须具备情节严重的条件，否则不能以犯罪论处。"情节严重"是指诽谤他人手段恶劣、后果严重或者影响极坏等情况。与侮辱罪相比，本罪对被害人的名誉侵害是通过编造虚假的事实来完成的，而侮辱罪则是直接对被害人的名誉实施攻击。因此，如果说某人是个贼，那属于侮辱；如果说某人偷了别人的东西，就属于诽谤了。(2) 犯罪主体是一般主体。(3) 犯罪主观方面是故意。

依照刑法第246条的规定，犯本罪的，处3年以下有期徒刑、拘役、管制或者剥夺政治权利。本罪属于告诉才处理的犯罪，但严重危害社会秩序和国家利益的除外。

二十一、刑讯逼供罪

（一）概念与构成

刑讯逼供罪，是指司法工作人员对犯罪嫌疑人、被告人使用肉刑或者变相肉刑，逼取口供的行为。

本罪的构成要件如下：

1. 本罪的客观方面表现为行为人对犯罪嫌疑人、被告人实施了肉刑或者变相肉刑，逼取口供的行为。所谓肉刑和变相肉刑，主要是指吊打、捆绑以及其他折磨人的肉体和精神的方法，如罚站、罚跪、冻饿、日晒、雨淋、火烤、“车轮战”、不准睡眠等，以达到使犯罪嫌疑人、被告人在不堪忍受肉体和精神痛苦的情况下予以供述的目的。司法工作人员如果只是采用诱供、指名问供而没有使用肉刑或变相肉刑的，不构成本罪。

2. 本罪的主体是特殊主体，即必须是司法工作人员。根据刑法第94条的规定，司法工作人员是指有侦查、检察、审判、监管职责的工作人员。非司法工作人员私设公堂，非法审讯，对他人捆绑、逼供、拷打的，可构成非法拘禁罪或故意伤害罪，但不能以刑讯逼供罪论处。

3. 本罪的主观方面，行为人是基于直接故意并且具有逼取口供的目的。如果行为人不具有逼取口供的目的，可以构成其他罪（如故意伤害罪）而不构成本罪。逼取口供的动机，有的是挟嫌报复，有的是轻信控告，有的是急于破案或结案等。无论出于何种动机，对构成本罪均无影响，但不同的动机，可作为量刑的情节予以考虑。

4. 本罪的客体是公民的人身权利和国家司法机关的司法权力。刑讯逼供是以刑讯为手段，不仅直接侵犯公民的人身权利，而且由于所得的口供缺乏可靠性，往往会误导司法，造成冤假错案，妨害司法机关的正常活动。在以口供为“证据之王”的情况下，逼供成为刑事司法的常用手段。在逼供盛行的体制下，一个人被定罪，不是因为他确实犯了罪，而是因为他经受不住拷打；一个人被宣告无罪，也不是因为他没有犯罪，而是因为他经受住了皮肉之苦。因此，在现代法治观念下，绝对禁止刑讯逼供行为，对于逼供得来的所谓证据，不得作为认定被逼供人犯罪的证据，反而应当认定为刑讯逼供人实施犯罪的证据。本罪的对象仅限于犯罪嫌疑人、被告人。

（二）司法认定与刑事处罚

1. 司法认定

（1）本罪与刑讯逼供一般违法行为的界限。在司法实践中，并非一切刑讯逼供行为都构成刑讯逼供罪，只是对情节相对严重的刑讯逼供行为，才以犯罪论处。根据司法实践经验，对具有下列情形之一的，以刑讯逼供罪论处：1）以殴打、捆绑、违法使用械具等恶劣手段逼取口供的；2）以较长时间冻、饿、晒、烤等手段逼取口供，严重损害犯罪嫌疑人、被告人身体健康的；3）刑讯逼供造成犯罪嫌疑人、被告人轻伤、重伤、死亡的；4）刑讯逼供，情节严重，导致犯罪嫌疑人、被告人自杀、自残造成重伤、死亡，或者精神失常的；5）刑讯逼供，造成错案的；6）刑讯逼供3人次以上的；7）纵容、授意、指使、强迫他人刑讯逼供，具有上述情形之一的；8）其他刑讯逼供应予追究刑事责任的情形。①

（2）本罪与非法拘禁罪的界限。两者都属于侵犯人身权利的犯罪，有某些类似的地方，但也有许多不同之处：1）犯罪对象不同。前罪的对象是犯罪嫌疑人、被告人，而后罪的对象则是任何依法享有人身自由权利的公民。2）行为表现不同。前罪是对犯罪嫌疑人、被告人使用肉刑或者变相肉刑逼取口供的行为；而后罪则是以拘禁或者其他强制方法非法剥夺他人人身自由的行为。3）犯罪目的不同。前罪的目的只能是逼取口供，不具备这一主观特征的，不构成本罪；而后罪则不要求具有这一目的。4）犯罪的主体不同。前罪的主体只能是司法工作人员，非司法工作人员不能独立构成；后罪的主体则属于一般主体。

---

① 参见最高人民检察院2006年7月26日公布的《关于渎职侵权犯罪案件立案标准的规定》。

(3) 本罪与故意伤害罪的界限。刑讯逼供罪是以肉刑或变相肉刑为手段，往往就会造成被害人身体的损害，从而和故意伤害罪发生交叉。从构成要件和刑讯逼供罪的法定刑上分析，刑讯逼供罪可以包含致人轻伤的情形。因此，刑讯逼供致人轻伤的，形成故意伤害罪与刑讯逼供罪的犯罪竞合。依照刑法第234条的规定，此种情况下，应以刑讯逼供罪定罪处罚，不再论以故意伤害罪。但是如果刑讯逼供致人重伤、残疾的，则已超出了刑讯逼供罪的构成和处罚要件，根据刑法第247条的规定，应直接按照故意伤害罪定罪并从重处罚。

(4) 本罪与故意杀人罪的区别。从构成要件上看，刑讯逼供罪与故意杀人罪并无重合或交叉。因此，行为人在刑讯过程中，故意致人死亡的，依据刑法第247条的规定，以故意杀人罪从重处罚。但是，如果行为人对被害人的死亡结果缺乏故意的，则仍应以刑讯逼供罪定罪处罚。

2. 刑事处罚

依照刑法第247条的规定，犯本罪的，处3年以下有期徒刑或者拘役。致人伤残、死亡的，依照刑法第234条、第232条的规定定罪并从重处罚，即直接以故意伤害罪、故意杀人罪的规定从重处罚。

二十二、暴力取证罪

暴力取证罪，是指司法工作人员使用暴力逼取证人证言的行为。本罪的主要特征是：(1) 犯罪客观方面表现为使用暴力（如肉刑、伤害、殴打等）逼取证人证言的行为。本罪侵害的对象仅限于证人。根据有关司法解释，具有下列情节之一的，应以犯罪论处：其一，以殴打、捆绑、违法使用械具等恶劣手段逼取证人证言的；其二，暴力取证造成证人轻伤、重伤、死亡的；其三，暴力取证，情节严重，导致证人自杀、自残造成重伤、死亡，或者精神失常的；其四，暴力取证，造成错案的；其五，暴力取证3人次以上的；其六，纵容、授意、指使、强迫他人暴力取证，具有上述情形之一的；其七，其他暴力取证应予追究刑事责任的情形。[①] (2) 犯罪主体是特殊主体，即司法工作人员。(3) 犯罪主观方面是故意，并且具有逼取证言的目的。

依照刑法第247条的规定，犯本罪的，处3年以下有期徒刑或者拘役。致人伤残、死亡的，依照刑法第234条、第232条的规定定罪从重处罚，即直接以故意伤害罪、故意杀人罪定罪并从重处罚。

二十三、虐待被监管人罪

虐待被监管人罪，是指监狱、拘留所、看守所等监管机构的监管人员对被监管人进行殴打或者体罚虐待，情节严重的行为。本罪的主要特征是：(1) 犯罪侵害的对象是被监管人，包括已被判处拘役以上刑罚还在服刑的罪犯和正在刑事诉讼中的犯罪嫌疑人、被告人。(2) 犯罪客观方面表现为行为人对被监管人进行殴打或体罚虐待，并且达到情节严重的程度。“情节严重”是指以殴打、捆绑、违法使用械具等恶劣手段虐待被监管人的；以较长时间冻、饿、晒、烤等手段虐待被监管人，严重损害其身体健康的；虐待造成被监管人轻伤、重伤、死亡的；虐待被监管人，情节严重，导致被监管人自杀、自残造成重伤、

---

① 参见最高人民检察院2006年7月26日公布的《关于渎职侵权犯罪案件立案标准的规定》。

死亡，或者精神失常的；殴打或者体罚虐待3人次以上的；指使被监管人殴打、体罚、虐待其他被监管人，具有上述情形之一的；其他情节严重的情形。[①]（3）犯罪主体是特殊主体，即监狱、拘留所、看守所等监管机构的监管人员。监管人员指使被监管人殴打或者体罚、虐待其他被监管人的，视作监管人员的虐待行为。（4）犯罪主观方面是故意，动机如何，不影响犯罪的成立。

依照刑法第248条的规定，犯本罪的，处3年以下有期徒刑或者拘役；情节特别严重的，处3年以上10年以下有期徒刑。致人伤残、死亡的，依照刑法第234条、第232条的规定定罪从重处罚，即直接以故意伤害罪、故意杀人罪定罪并从重处罚。

二十四、煽动民族仇恨、民族歧视罪

煽动民族仇恨、民族歧视罪，是指故意煽动不同民族之间相互仇恨、歧视，破坏民族团结，情节严重的行为。本罪的主要特征是：（1）犯罪客观方面表现为煽动不同民族之间相互仇恨、歧视，破坏民族团结，并且情节严重的行为。所谓“煽动”，是公开或秘密地以语言、文字、图像等方式，散布破坏民族团结，引起民族仇恨、相互歧视内容的言论的行为。（2）犯罪主体是一般主体。（3）犯罪主观方面是故意。

依照刑法第249条的规定，犯本罪的，处3年以下有期徒刑、拘役、管制或者剥夺政治权利；情节特别严重的，处3年以上10年以下有期徒刑。

二十五、出版歧视、侮辱少数民族作品罪

出版歧视、侮辱少数民族作品罪，是指在出版物中刊载歧视、侮辱少数民族的内容，情节恶劣，造成严重后果的行为。本罪的主要特征是：（1）犯罪客观方面，是在出版物中刊载歧视、侮辱少数民族的内容，情节恶劣，造成严重后果的行为。出版物包括印刷品、音像制品、电子出版物。歧视、侮辱少数民族的内容，是指利用少数民族的历史、习惯等，对少数民族进行嘲讽、丑化、贬低，损害其民族形象和尊严。（2）犯罪主体是一般主体，具体是指在出版物中刊载歧视、侮辱少数民族内容的直接责任人员。（3）犯罪主观方面是故意，动机如何，不影响定罪。

依照刑法第250条的规定，犯本罪的，对直接责任人员，处3年以下有期徒刑、拘役或者管制。

二十六、非法剥夺公民宗教信仰自由罪

非法剥夺公民宗教信仰自由罪，是指国家机关工作人员非法剥夺公民宗教信仰自由，情节严重的行为。本罪的主要特征是：（1）犯罪客观方面表现为行为人使用各种手段剥夺公民的宗教信仰自由，情节严重的行为。“情节严重”，一般是指手段恶劣、后果严重、影响很坏。（2）犯罪主体是特殊主体，即仅限于国家机关工作人员。（3）犯罪主观方面是故意。

依照刑法第251条的规定，犯本罪的，处2年以下有期徒刑或者拘役。

二十七、侵犯少数民族风俗习惯罪

侵犯少数民族风俗习惯罪，是指国家机关工作人员以各种手段，侵犯少数民族风俗习

① 参见最高人民检察院2006年7月26日公布的《关于渎职侵权犯罪案件立案标准的规定》。

惯，情节严重的行为。本罪的主要特征是：(1) 犯罪客观方面表现为行为人非法干涉、破坏少数民族风俗习惯的行为。至于手段如何，是否采取暴力，均在所不问。(2) 犯罪主体为特殊主体，即仅限于国家机关工作人员。(3) 犯罪主观方面是故意。如果行为人因工作失误、行为不慎而侵犯少数民族风俗习惯的，不能构成本罪。

依照刑法第251条的规定，犯本罪的，处2年以下有期徒刑或者拘役。

二十八、侵犯通信自由罪

侵犯通信自由罪，是指故意隐匿、毁弃或者非法开拆他人信件，侵犯公民通信自由，情节严重的行为。本罪的主要特征是：(1) 犯罪客观方面表现为隐匿、毁弃或者非法开拆他人信件，侵犯公民通信自由，并且情节严重的行为。"隐匿"是指将他人的信件秘密隐藏起来，使收件人无法查收；"毁弃"是指将信件销毁丢弃；"非法开拆"是指违反国家法律、法规的规定或未经收件人同意，私自开启他人信件，偷看信件内容。在非法开拆的情况下，信件不一定受到毁损，有的还恢复原封，他人亦能收到信件。这里的"他人"应作广义解释，包括自然人、法人及非法人组织。隐匿、毁弃或者非法打开他人电子信件的，也可以构成本罪。(2) 犯罪主体是一般主体。(3) 犯罪主观方面是故意，即行为人明知是他人信件而故意加以隐匿、毁弃或者开拆。犯罪动机多种多样，有的出于好奇，有的意图窃取钱财，有的意图破坏他人恋爱、婚姻关系，等等，但动机如何，不影响本罪的成立。

依照刑法第252条的规定，犯本罪的，处1年以下有期徒刑或者拘役。

二十九、私自开拆、隐匿、毁弃邮件、电报罪

私自开拆、隐匿、毁弃邮件、电报罪，是指邮政工作人员利用职务上的便利，私自开拆、隐匿、毁弃邮件、电报的行为。本罪的主要特征是：(1) 犯罪客观方面表现为利用职务上的便利，私自开拆、隐匿、毁弃邮件、电报的行为。本罪的行为具有选择性，即行为人实施了开拆、隐匿、毁弃3种行为之一的，即构成本罪。(2) 犯罪主体是特殊主体，即仅限于邮政工作人员，行为人必须利用其职务上的便利实施上述行为。(3) 犯罪主观方面是故意。

依照刑法第253条第1款的规定，犯本罪的，处2年以下有期徒刑或者拘役。犯本罪而窃取财物的，依照盗窃罪定罪从重处罚。

三十、出售、非法提供公民个人信息罪

出售、非法提供公民个人信息罪，是指国家机关或者金融、电信、交通、教育、医疗等单位或者其工作人员，违反国家规定，将本单位在履行职责或者提供服务过程中获得的公民个人信息，出售或者非法提供给他人，情节严重的行为。本罪是《刑法修正案（七）》第7条设立的作为刑法第253条之一的新罪，在适用时应当注意修订前后的法律变化。立法机关将本罪之行为予以犯罪化的基础，是近些年来我国公民个人信息被泄露的情况日趋严重，侵犯了公民个人的隐私，扰乱了公民的生活安宁，也滋生了利用公民个人信息的其他犯罪行为。

本罪的主要构成特征是：(1) 犯罪的客观方面表现为故意将本单位获得的公民个人信息予以泄露的行为。泄露的方式包括向他人出售或者非法向他人提供。依照我国的相关法律规定，有关单位所获得的公民个人信息，一律不得出售；在特别情况下，司法机关或者特殊机关可以查阅有关公民的个人信息，但是必须履行法律手续，在相关机关没有履行法

律手续的情况下，向其提供公民个人的信息，仍然是违法的。本罪所称的“公民个人信息”，是指依法应当受到保护而不应当向社会公众公开的公民个人的所有隐私内容，如姓名、职业、职务、年龄、婚姻状况、学历、专业资格、工作经历、家庭住址、电话号码、信用卡号码、指纹、网上登录账号和密码等能够识别公民个人身份的信息。如果是公众人物必须向社会公开的个人信息则不包括在内，如国家机关工作人员的财产状况、领导干部的家庭关系等。(2) 犯罪主体包括自然人和单位。单位是指在职权行为或者在提供公共服务的过程中获得公民个人信息的国家机关和其他单位，自然人则是上述单位的工作人员。(3) 犯罪主观方面是故意，如果是相关单位和个人基于过失将公民个人的信息泄露的，不能构成本罪。

依照刑法第253条之一的规定，犯本罪的，处3年以下有期徒刑或者拘役，并处或者单处罚金。单位犯本罪的，对单位判处罚金，并对其直接负责的主管人员和其他责任人员判处3年以下有期徒刑或者拘役，并处或者单处罚金。

三十一、非法获取公民个人信息罪

非法获取公民个人信息罪，是指使用窃取或者其他手段，非法获取依法应当受到保护而不应当向社会公众公开的公民个人的所有隐私内容，情节严重的行为。本罪是《刑法修正案（七）》第7条创制的新罪，在适用时应当注意修订前后的法律变化。

本罪的主要构成特征是：(1) 犯罪的客观方面表现为非法获取公民个人的信息的行为。非法获取，包括使用盗窃、诈骗、抢夺、购买以及其他手段，获取公民个人的信息。司法机关工作人员没有履行相关的法定手续，利用职权强行取得公民个人信息的，也构成本罪。(2) 犯罪的主体包括自然人和单位。(3) 犯罪的主观方面是故意，至于行为人的动机如何，不影响犯罪的成立。

依照刑法第253条之一的规定，犯本罪的，处3年以下有期徒刑或者拘役，并处或者单处罚金。单位犯本罪的，对单位判处罚金，并对其直接负责的主管人员和其他责任人员判处3年以下有期徒刑或者拘役，并处或者单处罚金。

三十二、报复陷害罪

报复陷害罪，是指国家机关工作人员滥用职权、假公济私，对控告人、申诉人、批评人、举报人进行打击报复、恶意陷害的行为。本罪的主要特征是：(1) 犯罪客观方面表现为行为人滥用职权、假公济私，对控告人、申诉人、批评人、举报人进行打击报复、恶意陷害的行为。报复陷害的手段不一而足，报复的内容可以是工作上、政治上、经济上、待遇上予以歧视、迫害，也可以是滥用权力，以种种借口对被害人进行处罚。根据有关司法解释，具备下列情节之一的，应以犯罪论处：其一，报复陷害，情节严重，导致控告人、申诉人、批评人、举报人或者其近亲属自杀、自残造成重伤、死亡，或者精神失常的；其二，致使控告人、申诉人、批评人、举报人或者其近亲属的其他合法权利受到严重损害的；其三，其他报复陷害应予追究刑事责任的情形。① (2) 犯罪主体是特殊主体，即仅限于国家机关工作人员。(3) 犯罪主观方面是故意，并且具有报复陷害他人的目的。

依照刑法第254条的规定，犯本罪的，处2年以下有期徒刑或者拘役；情节严重的，处2年以上7年以下有期徒刑。

---

① 参见最高人民检察院2006年7月26日公布的《关于渎职侵权犯罪案件立案标准的规定》。

三十三、打击报复会计、统计人员罪

打击报复会计、统计人员罪，是指公司、企业、事业单位、机关、团体的领导人，对依法履行职责，抵制违反会计法、统计法行为的会计人员、统计人员实行打击报复，情节恶劣的行为。本罪的主要特征是：(1) 犯罪客观方面表现为行为人利用其领导地位，对依法履行职责，抵制违反会计法、统计法行为的会计、统计人员实行打击报复的行为。(2) 犯罪主体是特殊主体，即公司、企业、事业单位、机关、团体的领导人。至于这些单位的所有制性质，并无特别要求。(3) 犯罪主观方面是故意，并具有打击报复的目的。

依照刑法第255条的规定，犯本罪的，处3年以下有期徒刑或者拘役。

三十四、破坏选举罪

(一) 概念与构成

破坏选举罪，是指在选举各级人民代表大会代表和国家机关领导人时，以暴力、威胁、欺骗、贿赂、伪造选举文件、虚报选举票数等手段，破坏选举或者妨害选民和代表自由行使选举权和被选举权，情节严重的行为。

本罪的构成要件如下：

1. 本罪的客观方面表现为以各种手段破坏选举的行为。根据刑法的规定，犯罪手段包括使用暴力、威胁、欺骗、贿赂、伪造选举文件、虚报选举票数等。"暴力"，是指对选民、各级人民代表大会代表、候选人、选举工作人员等进行殴打、捆绑等人身打击或强制；"威胁"是指以杀害、伤害、破坏名誉等手段进行要挟，迫使被要挟人不能正常履行组织管理职责或者放弃权利、机会等；"欺骗"，是指捏造事实，颠倒是非，以虚假的事实扰乱选举的正常进行；"贿赂"，是指用金钱或者其他物质利益收买选民、各级人民代表大会代表、候选人、选举工作人员等，以实现操纵、破坏选举或者进行其他舞弊活动的目的；"伪造选举文件"，是指采用伪造选民证、选票、选民名单、候选人名单、代表资格报告等选举文件的方法破坏选举；"虚报选举票数"，是指选举工作人员对于统计出来的选票数、赞成和反对票数等进行虚假报告的行为。只要行为人在选举各级人民代表大会代表和国家机关领导人时采用上述手段之一且情节严重的，即构成本罪。依照有关选举的法律规定，选举各级人民代表大会代表和国家机关领导人员的选举过程包括：选民登记、提出候选人、投票选举、统计票数、宣布选举结果、补选等。

2. 本罪的主体为一般主体。在实践中，既可以是有选举权的人，也可以是无选举权的人；既可以是选举工作人员，也可是选民或者代表。但是，本罪的某些犯罪行为只能由选举工作人员构成，如虚报选票数、对候选人情况作虚假的介绍等。

3. 本罪的主观方面是故意，并且是直接故意。本罪之行为人在故意内容上具有破坏选举工作、妨害选民和代表自由行使选举权和被选举权的目的。如果由于过失造成不良后果，如误计选举票数、漏发选票等影响了选举工作的，不构成本罪。

4. 本罪的客体是公民的选举权和被选举权以及国家对选举工作的监管权力。这里的所谓选举权和被选举权，是指选举和被选举各级人民代表大会代表和国家机关领导人员的权利。本罪只能发生在各级国家权力机构——人民代表大会的代表以及各级国家机关的领导人的选举过程中，在其他选举过程中的破坏选举行为，不能构成本罪。

(二) 司法认定与刑事处罚

1. 司法认定

(1) 本罪与一般违反选举法行为的界限。本罪的行为被追究刑事责任时，必须具备

"情节严重"这一条件。在司法实践中，"情节严重"一般指[①]：1）以暴力、威胁、欺骗、贿赂等手段，妨害选民、各级人民代表大会代表自由行使选举权和被选举权，致使选举无法正常进行，或者选举无效，或者选举结果不真实的；2）以暴力破坏选举场所或者选举设备，致使选举无法正常进行的；3）伪造选民证、选票等选举文件，虚报选举票数，产生不真实的选举结果或者强行宣布合法选举无效、非法选举有效的；4）聚众冲击选举场所或者故意扰乱选举场所秩序，使选举工作无法进行的；5）其他情节严重的情形。对于那些虽违反选举法，但情节显著轻微，危害不大的，不宜以犯罪论处。

（2）本罪与其他犯罪的界限。以伪造选举文件等公文、证件为手段破坏选举活动的行为，在构成本罪的同时又触犯了伪造国家机关公文、证件、印章罪的，属于牵连犯，应依照处理牵连犯的原则论处。以暴力手段破坏选举，致人轻伤的，仍以本罪论处；致人重伤、死亡的，应按照故意伤害罪、故意杀人罪定罪处罚。

2. 刑事处罚

依照刑法第256条的规定，犯本罪的，处3年以下有期徒刑、拘役或者剥夺政治权利。

三十五、暴力干涉婚姻自由罪

暴力干涉婚姻自由罪，是指以暴力手段干涉他人结婚和离婚自由的行为。本罪的构成要件如下：（1）本罪的客观方面表现为行为人实施了以暴力干涉他人婚姻自由的行为。但是，不能认为凡有暴力行为的就构成本罪，暴力轻微危害不大，不足以达到干涉被干涉者行使婚姻自由权利程度的，不能以犯罪论处。行为人干涉他人婚姻自由的目的不能实现，而故意致被害人重伤或杀害的，则应按故意伤害罪或故意杀人罪论处。（2）本罪的主体是一般主体，实践中主要是被害人的家庭成员、亲属或有扶养关系的人，也有的是家族尊长或奸夫、情妇等。（3）本罪的主观方面是故意。犯罪的动机如何，不影响本罪的成立。（4）本罪的客体是婚姻自主权。婚姻自由是我国婚姻法规定的一项基本原则，禁止干涉公民的婚姻自由。婚姻自由包括结婚自由和离婚自由两个方面。本罪的设立宗旨，就是保证婚姻法规定的婚姻自由原则的贯彻落实。

依照刑法第257条的规定，犯本罪的，处2年以下有期徒刑或者拘役；致使被害人死亡的，处2年以上7年以下有期徒刑。导致被害人死亡，是指行为人使用的暴力过失地致被害人死亡以及被害人不堪忍受而自杀等情形，不包括行为人故意杀害被害人的行为。犯本罪，未致被害人死亡的，告诉才处理。

三十六、重婚罪

（一）概念与构成

重婚罪，是指有配偶的人在夫妻关系存续期间又与其他人建立另一个夫妻关系，或者明知他人有配偶而与之结婚的行为。

本罪的构成要件如下：

1. 本罪的客观方面表现为有配偶的人在夫妻关系存续期间又与其他人建立另一个夫妻关系，或者明知他人有配偶而与之结婚的行为。因此，重婚有两种情况：一是法律重婚，即有配偶者在婚姻关系存续期间又与他人进行结婚登记，或者无配偶者明知他人有配偶而与之结婚登记；二是事实重婚，即虽然没有结婚登记，但却公开以夫妻关系长期共同生活在

---

① 参见最高人民检察院2006年7月26日公布的《关于渎职侵权犯罪案件立案标准的规定》。

一起，形成事实上的婚姻关系。对这种事实婚姻，在婚姻法上属于无效婚姻，但是在刑法中仍然以重婚罪论处。之所以这样处理，立法的出发点在于保护有配偶一方的合法婚姻关系。[①]此外，我们认为，本罪中的“配偶”、“结婚”等概念也与婚姻法中相关概念含义不同。因此，对于同时具有两个以上婚姻关系存在的情形，无论是法律婚姻还是事实婚姻，均应当构成重婚罪。[②]

2. 本罪的主体是特殊主体，包括两种人：一是重婚者，即有配偶而且未解除婚姻关系，又与他人结婚的人。所谓“有配偶”，是指男子有妻、女子有夫，并且这种夫妻关系还处于存续期间。二是相婚者，即明知对方有配偶而与之结婚的人。相婚者本人并没有重自己之婚，但他（她）明知对方有配偶而与之结婚，就构成了重婚罪不可缺少的一方，从而重了他人之婚。因此，相婚者的行为也破坏了一夫一妻制的婚姻家庭关系，亦构成重婚罪的主体。

3. 本罪的主观方面是故意。如果一方因受对方的欺骗不知道对方已有配偶而与之结婚的，受骗一方的行为不构成重婚罪。

4. 本罪的客体是我国婚姻法规定的一夫一妻的权利义务关系。我国《婚姻法》明确规定，我国实行一夫一妻制度，禁止重婚，禁止有配偶的人与他人同居。刑法设立本罪的宗旨，是惩罚一个人同时具有两个以上婚姻关系的行为，保证《婚姻法》规定的一夫一妻制度的贯彻执行。正确把握本罪的立法宗旨，对于正确理解本罪的客观构成要件具有重要意义。

（二）司法认定与刑事处罚

1. 司法认定

（1）本罪与不宜以犯罪论处的重婚行为的界限。在司法实践中，由于特殊原因引起的重婚行为，因其社会危害性较小，可不以重婚罪论处。常见的情况有：有配偶的妇女被拐卖后重婚的；因遭受自然灾害，生活困难，被迫外流谋生而重婚的；婚后一直受虐待，被迫外逃而重婚的；因反抗包办、买卖婚姻而外逃，在包办、买卖婚姻关系解除前重婚的；因配偶长期外出，生死下落不明，家庭生活发生严重困难而重婚的；等等。由于这些情况下的重婚确属事出有因，重婚者的主观恶性和行为的社会危害性相对较小，可以不以重婚罪论处。

（2）本罪与通奸及非法同居行为的界限。通奸，指有配偶的人与他人自愿发生的婚外性行为，是应受到社会舆论谴责的不道德行为，但不构成重婚罪。非法同居一般也不构成重婚，但是，如果是以夫妻名义同居，双方或者其中有一方有配偶的，即构成重婚罪。

2. 刑事处罚

依照刑法第258条的规定，犯本罪的，处2年以下有期徒刑或者拘役。

三十七、破坏军婚罪

破坏军婚罪，是指明知是现役军人的配偶，而与之同居或者结婚的行为。本罪的构成要件如下：（1）本罪的客观方面表现为行为人实施了与现役军人配偶结婚或者同居的行为。“结婚”，是指与现役军人的妻子或丈夫登记结婚。“同居”，是指与现役军人的配偶以夫妻名义共同生活；或者在较长时间内公开地或者秘密地共同生活。同居一般表现为既有

① 参见赵秉志主编：《刑法原理与实务》，533页，北京，高等教育出版社，2002。

② 当然，对于行为人同时具有两个以上的事实婚姻是否构成重婚罪，仍然有不同的认识。

不正当的两性关系，也有共同的经济生活关系。(2) 本罪的主体是一般主体。不论行为人是不是军人，都应以破坏军婚罪论处。(3) 本罪的主观方面是故意，并且要求行为人明知对方是现役军人的配偶而与之结婚或者同居。如果军人的配偶对自己是军人配偶的事实予以隐瞒，致使行为人受欺骗而与之结婚或者同居的，不应以本罪论处。(4) 本罪的客体是现役军人的婚姻关系。现役军人，是指中国人民解放军和人民武装警察部队的现役军官、警官、文职干部、士兵及具有军籍的学员。不包括现在没有军籍或曾有过军籍的任何人。现役军人配偶，是指依法与现役军人已经结婚的妻子或丈夫，不包括仅订有婚约的未婚夫、妻。利用职权、从属关系，以胁迫手段奸淫现役军人的妻子的，依照刑法第 236 条规定的强奸罪定罪处罚。

依照刑法第 259 条的规定，犯本罪的，处 3 年以下有期徒刑或者拘役。

三十八、虐待罪

(一) 概念与构成

虐待罪，是指经常以打骂、冻饿、禁闭、强迫过度劳动、有病不给治疗等方法，对共同生活的家庭成员从肉体上、精神上肆意摧残、折磨，情节恶劣的行为。

本罪的构成要件如下：

1. 本罪的客观方面表现为行为人对被害人的身体或精神进行摧残、迫害的行为。

虐待行为有两类：一是肉体摧残，如殴打、冻饿、禁闭、捆绑、有病不给治疗、强迫过度劳动等；二是精神上折磨，如侮辱、咒骂、讽刺、凌辱人格、限制行动自由、不让参加社会活动等。这两类手段可能同时使用，也可能单独使用或交替使用。虐待行为的方式主要是作为，但是也可以是不作为。构成本罪的摧残、折磨必须具有经常性、一贯性的特点，这一特点决定了虐待行为的社会危害性和行为人的主观恶性。如果仅是偶尔为之，不构成犯罪。

2. 本罪的主体是特殊主体，即必须是与被害人共同生活的同一家庭成员。所谓同一家庭成员，是指基于婚姻、血缘、收养等关系生活在一个家庭中的人，他们相互之间存在着亲属关系或扶养关系，如夫妻、父母（包括继父母、养父母）、子女（包括继子女、养子女）、兄弟姐妹等。虐待者一般都是利用自己在家庭经济上或亲属关系上的优势地位而实施虐待行为。非家庭成员不能成为本罪的主体。例如，师傅虐待徒弟、教师虐待学生等，不能以本罪论处。

3. 本罪的主观方面是故意。其特点是行为人基于一个概括的犯罪故意，通过经常进行的虐待行为，造成一个总的虐待结果。虐待的动机多种多样，有的为图自己过舒适生活而虐待父母；有的为逼迫离婚而虐待妻子；有的基于重男轻女的思想而虐待女儿或者虐待生了女孩的妻子和儿媳；等等。但动机如何，不影响犯罪的成立。

4. 本罪的客体是复杂客体。我国公民享有人格权和身心健康的权利，受法律保护，任何人都不得任意侵犯，家庭成员亦如是。我国《婚姻法》明文规定，禁止家庭暴力，禁止家庭成员之间的虐待行为。本罪的设立就是要惩处在家庭内部的虐待行为，其中一个重要特征就是行为人借助家庭关系实施虐待行为，具有一定的隐蔽性。本罪客体的内容既包括家庭成员间的平等权利，也包括被害人的人身权利。

(二) 司法认定与刑事处罚

1. 司法认定

(1) 注意家庭矛盾与本罪的区分。实践中家庭内部发生的冲突，行为人主观上有意识地对被害人进行肉体上与精神上的摧残、折磨的，才能以本罪论处；如果家庭成员之间偶尔发生打骂行为，父母对子女教育方法简单粗暴或生活上关心照顾不够，并非出于摧残家庭成员的故意，不能视为虐待行为，更不能以犯罪论处。

（2）正确把握情节恶劣的标准。虐待行为“情节恶劣”是本罪追究刑事责任的条件。所谓“情节恶劣”，主要是指虐待手段凶狠残忍；虐待动机卑鄙；虐待持续的时间长；虐待老人、儿童、重病患者或残疾人等不能独立生活的人；屡教不改者；先后虐待多人，引起公愤的，等等。

2. 刑事处罚

依照刑法第260条的规定，犯本罪的，处2年以下有期徒刑、拘役或者管制；致使被害人重伤、死亡的，处2年以上7年以下有期徒刑。虐待罪，告诉的才处理，但因虐待致使被害人重伤、死亡的除外。

三十九、遗弃罪

遗弃罪，是指对于年老、年幼、患病或者其他没有独立生活能力的人，负有扶养义务而拒绝扶养，情节恶劣的行为。本罪的主要特征是：（1）犯罪的客观方面必须有遗弃行为。其行为方式主要表现为不作为，即行为人负有法定扶养义务，又有扶养能力却拒不履行这种义务，但是也可以使用作为的方式实施。在实践中，不作为与作为的行为方式经常同时并用。犯罪的对象必须是年老、年幼、患病或者其他没有独立生活能力的人。（2）犯罪主体是特殊主体，即对于年老、年幼、患病或者其他没有独立生活能力的人负有扶养义务的人。至于扶养义务是否只存在于家庭成员之间，目前理论界有不同的认识。有学者认为，本罪的扶养义务不能仅仅按照婚姻法的规定来确定，应当将义务的范围扩大，将所有能够产生义务的情况均包括在内，犯罪主体自然也不仅仅限于家庭成员。[①] 我们认为，从我国目前的刑法规定来看，法条明确将本罪的主体限定为具有扶养义务的人，而扶养义务是具有特定内容和含义的，非家庭成员之间可能产生救助的义务，但是不可能产生扶养义务。因此，非家庭成员仍然不能成为本罪的主体。（3）犯罪主观方面是故意，即行为人明知自己不履行扶养义务会给被扶养人造成困难，带来危害，仍拒绝履行法定义务。犯罪动机如何，不影响本罪的成立。遗弃行为情节恶劣的，才构成遗弃罪。

依照刑法第261条的规定，犯本罪的，处5年以下有期徒刑、拘役或者管制。

四十、拐骗儿童罪

拐骗儿童罪，是指以欺骗、引诱或者其他方法，使不满14周岁的未成年人脱离家庭或者监护人的行为。本罪的主要特征是：（1）犯罪客观方面表现为行为人拐骗不满14周岁的未成年人脱离家庭或者监护人。“拐骗”，是指利用欺骗、利诱或者其他手段，将儿童拐走予以控制的行为。“其他手段”，包括范围很广，可以是盗窃、抢夺等方法。欺骗、利诱或者其他手段，可以是直接对被拐骗的儿童实施，也可以对儿童的监护人、看管人实施。（2）犯罪主体是一般主体。（3）犯罪主观方面是故意，其目的是收养或奴役。如果是以出卖为目的，则构成拐卖儿童罪；如果以向他人勒索财物为目的，则构成绑架罪；基于索取债务等其他目的拐骗儿童的，则构成非法拘禁罪。

---

① 参见张明楷：《刑法学》，2版，731页，北京，法律出版社，2003。

依照刑法第262条的规定，犯本罪的，处5年以下有期徒刑或者拘役。

四十一、组织残疾人、儿童乞讨罪

组织残疾人、儿童乞讨罪是指行为人以暴力、胁迫手段，组织残疾人或者不满14周岁的未成年人乞讨的行为。本罪是2006年《刑法修正案（六）》第17条作为刑法第262条之一而新增加的犯罪。其主要特征是：（1）本罪的客观方面表现为行为人以暴力、胁迫手段组织残疾人或者不满14周岁的未成年人乞讨的行为。乞讨的方式、地点、时间等均不影响本罪的成立。（2）本罪的主体是一般主体，包括被组织人的亲属。（3）本罪的主观方面为故意，而且一般具有牟利的目的。

依照刑法第262条之一的规定，犯本罪的，处3年以下有期徒刑或者拘役，并处罚金；情节严重的，处3年以上7年以下有期徒刑，并处罚金。

四十二、组织未成年人进行违反治安管理活动罪

组织未成年人进行违反治安管理活动罪，是指组织未成年人进行盗窃、诈骗、抢夺、敲诈勒索等违反治安管理活动的行为。本罪是《刑法修正案（七）》第8条创制的新罪，在适用时应当注意修订前后的法律变化。本罪的主要特征是：（1）本罪的客观方面表现为行为人组织未成年人实施盗窃、诈骗、抢夺、敲诈勒索等违反治安管理的一般违法行为。在本罪的行为中，未成年人的行为必须不能构成犯罪，否则对行为人应当以共同犯罪认定。如果对于未成年人实施的行为虽然未成年人本人不负刑事责任，但是，行为本身具有较大的社会危害性，已经达到应予刑罚惩罚的程度的，对组织者应当按照间接正犯处理，即直接组织者以相关的犯罪定罪处罚。（2）本罪的主体是自然人。（3）本罪的主观方面是故意，至于动机如何，并不影响犯罪的成立。

依照刑法第262条之二的规定，犯本罪的，处3年以下有期徒刑或者拘役，并处罚金；情节严重的，处3年以上7年以下有期徒刑，并处罚金。

【附录】

一、司法考试真题

1. 卡车司机甲在行车途中，被一吉普车超过，甲顿生不快，便加速超过该车。不一会儿，该车又超过了甲，甲又加速超过该车。当该车再一次试图超车行至甲车左侧时，甲对坐在副座的乙说，“我要吓他一下，看他还敢超我。”随即将方向盘向左边一打，吉普车为躲避碰撞而翻下路基，司机重伤，另有一人死亡。甲驾车逃离。甲的行为构成：（　　）。

A. 故意杀人罪

B. 交通肇事罪

C. 破坏交通工具罪

D. 故意杀人罪和故意伤害罪的想象竞合犯

答案：B

2. 关于故意杀人罪，下列哪一选项是正确的？（　　）

A. 甲意欲使乙在跑步时被车撞死，便劝乙清晨在马路上跑步，乙果真在马路上跑步

时被车撞死，甲的行为构成故意杀人罪

B. 甲意欲使乙遭雷击死亡，便劝乙雨天到树林散步，因为下雨时在树林中行走容易遭雷击。乙果真雨天在树林中散步时遭雷击身亡。甲的行为构成故意杀人罪

C. 甲对乙有仇，意图致乙死亡。甲仿照乙的模样捏小面人，写上乙的姓名，在小面人身上扎针并诅咒49天。到第50天，乙因车祸身亡。甲的行为不可能致人死亡，所以不构成故意杀人罪

D. 甲以为杀害妻子乙后，乙可以升天，在此念头支配下将乙杀死。后经法医鉴定，甲具有辨认与控制能力。但由于甲的行为出于愚昧无知，所以不构成故意杀人罪

答案：C

3. 甲为上厕所，将不满1岁的女儿放在外边靠着篱笆站立，刚进入厕所，就听到女儿的哭声，急忙出来，发现女儿倒地，疑是站在女儿身边的4岁男孩乙所为。甲一手扶起自己的女儿，一手用力推乙，导致乙倒地，头部刚好碰在一块石头上，流出鲜血，并一动不动。甲认为乙可能死了，就将其抱进一个山洞，用稻草盖好，正要出山洞，发现稻草动了一下，以为乙没死，于是拾起一块石头猛砸乙的头部，之后用一块磨盘压在乙身上后离去。案发后，经法医鉴定，甲在用石头砸乙之前，乙已经死亡。依此情况，甲的行为构成何罪？（　　）

A. 过失致人死亡罪

B. 过失致人死亡罪与故意杀人罪（既遂）数罪

C. 过失致人死亡罪与故意杀人罪（未遂）数罪

D. 故意杀人罪

答案：C

4. 甲举枪射击乙，但因没有瞄准而击中丙，致丙死亡。关于本案，下列哪些选项是正确的？（　　）

A. 甲的行为属于打击错误

B. 甲的行为属于同一犯罪构成内的事实认识错误

C. 甲构成故意杀人（既遂）罪

D. 甲构成故意杀人（未遂）罪与过失致人死亡罪

答案：ABC

5. 下列哪些行为不应认定为过失致人死亡罪？（　　）

A. 甲遭受乙正在进行的不法侵害，在防卫过程中一棒将乙打倒，致乙脑部撞在一块石头上而死亡。法院认为甲的防卫行为明显超过必要限度造成了重大损害，应以防卫过当追究刑事责任

B. 甲对乙进行非法拘禁，在拘禁过程中，因长时间捆绑，致乙呼吸不畅窒息死亡

C. 甲因对女儿乙的恋爱对象丙不满意，阻止乙、丙正常交往，乙对此十分不满，并偷偷与丙登记结婚，甲获知后对乙进行打骂，逼其离婚。乙、丙不从，遂相约自杀而亡

D. 甲结婚以后，对丈夫与其前妻所生之子乙十分不满，采取冻饿等方式进行虐待，后又发展到打骂，致乙多处伤口腐烂，乙因未能及时救治而不幸身亡

答案：BCD

6. 对下列哪些行为不能认定为强奸罪？（　　）

A. 拐卖妇女的犯罪分子奸淫被拐卖的妇女的

B. 利用职权、从属关系，以胁迫手段奸淫现役军人的妻子的

C. 利用迷信奸淫妇女的

D. 组织卖淫的犯罪分子强奸妇女后迫使其卖淫的

答案：AD

7. 1998年11月4日，甲到娱乐场所游玩时，将卖淫女乙（1984年12月2日生）带到住所嫖宿。一星期后甲请乙吃饭时，乙告知了自己的年龄，并让甲到时为自己过生日。饭后，甲又带乙到住处嫖宿。甲的行为属于：（ ）。

A. 奸淫幼女罪　　B. 强奸罪

C. 嫖宿幼女罪　　D. 应受治安处罚的嫖娼行为

答案：C

8. 韩某在向张某催要赌债无果的情况下，纠集好友把张某挟持至韩家，并给张家打电话，声称如果再不还钱，就砍掉张某一只手。韩某的作为：（ ）。

A. 构成非法拘禁罪

B. 构成绑架罪

C. 构成非法拘禁罪和绑架罪的想象竞合犯

D. 构成敲诈勒索罪

答案：A

9. 下列哪种说法是错误的？（ ）

A. 甲取得患有绝症的病人乙的同意而将其杀死，甲仍然构成故意杀人罪

B. 甲以出卖为目的收买生活贫困的妇女乙后，经乙同意将其卖给一个富裕人家为妻，甲仍然构成拐卖妇女罪

C. 甲征得不满14周岁的幼女乙同意而与之发生性行为，甲仍然构成强奸罪

D. 甲在收买被拐卖的妇女乙后，按照乙的意愿没有阻碍其返回原居住地，对甲仍然应当追究收买被拐卖的妇女罪的刑事责任

答案：D

10. 甲、乙为劫取财物将在河边散步的丙杀死，当场取得丙随身携带的现金2 000余元。甲、乙随后从丙携带的名片上得知丙是某公司总经理。两人经谋划后，按名片上的电话给丙的妻子丁打电话，声称丙已被绑架，丁必须于次日中午12点将10万元现金放在某处，否则杀害丙。丁立即报警，甲、乙被抓获。关于本案的处理，下列哪一种说法是正确的？（ ）

A. 抢劫罪和绑架罪并罚

B. 以故意杀人罪、盗窃罪和绑架罪并罚

C. 以抢劫罪和敲诈勒索罪并罚

D. 以故意杀人罪、侵占罪和敲诈勒索罪并罚

答案：C

11. 甲在一豪宅院外将一个正在玩耍的男孩（3岁）骗走，意图勒索钱财，但孩子说不清自己家里的联系方式，无法进行勒索。甲怕时间长了被发现，于是将孩子带到异地以4 000元卖掉。对甲应当如何处理？（ ）

A. 以绑架罪与拐卖儿童罪的牵连犯从一重罪处断

B. 以绑架罪一罪处罚

C. 以拐卖儿童罪一罪处罚

D. 以绑架罪与拐卖儿童罪并罚

答案：D

12. 王某怀疑其妻与其表兄刘某有不正当关系，遂于某晚跟踪其妻至刘某住所。进屋后，王某发现其妻披头散发，正在哭泣，刘某站在旁边，王某大怒，遂殴打其妻，并与刘某发生争吵。王某知道刘某有百万家财，决定抓住这个机会狠狠敲诈他一笔，于是谎称到其父母家中解决问题，将刘某骗至其姘妇叶某的住所（当时叶某不在家），并对刘某进行殴打、捆绑，反锁屋门将刘某拘禁达一天之久。刘某在不堪忍受的情况下，承认与王妻有不正当关系，提出用金钱补偿，并在王某的胁迫下，先后三次给家人打电话，要家人将30万元放在某公园指定场所，刘某的家人并未照办。不久，叶某返回住所，王某以实情相告，叶某未加制止，并与王某一起致信刘妻，信称：刘某系卑鄙小人，现在我等控制之中，为示惩戒，速送30万元至某公园指定地点，钱到放人，不得报警；否则，后果自负。刘妻害怕，将钱放至指定地点，并通知王某。王某叫叶某去公园取钱，叶某不敢去。于是，王某留下叶某看管刘某，自己去取赃款。在王某外出取钱之时，刘某哀求叶某将自己放掉，并称王某心狠手辣，钱到手后，绝不会放过叶某。叶某恐惧，将刘某放掉，并和刘某一起去派出所报警，带领公安人员去公园捉拿王某。他们赶到公园时，王某早已携款逃走。请回答以下（1）～（4）题。

（1）王某的行为不属于：（　　）。

A. 敲诈勒索罪　　B. 绑架罪

C. 抢劫罪　　D. 非法拘禁罪

答案：ACD

（2）叶某的行为属于：（　　）。

A. 犯罪预备　　B. 犯罪未遂

C. 犯罪中止　　D. 犯罪既遂

答案：D

（3）叶某在共同犯罪中属于：（　　）。

A. 主犯　　B. 从犯

C. 胁从犯　　D. 实行犯

答案：BD

（4）假设王某在犯罪过程中杀害了刘某，其行为构成：（　　）。

A. 绑架罪　　B. 故意杀人罪

C. 抢劫罪　　D. 绑架罪和故意杀人罪

答案：A

13. 甲使用暴力将乙扣押在某废弃的建筑物内，强行从乙身上搜出现金3 000元和1张只有少量金额的信用卡，甲逼迫乙向该信用卡中打入人民币10万元。乙便给其妻子打电话，谎称自己开车撞伤他人，让其立即向自己的信用卡打入10万元救治伤员并赔偿。乙妻信以为真，便向乙的信用卡中打入10万元，被甲取走，甲在得款后将乙释放。对甲的行为应当按照下列哪一选项定罪？（　　）

A. 非法拘禁罪　　B. 绑架罪

C. 抢劫罪　　D. 抢劫罪和绑架罪

答案：C

14. 甲拐骗了5名儿童，偷盗了2名婴儿，并准备全部卖往A地。在运送过程中甲因害怕他们哭闹，给他们注射了麻醉药。由于麻醉药过量，致使2名婴儿死亡，5名儿童处于严重昏迷状态，后经救治康复。对甲的行为应以何罪论处？（　　）

A. 拐卖儿童罪　　B. 拐骗儿童罪

C. 过失致人死亡罪　　D. 绑架罪

答案：A

15. 下列哪些选项是错误的？（　　）

A. 甲、乙二人合谋抢劫出租车，准备凶器和绳索后拦住一辆出租车，谎称去郊区某地。出租车行驶到检查站时，检查人员见甲、乙二人神色慌张便进一步检查，在检查时甲、乙意图逃离出租车被抓获。甲、乙二人的行为构成抢劫（未遂）罪

B. 甲深夜潜入某银行储蓄所行窃，正在撬保险柜时，听到窗外有响动，以为有人来了，因害怕被抓就悄悄逃离。甲的行为构成盗窃（未遂）罪

C. 甲意图杀害乙，经过跟踪，掌握了乙每天上下班的路线。某日，甲准备了凶器，来到乙必经的路口等候。在乙经过的时间快要到时，甲因口渴到旁边的小卖部买饮料。待甲返回时，乙因提前下班已经过了路口。甲等了一阵儿不见乙经过，就准备回家，在回家路上因凶器暴露被抓获。甲的行为构成故意杀人（未遂）罪

D. 甲意图陷害乙，遂捏造了乙受贿10万元并与他人通奸的所谓犯罪事实，写了一封匿名信给检察院反贪局。检察机关经初查发现根本不存在受贿事实，对乙未追究刑事责任。甲欲使乙受到刑事追究的意图未能得逞。甲的行为构成诬告陷害（未遂）罪

答案：ACD

16. 某派出所民警甲接到关于某旅店老板乙涉嫌组织卖淫的举报，即前往该旅店，但没有碰见乙，便将怀疑是卖淫女的服务员丙带回派出所连夜审讯，要她交待从事卖淫以及乙组织卖淫活动的事。由于丙拒不承认有这些事，甲便指使其他民警对丙进行多次殴打逼其交待，丙于次日晨死于审讯室。法医出具的尸检报告称："因受外力击打造成下肢大面积皮下出血，引起患有心脏功能障碍的丙心力衰竭而死。"对于甲的行为，下列说法正确的是：（　　）。

A. 属于刑讯逼供行为　　B. 属于暴力取证行为

C. 应按故意杀人罪处罚　　D. 属于意外事件，不负刑事责任

答案：BC

17. 下列情形中，告诉才处理的有：（　　）。

A. 捏造事实，诽谤国家领导人，严重危害社会秩序和国家利益

B. 虐待家庭成员，致使被害人重伤

C. 遗弃被抚养人，情节恶劣的

D. 暴力干涉他人婚姻自由的

答案：D

18. 甲于某日晨在路边捡回一名弃婴，抚养了3个月后，声称是自己的亲生儿子，以3 000元卖给乙。如何认定甲的行为？（　　）

A. 甲的行为构成遗弃罪　　B. 甲的行为构成拐骗儿童罪

C. 甲的行为构成诈骗罪　　D. 甲的行为构成拐卖儿童罪

答案：D

19. 甲以出卖为目的，将乙女拐骗至外地后关押于一地下室，并曾强奸乙女。甲在寻找买主的过程中因形迹可疑被他人告发。国家机关工作人员前往解救时，甲的朋友丙却聚

众阻碍国家机关工作人员的解救行为。对本案应如何处理?( )

A. 对甲的行为以拐卖妇女罪论处

B. 由于甲尚未出卖乙女,对拐卖妇女罪应认定为犯罪未遂

C. 对丙应以聚众阻碍解救被收买的妇女罪论处

D. 对丙应以拐卖妇女罪的共犯论处

答案:AD

20. 根据我国刑法的规定,偷盗婴幼儿的行为可因主观目的的不同而构成下列哪些犯罪?( )

A. 偷盗婴幼儿罪　　B. 绑架罪

C. 拐卖儿童罪　　D. 拐骗儿童罪

答案:BCD

21. 甲为杀害仇人林某而在偏僻处埋伏,见一黑影过来,以为是林某,便开枪射击。黑影倒地后,甲发现死者竟然是自己的父亲。事后查明,甲的子弹并未击中父亲,其父亲患有严重心脏病,听到枪声后因过度惊吓死亡。关于甲的行为,下列哪一选项是正确的?( )

A. 甲构成故意杀人罪既遂

B. 甲构成故意杀人罪未遂

C. 甲构成过失致人死亡罪

D. 甲对林某构成故意杀人罪未遂,对自己的父亲构成过失致人死亡,应择一重罪处罚

答案:A

22. 关于强奸罪及相关犯罪的判断,下列哪一选项是正确的?( )

A. 甲欲强奸某妇女时遭到激烈反抗,一怒之下卡住该妇女喉咙,致其死亡后实施奸淫行为。甲的行为构成强奸罪的结果加重犯

B. 乙为迫使妇女王某卖淫而将王某强奸,对乙的行为应以强奸罪与强迫卖淫罪实行数罪并罚

C. 丙在组织他人偷越国(边)境过程中,强奸了被组织的妇女李某。丙的行为虽然触犯了组织他人偷越国(边)境罪与强奸罪,但只能以组织他人偷越国(边)境罪定罪量刑

D. 丁在拐卖妇女的过程中,强行奸淫了该妇女。丁的行为虽然触犯了拐卖妇女罪与强奸罪,但根据刑法规定,只能以拐卖妇女罪定罪量刑

答案:D

23. 下列哪种情形构成诬告陷害罪?( )

A. 甲为了得到提拔,便捏造同事曹某包养情人并匿名举报,使曹某失去晋升机会

B. 乙捏造"文某明知王某是实施恐怖活动的人而向其提供资金"的事实,并向公安部门举报

C. 丙捏造同事贾某受贿10万元的事实,并写成500份传单在县城的大街小巷张贴

D. 丁匿名举报单位领导王某贪污救灾款50万元。事后查明,王某只贪污了救灾款5 000元

答案:B

24. 张某和赵某长期一起赌博。某日两人在工地发生争执,张某推了赵某一把,赵某倒地后后脑勺正好碰到石头上,导致颅脑损伤,经抢救无效死亡。关于张某的行为,下列哪一选项是正确的?( )

A. 构成故意杀人罪　　B. 构成过失致人死亡罪
C. 构成故意伤害罪　　D. 属于意外事件
答案：B

二、模拟试题

1. 对偷盗婴幼儿的行为以绑架罪论处，必须是行为人(　　)。
A. 导致该婴幼儿死亡　　B. 出于出卖的目的
C. 以勒索财物为目的　　D. 完成了该行为
答案：C
2. 非法组织他人卖血，对他人造成伤害的，构成(　　)。
A. 非法组织卖血罪　　B. 故意伤害罪
C. 非法组织卖血罪与故意伤害罪　　D. 医疗事故罪
答案：B
3. 强奸未遂与强制猥亵、侮辱妇女罪的区别是(　　)。
A. 主体不同　　B. 客体不同
C. 犯罪客观方面不同　　D. 目的不同
答案：ABCD
4. 下列情形中，应以故意杀人罪定罪判刑的有(　　)。
A. 刑讯逼供致人死亡的　　B. 聚众斗殴致人死亡
C. 强奸致被害人死亡的　　D. 抢劫致人死亡的
答案：AB
5. 甲承包经营某矿井采矿业务。甲为了降低采矿成本，提高开采量，便动员当地矿工和村民将子女带到矿井上班，并许诺给他们的子女以高工资。矿工和村民纷纷将他们的子女带到矿井上班，从事井下采矿作业，其中有二十余人为10周岁～16周岁的未成年人。后因甲所承诺的高工资未兑现，二十余名童工表示不想再干，要求离开矿井。甲不同意，并在矿井周围布上电铁丝网，雇用数十名守卫，禁止所有的矿工包括这二十余名童工离开矿井，强制他们为其采矿，其中一名年约12岁的童工因体质瘦弱而累死在井下。甲的行为构成何罪？(　　)
A. 非法拘禁罪　　B. 强迫劳动罪
C. 雇用童工从事危重劳动罪　　D. 重大责任事故罪
答案：BC
6. 案例分析题
甲，26岁，1995年因故意伤害罪被判有期徒刑3年，1998年刑满释放。甲服刑前曾借给乙2 000元钱。刑满出狱后，甲多次找乙索要，但乙以种种借口不予归还。

2001年某日，甲再次到乙家索要欠款，乙不仅拒绝还款，并对甲进行辱骂。甲恼怒之下冲上去与乙撕扯在一起，厮打中，乙被甲绊倒，头部撞在桌角上，当即休克。甲见此情景后慌忙离开乙家，但想到自己2 000元钱未讨回，于是又返回乙家，从乙家床头柜中翻出18 000元现金后携款离去。乙妻回家后，见乙已死亡且家中凌乱，即以抢劫罪报案。后甲被抓获。试分析对甲的行为应如何定性及本案的法定量刑情节。

答案：甲的行为构成盗窃罪和故意杀人罪。理由是：甲仅因逃债之事与乙撕扯扭打，意外造成乙死亡，属于意外事件。但其先行行为导致乙倒地休克，使乙的生命权利处于危险状态，其具有作为义务，对其作为义务不予履行，导致乙死亡，属于不作为的间接故意杀人。甲并不是有意将乙撞倒其休克而取财，而是在乙死亡后，乘机到乙家中翻走现金18 000元，属于秘密窃取乙的财物，符合盗窃罪的构成要件。甲构成累犯，理由是：1995年甲犯的是故意犯罪，被判处3年有期徒刑；1998年刑满释放后不满5年，于2001年又犯应当判处有期徒刑以上刑罚的盗窃罪，符合累犯的特征。对于甲，应以盗窃罪和故意杀人罪实行数罪并罚，且应当从重处罚。

7. 齐某很想出国，无奈手中缺钱，某日趁自己做生意的朋友吕某之子小东放学之机，骗其到自己事先租用的一所房子内，打电话要挟吕某用20万元换孩子。吕某报警，齐某发现后将小东杀死。对齐某的行为应当：（　　）。

A. 以敲诈勒索罪和故意杀人罪并罚

B. 以绑架罪和故意杀人罪并罚

C. 以绑架罪和故意杀人罪的牵连犯，择一重罪处断

D. 以绑架罪处罚

答案：D

8. 王某假冒公安人员，以“抓流氓”为名，对妇女李某进行胁迫奸淫。对王某应当：（　　）。

A. 以招摇撞骗罪定罪处罚

B. 以强制侮辱妇女罪定罪处罚

C. 以招摇撞骗罪和强制侮辱妇女罪并罚

D. 以强奸罪定罪处罚

答案：D

9. 下列行为，可以判处死刑的有：（　　）。

A. 故意伤害他人造成伤害结果的

B. 以残忍的手段故意伤害他人但是没有造成他人残疾的

C. 过失伤害他人，并致人残疾的

D. 以特别残忍的手段故意伤害他人并造成严重残疾的

答案：D

10. 因刘某欠赌债不还，钱某邀集朋友林某、涂某一起将刘某骗到一空房内捆绑起来吊在房梁上，用竹板抽打，逼其还钱。2天后，刘某被闻讯赶来的公安人员解救。经法医鉴定，刘某为轻微伤。对钱某等三人的行为应当：（　　）。

A. 以非法拘禁罪从重处罚

B. 以故意伤害罪从重处罚

C. 以非法拘禁罪和故意伤害罪并罚

D. 以绑架罪定罪处罚

答案：A

11. 按照刑法规定，以下情形中，应当以故意杀人罪定罪处罚的是：（　　）。

A. 拐卖妇女造成被害人死亡的

B. 暴力干涉婚姻自由致使被害人死亡的

C. 抢劫致被害人死亡的

D. 刑讯逼供致被害人死亡的

答案：D

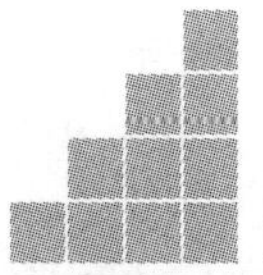

第六章 侵犯财产罪

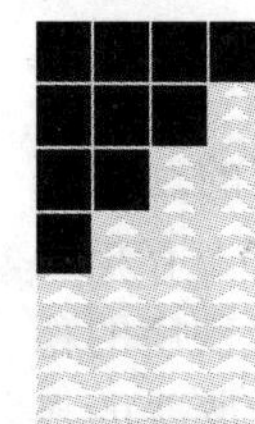

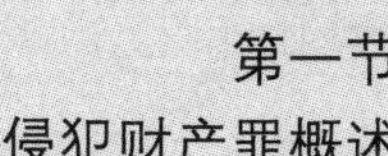

参考文献

高铭暄、马克昌主编：《刑法学》，北京大学出版社、高等教育出版社，2007；张明楷：《刑法学》，法律出版社，2007；陈兴良：《侵占罪研究》，载《刑事法判解》，第2卷，法律出版社，2000；王作富：《论侵占罪》，载《法学前沿》，第1辑，法律出版社，1997；肖中华：《论抢劫罪适用中的几个问题》，载《法律科学》，1998（5）；刘明祥：《财产罪比较研究》，中国政法大学出版社，2001。

第一节 侵犯财产罪概述

一、侵犯财产罪的一般问题

侵犯财产罪，是指以非法占有为目的，攫取公私财物，以及挪用、毁坏公私财物或者破坏生产经营的行为。在我国，随着社会主义市场经济的确立和经济体制改革的逐步深入，“唯利是图”等思想不断诱发财产犯罪，侵犯财产的犯罪在刑事犯罪中一直占有相当的比重，特别是抢劫、盗窃、诈骗等犯罪呈增多态势。很显然，要维护社会财产秩序的稳定，必须正确认识侵犯财产罪中各个罪名的特征，合理界定罪与非罪、此罪与彼罪的界限，并依法量刑。为此，首先需要对侵犯财产罪中的一些共性问题作出必要的研究。目前，侵犯财产罪的共性问题中，争议最大且最为复杂的是非法占有目的的认识以及犯罪对象的理解。

（一）非法占有目的

我国刑法并没有明确规定侵犯财产罪具有特定的犯罪目的，但是无论在刑法理论上还是在司法实践中，都承认取得型犯罪要求行为人主观上具有非法占有的目的。关于非法占有目的的基本含义，在大陆法系刑法理论上存在不同学说：第一种是排除权利者的意思说，认为非法占有目的，是指排除权利者行使所有权的内容，自己作为财物的所有者而行动的意思。第二种是利用处分的意思说，认为非法占有的目的，是指按财物经济的（本来的）用途利用、处分的意思。第三种是折中说，认为非法占有的目的，是指排除权利者对财物的占有，把他人之物作为自己的所有物，按其经济的用途利用或处分的意思。[①]

在我国，刑法学界对“非法占有”目的的认识也存在分歧，主要观点包括：（1）“非法所有说”，认为非法占有目的表明犯罪行为人将他人的财物占为己有，也即自己非法行使对该物的“所有权”，并因此排除财物所有人对于该财物行使所有权的可能；（2）相当于大陆法系的“折中说”，认为非法占有目的，是排除权利人对财物的支配，将他人的财物作为自己的所有物进行支配，并遵从财物的用途进行利用、处分的意思；（3）“意图占有说”，认为非法占有目的是指明知是他人的财物，而意图非法地转归自己或他人占有。以上观点中比较通行的是意图占有说。

（二）犯罪对象

侵犯财产罪的对象是财物。关于“财物”的理解，国外存在四种学说：第一种是有体性说。此说认为财物专指有体物，即具有容量、空间之物，但有体物却不限于固体，也包括流体、气体。第二种是管理可能性说。此说注重物之效用，认为凡能为人所管理支配之物，即为财物。第三种是效用说。此说赞同管理可能性说，并加以扩大理解，认为财物的效用性，表现为客观上的经济价值（如金钱上的交换价值等）。第四种是持有可能性说。此说认为，法律条文所称之财物，系指属于他人支配之动产而言。[②]

我国刑法将侵犯财产罪的对象表述为公私财物，即公共财产和公民私人财产。根据刑法第91条的规定，公共财产是指：（1）国有财产；（2）劳动群众集体所有的财产；（3）用于扶贫和其他公益事业的社会捐助或者专项基金的财产。除此之外，根据该条第2款的规

---

① 参见刘明祥：《财产罪比较研究》，64页，北京，中国政法大学出版社，2001。

② 参见赵秉志主编：《侵犯财产罪研究》，27～28页，北京，中国法制出版社，1998。

定，在国家机关、国有公司、企业、集体企业和人民团体管理、使用或者运输中的私人财产，以公共财产论。根据刑法第 92 条的规定，公民私人所有的财产是指：(1) 公民的合法收入、储蓄、房屋和其他生活资料；(2) 依法归个人、家庭所有的生产资料；(3) 个体户和私营企业的合法财产；(4) 依法归个人所有的股份、股票、债券和其他财产。虽然法律对财物的规定比较清楚，但由于法律文字的抽象性及社会生活的复杂性，在司法实践中，对财物的理解与适用还是存在着不少争议。

1. 财物是否包括网络虚拟财产

网络虚拟财产，一般是指网络游戏用户或玩家在网络游戏中的账号以及在游戏中积累的"货币"、"装备"、"宠物"等财物。国内对网络虚拟财产的性质有四种观点：第一种观点认为网络虚拟财产不具备财物的性质，不是财物；第二种观点认为网络虚拟财产属于智力成果；第三种观点认为网络虚拟财产属于债权；第四种观点认为网络虚拟财产属于法律意义上的财物。很显然，如果按照前两种观点，网络虚拟财产就不能成为侵犯财产罪的对象；按照后两种观点，网络虚拟财产就可以成为侵犯财产罪的对象。而第四种观点得到了大多数人的认同。目前，在立法和司法上承认网络虚拟财产已经成为一种趋势，我国台湾、香港等地区均已出台了相关法律，并且已经出现了侵犯网络虚拟财产刑事判决的先例。在大陆，虽然立法上还没有出台相关法律，但是，从司法实践中的判例来看，已经承认网络虚拟财产属于财物的范围。

2. 财物是否包括不动产

财产按其本身能否移动分为动产和不动产等。不动产是指土地及其地上定着物。定着物是指不加以破坏就难以与土地相分离的财物，或者一旦分离，其固有的使用可能性就会丧失的财物。由于其不能移动，所以，难以成为盗窃罪、抢夺罪、聚众哄抢罪、挪用资金罪的犯罪对象。但是，不动产可以成为诈骗罪、敲诈勒索罪、侵占罪、故意毁坏财物罪的犯罪对象。

3. 财物是否包括财产性利益

财产性利益是否可以成为财产犯罪的对象，刑法并无明确规定，但是，财产性利益应当得到刑法的保护是毫无疑义的。对于这类侵犯财产性利益的行为，也可以成立相应的财产犯罪。例如，为免除债务而欺骗债权人的，与采用虚构事实隐瞒真相的方式诈骗他人财物没有实质上的差别，可以成立诈骗罪，只不过这种情况是使他人财产消极减少而非积极减少。再如，用威胁的方法强迫他人为自己无偿提供劳务的，与用勒索的方式迫使他人交付具有经济价值的财物以增加行为人的财产相比，也是一种特殊的财产增加，只不过这种增加是一种消极增加而已，但是不论哪种方式都会造成他人财产上的损失，可以成立敲诈勒索罪。不过由于盗窃、抢劫等财产罪的性质，财产性利益不可能成为其侵害的对象。

4. 财物是否包括他人非法占有的财物

在一般情况下，侵犯财产罪所侵犯的是财产的合法所有权或占有权。但如果侵犯的是他人非法占有的财物，如盗窃犯所窃取的赃款、赌博犯占有的赌资、走私分子贩运的毒品等，亦构成侵犯财产罪。因为，为他人非法占有的财物并不是无主财物，它本来就是属于国家、集体或者个人合法所有，或者应当由国家主管机关依法没收、上缴国库的财物。以非法手段占有这些财物，表面上看似乎是取了他人不法、不义之财，而实际上是对合法财物的再次非法占有，归根结底还是侵犯了国家、集体或者个人的合法财产所有权。这同从合法所有者手中非法占有财物没有本质上的区别。我们惩罚侵犯被他人非法占有的财产的罪犯，并非要保护那些非法占有他人财物的犯罪人及其非法所得，而是让他们各负其应有的罪责，从而更好地保护公私财产所有权，维护社会秩序。

5. 财物是否包括违禁品

违禁品是法律禁止私人所有、占有的物品，如毒品、淫秽物品、枪支弹药。虽然，法律禁止人们所有、占有违禁品，但是，没有通过必要的法律程序，任何个人也没有权利剥夺持有人的这些违禁品。因此，采用盗窃、欺诈、抢夺、抢劫等手段，从他人手中夺取这类违禁品，也构成盗窃罪等侵犯财产罪。

6. 财物是否包括人体器官

人的身体不是财物，身体的各个部分在一般情况下也不是财物，但是，当身体的各个部分与身体分离开时，它也可以成为侵犯财产罪的对象。目前，器官移植已经成为一种较为普遍的医学现象，当器官从人体分离后，没有移植到新的人体之前，它可以成为盗窃、抢劫、诈骗等侵犯财产罪的对象。

现实生活中，对公私财产的侵犯是来自多方面的，但并非一切侵犯公私财产的行为都构成侵犯财产罪。各类侵犯财产的危害行为，在我国刑事立法上，基于犯罪的目的、手段、被侵犯财物的特殊性，特别是根据犯罪侵犯主要客体的不同，分别规定在分则不同章节当中。如用爆炸、决水、放火等方法破坏交通设备、油田、矿场等的行为规定在危害公共安全罪一章中；军人盗窃、抢夺武器装备或者军用物资的，规定在军人违反职责罪一章中；而套取金融机构信贷资金、编造未曾发生的保险事故骗取保险金等行为则规定在第三章破坏社会主义市场经济秩序罪当中。此时，本章所规定的侵犯财产罪的条文与其他侵犯财产犯罪的条文就形成法条竞合关系，按照特别法优于普通法的适用原则，应当优先适用特别法，而不再适用本章条文。

二、侵犯财产罪的种类

根据刑法分则第五章第263条至第276条之一的规定，侵犯财产罪共有15个条文、13个罪名。以犯罪的手段为标准，本章犯罪可以分为六种类型：

第一类是夺取型犯罪，即以非法占有为目的，采取暴力、公然夺取、聚众哄抢等各种手段，攫取公私财物。这类犯罪包括抢劫罪、抢夺罪和聚众哄抢罪。

第二类是窃取、骗取、诈取型犯罪，即以非法占有为目的，采取秘密窃取、欺骗、威胁或者要挟等各种手段，攫取公私财物，占为己有。这类犯罪包括盗窃罪、诈骗罪和敲诈勒索罪。

第三类是侵占型犯罪，即以非法占有为目的，将代为保管的他人财物或者将他人的遗忘物、埋藏物占为己有，或者公司、企业和其他单位的人员，利用职务上的便利，将本单位的财物占为己有。这类犯罪包括侵占罪和职务侵占罪。

第四类是挪用型犯罪，即以使用为目的，利用职务上的便利，将单位资金或者救灾、抢险、防汛、优抚、扶贫、移民、救济款物等，挪作个人使用或者借贷给他人，或者挪作他用，改变款物的用途。这类犯罪包括挪用资金罪和挪用特定款物罪。

第五类是破坏型犯罪，即以毁坏财物为其故意内容，采取毁灭、损坏的方法，使财物完全或者部分丧失其价值和效力，从而实现其毁坏财物、破坏生产经营的意图。这类犯罪包括故意毁坏财物罪和破坏生产经营罪。

第六类是恶意欠薪型犯罪，即有能力支付薪酬而不支付，或者采取转移财产、藏匿等方式拒不履行劳动者劳动报酬，数额较大，经政府有关部门责令支付仍不支付的行为。这类罪只有一个罪名，即《刑法修正案（八）》增设的拒不支付劳动报酬罪。

侵犯财产的犯罪从犯罪目的上看又可以划分为四类：一是以永久性非法占有为目的的犯罪，具体指前三种类型的犯罪；二是以暂时挪用为目的的犯罪，具体指第四种类型的犯罪；三是以损毁财物、破坏生产经营为目的的犯罪，具体指第五种类型的犯罪；四是以故意不支付劳动者报酬为目的的犯罪，具体指第六种类型的犯罪。

第二节　侵犯财产罪分述

一、抢劫罪

(一) 概念与构成

抢劫罪，是指以非法占有为目的，以暴力、胁迫或者其他方法，当场强行劫取公私财物的行为。

本罪的构成要件如下：

1. 本罪的客观方面表现为对财物的所有人、保护人或者守护人当场使用暴力、胁迫或者其他方法，公然劫取财物，或者迫使其当场交出财物的行为。这实质上是一种由方法行为和目的行为构成的双重行为。方法行为是指为获取财物而采取的暴力、威胁等行为；目的行为是指劫取财物的行为，即当场夺取财物或迫使他人当场交付财物的行为。这种双重行为是抢劫罪不同于其他侵犯财产罪的本质特征。正确理解抢劫行为，关键在于理解其方法行为。抢劫罪的方法行为包括暴力方法、胁迫方法和其他方法。

(1) 暴力方法。抢劫罪的暴力，是指犯罪分子对被害人身体实行的打击、强制手段，如殴打、捆绑、禁闭、伤害等。行为人使用暴力的目的是排除被害人的反抗以劫取财物，因此，暴力的程度如何一般不影响抢劫罪的成立。具体而言，对暴力主要可从四个方面来理解：第一，暴力必须是在取得财物的当场实施。如果不是当场实施暴力、夺取财物，而是以将要对之实施暴力相威胁，而迫使对方限期交出财物，不构成抢劫罪。第二，暴力必须是针对被害人的身体而采取的打击或者强制。暴力方法具有多种表现形式，但暴力的作用对象必须是人身。暴力不要求必须达到危及人身健康、生命或者使被害人不能抗拒的程度。只要达到使被害人恐惧，反抗能力受到一定程度的抑制即可。第三，暴力是向财物持有人为之。暴力作为一种较为常见的抢劫方法，通常指向财物持有人，意在抢走财物。如果是对与财物持有人同行的第三者实施暴力，应视为胁迫。第四，暴力是犯罪分子有意识实施的，也就是说，犯罪分子自觉、积极地利用暴力手段为排除被害人反抗并抢走财物创造条件。如果犯罪分子在夺取财物过程中无意侵害了被害人的身体，不能认为是使用了暴力，如在抢夺被害人背在肩上的提包时，因用力过猛致被害人受包带的牵拉而跌倒致伤，不构成抢劫罪。同样，行为人出于其他目的对被害人实施暴力，之后又临时起意，将被害人的财物拿走，也不构成抢劫罪。例如，甲出于强奸的目的而将妇女乙打昏，在强奸之后，见乙戴有黄金首饰，遂又将之据为己有。这里，甲打昏乙的目的是强奸，此时还没有产生占有黄金首饰的意图，二者之间没有联系，故对甲应定强奸罪和盗窃罪而不能定抢劫罪。

(2) 胁迫行为。抢劫罪的胁迫，是指对被害人以立即实施暴力侵害相威胁，实行精神强制，使被害人恐惧而不敢反抗，被迫当场交出财物或者任财物被劫走的手段。对胁迫主要可从三个方面来理解：第一，胁迫必须是当面向被害人发出。如果不是面对被害者实行，比如写信威胁被害者并要求其交出钱财，不构成抢劫罪。胁迫方式可以是语言，也可以是某种动作或者示意，甚至可以是利用某种特定的危险环境使被害人产生恐惧心理。第二，胁迫的内容必须是以立即实施暴力相威胁，如殴打、伤害、当场杀害等。如果没有任何的威胁，只是被害人自己感到恐惧，眼见行为人占有其财物而不敢制止，就不能认为是抢劫。胁迫一般是针对财物所有人、保管人本人，有时也可以针对在场的被害人亲属或者其他有关人员。如果对被害人以将要揭露其隐私或者毁坏其财产相威胁，不构成抢劫罪。第三，威胁的暴力是现实的，如果被害人不答应要求，就会立即付诸实施。也就是说，暴力的内容可以即时兑现，如果遇到反抗，会立即转为暴力手段，当场劫取财物。至于行为人是否真正具有当场加害的意思和加害能力，不影响胁迫的成立。

（3）其他方法。抢劫罪的其他方法，是指犯罪分子使用暴力或者胁迫方法之外的使被害人不知反抗或者丧失反抗能力的方法。这里所谓的其他方法，不是指任意的某种方法，而是都以抢劫财物为目的，施加于被害人人身，从而使之失去反抗能力作为法律特征。从司法实践来看，行为人使用的“其他方法”有很多，如用酒灌醉、用药物麻醉、使用催眠术、电击或者用石灰眯眼等。需要指出的是，被害人处于不知或者不能反抗的状态，必须是行为人实施了“其他方法”造成的，二者之间要有直接的因果关系。如果被害人是由于自己的原因，处于不能或者不知反抗的状态，行为人没有对被害人的身体施加某种影响，而是乘机将其财物拿走，则只能构成盗窃罪或者其他犯罪。

行为人无论采用上述哪一种劫取财物的手段，都不影响抢劫罪的成立，但必须是当场从被害人手中劫取财物，如以暴力相威胁迫使被害人限期交出财物的行为，不构成抢劫罪，而应定敲诈勒索罪。同时，抢劫罪客观方面的认定，应以行为人实施犯罪时实际采取的手段为标准，而不能以行为人事先预备的取财手段为标准。例如，犯罪分子携带凶器潜入某库房，意图抢劫财物，但发现值班人员熟睡，于是偷走大量贵重物品，此时就应从实际犯罪情况出发，不作抢劫罪处理。此外，劫取财物的作案场所，无论是公共场所、荒郊野外，还是空中、海上，劫取财物的方式，无论是拦路抢劫，还是入室抢劫，都不影响抢劫罪的成立。但是，刑法第121条、第122条分别规定了劫持航空器罪和劫持船只、汽车罪，因此，在认定抢劫罪时要注意同上述两罪严格区别。

另外，还应当注意刑法第289条的规定，对聚众“打砸抢”，抢走公私财物的，除判令退赔外，对首要分子，依照抢劫罪的规定定罪处罚。此种情形下成立抢劫罪必须具备三个条件：第一，聚众“打砸抢”，即由首要分子故意发动、纠集特定或者不特定的多数人，在一定时间聚集于同一地点。这里的“聚众”至少是3人以上。第二，抢走公私财物。第三，只对首要分子按照抢劫罪定罪处罚。根据刑法第97条的规定，首要分子是指在犯罪集团或者聚众犯罪中起组织、策划、指挥作用的犯罪分子。聚众“打砸抢”中的首要分子则是指对聚众“打砸抢”起组织、策划、指挥作用的人，对首要分子以外的积极参加者或者其他参加人员不能以抢劫罪定罪量刑。

2. 本罪的主体是一般主体。根据刑法第17条的规定，已满14周岁、未满16周岁的人犯抢劫罪的，应当承担刑事责任。

3. 本罪的主观方面表现为故意，并且只能是直接故意，同时具有非法占有公私财物的目的。故意内容表现为明知是他人财物，而有意使用暴力、胁迫或者其他方法非法转归自己或者第三人占有。如果主观上没有非法占有公私财物的目的，例如因与他人发生债务或者财产纠纷而强行夺取对方财物用作抵债，不构成抢劫罪。

4. 本罪的客体是复杂客体，即不仅侵犯了公私财产所有权，也同时侵犯了被害人的人身权利。抢劫罪的目的是非法占有公私财物，对人身权利的侵犯往往是抢劫财物的手段导致的结果，因此，我国刑法依抢劫罪侵犯的主要客体，将其规定在侵犯财产罪一章中。侵害客体的双重性是抢劫罪区别于其他侵犯财产罪或者大多数侵犯公民人身权利罪的主要标志。

本罪侵犯的对象，是各种公私财物和他人的人身。首先是对“公私财物”的理解：(1) 不动产是否可以成为本罪的犯罪对象。从司法实践来看，抢劫的对象多为有形动产(当然，这里的动产不能包括枪支、弹药、爆炸物、危险物质)，是否应包括不动产，理论上存在争议。例如，甲采用暴力、胁迫方法，强占乙的住房或者用胁迫的方式强行过户的，是否构成抢劫罪？有学者认为，这种情况不能构成抢劫罪。因为抢劫罪以当场占有公私财物为特点，不动产不可能当场占有。还有学者认为，应当构成抢劫罪，因为行为人已将他人的住房转移到自己的支配之下，符合抢劫罪的特征。我们认为，对这种情况，我国刑法虽无明文规定，但从保护公私财产的初衷出发，不宜一律将不动产排除在外。另外，如果把不动产的一部分强行分离而抢走，也应定为抢劫罪。(2) 自己的财物可否成为本罪的对象。对于所有人夺回自己财物的行为，我们可分别来看：如果是财物被他人非法占有之后（如被人抢劫）再用暴力手段夺回，属于自救行为，不应以抢劫罪论处；如果财物是被合法扣留的，如被人民法院依法扣押，再强行夺回的行为就应该构成抢劫罪。(3) 违禁品能否成为抢劫罪的行为对象。根据最高人民法院 2005 年 6 月 8 日下发的《关于审理抢劫、抢夺刑事案件适用法律若干问题的意见》(以下简称 2005 年《抢劫、抢夺意见》) 的规定，以毒品、假币、淫秽物品等违禁品为对象，实施抢劫的，以抢劫罪定罪；抢劫的违禁品数量作为量刑情节予以考虑。抢劫违禁品后又以违禁品实施其他犯罪的，应以抢劫罪与具体实施的其他犯罪实行数罪并罚。抢劫赌资、犯罪所得的赃款赃物的，以抢劫罪定罪，但行为人仅以其所输赌资或所赢赌债为抢劫对象，一般不以抢劫罪定罪处罚。构成其他犯罪的，依照刑法的相关规定处罚。(4) 家庭成员的财物可否成为本罪的对象。根据 2005 年《抢劫、抢夺意见》，为个人使用，以暴力、胁迫等手段取得家庭成员或近亲属财产的，一般不以抢劫罪定罪处罚，构成其他犯罪的，依照刑法的相关规定处理；教唆或者伙同他人采取暴力、胁迫等手段劫取家庭成员或近亲属财产的，可以抢劫罪定罪处罚。但是，因分赃不均而抢劫赃物的，属于事后不可罚行为，不能定抢劫罪。其次是对“他人”的理解。一般来讲，本罪的被害人是暴力、胁迫的承受者，但也有例外。即对第三人实施暴力是为了排除障碍，以便顺利夺取财物的，即使实施暴力的对象和财物的持有者不一致，也可以定抢劫罪。例如，对银行保安实施暴力，而后从业务员手中夺取钱财的，也构成抢劫罪。

(二) 司法认定与刑事处罚

1. 司法认定

(1) 本罪与非罪的界限。抢劫罪既侵犯财产权利，又侵犯人身权利，是危害最大的侵犯财产罪。因此，我国刑法没有在数额和情节上对抢劫罪的成立作限制性规定。但这不意味着认定抢劫罪无须考虑财物的数额及犯罪情节。具有相当严重程度的社会危害性是犯罪的本质特征，而抢劫的数额和情节，是决定行为社会危害性的重要因素。所以，认定抢劫罪时不应该一概忽略抢得财物的数额和犯罪情节在定罪中的意义。如果抢劫行为的情节轻微，得财数额又非常小，就应该根据刑法第 13 条但书的规定，作为一般违法行为处理，而不应认定为抢劫罪，如一个高中生用恐吓手段抢走低年级学生几块钱，就不宜作为犯罪处理。

此外，下述两种行为也不宜作为抢劫罪处理：1) 因借贷或者其他财产纠纷，而强行扣押对方财物，或者强行索还借款、欠物的行为，属于一般民事违法行为，不构成犯罪；

2）因婚姻、家庭纠纷，一方抢回彩礼、嫁妆，或者强行分割、拿走家庭共有财产的行为；或者为子女离婚、出嫁女儿暴死等事情所激怒，纠集亲友多人砸对方家庭财物，抢走财物的，属于不当行为和民事违法行为，一般不构成犯罪。

（2）转化型抢劫罪的处理。我国刑法第269条规定，犯盗窃、诈骗、抢夺罪，为窝藏赃物、抗拒抓捕或者毁灭罪证而当场使用暴力或者以暴力相威胁的，根据刑法第263条规定的抢劫罪定罪处罚。该条是关于盗窃、诈骗、抢夺犯罪转化为抢劫犯罪的规定。这种抢劫与刑法第263条规定的典型的抢劫罪有所不同，其特点在于先用一般手段获取财物，后使用暴力或者威胁方法，因而在理论界又被称为“转化型的抢劫罪”。适用刑法第269条，应具备三个条件：

第一，行为人必须首先实施了盗窃、诈骗或者抢夺行为，这是适用刑法第269条的前提条件。如果没有实施上述任何一种行为，就不发生适用第269条的问题。但对于条文上所说“犯盗窃、诈骗、抢夺罪”如何理解，认识上有分歧。根据2005年《抢劫、抢夺意见》，行为人实施盗窃、诈骗、抢夺行为，未达到“数额较大”，为窝藏赃物、抗拒抓捕或者毁灭罪证而当场使用暴力或者以暴力相威胁，情节较轻、危害不大的，一般不以犯罪论处；但具有下列情节之一的，可依照刑法第269条的规定，以抢劫罪定罪处罚：1）盗窃、诈骗、抢夺接近“数额较大”标准的；2）入户或在公共交通工具上盗窃、诈骗、抢夺后在户外或交通工具外实施上述行为的；3）使用暴力致人轻微伤以上后果的；4）使用凶器或以凶器相威胁的；5）具有其他严重情节的。

第二，行为人必须是当场使用暴力或者以暴力相威胁。这是成立转化型抢劫罪的客观条件。所谓当场，是指犯罪分子实施盗窃、诈骗、抢夺罪的现场，或者虽然离开了现场，但还处在被追捕的过程中，如果在作案后，在其他时间和地点实施了暴力或者以暴力相威胁，则不应按刑法第269条处理。对于这种“当场”，要结合行为的场所、距离盗窃、诈骗、抢夺行为的时间等作具体判断。所谓使用暴力或者以暴力相威胁，是指犯罪分子对抓捕他的人实施打击或者强制，或者以将要立即实施这种行为相威胁。一般来说，这里的暴力应达到一定的强度。如果没有伤害的意图，只是为了摆脱抓捕、尽快逃走而推推撞撞，不适用该条规定。

第三，行为人实施暴力或者以暴力相威胁，是为了窝藏赃物、抗拒抓捕或者毁灭罪证。这是转化型抢劫罪的主观条件。所谓窝藏赃物，是指为保护已经到手的赃物不被追回；所谓抗拒抓捕，是指抗拒公安机关的逮捕或者任何公民的扭送；所谓毁灭罪证，是指消灭自己遗留在作案现场的痕迹、物品和其他证据。如果不是出于以上目的实施暴力或者以暴力相威胁，不能按刑法第269条处理。如果行为人在着手盗窃、诈骗、抢夺过程中，尚未取得财物即被发觉，而改用暴力、威胁方法强行取财的，则直接适用刑法第263条。如果盗窃、诈骗、抢夺后又出于报复、灭口等动机伤害、杀害被害人的，应对伤害、杀人行为单独以故意伤害罪或者故意杀人罪定罪量刑，然后与盗窃罪、诈骗罪或者抢夺罪实行数罪并罚。暴力、威胁的对象，可以是财物的所有人、公安人员或其他任何参与抓捕的人。同时具备以上三个条件后，即可以适用刑法第269条，按抢劫罪定罪并量刑。

（3）“准抢劫罪”的认定。我国刑法第267条第2款规定，携带凶器抢夺的，依照抢劫罪处罚。由于该条规定是将特定情况下实施的抢夺罪作为抢劫罪处理，故有的学者将其称为“准抢劫罪”。认定“准抢劫罪”，关键是要正确理解“携带凶器”。“凶器”应该指能够使人产生畏惧心理并有一定杀伤力的器具，如枪支、刀具、铁棒等；“携带”应是行为人有意携带凶器以作为抢夺行为的后盾，因而应该是将凶器显露出来，而不是纯客观地持有。因此，成立准抢劫罪应当具备以下几个条件：第一，行为人必须携带凶器。这里的携带凶器要求只是一种行为状态，行为人只是随身带有凶器但并没有实际使用凶器。如果使用了所携带的凶器，直接以抢劫罪定罪量刑。第二，行为人主观上具有利用凶器作案的动机，或者以凶器作为抢夺的后盾。第三，行为人将携带凶器这一客观事实以明示或者暗示的方式告知被抢夺的对象，企图利用这一客观事实给对方造成精神压力，使犯罪易于得逞。至于被害人是否产生畏惧恐慌并不影响对该情形的认定。

基于上述三个条件，司法实践中认定是否成立“准抢劫罪”时，应注意区分以下几种情形：第一，当行为人携带并实际使用某种凶器行抢时，不存在犯罪性质转化问题，应直接适用刑法第 263 条规定的抢劫罪定罪量刑。第二，当行为人以明示的方式表明携有凶器，如在很容易被抢夺对象所看到的身体部位悬挂凶器，进行抢夺钱财时，应适用刑法第 267 条第 2 款之规定，以抢劫罪定罪量刑。第三，行为人以暗示方式告知被抢夺对象自己持有某种凶器，试图给对方以精神强制或者压力，伺机抢夺的，也应按刑法第 267 条第 2 款之规定，以抢劫罪定罪量刑。第四，当行为人实施抢夺行为时，虽然身藏某种凶器，但既未明确表露，也未暗示持有，受害人也根本不知道行为人带有凶器，这种情形不能认定为“携带凶器抢夺”，只能认定为一般的抢夺罪。

另外在适用刑法第 267 条第 2 款时，还应注意“携带凶器抢夺”中的“抢夺”的理解。我们认为，只要实施了携带凶器“抢夺”行为即成立抢劫罪，而不要求这里的抢夺行为必须达到“抢夺公私财物，数额较大”的标准。因为我国刑法对抢劫罪的成立是不要求“数额较大”的，只要行为人实施了以暴力、胁迫或者其他方法抢劫公私财物，无论其所抢财物数额的大小，都应按抢劫罪定罪量刑。立法者将“携带凶器抢夺”规定为抢劫罪，意味着“抢夺”时“携带凶器”的行为性质与抢劫罪相同，因此，对于行为人“携带凶器抢夺”构成抢劫罪的，其抢夺行为不要求必须达到数额较大。当然，如果行为人抢夺的财物数额很小，综合案件的其他情节又属于“情节显著轻微的”，不宜认定为犯罪，自然也就不能以抢劫罪定罪量刑了。

（4）本罪既遂与未遂的界限。抢劫罪既遂与未遂的标准问题，在刑法理论界和司法实践中，一直是个有争议的问题。争论的核心问题是，对于同时侵犯财产和人身的抢劫罪，究竟以抢得财物为既遂标准，还是以侵害人身权利作为既遂标准。对此问题的主张基本有三种：一是认为抢劫罪属于侵犯财产罪，因此应当以是否抢得财物为既遂与未遂的标准，对于侵犯人身权利的情况可以不论。二是认为抢劫罪既侵犯财产权利，又侵犯人身权利，因此，不管是否抢得了财物，只要在抢劫中侵犯了被害人的人身权利，就是抢劫既遂。三是主张应分别不同情况确定既遂与未遂的标准。当行为人实施的抢劫行为没有造成人身伤亡时，以是否抢得财物作为既遂与未遂的标准；当抢劫行为造成被害人重伤或者死亡时，成立结果加重犯，并按结果加重犯的既遂标准认定。我们认为，尽管抢劫罪是一种侵犯复杂客体的犯罪，但犯罪既遂与未遂，仍然要以犯罪构成要件的齐备与否作为衡量标准。从我国刑法第 263 条的规定来看，抢劫罪为一种侵犯财产的犯罪，以暴力、胁迫或者其他方法获取财物是达到犯罪既遂状态的标准，而抢劫致人重伤、死亡与入户抢劫、持枪抢劫等共同作为加重量刑的情节，而不是衡量抢劫既遂与未遂的又一标准。所以，是否实际抢得财物，是认定抢劫罪既遂与未遂的标准，而对人身权利的侵犯，则于量刑时加以考虑。

（5）本罪与相似犯罪的界限。

第一，抢劫罪与绑架罪的界限。抢劫罪与绑架罪的界限，主要是抢劫罪与以勒索财物为目的的绑架罪的界限。具体而言，二者的区别主要表现在以下几个方面：首先，两者的行为手段不完全相同。抢劫罪是通过当场使用暴力或者以暴力相威胁的方法迫使被害人本人交出财物，或者直接抢走被害人的财物；而绑架罪是在将人掳走、限制其自由后，以杀害、重伤被害人威胁被害人家属，迫使其交出赎金。其次，两者实施犯罪行为的时间和地点不同。抢劫罪和以勒索财物为目的的绑架罪都要以暴力、胁迫或者其他方法对人身施加一定的影响，但施加影响的时间和地点与取得财物的时间和地点呈现出不同的特点。抢劫罪是当场使用暴力、胁迫等强制手段当场取得财物，侵犯被害人人身权利和非法获取财物通常是在同一时间、同一地点完成的；而绑架罪则是先绑架人质，然后勒令限期交付财物，侵犯被害人人身权利和非法占有他人财物的行为之间有一定间隔，发生的地点一般也不相同。再次，二者侵犯的对象不尽相同。抢劫罪表现为当场直接从被害人处将财物劫走；绑架罪往往是通过电话、书信或者第三者转达勒索财产的要求，被勒令交付财产者不是被绑架者，而是他的亲友或者所在组织。最后，二者的类罪名不同。尽管抢劫罪与绑架罪都同时侵犯财产权利和人身权利，但抢劫罪的主要危害表现为对财产的侵犯，因而其类罪名为侵犯财产罪。绑架罪的危害性则主要表现在对于人身权利的侵犯，因而将其归入侵犯公民人身权利罪当中。

第二，冒充正在执行公务的人民警察、联防人员，以抓卖淫嫖娼、赌博等违法行为为名非法占有财物的行为定性。行为人冒充正在执行公务的人民警察“抓赌”、“抓嫖”，没收赌资或者罚款的行为，构成犯罪的，以招摇撞骗罪从重处罚；在实施上述行为时使用暴力或者暴力威胁的，以抢劫罪定罪处罚。行为人冒充治安联防队员“抓赌”、“抓嫖”，没收赌资或者罚款的行为，构成犯罪的，以敲诈勒索罪定罪处罚；在实施上述行为时使用暴力或者暴力威胁的，以抢劫罪定罪处罚。

第三，以暴力、胁迫手段索取超出正常交易价钱、费用的钱财的行为定性。从事正常商品买卖、交易或者劳动服务的人，以暴力、胁迫手段迫使他人交出与合理价钱、费用相差不大的钱物，情节严重的，以强迫交易罪定罪处罚；以非法占有为目的，以买卖、交易、服务为幌子采用暴力、胁迫手段迫使他人交出与合理价钱、费用悬殊的钱物的，以抢劫罪定罪处刑。在具体认定时，既要考虑超出合理价钱、费用的绝对数额，还要考虑超出合理价钱、费用的比例，加以综合判断。

第四，抢劫罪与寻衅滋事罪的界限。寻衅滋事罪是严重扰乱社会秩序的犯罪，行为人实施寻衅滋事的行为时，客观上也可能表现为强拿硬要公私财物的特征。这种强拿硬要的行为与抢劫罪的区别在于：前者行为人主观上还具有逞强好胜和通过强拿硬要来填补其精神空虚等目的，后者行为人一般只具有非法占有他人财物的目的；前者行为人客观上一般不以严重侵犯他人人身权利的方法强拿硬要财物，而后者行为人则以暴力、胁迫等方式作为劫取他人财物的手段。在司法实践中，对于未成年人使用或威胁使用轻微暴力强抢少量财物的行为，一般不宜以抢劫罪定罪处罚。其行为符合寻衅滋事罪特征的，可以按寻衅滋事罪定罪处罚。

（6）驾驶机动车、非机动车夺取他人财物行为的定性。这种情况即我们通常所说的“飞车抢夺”。2005年《抢劫、抢夺意见》规定，对于驾驶机动车、非机动车（以下简称驾驶车辆）夺取他人财物的，一般以抢夺罪从重处罚。但具有下列情形之一的，应当以抢劫罪定罪处罚：驾驶车辆，逼挤、撞击或强行逼倒他人以排除他人反抗，乘机夺取财物的；驾驶车辆强抢财物时，因被害人不放手而采取强拉硬拽方法劫取财物的；行为人明知其驾驶车辆强行夺取他人财物的手段会造成他人伤亡的后果，仍然强行夺取并放任造成财物持有人轻伤以上后果的。

2. 刑事处罚

本罪是危害最严重的侵犯财产罪，历来是刑法打击的重点。我国刑法第 263 条对抢劫罪规定了基本处罚和加重处罚两个档次：犯抢劫罪，情节一般的，处 3 年以上 10 年以下有期徒刑，并处罚金；犯抢劫罪，并有下列情形之一的，处 10 年以上有期徒刑、无期徒刑或者死刑，并处罚金或者没收财产。法定的加重情节共有下列八种情形：入户抢劫的；在公共交通工具上抢劫的；抢劫银行或者其他金融机构的；多次抢劫或者抢劫数额巨大的；抢劫致人重伤、死亡的；冒充军警人员抢劫的；持枪抢劫的；抢劫军用物资或者抢险、救灾、救济物资的。

（1）入户抢劫的。在刑法理论和司法实践中，对于如何理解“户”的含义有不同意见，争议的焦点是“户”的范围怎样界定。有的学者认为，“户”是指公民的私人住宅。[①]有的学者认为，“入户抢劫”中的“户”除了包括进入公民私人住宅之外，还包括国家机关、企业事业单位、人民团体、社会团体的办公场所，供公众生产、生活的封闭性场所。[②]我们认为，对“户”的理解必须与立法者的立法意图相吻合。入户抢劫一方面会使人们的安全感大大丧失，另一方面也会使被害人的反抗能力大打折扣，因而犯罪更容易得逞。无疑，将入户抢劫作为一个加重情节处罚，更有利于加强对住宅安全的保护。这样，“户”应指供人长期生活的场所或者人较固定的生活处所，它既包括居民住宅、船家的渔船、牧民的帐篷，也包括实际功能和心理感觉与私人住宅相似的场所，如学生宿舍等。不过，在适用“入户抢劫”这 加重情节时，要注意将入户抢劫与在户抢劫相区别。在户抢劫是指以合法目的进入室内，后临时起意抢劫。在户抢劫应按一般抢劫罪处理。2005 年《抢劫、抢夺意见》也对这个问题作了进一步的明确。根据该意见，认定“入户抢劫”时，应当注意以下三个问题：一是“户”的范围。“户”在这里是指住所，其特征表现为供他人家庭生活和与外界相对隔离两个方面，前者为功能特征，后者为场所特征。一般情况下，集体宿舍、旅店宾馆、临时搭建工棚等不应认定为“户”，但在特定情况下，如果确实具有上述两个特征的，也可以认定为“户”。二是“入户”目的的非法性。进入他人住所须以实施抢劫等犯罪为目的。抢劫行为虽然发生在户内，但行为人不以实施抢劫等犯罪为目的进入他人住所，而是在户内临时起意实施抢劫的，不属于“入户抢劫”。三是暴力或者暴力胁迫行为必须发生在户内。入户实施盗窃被发现，行为人为窝藏赃物、抗拒抓捕或者毁灭罪证而当场使用暴力或者以暴力相威胁的，如果暴力或者暴力威胁行为发生在户内，可以认定为“入户抢劫”；如果发生在户外，不能认定为“入户抢劫”。

（2）在公共交通工具上抢劫的。适用这一情节，关键是如何把握“公共交通工具”的含义。一般认为，“公共交通工具”是指从事旅客运输的公共汽车、火车、轮船、飞机等大型、常见的交通工具。而供单位内部使用的交通工具，如班车，不宜视为“公共交通工具”。至于在“公共交通工具上”，应当理解为既包括行为人本身就在交通工具上，并对其中的任何人进行抢劫，也包括行为人拦截交通工具后上车进行抢劫。对于小型出租车是否属于公共交通工具，理论界存在肯定说与否定说之争。肯定说认为，“公共交通工具的所有权性质，并无任何限制，即便是私人所有，但只要具有公共使用性质，亦属公共交通工具，如归属司机私人所有的出租汽车，就是如此。因为小型出租车和其他各种从事旅客运

① 参见胡康生等主编：《中华人民共和国刑法释义》，374 页，北京，法律出版社，1997；张明楷：《刑法学》（下），768 页，北京，法律出版社，1997。

② 参见肖中华：《论抢劫罪适用中的几个问题》，载《法律科学》，1998（5）。

营的公共汽车、电车、火车、船只、航空器等公共交通工具一样，具有如下基本特点：面向公众，具有公共性；用于运营活动，具有运营性。公共性不在于载客多少，也不在于其空间的大小，而在于其是面向公众的，这是不同于私人和单位汽车的最主要区别。小型出租车虽然载客量较小，但它是为社会上广大公众服务的，是专门用于旅客营运的公共交通工具，具有营运性，与公共汽车、火车、飞机等一样，都是城市公共交通运输中的主要交通工具之一。因此，在出租车内抢劫司机或者其他乘客的，与在公共电、汽车等公共交通工具内抢劫没有实质区别，没有理由将其排除在外。”① 反对者则认为，“第一，公共交通工具一般来说乘坐的人数较多，犯罪分子在公共交通工具上抢劫，不仅会危害广大乘客的人身和财产安全，而且容易引起社会的恐慌，给社会治安造成相当大的危害。对这种行为必须给予严厉的打击。因此，刑法将在交通工具上抢劫作为判处重刑的情节加以规定。第二，小型出租车虽然也是交通工具，但就每次运营而言，所载乘客是特定少数人或单个人，从这个意义上说，其公共性极其有限，只能是一种广义的交通工具。对司机抢劫，其危害性也小于在电车、汽车上抢劫，与普通抢劫相同，没有必要给予过重的处罚。第三，就广义的交通工具而言，除小型出租车外，还有许多用于营运活动的交通工具，如三轮车、电瓶车等。如果将出租车认定为‘公共交通工具’，那么这些用于运营的小型车辆也应当被认定，这显然不合适。”② 我们赞同否定说。实践中，对于抢劫出租车但没有危及司机、乘客及其他财产的行为，不作为加重情节来处罚。2005 年《抢劫、抢夺意见》也对这种做法给予了肯定。抢劫出租车或者在出租车内抢劫的，不作为加重情节；如果抢劫数额巨大，应适用抢劫犯罪数额巨大这一加重情节。

(3) 抢劫银行或者其他金融机构的。这里的“银行”，是指中国人民银行和各种商业银行；“其他金融机构”，指银行以外的其他依法参加金融活动、开展金融业务的机构，主要包括信托投资公司、证券公司、信用社、保险公司等。从 1998 年 3 月 17 日起施行的最高人民法院《关于审理盗窃案件具体应用法律若干问题的解释》规定，“盗窃金融机构”，是指盗窃金融机构的经营资金、有价证券和客户的资金等，不包括盗窃金融机构的办公用品、交通工具等财物的行为。根据这一精神，“抢劫银行或者其他金融机构”，也应指抢劫金融机构的经营资金、客户的资金及有价证券，而不包括抢劫金融机构的办公用品等非属银行资金的资产。另外，如果行为人明知被抢对象是银行或者其他金融机构的运钞车，那么，不管这种明知发生在抢劫之前还是抢劫过程中，均应按本加重情节定罪量刑。

(4) 多次抢劫或者抢劫数额巨大的。这里的“多次抢劫”，是指抢劫次数在 3 次或者 3 次以上。多次抢劫包括针对同一人的多次抢劫和针对不同人的多起抢劫。这里的“数额巨大”，应指既遂后的实际所得数额，而不宜包括以数额巨大甚至数额特别巨大的财物为抢劫目标但未遂的情况。根据有关司法解释的精神，抢劫他人财物价值 5 000 元到 20 000 元以上的，为抢劫数额巨大。2005 年《抢劫、抢夺意见》对于抢劫数额的认定也作出了说明：抢劫信用卡后使用、消费的，其实际使用、消费的数额为抢劫数额；抢劫信用卡后未实际使用、消费的，不计数额，根据情节轻重量刑。所抢信用卡数额巨大，但未实际使用、消费或者实际使用、消费的数额未达到巨大标准的，不适用“抢劫数额巨大”的法定刑。为抢劫其他财物，劫取机动车辆当做犯罪工具或者逃跑工具使用的，被劫取机动车辆的价值计入抢劫数额；为实施抢劫以外的其他犯罪劫取机动车辆的，以抢劫罪和实施的其

① 周光权：《刑法各论讲义》，102～103 页，北京，清华大学出版社，2003。

② 周光权：《刑法各论讲义》，102 页，北京，清华大学出版社，2003。

他犯罪实行数罪并罚。抢劫存折、机动车辆的数额计算，参照执行《关于审理盗窃案件具体应用法律若干问题的解释》的相关规定。

对于“多次抢劫”，2005年《抢劫、抢夺意见》指出，应以行为人实施的每一次抢劫行为均已构成犯罪为前提，综合考虑犯罪故意的产生、犯罪行为实施的时间、地点等因素，客观分析、认定。对于行为人基于一个犯意实施犯罪的，如在同一地点同时对在场的多人实施抢劫的，或基于同一犯意在同一地点连续实施抢劫犯罪的，如在同一地点连续地对途经此地的多人进行抢劫的，或在一次犯罪中对同一栋居民楼房中的几户居民连续实施入户抢劫的，一般应认定为一次犯罪。我们同意这种做法。一般而言，刑法将多次抢劫作为抢劫罪的严重情节之一，是基于多次实施抢劫行为人主观恶性较大，侧重点并不在于客观上有多大危害，因此，只要有3次或者3次以上的抢劫行为，不管是否构成抢劫罪，都构成多次抢劫。每次抢劫行为是否达到既遂，对抢劫次数的认定没有影响，但多次抢劫行为都应在刑法规定的追诉时效期限内。

(5) 抢劫致人重伤、死亡的。关于“抢劫致人重伤、死亡”这一情节，主要争议问题是“致人死亡”应否包括故意杀人。一种观点认为，抢劫致人死亡是指因抢劫而过失致人死亡，不包括故意杀人。如果为占有他人财物，而当场故意杀人，应以故意杀人罪和抢劫罪实行并罚。另一种观点认为，抢劫致人死亡包括因抢劫而过失致人死亡和间接故意致人死亡，不包括直接故意致人死亡。为占有他人财物而直接故意杀人的，应定抢劫罪和故意杀人罪，实行并罚。还有一种观点认为，抢劫致人死亡包括因过失和故意致人死亡。因此，为了占有他人财物而当场杀死他人的，应定抢劫罪一罪。对于这个问题，最高人民法院在2001年5月23日发布的《关于抢劫过程中故意杀人案件如何定罪问题的批复》中给予了明确的解答：行为人为劫取财物而预谋故意杀人，或者在劫取财物过程中，为制服被害人反抗而故意杀人的，以抢劫罪定罪处罚。行为人实施抢劫后，为灭口而故意杀人的，以抢劫罪和故意杀人罪定罪，实行数罪并罚。我们也赞同这种观点。主要理由有二：一是刑法第263条规定的“致”人死亡，只是表明暴力行为与死亡之间应当有因果关系，而非将对这种死亡的态度限定于过失。二是杀人行为和夺取财物的行为构成完整的抢劫罪，手段行为和目的行为须臾不可分离。如果把杀人行为定为故意杀人罪，而又把因这种杀人行为而取得财物的行为定为抢劫罪，违反了刑法中不得重复评价的原则，是不可取的。应当指出的是，“抢劫致人死亡”包括故意杀人在内，仅限于将故意杀人作为抢劫财物的手段而当场实施并当场抢走财物的行为，并不意味着凡杀人取财的行为都定为抢劫罪并从重处罚。

(6) 冒充军警人员抢劫的。冒充军警人员抢劫，既包括不具有军人或者警察身份的人冒充军人或者警察的身份抢劫，也包括具有军人身份的人冒充警察、具有警察身份的人冒充军人，或者是此种军警人员冒充彼种军警人员。同时，冒充军警人员并不以行为人非法配备军警器械、身着军警制服、向被害人出具虚假的身份证明为条件。只要具有假冒军警身份的行为，就可以适用本情节。

(7) 持枪抢劫的。这里所指的枪支，应当是指《枪支管理法》中所规定的以火药或者压缩气体为动力，利用管状器具发射金属弹丸或者其他物质，足以致人伤亡或者丧失知觉的各种枪支。在司法实践中，对持假枪进行抢劫能否作为加重情节，认识上有分歧。我们认为，立法者将持枪抢劫作为抢劫罪的加重处罚情节之一，其意在于从严打击那些持真枪、在客观上可能给被害人生命安全随时造成损害的抢劫行为，而不在于严惩那些携带假枪、足以给被害人造成巨大威胁、产生巨大心理恐惧的行为。持假枪抢劫的行为，不管是持仿真枪还是持其他形式的假枪，都会给被害人造成巨大的精神强制，但正因为如此，这种行为才具备了一般抢劫的手段行为（胁迫），从而以抢劫论处；但假枪（包括仿真枪）毕竟不属于《枪支管理法》的控制范围，假枪对被害人造成人身伤亡的危险也显著低于真枪，所以，将“持枪抢劫”中的“枪”限制解释为真枪，应该是适宜的。

（8）抢劫军用物资或者抢险、救灾、救济物资的。对于本情节的适用来说，要注意两方面：一是这里的“军用物资”应为枪支、弹药、爆炸物以外的军用物资，如军用汽车、军用医疗物品等。二是行为人对抢劫对象必须明知时才能适用该情节。如果在抢劫后才得知该对象性质，仍应以一般抢劫罪论。当然，如果数额巨大，可适用上述第四个加重情节。

二、盗窃罪

（一）概念与构成

盗窃罪，是指以非法占有为目的，秘密地窃取数额较大的公私财物或者多次盗窃、入户盗窃、携带凶器盗窃、扒窃公私财物的行为。

本罪的构成要件如下：

1. 本罪的客观方面表现为秘密地窃取数额较大的公私财物或者多次盗窃、入户盗窃、携带凶器盗窃、扒窃公私财物的行为。

所谓“秘密窃取”，是指行为人采取自以为不使财物所有者、保管者发觉的方法，暗中将财物取走。这里对“秘密”的理解要把握三个要点：（1）“秘密”是指取得财物为暗中进行。如果取得财物是暗中进行，在财物到手后被发觉而公开携财逃跑或者虽使用了欺骗的方法吸引被害人的注意力，乘其不注意时取走财物，仍属“秘密窃取”，构成盗窃罪。（2）“秘密”是相对财物的所有人、保管人而言的。所以，即使窃取财物时已经被他人发现或者暗中注视，不影响盗窃罪的成立。（3）“秘密”是指行为人自认为没有被所有人、保管人发觉。秘密窃取财物的手段多种多样，如撬门扭锁、翻墙越窗、顺手牵羊或者在公共场所掏兜、割包等，甚至还包括在未取走原物的情况下，利用计算机、照相器材、复印机等实施盗窃行为。秘密窃取财物是盗窃罪区别于本章中其他侵犯财产罪的主要标志。

所谓“数额较大”，根据最高人民法院1998年3月发布的《关于审理盗窃案件具体应用法律若干问题的解释》的规定，个人盗窃公私财物价值人民币500元至2 000元以上的，为“数额较大”，各省、自治区、直辖市高级人民法院可根据本地区经济发展状况，并考虑社会治安状况，在这一数额幅度内确定本地区的具体数额标准，并报最高人民法院备案。另外，“数额较大”的标准也不是唯一绝对的条件，必须考虑其他的情节。如果具备其他严重情节，虽未达到上述“数额较大”的标准也可能成立盗窃罪。

所谓“多次盗窃”，是指行为人的盗窃数额虽未达到较大，但是行为人一贯或者多次实施盗窃行为，屡教不改。

所谓“入户盗窃”中的“户”，应当比照“入室抢劫”中的“室”进行理解。“户”应指供人长期生活的场所或者人较固定的生活处所，它既包括居民住宅、船家的渔船、牧民的帐篷，也包括实际功能和心理感觉与私人住宅相似的场所，如学生宿舍等。

所谓“携带凶器盗窃”，这里的携带凶器要求只是一种行为状态，行为人只是随身带有凶器但并没有实际使用凶器，这种行为状态表明了行为人的人身危险性，只要携带凶器进行盗窃，则不论盗窃的数额是否达到较大的标准，则都应以盗窃罪定罪处罚。

所谓“扒窃”，是指在公共场所或者公共交通工具上窃取他人随身携带的财物。扒窃行为严重侵犯公民的人身和财产安全，社会危害性较为严重，而且这类犯罪的技术性强，多为惯犯，因此《刑法修正案（八）》中将其明确规定为盗窃罪。

关于盗窃罪的客观方面，我们还需特别注意刑法中的特别规定：（1）根据刑法第196条第3款的规定，盗窃信用卡并使用的，应构成盗窃罪。（2）根据刑法第210条第1款的规定，盗窃增值税专用发票或者可以用于骗取出口退税、抵扣税款的其他发票的，依照盗窃罪的规定定罪处罚。（3）根据刑法第265条的规定，以牟利为目的，盗接他人通信线路、复制他人电信码号或者明知是盗接、复制的电信设备、设施而使用的行为，按盗窃罪定罪处罚。所谓“盗接他人通信线路”，是指未经权利人许可，采取秘密的方法连接他人的通信线路无偿使用或者转给他人使用，从而给权利人造成损失的行为；所谓“复制他人电信码号”，是指取得他人的电信码号后，非法加以翻制并无偿使用或者非法出租、出借、转让的行为。本条规定的盗窃罪在客观上虽不表现为直接窃取被害人的财物，但盗接通信线路、复制电信码号及使用盗接、复制的电信设备、设施的行为均是在被害人不知不觉的情况下进行的，本质上仍然表现为行为的秘密性。法律明确规定盗接通信线路、复制电信码号及使用盗接、复制的电信设备、设施的行为成立盗窃罪要以“牟利”为目的，即以出售、出租、自用、转让等谋取经济利益为目的，所以，本条规定的行为完全符合一般盗窃罪的特征，这也是法律把这类行为纳入盗窃罪的根据所在。（4）根据刑法第287条的规定，以计算机为犯罪工具，窃取钱财的，也构成盗窃罪。（5）根据2000年5月12日公布的最高人民法院《关于审理扰乱电信市场管理秩序案件具体应用法律若干问题的解释》的规定，将电信卡非法充值后使用的，造成电信资费损失数额较大的行为，或者盗用他人公共信息网络上网账号、密码上网，造成他人电信资费损失数额较大的行为，按照盗窃罪定罪处罚。（6）根据2007年1月15日通过的最高人民法院、最高人民检察院《关于办理盗窃油气、破坏油气设备等刑事案件具体应用法律若干问题的解释》（以下简称《盗油解释》）的规定，为他人盗窃油气而偷开油气井、油气管道等油气设备阀门排放油气或者提供其他帮助的，构成盗窃罪共犯。

2. 本罪的主体为一般主体。凡已满16周岁、具有刑事责任能力的自然人均可成为盗窃罪的主体。邮政工作人员私自开拆邮件，从中窃取财物的，以盗窃论处，从重处罚。

3. 本罪的主观方面是直接故意，并具有非法占有公私财物的目的。如果是行为人误把公私财物当做自己的财物而拿走，或者未经物主同意而临时擅自借用其物，用完即归还的，或者私自挪用代人保存的钱物，用后偿还的，因不具有非法占有的目的，不构成盗窃罪。至于行为人非法占有公私财物后是据为己有，还是赠送给他人，不影响盗窃罪的成立。

4. 本罪的客体是公私财产所有权。犯罪对象是国有、集体所有或者公民私人所有的各种财物。一般说来，“窃取”意味着财物从所有人、保管人控制之下转移到盗窃者手中，所以，这里的财物应指动产及能从不动产分离出来的物品，如房屋上的门窗、土地上生长的树木、果实等。不动产本身是否可以成为盗窃罪的对象，学者观点不一。肯定者认为，刑法规定盗窃公私财物，没有限定为动产，而且不动产也可以用秘密的方法占为己有。例如，盗卖他人房屋的，可以成立盗窃罪。否定者则认为，窃取是将他人控制之下的物品采用秘密的方式转移到自己手中，而不动产不具备这样的特性，所以不能成为盗窃罪的行为对象。“各国刑法对此问题的规定不尽相同。有些国家明文规定为动产，如瑞士、意大利、奥地利等国刑法；有些国家规定为他人财物，如日本刑法、西班牙刑法，但实践中一般认为是动产。也有些国家把盗窃与窃占不动产分别加以规定，前者定盗窃罪，后者定窃占不动产罪，如意大利刑法。”[①] 意大利刑法第624条明确将盗窃罪的犯罪对象限于动产，其第631条又专门规定了窃占不动产的犯罪。我国刑法对这个问题没有作出规定，从更有力保护公私财产所有权角度出发，不应将不动产一概加以否定。另外，盗窃电力、煤气、天然气等无形财产，亦构成盗窃罪。不过，如果盗窃无形能源危害公共安全的，应按有关的危害公共安全罪定罪量刑。对此，在最高人民法院、最高人民检察院于2007年1月15日公布的《盗油解释》中作出了明确说明，《盗油解释》第3条规定：盗窃油气或者正在使用的油气设备，构成犯罪，但未危害公共安全的，依照刑法第264条的规定，以盗窃罪定罪处罚。

（二）司法认定与刑事处罚

1. 司法认定

（1）盗窃罪的既遂与未遂区分的标准。盗窃罪既遂与未遂的区分标准存在很多的争论。在刑法学界存在接触说、转移说、藏匿说、损失说、失控说、控制说、失控加控制说等多种标准。接触说认为，应以行为人是否接触到被盗财物为标准，接触到财物就是既遂。转移说认为应以行为人是否将被盗物品转移到安全地带为标准，已转移到安全地带的为既遂。失控说认为，凡是盗窃行为使财产所有人或者保管人丧失了对财物的控制的，即成立盗窃罪的既遂。控制说认为，凡是实施盗窃的行为人已经实际控制财物的，即成立盗窃罪的既遂。失控加控制说认为，凡是被盗的财物已经脱离财物所有人或者保管人的控制并且已经实际置于行为人控制之下的，即成立盗窃罪既遂。我们主张以失控加控制说作为区分盗窃罪既遂与未遂的标准，因为实施盗窃的行为人的目的是非法占有财物，当财物脱离所有人或者保管人的控制而为行为人所实际控制时，其非法占有财物的目的即已实现，犯罪完成。多数情况下，被害人对财物失去控制与行为人控制财物从时间上和地点上是一致的，但也有不一致的情况。例如，甲在火车上行窃，随后将所盗物品扔出车窗外，并记住位置，准备下车后再去找回来。结果乙路过而拾得该物。对于本案的被害人来说，他已经丧失了对该物的控制，但对于甲来说，他还没有控制该物，所以这种情况下按失控加控制说，甲的行为就属于盗窃未遂。此外，如果被害人没有失去对财物的控制，行为人也没有控制财物，应该构成未遂。又如，入室盗窃没能将财物运到室外的，应以盗窃未遂论处。《盗油解释》也规定，盗窃油气，数额巨大但尚未运离现场的，以盗窃未遂定罪处罚。只有被害人已经失去对财物的控制而行为人又已经实际控制财物时，才属于盗窃既遂。例如，入室盗窃并已经将财物随身携带逃往室外，遇见事主盘问而主动交还财物的，只能属于盗窃既遂后返还财物的行为。

（2）盗窃罪与某些危害公共安全罪的界限。在司法实践中，有些盗窃行为指向特定的对象，如枪支、弹药、爆炸物、电力或者通讯设备等；有些盗窃行为则以爆炸、投放危险物质等为手段来完成，如毒鱼、炸鱼后将鱼偷走；还有的盗窃行为伴随着破坏其装载器皿的行为，如为了盗取油气而破坏油气设备。对这类情况应分别不同情况处理：1）如果盗窃的是法律明确规定的危害公共安全犯罪的对象，如盗窃枪支、弹药、爆炸物，或者是偷窃正在使用中的电力设备、广播电视设施、公用电信设施，同时构成危害公共安全的犯罪和盗窃罪的，属于普通法和特别法的竞合，应按危害公共安全罪处理。如果是在盗窃他人财物时，在窃得的提包里放有枪支、弹药，属于盗窃犯罪所牵连的结果行为，按盗窃罪从

---

① 高铭暄、马克昌主编：《刑法学》，511页，北京，北京大学出版社、高等教育出版社，2000。

重处罚。如果盗窃的是一般财物或者是库存的及废置的电力、通讯设备，不足以危害公共安全的，应认定为盗窃罪。2）如果以非法占有为目的，毒死或者炸死数量较大的鱼，将其偷走，未引起其他严重后果的，应定为盗窃罪。如果不顾人畜安危，向供饮用的池塘中投放大量剧毒物，或者向堤坝、其他公共设施附近的水库中投掷大量炸药，严重危害公共安全，致人重伤、死亡或者使公私财产遭受重大损失的，应当定为投放危险物质罪或者爆炸罪。3）在实施盗窃油气等行为过程中，采用切割、打孔、撬砸、拆卸、开关等手段破坏正在使用的油气设备的，属于刑法第 118 条规定的“破坏电力、燃气或者其他易燃易爆设备”的行为；危害公共安全，尚未造成严重后果的，依照刑法第 118 条的规定定罪处罚。盗窃油气同时构成盗窃罪和破坏易燃易爆设备罪的，依照刑法处罚较重的规定定罪处罚。

（3）偷开机动车辆案件中盗窃罪与其他犯罪的界限。偷开机动车辆，是指在机动车辆的所有人、保管人或者驾驶人不知情的情况下，将机动车辆私自开走的行为。偷开机动车辆的行为往往基于不同的动机，达到不同的目的，因而应将偷开机动车辆的行为区分不同情况处理：1）如果以非法占有为目的，偷开机动车辆变卖或者留用，或者拆换车上大件，窃取车用工具的，应定为盗窃罪。2）如果是为了进行犯罪活动，偷开机动车辆当犯罪工具使用，以盗窃罪和所实施的其他犯罪实行数罪并罚；如果为盗窃其他财物，盗窃机动车辆当犯罪工具使用，被盗机动车辆的价值计入盗窃数额；为实施其他犯罪，偷开机动车辆当犯罪工具使用后，将偷开的机动车辆送回原处或者停放到原处附近，车辆未丢失的，按照其所实施的犯罪从重处罚。3）为练习开车、游乐等目的，多次偷开机动车辆，并将机动车辆丢失的，以盗窃罪定罪处罚；在偷开机动车辆过程中发生交通肇事构成犯罪，又构成其他罪的，应当以交通肇事罪与其他罪实行数罪并罚；偷开机动车辆造成车辆损坏的，按故意毁坏财物罪定罪处罚；如果只是偶尔偷开机动车辆，情节轻微，可以不认为是犯罪。

（4）盗窃罪与故意毁坏财物罪的界限。根据最高人民法院《关于审理盗窃案件具体应用法律若干问题的解释》的规定，实施盗窃犯罪，造成公私财物严重毁损的，以盗窃罪从重处罚；又构成其他犯罪的，择一重罪从重处罚；盗窃公私财物未构成盗窃罪，但因采用破坏性手段造成公私财物损毁数额较大的，以故意毁坏财物罪定罪处罚。盗窃后，为掩盖盗窃罪行或者出于报复等动机故意破坏公私财物构成犯罪的，应以盗窃罪和构成的其他罪实行数罪并罚。

（5）盗窃罪与以盗窃手段实施的某些犯罪的界限。在我国刑法的规定中，有不少犯罪是以秘密窃取的手段实施的，此时，我们要注意区分各罪之间的界限。第一，根据刑法第 196 条第 3 款的规定，盗窃信用卡并使用的，应构成盗窃罪。“盗窃信用卡并使用的”，包括盗窃犯罪分子自己使用，也包括盗窃分子同伙或者朋友明知是盗来的信用卡而使用。如果是冒用他人的信用卡，应按信用卡诈骗罪处理。此外，盗窃的信用卡还必须是正在使用的有效真卡。如果盗窃的是伪卡、废卡或者无效卡，并利用这些伪卡、废卡去骗取他人财物，不构成盗窃罪，而应认定为信用卡诈骗罪。第二，根据司法解释精神，盗窃技术成果等商业秘密的，按照侵犯商业秘密罪定罪处罚。第三，国家工作人员利用职务上的便利，窃取公共财物的，按贪污罪处理。第四，盗窃广播电视设施、公用电信设施价值数额不大，但是构成危害公共安全犯罪的，依照刑法第 124 条的规定定罪处罚；盗窃广播电视设施、公用电信设施同时构成盗窃罪和破坏广播电视设施、公用电信设施罪的，择一重罪处罚。盗窃使用中的电力设备，同时构成盗窃罪和破坏电力设备罪的，择一重罪处罚。第五，将国家、集体、他人所有并已经伐倒的树木据为己有，以及偷砍他人房前屋后、自留地种植的零星树木，数额较大的，依照刑法第264条的规定，以盗窃罪处罚。

2. 刑事处罚

刑法第264条根据盗窃罪的不同数额和情节，规定了三个档次的量刑幅度：

(1) 盗窃公私财物，数额较大或者多次盗窃、入户盗窃、携带凶器盗窃、扒窃的，处3年以下有期徒刑、拘役或者管制，并处或者单处罚金。

(2) 数额巨大或者有其他严重情节的，处3年以上10年以下有期徒刑，并处罚金。"数额巨大"是指个人盗窃公私财物价值人民币5 000元至2万元以上的，或者在铁路运输过程中个人盗窃公私财物数额1万元以上的，或者盗窃增值税专用发票或者可以用于骗取出口退税、抵扣税款的其他发票，数量在250份以上的。"其他严重情节"，是在盗窃数额达到较大时具有下列情形之一：1) 犯罪集团的首要分子或者共同犯罪中情节严重的主犯；2) 盗窃金融机构的；3) 流窜作案危害严重的；4) 累犯；5) 导致被害人死亡、精神失常或者其他严重后果的；6) 盗窃救灾、抢险、防汛、优抚、扶贫、移民、救济、医疗款物，造成严重后果的；7) 盗窃生产资料，严重影响生产的；8) 造成其他重大损失的。

(3) 数额特别巨大或者有其他特别严重情节的，处10年以上有期徒刑或者无期徒刑，并处罚金或者没收财产。"数额特别巨大"，是指个人盗窃公私财物价值人民币3万元至10万元以上的，或者在铁路运输过程中个人盗窃公私财物数额6万元以上的，或者盗窃增值税专用发票或者可以用于骗取出口退税、抵扣税款的其他发票，数量在2500份以上的；"其他特别严重情节"，是在盗窃数额达到巨大时，具有前述第（2）点中8种"其他严重情节"的情形之一。

需要特别指出，《刑法修正案（八）》取消了盗窃罪的死刑，即当行为人具有盗窃金融机构，数额特别巨大的以及盗窃珍贵文物，情节严重的情形时不再有适用死刑的可能。

另外，在对盗窃罪量刑时，应特别注意两个问题：

一是要同时考虑犯罪的数额和犯罪的情节，不能片面强调其中之一。我国刑法第264条不仅在盗窃罪的构成上强调"数额较大"或者"多次盗窃"两个标准，而且在量刑情节中，也强调数额与情节应同时考虑，不能只注重数额，也不可以只强调情节。也就是说，要在全面考查赃物数额及犯罪手段、认罪态度、退赃情况等其他情节的基础上，进行综合分析，正确确定刑罚。例如，对悔罪态度好、积极退赃的犯罪分子量刑时相对不知悔改、挥霍无度、拒不退赃的犯罪分子就要相对轻一些，对偶尔失足与多次盗窃也应加以区别等。

二是要合理计算盗窃财物的数额。盗窃犯罪的对象除现金外，还包括实物和其他财产性利益。而盗窃财物的数额是决定盗窃罪定罪量刑的一个重要因素，所以，只有合理计算其数额，才能正确定罪，合理量刑。根据有关的司法解释和司法实践经验，计算盗窃财物数额的总的原则是既不让犯罪分子在经济上占到便宜，计价又要合情合理。具体而言，计算盗窃财物的数额应从以下几个方面加以把握：

第一，被盗物品的价格，应当以被盗物品价格的有效证明确定。对于不能确定的，应当区别情况，根据作案当时、当地的同类物品的价格，并按照下列核价方法，以人民币分别计算：(1) 流通领域的商品，按市场零售价的中等价格计算；属于国家定价的，按国家定价计算；属于国家指导价的，按指导价的最高限价计算。(2) 生产领域的产品，成品按前项（1）规定的方法计算；半成品比照成品价格折算。(3) 单位和公民的生产资料、生活资料等物品，原则上按购进价计算，但作案当时市场价高于原购进价的，按当时市场价的中等价格计算。(4) 农副产品，如粮食、猪、羊、家禽、鱼等，按农贸市场同类产品的中等价格计算。大牲畜，如牛、马、驴等，按交易市场同类同等大牲畜的中等价格计算。(5) 进出口货物、物品，按前项 (1) 规定的方法计算。(6) 金、银、珠宝等制作的工艺品，按国有商店零售价格计算；国有商店没有出售的，按国家主管部门核定的价格计算。(7) 黄金、白银按国家定价计算。(8) 外币，按被盗当日国家外汇管理局公布的外汇卖出价计算。(9) 不属于馆藏三级以上的一般文物，包括古玩、古书画等，按国有文物商店的一般零售价计算，或者按国家文物主管部门核定的价格计算。

第二，当被盗的是有价支付凭证、有价证券、有价票证时，按下列方法计算：(1) 不记名、不挂失的有价支付凭证、有价证券、有价票证，不论能否即时兑现，均按票面数额和案发时应得的孳息、奖金或者奖品等可得收益一并计算。股票应按照被盗当日证券交易所公布的该种股票成交的平均价格计算。(2) 记名的有价支付凭证、有价证券、有价票证，如果票面价格已定并能即时兑现的，如活期存折、已到期的定期存折和已填上金额的支票，以及不需证明手续即可提取货物的提货单等，按票面数额和案发时应得的利息或者可提货物的价值计算。如果是票面价格未定，但已经兑现的，按实际兑现的财物价值计算；尚未兑现的，可作为定罪量刑的情节。不能即时兑现的有价支付凭证、有价证券、有价票证或者能即时兑现的有价支付凭证、有价证券、有价票证已被销毁、丢弃，而失主可以通过挂失、补领、补办手续等方式避免实际损失的，票面数额不作为定罪量刑的标准，但可作为定罪量刑的情节。

第三，实施的盗窃行为表现为刑法第 265 条规定的盗窃行为，即以牟利为目的，盗接他人通信线路、复制他人电信码号的行为，按以下标准计算：(1) 其盗窃数额按当地邮电部门规定的电话初装费、移动电话入网费计算；销赃数额高于电话初装费、移动电话入网费的，其盗窃数额按照销赃数额计算。移动电话的销赃数额，按减去裸机成本价格计算。(2) 明知是盗接他人通信线路、复制他人电信码号的电信设备、设施而使用的，盗窃数额按合法用户为其支付的电话费计算。盗窃数额无法直接确认的，应当以合法用户的电信设备、设施被盗接、复制后的月缴费减去被复制前 6 个月的平均电话费推算；合法用户使用电信设备、设施不足 6 个月的，按实际使用的月平均电话费推算。(3) 盗接他人通信线路后自己使用的，盗窃数额按 (2) 项的规定计算；复制他人电信码号后自己使用的，盗窃数额按 (1)、(2) 项规定的盗窃数额累计计算。

第四，几种特别情况下的价额计算：(1) 邮票、纪念币等收藏品、纪念品，按国家有关部门核定的价格计算。(2) 同种类的大宗被盗物品，失主以多种价格购进，能够分清的，应分别计算；难以分清的，应按此类物品的中等价格计算。(3) 被盗物品已被销赃、挥霍、丢弃、毁坏的，无法追缴或者几经转手，最初形态被破坏的，应当根据失主、证人的陈述、证言和提供的有效凭证以及被告人的供述，按照前页“第一”之中规定的核价方法，确定原被盗物品的价值。(4) 失主以明显低于被盗当时、当地市场零售价购进的物品，应按照前页“第一”之中规定的核价方法计算。(5) 销赃数额高于按照前述规定计算的盗窃数额的，盗窃数额按销赃数额计算。(6) 盗窃违禁品，如毒品、淫秽物品等，按盗窃罪处理的，不计算数额，根据情节轻重量刑。(7) 被盗物品价格不明或者价格难以确定的，应当按照国家计划委员会、最高人民法院、最高人民检察院、公安部《扣押、追缴、没收物品估价管理办法》的规定，委托指定的估价机构估价。(8) 对于已陈旧、残损或者使用过的被盗物品，应当结合作案当时、当地同类物品的价格和被盗时的残旧程度，按前述 (7) 项的规定办理。(9) 残次品，按主管部门核定的价格计算；废品，按物资回收利用部门的收购价格计算；假货、劣货，按前述 (7) 项的规定办理，以实际价值计算。

(10) 对于多次盗窃构成犯罪，依法应当追诉的，或者最后一次盗窃构成犯罪，前几次盗窃行为在1年以内的，应当累计其盗窃数额。最后应注意的是，当盗窃行为给失主造成的损失大于盗窃数额时，损失数额可作为量刑的情节。

第五，共同盗窃案件中的数额计算。在共同盗窃案件中，各共同犯罪人的盗窃数额计算直接影响着各共同犯罪人的刑事责任。根据刑法第26条、第27条的规定及有关司法解释的精神，对组织、领导盗窃犯罪集团的首要分子，应当按照集团盗窃的总数额处罚；对于共同盗窃犯罪中的其他主犯，应当按照其所参与的或者组织、指挥的共同盗窃的数额处罚；对于共同盗窃犯罪中的从犯，应当按照其所参与的共同盗窃的数额确定量刑幅度，并根据刑法总则中的规定，对于从犯，应当从轻、减轻或者免除处罚。具体量刑时，应当根据犯罪分子在共同盗窃中的地位、作用和分赃数额等情节，从轻、减轻处罚或者免除处罚。此外，实施共同盗窃犯罪后，犯罪分子具有自首、立功、未成年人等法定从轻、减轻或者免除处罚情节的，可以或者应当依法从轻、减轻处罚或者免除处罚；具有坦白或者积极退赃等情节的，也可以酌情从轻处罚。

三、诈骗罪

(一) 概念与构成

诈骗罪，是指以非法占有为目的，用虚构事实或者隐瞒真相的方法，骗取数额较大的公私财物的行为。

本罪的构成要件如下：

1. 本罪的客观方面表现为骗取数额较大的公私财物的行为。骗取公私财物的手段，通常是虚构事实或隐瞒真相。所谓虚构事实，是指无中生有，编造假情况，由此骗取被害人的信任。虚构事实可以是虚构全部事实，也可以是在部分事实基础上夸大渲染以行骗。所谓隐瞒真相，则是指掩盖客观存在的事实，使被害人陷入错误而上当受骗。行为人采用虚构事实、隐瞒真相的方法必须使被害人陷入错误认识从而“主动”交付财物才构成本罪。虽然使用了欺骗行为，但被害人并没有上当而交付财物，行为人取得财物是其他行为造成的，也不能成立诈骗。也就是说，欺骗行为和取得财物的行为之间要有因果关系。例如，假装购买黄金首饰，趁售货员不注意掉包的行为，应定盗窃而不是诈骗。“对欺诈行为是否使对方陷入错误的判断，应当结合案件的具体情况按照一般的经验法则从交易的性质、财产的种类、被害人的知识、经验、职业等判断。至于被害者是否有贪图便宜的心理或者有其他过失，对欺诈的成立没有影响。在交易过程中对产品的性能、质量或者价格优势作一定程度夸大的，不认为是使对方陷入错误的行为。”① 用欺骗方法占有财物，是诈骗罪区别于其他侵犯财产罪的主要特征。至于诈骗的具体方式则有很多，如假冒身份、涂改单据、冒领财物等。关于诈骗罪的客观方面，我们还需特别注意2000年5月12日公布的最高人民法院《关于审理扰乱电信市场管理秩序案件具体应用法律若干问题的解释》中的规定，以虚假、冒用的身份证办理入网手续并使用移动电话，造成电信资费损失数额较大的，以诈骗罪定罪处罚。

2. 本罪的主体为一般主体。凡是已满16周岁、具有刑事责任能力的自然人均可成为本罪的主体。

---

① 周光权：《刑法各论讲义》，126页，北京，清华大学出版社，2003。

3．本罪的主观方面为直接故意，并且具有非法占有公私财物的目的，即希望将他人财物转移为自己的财物或者使他人免除或减少自己的债务。没有这种目的，不能构成本罪。

4．本罪的客体是公私财产所有权。侵犯的对象限于公私财物。如果骗取的是其他非法利益，如假冒身份或职称而骗婚，不构成本罪。

（二）司法认定与刑事处罚

1．司法认定

（1）诈骗罪与借贷行为、代人购物拖欠货款的行为的界限。在司法实践中，有的人借贷后由于某种原因而拖欠不还，或者编造谎言骗取财物，到期不能偿还；也有的人以代人购买紧俏商品为名，骗取货款，没买到东西，又擅自挪用货款，拖欠不还。此时很容易与诈骗罪相混淆。区分的关键在于行为人主观上有无非法占有公私财物的目的。凡以非法占有为目的，不管是以借为名，还是以代购为名，只要行诈骗之实，即应以诈骗罪论处。反之，如果没有非法占有目的，即使借款时使用了一些欺骗方法，代购本身有夸大成分，也属于民事纠纷，不能定为诈骗罪。判断有无非法占有目的，应从双方关系、事情的起因、未能还款有无正当原因及有无赖账、逃避行为等方面综合分析。

（2）诈骗罪与金融诈骗罪的界限。金融诈骗罪是我国刑法分则第三章第五节所规定的犯罪。诈骗罪与金融诈骗罪是一般与特殊的关系，因此，在犯罪构成上有许多相同或相似之处。其区别主要是：第一，主体要求不完全相同。诈骗罪的主体只能由自然人构成；而金融诈骗罪的主体除自然人之外，单位在一些犯罪中，如集资诈骗罪、票据诈骗罪等，也可以成为犯罪的主体。第二，客观方面的表现不完全相同。虽然诈骗罪与金融诈骗罪在客观方面都主要表现为虚构事实、隐瞒真相，但在具体表现形式上有一些区别。诈骗罪往往直接表现为编造谎言、骗取钱财；而金融诈骗罪除表现为虚构企业计划、引进外资项目及保险事故，并以此骗取集资、贷款或保险金外，也常常表现为故意使用虚假的证明文件，使用伪造、编造或作废的汇票、本票或者信用证、信用卡以及恶意透支、收受对方当事人给付的财物后逃匿等行为。第三，侵犯的客体不同。诈骗罪侵犯的是简单客体，即公私财产所有权；而金融诈骗罪侵犯的是复杂客体，这类犯罪侵犯公私财产所有权的同时，更主要的是侵犯了金融管理秩序。

（3）诈骗罪与合同诈骗罪的界限。合同诈骗罪是刑法分则第三章第八节中所规定的一个具体犯罪。诈骗罪与合同诈骗罪的关系仍是一般与特殊的关系，二者在犯罪构成上存在相同或相似之处，同时亦存在一定的区别。其区别主要体现在以下几个方面：第一，主体要求不完全相同。诈骗罪的主体只能是自然人；而合同诈骗罪的主体可能是自然人，同时亦可能是单位。第二，客观方面的表现不完全相同。合同诈骗罪的客观方面是指在签订、履行合同过程中，骗取对方当事人的财物。显然合同诈骗罪区别于诈骗罪的显著特征是诈骗行为发生在签订、履行合同的过程中。第三，侵犯的客体不同。诈骗罪侵犯的是简单客体，即公私财产所有权；而合同诈骗罪侵犯的是复杂客体，这类犯罪在侵犯公私财产所有权的同时，亦侵犯了国家对合同行为的管理制度。

（4）诈骗罪与盗窃罪的界限。诈骗罪与盗窃罪在犯罪主体、犯罪主观方面及犯罪侵犯的客体上基本相同，一般情况下区分“骗取”与“窃取”也并不困难。不过，盗窃行为与欺骗行为联结在一起时，则有必要将二者区分开。区分二者的关键在于非法占有财物的主要方式是“骗取”还是“窃取”。例如，盗窃空白发货票或者没有盖章的空白支票，用自填金额和伪造公章的方法骗取财物的，或者盗窃公章、伪造证明，骗领财物的，非法取得财物的主要方式是蒙蔽他人，盗窃行为并不直接获得所要非法占有的财物，而只是为实现诈骗创造条件，故这类情况应认定为诈骗罪。反之，盗窃能立即兑现的有价证券或票证，如印鉴齐全的支票、不留储户印鉴的活期储蓄存折，然后冒名骗领、骗购财物的，则应定为盗窃罪，因为行为人窃取了这些有价证券或有价票证，就取得了支配财物的充分能力，骗取在占有财物过程中不起主要作用。

(5) 诈骗罪与类似行为的区分。第一，以非法占有为目的，通过伪造证据骗取法院民事裁判占有他人财物的行为所侵害的主要是人民法院正常的审判活动，可以由人民法院依照民事诉讼法的有关规定作出处理，不以诈骗罪追究行为人的刑事责任。如果行为人伪造证据时，实施了伪造公司、企业、事业单位、人民团体印章的行为，构成犯罪的，应当依照刑法第280条第2款的规定，以伪造公司、企业、事业单位、人民团体印章罪追究刑事责任；如果行为人有指使他人作伪证的行为，构成犯罪的，应当依照刑法第307条第1款的规定，以妨害作证罪追究刑事责任。第二，使用伪造、变造、盗窃的武装部队车辆号牌，骗取养路费、通行费等各种规费，数额较大的，依照诈骗罪的规定定罪处罚。第三，在预防、控制突发传染病疫情等灾害期间，假借研制、生产或者销售用于预防、控制突发传染病疫情等灾害用品的名义，诈骗公私财物数额较大的，依照刑法有关诈骗罪的规定定罪，依法从重处罚。第四，以虚假、冒用的身份证件办理入网手续并使用移动电话，造成电信资费损失数额较大的，依照诈骗罪定罪处罚。

2. 刑事处罚

我国刑法第266条对诈骗罪规定了三个档次的法定刑：(1) 诈骗公私财物，数额较大的，处3年以下有期徒刑、拘役或者管制，并处或者单处罚金。(2) 诈骗数额巨大或者有其他严重情节的，处3年以上10年以下有期徒刑，并处罚金。(3) 诈骗数额特别巨大或者有其他特别严重情节的，处10年以上有期徒刑或者无期徒刑，并处罚金或者没收财产。

在对诈骗犯罪量刑时，应当注意如下问题：

(1) 数额的认定。根据2011年3月1日公布的最高人民法院、最高人民检察院《关于办理诈骗刑事案件具体应用法律若干问题的解释》的规定，诈骗公私财物价值3 000元至1万元以上、3万元至10万元以上、50万元以上的，应当分别认定为刑法第266条规定的“数额较大”、“数额巨大”、“数额特别巨大”。各省、自治区、直辖市高级人民法院、人民检察院可以结合本地区经济社会发展状况，在前款规定的数额幅度内，共同研究确定本地区执行的具体数额标准，报最高人民法院、最高人民检察院备案。

诈骗公私财物达到上述数额标准，具有下列情形之一的，可以依照刑法第266条的规定酌情从严惩处：

1) 通过发送短信、拨打电话或者利用互联网、广播电视、报纸杂志等发布虚假信息，对不特定多数人实施诈骗的；

2) 诈骗救灾、抢险、防汛、优抚、扶贫、移民、救济、医疗款物的；

3) 以赈灾募捐名义实施诈骗的；

4) 诈骗残疾人、老年人或者丧失劳动能力人的财物的；

5) 造成被害人自杀、精神失常或者其他严重后果的。

(2) 情节的认定。诈骗数额接近“数额巨大”、“数额特别巨大”的标准，并具有前述情形之一或者属于诈骗集团首要分子的，应当分别认定为刑法第266条规定的“其他严重情节”、“其他特别严重情节”。

(3) 减免情节的把握。诈骗公私财物虽已达到上述解释第1条规定的“数额较大”的标准，但具有下列情形之一，且行为人认罪、悔罪的，可以根据刑法第37条、刑事诉讼法

第 142 条的规定不起诉或者免予刑事处罚：

1）具有法定从宽处罚情节的；

2）一审宣判前全部退赃、退赔的；

3）没有参与分赃或者获赃较少且不是主犯的；

4）被害人谅解的；

5）其他情节轻微、危害不大的。

四、抢夺罪

(一) 概念与构成

抢夺罪，是指以非法占有为目的，公然夺取数额较大的公私财物的行为。

本罪的构成要件如下：

1. 本罪的客观方面表现为公然夺取公私财物的行为。所谓公然夺取，是指在财物的所有人或者保管人在场的情况下，突然公开地把财物夺走。夺取财物的行为一般是乘人不备、出其不意，也有的表现为当着被害人的面，在被害人因患病、醉酒而防卫财物能力受到一定影响的情况下，公开夺走财物。这是抢夺罪的一个重要特征，据此可以将之与盗窃、诈骗等罪相区别。

2. 本罪的主体是一般主体。

3. 本罪的主观方面必须出自故意，并以非法占有他人财物为目的。实施抢夺罪的动机可能多种多样，但犯罪动机如何，不影响本罪的成立。

4. 本罪的客体是公私财物的所有权。侵犯的对象是各种公私财物。但是，抢夺特定财物，如枪支、弹药、爆炸物或公文、证件、印章等，应依照刑法有关规定论处，不构成本罪。另外，本罪的行为对象只能是动产，并且是有形物。

(二) 司法认定与刑事处罚

1. 司法认定

(1) 抢劫罪与抢夺罪的界限。抢劫罪与抢夺罪的主体都是一般主体（具体的刑事责任年龄要求不同），主观上都出自直接故意，并以非法占有为目的，客观方面都包含当着被害人的面公然实施取得财物的行为。二者的区别主要有：1）客观方面的表现不同。抢劫罪是采用暴力、胁迫或者其他手段迫使被害人交出财物或者直接将财物抢走，而抢夺罪是公然夺取财物。在区分抢劫罪与抢夺罪界限时，我们要特别注意司法实践中常常发生的夺取财物过程中造成被害人伤害的情况，如夺取耳环时将耳垂拉伤；乘人不备猛夺他人手中财物，致被害人跌倒摔伤等。此时，认定是抢劫罪还是抢夺罪，关键是把握两点：第一，要看强力的作用对象和使用目的。抢夺罪的抢夺财物虽也使用一定强力，但这种强力不是暴力，它直接作用于被抢夺的财物，目的是将财物夺到手中，而不像抢劫罪中使用的暴力那样直接指向被害人人身，具有排除被害人反抗的性质和目的。第二，要看伤害是否犯罪分子有意为之。在构成抢劫罪的场合，行为人是有意造成暴力取财；而在构成抢夺罪的场合，造成伤害的结果往往是行为人在抢夺财物过程中，由于用力过猛等原因无意中造成的，行为人并未有意识地以此作为攫取财物的手段。如果行为人原来没有打算使用暴力取财，但在夺取财物时遭到抗拒，转而使用暴力、威胁方法强行劫财，致使被害人受到伤害的，应以抢劫罪论处。2）侵犯的客体不同。抢劫罪侵犯的是复杂客体，即公私财物所有权和公民的人身权利，而抢夺罪侵犯的是简单客体，即公私财物所有权。

(2) 根据最高人民法院 2002 年 7 月 16 日发布的《关于审理抢夺刑事案件具体应用法

律若干问题的解释》的规定，实施抢夺行为，附带造成被害人重伤、死亡等后果的，同时构成抢夺罪与过失致人重伤、过失致人死亡等罪的，根据竞合犯的处罚原则，从一重罪处断。

2. 刑事处罚

依照刑法第267条第1款的规定，抢夺罪的处罚包括三种情况：

（1）抢夺公私财物，数额较大的，处3年以下有期徒刑、拘役或者管制，并处或者单处罚金。

（2）数额巨大或者有其他严重情节的，处3年以上10年以下有期徒刑，并处罚金。

（3）数额特别巨大或者有其他特别严重情节的，处10年以上有期徒刑或者无期徒刑，并处罚金或者没收财产。

根据最高人民法院2002年7月16日发布的《关于审理抢夺刑事案件具体应用法律若干问题的解释》的规定，对抢夺罪的处罚，依照下列标准掌握：1）抢夺财物价值人民币500元至2 000元以上的，为数额较大；2）抢夺公私财物价值人民币5 000元至2万元的，为数额巨大；3）抢夺公私财物价值人民币3万元至10万元以上的，为“数额特别巨大”。抢夺财物达到数额较大的标准，具有下列情形之一的，以抢夺罪从重处罚：1）抢夺残疾人、老年人、不满14周岁未成年人的财物的；2）抢夺救灾、抢险、防汛、优抚、扶贫、移民、救济等款物的；3）1年内抢夺3次以上的；4）利用行驶的机动车辆抢夺的。抢夺公私财物，未经行政处罚处理的，依法应当追诉的，抢夺数额累计计算。

五、聚众哄抢罪

聚众哄抢罪，是指以非法占有为目的，聚集多人公然抢夺公私财物，数额较大或者情节严重的行为。本罪的构成要件如下：（1）本罪的客观方面表现为聚众哄抢，公然夺取公私财物，数额较大或情节严重的行为。所谓“聚众”，是指聚集多人，一般为3人以上。所谓“哄抢”，是指蜂拥而上，抢夺占有。“哄”是表现形式，“抢”是本质特征。（2）本罪的主体为一般主体，凡是年满16周岁、具有刑事责任能力的自然人均可成为本罪的主体。需要指出的是，在参加聚众哄抢的行为人中只有首要分子和积极参加的人才能成为本罪的主体。（3）本罪的主观方面为故意，并且具有非法占有公私财物的目的。（4）本罪的客体是公私财产所有权，侵犯的对象是公私财物。依照我国刑法第268条的规定，构成本罪的，处3年以下有期徒刑、拘役或者管制，并处罚金；数额巨大或者有其他特别严重情节的，处3年以上10年以下有期徒刑，并处罚金。

六、侵占罪

（一）概念与构成

侵占罪，是指以非法占有为目的，将代为保管的他人财物或者发现的他人的遗忘物、埋藏物非法占为己有，数额较大，拒不退还或拒不交出的行为。

本罪的构成要件如下：

1. 本罪的客观方面表现为非法占有他人财物，数额较大，拒不退还或拒不交出的行为。具体来说，本罪在客观方面包含三个要素：

（1）非法占有他人财物的行为。所谓非法占有，是指行为人在没有法律根据的情况下，侵犯权利人的利益，自行侵吞、占有、使用或处分他人的财物。这里的“他人财物”，有两种情况：一是自己代为保管的他人财物。所谓代为保管，是指接受他人委托或者根据事实上的管理而成立的对他人财物的持有、管理。“他人财物”既可以是其他人个人的财物，也可以是其他单位的财物。行为人基于委托关系或事实上的管理而拥有的对他人财物的持有和管理权，是构成侵占罪的前提条件。如果不是将代为保管的他人财物占为己有，而是用盗窃、抢夺、诈骗等方法占有他人财物，不构成本罪。二是他人的遗忘物或者埋藏物。关于“遗忘物”的确定，或者说“遗忘物”与“遗失物”的关系，理论界有两种观点。一种观点认为，所谓“遗忘物”，是指由于财物所有人、持有人的不慎而失去占有、控制的财物。遗忘物的特点是失主发现遗忘后，可以比较准确地回忆起财物在什么时间、什么地点脱离自己的控制，拾得者一般也能知道失主。另一种观点认为，“遗忘物”和“遗失物”不应该加以区分。因为“第一，遗忘物与遗失物具有不可分性。从这两个词上考察，遗失强调的是客观方面，即物主丧失了对财物的控制，遗忘则强调了主观方面，即物主之所以丧失对财物的控制，是主观上遗忘的结果；第二，根据我国刑法中的犯罪构成理论，一个人的行为是否构成犯罪，主要取决于其自身的行为以及主观心理状态。根据遗忘物与遗失物区分说，当行为人将某一无人控制的财物非法占为己有的时候，如果财物所有人能够准确地回忆起财物遗置的时间、地点，该物为遗忘物，行为人构成侵占罪；反之，则是遗失物，行为人不构成侵占罪”①。我们认为，行为是否构成犯罪，应以行为人自己的主观认识为判断依据，而不应以财物所有人的主观状态作为判断依据，况且，二者的区分标准很难把握，丧失控制时间的长短、是否能回忆起财物遗置的时间、地点并不足以将两者区分开来，二者的共同本质在于都是财物所有人非出于本意而丧失了对财物的控制。所以，坚持遗忘物与遗失物同一说更为合理。所谓“埋藏物”，一般是指很久以前埋藏在地下，所有人不明的财物。埋藏物的所有权属于国家所有。在理解埋藏物的时候，我们要注意“文物”的地位。对于文物，有学者认为“不属于所有人不明的埋藏物，不属于国家所有”。意即文物不属于侵占罪中所指的埋藏物，对于它的侵占，不构成侵占罪。还有学者认为，“埋藏物，即埋藏之物，包括一般物品和地下文物。侵占埋藏物当然包括侵占地下埋藏的文物。要区别这种侵占行为与盗掘古墓葬罪的界限，不在于犯罪对象是否属于文物，而在于其行为是否符合侵占罪的特征”。我们同意第二种观点。从本质上讲，文物具有埋藏物的特征：它是埋藏于土地中的动产。那么就没有理由将其排斥在埋藏物的范围之外。如果行为人予以侵占，同样构成侵占罪。另外需要注意的一个问题是，埋藏物的所有人既可以是明确的也可以是不明确的，但要求它必须不在任何人的占有、控制之下。如果在他人的有效控制之下（尽管所有人可能不明知），如埋藏于他人的庭院中、墙壁中或天棚中，则无论如何都不属于我们所讨论的埋藏物的概念。对于侵占这种财物的行为，不能以侵占罪来论处，而应当定盗窃罪。

（2）行为人所侵占的财物数额较大。不管是侵占代为保管的他人财物，还是侵占遗忘物、埋藏物，都必须达到数额较大的程度，否则不构成犯罪。

（3）拒不退还或拒不交出。这是指行为人非法侵占财物，被人发现，经所有人要求其退还或交出时，仍不予退还或交出。如果行为人虽然有非法侵占的行为，但经权利人要求退还，交出了所侵占的财物，则不构成犯罪。

以上三点是侵占行为不可缺少的三个方面，缺少其中之一则侵占罪不能成立。

2. 本罪的主体为一般主体，即任何已满16周岁、具有刑事责任能力的自然人均可以

① 陈兴良：《侵占罪研究》，载《刑事法判解》，第2卷，16页，北京，法律出版社，2000。

成为本罪的主体。

3. 本罪的主观方面为故意，并且具有非法占有他人财物的目的。

4. 本罪的客体为公私财物所有权。本罪的犯罪对象可以是动产也可以是不动产，但不是所有的不动产都可以，如土地。根据我国《民法通则》以及《土地管理法》的规定，土地属于国家所有或者劳动者集体所有，个人只能取得土地的使用权，不可能取得所有权。既然如此，某人将自己代管的他人土地长期占有而不归还，只是一种恶意占用的行为，不是从根本上取得财物的行为。而侵占罪是一种取得罪即取得所有权的犯罪，因此土地不能成为侵占罪的对象。房屋可以通过登记而取得所有权，把代管的他人房屋以自己的名义登记取得所有权，或者将房屋私自出卖给他人取得金钱，都有可能构成侵占罪。动产中既包括有体物也包括电力、煤气等无体物。另外，我们还要注意，非法取得的财物可否成为侵占罪的犯罪对象。比如说侵占盗窃或者其他财产犯罪所得赃物的行为，在现实生活中也时有发生。对于这种情况，应当根据具体情形分别处理。"（1）行为人明知代为保管或代为销售的是他人犯罪所得赃物，日后将该财物非法转为己有，或者非法占有其销赃所得，分别构成掩饰、隐瞒犯罪所得、犯罪所得收益罪和侵占罪，应当作为牵连犯，从一重罪处断；（2）行为人不知代为保管或代为销售的财物是赃物，将其非法转为己有的应以侵占罪论处；（3）在其他人犯罪之后或者在犯罪过程中代为保管用于犯罪的财物，不知该物的非法性质，将该财物据为己有，不构成其他犯罪的共犯，只能以侵占罪论处；（4）行为人参与走私、贩毒、贿赂或者其他犯罪，并管理用于犯罪的财物，乘机将共有的或他人财物非法转为己有的，应当以其参与的具体犯罪论处，一般不定侵占罪。"①

（二）司法认定与刑事处罚

1. 司法认定

（1）侵占罪与不当得利的界限。不当得利，是指没有法律根据，使他人的利益受到损害而获得的一种不正当利益。不当得利的受益人与侵占罪的行为人虽都表现为非法占有他人财物，但二者有重要区别：第一，二者非法占有他人财物的故意形成的时间不同。侵占罪的行为人在实施侵占行为之前，就产生了明知是他人财物而将其非法占有的故意；而不当得利的受益人在取得不当利益之前，根本没有占有他人财物的故意。第二，二者的行为方式不同。侵占罪的行为人获得财物的方式可以表现为作为，也可以表现为不作为，但非法占有他人财物这一事实是行为人积极促成的；而不当得利法律事实的出现是由于受害人的疏忽、过错造成的，受益人获得不正当利益是被动的。第三，行为性质不同。侵占罪是一种犯罪行为，行为人不仅要被追究刑事责任，而且还必须依法承担民事责任；而不当得利的行为是一种轻微的民事违法行为，不当得利的受益人只需承担返还该不当得利的民事责任。

（2）侵占罪与盗窃罪的界限。侵占罪与盗窃罪均为一般主体，主观上都具有非法占有公私财物的目的，侵犯的客体均为公私财产所有权。二者的主要区别有：第一，犯罪故意形成的时间不同。侵占罪的非法占有行为实施之前，已经合法持有他人财物，犯罪故意产生在合法持有他人财物之后；而盗窃罪则是在持有他人财物之前产生盗窃犯罪故意，并进而实施盗窃财物的行为。第二，客观方面的表现不同。侵占罪在客观方面的特点是行为人在实施侵占行为时被侵占之物已在其实际控制之下，行为人进而对自己持有的他人财物，

---

① 王作富：《论侵占罪》，载《法学前沿》，1997年第1辑，43～44页，北京，法律出版社，1997。

以种种理由或者手段拒不归还给财物的所有人、管理人，从而据为己有，而且非法占有他人财物的行为与持有他人财物之间没有直接的因果关系；盗窃罪在客观方面则表现为，行为人在实施非法占有公私财物的行为时，财物并不在行为人的实际控制之下，行为人通过秘密窃取的方法将他人的财物非法转归己有，而且行为人持有他人财物的不法状态是实施的盗窃行为引起的结果，盗窃行为与持有他人财物的不法状态之间具有因果关系。第三，犯罪对象不同。侵占罪的犯罪对象只能是行为人事先代为保管的他人财物、他人的遗忘物或者埋藏物；而盗窃罪的犯罪对象可以是任何公私财物。

2. 刑事处罚

依照我国刑法第 270 条的规定，犯本罪的，处 2 年以下有期徒刑、拘役或者罚金；数额巨大或者有其他严重情节的，处 2 年以上 5 年以下有期徒刑，并处罚金。本条第 3 款还规定，犯本罪的，告诉的才处理。

七、职务侵占罪

（一）概念与构成

职务侵占罪，是指公司、企业或者其他单位的人员，利用职务上的便利，将本单位财物非法占为己有，数额较大的行为。

本罪的构成要件如下：

1. 本罪的客观方面表现为利用职务上的便利，将本单位财物非法占为己有，数额较大的行为。具体而言，构成本罪必须同时具备三个行为要件：(1) 侵占行为必须利用职务上的便利，即利用自己在职务上所具有的主管、管理或者经手本单位财物的方便条件。如果行为人没有利用自己的职务上的便利，不构成本罪。(2) 必须是将本单位的财物非法占为己有。非法占有可以采取侵吞、盗取、骗取等各种手段，但非法占有的财物必须是本单位的财物，如果行为人占有的不是本单位的财物，不构成本罪。(3) 侵占财物必须达到数额较大。根据 2001 年 4 月 18 日最高人民检察院、公安部《关于公安机关管辖刑事案件立案追诉标准的规定（二）》第 84 条的规定，“数额较大”是指 5 000 元至 1 万元以上。是否达到数额较大的标准，是本罪与非罪的重要界限。

2. 本罪的主体为公司、企业或者其他单位的人员。“其他单位”，是指除公司、企业以外的一切其他单位，包括国家机关，国有、集体或者民办事业单位以及各类团体。根据刑法第 271 条第 2 款的规定，本罪主体只能限定为公司、企业或者其他单位中不具有国家工作人员身份的人。这些单位中的国家工作人员侵占本单位财物的，应以贪污罪定罪处罚。

3. 本罪的主观方面出自故意，并且具有非法占有本单位财物的目的。

4. 本罪的客体是公司、企业或者其他单位的财物所有权。侵犯的对象则为行为人所属公司、企业等单位的财物。

（二）司法认定与刑事处罚

1. 司法认定

认定职务侵占罪，应主要划清其与侵占罪的界限。二者主观上都以非法占有公私财物为目的，侵犯的客体都是公私财物的所有权。但二者有明显的区别：第一，犯罪的主体不同。职务侵占罪为公司、企业或者其他单位中不具有国家工作人员身份的人；而侵占罪的主体为一般主体。第二，客观方面表现不同。职务侵占罪表现为利用职务上的便利，将本单位的财物非法占为己有；而侵占罪则表现为将代为保管的他人财物或者发现的他人的遗忘物、埋藏物非法占为己有，拒不退还或拒不交出。第三，犯罪侵犯的对象不同。二者侵犯的对象虽均为公私财物，但具体范围不同。职务侵占罪的对象是本单位所有的财物，而侵占罪的对象则可以是代人保管的他人财物或发现的遗忘物、埋藏物。

2. 刑事处罚

依照我国刑法第271条的规定，犯本罪的，处5年以下有期徒刑或者拘役；数额巨大的，处5年以上有期徒刑，可以并处没收财产。

八、挪用资金罪

(一) 概念与构成

挪用资金罪，是指公司、企业或者其他单位的工作人员，利用职务上的便利，挪用本单位资金归个人使用或者借贷给他人的行为。

本罪的构成要件如下：

1. 本罪的客观方面表现为利用职务上的便利，挪用本单位资金归个人使用或者借贷给他人的行为。其中包含三个要件：(1) 行为人实施了挪用本单位资金的行为，即行为人未经合法批准而擅自将本单位资金挪作他用。(2) 行为人挪用本单位资金的行为是利用职务上的便利实施的，即行为人利用自己管理、调配、使用、经手本单位资金的方便条件实施的。(3) 行为人挪用本单位资金是归个人使用或者借贷给他人。“归个人使用”，是指将本单位资金挪归自己使用；“借贷给他人”，是指将本单位资金借给他人使用，一般是借给自己的亲朋好友使用或借给其他的公司、企业等单位使用。具体说来又有三种情形：一是挪用本单位资金归个人使用或者借贷给他人，数额较大，超过3个月未还的。二是挪用本单位资金归个人使用或者借贷给他人，虽未超过3个月，但数额较大，进行营利活动的。“进行营利活动”，是指用所挪用的资金进行经营或其他获取利润的行为，至于是否实际获得利润不影响本罪的成立。三是挪用本单位资金归个人使用或者借贷给他人，进行非法活动的。非法活动，包括违法行为和犯罪行为。以上三种情形，行为人只要具备其一，并同时具备条件 (1)、(2)，即可构成本罪。

2. 本罪的主体只能是公司、企业或者其他单位中不具有国家工作人员身份的人。这些单位中的国家工作人员利用职务上的便利，挪用本单位资金归个人使用或者借贷给他人的，应以挪用公款罪定罪处罚。

3. 本罪的主观方面必须出自故意，且具有归还的意图。基于何种动机，不影响本罪的成立。

4. 本罪的客体是复杂客体，其中主要是公司、企业或者其他单位的财产所有权，另外还侵犯了公司、企业或者其他单位的财经管理制度。

(二) 司法认定与刑事处罚

1. 司法认定

(1) 挪用资金罪与非罪的界限。挪用资金的行为是否构成犯罪，应当根据挪用金额多少，挪用时间长短以及挪用资金后的用途进行综合、具体分析。第一，一般说来，挪用本单位资金供个人进行非法活动的，不论挪用资金多少，挪用时间长短，均要认定为犯罪。不过，如果挪用数额很小，案发前又已归还，可通过“情节显著轻微，不认为是犯罪”的刑法第13条但书规定来处理。第二，挪用本单位资金供个人进行营利活动的，应注意挪用资金的数额。如果挪用本单位资金的数额达到“较大”，不论挪用时间长短，一律构成犯罪。第三，挪用本单位资金归个人使用，用于非法活动、营利活动以外的用途，或者借贷给他人的，则要同时考虑挪用的数额和挪用的时间。如果挪用本单位资金的数额达到“较大”，而且超过3个月未还的，应作为犯罪处理。

（2）挪用资金罪与职务侵占罪的界限。挪用资金罪与职务侵占罪的犯罪主体完全相同，主观方面都是故意犯罪，犯罪对象都包含有本单位资金，客观上又都表现为利用职务上的便利，有时容易发生混淆。区别二者主要从三个方面来把握：第一，犯罪对象的范围不同。挪用资金罪的犯罪对象只限于本单位的资金；而职务侵占罪的犯罪对象既包括本单位的资金，也包括其他财物。第二，犯罪的手段、方式不同。挪用资金罪表现为不采用转移所有权的方法，只是将本单位资金挪归个人使用或借给他人使用；而职务侵占罪则表现为以侵吞、盗取、骗取等手段，非法占有本单位的财物。第三，犯罪目的不同。挪用资金罪是以非法使用为目的，挪用以后要归还；而职务侵占罪则以永久非法占有为目的。这是区分两罪的关键。

（3）挪用资金罪与挪用特定款物罪的界限。挪用资金罪和挪用特定款物罪都表现为故意违反财经管理制度的挪用行为，但二者分别为不同的犯罪。主要区别是：第一，犯罪主体不同。挪用资金罪的主体为公司、企业或者其他单位中的不具有国家工作人员身份的人；而挪用特定款物罪的主体则为掌管、经手救灾、抢险、防汛、扶贫、移民、救济款物的直接责任人员。第二，犯罪对象不同。挪用资金罪的犯罪对象必须是本单位的资金；而挪用特定款物罪的犯罪对象必须是用于救灾、抢险、防汛、优抚、扶贫、移民和救济的款物。第三，用途不同。挪用资金罪所挪用的资金限于归个人使用或借贷给他人；挪用特定款物罪所挪用的款物只限于公用。第四，对危害结果的要求不同。挪用资金罪没有明确限定要具备何种危害结果才构成犯罪；挪用特定款物罪则限定要情节严重，致使国家和人民群众利益遭受重大损害的，才构成犯罪。第五，侵犯的直接客体不完全相同。挪用资金罪侵犯的直接客体是公司、企业或者其他单位的财产所有权和财经管理制度；而挪用特定款物罪侵犯的直接客体是公私财物的所有权和特定款项的专款专用制度。

2. 刑事处罚

依照我国刑法第272条的规定，犯本罪的，处3年以下有期徒刑或者拘役；挪用本单位资金数额巨大的，或者数额较大不退还的，处3年以上10年以下有期徒刑。

九、挪用特定款物罪

挪用特定款物罪，是指违反财经管理制度，挪用用于救灾、抢险、防汛、优抚、扶贫、移民、救济款物，情节严重，致使国家和人民群众利益遭受重大损害的行为。本罪的构成要件如下：（1）本罪的客观方面表现为违反财经管理制度，挪用特定款物，情节严重，致使国家和人民群众利益遭受重大损害的行为。“违反财经管理制度”，主要是指违反特定款物专款专用的制度。“挪用”，是指不经合法批准，擅自将自己经管或支配的救灾、抢险、防汛、优抚、扶贫、移民、救济款物调拨、使用到其他方面。“情节严重，致使国家和人民群众利益受到重大损害”，主要是指：挪用特定款物数额巨大的；利用挪用款物大肆挥霍浪费的；对生产和人民群众生活造成重大困难和影响的；等等。挪用特定款物情节严重，致使国家和人民群众利益遭受重大损害，是构成本罪的必要条件。如果只有挪用特定款物的行为，但没有达到情节严重、致使国家和人民群众利益遭受重大损害的程度，不构成犯罪。此外，构成本罪还要求是将特定款物挪作公用，如修建楼堂馆所、从事商业经营、购置小轿车等。如果挪用特定款物归个人使用，则应以挪用公款罪论处。（2）本罪的主体为特殊主体，即掌管、经手救灾、抢险、防汛、优抚、扶贫、移民、救济款物的直接责任人员。（3）本罪的主观方面是故意。（4）本罪的客体是复杂客体，其中主要是公私财产的所有权，另外还有财经管理制度。犯罪对象只限于救灾、抢险、防汛、优抚、扶贫、移民、救济款物。根据相关司法解释，失业保险基金和下岗职工基本生活保障资金属于救济款物。挪用其他款物的，不构成本罪。

依照我国刑法第273条的规定，犯挪用特定款物罪的，对直接责任人员，处3年以下有期徒刑或者拘役；情节特别严重的，处3年以上7年以下有期徒刑。

十、敲诈勒索罪

（一）概念与构成

敲诈勒索罪，是指以非法占有为目的，对被害人以将要实施暴力或其他损害相威胁，强行索要公私财物，数额较大或者多次进行敲诈勒索的行为。

本罪的构成要件如下：

1. 本罪的客观方面表现为使用威胁或者要挟的方法，迫使被害人交付财物。威胁和要挟，是指通过对被害人及其亲属精神上的强制，使其在心理上产生恐惧，产生压力。威胁与要挟的方法可以有多种表现。从形式上看，威胁、要挟可以面对被害人直接发出，也可以通过第三者或者用书信等方式发出；既可以采用明示的方法，也可以通过暗示达到目的。从威胁的内容上看，可以以危害生命、健康、自由相威胁，也可以以损害人格、名誉或者毁坏财产相要挟，这种威胁必须是非法的，假如为追回债务而以告上法院相威胁，就不是敲诈勒索罪的威胁。从威胁侵害的对象上看，可以是财产的所有者、保管者本人，也可以是他们的亲属。一般而言，威胁内容的实现不具有当场性，而是扬言在以后某个时间付诸实施。所谓迫使被害人交付财物，是指行为人通过实施威胁、要挟的手段，使被害人产生恐惧心理，不得不交出财物。至于取得财物的时间，可以是当场，也可以是在若干时日以内。此外，敲诈勒索公私财物还必须是数额较大或者多次进行敲诈勒索的，才能构成犯罪。根据《刑法修正案（八）》的规定，"多次敲诈勒索"，是指行为人的敲诈勒索的数额虽未达到较大，但是行为人一贯或者多次实施敲诈勒索行为，屡教不改。

2. 本罪的主体为一般主体。

3. 本罪的主观方面只能是直接故意，并以非法占有公私财物为目的。

4. 本罪的客体为复杂客体，其中主要侵害的是公私财物所有权，其次侵害的是公民的人身权利。犯罪对象是各种公私财物，包括动产、不动产以及财产利益。

（二）司法认定与刑事处罚

1. 司法认定

（1）敲诈勒索罪的既遂与未遂。敲诈勒索罪既遂与未遂的标准问题，在刑法理论界和司法实践中，一直是个有争议的问题。因为敲诈勒索罪既侵犯财产权利，又侵犯人身权利，那么，究竟以实际取得财物为既遂标准，还是以侵犯人身权利作为既遂标准，学者持有不同看法。我们认为，尽管敲诈勒索罪是一种侵犯复杂客体的犯罪，但判断犯罪既遂与未遂，仍然要以犯罪构成条件的齐备与否作为衡量标准。从我国刑法第274条的规定来看，敲诈勒索罪是一种侵犯财产的犯罪，因此，应当以是否实际取得财物作为既遂与未遂的区别标准。使用威胁、要挟手段使被害人产生恐惧交出财物的，构成犯罪既遂。如果着手实施威胁后，被害人未产生恐惧，没有交付财物，或虽恐惧，尚未交出财物，犯罪行为因意志以外原因被迫停止的，构成犯罪未遂。如果因被害人没有交出财物，行为人将威胁内容付诸实施，又构成其他犯罪的，与敲诈勒索罪（未遂）数罪并罚。如果因勒索遭被害人拒绝而立即使用暴力或以立即使用暴力相威胁，当场将财物抢走的，应以抢劫罪定罪处罚。

（2）敲诈勒索罪与抢劫罪的界限。敲诈勒索罪与抢劫罪的界限主要是指敲诈勒索罪与用胁迫方法实施的抢劫罪的界限。二者的区别主要有四点：第一，威胁的方式不同。敲诈勒索罪的威胁，可以当着被害人的面，也可以通过第三者或者书信、电话等其他间接方式发出；而抢劫罪的威胁是当着被害者的面直接发出。第二，实施威胁的时间不同。敲诈勒索罪的威胁内容一般不具有立即兑现的性质，从威胁发生到威胁内容付诸实施之间有一定的时间间隔；而抢劫罪威胁使用的暴力侵害则是能够当场付诸实施的，如被害人拒绝交出财物，就会立即遭到伤害或杀害。第三，威胁的内容不完全相同。敲诈勒索罪的威胁内容比较广泛，除杀害、伤害等可以当场实现的暴力侵害外，也可以是当场不易实现的非暴力侵害，如揭发隐私、告发违法犯罪等；而抢劫罪的威胁，只能是当场可以实现的暴力侵害。第四，意图获得非法利益的性质和时间不完全相同。敲诈勒索罪意图获得的既可以是财物，也可以是其他财产利益，取得财物的时间既可以是当场，也可以是以后某个时间；而抢劫罪意图获得的只能是财物，而且是当场取得财物。

（3）敲诈勒索罪与诈骗罪的界限。敲诈勒索罪主要是靠赤裸裸的威胁方法恐吓被害人，使其感到害怕而被迫交出财物，但有时也可能包含一些诈骗的因素，如诈称损害发生由被害人引起，如不给财物，就要予以报复。此时，不能因为有欺诈的因素在内，就按诈骗罪处理。认定这类犯罪的性质，关键是看获取财物的手段主要是虚构事实欺诈还是威胁、恐吓。如果主要是靠欺骗手段，使被害人“自愿”交出财物，应认定为诈骗罪；如果主要是靠威胁、恐吓手段获取财物，即使有欺骗的因素，也只能构成敲诈勒索罪。

（4）敲诈勒索罪与绑架罪的界限。敲诈勒索罪与绑架罪的界限主要是指敲诈勒索罪与以勒索财物为目的的绑架罪之间的界限。二者之间的区别有三点：第一，敲诈勒索罪是以将要实施的侵害相威胁，强索公私财物，没有实施绑架行为；以勒索财物为目的的绑架罪则主要通过绑架人质，以交换人质为条件，逼人质的亲友交出财物。第二，敲诈勒索罪的威胁既可以是暴力侵害，也可以是非暴力侵害，且都是以后才付诸实施的；以勒索财物为目的的绑架罪则是以杀害、伤害人质相威胁，而且因发出勒索令时人质已在其掌握之中，威胁内容随时都可能付诸实施，具有加害的现实性和紧迫性。第三，敲诈勒索罪是直接从被害人手中取得财物；以勒索财物为目的的绑架罪则是从被绑架的人质的亲友或所在组织处取得财物。

2. 刑事处罚

我国刑法第 274 条和《刑法修正案（八）》对敲诈勒索罪的处罚规定了三个量刑档次：（1）数额较大或者多次敲诈勒索的，处 3 年以下有期徒刑、拘役或者管制，并处或者单处罚金；（2）数额巨大或者有其他严重情节的，处 3 年以上 10 年以下有期徒刑，并处罚金；（3）数额特别巨大或者有其他特别严重情节的，处 10 年以上有期徒刑，并处罚金。根据最高人民法院 2000 年 5 月 12 日发布的《关于敲诈勒索罪数额认定标准问题的规定》，“数额较大”，是以 1 000 元至 3 000 元为起点；“数额巨大”，是以 1 万元至 3 万元为起点的。同时规定，各省、自治区、直辖市高级人民法院可以根据本地区实际情况，在上述数额幅度内，研究确定本地区执行的敲诈勒索罪“数额较大”、“数额巨大”的具体数额标准，并报最高人民法院备案。这里所说的“其他严重情节”，主要是指：是敲诈勒索罪的累犯或者惯犯；是共同犯罪的首要分子；冒充国家工作人员敲诈勒索的；敲诈勒索手段恶劣或者造成严重后果的等。数额特别巨大或者有其他特别严重情节是《刑法修正案（八）》新增设的加重处罚情节，因《刑法修正案（八）》刚刚生效，数额特别巨大的标准还有待最高人民法院、最高人民检察院作出进一步的司法解释。至于“其他特别严重情节”，主要指黑社会组织成员实施敲诈勒索行为，情节恶劣的；多次实施敲诈勒索行为并且数额巨大或有其他严重情节的；敲诈勒索手段特别恶劣；以及敲诈勒索行为造成了特别严重的后果；等等。

十一、故意毁坏财物罪

故意毁坏财物罪，是指故意毁灭或者损坏公私财物，数额较大或者情节严重的行为。本罪的构成要件如下：（1）本罪的客观方面表现为故意毁坏公私财物，数额较大或者有其他严重情节的行为。所谓毁坏，是指毁灭、损坏，也就是使财物的价值或使用价值全部丧失或使物品受到破坏而部分地丧失价值或使用价值。毁坏的方法各种各样，但如果使用放火、爆炸等危险方法毁坏公私财物，而且足以危害公共安全的，则应以放火罪、爆炸罪等危害公共安全罪论处。同时，故意毁坏公私财物必须达到数额较大或情节严重的程度。（2）本罪的主体为一般主体。（3）本罪的主观方面表现为故意，犯罪目的只是毁坏公私财物，使其丧失价值，而不是非法占有。这一点是本罪与其他侵犯财产罪的重要区别。本罪的动机各种各样，如报复、泄愤、嫉妒、对现实情况不满等。过失毁坏公私财物的，不构成本罪。（4）本罪的客体是公私财物所有权，侵犯的对象是各种公私财物。但是破坏某些特定的公私财物，侵犯了其他客体，如故意毁坏使用中的交通工具、通讯设备等，不构成本罪。

依照我国刑法第275条的规定，犯本罪的，处3年以下有期徒刑、拘役或者罚金；数额巨大或者有其他特别严重情节的，处3年以上7年以下有期徒刑。

十二、破坏生产经营罪

破坏生产经营罪，是指由于泄愤、报复或者其他个人目的，毁坏机器设备、残害耕畜或者以其他方法破坏生产经营的行为。本罪的构成要件如下：（1）本罪的客观方面表现为毁坏机器设备、残害耕畜或者以其他非法方法破坏生产经营的行为。这里的“其他方法”，指除本条所列举的方法以外的其他任何方法，如破坏锅炉，切断电源，拆毁重要机器部件，毁坏庄稼、果树，破坏排灌设备等。（2）本罪的主体为一般主体，即达到刑事责任年龄、具有刑事责任能力的自然人。（3）本罪的主观方面是故意，并且具有泄愤、报复或者其他个人目的。所谓“其他个人目的”，主要是指为了称霸一方、打击竞争对手或者谋取其他不正当的利益，如通过破坏机器设备达到怠工、停工休息的目的。（4）本罪的客体是生产经营活动。所谓“生产经营活动”，是指一切生产、流通、交换、分配环节中的正常生产和经营行为。本罪侵犯的对象为生产经营中正在使用的设备和用具。如果是侵犯闲置不用的设备、用具或者非生产、经营性的设备和用具，均不构成本罪。此外，构成本罪一般不以直接毁损财物的经济价值为标准。即使只是一个小小的机器零件，只要破坏行为足以造成停工、停产的后果，就可构成本罪。

依照我国刑法第276条的规定，犯本罪的，处3年以下有期徒刑、拘役或者管制；情节严重的，处3年以上7年以下有期徒刑。

十三、拒不支付劳动报酬罪

拒不支付劳动报酬罪，是指有能力支付而不支付或者以转移财产、逃匿等方法逃避支付劳动者的劳动报酬，情节恶劣的行为。本罪的主要特征是：（1）本罪的客观方面表现为一种对劳动报酬支付义务的不作为，即有能力支付而不支付或者以转移财产、逃匿等方法逃避支付劳动者的劳动报酬，数额较大，经政府有关部门责令支付仍不支付的行为。(2) 本罪的主体可以为自然人和单位，《刑法修正案（八）》规定，“单位犯前款罪的，对单位判处罚金，并对其直接负责的主管人员和其他直接责任人员，依照前款规定处罚。”(3) 本罪在主观方面只能是出自故意，即只能是故意不履行支付劳动者劳动报酬的义务时，才能定罪处罚。此外，如果行为人实施了上述行为，但尚未造成严重后果，在提起公诉前支付了劳动者的劳动报酬，并依法承担相应的赔偿责任的，可以减轻或者免除处罚。

依照我国刑法第 276 条之一的规定，犯本罪的，处 3 年以下有期徒刑或者拘役，并处或单处罚金；造成严重后果的，处 3 年以上 7 年以下有期徒刑，并处罚金。

【附录】

一、司法考试真题

(一) 选择题

1. 甲向法院提起诉讼，要求乙偿还借款 12 万元，并向法院提供了盖有乙的印章、指纹的借据及附件，后法院判决乙向甲偿还“借款”12 万元。经乙申诉后查明，上述借据及附件均系甲伪造，乙根本没有向甲借款。甲的行为属于什么性质？(　　)

A. 民事欺诈，不成立犯罪　　B. 诈骗罪

C. 合同诈骗罪　　D. 票据诈骗罪

答案：B

2. 王某利用计算机知识获取某公司上网账号和密码后，以每 3 个月 100 元的价格出售上网账号和密码，从中获利 5 000 元，给该公司造成 4 万元的损失。对此，下列哪个说法是正确的？(　　)

A. 王某的行为构成盗窃罪，盗窃数额为 5 000 元

B. 王某的行为构成诈骗罪，诈骗数额为 5 000 元

C. 王某的行为构成盗窃罪，盗窃数额为 4 万元

D. 王某的行为构成诈骗罪，诈骗数额为 4 万元

答案：C

3. 李某系 A 市建设银行某储蓄所记账员。2002 年 3 月 20 日下午下班时，李某发现本所出纳员陈某将 2 万元营业款遗忘在办公桌抽屉内（未锁）。当日下班后，李某趁所内无人之机，返回所内将该 2 万元取出，用报纸包好后藏到自己办公桌下面的垃圾袋中，并用纸箱遮住垃圾袋。次日上午案发，赃款被他人找出。对此，下列哪一说法是正确的？(　　)

A. 李某的行为属于贪污既遂　　B. 李某的行为属于贪污未遂

C. 李某的行为属于盗窃既遂　　D. 李某的行为属于盗窃未遂

答案：C

4. 张某乘坐出租车到达目的地后，故意拿出面值 100 元的假币给司机钱某，钱某发现是假币，便让张某给 10 元零钱，张某声称没有零钱，并执意让钱某找零钱。钱某便将假币退还张某，并说：“算了，我也不要出租车钱了。”于是，张某对钱某的头部猛击几拳，还吼道：“你不找钱我就让你死在车里。”钱某只好收下 100 元假币，找给张某 90 元人民币。张某的行为构成何罪？(　　)

A. 使用假币罪　　B. 敲诈勒索罪
C. 抢劫罪　　D. 强迫交易罪
答案：C

5. 陈某在街上趁刘某不备，将其手机（价值 2 590 元）夺走。随后陈某反复使用该手机拨打国际长途电话，致使刘某损失话费 5 200 元。一周后，陈某将该手机丢弃在某邮局门口，引起保安人员的怀疑，经询问案发。下列有关此案的说法中，哪些是不正确的？（　　）

A. 对陈某的行为以抢夺罪从重处罚即可
B. 对陈某的行为以盗窃罪从重处罚即可
C. 对陈某的行为以抢夺罪与盗窃罪实行数罪并罚
D. 对陈某的行为以抢夺罪与故意毁坏财物罪实行数罪并罚
答案：ABD

6. 甲将头痛粉冒充海洛因欺骗乙，让乙出卖"海洛因"，然后二人均分所得款项。乙出卖后获款 4 000 元，但在未来得及分赃时，被公安机关查获。关于本案，下列哪些说法是正确的？（　　）

A. 甲与乙构成贩卖毒品罪的共犯
B. 甲的行为构成诈骗罪
C. 甲属于间接正犯
D. 甲的行为属于犯罪未遂
答案：BC

7. 陈某趁珠宝柜台的售货员接待其他顾客时，伸手从柜台内拿出一个价值 2 300 元的戒指，握在手中。然后继续在柜台边假装观看。几分钟后售货员发现少了一个戒指并怀疑陈某，便立即报告保安人员。陈某见状，速将戒指扔回柜台内后逃离。关于本案，下列哪些说法是正确的？（　　）

A. 陈某的盗窃行为已经既遂
B. 陈某的盗窃行为属于未遂
C. 陈某将戒指扔回柜台内不属于中止行为
D. 陈某将戒指扔回柜台内属于犯罪既遂后返还财物的行为
答案：ACD

8. 钱某持盗来的身份证及伪造的空头支票，骗取某音像中心 VCD 光盘 4000 张，票面金额 35 万元。物价部门进行赃物估价鉴定的结论为"盗版光盘无价值"。对钱某骗取光盘的行为应如何定性？（　　）

A. 钱某的行为不构成犯罪
B. 钱某的行为构成票据诈骗罪的既遂，数额按票面金额计算
C. 钱某的行为构成票据诈骗罪的未遂
D. 钱某的行为构成诈骗罪的既遂，数额按票面金额计算
答案：B

9. 李某多次尾随盗伐林木人员，将其砍倒尚未运走的林木偷偷运走，销赃获利数千元。此外，他还盗伐了他人自留地、责任田等地边田坎种植的零星树木 5 个多立方米。对李某的上述行为应当如何定罪处罚？（　　）

A. 以盗伐林木罪定罪处罚

B. 以盗窃罪定罪处罚

C. 以盗伐林木罪和盗窃罪定罪，实行数罪并罚

D. 以盗伐林木罪、盗窃罪和销售赃物罪定罪，实行数罪并罚

答案：B

10. 李某花5 000元购得摩托车一辆，半年后，其友王某提出借用摩托车，李同意。王某借用数周不还，李某碍于情面，一直未讨还。某晚，李某乘王某家无人，将摩托车推回。次日，王某将摩托车丢失之事告诉李某，并提出用4 000元予以赔偿。李某故意隐瞒真情，称："你要赔就赔吧。"王某于是给付李某摩托车款4 000元。后李某恐事情败露，又将摩托车偷偷卖给丁某，获得款项3 500元。李某的行为构成何罪？（　　）

A. 盗窃罪　　B. 诈骗罪

C. 销售赃物罪　　D. 盗窃罪和诈骗罪的牵连犯

答案：A

11. 某晚，甲潜入乙家中行窃，被发现后携所窃赃物（价值九百余元）逃跑，乙紧追不舍。甲见杂货店旁有一辆未熄火摩托车，车主丙正站在车旁吸烟，便骑上摩托车继续逃跑。次日，丙在街上发现自己的摩托车和甲，欲将甲扭送公安局，甲一拳将丙打伤，后经法医鉴定为轻伤。本案应当以下列哪些罪名追究甲的刑事责任？（　　）

A. 抢劫罪　　B. 抢夺罪

C. 盗窃罪　　D. 故意伤害罪

答案：BCD

12. 某晚，崔某身穿警服，冒充交通民警，骗租到个体女司机何某的夏利出租车。当车行至市郊时，崔某持假枪抢走何某人民币1 000元，并将何某一脚踹出车外，使何某身受重伤，崔某乘机将出租车开走。本案中属于抢劫罪法定加重情节的有哪些？（　　）

A. 持枪抢劫　　B. 冒充军警人员抢劫

C. 抢劫致人重伤　　D. 在公共交通工具上抢劫

答案：BC

13. 结合犯罪构成理论以及刑法分则的相关规定分析，以下案件哪些不构成侵占罪？（　　）

A. 某游戏厅早上8点刚开门，甲就进入游戏厅玩耍，发现6号游戏机上有一个手机，甲马上装进自己的口袋，然后逃离。事后查明，该手机是游戏厅老板打扫房间时顺手放在游戏机上的。甲被抓获后称其始终以为该手机是其他顾客遗忘的财物

B. 乙知道邻居肖某的8岁小孩被他人绑架，肖某可能会按照歹徒的要求交付赎金，即终日悄悄跟随在肖某身后。某日，见肖某将一塑料口袋塞入某桥洞下，即在肖某离开10分钟后，将口袋挖出，取得现金20万元

C. 丙到某装饰城购买价值2万元的装修材料，委托三轮车夫田某代为运输。田某骑三轮车在前面走，丙骑自行车跟在后面。在经过一路口时，田某见丙被警察拦住检查自行车证，即将装修材料拉走倒卖，获款4 000元

D. 丁闲极无聊在一自动取款机按键上胡乱敲击。在准备离开时，丁无意中触动了一个按钮，取款机即吐出一张100元钞票，丁见此情景，就连续不断地进行操作，直至取出现金1万元，然后迅速离去

答案：ABCD

14. 被告人江某与被害人郑某是同一家电脑公司的工作人员，二人同住一间集体宿舍。

某日，郑某将自己的信用卡交江某保管，3天之后索回。一周后，郑某发现自己的信用卡丢失，到银行挂失时，得知卡上1.5万元已被人取走。郑某报案后，司法机关找到了江某。江某承认是其所为，但对作案事实前后供述不一。第一次供述称，在郑某将信用卡交其保管时，利用以前与郑某一起取款时偷记下的郑某信用卡上的密码，私下在取款机上取款；第二次供述称，是仿制了一张信用卡后，用所获取的郑某信用卡上的有关信息取款；第三次供述却称，是拾得郑某的信用卡后，用该卡取款。但被害人郑某怀疑是江某盗窃其信用卡后取走卡上所存的钱款。

问题：(1) 如果郑某将信用卡交江某保管时，江某私下用来取走了现金，下列说法正确的是：(　　)。

A. 江某构成侵占罪　　B. 江某构成信用卡诈骗罪

C. 江某构成盗窃罪　　D. 江某不构成犯罪

答案：B

(2) 如果江某用自己仿制的信用卡在自动取款机上提取了现金，下列说法正确的是：(　　)。

A. 江某构成伪造金融票证罪　　B. 江某构成伪造信用卡罪

C. 江某构成信用卡诈骗罪　　D. 应该实行数罪并罚

答案：C

(3) 如果江某拾得信用卡后，用该信用卡在自动取款机上提取了现金，下列说法错误的是：(　　)。

A. 江某构成侵占罪　　B. 江某构成信用卡诈骗罪

C. 江某构成侵占遗失物罪　　D. 江某不构成犯罪，其行为属不当得利

答案：ACD

(4) 如果江某盗窃信用卡后，用该信用卡在自动取款机上提取了现金，下列说法正确的是：(　　)。

A. 江某构成盗窃信用卡罪

B. 江某构成信用卡诈骗罪

C. 江某既构成盗窃罪又构成信用卡诈骗罪，应实行数罪并罚

D. 江某构成盗窃罪

答案：D

15. 陈某在商场金店发现柜台内放有一条重12克、价值1 600元的纯金项链，与自己所戴的镀金项链样式相同。陈某以挑选金项链为名，乘售货员不注意，用自己的镀金项链调换了上述纯金项链。陈某的行为：(　　)。

A. 构成盗窃罪　　B. 构成诈骗罪

C. 构成诈骗罪与盗窃罪的想象竞合犯　　D. 构成诈骗罪与盗窃罪二罪

答案：A

16. 甲晚上潜入一古寺，将寺内古墓室中有珍贵文物编号的金佛的头用钢锯锯下，销赃后获赃款10万元。对甲应以什么罪追究刑事责任？(　　)

A. 故意损毁文物罪　　B. 倒卖文物罪

C. 盗窃罪　　D. 盗掘古文化遗址、古墓葬罪

答案：C

17. 甲某日晚到洗浴中心洗浴。甲进入该中心后，根据服务员乙的指引，将衣服、手

机、手提包等财物锁入8号柜中，然后进入沐浴区。半小时后，乙为交班而准备打开自己一直存放衣物的7号柜，忙乱中将钥匙插入8号柜的锁孔，但居然能将8号柜打开。乙发现柜中有手提包，便将其中的3万元拿走。为迅速逃离现场，乙没有来得及将8号柜门锁上。稍后另一客人丙见8号柜半开半掩，就将柜中的手机（价值3 000元）以及信用卡拿走。由于信用卡的背后写有密码，第二天，丙持该信用卡到商场购买价值2万元的手表。关于本案，下列哪些说法是错误的？（　　）

A. 乙的行为构成侵占罪、丙的行为构成盗窃罪

B. 乙的行为构成盗窃罪、丙的行为构成侵占罪

C. 乙的行为构成盗窃罪、丙的行为构成盗窃罪与信用卡诈骗罪

D. 乙的行为构成职务侵占罪、丙的行为构成侵占罪与信用卡诈骗罪

答案：ABCD

18. 甲乘坐长途公共汽车时，误以为司机座位后的提包为身边的乙所有（实为司机所有）；乙中途下车后，甲误以为乙忘了拿走提包。为了非法占有该提包内的财物（内有司机为他人代购的13部手机，价值2.6万元），甲提前下车，并将提包拿走。司机到站后发现自己的手提包丢失，便报案。公安人员发现甲有重大嫌疑，便询问甲，但甲拒不承认，也不交出提包。关于本案，下列说法正确的是：（　　）。

A. 由于甲误认为提包为遗忘物，所以，甲的认识错误属于事实认识错误

B. 由于甲误认为提包为遗忘物，因而没有盗窃他人财物的故意，根据主客观相统一的原则，甲的行为成立侵占罪

C. 由于提包实际上属于司机的财物，所以，甲的行为成立盗窃罪

D. 由于提包实际上属于司机的财物，而甲又没有盗窃的故意，所以，甲的行为不成立盗窃罪；又由于甲具有侵占遗忘物的故意，但提包事实上不属于遗忘物，所以，甲的行为也不成立侵占罪

答案：AB

19. 甲到乙的办公室送文件，乙不在。甲看见乙办公桌下的地上有一活期存折（该存折未设密码），便将存折捡走。乙回办公室后找不着存折，但看见桌上的文件，便找到甲问是否看见其存折，甲说没看到。甲下班后去银行将该存折中的5 000元取走。甲的行为构成：（　　）。

A. 侵占罪　　B. 盗窃罪

C. 诈骗罪　　D. 金融凭证诈骗罪

答案：B

20. 甲在某证券交易大厅偷窥获得在该营业部开户的乙的资金账号及交易密码后，通过电话委托等方式在乙的资金账号上高吃低抛某一只股票，同时通过自己在证券交易部的资金账号低吃高抛同一只股票，造成乙损失30万元，甲从中获利20万元。对甲应当如何处理？（　　）

A. 属于法无明文规定的情形，不以犯罪论处

B. 以盗窃罪论处

C. 以故意毁坏财物罪论处

D. 以操纵证券价格罪论处

答案：B

21. 甲、乙为劫取财物将在河边散步的丙杀死，当场取得丙随身携带的现金两千余元。

甲、乙随后从丙携带的名片上得知丙是某公司总经理。两人经谋划后，按名片上的电话给丙的妻子丁打电话，声称丙已被绑架，丁必须于次日中午12点将10万元现金放在某处，否则杀害丙。丁立即报警，甲、乙被抓获。关于本案的处理，下列哪一种说法是正确的？（　　）

A. 以抢劫罪和绑架罪并罚

B. 以故意杀人罪、盗窃罪和绑架罪并罚

C. 以抢劫罪和敲诈勒索罪并罚

D. 以故意杀人罪、侵占罪和敲诈勒索罪并罚

答案：C

22. 乙与丙因某事发生口角，甲知此事后，找到乙，谎称自己受丙所托带口信给乙，如果乙不拿出2 000元给丙，丙将派人来打乙。乙害怕被打，就托甲将2 000元带给丙。甲将钱占为己有。对甲的行为应当如何处理？（　　）

A. 按诈骗罪处理　　B. 按敲诈勒索罪处理

C. 按侵占罪处理　　D. 按抢劫罪处理

答案：A

23. 关于盗窃罪的认定，下列结论哪些是正确的？（　　）

A. 甲因饮酒过量醉卧街头。乙向围观群众声称甲系其好友，将甲扶于无人之处，掏走甲身上一千余元离去。乙的行为构成盗窃罪

B. 甲与乙在火车上相识，下车后同到一饭馆就餐。乙殷勤劝酒，将甲灌醉，掏走甲身上一千余元离去。乙的行为构成盗窃罪

C. 甲去一餐馆吃晚饭，时值该餐馆打烊，服务员已下班离去，只有老板乙在清账理财。在甲再三要求之下，乙无奈亲自下厨准备饭菜。甲趁机将厨房门反锁，致乙欲出不能，只能从递菜窗口眼看着甲打开柜台抽屉拿走一千余元离去。甲的行为构成盗窃罪

D. 甲在街头出售报纸时发现乙与一摊主因买东西发生纠纷，其携带的箱子（内有贵重物品）放在身旁的地上，便提起该箱子悄悄溜走。乙发现后紧追不舍。为摆脱乙的追赶，甲将手中剩余的几张报纸卷成一团扔向乙，击中乙脸，乙受惊吓几乎滑倒。随之又追，终于抓住甲。甲的行为构成盗窃罪

答案：AD

24. 下列哪些行为应认定为抢劫罪一罪？（　　）

A. 甲将仇人杀死后，取走其身上的5 000元现金

B. 甲持刀拦路行抢，故意将受害人杀死后取走其财物

C. 甲在抢劫过程中，为压制被害人的反抗，故意将被害人杀死，取走其财物

D. 甲实行抢劫罪后，为防止受害人报案，将其杀死

答案：BC

25. 甲使用暴力将乙扣押在某废弃的建筑物内，强行从乙身上搜出现金3 000元和1张只有少量金额的信用卡，甲逼迫乙向该信用卡中打入人民币10万元。乙便给其妻子打电话，谎称自己开车撞伤他人，让其立即向自己的信用卡打入10万元救治伤员并赔偿。乙妻信以为真，便向乙的信用卡中打入10万元，被甲取走，甲在得款后将乙释放。对甲的行为应当按照下列哪一选项定罪？（　　）

A. 非法拘禁罪　　B. 绑架罪

C. 抢劫罪　　　　　　　　　　　　D. 抢劫罪和绑架罪

答案：C

26. 下列哪种行为构成敲诈勒索罪？（　　）

A. 甲到乙的餐馆吃饭，在食物中发现一只苍蝇，遂以向消费者协会投诉为由进行威胁，索要精神损失费 3 000 元。乙迫于无奈付给甲 3 000 元

B. 甲到乙的餐馆吃饭，偷偷在食物中投放一只事先准备好的苍蝇，然后以砸烂桌椅进行威胁，索要精神损失费 3 000 元。乙迫于无奈付给甲 3 000 元

C. 甲捡到乙的手机及身份证等财物后，给乙打电话，索要 3 000 元，并称若不付钱就不还手机及身份证等物。乙迫于无奈付给甲 3 000 元现金赎回手机及身份证等财物

D. 甲妻与乙通奸，甲获知后十分生气，将乙暴打一顿，乙主动写下一张赔偿精神损失费 2 万元的欠条。事后，甲持乙的欠条向其索要 2 万元，并称若乙不从，就向法院起诉乙

答案：B

27. 下列哪种说法是正确的？（　　）

A. 甲潜入乙家，搬走乙家 1 台价值 2 000 元的彩电，走到门口，被乙 5 岁的女儿丙看到。丙问甲为什么搬她家的彩电，甲谎称是其父亲让他来搬的。丙信以为真，让甲将彩电搬走。甲的行为属于诈骗

B. 甲在柜台假装购买金项链，让售货员乙拿出 3 条进行挑选，甲看后表示对 3 条金项链均不满意，让乙再拿 2 条。甲趁乙弯腰取金项链时，将柜台上的 1 条金项链装入口袋。乙拿出 2 条金项链让甲看，甲看后表示不满意，将金项链归还给乙。乙看少了 1 条，便隔着柜台一把抓住甲的手不让其走，甲猛地甩开乙的手逃走。甲的行为属于抢夺

C. 甲在柜台购买 2 条中华香烟，在售货员乙拿给甲 2 条中华香烟后，甲又让乙再拿 1 瓶五粮液酒。趁乙转身时，甲用事先准备好的 2 条假中华香烟与柜台上的中华香烟对调。等乙拿出五粮液酒后，甲将烟酒又看了看，以烟酒有假为由没有买。甲的行为属于盗窃

D. 甲与乙进行私下外汇交易。乙给甲 1 万美元，甲在清点时趁乙不注意，抽出 10 张 100 元面值的美元，以 10 张 10 元面值的美元顶替。清点完成后，甲将总面额 8.3 万元的假人民币交给乙，被乙识破。乙要回 1 万美元，经清点仍是 100 张，拿回家后才发现美元被调换。甲的行为属于诈骗

答案：C

28. 甲、乙、丙共谋犯罪。某日，三人拦截了丁，对丁使用暴力，然后强行抢走丁的钱包，但钱包内只有少量现金，并有一张银行借记卡。于是甲将丁的借记卡抢走，乙、丙逼迫丁说出密码。丁说出密码后，三人带着丁去附近的自动取款机上取钱。取钱时发现密码不对，三人又对丁进行殴打，丁为避免遭受更严重的伤害，说出了正确的密码，三人取出现金 5 000 元。对甲、乙、丙行为的定性，下列哪些选项是错误的？（　　）

A. 抢劫（未遂）罪与信用卡诈骗罪

B. 抢劫（未遂）罪与盗窃罪

C. 抢劫（未遂）罪与敲诈勒索罪

D. 抢劫（既遂）罪与盗窃罪

答案：ABCD

29. 甲到银行自动取款机提款后，忘了将借记卡退出便匆忙离开。该银行工作人员乙对自动取款机进行检查时，发现了甲未退出的借记卡，便从该卡中取出 5 000 元，并将卡中剩余的 3 万元转入自己的借记卡。对乙的行为的定性，下列哪些选项是错误的？（　　）

A. 乙的行为构成盗窃罪　　B. 乙的行为构成侵占罪

C. 乙的行为构成职务侵占罪　　D. 乙的行为构成信用卡诈骗罪

答案：BCD

30. 下列哪些说法是错误的？（　　）

A. 甲盗窃乙的存折后，假冒乙的名义从银行取出存折中的 5 万元存款。甲的行为构成盗窃罪与诈骗罪

B. 甲盗窃了乙的 200 克海洛因，因本人不吸毒，就将海洛因转卖给丙。甲的行为构成盗窃罪和贩卖毒品罪

C. 甲盗窃了博物馆的一件国家珍贵文物，以 20 万元的价格转卖给乙。甲的行为构成盗窃罪和倒卖文物罪

D. 甲盗窃了乙的一块名表，以 2 万元的价格转卖给丙，甲的行为构成盗窃罪和销售赃物罪

答案：AD

31. 下列哪些说法是错误的？（　　）

A. 甲将乙价值 2 万元的戒指扔入海中，由于戒指本身没有被毁坏，甲的行为不构成故意毁坏财物罪

B. 甲见乙迎面走来，担心自己的手提包被乙夺走，便紧抓手提包。乙见甲紧抓手提包，猜想包中有贵重物品，在与甲擦肩而过时，当面用力夺走甲的手提包。由于乙并非乘人不备而夺取财物，所以不构成抢夺罪

C. 甲将一张作废的 IC 卡插入银行的自动取款机试探，碰巧自动取款机显示能够取出现金，于是甲取出 5 000 元。甲将 IC 卡冒充借记卡的欺骗行为在本案中起到了主要作用，因而构成诈骗罪

D. 甲系汽车检修厂职工，发现自己将要检修的一辆公交车为仇人乙驾驶，便在检修时破坏了刹车装置，然后交付使用。乙驾驶该车时，因刹车失灵，导致与其他车辆相撞，造成 3 人死亡，1 人重伤。由于甲不是对正在使用中的交通工具实施破坏手段，所以不构成破坏交通工具罪

答案：ABCD

32. 甲将汽车停在自家楼下，忘记拔车钥匙，匆匆上楼取文件，被恰好路过的乙发现。乙发动汽车刚要挂挡开动时，甲正好下楼，将乙抓获。关于乙的行为，下列哪一选项是正确的？（　　）

A. 构成侵占罪既遂　　B. 构成侵占罪未遂

C. 构成盗窃罪既遂　　D. 构成盗窃罪未遂

答案：D

33. 张某出于报复动机将赵某打成重伤，发现赵某丧失知觉后，临时起意拿走了赵某的钱包，钱包里有 1 万元现金，张某将其占为己有。关于张某取财行为的定性，下列哪一选项是正确的？（　　）

A. 构成抢劫罪　　B. 构成抢夺罪

C. 构成盗窃罪　　D. 构成侵占罪

答案：C

34. 甲路过某自行车修理店，见有一辆名牌电动自行车（价值 1 万元）停在门口，欲据为己有。甲见店内货架上无自行车锁便谎称要购买，催促店主去 50 米之外的库房拿货。店主临走时对甲说："我去拿锁，你帮我看一下店。"店主离店后，甲骑走电动自行车。甲的行为构成何罪？（　　）

A. 诈骗罪　　　　B. 盗窃罪

C. 侵占罪　　　　D. 职务侵占罪

答案：B

35. 陈某向王某声称要购买 80 克海洛因，王某便从外地购买了 80 克海洛因。到达约定交货地点后，陈某掏出仿真手枪威胁王某，从王某手中夺取了 80 克海洛因。此后半年内，因没有找到买主，陈某一直持有 80 克海洛因。半年后，陈某将 80 克海洛因送给其毒瘾很大的朋友刘某，刘某因过量吸食海洛因而死亡。关于本案，下列哪一选项是错误的？（　　）

A. 王某虽然是陈某抢劫的被害人，但其行为仍成立贩卖毒品罪

B. 陈某持仿真手枪取得毒品的行为构成抢劫罪，但不属于持枪抢劫

C. 陈某抢劫毒品后持有该毒品的行为，被抢劫罪吸收，不另成立非法持有毒品罪

D. 陈某将毒品送给刘某导致其过量吸食进而死亡的行为，成立过失致人死亡罪

答案：D

36. 关于侵犯财产罪及相关犯罪，下列哪一选项是正确的？（　　）

A. 甲用假币到电器商场购买手机，甲的行为构成诈骗罪

B. 乙受王某之托将价值 5 万元的手表送给 10 公里外的朱某，乙在路上让许某捆绑自己，伪造了抢劫现场，将表据为己有。报案后，乙向警方说自己被抢。乙的行为构成侵占罪

C. 丙假冒某部委名义，以组织某高层论坛为名发布广告、寄送材料，要求参会人员每人先邮寄会务费 1 万元。丙收款 50 万元后潜逃。丙的行为构成虚假广告罪

D. 丁为孩子升学，买了一辆假冒某名牌的摩托车送给教育局长何某。丁的行为构成诈骗罪

答案：B

37. 梁某与好友强某深夜在酒吧喝酒。强某醉酒后，钱包从裤袋里掉到地上，梁某拾后见钱包里有 5 000 元现金就将其隐匿。强某要梁某送其回家，梁某怕钱包之事被发现，托词拒绝。强某在回家途中醉倒在地，被人发现时已冻死。关于本案，下列哪些选项是正确的？（　　）

A. 梁某占有财物的行为构成盗窃罪

B. 梁某占有财物的行为构成侵占罪

C. 梁某对强某的死亡构成不作为的故意杀人罪

D. 梁某对强某的死亡不构成不作为的故意杀人罪

答案：AD

38. 丁某盗窃了农民程某的一个手提包，发现包里有大量现金和一把手枪。丁某将真情告诉崔某，并将手枪交给崔某保管，崔某将手枪藏在家里。关于本案，下列哪些选项是正确的？（　　）

A. 丁某构成盗窃罪　　　　B. 丁某构成盗窃枪支罪

C. 崔某构成窝藏罪　　D. 崔某构成非法持有枪支罪

答案：AD

39. 关于诈骗罪，下列哪些选项是正确的？（　　）

A. 收藏家甲受托为江某的藏品进行鉴定，甲明知该藏品价值100万元，但故意贬其价值后以1万元收买。甲的行为构成诈骗罪

B. 文物贩子乙收购一些赝品，冒充文物低价卖给洪某。乙的行为构成诈骗罪

C. 店主丙在柜台内陈列了两块标价5万元的玉石，韩某讲价后以3万元购买了其中一块，周某讲价后以3 000元购买了另一块。丙对韩某构成诈骗罪

D. 画家丁临摹了著名画家范某的油画并署上范某的名章，通过画廊以5万元出售给田某，丁非法获利3万元。丁的行为构成诈骗罪

答案：AB

40. 关于敲诈勒索罪的判断，下列哪些选项是正确的？（　　）

A. 甲将王某杀害后，又以王某被绑架为由，向其亲属索要钱财。甲除构成故意杀人罪外，还构成敲诈勒索罪与诈骗罪的想象竞合犯

B. 饭店老板乙以可乐兑水冒充洋酒销售，向实际消费数十元的李某索要数千元。李某不从，乙召集店员对其进行殴打，致其被迫将钱交给乙。乙的行为构成抢劫罪而非敲诈勒索罪

C. 职员丙被公司辞退，要求公司支付10万元补偿费，否则会将所掌握的公司商业秘密出卖给其他公司使用。丙的行为构成敲诈勒索罪

D. 丁为谋取不正当利益送给国家工作人员刘某10万元。获取不正当利益后，丁以告发相要挟，要求刘某返还10万元。刘某担心被告发，便还给丁10万元。对丁的行为应以行贿罪与敲诈勒索罪实行并罚

答案：ABCD

（二）案例分析题

1. 李某长期在甲市行人较多的马路边询问行人是否需要身份证，然后将需要身份证的人的照片、住址等资料送交何某伪造。何某伪造后，李某再交给购买者。在此期间，李某使用伪造的身份证办理手机入网手续并使用手机，造成电信资费损失三千余元。为了防止司法人员的抓捕，李某一直将一把三角刮刀藏在内衣口袋中。2001年4月下旬的一天晚上，李某在马路上询问行人是否需要身份证时，发现钱某孤身一人行走，便窜至其背后将其背包（内有价值2 000元的财物）夺走后迅速逃跑。钱某大声呼喊抓强盗。适逢民警赵某经过此地，赵某将李某拦住。此时李某掏出三角刮刀，朝赵某的腰部捅了一刀后逃离，致赵某重伤。甲市公安机关抓获李某后，与李某居住地乙市公安机关联系，发现李某是因为在乙市使用信用卡透支1万元后，为逃避银行催收而逃至甲市的。请结合上述案情，分析李某各行为的性质，并请说明理由。

答案：

（1）诈骗罪是以非法占有为目的，以虚构事实或者隐瞒真相的方法，骗取数额较大的公私财物的行为。最高人民法院《关于审理扰乱电信市场管理秩序案件具体应用法律若干问题的解释》第9条规定，以虚假、冒用的身份证件办理入网手续并使用移动电话，造成电信资费损失数额较大的，依照刑法第266条的规定，以诈骗罪定罪处罚。题中李某使用伪造的居民身份证，办理了手机入网手续，造成电信资费损失三千余元，其行为符合该解释的规定，故构成诈骗罪。

（2）根据刑法第267条第2款的规定，携带凶器抢夺的，依照抢劫罪处理。李某2001年4月携带三角刮刀进行抢夺，构成抢劫罪。随后当场立即被被害人与路过的警察发现，李某为抗拒抓捕而将民警赵某捅成重伤的行为，属于抢劫罪的加重构成。

其余略。

2. 2001年3月13日下午，陈某因曾揭发他人违法行为，被两名加害人报复砍伤。陈某逃跑过程中，两加害人仍不罢休，持刀追赶陈某。途中，陈某多次拦车欲乘，均遭出租车司机拒载。当两加害人即将追上时，适逢一中年妇女丁某骑摩托车（价值9 000元）缓速行驶，陈某当即哀求丁某将自己带走，但也遭拒绝。眼见两加害人已经逼近，情急之下，陈某一手抓住摩托车，一手将丁某推下摩托车（丁某倒地，但未受伤害），骑车逃走。陈某骑车至安全地方（离原地约2公里）停歇一会儿后，才想到摩托车怎么处理。陈某将摩托车尾部工具箱的锁撬开，发现内有现金3 000元和一张未到期的定期存单（面额2万元）。陈某顿生贪欲，将3 000元现金和存单据为己有，并将摩托车推至山下摔坏。几日后，陈某使用伪造的身份证在到期之前将存单中的2万元取出。此后逃往外地。试分析陈某上述各行为的性质，并说明理由。

答案：

（1）陈某使用伪造的身份证将2万元取出的行为构成诈骗罪。诈骗罪是以非法占有为目的，以虚构事实或者隐瞒真相的方法，骗取数额较大的公私财物的行为。其中，伪造身份证的犯罪行为和诈骗罪属于牵连犯，按从一重罪处罚的原则，对陈某只定为诈骗罪。

（2）陈某将工具箱内的3 000元据为己有的行为构成盗窃罪。盗窃罪是指以非法占有为目的，窃取公私财物数额较大，或者多次窃取公私财物的行为。题中陈某在逃到安全的地方后，擅自将摩托车尾部的工具箱撬开，将工具箱内的3 000元现金和定期存单据为己有，因而构成盗窃罪。但是，盗窃的金额并不包括定期存单2万元，因为虽然陈某将存单据为己有，可是陈某并不能实际占有2万元。

（3）陈某将摩托车故意推下山崖的行为构成故意毁坏财物罪。故意毁坏财物罪是指故意毁坏公私财物，数额较大或者有其他严重情节的行为。题中陈某故意将丁的摩托车推下山崖致其毁损，因而构成故意毁坏财物罪。

其余略。

3. 甲男与乙男于2004年7月28日共谋入室抢劫某中学暑假留守女教师丙的财物。7月30日晚，乙在该中学校园外望风，甲翻院墙进入校园内。甲持水果刀闯入丙居住的房间后，发现房间内除有简易书桌、单人床、炊具、餐具外，没有其他贵重财物，便以水果刀相威胁，喝令丙摘下手表（价值2 100元）给自己。丙一边摘手表一边说："我是老师，不能没有手表。你拿走其他东西都可以，只要不抢走我的手表就行。"甲立即将刀装入自己的口袋，然后对丙说："好吧，我不抢你的手表，也不拿走其他东西，让我看看你脱光衣服的样子我就走。"丙不同意，甲又以刀相威胁，逼迫丙脱光衣服，丙一边顺手将已摘下的手表放在桌子上，一边流着泪脱完衣服。甲不顾丙的反抗强行摸了丙的乳房后对丙说："好吧，你可以穿上衣服了。"在丙背对着甲穿衣服时，甲乘机将丙放在桌上的手表拿走。甲逃出校园后与乙碰头，乙问抢了什么东西，甲说就抢了一只手表。甲将手表交给乙出卖，乙以1 000元价格卖给他人后，甲与乙各分得500元。

问题：请根据刑法规定与刑法原理，对本案进行全面分析。

答案：

（1）关于甲和乙的行为

1）甲、乙构成抢劫罪共犯。二人有抢劫的共同故意和抢劫的共同行为。甲、乙的抢劫属于入户抢劫，因为丙的房间属于其生活的与外界相对隔离的住所；由于乙与甲共谋入户，甲事实上也实施了入户抢劫行为，所以乙虽没有入户，对乙也应适用入户抢劫的法定刑。

2）甲、乙虽构成抢劫罪共犯，但二人的犯罪形态不同：

甲的抢劫属于犯罪中止。因为在当时的情况下，甲完全能够达到抢劫既遂，但他自动放弃了抢劫行为；由于抢劫中止行为没有造成任何损害，所以，对于甲的抢劫中止，应当免除处罚。

乙的抢劫属于犯罪未遂。一方面，不能因为甲事实上取得了手表，就认定乙抢劫既遂，因为该手表并非甲抢劫既遂所得的财物；另一方面，乙并没有自动放弃自己的抢劫行为，甲的中止行为对于乙来说，属于意志以外的原因。根据刑法规定，对于未遂犯乙，可以比照既遂犯从轻或者减轻处罚。

（2）关于甲的行为

甲乘机拿走丙手表的行为，成立盗窃罪。因为拿走手表的行为完全符合盗窃罪的构成要件。拿走手表已不属于抢劫罪中的强取财物的行为，即不属于因暴力、胁迫或者其他方法压制或足以压制被害人反抗而取得手表的情形。所以，不能将取得手表的事实评价在抢劫罪中，而应另认定为盗窃罪。

其余略。

（3）关于乙的行为

乙的行为不成立盗窃罪。乙客观上为甲盗窃手表起到了一定作用（望风），但乙并不明知甲会盗窃财物，所以，乙并不与甲构成盗窃罪的共犯。

其余略。

4. 甲在2003年10月15日见路边一辆面包车没有上锁，即将车开走，前往A市。行驶途中，行人乙拦车要求搭乘，甲同意。甲见乙提包内有巨额现金，遂起意图财。行驶到某偏僻处时，甲谎称发生故障，请乙下车帮助推车。乙将手提包放在面包车座位上，然后下车。甲乘机发动面包车欲逃。乙察觉出甲的意图后，紧抓住车门不放，被面包车拖行十余米。甲见乙仍不松手并跟着车跑，便加速疾驶，使乙摔倒在地，造成重伤。乙报警后，公安机关根据汽车号牌将甲查获。

讯问过程中，虽有乙的指认并查获赃物，但甲拒不交待。侦查人员丙、丁对此十分气愤，对甲进行殴打，造成甲轻伤。在这种情况下，甲供述了以上犯罪事实，同时还交待了其在B市所犯的以下罪行：2003年6月的一天，甲于某小学放学之际，在校门前拦截了一名一年级男生，将其骗走，随即带该男生到某个体商店，向商店老板购买价值五千余元的高档烟酒。在交款时，甲声称未带够钱，将男生留在商店，回去拿钱交款后再将男生带走。商店老板以为男生是甲的儿子便同意了。甲携带烟酒逃之夭夭。公安机关查明，甲身边确有若干与甲骗来的烟酒名称相同的烟酒，但未能查找到商店老板和男生。

本案移送检察机关审查起诉后，甲称其认罪口供均系侦查人员丙、丁对他刑讯逼供所致，推翻了以前所有的有罪供述。经检察人员调查核实，确认了侦查人员丙、丁对甲刑讯逼供的事实。

问题：请根据我国刑法和刑事诉讼法的有关规定，对上述案例中甲、丙、丁的各种行为及相关事实分别进行分析，并提出处理意见。

答案：

（1）甲开走他人面包车的行为构成盗窃罪，即使面包车没有锁，但根据社会的一般观念，该车属于他人占有的财物，而非遗忘物。

(2) 甲对乙的行为构成抢劫罪，甲虽然开始打算实施抢夺，但在乙抓住车门不放时，甲加速行驶的行为已经属于暴力行为，因而不是转化型抢劫，而应直接认定为抢劫罪，而且属于抢劫罪的结果加重犯。

甲对商店老板的行为构成诈骗罪。但根据有关司法解释关于非法证据排除规则的规定，诈骗罪只有口供，而无其他证据证明，因而不能成立。

其余略。

5. 陈某见熟人赵某做生意赚了不少钱便产生歹意，勾结高某，谎称赵某欠自己 10 万元货款未还，请高某协助索要，并承诺要回款项后给高某 1 万元作为酬谢。高某同意。某日，陈某和高某以谈生意为名把赵某诱骗到稻香楼宾馆某房间，共同将赵扣押，并由高某对赵某进行看管。次日，陈某和高某对赵某拳打脚踢，强迫赵某拿钱。赵某迫于无奈给其公司出纳李某打电话，以谈成一笔生意急需 10 万元现金为由，让李某将现金送到宾馆附近一公园交给陈某。陈某指派高某到公园取钱。李某来到约定地点，见来人不认识，就不肯把钱交给高某。高某威胁李某说："赵某已被我们扣押，不把钱给我，我们就把赵某给杀了。"李某不得已将 10 万元现金交给高某。高某回到宾馆房间，发现陈某不在，赵某倒在窗前已经断气。见此情形，高某到公安机关投案，并协助司法机关将陈某抓获归案。事后查明，赵某因爬窗逃跑被陈某用木棒猛击脑部，致赵某身亡。

问题：(1) 陈某将赵某扣押向其索要 10 万元的行为构成何种犯罪？为什么？

(2)、(3) 略。

(4) 高某在公园取得李某 10 万元的行为是否另行构成敲诈勒索罪？为什么？

答案：

(1) 构成抢劫罪而非绑架罪，因为陈某是直接向赵某索取财物，而非向第三者索取财物。

(2)、(3) 略。

(4) 不另外构成敲诈勒索罪，因为高某的行为属于拘禁他人之后，索取债务的行为，缺乏非法占有的目的。

二、模拟试题

1. 甲路过某汽车修理店，见有一辆桑塔纳轿车停在门口，车钥匙没拔下来，便欲据为己有，甲谎称要购买汽车配件并催促店主去 50 米之外的库房拿货，店主临走时对甲说："我去拿货，你帮我看一下店。"店主离开后，甲开走了桑塔纳轿车，甲的行为构成何罪？(　　)

A. 诈骗罪　　B. 盗窃罪

C. 侵占罪　　D. 职务侵占罪

答案：B

2. 甲在火车上认识乙，见乙的背包中有大量现金，于是意图据为己有。在与乙攀谈过程中，递给乙一根含有乙醚的香烟，致乙吸完后昏迷，甲遂拿走背包并下了车。关于本案，下列哪个选项是正确的？(　　)

A. 甲占有财物的行为构成盗窃罪　　B. 甲占有财物的行为构成侵占罪

C. 甲占有财物的行为构成抢劫罪　　D. 甲占有财物的行为构成诈骗罪

答案：C

3. 甲在某商场首饰柜台前挑选戒指时，趁售货员不注意，将两枚金戒指（总价值三万余元）掉包为事先准备好的镀铜的仿真钢戒指。售货员在将被挑选的戒指放回货柜时发觉有问题，让保安堵截甲。两名保安遂上前准备对甲进行询问。甲见状，将保安推倒在地便跑，甲的行为成立什么罪？（　　）

A. 盗窃罪　　B. 诈骗罪

C. 抢劫罪　　D. 侵占罪

答案：C

4. 甲、乙二人因赌博欠下大量赌债，便预谋从丙处“弄”点钱以还赌债。某日，甲将丙骗出，乙殴打了丙（属轻微暴力，只造成丙轻微伤），并逼着丙写欠条，丙无奈，只好写下欠甲、乙 40 万元的欠条。对于本案中的甲、乙，该如何定性？（　　）

A. 绑架罪　　B. 敲诈勒索罪

C. 抢劫罪　　D. 故意伤害罪

答案：B

5. 案例分析题

甲、乙、丙三人共谋前往丁某家行窃。甲、乙二人入户，丙某在门口“望风”。恰逢户主丁外出回家，在门口放哨的丙某给在室内的甲、乙二人发出“有人，快跑”的信号之后，急忙逃走。丁进家，甲、乙二人来不及躲避，甲某便从卧室窜出，捂住丁某的嘴将其按倒在地。乙某从地上捡起一个酒瓶朝丁头上砸了一下，见酒瓶破碎后，又从地上捡起一把菜刀，用刀背朝丁某的脖子、背部连砍两下，致丁某当场昏迷。甲、乙携带物品及现金人民币 105 元仓皇逃走，被害人花去医疗费、护理费、营养费 3 200 元，造成误工损失费 800 元。经法医鉴定构成轻伤。对甲、乙、丙三人的行为如何定罪量刑？

答案：

（1）甲、乙二人入室窃取财物，为抗拒抓捕、窝藏赃物，当场使用暴力将丁某打伤，其行为均已构成抢劫罪。

（2）甲、乙二人属于入户抢劫（加重的抢劫），依法应当处 10 年以上有期徒刑、无期徒刑或者死刑，并且应当并处罚金或者没收财产。

（3）丙某仅有盗窃的故意，并且没有实施暴力行为，不构成甲、乙抢劫的共犯，仅在盗窃的范围内负刑事责任。

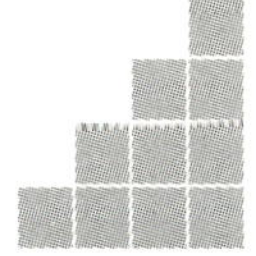

第七章

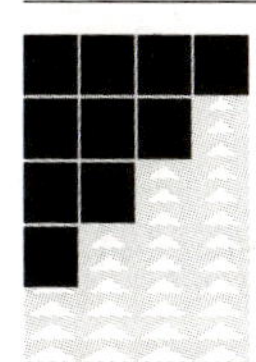

妨害社会管理秩序罪

十六、破坏计算机信息系统罪
十七、扰乱无线电通讯管理秩序罪
十八、聚众扰乱社会秩序罪
十九、聚众冲击国家机关罪
二十、聚众扰乱公共场所秩序、交通秩序罪
二十一、投放虚假危险物质罪
二十二、编造、故意传播虚假恐怖信息罪
二十三、聚众斗殴罪
二十四、寻衅滋事罪
二十五、组织、领导、参加黑社会性质组织罪
二十六、入境发展黑社会组织罪
二十七、包庇、纵容黑社会性质组织罪
二十八、传授犯罪方法罪
二十九、非法集会、游行、示威罪
三十、非法携带武器、管制刀具、爆炸物参加集会、游行、示威罪
三十一、破坏集会、游行、示威罪
三十二、侮辱国旗、国徽罪
三十三、组织、利用会道门、邪教组织、利用迷信破坏法律实施罪
三十四、组织、利用会道门、邪教组织、利用迷信致人死亡罪
三十五、聚众淫乱罪
三十六、引诱未成年人聚众淫乱罪
三十七、盗窃、侮辱尸体罪
三十八、赌博罪
三十九、开设赌场罪
四十、故意延误投递邮件罪

第三节 妨害司法罪	一、伪证罪 二、辩护人、诉讼代理人毁灭证据、伪造证据、妨害作证罪 三、妨害作证罪 四、帮助毁灭、伪造证据罪 五、打击报复证人罪 六、扰乱法庭秩序罪 七、窝藏、包庇罪 八、拒绝提供间谍犯罪证据罪 九、掩饰、隐瞒犯罪所得、犯罪所得收益罪 十、拒不执行判决、裁定罪 十一、非法处置查封、扣押、冻结的财产罪 十二、破坏监管秩序罪 十三、脱逃罪 十四、劫夺被押解人员罪 十五、组织越狱罪 十六、暴动越狱罪 十七、聚众持械劫狱罪
第四节 妨害国（边）境管理罪	一、组织他人偷越国（边）境罪 二、骗取出境证件罪 三、提供伪造、变造的出入境证件罪 四、出售出入境证件罪 五、运送他人偷越国（边）境罪 六、偷越国（边）境罪 七、破坏界碑、界桩罪 八、破坏永久性测量标志罪
第五节 妨害文物管理罪	一、故意损毁文物罪 二、故意损毁名胜古迹罪 三、过失损毁文物罪 四、非法向外国人出售、赠送珍贵文物罪 五、倒卖文物罪 六、非法出售、私赠文物藏品罪

	七、盗掘古文化遗址、古墓葬罪 八、盗掘古人类化石、古脊椎动物化石罪 九、抢夺、窃取国有档案罪 十、擅自出卖、转让国有档案罪
第六节 危害公共卫生罪	一、妨害传染病防治罪 二、传染病菌种、毒种扩散罪 三、妨害国境卫生检疫罪 四、非法组织卖血罪 五、强迫卖血罪 六、非法采集、供应血液、制作、供应血液制品罪 七、采集、供应血液、制作、供应血液制品事故罪 八、医疗事故罪 九、非法行医罪 十、非法进行节育手术罪 十一、妨害动植物防疫、检疫罪
第七节 破坏环境资源保护罪	一、污染环境罪 二、非法处置进口的固体废物罪 三、擅自进口固体废物罪 四、非法捕捞水产品罪 五、非法猎捕、杀害珍贵、濒危野生动物罪 六、非法收购、运输、出售珍贵、濒危野生动物、珍贵、濒危野生动物制品罪 七、非法狩猎罪 八、非法占用农用地罪 九、非法采矿罪 十、破坏性采矿罪 十一、非法采伐、毁坏国家重点保护植物罪 十二、非法收购、运输、加工、出售国家重点保护植物、国家重点保护植物制品罪

	十三、盗伐林木罪 十四、滥伐林木罪 十五、非法收购、运输盗伐、滥伐的林木罪
第八节 走私、贩卖、运输、制造毒品罪	一、走私、贩卖、运输、制造毒品罪 二、非法持有毒品罪 三、包庇毒品犯罪分子罪 四、窝藏、转移、隐瞒毒品、毒赃罪 五、走私制毒物品罪 六、非法买卖制毒物品罪 七、非法种植毒品原植物罪 八、非法买卖、运输、携带、持有毒品原植物种子、幼苗罪 九、引诱、教唆、欺骗他人吸毒罪 十、强迫他人吸毒罪 十一、容留他人吸毒罪 十二、非法提供麻醉药品、精神药品罪
第九节 组织、强迫、引诱、容留、介绍卖淫罪	一、组织卖淫罪 二、强迫卖淫罪 三、协助组织卖淫罪 四、引诱、容留、介绍卖淫罪 五、引诱幼女卖淫罪 六、传播性病罪 七、嫖宿幼女罪
第十节 制作、贩卖、传播淫秽物品罪	一、制作、复制、出版、贩卖、传播淫秽物品牟利罪 二、为他人提供书号出版淫秽书刊罪 三、传播淫秽物品罪 四、组织播放淫秽音像制品罪 五、组织淫秽表演罪

参考文献

王作富主编：《刑法分则实务研究》，中国方正出版社，2007；张明楷：《刑法学》，法律出版社，2007；谢望原主编：《刑法学》，北京大学出版社，2003；李希慧主编：《妨害社会管理秩序罪新论》，武汉大学出版社，2001；孟庆华：《妨害社会管理秩序罪重点疑点难点判例研究》，人民法院出版社，2005。

第一节　妨害社会管理秩序罪概述

妨害社会管理秩序罪，是指妨害国家社会管理活动，破坏社会秩序，依法应当受到刑罚处罚的行为。本章犯罪是在1979年刑法分则第六章的基础上吸收有关附属刑法规范和有关单行刑法修订而成的。从广义上讲，良好的社会秩序是人民安居乐业、国家健康发展的必要条件，一切犯罪都会侵害国家的社会管理秩序。但是，由于立法者对侵害或破坏国家安全、社会公共安全、市场经济、人身权利、家庭婚姻、公私财产、国防与军事利益以及国家机关正常活动等社会秩序的行为，专门在刑法分则中作了规定，故本章研究的犯罪所侵犯的同类客体，是国家对社会的日常管理活动和秩序，亦即刑法分则其他各章规定之罪所侵犯的同类客体以外的国家对社会的日常管理活动与秩序。

本章的犯罪内容非常丰富。根据刑法分则第六章的规定，本章一共有125个罪名，分为9类，它们依次是：

1. 扰乱公共秩序罪。这一类犯罪共有40个罪名，规定于第277条至第304条。

它们分别是：(1) 第277条的妨害公务罪；(2) 第278条的煽动暴力抗拒法律实施罪；(3) 第279条的招摇撞骗罪；(4) 第280条的伪造、变造、买卖国家机关公文、证件、印章罪；(5) 第280条的盗窃、抢夺、毁灭国家机关公文、证件、印章罪；(6) 第280条的伪造公司、企业、事业单位、人民团体印章罪；(7) 第280条的伪造、变造居民身份证罪；(8) 第281条的非法生产、买卖警用装备罪；(9) 第282条的非法获取国家秘密罪；(10) 第282条的非法持有国家绝密、机密文件、资料、物品罪；(11) 第283条的非法生产、销售间谍专用器材罪；(12) 第284条的非法使用窃听、窃照专用器材罪；(13) 第285条的非法侵入计算机信息系统罪；(14) 第285条的非法获取计算机信息系统数据、非法控制计算机信息系统罪；(15) 第285条的提供侵入、非法控制计算机信息系统程序、工具罪；(16) 第286条的破坏计算机信息系统罪；(17) 第288条的扰乱无线电通讯管理秩序罪；(18) 第290条的聚众扰乱社会秩序罪；(19) 第290条的聚众冲击国家机关罪；(20) 第291条的聚众扰乱公共场所秩序、交通秩序罪；(21) 第291条之一的投放虚假危险物质罪；(22) 第291条之一的编造、故意传播虚假恐怖信息罪；(23) 第292条的聚众斗殴罪；(24) 第293条的寻衅滋事罪；(25) 第294条的组织、领导、参加黑社会性质组织罪；(26) 第294条的入境发展黑社会组织罪；(27) 第294条的包庇、纵容黑社会性质组织罪；(28) 第295条的传授犯罪方法罪；(29) 第296条的非法集会、游行、示威罪；

（30）第 297 条的非法携带武器、管制刀具、爆炸物参加集会、游行、示威罪；（31）第 298 条的破坏集会、游行、示威罪；（32）第 299 条的侮辱国旗、国徽罪；（33）第 300 条的组织、利用会道门、邪教组织、利用迷信破坏法律实施罪；（34）第 300 条的组织、利用会道门、邪教组织、利用迷信致人死亡罪；（35）第 301 条的聚众淫乱罪；（36）第 301 条的引诱未成年人聚众淫乱罪；（37）第 302 条的盗窃、侮辱尸体罪；（38）第 303 条的赌博罪；（39）第 303 条的开设赌场罪；（40）第 304 条的故意延误投递邮件罪。

2. 妨害司法罪。这一类犯罪共有 17 个罪名，规定于第 305 条至第 317 条。

它们分别是：（1）第 305 条的伪证罪；（2）第 306 条的辩护人、诉讼代理人毁灭证据、伪造证据、妨害作证罪；（3）第 307 条的妨害作证罪；（4）第 307 条的帮助毁灭、伪造证据罪；（5）第 308 条的打击报复证人罪；（6）第 309 条的扰乱法庭秩序罪；（7）第 310 条的窝藏、包庇罪；（8）第 311 条的拒绝提供间谍犯罪证据罪；（9）第 312 条的掩饰、隐瞒犯罪所得、犯罪所得收益罪；（10）第 313 条的拒不执行判决、裁定罪；（11）第 314 条的非法处置查封、扣押、冻结的财产罪；（12）第 315 条的破坏监管秩序罪；（13）第 316 条的脱逃罪；（14）第 316 条的劫夺被押解人员罪；（15）第 317 条的组织越狱罪；（16）第 317 条的暴动越狱罪；（17）第 317 条的聚众持械劫狱罪。

3. 妨害国（边）境管理罪。这一类犯罪共有 8 个罪名，规定于第 318 条至第 323 条。

它们分别是：（1）第 318 条的组织他人偷越国（边）境罪；（2）第 319 条的骗取出境证件罪；（3）第 320 条的提供伪造、变造的出入境证件罪；（4）第 320 条的出售出入境证件罪；（5）第 321 条的运送他人偷越国（边）境罪；（6）第 322 条的偷越国（边）境罪；（7）第 323 条的破坏界碑、界桩罪；（8）第 323 条的破坏永久性测量标志罪。

4. 妨害文物管理罪。这一类犯罪共有 10 个罪名，规定于第 324 条至第 329 条。

它们分别是：（1）第 324 条的故意损毁文物罪；（2）第 324 条的故意损毁名胜古迹罪；（3）第 324 条的过失损毁文物罪；（4）第 325 条的非法向外国人出售、赠送珍贵文物罪；（5）第 326 条的倒卖文物罪；（6）第 327 条的非法出售、私赠文物藏品罪；（7）第 328 条的盗掘古文化遗址、古墓葬罪；（8）第 328 条的盗掘古人类化石、古脊椎动物化石罪；（9）第 329 条的抢夺、窃取国有档案罪；（10）第 329 条的擅自出卖、转让国有档案罪。

5. 危害公共卫生罪。这一类犯罪共有 11 个罪名，规定于第 330 条至第 337 条。

它们分别是：（1）第 330 条的妨害传染病防治罪；（2）第 331 条的传染病菌种、毒种扩散罪；（3）第 332 条的妨害国境卫生检疫罪；（4）第 333 条的非法组织卖血罪；（5）第 333 条的强迫卖血罪；（6）第 334 条的非法采集、供应血液、制作、供应血液制品罪；（7）第 334 条的采集、供应血液、制作、供应血液制品事故罪；（8）第 335 条的医疗事故罪；（9）第 336 条的非法行医罪；（10）第 336 条的非法进行节育手术罪；（11）第 337 条的妨害动植物防疫、检疫罪。

6. 破坏环境资源保护罪。这一类犯罪共有 15 个罪名，规定于第 338 条至第 345 条。

它们分别是：（1）第 338 条的污染环境罪；（2）第 339 条的非法处置进口的固体废物罪；（3）第 339 条的擅自进口固体废物罪；（4）第 340 条的非法捕捞水产品罪；（5）第 341 条的非法猎捕、杀害珍贵、濒危野生动物罪；（6）第 341 条的非法收购、运输、出售珍贵、濒危野生动物、珍贵、濒危野生动物制品罪；（7）第 341 条的非法狩猎罪；（8）第 342 条的非法占用农用地罪；（9）第 343 条的非法采矿罪；（10）第 343 条的破坏性采矿罪；（11）第 344 条的非法采伐、毁坏国家重点保护植物罪；（12）第 344 条的非法收购、运输、加工、出售国家重点保护植物、国家重点保护植物制品罪；（13）第 345 条的盗伐林木罪；(14) 第345条的滥伐林木罪；(15) 第345条的非法收购、运输盗伐、滥伐的林木罪。

7. 走私、贩卖、运输、制造毒品罪。这一类犯罪共有12个罪名，规定于第347条至第355条。

它们分别是：(1) 第347条的走私、贩卖、运输、制造毒品罪；(2) 第348条的非法持有毒品罪；(3) 第349条的包庇毒品犯罪分子罪；(4) 第349条的窝藏、转移、隐瞒毒品、毒赃罪；(5) 第350条的走私制毒物品罪；(6) 第350条的非法买卖制毒物品罪；(7) 第351条的非法种植毒品原植物罪；(8) 第352条的非法买卖、运输、携带、持有毒品原植物种子、幼苗罪；(9) 第353条的引诱、教唆、欺骗他人吸毒罪；(10) 第353条的强迫他人吸毒罪；(11) 第354条的容留他人吸毒罪；(12) 第355条的非法提供麻醉药品、精神药品罪。

8. 组织、强迫、引诱、容留、介绍卖淫罪。这一类犯罪共有7个罪名，规定于第358条至第360条。

它们分别是：(1) 第358条的组织卖淫罪；(2) 第358条的强迫卖淫罪；(3) 第358条的协助组织卖淫罪；(4) 第359条的引诱、容留、介绍卖淫罪；(5) 第359条的引诱幼女卖淫罪；(6) 第360条的传播性病罪；(7) 第360条的嫖宿幼女罪。

9. 制作、贩卖、传播淫秽物品罪。这一类犯罪共有5个罪名，规定于第363条至第365条。

它们分别是：(1) 第363条的制作、复制、出版、贩卖、传播淫秽物品牟利罪；(2) 第363条的为他人提供书号出版淫秽书刊罪；(3) 第364条的传播淫秽物品罪；(4) 第364条的组织播放淫秽音像制品罪；(5) 第365条的组织淫秽表演罪。

本章犯罪罪名繁多，诸罪共性是都侵犯了国家对社会的管理活动与社会管理秩序。客观上实施了妨害国家管理社会的活动、破坏社会管理秩序的行为，有的是行为犯，有的是结果犯，有的是危险犯，有的是情节犯，有的要求行为必须违反国家规定或特定法律、法规等有关规定，有的要求必须利用特定的方法、手段实施，有的还要求必须在特定的时间、地点实施，否则，该种犯罪不能成立。主观方面绝大多数表现为故意犯罪，也有少数犯罪表现为过失犯罪。在故意犯罪中，有的犯罪还要求具有特定的犯罪目的，如赌博罪、倒卖文物罪等。犯罪主体多数是一般主体，也有少数是特殊主体；多数犯罪的主体限于自然人，也有少数犯罪既可以由自然人实施，也可以由单位实施（如非法向外国人出售、赠送珍贵文物罪等）；还有个别犯罪的主体只能是单位（如非法出售、私赠文物藏品罪）。

由于本章犯罪内容繁多，书中不可能一一详细探讨。本章有一部分犯罪属于实践中多发、常见犯罪，而且在适用法律时常常发生疑难问题，在理论界也存在诸多争论，对于这些犯罪，我们将深入探讨。同时，这部分犯罪也是每一年司法考试的重点。另外一部分犯罪，属于实践中发生的案例不是特别多，或者虽然案件多发，但是适用法律时没有特别疑难问题的，我们将概括性地探讨其基本问题，不再一一详细展开。学习本章，要注意掌握每一个具体妨害社会管理秩序罪的概念、构成特征、罪与非罪以及此罪与彼罪的界限。对于重点犯罪，还要在此基础上掌握如何处理司法实践中的疑难问题。

第二节 扰乱公共秩序罪

一、妨害公务罪

（一）概念与构成

妨害公务罪，是指以暴力、威胁方法，阻碍国家机关工作人员、人大代表、红十字会工作人员依法执行职务或履行职责的行为，以及故意阻碍国家安全机关、公安机关依法执行国家安全工作任务，虽未使用暴力、威胁方法，但造成严重后果的行为。

本罪的构成要件如下：

1. 本罪的客观方面表现为行为人以暴力、威胁的方法阻碍国家机关工作人员、人大代表依法执行职务，或者在自然灾害、突发事件中以暴力、威胁方法阻碍红十字会人员依法履行职责，或者虽未使用暴力、威胁的方法，但故意阻碍国家安全机关与公安机关工作人员依法履行维护国家安全的职务，且造成了严重后果的行为。

(1) 何谓暴力。暴力手段表现形式多样，具体表现为对公务人员捆绑、殴打、伤害，或者对公务人员采用强力推拉、纠集众人将公务人员围困等人身控制手段。

对正在执行公务的人员以药物将其麻醉的，亦应视为暴力。但在公务人员执行公务之前，对公务人员实施类似催眠术、用酒灌醉、用药物麻醉等侵犯公务人员人身的行为，是否能够算作是“暴力”？有人认为这是一种“无形的暴力”。妨害公务罪中的“妨害”行为应当是发生在公务开始之后，如果在公务人员开始执行公务之前即用酒等将其灌醉，我们认为，这种行为不能解释为本罪所称暴力，构成其他犯罪的，按照刑法相应规定处罚。

(2) 何谓威胁。威胁是指行为人对前述工作人员进行精神强制，如以杀害、伤害相威胁，或者以毁坏财产、破坏名誉等相恐吓，迫使国家机关工作人员、人大代表、红十字会人员、国家安全机关、公安机关工作人员放弃职守或者使其无法履行职责。威胁行为的基本特征是精神强制性。行为人意图通过“威胁”，造成公务人员精神上的恐惧、心理上的压力和自由意志的抑制，从而使公务人员处于“不敢”抗拒的境地而影响公务活动的正常执行。威胁既可以用动作行为表示，也可以是书面或口头明示；既可以是行为人自己对公务人员进行威胁，也可以是通过其他人对公务人员进行威胁。只要行为人实施行为的意图对公务人员的精神、心理产生了强制作用，从而影响其正常执行职务即可。

(3) 暴力、威胁的对象。第 277 条第 1 款规定了暴力、威胁阻碍的对象是“国家机关工作人员”。这个概念比起“国家工作人员”是很狭窄的，实践中出现了一些恶性案件，由于阻碍的是国家机关工作人员以外的国家工作人员执行公务，对行为人无法以妨害公务罪追究刑事责任，所以许多学者呼吁扩大妨害公务罪中妨害的对象。2000 年最高人民检察院《关于以暴力、威胁方法阻碍事业编制人员依法执行行政执法职务是否可以对侵害人以妨害公务论处的批复》中指出，对于以暴力、威胁方法阻碍国有事业单位人员依照法律、行政法规的规定执行行政执法职务的，或者以暴力、威胁方法阻碍国家机关中受委托从事行政执法活动的事业编制人员执行行政执法职务的，可以对侵害人以妨害公务罪追究刑事责任。这个解释将本罪的阻碍对象由“国家机关工作人员”扩大到了“国有事业单位人员”和“国家机关中受委托从事行政执法活动的事业编制人员”。另外需要注意的是对“国家机关工作人员”的理解。2002 年 12 月全国人民代表大会常务委员会作出了《关于〈中华人民共和国刑法〉第九章渎职罪主体适用问题的解释》，其中规定：在依照法律、法规规定行使国家行政管理职权的组织中从事公务的人员，或者在受国家机关委托代表国家机关行使职权的组织中从事公务的人员，或者虽未列入国家机关人员编制但在国家机关中从事公务的人员，在代表国家机关行使职权时，有渎职行为，构成犯罪的，依照刑法关于渎职罪的规定追究刑事责任。我们倾向性地认为，这个解释的内容对于本罪也适用。对前引解释中的人员采取暴力、威胁手段，妨害他们执行公务，这种行为应该构成妨害公务罪。

(4) 对刑法第 277 条第 3 款的理解。该条款规定，在自然灾害和突发事件中，以暴力、威胁方法阻碍红十字会工作人员依法履行职责的，依照第1款的规定处罚。要强调的是，以暴力、威胁方法阻碍红十字会工作人员依法履行职责的，必须是发生在自然灾害或突发事件中；否则，不构成本罪。

(5) 对刑法第277条第4款的理解。该条款规定，故意阻碍国家安全机关、公安机关依法执行国家安全工作任务，未使用暴力、威胁方法，造成严重后果的，依照第1款的规定处罚。换言之，故意阻碍国家安全机关、公安机关工作人员依法执行国家安全工作任务，不以行为人使用暴力或威胁方法为必要，只要行为人之行为造成了严重的后果，便构成本罪。值得注意的是，阻碍的必须是“国家安全工作任务”，如果阻碍一般的公安工作任务的，不能适用本款规定。

值得注意的是，刑法的这一规定在实践中引发了许多争论。争论在于，如果行为人故意阻碍国家安全机关、公安机关人员执行国家安全工作任务时，使用了暴力、威胁方法的，该如何处理？理论界有几种不同的观点。第一种观点认为，该行为不构成犯罪，不能处罚。理由是，根据罪刑法定原则的要求，法无明文规定不定罪、不处罚。刑法第277条第4款只规定了“故意阻碍国家安全机关、公安机关依法执行国家安全工作任务，未使用暴力、威胁方法，造成严重后果的，依照第1款的规定处罚”，并没有规定使用暴力、威胁方法阻碍上述机关执行国家安全工作任务时该如何处罚，所以不能处罚该行为。第二种观点认为，对该行为直接适用刑法第277条第1款定罪处罚。理由是：上述行为与刑法第277条第1款的规定相比，在犯罪构成的客观方面和主观方面都相同，主体也相同，从犯罪对象来看也是包含和被包含的关系。第三种观点认为，上述行为应该按照刑法第277条第4款的规定从重处罚。因为该行为与第277条第4款相比，在犯罪构成的主体、客体和主观方面都相同，虽然在客观方面不同，但是对不使用暴力、威胁方法都要处罚，对使用了暴力、威胁方法的更应该从重处罚。第四种观点认为应该分两种情况：没有造成严重后果的，按照刑法第277条第1款处理；造成严重后果的，按该条第4款从重处罚。我们赞成第二种观点，认为对该行为应当直接按刑法第277条第1款的规定处罚。比较第277条第1款和第4款可以发现，国家安全机关、公安机关本来就属于国家机关，国家安全机关、公安机关工作人员依法执行国家安全工作任务，也属于国家机关工作人员执行职务，两者区别在于客观方面是否需要使用暴力、威胁方法。为了特别保护国家安全机关、公安机关执行国家安全任务的秩序，法律才用第4款特别指出就算没有使用特定暴力、威胁手段的也要构成犯罪。如果一个行为人已经针对国家机关工作人员使用了暴力、威胁方法，那么依照第1款的规定就足以规制其行为了，不需要再动用特别的第4款。所以行为人故意阻碍国家安全机关、公安机关人员执行国家安全工作任务，使用了暴力、威胁方法的，适用第277条第1款规定。最后还应指出，根据最高人民法院、最高人民检察院2007年2月28日发布的《关于办理危害矿山生产安全形势案件具体应用法律若干问题的解释》第10条的规定，以暴力、威胁方法阻碍矿山安全生产监督管理的，以妨害公务罪定罪处罚。

2. 本罪的主体为一般主体，即年满16周岁、具有刑事责任能力的自然人。单位不能构成本罪主体。

3. 本罪的主观方面是故意，即行为人明知前述四种工作人员是正在依法执行职务或履行职责而有意对其实施暴力、威胁，使之不能或不敢正常执行职务或者履行职责，或者明知对方正在依法执行国家安全工作任务，而有意进行阻碍。所谓“明知”包含两层意思：(1) 行为人必须明知自己阻碍的是国家机关工作人员、人大代表、红十字会工作人员以及国家安全机关和公安机关的工作人员；(2) 行为人必须明知前述人员是在依法履行职务或职责。否则，不能以本罪论处。

4. 本罪的客体是国家机关、人民代表大会、红十字会、国家安全机关以及公安机关的公务活动。这里“公务”是指国家机关工作人员与人大代表依法执行职务的活动，红十字会人员依法履行职责的活动，以及国家安全机关和公安机关工作人员依法执行国家安全工作任务的活动。本罪侵犯的对象是正在依法执行职务、履行职责的上述四类人员。应当指出，从妨害公务罪的立法本意来看，是为了保护国家机关正常合法的公务活动，即国家机关工作人员依法执行职务必须具有正当性。国家机关工作人员履行职务必须遵守法律的各项规定，包括实体性规定和程序性规定。

如果国家机关工作人员履行职务行为时，没有遵循法律规定，比如没有按要求出示证明其行为合法的相关证件和手续，那么，被执行人推断国家机关工作人员的行为为非正当是合情合理的。前者行为不能视为本罪的“公务”，后者阻碍前者的活动便没有侵犯本罪客体，不能成立妨害公务罪。

(二) 司法认定与刑事处罚

1. 司法认定

(1) 罪与非罪的界限。

其一，要分清妨害公务罪与人民群众同国家机关工作人员的违法乱纪行为作斗争的界限。这主要反映在二者主观意图和客观表现上有所不同。前者的行为人是怀着明确的反社会意图而实施阻碍公务的行为；后者的行为人则是立于社会公正的立场同违法乱纪的行为进行斗争。人民群众同国家机关工作人员的违法乱纪行为作斗争的行为不仅不能作为犯罪处理，而且还要予以保护和鼓励。

其二，要分清妨害公务罪与人民群众一般的不服管理行为的界限。如果某些群众因为政治觉悟低或者认识水平有限而对正在执行公务或履行职责的前述四种工作人员实施了谩骂、顶撞等不服管理的行为，一般不应作为犯罪处理。如果行为人吵闹、谩骂中使用了人身侮辱性语言，直接侵犯他人人格名誉，而且情节严重的，可以对行为人追究侮辱罪的刑事责任。

(2) 本罪与近似犯罪的界限。由于本罪通常表现为行为人以暴力或威胁的方法来实施犯罪，因此，本罪与侮辱罪、故意伤害罪、故意毁坏财物罪有相近似之处。

但本罪与前述三种犯罪的显著不同在于：本罪行为人的暴力、威胁行为必须发生于前述四类人员依法执行职务或履行职责期间，而前述三种犯罪则无时间性限制。如果行为人以暴力妨害公务的行为造成了国家工作人员或人大代表或红十字会工作人员的人身伤害，是定本罪，还是定故意伤害罪，抑或按数罪并罚原则处理呢？我们认为，此种情况应具体情况具体分析。虽然造成了公务人员人身伤害，但未达到轻伤害程度的，应当按照妨害公务罪论处；造成轻伤害以上伤害的，属于竞合犯，故对此应按处理竞合犯的原则处理，即从一重罪处断。另外，有两种法定情况需要注意：一是刑法第 157 条第 2 款规定，以暴力、威胁方法抗拒缉私的，以走私罪和第 277 条规定的妨害公务罪，依照数罪并罚的规定处罚。二是刑法第 318 条组织他人偷越国（边）境罪第 1 款第 5 项和第 321 条运送他人偷越国（边）境罪第 2 款规定，对“以暴力威胁方法抗拒检查的”按照第 318 条和第 321 条的规定处罚。

(3)“袭警”行为的处理。“袭警”是指采用暴力、威胁方法阻碍警察依法执行职务的行为。“袭警”的行为手段是“暴力”或者“威胁”，目的是阻碍警察依法执行公务，行为的具体表现方式是对依法执行公务的警察进行侮辱、伤害甚至杀害。近一段时间以来，民警在执勤查缉、处理治安案件和交通违章时遭到暴力阻碍的案件愈演愈烈，警察因公负伤、死亡的数字逐年上升，“袭警”行为的社会危害性已引起社会舆论的广泛关注，社会各界就是否需要在刑法中增设独立的袭警罪展开了争论。许多人建议增设袭警罪。我们认为，我国现行刑法规定足以规制袭警行为，我国刑法中不宜增设单独的袭警罪，对此行为以妨害公务罪论处即可，如果袭击警察时又实施故意伤害和故意杀人行为的，按照故意伤害罪和故意杀人罪定罪处罚。这样并不会轻纵犯罪人，而且在现行体系下就可以解决这个问题，无须再修订改动刑法典。

2. 刑事处罚

根据刑法第277条之规定，犯妨害公务罪的，处3年以下有期徒刑、拘役、管制或者罚金。

二、煽动暴力抗拒法律实施罪

煽动暴力抗拒法律实施罪，是指煽动群众使用暴力抗拒国家法律、行政法规实施的行为。本罪的构成要件如下：(1) 本罪的客观方面表现为行为人实施了煽动群众使用暴力抗拒国家法律、行政法规实施的行为。至于针对何种国家机关实施法律、行政法规，刑法对此未作具体规定。(2) 本罪的主体是一般主体。(3) 本罪的主观方面是故意。(4) 本罪的客体是国家实施法律、行政法规的正常秩序。

根据现行刑法第278条之规定，对本罪分两种情况来处罚：其一，犯本罪的，处3年以下有期徒刑、拘役、管制或者剥夺政治权利；其二，犯本罪且造成严重后果的，处3年以上7年以下有期徒刑。

三、招摇撞骗罪

(一) 概念与构成

招摇撞骗罪，是指为了谋取非法利益，冒充国家机关工作人员进行招摇撞骗的行为。

本罪的构成要件如下：

1. 本罪的客观方面表现为行为人实施了冒充国家机关工作人员进行招摇撞骗的行为。所谓“冒充”是指不具备国家机关工作人员身份的人，假冒为具有国家机关工作人员身份的人去行事。从司法实践情况来看，本罪的具体表现又包括三种情况：(1) 非国家机关工作人员冒充国家机关工作人员；(2) 国家机关的下级工作人员冒充上级工作人员；(3) 此部门的国家机关工作人员冒充彼部门的国家机关工作人员。所谓招摇撞骗，指行为人利用人们对国家机关工作人员的信任，以假冒国家机关工作人员的身份去行骗。

2. 本罪的主体为一般主体，即年满16周岁并具有刑事责任能力的自然人。

3. 本罪的主观方面为故意，即行为人明知自己不是国家机关工作人员而进行假冒行骗。一般而言，本罪的行为人具有骗取某种非法利益的目的，如骗取钱财、地位、荣誉、待遇或玩弄女性等。

4. 本罪的客体是国家机关的正常活动。国家机关工作人员是国家各项职能的具体执行者。由于我国国家机关工作人员具有公务员的特殊身份，拥有一定的权力，其任命或录用都须经过特定程序。如果没有国家机关工作人员身份的人冒充国家机关工作人员，势必造成国家机关工作的混乱。而且，冒充国家机关工作人员的犯罪分子，都是为了利用国家机关工作人员的特殊身份获取非法利益。因此，为了保障国家机关的正常活动，对招摇撞骗的犯罪行为予以严厉打击是完全必要的。

（二）司法认定与刑事处罚

1. 司法认定

认定招摇撞骗罪时，主要应注意该罪与诈骗罪的界限。因为招摇撞骗罪与诈骗罪都包含有骗取他人财物的行为。但两者仍有明显的区别：(1) 侵犯的客体不同。招摇撞骗罪侵犯的客体主要是国家机关的正常活动；诈骗罪侵犯的客体则是公私财产所有权。(2) 犯罪手段不同。招摇撞骗罪的行为方式只能是冒充国家机关工作人员行骗；而诈骗罪的行为手段则是多种多样的，其中包括冒充国家机关工作人员行骗。(3) 成立犯罪的标准不同。招摇撞骗罪不要求行为人诈骗所得财物数额较大，只要行为人实施了冒充国家机关工作人员招摇撞骗的行为，原则上便构成犯罪；而诈骗罪的成立，必须是行为人诈骗所得的财物数额较大。(4) 犯罪的主观目的不同。招摇撞骗罪的犯罪目的是追求非法利益，其内容较诈骗罪的目的广泛一些，可以包括非法占有公私财物，也可以包括其他非法利益；诈骗罪的犯罪目的是希望非法占有公私财物。

尽管招摇撞骗罪与诈骗罪有上述区别，但在行为人冒充国家工作人员的身份去骗取财物的情况下，一个行为同时触犯了两个罪名，属于竞合犯，应当从一重罪处断。

2. 刑事处罚

根据刑法第 279 条的规定，犯本罪的，处 3 以下有期徒刑、拘役、管制或者剥夺政治权利；情节严重的，处 3 年以上 10 年以下有期徒刑。冒充人民警察招摇撞骗的，从重处罚。但是，冒充军人招摇撞骗的，不以本罪论处，而是应当按照刑法第 372 条定罪处罚。所谓“情节严重”是指一贯招摇撞骗或流窜作案，影响极坏的；屡教不改的；犯罪手段特别卑劣的；后果严重的，以及具有其他严重情节的。

四、伪造、变造、买卖国家机关公文、证件、印章罪

（一）概念与构成

伪造、变造、买卖国家机关公文、证件、印章罪，是指伪造、变造、买卖国家机关的公文、证件、印章的行为。

本罪的构成要件如下：

1. 本罪的客观方面表现为行为人实施了伪造、变造、买卖国家机关的公文、证件、印章的行为。犯罪对象是国家机关的公文、证件、印章。“公文”是指国家机关用于联系公务、处理问题、说明某种事项等的书面文件，“证件”是指证明身份或其他事项的凭证，“印章”是指刻有能够代表国家机关名义、名称的图章。本罪是选择性罪名，只要行为人实施了伪造、变造、买卖三种行为之一，便构成犯罪。而司法实践中，对本罪的罪名确定，可根据行为人实施的具体行为来确定。例如，行为人只实施了伪造公文的行为，则对行为人定伪造公文罪即可。只有当行为人同时实施了“伪造、变造、买卖国家机关的公文、证件、印章”三种行为的，才对行为人定伪造、变造、买卖国家机关公文、证件、印章罪。伪造、变造、买卖各级人民政府设立的行使行政管理权的临时性机构的公文、证件、印章行为，构成犯罪的，应当依照本罪追究刑事责任。

2. 本罪的主体是一般主体。

3. 本罪的主观方面是故意。至于行为人出于何种目的与动机而实施伪造、变造、买卖国家机关公文、证件、印章，在所不问。

4. 本罪的客体是国家机关的正常活动。

(二) 司法认定与刑事处罚

1. 司法认定

(1) 罪数问题。对于行为人通过伪造国家机关公文、证件担任国家工作人员职务以后又利用职务上的便利实施侵占本单位财物、收受贿赂、挪用本单位资金等行为，构成犯罪的，应当分别以伪造国家机关公文、证件罪和相应的贪污罪、受贿罪、挪用公款罪等追究刑事责任，实行数罪并罚。对于以骗取钱财为目的，先伪造国家机关公文、证件，然后又据此骗取钱财的，则应按照处理牵连犯原则，从一重罪处断。

(2) 根据1998年5月8日最高人民法院、最高人民检察院、公安部、国家工商行政管理局《关于依法查处盗窃、抢劫机动车案件的规定》第7条的规定，伪造、变造、买卖机动车牌证及机动车入户、过户、验证的有关证明文件的，依照刑法第280条第1款规定定罪处罚。

(3) 根据1998年12月29日全国人大常委会《关于惩治骗购外汇、逃汇和非法买卖外汇犯罪的决定》第2条的规定，买卖伪造、变造的海关签发的报关单、进口证明、外汇管理部门核准件等凭证和单据或者国家机关的其他公文、证件、印章的，依照刑法第280条定罪处罚。

(4) 买卖伪造的国家机关证件如何定性。根据1999年最高人民检察院研究室《关于买卖伪造的国家机关证件行为是否构成犯罪的问题的答复》的规定，对于买卖伪造的国家机关证件的行为，依法应当追究责任的，可适用刑法第280条第1款的规定，以买卖国家机关证件罪追究刑事责任。

(5) 根据2000年11月22日最高人民法院《关于审理破坏森林资源刑事案件具体应用法律若干问题的解释》第13条的规定，对于伪造、变造、买卖林木采伐许可证、木材运输证件，森林、林木、林地权属证书，占用或者征用林地审核同意书、育林基金等缴费收据以及其他国家机关批准的林业证件构成犯罪的，依照刑法第280条第1款定罪处罚。对于买卖允许进出口证明书等经营许可证明，同时触犯刑法第225条、第280条规定之罪的，依照处罚较重的规定定罪处罚。

(6) 根据2000年11月27日最高人民法院《关于审理破坏野生动物资源刑事案件具体应用法律若干问题的解释》第9条的规定，伪造、变造、买卖国家机关颁发的野生动物允许进出口证明书、特许猎捕证、狩猎证、驯兽繁殖许可证等公文、证件构成犯罪的，按本罪定罪处罚。实施上述行为构成犯罪的，同时构成刑法第225条第2项规定的非法经营罪的，依照处罚较重的规定定罪处罚。

(7) 根据2003年6月3日最高人民检察院研究室《关于伪造、变造、买卖政府设立的临时性机构的公文、证件、印章行为如何适用法律问题的答复》的规定，伪造、变造、买卖各级人民政府设立的行使行政管理权的临时性机构的公文、证件、印章行为，构成犯罪的，应当依刑法第280条第1款追究刑事责任。

(8) 根据2007年5月9日最高人民法院、最高人民检察院《关于办理与盗窃、抢劫、诈骗、抢夺机动车相关刑事案件具体应用法律若干问题的解释》第2条的规定，伪造、变造、买卖机动车行驶证、登记证书，累计3本以上的，以本罪定罪处罚。

2. 刑事处罚

根据刑法第280条第1款的规定，犯本罪的，处3年以下有期徒刑、拘役、管制或者剥夺政治权利；情节严重的，处3年以上10年以下有期徒刑。所谓“情节严重”，是指伪造、变造、买卖国家机关公文、证件、印章次数多、数量大或者造成严重后果等情况。例如，根据2007年5月9日最高人民法院、最高人民检察院《关于办理与盗窃、抢劫、诈骗、抢夺机动车相关刑事案件具体应用法律若干问题的解释》第2条第2款的规定，伪造、变造、买卖机动车行驶证、登记证书，累计15本以上的，即属于“情节严重”。

五、盗窃、抢夺、毁灭国家机关公文、证件、印章罪

盗窃、抢夺、毁灭国家机关公文、证件、印章罪，是指盗窃、抢夺、毁灭国家机关公文、证件、印章的行为。本罪的构成要件如下：（1）本罪的客观方面表现为行为人实施了盗窃、抢夺、毁灭国家机关公文、证件、印章的行为。本罪的犯罪对象仍是国家机关的公文、证件、印章。本罪也是一个选择性罪名，只要行为人实施了盗窃、抢夺、毁灭公文、证件、印章之一种行为，便可成立犯罪。而司法实践中，可根据行为人具体实施的某一种行为来对行为人定罪。如行为人实施了盗窃公文的行为，就对其定盗窃国家机关公文罪。（2）本罪的主观方面是故意。（3）本罪的主体是一般主体。（4）本罪的客体是国家机关的正常管理活动。

根据刑法第280条第1款之规定，对盗窃、抢夺、毁灭国家机关公文、证件、印章罪的，处3年以下有期徒刑、拘役、管制或者剥夺政治权利；情节严重的，处3年以上10年以下有期徒刑。

六、伪造公司、企业、事业单位、人民团体印章罪

伪造公司、企业、事业单位、人民团体印章罪，是指伪造公司、企业、事业单位、人民团体印章的行为。本罪的构成要件如下：（1）本罪的客观方面表现为行为人实施了伪造公司、企业、事业单位、人民团体的印章的行为。其犯罪对象是公司、企业、事业单位、人民团体的印章。（2）本罪的主体是已满16周岁且具有刑事责任能力的自然人。（3）本罪的主观方面是故意。至于行为人的犯罪动机与目的如何，并不影响本罪的成立。（4）本罪的客体是公司、企业、事业单位、人民团体的正常活动。实践中频繁出现伪造高等院校印章制作学历、学位证明的行为，对此，最高人民法院、最高人民检察院《关于办理伪造、贩卖伪造的高等院校学历、学位证明刑事案件如何适用法律问题的解释》规定，对于伪造高等院校印章制作学历、学位证明的行为，应当依照刑法第280条第2款的规定，以伪造事业单位印章罪定罪处罚。明知是伪造高等院校印章制作的学历、学位证明而贩卖的，以伪造事业单位印章罪的共犯论处。

根据刑法第280条第2款之规定，犯本罪的，处3年以下有期徒刑、拘役、管制或者剥夺政治权利。

七、伪造、变造居民身份证罪

（一）概念与构成

伪造、变造居民身份证罪，是指违反国家有关居民身份证管理的法规，伪造、变造居民身份证的行为。

本罪的构成要件如下：

1. 本罪的客观方面表现为行为人实施了伪造、变造居民身份证的行为。伪造、变造居民身份证罪的犯罪对象是居民身份证。居民身份证是由国家有关管理部门颁发的、证明一个人的公民身份的证件。身份证具有广义与狭义之分。广义的身份证是指一切能够证明一个人的身份的证件，既包括公民的居民身份证，也包括由各国有关部门签发的公民护照，

还包括学生证、工作证、驾驶证等。狭义的身份证是指由《中华人民共和国居民身份证法》所规定的居民身份证。它排除了由其他国家签发的身份证件，也排除了学生证、工作证、驾驶证等在我国适用的其他身份证件。伪造、变造居民身份证罪中的居民身份证就指的是狭义的身份证。

2. 本罪的主体是已满16周岁且具有刑事责任能力的自然人。单位不能成为伪造、变造居民身份证罪的主体。

3. 本罪的主观方面是故意，并且只能是直接故意。即行为人明知自己的行为是违反国家身份证管理法规的而实施伪造、变造居民身份证的行为，且该行为将会侵犯国家居民身份证管理制度，但是行为人仍然决意实施这种行为，并且对危害结果的发生抱有希望的态度。本罪不能由间接故意构成。因为本罪的行为人必须明知自己是违反国家身份证管理法规而伪造、变造居民身份证，预见到自己的行为将会产生危害国家居民身份证管理制度的结果，而且伪造、变造居民身份证的目的一般是通过自己伪造、变造居民身份证的行为谋取利益，或者隐瞒自己或他人的真实身份。间接故意发生的情形主要有两种：一种是为了追求一种非犯罪目的而放任某种犯罪结果的发生，另一种是为了追求其他犯罪目的而放任某种犯罪结果的发生。伪造、变造居民身份证罪的行为人却是为了追求本罪的犯罪结果的发生而实施行为，我们认为，这种情况下根本不可能是间接故意，而只能是直接故意。

4. 本罪的客体是居民身份证的公共信用和国家身份证管理制度。我国采用居民身份证制度是为了更加科学和有效地进行社会管理。居民身份证可以证明一个人的身份、户籍所在地，以及提供其他一些基本信息，是社会政治、经济生活中从事某种活动时不可缺少的。伪造、变造居民身份证的行为必然侵害居民身份证的公共信用和国家身份证管理制度。

（二）司法认定与刑事处罚

1. 司法认定

实践中，行为人“提供本人照片，出资让他人为本人伪造身份证”的情况并不少见，这种行为构成犯罪吗？

对此问题有两种意见：第一种意见认为构成犯罪，因为提供本人照片行为是伪造者后来实施伪造居民身份证行为的必要条件，帮助了伪造犯罪的实施；“出资让人伪造身份证”的行为还是一种教唆行为。所以，对此应当依据共同犯罪的理论，以伪造居民身份证罪的共犯追究犯罪嫌疑人的刑事责任。第二种意见认为不构成犯罪，因为行为人虽然为伪造者提供本人照片，但是其本人并没有直接参与身份证的伪造，伪造者本人多是以伪造行为谋生的，其犯意不是由出资人教唆的。所以，在整个伪造行为中，行为人作用有限，情节显著轻微，不能以犯罪论处。我们赞成第二种观点。伪造身份证的过程是：行为人出钱，提供本人照片给伪造者，使伪造者可以用该照片来制作身份证，在身份证上贴照片、填写虚假登记内容、合成、塑封。在这个过程中，提供照片的行为不是实质意义上的伪造行为，之后的贴照片、合成等行为才是实质意义上的伪造居民身份证行为。提供照片行为在整个伪造过程中所起的作用非常有限。“出资让人伪造身份证的行为”，并不能看作是教唆，因为伪造者就算没有该出资人的出资行为，也一贯实施伪造行为，他们伪造身份证并不是被“客户”教唆的，而是一直以来都具有伪造居民身份证的故意。综上所述，“提供本人照片，出资让他人伪造身份证”的行为，不构成犯罪。

2. 刑事处罚

根据刑法第280条第3款之规定，犯本罪的，处3年以下有期徒刑、拘役、管制或者剥夺政治权利；情节严重的，处 3 年以上 7 年以下有期徒刑。

八、非法生产、买卖警用装备罪

非法生产、买卖警用装备罪，是指非法生产、买卖人民警察制式服装、车辆号牌等专用标志、警械，情节严重的行为。本罪的构成要件如下：犯罪客观方面表现为行为人实施了非法生产、买卖人民警察制式服装、车辆号牌等专用标志、警械的行为。犯罪主观方面是故意。犯罪主体为一般主体，单位也可成为本罪主体。值得注意的是，成立本罪必须是"情节严重的"行为。所谓"情节严重的"，主要是指：多次或者大量生产、买卖警用装备的；为牟取非法利益而生产、买卖警用装备的；经有关机关责令停止生产、买卖警用装备而不服从的，等等。犯罪客体是国家对警用装备的管理制度。

根据刑法第 281 条的规定，对犯本罪的分两种情况处罚：其一，对自然人犯本罪的，处 3 年以下有期徒刑、拘役或者管制，并处或者单处罚金。其二，单位犯本罪的，对单位判处罚金，并对其直接负责的主管人员和其他直接责任人员，依照上述规定处罚。

九、非法获取国家秘密罪

（一）概念与构成

非法获取国家秘密罪，是指以窃取、刺探、收买方法，非法获取国家秘密的行为。

本罪的构成要件如下：

1. 本罪的客观方面表现为行为人实施了非法获取国家秘密的行为，即行为人实施了窃取、刺探或者收买国家秘密的行为。

（1）行为方式。所谓"窃取"，是指暗中秘密偷窃属于国家秘密的文件、资料和其他物品的行为。窃取的形式多种多样，如直接盗窃国家秘密文件，利用互联网盗窃国家秘密等。所谓"刺探"，是指行为人对知悉国家秘密的他人，采取各种手段探听、了解国家秘密的行为。探听的方式也有多种表现形式，例如，利用与知悉国家秘密的人的熟悉关系向其打听国家秘密；利用社交手段打通关系，向知密者探问国家秘密；使用窃听、窃照装置获取国家秘密。所谓"收买"，是指用财物、美色以及其他手段向知悉国家秘密的人交换国家秘密的行为。例如，以重金换取国家秘密，或者以女色与知悉国家秘密者进行交易换取国家秘密。

（2）所谓"非法获取"，是指依法不应知悉某项国家秘密的人从知悉某项国家秘密的人那里知悉国家秘密，或者可以知悉某项国家秘密的人未经合法手续知悉国家秘密。非法获取方式限于刑法第 282 条所规定的窃取、刺探、收买三种法定的方式之一。如果行为人所获得的国家秘密不是通过这三种手段取得的，不能以本罪论。

（3）所谓"国家秘密"，根据 2010 年 4 月修订后的《保守国家秘密法》第 2 条的规定，是指"关系国家的安全和利益，依照法定程序确定，在一定时间内只限一定范围的人员知悉的事项"。国家秘密的密级分为"绝密"、"机密"、"秘密"三级。

"绝密"是最重要的国家秘密，泄露会使国家的安全和利益遭受特别严重的损害；"机密"是重要的国家秘密，泄露会使国家的安全和利益遭受严重的损害；"秘密"是一般的国家秘密，泄露会使国家的安全和利益遭受损害。但无论非法获取哪个级别的国家秘密，均可以成立非法获取国家秘密罪。具体而言，国家秘密主要包括：国家事务的重大决策中的秘密事项；国防建设和武装力量活动中的秘密事项；外交和外事活动中的秘密事项以及对外承担保密义务的事项；国民经济和社会发展中的秘密事项；科学技术中的秘密事项；

维护国家安全活动和追查刑事犯罪中的秘密事项；其他经国家保密工作部门确定应当保守的国家秘密事项。

非法获取国家秘密罪的罪名属于选择性罪名。只要行为人实施了三种方式之一非法获取国家秘密，就构成本罪。实施了数种行为的，也只构成一罪。

2. 本罪的主体为一般主体，即只要已满16周岁且具有刑事责任能力的自然人均可成为本罪主体，不限于中国人，外国人也可以构成本罪。

3. 本罪的主观方面是直接故意。即行为人明知自己不应该知悉该项国家秘密，但是通过窃取、刺探、收买的方法，希望非法获取某项国家秘密。行为人非法获取国家秘密的动机，可能是为了获取金钱利益，可能是为了逞能，等等，这并不影响本罪构成。但是应当注意，实施窃取、刺探、收买等非法获取国家秘密的行为不能是为境外的机构、组织和人员而实施的，否则应当成立危害国家安全罪一章中的为境外窃取、刺探、收买、非法提供国家秘密、情报罪或间谍罪等。

4. 本罪的客体。有观点认为本罪的客体是国家的安全和利益；有观点认为本罪的客体是国家的保密制度；还有观点认为本罪客体是复杂客体，同时侵犯了国家的安全利益和国家保密制度。我们赞同第二种观点，认为本罪客体是国家的保密制度。理由是：本罪客体不包括国家安全利益，因为如果行为人以危害国家安全的目的获取国家秘密，可能构成的应当是刑法分则第一章危害国家安全罪中的间谍罪或者为境外窃取、刺探、收买、非法提供国家秘密、情报罪等。本罪从属于妨害社会管理秩序罪中的扰乱公共秩序罪，立法者在此设立本罪的目的不是惩罚危害国家安全的犯罪，而是惩罚获取国家秘密、扰乱正常的国家秘密保护制度的行为。所以本罪的客体是国家的保密制度。我国规定了以《保守国家秘密法》为核心的一系列保守国家机密的法律、法规，形成了我国的保密制度，非法获取国家秘密的行为损害了这种制度。

（二）司法认定与刑事处罚

1. 司法认定

（1）罪与非罪问题。如前所述，行为人获取国家秘密只能通过窃取、刺探、收买三种非法手段。如果行为人获取国家秘密没有采用这三种手段，如无意中知悉或者是知悉者主动告知的，当然不能成立非法获取国家秘密罪。本罪犯罪对象限于国家秘密，如果某信息依照《保守国家秘密法》的规定尚不属于国家秘密的范围，即使它有一定的保密性质，也不成立本罪；原本属于国家秘密的信息，在保密期限届满后不再属于国家秘密，行为人获取这些资料的，也不能以非法获取国家秘密罪论；相反，如果信息属于国家秘密，那么无论哪种级别的秘密也不影响犯罪构成。

（2）非法获取国家秘密罪与其他犯罪的区别。

第一，本罪与非法持有国家绝密、机密文件、资料、物品罪的区别。

二者的相同之处在于：犯罪客体都是国家的保密制度，犯罪主体都是一般主体，犯罪的主观方面都是故意。但二者的明显区别在于：其一，犯罪对象有所不同。本罪侵犯的对象是一切属于国家秘密的信息；而非法持有国家绝密、机密文件、资料、物品罪所侵害的，只是属于国家绝密或机密的文件、资料、物品。其二，行为人之行为表现形式不同。本罪的行为形式是“窃取、刺探、收买”国家秘密；而后者则是非法“持有”属于国家绝密、机密的文件、资料或者其他物品，且“拒不说明来源与用途”。

第二，本罪与为境外窃取、刺探、收买、非法提供国家秘密、情报罪的区别。

二者的相同之处在于：二者的行为人都实施了“窃取、刺探、收买”国家秘密的行为；二者的主体都是一般主体。但二者的关键区别在于：其一，二者侵犯的客体不同。本罪的犯罪客体是国家保密制度；而为境外窃取、刺探、收买、非法提供国家秘密、情报罪侵犯的客体则是国家安全。其二，二者的犯罪对象有所不同。本罪的犯罪对象限于“国家秘密”；为境外窃取、刺探、收买、非法提供国家秘密、情报罪的犯罪对象，还包括不属于国家秘密的“情报”。其三，二者的主观内容不同。为境外窃取、刺探、收买、非法提供国家秘密、情报罪的成立，要求行为人具有为境外的机构、组织、人员窃取、刺探、收买国家秘密或者情报的目的；本罪行为人主观上不具有这个特定犯罪目的。其四，从行为方式来看，两罪都存在窃取、刺探、收买的行为方式，但是为境外窃取、刺探、收买、非法提供国家秘密、情报罪还可以采用非法提供的方式，本罪不可能由非法提供的行为构成。

第三，本罪与间谍罪的区别。

间谍罪与本罪相同之处在于都存在获取国家秘密的行为，不同之处在于：其一，犯罪客体不同。间谍罪侵犯的客体是国家安全；而本罪侵犯的客体是国家的保密制度。其二，客观行为不同。本罪在客观方面表现为以窃取、刺探、收买方法非法获取国家秘密的行为；而间谍罪除非法获取国家秘密的方式外，还有参加间谍组织、为敌人指示轰击目标等另外两种行为方式。其三，主观内容不同。间谍罪中行为人非法获取国家秘密是为了完成间谍组织或其代理人指派的任务；而本罪行为人获取国家秘密的主观目的没有限定，这是本罪与间谍罪的关键区别。

第四，本罪与侵犯商业秘密罪的界限。

侵犯商业秘密罪与非法获取国家秘密罪的区别是：其一，犯罪客观行为不同。非法获取国家秘密罪的客观行为方式只限于以窃取、刺探、收买三种法定的方法非法获取国家秘密；侵犯商业秘密罪的行为手段包括采用“盗窃、利诱、胁迫”方式获取商业秘密和“披露、使用或者允许他人使用权利人的商业秘密”，以及以“其他不正当手段”获取商业秘密。其二，犯罪主体范围不同。非法获取国家秘密罪的主体只能是自然人；侵犯商业秘密罪的主体可以是单位。其三，犯罪对象不同。非法获取国家秘密罪的犯罪对象是国家秘密；侵犯商业秘密罪的犯罪对象是商业秘密。所谓商业秘密，根据刑法第 219 条第 3 款的规定，“是指不为公众所知悉，能为权利人带来经济利益，具有实用性并经权利人采取保密措施的技术信息和经营信息”。其四，犯罪客体不同。非法获取国家秘密罪的客体是国家的保密制度；侵犯商业秘密罪侵犯的客体是商业秘密的权利人对商业秘密的专用权和国家对商业秘密的管理制度。

(3) 非法获取国家秘密罪的既遂与未遂。行为人通过窃取、刺探、收买方法已经取得了国家秘密，即构成非法获取国家秘密罪的既遂，既遂并不要求行为人的非法获取国家秘密行为实际上造成严重的后果，只要行为人通过窃取、刺探、收买的方法非法获取了国家秘密，即使尚未造成严重后果也应当构成非法获取国家秘密罪的既遂。如果行为人已经着手实施获取国家秘密的行为，但由于其意志以外的原因最终未能获取国家秘密的，属于非法获取国家秘密罪的未遂。

2. 刑事处罚

根据刑法第 282 条第 1 款之规定，犯本罪的，处 3 年以下有期徒刑、拘役、管制或者剥夺政治权利；情节严重的，处 3 年以上 7 年以下有期徒刑。

十、非法持有国家绝密、机密文件、资料、物品罪

非法持有国家绝密、机密文件、资料、物品罪，是指非法持有国家绝密、机密的文

件、资料或者其他物品，拒不说明来源与用途的行为。本罪的构成要件如下：(1) 本罪的客观方面表现为行为人实施了非法持有属于国家绝密、机密的文件、资料或者其他物品，且拒不说明来源与用途的行为。犯罪对象是国家绝密、机密文件、资料或者其他物品。国家秘密可以分为绝密、机密和秘密三种，本罪的对象仅限于前两种。非法持有国家秘密的文件、资料、物品的，不能构成本罪。犯罪客观方面有两点值得注意：其一，成立本罪必须是行为人“非法持有”了国家绝密、机密的文件、资料或者其他物品。这就意味着，如果行为人是合法持有，则不能以犯罪论处。其二，行为人必须是“拒不说明来源与用途”。这就意味着，如果行为人虽然非法持有了国家绝密、机密的文件、资料或者其他物品，但他说明了其来源和用途的话，则不能以本罪论处。当然，如果行为人持有国家绝密、机密文件、资料或者其他物品之前，获取国家绝密、机密文件、资料或者其他物品的行为构成其他犯罪的话，则应按相应犯罪论处。(2) 本罪的主体是一般主体。(3) 本罪的主观方面是故意，出于何种目的与动机，不影响本罪的成立。(4) 本罪的客体是国家的保密制度。

根据刑法第282条第2款之规定，犯本罪的，处3年以下有期徒刑、拘役或者管制。

十一、非法生产、销售间谍专用器材罪

非法生产、销售间谍专用器材罪，是指非法生产、销售窃听、窃照等专用间谍器材的行为。本罪的构成要件如下：(1) 本罪的客观方面表现为行为人实施了非法生产、销售窃听、窃照等专用间谍器材的行为。犯罪对象是窃听、窃照等专用间谍器材。本罪的表现形式有两种：一是非法生产窃听、窃照等专用间谍器材；二是销售窃听、窃照等专用间谍器材。而且，无论是生产还是销售窃听、窃照等专用间谍器材都须是非法进行的。所谓非法，这里是指无权或无资格生产窃听、窃照等专用间谍器材的个人生产、销售窃听、窃照等专用间谍器材。(2) 本罪的主体是一般主体。(3) 本罪的主观方面是故意。(4) 本罪的客体是国家对间谍专用器材的管理制度。

根据刑法第283条之规定，犯本罪的，处3年以下有期徒刑、拘役或者管制。

十二、非法使用窃听、窃照专用器材罪

非法使用窃听、窃照专用器材罪，是指非法使用窃听、窃照专用器材，造成严重后果的行为。本罪的构成要件如下：(1) 本罪的客观方面表现为行为人实施了非法使用窃听、窃照专用器材且造成了严重后果的行为。犯罪对象是窃听、窃照专用器材。窃听、窃照器材一般限于国家的专门机关用于专门的目的，而且在程序上有严格要求。例如，司法机关、公安机关、国家安全机关、军事机关等可以为了国家与全社会的利益而使用窃听、窃照器材，对特定的对象进行窃听、窃照，但必须严格履行审批程序。如果擅自使用，就是非法的。由于擅自窃听、窃照的行为严重侵犯了公民的隐私权，故国家以刑法加以禁止是完全必要的。应当注意的是，并非一切违法使用窃听、窃照器材的行为都构成犯罪，只有那些造成了严重后果的非法使用窃听、窃照的行为才构成犯罪。(2) 本罪的主体为一般主体。(3) 本罪的主观方面是故意。(4) 本罪的客体是国家对窃听、窃照专用器材的管理制度。

根据刑法第284条之规定，犯本罪的，处2年以下有期徒刑、拘役或者管制。

十三、非法侵入计算机信息系统罪

(一) 概念与构成

非法侵入计算机信息系统罪，指违反国家规定，侵入国家事务、国防建设、尖端科学

技术领域的计算机信息系统的行为。

本罪的构成要件如下：

1. 本罪的客观方面表现为行为人违反国家规定，实施了非法侵入国家事务、国防建设、尖端科学技术领域的计算机信息系统的行为。

(1)“违反国家规定”。本罪中违反国家规定是指违反国家关于计算机信息系统管理的各项法律、法规，如《中华人民共和国计算机信息系统安全保护条例》、《中华人民共和国计算机信息网络国际联网管理暂行规定》、《中国公用计算机互联网国际联网管理办法》、《计算机信息网络国际联网安全保护管理办法》等。如果行为人访问计算机信息系统没有违反国家有关规定或者是经过批准进入计算机信息系统的，不能构成本罪。

(2)“非法侵入国家事务、国防建设、尖端科学技术领域的计算机信息系统”。非法侵入，是指利用技术手段非法访问计算机系统、调取系统内部资讯。一般而言，计算机信息系统都有自身安全保卫机制，确保有合法权限的用户才能对本系统进行访问，抵制没有合法权限的用户对系统进行访问。重要领域的计算机信息系统更是如此。我国国家事务、国防建设、尖端科学技术领域的计算机信息系统，都设置了严密的访问机制，抵制非法用户进入该信息系统。应当注意，只有对国家事务、国防建设、尖端科学技术领域的计算机信息系统非法侵入的，才能构成本罪。

2. 本罪的主体是一般主体，即已满16周岁且具有刑事责任能力的自然人，均可成为本罪主体。

3. 本罪的主观方面是故意，即行为人明知是国家事务、国防建设、尖端科学技术领域的计算机信息系统而擅自侵入。至于行为人侵入国家事务、国防建设、尖端科学技术领域的计算机信息系统的目的与动机如何，并不影响本罪的成立。

4. 本罪的客体是国家事务、国防建设、尖端科学技术领域计算机信息系统安全。

(二) 司法认定与刑事处罚

1. 司法认定

(1) 非法侵入计算机信息系统罪的罪与非罪。认定是否构成非法侵入计算机信息系统罪，主要是正确认定行为人所侵入的计算机信息系统是否属于我国刑法所明确规定的三类重要计算机信息系统，即国家事务、国防建设、尖端科学技术领域的计算机信息系统。如果侵入的是此类计算机信息系统，则构成本罪，如果不是，就不构成本罪。另外，注意本罪主体不一定是完全没有合法访问权限的用户，如果用户本身有一定的访问权限，但是超出合法的权限进行浏览资料、调取资讯的，仍然构成本罪。

(2) 犯罪既遂标准。本罪属于行为犯，只要行为人实施了非法侵入三类重要领域的计算机信息系统的行为，就构成犯罪既遂，不要求行为人侵入计算机信息系统后产生特定严重后果。

2. 刑事处罚

根据刑法第285条的规定，犯本罪的，处3年以下有期徒刑或者拘役。

十四、非法获取计算机信息系统数据、非法控制计算机信息系统罪

2009年通过的《刑法修正案(七)》在刑法第285条中增加了两款，作为第二款和第三款；从而刑法第285条三款分别规定了三个罪名：非法侵入计算机信息系统罪，非法获取计算机信息系统数据、非法控制计算机信息系统罪，提供侵入、非法控制计算机信息系统程序、工具罪。

非法获取计算机信息系统数据、非法控制计算机信息系统罪，是指违反国家规定，侵入刑法第285条第1款规定以外的计算机信息系统或者采用其他技术手段，获取该计算机信息系统中存储、处理或者传输的数据，或者对该计算机信息系统实施非法控制，情节严重的行为。

1. 本罪的客观方面表现为行为人违反国家规定，侵入国家事务、国防建设、尖端科学技术领域以外的计算机系统，或者采用其他技术手段获取该计算机信息系统中存储、处理或者传输的数据，情节严重的行为。"违反国家规定"的内容和第285条第1款中"违反国家规定"的内容相同，都是国家关于计算机信息系统管理方面的法律法规。行为人采取破解密码、突破安全防护系统等技术手段非法访问计算机系统、调取系统内部资讯；或者通过木马程序、键盘跟踪等手段非法控制计算机系统，并且只有达到"情节严重"的程度才构成本罪。本罪的对象是侵入国家事务、国防建设、尖端科学技术领域以外的计算机系统。

2. 本罪的主体是一般主体，已满16周岁且具有刑事责任能力的自然人，均可成为本罪主体。

3. 本罪的主观方面是故意，行为人明知是别人的计算机系统而擅自侵入、获取其系统数据或者非法控制。

4. 本罪的客体是计算机信息系统安全。

根据刑法第285条第2款的规定，犯本罪，处3年以下有期徒刑或者拘役，并处或者单处罚金；情节特别严重的，处3年以上7年以下有期徒刑，并处罚金。

十五、提供侵入、非法控制计算机信息系统程序、工具罪

提供侵入、非法控制计算机信息系统程序、工具罪，是指提供专门用于侵入、非法控制计算机信息系统的程序、工具，或者明知他人实施侵入、非法控制计算机信息系统的违法犯罪行为而为其提供程序、工具，情节严重的行为。本罪是《刑法修正案（七）》在刑法第285条中增加的第3款规定的罪名。本罪的构成要件如下：（1）本罪的客观方面表现为两种情形：其一，实施了提供专门用于侵入、非法控制计算机信息系统的程序、工具的行为；其二，明知他人实施侵入、非法控制计算机信息系统的违法犯罪行为而为其提供程序、工具。需要说明的是，行为人的行为必须达到情节严重的程度才能构成本罪。情节严重的具体情况应从实践中具体掌握，如侵入他人计算机信息系统实施非法控制而造成他人重大财产损失等。行为人提供的对象是程序或者工具，如木马程序、跟踪软件等；通过这些程序或者工具可以侵入他人计算机或者对他人计算机系统实施非法控制。（2）本罪的主体是一般主体，年满16周岁、具有刑事责任能力的人均可成为本罪主体。（3）本罪的主观方面是故意，表现为：明知自己的行为将会侵害到他人计算机信息系统的安全，而提供侵入、非法控制计算机的程序或工具；或者明知他人在实施侵入、非法控制计算机系统的违法犯罪行为而为其提供程序、工具。（4）本罪的客体是计算机信息系统的安全。

根据刑法第285条第3款的规定，犯本罪，处3年以下有期徒刑或者拘役，并处或者单处罚金；情节特别严重的，处3年以上7年以下有期徒刑，并处罚金。

十六、破坏计算机信息系统罪

破坏计算机信息系统罪，是指违反国家规定，对计算机信息系统功能进行删除、修

改、增加、干扰，造成计算机信息系统不能正常运行，以及对计算机信息系统中存储、处理或者传输的数据和应用程序进行删除、修改、增加的操作，或者故意制作、传播计算机病毒等破坏性程序，影响计算机系统正常运行，后果严重的行为。本罪的构成要件如下：(1) 本罪的客观方面表现为行为人实施了破坏计算机信息系统的行为。本罪的犯罪对象是计算机信息系统。计算机信息系统是指由计算机及其相关的和配套的设备（包括网络）构成，按照一定的应用目标和规则对信息进行采集、加工、存储、传输、检索等处理的系统。其具体表现形式有以下几种：其一，行为人对计算机信息系统功能进行删除、修改、增加、干扰，从而造成计算机信息系统不能正常运行，后果严重；其二，行为人对计算机信息系统中存储、处理或者传输的数据和应用程序进行删除、修改、增加的操作，后果严重；其三，故意制作、传播计算机病毒等破坏性程序，影响计算机系统正常运行，后果严重；其四，违反国家规定，擅自中断计算机网络或者通信服务，造成计算机网络或者通信系统不能正常运行。这里，尚需注意：一是前述四种犯罪的表现形式中的前两种，必须是行为人之行为违反了国家有关规定，即违反了《计算机信息系统安全保护条例》、《计算机信息网络国际联网安全保护管理办法》等。否则，如果行为人是按用户要求对其计算机信息系统进行删除、修改等，就不是犯罪。二是前述四种犯罪形式的前三种破坏计算机信息系统的行为，必须造成了严重后果才能以本罪论处。如果行为人虽然实施了破坏计算机信息系统的行为，但并没有造成严重后果，则对行为人之行为就不应以犯罪论处。但是前述四种犯罪形式中的第4种行为，根据全国人大常委会2000年12月28日通过的《关于维护互联网安全的决定》第1条之规定，没有产生严重后果也应当以本罪论处。(2) 本罪的主体为一般主体，即年满16周岁、具有刑事责任能力的自然人。(3) 本罪的主观方面是故意，既可以是直接故意，也可以是间接故意。行为人的犯罪目的与动机如何，不影响本罪的成立。(4) 本罪的客体是国家对计算机信息系统的安全运行管理制度和计算机信息系统的所有人和合法用户的合法权益。

根据刑法第286条之规定，犯本罪的，处5年以下有期徒刑或者拘役；后果特别严重的，处5年以上有期徒刑。

十七、扰乱无线电通讯管理秩序罪

扰乱无线电通讯管理秩序罪，是指违反国家规定，擅自设置、使用无线电台（站），或者擅自占用频率，经责令停止使用后拒不停用，干扰无线电通讯正常进行，造成严重后果的行为。本罪的构成要件如下：(1) 本罪的客观方面表现为三点：其一，行为人违反国家有关规定，即违反了国家关于无线电台（站）或频率设置或使用的规定。其二，行为人实施了擅自设置、使用无线电台（站），或者擅自占用频率，经责令停止使用后拒不停用，干扰无线电通讯正常进行的行为。其三，行为人之行为造成了严重后果。(2) 本罪的主体为一般主体，单位也可以成为本罪主体。(3) 本罪的主观方面是故意。(4) 本罪的客体是国家无线电使用管理秩序。根据相关司法解释①规定，违反国家规定，擅自设置、使用无线电台（站），或者擅自占用频率，非法经营国际电信业务或者涉港澳台电信业务进行营利活动，同时构成非法经营罪和刑法第288条规定的扰乱无线电通讯管理秩序罪的，依照处罚较重的规定定罪处罚。

---

① 2000年5月12日公布的最高人民法院《关于审理扰乱电信市场管理秩序案件具体应用法律若干问题的解释》。

根据刑法第288条之规定，自然人犯本罪的，处3年以下有期徒刑、拘役或者管制，并处或者单处罚金；单位犯本罪的，对单位判处罚金，并对其直接负责的主管人员和其他直接责任人员，依照自然人犯本罪的规定处罚。

十八、聚众扰乱社会秩序罪

(一) 概念与构成

聚众扰乱社会秩序罪，是指聚众扰乱社会秩序，情节严重，致使工作、生产、营业或教学、科研无法进行，造成严重损失的行为。

本罪的构成要件如下：

1. 本罪的客观方面表现为聚众扰乱社会秩序，情节严重，致使工作、生产、营业和教学、科研无法进行，造成严重损失的行为。

(1)“聚众扰乱社会秩序”。

聚众，是指聚集3人以上。扰乱社会秩序，是指采用各种非法的暴力或者非暴力手段扰乱社会秩序，具体手段刑法没有规定，通常表现为：冲击工作、生产、营业和教学、科研单位的场所；强占工作、生产、营业和教学、科研场所；封锁办公、生产、营业、教学、科研场所；在工作、生产、营业和教学、科研场所围攻、吵闹；等等。行为的实施地是从事工作、生产、营业和教学、科研的所在地。

应当注意，聚众扰乱社会秩序的行为对象是单位，包括各种依法成立的单位或组织，如国家机关、企业、事业单位、社会团体等。但是受到本罪行为侵害的具体单位的工作人员也可能受到侵扰。

(2)“情节严重”。

关于“情节严重”的具体含义，立法与司法解释都没有明确规定，我们认为“情节严重”的含义比较宽泛，包括犯罪主体自身情况、犯罪人主观恶性、客观行为方式和后果、对客体侵害程度等众多方面的因素，实践中一般是指聚众扰乱的持续时间长，聚众的人数多，规模大，伴随有人身侵害行为，造成恶劣社会影响等。有观点认为，“情节严重”就是指“致使工作、生产、营业和教学、科研无法进行，造成严重损失”，我们不同意这种观点。从解释论角度来看，如果将本罪构成要件中的“情节严重”等同于扰乱行为“造成严重损失”，那么刑法将情节严重与扰乱行为的后果并列规定为本罪客观构成要素，其中一个就是多余的。所以，“情节严重”和“致使工作、生产、营业和教学、科研无法进行，造成严重损失”并非同一含义。

“情节严重”不限于犯罪造成严重后果，还包括主观恶性、客观行为方式等诸多因素。

(3)“致使工作、生产、营业和教学、科研无法进行，造成严重损失”。

“致使工作、生产、营业和教学、科研无法进行”是指，扰乱行为使工作、生产、营业和教学、科研受到了阻碍而停顿下来，或者扰乱行为使工作、生产、营业和教学、科研不能按正常的程序顺利进行。两种行为的危害程度是不一样的，前者的危害较后者更大。“造成严重损失”包括有形的、可以具体测量的损失，也包括无形的、无法准确测量的损失。

2. 本罪的主体是一般主体，且仅限于“聚众”的首要分子和积极参加者。对于绝大多数的一般参与人员，不应以犯罪论处。

3. 本罪的主观方面为故意。无论行为人出于何种目的与动机，都不影响本罪的成立。

4. 本罪的客体是公共秩序，即单位正常的工作、生产、营业、教学、科研秩序。

（二）司法认定与刑事处罚

1. 司法认定

（1）聚众扰乱社会秩序罪与聚众冲击国家机关罪的区别。两者的区别在于：其一，行为程度要求不同。聚众扰乱社会秩序罪要求情节严重才能构成犯罪；聚众冲击国家机关罪没有情节严重的要求。其二，行为对象不同。聚众扰乱社会秩序罪的行为对象除了国家机关以外，还包括其他依法成立的单位或组织；聚众冲击国家机关罪的行为对象只能是国家机关。其三，行为方式不同。聚众扰乱社会秩序罪的行为方法多样化，包括冲击、封锁、侵扰、吵闹等，不管采用什么方法，只要聚众扰乱社会秩序行为的情节严重，使工作、生产、营业和教学、科研活动无法进行，致使造成严重损失的，就构成犯罪；聚众冲击国家机关罪的行为方式是特定的，仅限于“冲击”一种，如果行为人针对国家机关采用的是冲击之外的手段来扰乱国家机关工作秩序情节严重造成严重后果的，应当定为聚众扰乱社会秩序罪。其四，犯罪客体不同。聚众扰乱社会秩序罪的客体是单位正常的工作、生产、营业、教学、科研秩序；聚众冲击国家机关罪的犯罪客体是国家机关的正常秩序。

（2）聚众扰乱社会秩序罪与聚众扰乱公共场所秩序、交通秩序罪的区别。两罪的区别在于：其一，行为场所不同。聚众扰乱社会秩序罪只能发生在有关从事工作、生产、营业和教学、科研活动的单位所在地，聚众扰乱公共场所秩序、交通秩序罪只能发生在公共场所或交通场所，如果两个地点重合了，即有的场所既是有关从事工作、生产、营业等活动的单位所在地，又是公共场所或交通场所，行为人实施聚众扰乱行为构成竞合犯，按其中的一个重罪处理。其二，客观方面构成要件不同。聚众扰乱社会秩序罪要求造成严重后果；聚众扰乱公共场所秩序、交通秩序罪客观方面无此要求。其三，承担刑事责任的主体不同。聚众扰乱社会秩序中，首要分子和积极参加者均构成犯罪；在聚众扰乱公共场所秩序、交通秩序罪中，仅对首要分子追究刑事责任。

2. 刑事处罚

根据刑法第 290 条第 1 款之规定，对本罪的处罚分两种情况：其一，对首要分子，处 3 年以上 7 年以下有期徒刑；其二，对其他积极参加的，处 3 年以下有期徒刑、拘役、管制或者剥夺政治权利。

十九、聚众冲击国家机关罪

聚众冲击国家机关罪，是指聚众冲击国家机关，致使国家机关工作无法进行，造成严重损失的行为。本罪的构成要件如下：(1) 本罪的客观方面表现为行为人实施了聚众冲击国家机关，致使国家机关工作无法进行且造成严重损失的行为。“聚众”是指首要分子聚集众人，“冲击”是指带有暴力性质的行为或以暴力性质行为为支撑的行为。例如，冲撞或包围国家机关，强行进入国家机关或堵塞国家机关通道以及占据国家机关办公场所等。(2) 本罪的主体是一般主体。值得注意的是，并非一切参与冲击国家机关的人都构成本罪，只有首要分子和积极参加者才是本罪的主体。(3) 本罪的主观方面是故意。(4) 本罪的客体是国家机关的正常秩序。

根据刑法第 290 条第 2 款之规定，对犯本罪的首要分子，处 5 年以上 10 年以下有期徒刑；对其他积极参加者，处 5 年以下有期徒刑、拘役、管制或者剥夺政治权利。

二十、聚众扰乱公共场所秩序、交通秩序罪

(一) 概念与构成

聚众扰乱公共场所秩序、交通秩序罪，是指聚众扰乱车站、码头、民用航空站、商场、公园、影剧院、展览会、运动场或其他公共场所秩序，聚众堵塞交通或者破坏交通秩序，抗拒、阻碍国家治安管理工作人员依法执行职务，情节严重的行为。

本罪的构成要件如下：

1. 本罪的客观方面表现为行为人实施了聚众扰乱公共场所秩序的行为。所谓聚众，其含义与前罪中的“聚众”相同。犯罪地点是公共场所和涉及交通的场所。所谓公共场所，根据刑法明文规定，是指车站、码头、民用航空站、商场、公园、影剧院、展览会、运动场或其他公共场所。根据列举的几种公共场所的特点，可以看出这里的公共场所是指对社会公众开放的，为社会公众生活、娱乐提供服务的公益或商业场所。所以，“其他公共场所”则应当是指类似前列场所性质而法条没有明确列出的公共场所。当然，行为必须是在公共场所向公众开放的时间内实施，如果行为发生在公共场所处于封闭时期没有对外开放时，不能构成聚众扰乱公共场所秩序罪。涉及交通的场所，是指用于交通的道路及其交叉道口等。所谓扰乱公共场所秩序，其表现形式多种多样，如堵塞车站、码头、民用航空站、商场、公园、影剧院、展览会、运动场或其他公共场所，致使这些场所的营运无法进行。所谓扰乱交通秩序，是指聚众阻塞交通和聚众破坏交通秩序。堵塞交通是指在涉及交通的场所设置各种路障，以阻断交通工具或者行人的通行。破坏交通秩序是指除了堵塞交通之外的扰乱交通行为，如毁坏交通管理设施，扰乱交通管理人员工作等。

聚众扰乱公共场所秩序行为和聚众扰乱交通秩序行为成立犯罪，还必须具有“抗拒、阻碍国家治安管理人员依法执行职务的行为”这个情节，如果没有这个情节，上述两种扰乱行为不能构成本罪。构成本罪，还需要聚众扰乱公共场所秩序或交通秩序行为达到“情节严重”的程度。情节严重一般是指：聚众人数众多，社会影响恶劣，行为手段粗暴，持续时间长，造成后果严重，在特别重要的交通路口或者公共场所实施扰乱行为的，等等。

2. 本罪的主体是一般主体，而且只有聚众扰乱公共场所秩序的“首要分子”才是本罪主体。所谓首要分子，是指组织、策划、指挥聚众扰乱公共场所秩序的人。

3. 本罪的主观方面是故意。

4. 本罪的客体是公共场所秩序或者交通秩序。

(二) 司法认定与刑事处罚

1. *司法认定*

行为人在聚众扰乱公共场所秩序、交通秩序的过程中，实施抗拒、阻碍国家治安管理工作人员依法执行职务的行为的，并非一律构成犯罪，构成犯罪一定需要“情节严重”才可。实践中，不能把抗拒阻碍的行为本身等同于情节严重。行为人在聚众扰乱时实施了抗拒、阻碍国家治安管理工作人员依法执行职务的行为，同时又具有其他严重情节的，才能构成犯罪。如果除了抗拒阻碍行为之外不具有严重情节的，不能构成本罪。

2. *刑事处罚*

根据刑法第291条之规定，犯本罪的，对首要分子，处5年以下有期徒刑、拘役或者管制。

二十一、投放虚假危险物质罪

（一）概念与构成

投放虚假危险物质罪，是指故意投放虚假的爆炸性、毒害性、放射性、传染病病原体等物质，严重扰乱社会秩序的行为。本罪是《刑法修正案（三）》第8条新增的罪名。

本罪的构成要件如下：

1. 本罪的客观方面是行为人实施了故意投放虚假危险物质的行为。所谓“虚假”，是指事实上并非真正的爆炸性、毒害性、放射性、传染病病原体等危险物质，而行为人冒充或假言系此类物质的任何物质。投放是指行为人将虚假的爆炸性、毒害性、放射性、传染病病原体等物质放置在公共场所，如广场、商店、银行，或者行为人向单位、个人邮寄或者递交虚假的爆炸性、毒害性、放射性、传染病病原体等物质的行为。本罪客观方面还要求行为严重扰乱了社会秩序，只有严重扰乱了社会秩序的投放行为才构成犯罪，反之不能构成犯罪。严重扰乱社会秩序通常是指在一定范围内引起了民众的心理恐慌，给民众的正常生活和工作造成了影响，扰乱了正常的生产生活秩序等情形。

2. 本罪的主体是一般主体。即年满16周岁、具有刑事责任能力的自然人。

3. 本罪的主观方面是故意，行为人明知自己投放的是虚假的爆炸性、毒害性、放射性、传染病病原体等物质，会引起扰乱社会公共管理秩序的后果，但是希望或者放任这种结果发生。行为人主观上如果将虚假的爆炸性、毒害性、放射性、传染病病原体物质误以为是真实的，不构成本罪，应当构成投放危险物质罪的未遂。本罪犯罪动机如何不影响行为定性。

4. 本罪的客体是社会公共管理秩序。虚假的危险物质本身虽然并不具有真实的危险性，但是在社会上传播以后，容易引起人民的恐慌，严重影响人民的正常生活、工作环境，对社会公共管理秩序造成严重破坏。

（二）司法认定与刑事处罚

1. 司法认定

投放虚假危险物质罪与投放危险物质罪、爆炸罪的界限。区别在于：第一，投放的对象不同。投放虚假危险物质罪的对象是虚假的爆炸性、毒害性、放射性、传染病病原体等物质；但是投放危险物质罪、爆炸罪投放的对象是真实的爆炸性、毒害性、放射性、传染病病原体等物质。第二，行为危害结果不同。投放虚假危险物质罪中因为投放的是虚假的危险物质，所以任何情况下不可能真实产生危害公共安全的后果，只会发生扰乱公共管理秩序的后果；但是投放危险物质罪、爆炸罪因为投放的是真实的危险物质，所以会发生危害公共安全的严重后果，就算没有发生实际后果，对公共安全也有真实的危险性。第三，犯罪主体不同。投放虚假危险物质罪的犯罪主体为年满16周岁、具有刑事责任能力的自然人；投放危险物质罪、爆炸罪的犯罪主体为年满14周岁、具有刑事责任能力的自然人。第四，犯罪客体不同。投放虚假危险物质罪侵犯的是社会公共管理秩序；投放危险物质罪、爆炸罪侵犯的是公共安全。

2. 刑事处罚

根据刑法第291条之一的规定，犯本罪的，处5年以下有期徒刑、拘役或者管制；造成严重后果的，处5年以上有期徒刑。

二十二、编造、故意传播虚假恐怖信息罪

编造、故意传播虚假恐怖信息罪，是指故意编造爆炸威胁、生化威胁、放射性威胁等恐怖信息，或者明知是编造的恐怖信息而故意传播，严重扰乱社会秩序的行为。本罪是《刑法修正案（三）》第8条新增的罪名。本罪的构成要件如下：（1）本罪的客观方面表现为行为人实施了故意编造爆炸威胁、生化威胁、放射性威胁等恐怖信息，或者明知是编造的恐怖信息而故意传播的行为。（2）本罪的主体是一般主体，即年满16周岁、具有刑事责任能力的自然人。（3）本罪的主观方面为故意。（4）本罪的客体是社会公共管理秩序。

根据刑法第291条之一的规定，犯本罪的，处5年以下有期徒刑、拘役或者管制；造成严重后果的，处5年以上有期徒刑。

二十三、聚众斗殴罪

（一）概念与构成

聚众斗殴罪，是指聚集多人进行斗殴的行为。

本罪的构成要件如下：

1. 本罪的客观方面表现为行为人实施了聚众斗殴的行为。

（1）何谓聚众。聚众是指聚集3人以上，这一点与其他聚众型犯罪一样，容易理解。如果聚众斗殴双方均有3人以上，怀有斗殴的故意实施互殴，当然可以构成本罪，这也是最为典型的、无争议的聚众斗殴罪形式。相反，如果互殴的双方均不到3个人，对其不应认定为聚众斗殴罪，这也不存在疑问。在实践和理论上有争议的正是“单方聚众”问题，即斗殴的双方，一方3人以上，但另一方不足3人，双方进行斗殴的，应该如何认定？对此存在不同的观点。第一种意见认为，聚众斗殴要求双方均有聚众行为，斗殴是在双方都聚众的基础上互殴，所以此种情况双方都不应按聚众斗殴罪定罪。第二种意见认为，无论人数是否均为3人以上，对双方都应以聚众斗殴罪论处。第三种意见认为，只有一方纠集3人以上的，对这一方才能以聚众斗殴罪来定罪处罚；对人数为1人或者2人的一方，不能认定为聚众斗殴罪，符合故意伤害罪或者寻衅滋事罪的条件时定故意伤害罪或者寻衅滋事罪。我们赞成第三种观点。我们认为本罪客观方面的“斗殴”是双方的行为，而“聚众”是单方的行为，一方聚众行为的实施就已经符合刑法对“聚众”的规定。而没有聚众的一方由于缺乏这个客观要件不能成立本罪。

（2）何谓斗殴。斗殴是指双方相互进行暴力攻击或殴斗。虽然聚众斗殴的行为人双方常常使用刀、枪、棍、棒等凶器，但斗殴的双方是否使用了凶器，并不是本罪的构成要件。这就是说，聚众进行徒手斗殴，也可以构成本罪。

2. 本罪的主体为一般主体，即凡年满16周岁且有刑事责任能力的自然人均可成为本罪主体。但根据刑法第292条第1款的规定，立法者把一般参与聚众斗殴的人排除在本罪主体之外，只有聚众斗殴的首要分子和其他积极参加斗殴的分子才是本罪主体。所谓首要分子，是指在聚众斗殴中起组织、策划、指挥作用的犯罪分子。例如，行为人纠集了斗殴行为，又直接在现场组织、策划和指挥、实施整个犯罪行为，或者纠集了斗殴行为后又在幕后组织、策划、指挥、操纵其他人实施聚众扰乱行为和其他犯罪行为的，均应认定为首要分子。认定其他积极参加者，应考虑其参与聚众犯罪的程度，既要考虑实施犯罪的客观危害行为在聚众斗殴中作用的大小，也要考虑行为人参与聚众斗殴主观恶性的大小。例如，在首要分子组织、指挥下，直接实施危害行为导致危害结果发生的人，在整个聚众犯

罪中积极出谋划策的人，或者在犯罪现场为直接实施危害行为的犯罪分子助威的人，都可以算作是积极参加者。

3. 本罪的主观方面是故意。首先，行为人在主观上要认识到己方在“聚众”，这可以是单方的。其次，双方行为人都必须具有“斗殴”故意，而非仅仅是“殴打”的故意。“斗殴”与“殴打”含义不同，“殴打”指的是一方打另一方，“斗殴”指的是双方互相打斗。当只有单方有“殴打”的故意时，其主观故意的法律性质是故意伤害、故意杀人或寻衅滋事等犯罪故意，而不是聚众斗殴的犯罪故意，在这种故意支配下实施的犯罪行为只能构成故意伤害罪、故意杀人罪或寻衅滋事罪等，实际上是一方对另一方的共同故意加害，而不可能构成聚众斗殴罪。只有行为人具有“斗殴”的故意，即认识到了对方并非是单纯挨打，而是双方都出于恶意而在互相殴斗的时候，才符合本罪的主观要件。

4. 本罪的客体是社会公共秩序。所谓公共秩序，是指社会公共生活安定与宁静的状态。它一方面由人们代代相传的风俗习惯和伦理道德所维持，另一方面由社会中的法律、法规以及其他各种规范所保护。本罪客体不包括斗殴者的人身权利。刑法规定聚众斗殴罪的目的并不在于保护斗殴者。参加聚众斗殴的人员由于自行选择实施危害公共秩序的犯罪行为，受到刑法的一定程度的否定评价，在一定范围内他们的人身权利是不被刑法关注的，此时刑法所关注的只是斗殴是否会扰乱社会公共生活的安定与宁静。因此，本罪客体是单一客体。

（二）司法认定与刑事处罚

1. 司法认定

（1）罪与非罪。首先，正如我们在前面分析构成要件部分所述，认定聚众斗殴罪一定要坚持主客观相结合的原则。本罪在客观方面不要求双方都“聚众”，有一方“聚众”且实施斗殴行为即可。同时在主观上要求双方都必须有“斗殴”的故意，而非一方殴打另一方的故意。综合主客观的因素来考察，斗殴双方中的一方既符合“聚众”的要求，又符合“斗殴”的要求，就可以构成聚众斗殴罪；如果有一方仅有“斗殴”的故意，却未“聚众”，或者一方虽然符合“聚众”的要求，但是却仅有殴打的故意而没有“斗殴”故意的，不能构成聚众斗殴罪。其行为符合其他罪的构成要件的，以其他罪定罪处罚。

其次，在司法实践中要把聚众斗殴罪与一般打群架的行为严格区别开来。虽然二者都表现为有多人参与，但一般打群架的行为在斗殴规模、所用暴力强度等方面远远不如聚众斗殴的犯罪。而且，一般打群架具有偶发性特点，往往是因为琐事引起的打架双方的突发性的行为，如果双方经过预谋之后斗殴则应该属于聚众斗殴罪。

因此，对于既没有使用器械，又没有造成人身伤亡、财产损失或其他严重后果的一般打群架的行为，应作为刑法第 13 条“但书”所规定的“情节显著轻微危害不大的”情况来处理，即“不认为是犯罪”。

（2）本罪与聚众扰乱社会秩序罪的区别。二者的相同点在于：都有聚众的行为；都扰乱公共秩序；二者的犯罪主体都是聚众犯罪的首要分子和其他积极参加者。但二者的明显区别在于：其一，客观方面表现不同。本罪的客观方面表现为行为人实施了“聚众斗殴”的行为；而聚众扰乱社会秩序罪的客观方面表现为行为人实施了“聚众扰乱社会秩序”的行为。其二，犯罪对象不同。本罪的犯罪对象是相互斗殴的对方；而聚众扰乱社会秩序罪的犯罪对象则是不特定的工作、生产、营业、教学和科研等场所。其三，犯罪形态不同。本罪属行为犯，原则上只要行为人实施了聚众斗殴的行为便成立犯罪；而聚众扰乱社会秩序罪属情节犯，即必须是行为人之行为属“情节严重的”才构成犯罪。

（3）聚众斗殴罪与共同故意伤害罪的区分。聚众斗殴罪也可能会造成他人人身伤害的后果，容易与故意伤害罪的共同犯罪混淆。两者主要的区别在于：第一，两罪所保护的客体不同。故意伤害罪保护的是公民的身体健康权利。聚众斗殴罪的客体是社会公共秩序，并不包括公民的身体健康权利。第二，两罪的主观故意不同。这是聚众斗殴罪与故意伤害罪的关键区别。如前所述，聚众斗殴罪的犯罪故意是双向的，是双方“互相打斗”的故意，而故意伤害罪的犯罪故意是单向的；聚众斗殴罪的犯罪故意具有概括性，而故意伤害罪的伤害故意通常是明确的。这两个区别是最为重要的。除此之外，两者在主体、客观方面的区别不再赘述。

（4）本罪的既遂问题。有学者认为，只要行为人聚众并双方都到达了约定的斗殴地点，则可认定为聚众斗殴罪的既遂。我们不赞成此种观点。本罪是由“聚众”和“斗殴”两部分行为结合而成。因此，仅有聚众而尚未开始斗殴，只是本罪的预备行为。双方聚众并开始着手斗殴，即双方均进入斗殴实行阶段，方为双方犯罪既遂。如果斗殴的甲方事先到达约定的地点，斗殴的乙方刚一到达约定地点未及着手斗殴就被甲方打得落荒而逃，则甲方可认定为聚众斗殴罪的既遂，而乙方只是聚众斗殴的预备。

2. 刑事处罚

根据刑法第292条第1款之规定，犯本罪的，处3年以下有期徒刑、拘役或者管制。有下列情形之一的，处3年以上10年以下有期徒刑：（1）多次聚众斗殴的；（2）聚众斗殴人数多，规模大，社会影响恶劣的；（3）在公共场所或者交通要道聚众斗殴，造成社会秩序严重混乱的；（4）持械聚众斗殴的。根据刑法第292条第2款之规定，聚众斗殴，致人重伤、死亡的，依照刑法第234条、第232条定罪处罚，即对行为人之行为根据具体情况分别以故意伤害罪、故意杀人罪论处。

对于刑法第292条第2款规定的刑事责任，我们认为有必要再加以探讨：到底应该由哪些人来承担致人重伤、死亡的刑事责任？首先，对由首要分子、聚众斗殴活动的纠集者、组织者和直接致人重伤、死亡的行为人承担责任没有争议，但对其他聚众斗殴的积极参加者是否应当承担故意伤害或故意杀人的责任还存在争议。我们认为，基于共同犯罪的理论，凡积极参与聚众斗殴的人员，不论其行为是否直接造成了重伤、死亡后果，均应对聚众斗殴造成的重伤、死亡后果承担刑事责任，即因聚众斗殴造成重伤、死亡后果的，应全案转化认定为故意伤害罪或故意杀人罪。其次，被致重伤、死亡一方的责任认定存在争议。如果聚众斗殴中出现一方有人重伤、死亡而另一方无人重伤、死亡的情况时，被致重伤、死亡一方的首要分子和其他积极参加者应承担什么刑事责任？一种观点认为聚众斗殴中被重伤的首要分子和其他积极参加者是受害者，不应以聚众斗殴罪定罪处罚。另一种观点认为，被致重伤、死亡一方的首要分子和其他积极参加者都应转化为故意伤害罪、故意杀人罪，因为重伤、死亡结果也是双方的斗殴行为共同作用的结果。第三种观点认为被致重伤、死亡一方的首要分子和其他积极参加者，无论是否受了重伤，都应以聚众斗殴罪定罪处罚，不能以受伤为由而免除其刑事责任。但是也不应将该方的首要分子和其他积极参加者以故意伤害罪或故意杀人罪定罪处罚。虽然在一定意义上可以说是双方的斗殴行为共同造成了重伤、死亡结果，但是他们的行为毕竟与“本方”人员重伤、死亡结果之间不具有刑法上的因果关系。我们赞成第三种观点及其理由。

二十四、寻衅滋事罪

(一) 概念与构成

寻衅滋事罪，是指寻衅滋事，破坏社会秩序的行为。

本罪的构成要件如下：

1. 本罪的客观方面表现为行为人实施了寻衅滋事，破坏社会秩序的行为。所谓寻衅滋事，刑法第 293 条将其归纳为四类表现形式：

(1) 随意殴打他人，情节恶劣的。此项规定是指无故殴打他人，尚未造成轻伤以上后果但是严重扰乱社会秩序，因而应当受到刑罚处罚的行为。如果行为人无故殴打他人的伤害行为致人轻伤、重伤和死亡的，则分别按照故意伤害罪和故意杀人罪定罪处罚，无论他是出于何种动机；如果行为人出于无故寻衅的动机故意杀人的，仍定故意杀人罪。

(2) 追逐、拦截、辱骂、恐吓他人，情节恶劣的。此项规定是指行为人出于卑劣的动机或意图，无事生非，追逐、拦截、辱骂、恐吓他人，不足以构成其他犯罪，而情节严重，有必要作为犯罪处罚的耍流氓行为。如果行为人采取暴力、胁迫等足以使被害人不敢反抗或不知反抗的方法猥亵、侮辱妇女的，则构成强制猥亵、侮辱妇女罪；如果行为人故意非法剥夺他人自由，则构成非法拘禁罪；如果行为人以辱骂的方法公然损害特定的他人人格，情节严重的，则构成侮辱罪；如果行为人恐吓他人，并当场夺取财物的，则可构成抢劫罪。

(3) 强拿硬要或者任意损毁、占用公私财物，情节严重的。此项规定是指：采取轻微暴力或者胁迫手段强行取得公私财物，尚未达到抢劫罪和敲诈勒索罪犯罪标准，故意毁损财物尚未达到故意毁坏财物罪的犯罪标准，占用公私财物，严重扰乱社会秩序的行为。如果上述前两种行为达到了抢劫罪、敲诈勒索罪和故意毁坏财物罪的犯罪标准，则分别以这三种罪论处。所谓情节严重的，一般是指：强拿硬要或者任意损毁价值较大的公私财物的；经常或多次强拿硬要，或多次损毁、占用公私财物的，等等。

(4) 在公共场所起哄闹事，造成公共场所秩序严重混乱的。此项规定是指尚未构成其他犯罪，但严重破坏社会秩序的起哄闹事行为。所谓起哄闹事，是指无事生非，制造混乱，如叫骂、呼喊、推搡等，引起公共秩序严重混乱的行为。如果行为人出于个人原因在公共场所自杀、自残等，引起大量人群围观的，不能认定其构成寻衅滋事罪。

行为人只要实施了以上四种行为之一，便构成本罪。

2. 本罪的主体为一般主体。

3. 本罪的主观方面是故意。这里以"随意殴打他人"类型为例重点分析主观方面。"随意"是寻衅滋事罪的核心要素，如何认定"随意"？有人认为，随意是指毫无理由。我们不同意这种看法。因为一般来说事实上毫无理由的行为是不存在的。"寻衅"二字的意思本来就是寻找理由、借口。行为人在实施滋事行为之前，总要为自己寻找某些理由，作为其实施犯罪行为的借口。具体而言，考察行为人"殴打行为"是否属"随意"，大致可以从下述特件去分析：首先，看行为人的主观动机。寻衅滋事罪是行为人抱着公然藐视社会法纪和公德的心态，出于逞强斗狠、耍威争霸、发泄不满，或开心取乐、寻求刺激等不健康动机而实施的犯罪。其次，看行为人是否"临时起意"。一般来讲，寻衅滋事中的争强好胜、抖弄威风、打人取乐的心理，注定使行为人对自己的行为随心所欲，完全视其需要决定。最后，看其所谓的"事出有因"，是符合常理和社会公序良俗，还是出于无事生非而毫无道理的"原因"。

4. 本罪的客体为复杂客体，它既侵犯了公共秩序，同时也侵犯了他人的人身权利、公私财产权利等。以下具体分析：

对“随意殴打他人”类型而言，最直观的保护的法益是个人的人身权利，刑法禁止随意殴打他人，而殴打就是对他人人身权利的侵犯。同时，联系“随意”殴打的规定以及本罪所处的章节位置来考虑，本规定保护的应是与公共秩序相关的人身权利，也就是说在保护人身权利的同时强调保护这一类公共秩序。如果行为人不是随意殴打，而是基于特殊原因殴打特定个人的，仅仅侵犯了人身权利而没有侵犯公共秩序，就不可能成立寻衅滋事罪，可能构成其他侵犯人身权利的犯罪。

对“追逐、拦截、辱骂他人”类型而言，最直观保护的法益是个人的人身自由权和名誉权。追逐、拦截行为侵犯他人人身自由，辱骂行为侵犯他人名誉，同上述理由，本规定保护的不是单纯的自由权和名誉权，而是同时保护一般人在公共生活中的这一类自由权与名誉权。如果不是在危害公共秩序的态势下追逐、拦截、辱骂特定个人的，不属于寻衅滋事罪。

对“强拿硬要或者任意损毁、占用公私财物”类型而言，最直观保护的法益是公私财产权。同上述理由，本规定保护的不是单纯的财产权利，同时也保护与财产权利有关的社会公共秩序。如果行为仅仅侵犯财产权，没有直接侵犯社会公共秩序的，不构成寻衅滋事罪。

对“在公共场所起哄闹事”类型而言，保护的法益是社会成员在公共场所从事自由活动的秩序与安全。

（二）司法认定与刑事处罚

1. 司法认定

（1）罪与非罪问题。依据刑法第293条之规定，构成寻衅滋事罪必须是“情节恶劣”、“情节严重”或“造成公共秩序严重混乱”的行为。因此，一般的打人等寻衅滋事行为不宜按犯罪处理，而可以根据《治安管理处罚法》的有关规定处理。

（2）寻衅滋事罪与抢劫罪的区别。在实践中，“强拿硬要”型的寻衅滋事罪案件在定性上与抢劫罪容易混淆。两种犯罪的区别具体在于：

第一，主观方面。抢劫罪的主观故意是非法占有公私财物。非法占有公私财物是行为人根本的和最终的目的，暴力和威胁是为了非法占有公私财物采取的手段行为。所以一般只要有可能，行为人就要抢劫更多的财物。而寻衅滋事的主观方面不是以非法占有公私财物为根本的和最终的目的，夺取他人财物的行为是作为其寻求精神刺激，扰乱公共秩序的手段存在的。行为人把精神空虚、逞强好胜、称王称霸的主观愿望通过强拿硬要的方法表现出来，但是终极的目的并不是占有财物，所以有时即使行为人可以获得更多的财物也无意获取。行为人主观目的和主观追求的不同，是两罪的最本质的区别。同时，抢劫犯罪往往经过精心预谋、策划，而寻衅滋事犯罪一般为临时起意。

第二，客观方面。首先，客观行为的程度不同。抢劫罪行为人的客观行为一般表现为对公私财物的持有人当场使用暴力、胁迫或者其他方法，使受害人身体受到强制，不能反抗或者不敢反抗，抢走财物或者迫使受害人交出财物。暴力、威胁或其他方法对被害人所造成的精神强制及身体强制的程度必须是相当明显的。寻衅滋事罪中“强拿硬要”虽然也存在强行获取财物的客观行为，“强拿”本身有使用轻微的暴力行为或以暴力相威胁之意，但是这种行为没有抢劫行为的力度和强度大，达不到抢劫罪所要求的对他人人身安全造成现实威胁的程度。其次，行为人实施行为的地点也不同。寻衅滋事罪的强拿硬要、非法占有公私财物的行为一般发生在大庭广众、公共场所，周围是否有人，不妨碍行为人行为的实施，有的甚至还故意选择在人多的公共场所来实施犯罪行为，这是因为行为人想通过在众人面前炫耀武力、逞强示威来达到其追求精神刺激的目的。相反，抢劫罪中的行为人选择作案地点一般不会在公共场所，多会选择没人、偏僻的地点。即使是在公共场所公然实施抢劫的，行为人也不会耀武扬威，而是尽量要挟被害人不要声张来避免众人关注或者是在抢劫后急忙逃离现场。

第三，客体方面。抢劫罪侵害的是公私财产权利和他人的人身权利；寻衅滋事罪侵害的主要是社会秩序。

(3) 寻衅滋事罪与故意伤害罪的区别。

在实践中，"随意殴打他人"的寻衅滋事罪与故意伤害罪容易混淆，两者区别在于：第一，客观行为不同。寻衅滋事罪虽然也有殴打他人的行为，但是行为的强度没有故意伤害罪大。第二，发生场所不同。随意殴打他人一般发生在公共场所，具有扰乱公共秩序的因素，而且犯罪人一般不会精心挑选犯罪地点。而故意伤害行为人往往对于伤害场所精心选择，有时为了追求犯罪更易得手，会挑选偏僻的场所。第三，被害对象不同。随意殴打的被害对象往往是不特定的。而故意伤害行为的对象一般是特定的。第四，主观动机不同。随意殴打的行为人抱着公然藐视社会法规和公德的心态，出于逞强斗狠、耍威争霸、发泄不满或开心取乐、寻求刺激等不健康动机而实施犯罪。故意伤害行为人主观上就是非法损害他人健康，没有寻求刺激等动机。

2. 刑事处罚

2011年通过的《刑法修正案（八）》对刑法第293条的修正，犯本罪的，处5年以下有期徒刑、拘役或者管制；纠集他人多次实施本条规定的四类寻衅滋事行为，严重破坏社会秩序的，处5年以上10年以下有期徒刑，可以并处罚金。

二十五、组织、领导、参加黑社会性质组织罪

组织、领导、参加黑社会性质组织罪，是指组织、领导或者参加以暴力、威胁或者其他手段，有组织地进行违法犯罪活动，称霸一方，为非作恶，欺压、残害群众，严重破坏经济、社会生活秩序的黑社会性质组织的行为。2011年通过的《刑法修正案（八）》对本罪进行了修改，明确规定了黑社会性质组织需要具备的特征：首先，形成较稳定的犯罪组织，人数较多，有明确的组织者、领导者，骨干成员基本固定；其次，有组织地通过违法犯罪活动或者其他手段获取经济利益，具有一定的经济实力，以支持该组织的活动；再次，以暴力、威胁或者其他手段，有组织地多次进行违法犯罪活动，为非作恶，欺压、残害群众；最后，通过实施违法犯罪活动，或者利用国家工作人员的包庇或者纵容，称霸一方，在一定区域或者行业内，形成非法控制或者重大影响，严重破坏经济、社会生活秩序。这四个条件必须同时具备才能认定黑社会性质组织。

本罪的构成要件如下：(1) 本罪的客观方面表现为行为人实施了组织、领导、参加黑社会性质组织的行为。本罪是一个选择性罪名，只要行为人实施了"组织、领导、参加"黑社会性质组织的行为之一，便成立本罪，但在确定罪名时，可以根据行为人具体实施的行为来加以确定。(2) 本罪的主体为一般主体。(3) 本罪的主观方面是故意，即行为人怀着明确的意图组织或领导黑社会性质组织，或者明知是黑社会性质组织而参加。(4) 本罪的客体是复杂客体，既侵犯了经济秩序、社会生活秩序，同时又侵犯了公民的人身权利。

根据修正后的刑法第294条第1款的规定，组织、领导黑社会性质的组织的，处7年

以上有期徒刑，并处没收财产；积极参加的，处3年以上7年以下有期徒刑，可以并处罚金或者没收财产；其他参加的，处3年以下有期徒刑、拘役、管制或者剥夺政治权利，可以并处罚金。根据修订后的刑法第294条第4款的规定，犯本罪又有其他犯罪行为的，依照数罪并罚的规定进行处罚。

二十六、入境发展黑社会组织罪

入境发展黑社会组织罪，是指我国境外的黑社会组织人员到我国境内发展组织成员的行为。本罪的构成要件如下：(1) 本罪的客观方面表现为行为人实施了到我国境内发展黑社会组织成员的行为。“我国境内”，是指我国大陆境内。(2) 本罪的主体为特殊主体，即行为人须是境外黑社会组织的人员。(3) 本罪的主观方面是故意。(4) 本罪的客体是复杂客体，既侵犯了经济秩序、社会生活秩序，同时又侵犯了公民的人身权利。

根据《刑法修正案（八）》对刑法第294条的修正，犯本罪的，处3年以上10年以下有期徒刑；犯本罪又有其他犯罪行为的，依照数罪并罚的规定处罚。

二十七、包庇、纵容黑社会性质组织罪

包庇、纵容黑社会性质组织罪，是指国家机关工作人员包庇黑社会性质的组织，或者纵容黑社会性质的组织进行违法犯罪活动的行为。本罪的构成要件如下：(1) 本罪的客观方面表现为行为人实施了包庇黑社会性质的组织，或者纵容黑社会性质的组织进行违法犯罪活动的行为。本罪的“包庇”，是指国家机关工作人员为使黑社会性质组织及其成员逃避查禁，而通风报信，隐匿、毁灭、伪造证据，阻止他人作证、检举揭发或者指使他人作伪证，帮助逃匿或者阻挠其他国家机关工作人员依法查禁等行为。所谓“纵容”，是指国家机关工作人员不依法履行职责，放纵黑社会性质组织进行违法活动的行为。(2) 本罪的主体是特殊主体，即国家机关工作人员。(3) 本罪的主观方面是故意。(4) 本罪的客体是复杂客体，它既侵犯了司法机关打击黑社会性质组织的正常活动，又侵害了社会治安管理秩序。

根据《刑法修正案（八）》对刑法第294条的修正，犯本罪的，处5年以下有期徒刑，情节严重的，处5年以上下有期徒刑。犯本罪又有其他犯罪行为的，依照数罪并罚的规定处罚。

二十八、传授犯罪方法罪

（一）概念与构成

传授犯罪方法罪，是指故意用动作、语言文字、其他方法向他人传授犯罪方法、犯罪技能的行为。本罪是经《刑法修正案（八）》修改的犯罪，取消了死刑的规定，在适用时应当注意法律的变更。

本罪的构成要件如下：

1. 本罪的客观方面表现为行为人实施了传授犯罪方法的行为。

(1) 传授犯罪方法的形式。形式多种多样，既可以口头用言辞传授，也可以书面用文字传授，还可以用动作或者其他方法传授。

(2) 传授犯罪方法的内容。犯罪方法是指实施犯罪的一切经验、技巧、手段等，不仅包括实施具体个罪实行行为的方法、手段、技能，还包括犯罪后如何反侦查、如何毁灭证据等方法。

(3) 传授犯罪方法的对象。传授的对象没有限制。并不要求被传授者达到刑事责任的年龄、具有刑事责任能力，只需要被传授者具有一定的接受能力即可。

(4) 传授的结果。被传授的人是否理解和接受了犯罪人传授的犯罪方法，不影响本罪的成立。

2. 本罪的主体为一般主体，实践中通常是犯罪经验丰富的惯犯、累犯。单位不能成为本罪主体。

3. 本罪的主观方面是直接故意，即犯罪人明知是犯罪的方法而故意向他人传授，并希望他人学会该犯罪方法。犯罪人把自己掌握的犯罪方法"教"给他人，行为本身体现出行为人具有明显的主观意图或目的，这种积极追求的主观意图或目的只能存在于直接故意心态之中，不会存在于"放任"型的间接故意当中。如果行为人虽然知道某种方法是用于犯罪的方法，而不具有"教给他人"的意图，只是在客观上进行一般性描述的，不能认为行为人具有犯罪故意。例如，行为人就是为了炫耀自己的犯罪技能而告知他人犯罪方法的，虽然客观上的确向他人介绍了犯罪的方法，甚至实际上听众听了方法以后成功实施了犯罪的，由于行为人主观上并不具有犯罪故意，并不是想要"教给"对方犯罪方法，所以不能构成本罪。

4. 本罪的客体是复杂客体，它既侵犯了社会治安管理秩序，又侵犯了公私财产安全与公民人身安全。

(二) 司法认定与刑事处罚

1. 司法认定

本罪与教唆犯十分相似，容易混淆。两者的主要区别是：本罪是独立罪名，而教唆犯不是独立罪名，只能根据教唆的内容来确定罪名；本罪客观方面是将犯罪方法和技能言传身教，而教唆犯虽然挑起他人犯罪故意但是未必传授被教唆人犯罪方法；本罪的方法传授者与被传授者之间不存在共犯关系，教唆犯除了被教唆人没有接受教唆的情况之外均属于共同犯罪范畴。在遇到具体案例时，需要注意分析行为人的主客观方面，如果行为人出于共同犯罪的故意传授犯罪方法给他人，并且客观上参与了犯罪活动，既构成传授犯罪方法罪，又构成参与的具体犯罪的共犯，应当数罪并罚。如果行为人主观上没有参与具体犯罪的故意，客观上也没有实施共同犯罪行为，仅仅传授了犯罪方法的，只定传授犯罪方法罪一罪。

2. 刑事处罚

根据《刑法修正案（八）》对刑法第 295 条的修正，犯本罪的，处 5 年以下有期徒刑、拘役或者管制；情节严重的，处 5 年以上 10 年以下有期徒刑；情节特别严重的，处 10 年以上有期徒刑或者无期徒刑。

二十九、非法集会、游行、示威罪

非法集会、游行、示威罪，是指举行集会、游行、示威，未依照法律规定申请或者申请未获许可，或者未按照主管机关许可的起止时间、地点、路线进行，又拒不服从解散命令，严重破坏社会秩序的行为。本罪的构成要件如下：(1) 本罪的客观方面表现为行为人实施了举行集会、游行、示威活动，未依法律规定申请或者申请未获许可，或者未按照主管机关许可的起止时间、地点、路线进行，并且拒不服从解散命令，严重破坏社会秩序的行为。(2) 本罪的主体为一般主体，但限于集会、游行、示威的负责人和直接责任人员。(3) 本罪的主观方面是故意。(4) 本罪的客体是国家关于集会、游行、示威的管理制度。

根据刑法第296条之规定，犯本罪的，处5年以下有期徒刑、拘役、管制或者剥夺政治权利。

三十、非法携带武器、管制刀具、爆炸物参加集会、游行、示威罪

非法携带武器、管制刀具、爆炸物参加集会、游行、示威罪，是指违反法律规定，携带武器、管制刀具、爆炸物参加集会、游行、示威的行为。本罪的构成要件如下：(1)本罪的客观方面表现为行为人实施了违反法律规定，携带武器、管制刀具、爆炸物参加集会、游行、示威的行为。(2)本罪的主体是一般主体，既可以是中国人，也可以是外国人或无国籍人。(3)本罪的主观方面是故意。(4)本罪的客体是复杂客体，即行为人之行为既违反了国家关于集会、游行、示威的管理制度，又破坏了社会治安管理秩序。如果行为人非法持有枪支、弹药，又携带枪支、弹药参加集会、游行、示威的，应当按照本罪和非法持有枪支、弹药罪并罚。

根据刑法第297条之规定，犯本罪的，处3年以下有期徒刑、拘役、管制或者剥夺政治权利。

三十一、破坏集会、游行、示威罪

破坏集会、游行、示威罪，是指扰乱、冲击或者以其他方法破坏依法举行的集会、游行、示威，造成公共秩序混乱的行为。本罪的构成要件如下：(1)本罪的客观方面表现为行为人实施了扰乱、冲击或者以其他方法破坏依法举行的集会、游行、示威的行为。值得注意的是，本罪属结果犯，构成本罪，必须是行为人之行为造成了公共秩序混乱的危害结果。(2)本罪的主体为一般主体，既可以是中国人，也可以是外国人或无国籍人。(3)本罪的主观方面是故意。(4)本罪的客体是复杂客体，即侵犯了公民集会、游行、示威的政治自由权利和社会公共秩序。

根据刑法第298条之规定，犯本罪的，处5年以下有期徒刑、拘役、管制或者剥夺政治权利。

三十二、侮辱国旗、国徽罪

侮辱国旗、国徽罪，是指在公众场合故意以焚烧、毁损、涂划、玷污、践踏等方式侮辱中华人民共和国国旗、国徽的行为。本罪的构成要件如下：(1)本罪的客观方面表现为行为人实施了侮辱国旗、国徽的行为，如在公众场合对国旗、国徽加以焚烧、毁损、涂划、玷污、践踏等。这里，犯罪地点——“公众场合”是本罪成立的一个要件。(2)本罪的主体为一般主体。(3)本罪的主观方面是故意。(4)本罪的客体是国家尊严。

根据刑法第299条之规定，犯本罪的，处3年以下有期徒刑、拘役、管制或者剥夺政治权利。

三十三、组织、利用会道门、邪教组织、利用迷信破坏法律实施罪

组织、利用会道门、邪教组织、利用迷信破坏法律实施罪，是指组织、利用会道门、邪教组织或者利用迷信破坏国家法律、行政法规实施的行为。本罪的构成要件如下：(1)本罪的客观方面表现为行为人实施了组织、利用会道门、邪教组织或利用迷信破坏国家法律、行政法规实施的行为。“邪教组织”，是指冒用宗教、气功或者其他名义建立，神化首要分子，利用制造、散布迷信邪说等手段蛊惑、蒙骗他人，发展、控制成员，危害社

会的非法组织。本罪是行为犯，且是选择性罪名，只要行为人实施了前述“组织、利用会道门、邪教组织、利用迷信破坏法律、行政法规实施”行为之一，便足以成立本罪。而在司法实践中具体确定罪名时，应根据实际案情来确定。组织和利用邪教组织并具有下列情形之一的，应当以本罪定罪处罚：1）聚众围攻、冲击国家机关、企业事业单位，扰乱国家机关、企业事业单位的工作、生产、经营、教学和科研秩序的；2）非法举行集会、游行、示威，煽动、欺骗、组织其成员或者其他人聚众围攻、冲击、强占、哄闹公共场所及宗教活动场所，扰乱社会秩序的；3）抗拒有关部门取缔或者已经被有关部门取缔，又恢复或者另行建立邪教组织，或者继续进行邪教活动的；4）煽动、欺骗、组织其成员或者其他人不履行法定义务，情节严重的；5）出版、印刷、复制、发行宣扬邪教内容的出版物，以及印制邪教组织标识的；6）其他破坏国家法律、行政法规实施行为的。（2）本罪的主体是一般主体。（3）本罪的主观方面是故意，其犯罪目的一般是煽动或者蒙蔽他人抗拒法律、行政法规的实施。（4）本罪的客体是国家实施法律、行政法规的正常秩序。

根据刑法第300条第1款之规定，犯本罪的，处3年以上7年以下有期徒刑；情节特别严重的，处7年以上有期徒刑。根据司法解释①，行为人实施了前述6种行为，并具有下列情形之一的，属于“情节特别严重”：（1）跨省、自治区、直辖市建立组织机构或者发展成员的；（2）勾结境外机构、组织、人员进行邪教活动的；（3）出版、印刷、复制、发行宣扬邪教内容出版物以及印制邪教组织标识，数量或者数额巨大的；（4）煽动、欺骗、组织其成员或者其他人破坏国家法律、行政法规实施，造成严重后果的。

三十四、组织、利用会道门、邪教组织、利用迷信致人死亡罪

组织、利用会道门、邪教组织、利用迷信致人死亡罪，是指组织和利用会道门、邪教组织或者利用迷信蒙骗他人，致人死亡的行为。本罪的构成要件如下：（1）本罪的客观方面表现为行为人实施了组织、利用会道门、邪教组织或者利用迷信蒙骗他人，以致引起他人死亡的行为。致人死亡，是指组织和利用邪教组织制造、散布迷信邪说，蒙骗其成员或者其他人实施绝食、自残、自虐等行为，或者阻止病人进行正常治疗，致人死亡的情形。②本罪属结果犯，且是选择性罪名。只要行为人实施了前述“组织、利用会道门、邪教组织或者利用迷信致人死亡”行为之一，便足以成立本罪。在司法实践中具体确定罪名时，应根据实际案情来确定。（2）本罪的主体是一般主体。（3）本罪的主观方面为过失。（4）本罪的客体是复杂客体，既侵犯了社会治安秩序，又侵犯了他人的生命权。

根据刑法第300条第2款之规定，犯本罪的，处3年以上7年以下有期徒刑；情节特别严重的，处7年以上有期徒刑。根据司法解释，具有下列情形之一的，属于“情节特别严重”：（1）造成3人以上死亡的；（2）造成死亡人数不满3人，但造成多人重伤的；（3）曾因邪教活动受过刑事或者行政处罚，又组织和利用邪教组织蒙骗他人，致人死亡的；（4）造成其他特别严重后果的。

三十五、聚众淫乱罪

聚众淫乱罪，是指聚众进行淫乱活动的行为。本罪的构成要件如下：（1）本罪的客观

① 参见1999年10月9日公布的最高人民法院、最高人民检察院颁布的《关于办理组织和利用邪教组织犯罪案件具体应用法律若干问题的解释》。

② 参见1999年10月9日公布的最高人民法院、最高人民检察院颁布的《关于办理组织和利用邪教组织犯罪案件具体应用法律若干问题的解释》。

方面表现为行为人实施了聚众淫乱的行为。所谓淫乱，一般表现为群奸群宿、性变态行为，如鸡奸、兽奸等严重败坏社会良风美俗的行为。(2) 本罪的主体是一般主体。但本罪仅处罚聚众淫乱的首要分子和多次参加聚众淫乱的分子。(3) 本罪的主观方面是故意。(4) 本罪的客体是社会的良风美俗。

根据刑法第301条之规定，犯本罪的，处5年以下有期徒刑、拘役或者管制。

三十六、引诱未成年人聚众淫乱罪

引诱未成年人聚众淫乱罪，是指引诱未成年人参加聚众淫乱活动的行为。本罪的构成要件如下：(1) 本罪的客观方面表现为行为人实施了引诱未成年人参加聚众淫乱的行为。这里，“引诱”既可以是用口头语言勾引未成年人，也可以是用书面字、画像诱劝，还可以用表演、示范、收听、观看淫秽音像制品等手段挑逗未成年人，从而将未成年人拉入聚众淫乱活动。(2) 本罪的主体为一般主体。(3) 本罪的主观方面是故意。(4) 本罪的客体是社会的良风美俗。

根据刑法第301条第2款之规定，犯本罪的，依照该条第1款的规定从重处罚。

三十七、盗窃、侮辱尸体罪

盗窃、侮辱尸体罪，是指秘密窃取尸体或者公然侮辱尸体的行为。本罪的构成要件如下：(1) 本罪的客观方面表现为行为人实施了盗窃或侮辱尸体的行为。本罪中的“盗窃”与侵犯财产罪中的“盗窃”并无二致，只是盗窃的对象有所不同。关于“侮辱”，这里一般是指对尸体进行贬损或羞辱。(2) 本罪的主体为一般主体。(3) 本罪的主观方面是故意。(4) 本罪的客体是社会的良风美俗。2002年最高人民检察院研究室《关于盗窃骨灰行为如何处理问题的答复》中指出：“骨灰”不属于刑法第302条规定的“尸体”。对于盗窃骨灰的行为不能以刑法第302条的规定追究刑事责任。但前述最高人民检察院研究室解释的合理性值得研究。

根据刑法第302条的规定，犯本罪的，处3年以下有期徒刑、拘役或者管制。

三十八、赌博罪

(一) 概念与构成

赌博罪，是指以营利为目的，聚众赌博或者以赌博为业的行为。

1997年刑法原第303条规定：以营利为目的，聚众赌博、开设赌场或者以赌博为业的，处3年以下有期徒刑、拘役或者管制，并处罚金。2006年《刑法修正案（六）》第18条将之修改为：以营利为目的，聚众赌博或者以赌博为业的，处3年以下有期徒刑、拘役或者管制，并处罚金。开设赌场的，处3年以下有期徒刑、拘役或者管制，并处罚金；情节严重的，处3年以上10年以下有期徒刑，并处罚金。根据司法解释[①]的规定，第303条由以前的“赌博罪”一罪分解为两个罪名：第1款罪名为赌博罪，第2款罪名为开设赌场罪。

本罪的构成要件如下：

1. 本罪的客观方面表现为行为人实施了赌博行为。赌博行为是指以下两类行为：

---

① 最高人民法院、最高人民检察院《关于执行〈中华人民共和国刑法〉确定罪名的补充规定（三）》。

(1) 聚众赌博。具体表现为：组织 3 人以上赌博，抽头渔利数额累计达到 5 000 元以上的；组织 3 人以上赌博，赌资数额累计达到 5 万元以上的；组织 3 人以上赌博，参赌人数累计达到 20 人以上的；组织中华人民共和国公民 10 人以上赴境外赌博，从中收取回扣、介绍费的。

(2) 以赌博为业。首先要注意的是，根据我国刑法第 303 条的规定，一般的赌博行为并不构成赌博罪。但是，刑法将反复实施的赌博行为类型化为一个犯罪构成，刑法要处罚具有集合性质的"以赌博为业"的行为。因此这类行为实际上就是多次反复实施赌博行为而法律明确规定以犯罪论处的情形。可见，赌博罪的成立应完全依附于行为人是否以赌博为业，这里，"以赌博为业"乃是定罪的要件。其次要讨论的是"以赌博为业"的司法认定标准。如果一个人根本没有任何职业，是一个纯粹的"赌棍"，这种情况认定他是以赌博为业并不困难。但是实践中许多情况是一个人有一定的职业，但是也多次参加赌博，此时要确定其是否以赌为业并不容易，而且会带有一定的主观随意性。关于以赌博为业，学界主要有以下几种界定：第一种，是指不问赌博者有无正当职业，只要他以赌博为常业，并以赌博所得为其生活或者挥霍的基本或主要来源的；第二种，是指嗜赌成性，以赌博所得为其主要生活来源或挥霍来源且输赢数额巨大的。我们认为，以赌博为业构成犯罪的条件是：以营利为目的，反复多次参与赌博，数额较大的行为。首先，以赌博为业意味着行为人反复多次参加赌博，不论其有无正当职业，只要在业余或者任何时间内反复实施赌博行为就可以算作"为业"；赌博是违背社会风尚的犯罪，只要行为人反复多次参加赌博，而且达到较大的数额，其行为对社会风尚的侵害程度就达到了应受刑罚惩罚的程度。其次，不要求以赌博所得为其生活或挥霍的主要或者基本来源。因为行为人的赌博行为不一定能够盈利，要求将赌博所得作为生活的来源的内在含义就是赌博者一定要盈利才构成犯罪。刑法虽然规定赌博罪"以营利为目的"，但是这只是本罪的主观构成要素，并不需要行为人在客观上一定盈利。因此，将"以赌博所得为其生活或者挥霍的基本或主要来源"作为构成要素并无道理。

2. 本罪的主体是一般主体。

3. 本罪的主观方面是故意。"以营利为目的"，是指行为人为了获得钱财而赌博，行为人是否事实上获得了钱财，并不影响本罪的成立。

4. 本罪的客体是社会风尚和社会管理秩序。

(二) 司法认定与刑事处罚

1. 司法认定

(1) 赌博罪与一般赌博违法行为的界限。2005 年最高人民法院、最高人民检察院、公安部《关于开展集中打击赌博违法犯罪活动专项行动有关工作的通知》指出：要严格区分赌博违法犯罪活动与群众正常文娱活动的界限，对不以营利为目的，进行带有少量财物输赢的娱乐活动，以及提供棋牌室等娱乐场所且只收取固定的场所和服务费用的经营行为等，不得以赌博（罪）论处。对参赌且赌资较大的，可由公安机关依法给予治安处罚；符合劳动教养条件的，依法给予劳动教养；违反党纪政纪的，由主管机关予以纪律处分。要严格依法办案，对构成犯罪的，绝不姑息手软，严禁以罚代刑，降格处理；对不构成犯罪或者不应当给予行政处理的，不得打击、处理，不得以禁赌为名干扰群众的正常文娱活动。同年最高人民法院、最高人民检察院《关于办理赌博刑事案件具体应用法律若干问题的解释》第 9 条就指出，不以营利为目的，进行带有少量财物输赢的娱乐活动，以及提供棋牌室等娱乐场所只收取正常的场所和服务费用的经营行为等，不以赌博（罪）论处。要区分赌博罪与一般赌博违法行为，主要看行为人主观上是否以营利为目的，客观上是否具有聚众赌博或者以赌博为常业的行为。具体来说可以从以下几个方面来区别：

第一，参与赌博的动机和目的。赌博罪的构成要求行为人主观上是直接故意，并具有获取利益的目的。如果行为人并不是为了营利，而仅仅是为了消遣娱乐、联络感情，不认定为犯罪。

第二，涉赌数额及参赌次数。有些亲戚朋友之间偶尔赌博也有输赢，但输赢不大；有些地方民众以麻将、打牌为休闲的基本模式，熟人之间经常聚集赌博，但涉赌数额很小，不认定为犯罪。

第三，行为人系赌头、赌棍还是一般参赌群众。赌头是指聚众赌博的人，即为赌博提供赌场、赌具，组织、招引他人参加赌博，本人从中抽头渔利。赌头可能参与赌博也可能不参与赌博，可能是一人也可能是多人。赌棍是以赌博为常业的人，即反复实施数额较大的赌博，赌博输赢的数额巨大。对这两种人应当以赌博罪追究刑事责任，但对于一般参赌群众，可以批评教育，情节严重的，还可以视情节给予治安处罚，但不能追究刑事责任。

（2）赌博欺诈行为的定性。1991年3月12日最高人民法院《关于设置圈套诱骗他人参赌获取钱财的案件应如何定罪问题的电话答复》中指出：对于行为人以营利为目的，设置圈套，诱骗他人参赌的行为，需要追究刑事责任的，应以赌博罪论处。1995年11月6日最高人民法院《关于对设置圈套诱骗他人参赌又向索还钱财的受骗者施以暴力或暴力威胁的行为应如何定罪问题的批复》指出：行为人设置圈套诱骗他人参赌获取钱财，属赌博行为，构成犯罪的，应当以赌博罪定罪处罚。两个答复均把诱骗参赌的行为规定为赌博罪。我们认为，这种行为实际上符合诈骗罪的构成，应该定性为诈骗罪。理由在于：赌博犯罪中的赌博行为具有"博彩"的性质，事先难以预料输赢。赌博欺诈案件中的行为却不是通过"博彩"获取钱财，而是行为人出于骗取对方钱财的故意，以诱骗对方参加赌博的形式，采用换牌作假、特制骰子等欺诈手段设定圈套，使对方没有胜算、有输无赢而诈取对方钱财，整个过程没有博弈，只有欺骗。诈赌人主观上出于非法占有被害人钱财的目的，客观上实施了虚构事实、隐瞒真相的设赌诈骗行为，侵犯的主要客体是公私财物的所有权而不是社会管理秩序，其行为完全符合诈骗罪的犯罪构成，不宜认定为赌博罪。

（3）赌博共犯的认定。明知他人实施赌博犯罪活动，而为其提供资金、计算机网络、通讯、费用结算等直接帮助的，以赌博罪的共犯论处。

（4）有关彩票的行为。彩票本来具有博彩的性质，依照国家规定合法发行彩票行为不能视为非法赌博行为。但是要注意，未经国家批准擅自发行、销售彩票的行为，构成犯罪的，应当依照刑法第225条第4项的规定，以非法经营罪定罪处罚，而不是构成赌博罪。①

2. 刑事处罚

根据刑法第303条第1款的规定，犯本罪的，处3年以下有期徒刑、拘役或者管制，并处罚金。根据2005年5月11日最高人民法院、最高人民检察院《关于办理赌博刑事案件具体应用法律若干问题的解释》的规定，具有国家工作人员身份的；组织国家工作人员赴境外赌博的；组织未成年人参与赌博，或者开设赌场吸引未成年人参与赌博的，依照刑法第303条的规定从重处罚。

---

① 参见2005年5月11日公布的最高人民法院、最高人民检察院《关于办理赌博刑事案件具体应用法律若干问题的解释》第6条。

三十九、开设赌场罪

开设赌场罪，是指开设赌场的行为。本罪的构成要件如下：(1) 本罪的客观方面表现为行为人实施了开设赌场的行为。根据有关司法解释规定，以营利为目的，在计算机网络上建立赌博网站，或者为赌博网站担任代理，接受投注的，属于“开设赌场”行为。犯罪主体是一般主体。犯罪主观方面是故意。犯罪客体是社会风尚和社会管理秩序。

根据刑法第 303 条第 2 款的规定，开设赌场的，处 3 年以下有期徒刑、拘役或者管制，并处罚金；情节严重的，处 3 年以上 10 年以下有期徒刑，并处罚金。

四十、故意延误投递邮件罪

故意延误投递邮件罪，是指邮政工作人员严重不负责任，故意延误投递邮件，致使公共财产、国家和人民利益遭受重大损失的行为。本罪的构成要件如下：(1) 本罪的客观方面表现为行为人实施了严重不负责任，故意延误邮件投递，且造成公共财产、国家和人民利益重大损失的行为。(2) 本罪的主体为特殊主体，即邮政工作人员。(3) 本罪的主观方面为故意犯罪，既可以是直接故意，也可以是间接故意。(4) 本罪的客体是国家邮政通信管理秩序。

根据刑法第 304 条的规定，犯本罪的，处 2 年以下有期徒刑或者拘役。

第三节　妨害司法罪

一、伪证罪

(一) 概念与构成

伪证罪，是指在刑事诉讼中，证人、鉴定人、记录人、翻译人对与案件有重要关系的情节，故意作虚假证明、鉴定、记录、翻译，意图陷害他人或者隐匿罪证的行为。

本罪的构成要件如下：

1. 本罪的客观方面表现为行为人实施了伪证行为。所谓伪证行为，是指行为人故意作虚假证明、鉴定、记录、翻译。无论是行为人作虚假证明还是虚假鉴定，以及虚假记录或翻译，只要行为人实施了其中一种行为，便足以成立本罪。

(1) 发生的时空条件。行为人之行为必须发生在刑事诉讼中。所谓“刑事诉讼中”，是指侦查、起诉、审判的整个过程。在民事诉讼、行政诉讼中作虚假的证明、鉴定、记录、翻译，不能构成伪证罪。

(2) 何谓虚假。关于伪证罪中“虚假”一词的理解，存在三种争议观点。第一种是客观说，认为虚假是指违反客观事实，即行为人陈述的内容与客观事实不相符合。如果行为人做违反其记忆的陈述，只要其内容是客观真实的，就不会危害国家的审判，因此不算是虚假。第二种是主观说，认为虚假是指行为人的陈述没有反映其记忆。主观说认为行为人违反自己的记忆进行陈述，会危害国家审判，即使最终所陈述的情况符合客观真实。第三种是折中说，认为虚假是指违反自己的记忆的陈述，但如果最终其陈述的内容与客观事实相符合，则不算作是虚假。我们倾向于主观说。因为，从主观上看，行为人故意作伪证，主观上是存在罪过的；从客观上看，行为人实施了与自己记忆不符合的证明行为，主客观统一起来看实施的显然是具有社会危害性的行为。即使所作的虚假证明的内容恰好与客观事实相符合，也不能否认该行为具有的恶性和危害性。

2. 本罪的主体为特殊主体，即只有刑事诉讼中的证人、鉴定人、记录人、翻译人才能成为本罪主体。

（1）证人。

证人是指通过诉讼外途径了解案情，经司法机关要求或同意，陈述自己所知道的案件事实情况的人。

第一，证人的特征。证人是伪证罪的主要主体。根据《刑事诉讼法》的规定，证人应同时具备以下条件：一是证人必须了解案情。《刑事诉讼法》第48条第1款规定："凡是知道案件情况的人，都有作证的义务。"证人是否限于直接了解案情的人，我国法律没有规定。通说认为直接了解和间接了解案情的人都有作证义务。二是证人必须能够辨别是非，能够正确表达。《刑事诉讼法》第48条第2款规定："生理上、精神上有缺陷或者年幼，不能辨别是非、不能正确表达的人，不能作证人。"这里要注意，并非是只要年幼就不能作证人。只有年纪幼小而导致了不能辨别是非、不能正确表达的才不能作证。三是证人应为自然人。这是由前两个条件决定的，感知、记忆和表达是证人作证能力不可缺少的方面，这就决定了证人只能是自然人。

第二，证人的范围。证人是否包括当事人本身？这个问题存在争议。有学者认为伪证罪将诉讼中最主要的主体当事人排除在外是不合理的。其主要理由是，对事实最为清楚的莫过于当事人本人，而他（们）不仅同样具有如实反映真实情况的义务，而且与案件的关系比上述四种人更为密切。四种人作伪证会造成严重后果，当事人本人或其他诉讼参与人作伪证亦会造成严重后果。有学者提出对于"证人"一词作广义理解，将当事人特别是被害人纳入到证人的范畴，使之可以成为伪证罪的主体。

我们认为，刑法不应当将当事人作为伪证罪的主体。理由如下：首先，并非所有当事人对案件事实都是"最为清楚"。例如，有的被害人只了解被害经过，但对案件的主要事实如实施犯罪人的特征并不知晓。其次，当事人是否具有"如实反映真实情况的义务"尚未有定论。虽然《刑事诉讼法》规定犯罪嫌疑人对侦查人员的提问应当如实回答，但近年来随着沉默权的广泛讨论，"如实回答义务"已受到越来越多的质疑和批评。再次，从期待可能性角度来看，不可能期待犯罪者自证其罪以及被害人客观陈述。被告人为了逃脱罪责常会避重就轻；而被害人的陈述受诸多因素影响，带有浓厚的感情色彩，加上被害人是当事人，案件的处理和他有直接利害关系，涉及被害人的切身利益，基于此被害人常常容易夸大事实以求严惩犯罪者，其陈述的真实性也要打折扣。强制当事人如实陈述也有违人的本性。正是因为缺乏刑法期待可能性，故当事人虚伪陈述不构成犯罪，当事人自然也不能成为伪证罪的主体。而证人则不同，由于他不是当事人，刑事案件的处理与他没有关系，被告人是否定罪，判何种刑，被害人如何获得赔偿，与证人切身利益无关，证人只是需要履行法律义务如实陈述。证人作证不带有感情色彩，他所证实的应是亲眼目睹、亲耳听说的，证实的事实应是客观存在的，不是自己的想象和推断，只是将真实的事实如实地说出来。这一点证人和当事人间是有显著区别的。最后，从法律规定来看，证人和当事人是两个不同概念。刑事诉讼法中已明确把被害人和证人作为平等的概念。《刑事诉讼法》第82条第2、4项分别规定："（二）'当事人'是指被害人、自诉人、犯罪嫌疑人、被告人、附带民事诉讼的原告人和被告人"；"（四）'诉讼参与人'是指当事人、法定代理人、诉讼代理人、辩护人、证人、鉴定人和翻译人员"。这两项说明，当事人和证人是并列的概念，二者互不隶属，证人不可能包含作为当事人的被害人和犯罪人。广义理解证人的概念是没有法律根据的。证人，通常是指“与刑事案件无直接利害关系，向司法机关陈述自己知道的某案件情况的诉讼参与人”。因此，证人和当事人各自通过不同的手段参与到刑事诉讼中，即证人通过证言、当事人通过陈述来参与诉讼，两者在诉讼权利、义务及在刑事诉讼中的作用等方面都存在差别。

（2）记录人。

记录人是指为案件调查取证，询问证人、被告人或审问犯罪嫌疑人、被害人而作文图声像记录的人。

（3）鉴定人。

鉴定人是指受司法机关聘请或指派应用自己的专业知识和技能对案件事实中的专门性问题进行鉴别判断，提供鉴定意见的诉讼参与人。理论上对于鉴定人的身份问题存在着争议——专职鉴定人员是否属于司法工作人员？所谓专职鉴定人员，是指司法机关附属鉴定机关的专门从事鉴定工作的人员。有观点提出，这类人员是司法机关内部人员，应该属于司法工作人员，他们的虚假鉴定行为应该定性为徇私枉法罪，而非伪证罪。我们认为，专职鉴定人员虽然属于司法机关的内部人员，但是不能因此就确定他们的身份是司法工作人员。刑法第94条关于司法工作人员的定义，要求司法工作人员承担“侦查、检察、审判、监管”职责，但是鉴定人员的职责并非属于上述范围，因而他们并不属于司法工作人员。他们在刑事诉讼中作虚假鉴定的，只能构成伪证罪，不能构成徇私枉法罪。理论上关于单位能否成为鉴定人的问题也有争议。有观点认为，在司法实践中有时由“司法机关内部附设的专职鉴定部门”进行司法鉴定，所以“司法机关内部附设的专职鉴定部门”即单位也是鉴定人。相反观点认为，《刑事诉讼法》规定：鉴定人进行鉴定后，应当写出鉴定结论，并且由鉴定人签名，加盖公章。这说明最终为鉴定结果负责的还是从事鉴定行为的个人。我们赞同鉴定人只能是个人而不能是单位的观点。

（4）翻译人。

翻译人就是指在诉讼过程中司法机关指派或聘请担任外国语、民族语或哑语等的翻译人员。翻译人不得与案件有利害关系，如有利害关系，可以被要求回避和更换。翻译人需要专门的语言技能，所担任的翻译既可以是书面的，也可以是口头的或手势。翻译人故意作虚假翻译的，构成伪证罪。

3. 本罪的主观方面是故意，且行为人具有陷害他人或者隐匿罪证的意图。学者们一致认为本罪的主观方面只能是故意，不可能是过失；但究竟是直接故意还是间接故意没有达成一致。绝大多数人认为，伪证罪只能由直接故意构成。但也有观点认为可能包括间接故意。我们认为只能是直接故意。现行刑法第305条对伪证罪的构成提出了明确的目的要件“意图陷害他人或者隐匿罪证”，犯罪目的只能存在于直接故意犯罪之中，间接故意不可能存在犯罪目的，因此伪证罪的罪过形式只能是直接故意。在伪证罪的故意内容中，其认识因素是行为人明知自己的行为会发生陷害他人或者包庇犯罪分子的结果。行为人明知自己的行为是在作伪证，而且认识到自己作伪证的行为会发生陷害他人或者包庇犯罪分子的结果。“会发生”并不意味着必然发生，只要求认识到这种结果发生的可能性。在认识因素上，行为人并不必须认识到其虚假陈述是与案件有重要关系的情节。如果行为人以为自己的伪证行为是针对与案件有重要关系的情节的，而实际上不是，或者行为人认为不是针对与案件有重要关系的情节的，而实际上是，这两种情况都是行为人对自己的行为性质存在认识上的错误，应按刑法中认识错误原则来处理。本罪的意识因素是希望通过自己实施的行为发生陷害他人或者隐匿罪证的后果。

4. 本罪的客体是复杂客体，即既妨害国家的正常司法秩序，又侵犯公民的人身权利。

（二）司法认定与刑事处罚

1. 司法认定

（1）罪与非罪的界限。关于本罪的罪与非罪，主要应划清“伪证”与“误证”的界限。其关键在于查明行为人是否故意作伪证和有无陷害他人或者隐匿罪证的意图。如果行为人故意作伪证，且具有陷害他人或者隐匿罪证的意图，便成立本罪；否则，如果是行为人记忆错误而证词失实，或者鉴定人、记录人、翻译人因业务水平低下，或因粗心大意而导致鉴定、记录、翻译出现差错，便不能认定为犯罪。

（2）本罪与诬告陷害罪的区别。由于诬告陷害罪的行为人为了达到陷害他人的目的，常常虚构事实、伪造证据，所以就有可能在表现形式上与本罪相同。但二者的显著区别在于：其一，犯罪主体不同。本罪的犯罪主体是特殊主体，限于证人、鉴定人、记录人、翻译人；而诬告陷害罪的主体为一般主体。其二，犯罪发生的时间不同。本罪只能是发生在刑事诉讼过程中；而诬告陷害罪则发生在刑事诉讼活动开始之前。其三，犯罪意图不同。本罪行为人的犯罪意图既可能是陷害无罪之人，也可能是包庇有罪之人；而诬告陷害罪的行为人之犯罪意图只能是陷害他人。

2. 刑事处罚

根据刑法第305条之规定，犯本罪的，处3年以下有期徒刑或者拘役；情节严重的，处3年以上7年以下有期徒刑。

二、辩护人、诉讼代理人毁灭证据、伪造证据、妨害作证罪

（一）概念与构成

辩护人、诉讼代理人毁灭证据、伪造证据、妨害作证罪，是指在刑事诉讼中，辩护人、诉讼代理人毁灭、伪造证据，帮助当事人毁灭、伪造证据，威胁、引诱证人违背事实改变证言或者作伪证的行为。

本罪是1997年刑法设立的一个新罪。设立之后，引起了实务界和理论界极大的争议。本罪被比喻为“悬在律师头上的一把剑”，成为对付律师的“撒手锏”，还有律师代表在人民代表大会会议联名提案要求废除本罪。为什么这个罪名会引起实务界和理论界如此大的关注和争议？究其原因，主要因为以下两点：第一，认为刑法第306条体现出的是对律师职业的歧视。纵观许多国家的刑法，都规定了律师的职务犯罪，都会对律师妨碍司法公正的行为追究刑事责任，但犯罪主体不是特定的，不只是律师，警察、检察官也可以构成该罪。但是我国刑法第306条所规定之行为，却是专门为律师设定的，虽然在实践中可以由普通人，公、检、法及其他国家机关工作人员等实施，却只是针对专门主体设立，这明显地体现出职业歧视。在控辩双方地位本来就不甚均衡的现状下，这个条文无疑会造成更大的不平衡。第二，认为条文的罪状过于模糊，“威胁、引诱”的界定没有明确标准，导致了实践中这一条款已被普遍地滥用。刑法第306条妨碍作证罪通常发生在证人在开庭前被公安、检察机关调取过证言，证人出庭时推翻了原来的证言，使得原来不利于被告人的证言发生了改变的情况下。此时公诉方就可能抛开原来的案件，不管证人伪证是否证实，认为是律师威胁、引诱了证人改变证言，转而追究律师的刑事责任。如果比较分析刑法第306条与第307条之规定，更能看出本罪立法上存在的问题：首先，对比刑法第306条和第307条第1款。虽然二者的处刑都是“处三年以下有期徒刑或者拘役；情节严重的，处三年以上七年以下有期徒刑”，但行为构成犯罪的标准不同。前者的行为只要“毁灭、伪造、威胁、引诱”就构成，

没有具体的程度规定，后者包括司法工作人员在内构成妨害作证罪必须使用“暴力、威胁、贿买、指使”，手段规定得比前者具体，这样就不会把所谓的诱导性询问包括在内。其次，关于“帮助当事人毁灭、伪造证据”的行为，刑法第306条的规定是一旦构成即处3年以下有期徒刑或者拘役；而刑法第307条规定必须是“情节严重”的才构成，处3年以下有期徒刑或拘役。对于辩护人诉讼代理人来说，构成本款行为如果情节严重的，要判3年以上7年以下有期徒刑。因此，在这种标准不一的情况下，即使刑法第307条第3款规定了“司法工作人员犯前两款罪的，从重处罚”，由于其基本罪尤其是“帮助当事人毁灭、伪造证据”的构成标准比辩护人、诉讼代理人毁灭、伪造证据的构成标准高，法定刑又低于辩护人、诉讼代理人毁灭、伪造证据、妨害作证罪的法定刑，的确存在立法上的不公正。

本罪的构成要件如下：

1. 本罪的客观方面表现为行为人在刑事诉讼中实施了妨害证据的行为，具体表现为行为人实施了毁灭、伪造证据，帮助当事人毁灭、伪造证据，威胁、引诱证人违背事实改变证言或者作伪证的行为。

（1）行为必须发生在刑事诉讼过程中。所谓在刑事诉讼过程中，是指在刑事案件的立案侦查、审查起诉和审判过程中，其中包括公诉案件、刑事自诉案件的诉讼过程。这是本罪行为实施的时间条件。如果行为人不是在刑事诉讼过程中，而是在民事诉讼或者行政诉讼过程中，实施了毁灭证据、伪造证据或者妨害作证的行为则不能以本罪追究行为人的刑事责任。虽然理论界有人指出在民事或者行政诉讼案件中实施此类行为的危害性也可能很大，例如，在标的巨大的民事案件中，实施妨害证据的行为也会对当事人造成很大的危害，对此也应该以刑法进行规制，但是现在依照罪刑法定原则，处理案件时不能对行为发生阶段进行任何扩张。

（2）行为人实施了妨害证据的行为。这里，妨害证据的行为有以下三种表现形式：

第一，辩护人、诉讼代理人毁灭、伪造证据。即辩护人、诉讼代理人本人直接实施毁灭、伪造证据的行为。毁灭证据是指完全消灭证据或者使得证据完全丧失作用，如烧毁足以证明犯罪的书证、物证。所谓伪造证据，是指制造虚假的证据，如制造虚假的书证、物证。

第二，帮助当事人毁灭、伪造证据。这是指辩护人、诉讼代理人为当事人出谋划策或者提供方便，帮助当事人毁灭、伪造证据。

第三，威胁、引诱证人违背事实改变证言或者作伪证。要注意以下两点：

其一，威胁。威胁是指以暴力、名誉损害等为要挟的恐吓手段。

其二，引诱。引诱的界限难以划分，这是一个极具弹性的概念。我们可以根据以下几个方面来加以认定：（1）立法解释：引诱证人违背事实改变证言或者作伪证，是指以金钱、物质利益等好处诱使证人改变过去按照事实提供的证言；（2）司法解释：引诱证人违背事实改变证言或者作伪证，是指以金钱、物质或者其他利益诱使证人违背事实改变自己已经作出的证言或者作虚假的证言；（3）学理解释：引诱证人违背事实改变证言或者作伪证，是指以金钱等物质利益对证人进行收买，或者以女色等非物质性的利益对证人进行诱惑。为了帮助证人回忆经历的情况而作的一些提示甚至诱导，不能认为是引诱。在上述三种解释中，都强调引诱必须采取一定手段，这种手段包括物质利益的引诱与非物质利益的引诱。[①] 实践中，争议在于“诱导性询问”是否可以算作引诱？我们认为，仅仅以语言作劝

① 参见陈兴良：《辩护人妨害作证罪之引诱行为的研究——从张耀喜案切入》，载《政法论坛》，2004（9）。

导的诱导性询问，不能理解为辩护人妨害作证罪的引诱，必须是以诱使证人违背事实改变证言或者作伪证为目的，采取金钱、物质或者其他利益的方法，诱使证人违背事实改变证言或者作伪证的行为，才是引诱。

2. 本罪的主体是特殊主体，即辩护人和刑事诉讼中的诉讼代理人。所谓辩护人，是指接受被告人或其代理人的委托，或者经人民法院指定，依据事实和法律在审查起诉和审判阶段为被告人的利益，向司法机关提出证明被告人无罪、罪轻或者应当从轻、减轻或者免除处罚的事实或材料，并依法为被告人进行辩护的人。辩护人可能是律师或者人民团体或者犯罪嫌疑人、被告人所在单位推荐的人或者犯罪嫌疑人、被告人的监护人、亲友。这里的诉讼代理人，根据刑事诉讼法第 82 条第 5 项的规定，是指公诉案件的被害人及其法定代理人或者近亲属、自诉案件的自诉人及其法定代理人委托代为参加诉讼的人和附带民事诉讼的当事人及其法定代理人委托代为参加诉讼的人。司法实践中本罪主体主要是律师，所以实践中常有人把刑法第 306 条规定的罪名简称为“律师伪证罪”。

3. 本罪的主观方面。刑法第 306 条第 2 款明确规定，辩护人、诉讼代理人提供、出示、引用的证人证言或者其他证据失实，不是有意伪造的，不属于伪造证据。所以，本罪在主观方面是故意，不是过失。不过究竟是直接故意还是间接故意存在争议。一种观点认为包含两种故意，即行为人明知自己妨害证据的行为会发生影响、干扰司法机关正常活动的结果，并且希望或者放任这种结果发生。第二种观点认为本罪主观方面只能是直接故意。我们认为辩护人、诉讼代理人毁灭证据、伪造证据、妨害作证罪只能是出于直接故意。基于刑事案件的辩护人或者诉讼代理人身份和地位的特殊性，他们对于自己在刑事诉讼中所应履行的义务是有明确认识的，同时对于实施毁灭证据、伪造证据或者妨害作证的行为的性质及其有可能产生的妨害刑事诉讼顺利进行的后果在主观上是有明确认识的，他们不是积极地采取措施来阻止这一危害结果的发生，也不是消极地听任这一危害结果的发生，恰恰相反，是实施三种行为极力地促成危害结果的发生，积极地追求妨害刑事诉讼顺利进行的结果，所以行为人的心态是出于直接故意。至于辩护人、诉讼代理人的犯罪动机并不影响辩护人、诉讼代理人毁灭证据、伪造证据、妨害作证罪的成立。

4. 本罪的客体是国家司法机关的正常刑事诉讼活动。

（二）司法认定与刑事处罚

1. 司法认定

（1）罪与非罪的界限。

第一，区分主观方面。本罪是故意犯罪，即明知是证据而予以毁灭或者帮助当事人毁灭，明知不是案件的证据而伪造或帮助当事人伪造；明知证人证言是真实的而威胁、引诱证人改变证言，或者为了不让证人如实作证而威胁、引诱证人作伪证。因此，司法实践中处理辩护人、诉讼代理人毁灭证据、伪造证据、妨害作证案件时，应当首先注意查明行为人对其实施的毁灭、伪造证据或者诱导他人作伪证行为的性质是否有着明确的认识；其次，应当查清毁灭、伪造证据或者诱导他人作伪证是否违背了行为人的意志。如果行为人由于受到证人欺骗，或者因调查了解不够深入细致，将一些不能作为证据的事实或者物品误以为是真实的证据而向法庭提供、出示、引用，或者由于行为人意志以外的原因造成证据材料灭失等，由于行为人不是有意伪造证据或者毁灭证据，所以不能以本罪追究行为人的刑事责任。

第二，区分客观方面。司法实践中一定要把握好“引诱”的含义和范畴，必须是以诱使证人违背事实改变证言或者作伪证为目的，采取金钱、物质或者其他利益的方法，诱使证人违背事实改变证言或者作伪证的行为，才是引诱。如果行为人仅仅以语言作劝导的诱导性询问，不能理解为辩护人妨害作证罪的引诱。

(2) 辩护人、诉讼代理人毁灭证据、伪造证据、妨害作证罪与伪证罪的界限。

两罪的区别在于：第一，犯罪客观方面的表现形式不同。辩护人、诉讼代理人毁灭证据、伪造证据、妨害作证罪在客观方面表现为三种特定行为。伪证罪的客观方面是在刑事诉讼中对与案件有重要关系的情节，故意作虚假证明、鉴定、记录、翻译的行为。伪证罪不存在威胁、引诱证人违背事实改变证言或者作伪证的情况。第二，犯罪主体的范围不同。尽管两罪主体都是特殊主体，但是，辩护人、诉讼代理人毁灭证据、伪造证据、妨害作证罪的主体只能是辩护人和诉讼代理人；而伪证罪的主体只能是证人、鉴定人、记录人和翻译人。第三，犯罪目的不同。辩护人、诉讼代理人毁灭证据、伪造证据、妨害作证罪在主观上是为了包庇当事人不受刑事追究，而伪证罪的行为人在主观上既有可能是为了包庇当事人，也有可能是为了陷害当事人。

2. 刑事处罚

根据刑法第 306 条之规定，犯本罪的，处 3 年以下有期徒刑或者拘役；情节严重的，处 3 年以上 7 年以下有期徒刑。

三、妨害作证罪

(一) 概念与构成

妨害作证罪，是指以暴力、威胁、贿买等方法阻止证人作证或者指使他人作伪证的行为。

本罪的构成要件如下：

1. 本罪的客观方面表现为以暴力、威胁、贿买等方法阻止证人作证或者指使他人作伪证的行为。

(1) 行为发生的阶段。本罪既可以发生在刑事诉讼过程中，也可以发生在民事和行政诉讼过程中。

(2) 阻止证人作证的表现。在刑事诉讼中，通常表现为阻止证人接受公安、检察、法院等司法机关的调查、询问，以及阻止证人出庭作证。在民事和行政诉讼中，大多表现为阻止证人接受对方当事人委托的律师的调查、询问，以及阻止证人出庭作证。

(3) 阻止证人作证的方法。根据法条的规定，阻止证人作证的方法有三种：“暴力、威胁、贿买”。

第一种是暴力。暴力是指使用有形的力量阻止证人作证。暴力的程度并不需要十分强烈，不需要达到伤害他人的程度。“暴力”一般是针对证人本人的，但也可针对证人的亲友等人，既可以是针对证人及其亲友人身，也可以是针对他们的财产。

第二种是威胁。威胁是指对证人进行精神上的强制阻止证人作证。至于威胁的内容可以是以暴力相威胁，可以是以毁坏财产相威胁，也可以是以揭发个人隐私相威胁。以暴力进行威胁是最为常见的。威胁的对象　般是证人本人，也可能是证人的亲友。

第三种是贿买。贿买是指用物质性利益或非物质性利益相引诱的手段，阻止证人作证的行为。例如，采用提供金钱等物质性利益或者以安排工作、美色利诱等非物质性利益的手段，诱使证人不作证等。贿买所使用的利益大小并不影响本罪成立，只要被贿买人受其影响拒绝作证或因而作伪证的，即可构成犯罪。

(4) 指使他人作伪证的对象。在刑法第 307 条第 1 款中，刑法对于两种妨害作证的行为的对象使用了不同的语言。根据法条之规定，本罪妨害的对象有两种：一是“证人”，这是本罪中阻止作证的对象；二是“他人”，这是本罪中指使作伪证的对象。如何理解本罪中指使的对象“他人”？我们认为，既然法律使用了这个词语，表明了“他人”至少肯定不限于证人。有观点认为“所谓他人，包括知道案件事实情况的人和不知道案件事实情况的人”。我们赞同这样的观点，认为“他人”的含义应当包含任何人。因为法律没有在“他人”之前作出任何限制性的规定。

(5) 指使他人作伪证的行为方式。所谓指使他人作伪证是指要求、命令、请求他人对与案件有关的情节作违背事实的虚假陈述。法条未列举出实施的具体方法。我们认为，不能排除把“暴力、威胁、贿买”的方法作为“指使”的方法。例如，如果行为人采用了口头威胁的方法要求当事人作虚假陈述，这就属于“指使他人作伪证”。

(6) 作伪证的内涵。这里如何理解“作伪证”？在刑法第305条规定的伪证罪中，作伪证是指对案件事实作虚假的证明、鉴定、记录、翻译的行为。但是在本条的语境里，作伪证不能作如此狭义的理解。所谓“作伪证”，是指行为人故意作出与自己经验、记忆相反的陈述。作伪证包括知道案件情况的人不如实作证和冒充知道案件情况的人作假证。只要是行为人故意作出与自己经验、记忆相反的陈述，即使其陈述客观上正好与客观事实相符合，也是作伪证。作伪证是一种积极的作为。“放弃作证”，这种不作为不是作伪证。作伪证的内容可能是颠倒有罪无罪、罪重罪轻的事实，也可能是颠倒其他诉讼案件中的事实。

2. 本罪的主体是一般主体，即年满16周岁且具有刑事责任能力的自然人。在司法实践中主要是与案件有利害关系的人，如犯罪嫌疑人、被告人的亲友或者民事、行政诉讼中的当事人。值得注意的是，虽然当事人本人实施毁灭、伪造有关自己案件的证据的行为，因为缺乏期待可能性而不能定罪，但是与案件有直接利害关系的当事人采取非法手段妨害作证的，也能成为本罪的主体。

3. 本罪的主观方面。关于本罪主观方面主要有以下几种观点：第一种认为本罪主观方面是直接故意和间接故意，对行为可能发生妨害司法程序的结果有希望或者放任。第二种认为本罪在主观上是直接故意，行为人明知自己阻止证人作证或者指使他人作伪证的行为会妨害国家司法机关正常的诉讼活动和侵害他人作证的权利，并希望这种社会危害结果的发生。我们认为，本罪的罪过只能是直接故意，即明知自己妨害作证的行为会阻止证人作证或者会使他人作伪证，并且希望阻止证人作证或者他人作伪证这样的危害结果发生。行为人实施本罪的目的就是阻止证人作证或者希望他人作伪证，对这种后果是希望、追求而不是放任的。所以本罪罪过只能是直接故意，不可能是间接故意。

4. 本罪的客体是国家司法机关正常的诉讼秩序，包括刑事诉讼、民事诉讼、行政诉讼的诉讼秩序。

(二) 司法认定与刑事处罚

1. 司法认定

(1) 妨害作证罪与辩护人、诉讼代理人毁灭证据、伪造证据、妨害作证罪的区分。

辩护人、诉讼代理人毁灭证据、伪造证据、妨害作证罪，是指在刑事诉讼中，辩护人、诉讼代理人毁灭、伪造证据，帮助当事人毁灭、伪造证据，威胁、引诱证人违背事实改变证言或者作伪证的行为。妨害作证罪与辩护人、诉讼代理人毁灭证据、伪造证据、妨害作证罪有相似之处：两罪主观方面都是直接故意，犯罪人主观上都想要妨害证据，客体上都侵犯司法机关正常的诉讼秩序。两罪的区别是：第一，犯罪客体不完全相同。本罪客体是国家司法机关正常的诉讼秩序，包括刑事诉讼、民事诉讼、行政诉讼的诉讼秩序；而后罪侵犯的客体只是刑事诉讼秩序。第二，行为发生的时间不同。本罪行为既可以发生在诉讼活动开始之前，也可以发生在诉讼活动开始之后；而后罪行为只能发生在诉讼活动开始之后。第三，行为表现不尽相同。本罪的行为包括“以暴力、威胁、贿买等方法阻止证人作证”、“指使他人作伪证”两种，后罪则有“毁灭、伪造证据”、“帮助当事人毁灭、伪造证据”、“威胁、引诱证人违背事实改变证言或者作伪证”三种。第四，主体不同。本罪的主体为一般主体；而后罪的主体为特殊主体，仅限于辩护人和诉讼代理人。

（2）妨害作证罪和伪证罪的区分。

伪证罪是指在刑事诉讼中，证人、鉴定人、记录人、翻译人对与案件有重要关系的情节，故意作虚假证明、鉴定、记录、翻译，意图陷害他人或者隐匿罪证的行为。妨害作证罪与伪证罪有一些相似之处，如两罪在主观方面都是出于故意；在客观方面，两罪都可以发生在刑事诉讼活动过程中；其犯罪行为的实施都对司法机关的正常诉讼活动造成了破坏。两罪区别在于：第一，客观方面的表现形式不同。妨害作证罪在客观方面表现为，行为人以暴力、威胁、贿买等方法阻止证人作证或者指使证人作伪证的行为；而伪证罪在客观方面则表现为，在刑事诉讼中，行为人对与案件有重要关系的情节，故意作虚假的证明、鉴定、记录、翻译的行为。第二，行为发生的时间不同。妨害作证罪可以发生在诉讼提起之前，也可以发生在诉讼过程中；而伪证罪则只能发生在诉讼活动进行的过程之中。第三，行为发生的阶段不同。妨害作证罪可以发生在任何诉讼活动中；而伪证罪则只能发生在刑事诉讼活动中。第四，犯罪主体不同。妨害作证罪的主体是一般主体；而伪证罪的主体则是特殊主体，只有证人、鉴定人、记录人、翻译人。

（3）罪数问题。

为阻止证人作证，故意杀害、伤害、非法拘禁证人的，该如何定罪处罚？我们认为，这属于妨害作证罪与其他罪的想象竞合犯，应按择一重罪处罚的原则处理。

（4）既遂标准问题。

妨害作证罪为行为犯，只要行为人实施了阻止证人作证或者指使他人作伪证的行为，即构成犯罪既遂。即使证人被阻止后仍然作证了或者他人被指使后没有作伪证，也不影响犯罪既遂的成立。

2. 刑事处罚

根据刑法第 307 条第 1 款之规定，犯本罪的，处 3 年以下有期徒刑或者拘役；情节严重的，处 3 年以上 7 年以下有期徒刑。根据该条第 3 款的规定，司法工作人员犯本罪的，从重处罚。

四、帮助毁灭、伪造证据罪

（一）概念与构成

帮助毁灭、伪造证据罪，是指帮助当事人毁灭、伪造证据，情节严重的行为。

本罪的构成要件如下：

1. 本罪的客观方面。正确认定帮助毁灭、伪造证据罪的关键在于如何正确理解和认定本罪中的“帮助”行为。本罪中的“帮助”行为具有如下几个特征：

（1）“帮助”行为的对象。帮助的行为对象是案件中的当事人。这里的当事人不应狭隘地理解为刑事案件中的当事人，也包括民事诉讼和行政诉讼中的当事人。我国刑事诉讼中的当事人包括被害人、自诉人、犯罪嫌疑人、被告人、附带民事诉讼的原告和被告。民事诉讼中的当事人，是指民事权益发生争议，以自己的名义进行诉讼，并受人民法院裁判拘束的利害关系人，广义上包括民事诉讼中的原告、被告、共同诉讼人、诉讼代表人和第三人。行政诉讼中的当事人，是指以自己名义进行诉讼，与行政案件有直接或间接的利害关系并受人民法院裁判拘束的人，广义上包括行政诉讼中的原告、被告、共同诉讼人和诉讼中的第三人。

(2)“帮助”行为的形式。有人将“帮助”理解为只是为当事人毁灭、伪造证据创造便利条件的行为。这种理解是错误的。这里的“帮助”并非是帮助犯中的“帮助”之意，而是“仅仅意味着不包括当事人本人的毁灭、伪造证据的行为”。因此，“帮助”是指当事人外的其他人所实施的一切为当事人毁灭、伪造证据的行为，行为方式多种多样。实践中，“帮助”有以下多种情形：帮助者为当事人毁灭、伪造证据出谋划策，如帮助者主动教唆、指使当事人自己或者其他人为当事人毁灭、伪造证据的；帮助者为当事人毁灭、伪造证据提供便利条件的；帮助者受当事人的教唆、指使、引诱等，而为当事人毁灭、伪造证据出谋划策、提供便利条件的；帮助者勾结当事人共同直接实施了毁灭、伪造证据的实行行为，也就是说帮助者与当事人都是毁灭、伪造证据行为具体实行者的情况；帮助者单独为当事人实施毁灭、伪造证据的行为的。这些情况都属于“帮助”的形式。

(3)“帮助”行为的前提。就刑事案件而言，帮助行为并不以被帮助人的行为构成犯罪为前提，只要被帮助人的行为具有犯罪的嫌疑即可。如果事实完全与犯罪无关，行为人帮助毁灭、伪造证据的不成立本罪。就民事案件、行政案件的证据而言，行为人帮助当事人实施毁灭、伪造证据且情节严重的，依然成立本罪。此时“帮助”更不需要以被帮助人有犯罪行为为前提。后两类诉讼的提起，并不要求争议是因违法犯罪所引起的。实践中可以是一方或者双方都没有违法犯罪行为的情况。

(4)“帮助”行为的内容。帮助的内容是毁灭证据和伪造证据。毁灭证据，是指使证据完全消灭或者完全丧失证据的作用，如烧毁足以证明案件事实的书证、物证，消除犯罪现场的痕迹等。伪造证据，是指制造虚假的证据，它可以是对原证据内容的全部伪造或部分伪造，也可以是制造出原本不存在的“新”证据。这一点我们在认定中还有详细阐述。

(5)“帮助”行为的程度。帮助行为以“情节严重”作为构成犯罪的要件。这里所谓的“情节严重”主要表现为：毁灭、伪造证据造成严重后果的；帮助毁灭、伪造特别重要证据的；在大案、要案上帮助毁灭、伪造证据的；帮助毁灭、伪造证据的动机和手段恶劣的；帮助多人伪造、毁灭证据或多次帮助毁灭、伪造证据的；等等。

2. 本罪的主观方面是直接故意。行为人实施本罪中的“帮助”行为，必须是出于故意，行为人认识到自己实施毁灭、伪造行为将使得证据功能减弱或消失，从而影响到司法活动的进行，而希望发生这种结果。行为人一般具有使当事人逃避或减轻法律制裁的目的。如果行为人主观上没有意识到有关事物会起到证据的作用，而毁灭或加工的，即使客观上妨碍了证据功能的发挥，由于缺乏故意，也不能够构成本罪。

3. 本罪的主体是一般主体，即年满16周岁且具有刑事责任能力的自然人。

4. 本罪的客体是国家司法机关的正常活动。

(二) 司法认定与刑事处罚

1. 司法认定

(1) 帮助毁灭、伪造证据罪和包庇罪的界限。实践中要注意区分帮助毁灭、伪造证据罪和包庇罪。因为1979年刑法没有规定帮助毁灭、伪造证据罪，所以当时认为包庇罪的客观方面包括帮助犯罪人湮灭罪迹和毁灭罪证的行为。但是我们认为在1997年刑法增设了帮助毁灭、伪造证据罪之后，包庇罪不应再包括这些行为。根据刑法的规定，包庇罪的行为方式只能是"作假证明包庇"，即为犯罪分子掩盖罪行或开脱、减轻罪责而向司法机关提供虚假的证明材料的行为，而不再包括帮助犯罪人毁灭或者伪造证据的行为。对于帮助犯罪人湮灭罪迹和毁灭罪证的行为，应该按照现行刑法规定的帮助毁灭、伪造证据罪定罪处罚，不能认定为包庇罪。

（2）当事人教唆他人毁灭、伪造证据的行为如何定性。当事人自己毁灭、伪造有关自己案件的证据，缺乏期待可能性，属于事后不可罚行为，因而不作犯罪处理。但是，如果当事人教唆他人帮助自己毁灭、伪造证据，是否构成帮助毁灭、伪造证据罪的教唆犯，存在相反的两种观点。肯定说认为，既然被教唆者可以构成被教唆之罪，教唆者应成立该罪的教唆犯。所以当事人教唆他人帮助自己毁灭、伪造证据的行为，构成帮助毁灭、伪造证据罪的教唆犯。否定说认为，既然当事人自己毁灭、伪造证据的行为不构成犯罪，那么当事人教唆他人帮助自己毁灭、伪造证据的行为不构成犯罪。我们赞成否定说。因为这种行为实质上是当事人利用他人之手间接地为自己的案件毁灭、伪造证据，与当事人自己实施的毁灭、伪造证据行为没有不同。既然当事人自己实施的毁灭、伪造证据行为缺乏期待可能性而不可罚，那么当事人利用他人为自己毁灭、伪造证据的行为同样不能构成犯罪。毫无疑问，被教唆者的行为仍可构成帮助毁灭、伪造证据罪。

同理，如果他人教唆犯罪（嫌疑）人毁灭、伪造与其犯罪有关之证据的，则该"他人"构成帮助毁灭、伪造证据罪，犯罪（嫌疑）人本人的行为不成立本罪。

（3）帮助隐匿、变造证据能否成立本罪。本罪的危害行为表现为"帮助当事人毁灭、伪造证据"。而司法实践中，帮助隐匿、变造证据的行为亦时有发生，有时情节也相当严重。对于此类行为能否按帮助毁灭、伪造证据罪定罪，理论界和司法实践部门有不同的认识。

第一种观点认为，帮助隐匿、变造证据的行为不是犯罪。本罪的行为内容只能是帮助当事人毁灭、伪造证据，否则，不构成本罪。理由是：首先从词义上看，"隐匿、伪造、毁灭"是三个不同的概念，是三种不同的行为。其次从立法用语来看，"毁灭、伪造、隐匿"是互不包容的三种行为。例如，《刑事诉讼法》第45条第3款和《行政诉讼法》第49条第2项都有"伪造、隐匿、毁灭证据的"规定，最高人民法院《关于审理黑社会性质组织犯罪的案件具体应用法律若干问题的解释》第5条在解释包庇黑社会性质组织罪的"包庇"时，指出它"是指……隐匿、毁灭、伪造证据……"如此看来，这三种概念是并列而非互相从属包含的。既然如此，根据罪刑法定原则的要求，我国刑法典上共有两个条文明确提到"帮助当事人毁灭、伪造证据"，不能把"帮助当事人'隐匿'证据"的行为认定为犯罪。

第二种观点认为，对本罪中的毁灭、伪造应作扩大解释，隐匿证据属于毁灭证据，变造证据属于伪造证据。这两种行为均构成犯罪。因为隐匿证据的行为与毁灭证据的行为没有实质区别；伪造概念具有相对性，即伪造既可能是指变造之外的伪造，也可能包含变造。理由如下：虽然从字面上看，"隐匿"不同于"毁灭"，"变造"亦有别于"伪造"，将帮助隐匿、变造证据的行为按帮助毁灭、伪造证据罪处理似乎违背了罪刑法定原则，但是从目的解释论的角度对此作合理的扩大解释并没有在实质上违反罪刑法定原则。罪刑法定的"法定"不仅包括字面上的显性规定，而且也包括内容上包容的逻辑规定。将刑法规范实际蕴涵的被某些词语"掩盖"的含义揭示出来的扩大解释并不违背罪刑法定原则，而是现代罪刑法定原则的必然要求。刑法设立帮助毁灭、伪造证据罪，其立法目的在于确保证据功能的发挥。"毁灭、伪造"证据的行为，严重妨碍了证据功能的发挥，使得证据丧失了应有的功能，妨害了司法活动进程。毁灭证据，并不限于从物理上使证据消失，而是包括所有的妨碍证据出现、使证据价值减少甚至消失的行为。伪造证据，一般是指制作出不真实的证据的行为。帮助当事人隐匿、变造证据的行为，在妨害证据功能的发挥这一点上与“毁灭、伪造”并无二致。因此，对该刑法规范中的“毁灭、伪造”二词应作扩大解释。而且，司法实践是十分复杂的。“毁灭”证据与“隐匿”证据，“伪造”证据与“变造”证据有时相当难以区分。例如，帮助当事人将作案工具埋在泥土里，究竟是“隐匿”证据还是“毁灭”证据，很难分清界限。对证据进行部分的伪造，究竟是伪造还是变造，也难以厘清。所以强行地区分某些语词并不可取。我们赞同第二种观点。帮助隐匿、变造证据的行为，只要情节严重，仍然可以构成帮助毁灭、伪造证据罪。

2. 刑事处罚

根据刑法第307条第2款之规定，犯本罪的，处3年以下有期徒刑或者拘役。根据该条第3款之规定，司法工作人员犯本罪的，从重处罚。

五、打击报复证人罪

打击报复证人罪，是指故意对证人进行打击报复的行为。本罪的构成要件如下：(1) 本罪的客观方面表现为行为人实施了对证人进行打击报复的行为。“打击报复”有多种形式，如降职降薪、解聘解雇、扣发工资奖金、恐吓伤害、加害亲属、骚扰安宁等。(2) 本罪的主体为一般主体，但一般是证人证言对其不利的人或其亲友。(3) 本罪的主观方面是故意。(4) 本罪的客体是证人依法作证的权利。

根据刑法第308条之规定，犯本罪的，处3年以下有期徒刑或者拘役；情节严重的，处3年以上7年以下有期徒刑。

六、扰乱法庭秩序罪

扰乱法庭秩序罪，是指聚众哄闹、冲击法庭或者殴打司法工作人员，严重扰乱法庭秩序的行为。本罪的构成要件如下：(1) 本罪的客观方面表现为行为人实施了如下行为之一：1) 聚众哄闹法庭；2) 聚众冲击法庭；3) 殴打司法工作人员。值得注意的是，本罪属于结果犯，行为人实施的前述行为还必须是严重扰乱了法庭秩序，否则，不能以犯罪论处。(2) 本罪的主体为一般主体。(3) 本罪的主观方面是故意。(4) 本罪的客体是人民法院审理案件的正常秩序。

根据刑法第309条之规定，犯本罪的，处3年以下有期徒刑、拘役、管制或者罚金。

七、窝藏、包庇罪

(一) 概念与构成

窝藏、包庇罪，是指明知是犯罪的人，而为其提供隐藏处所、财物，帮助其逃匿或者作假证明包庇的行为。

本罪的构成要件如下：

1. 本罪的客观方面表现为行为人实施了窝藏或包庇犯罪分子的行为。本罪属于选择性罪名，只要行为人实施了窝藏与包庇犯罪分子的行为之一，便足以成立本罪。在确定具体犯罪行为的罪名时，可根据行为人实际实施的行为来确定罪名。例如，如果行为人实施的是窝藏犯罪分子的行为，对行为人就应定窝藏罪。如果行为人实施的是包庇犯罪分子的行为，对行为人就应定包庇罪。如果行为人同时实施了窝藏犯罪分子和包庇犯罪分子的行为，对行为人就应定窝藏、包庇罪。

(1) 包庇的含义。“包庇”在法条中罪状表述为“作假证明包庇”，是指明知是犯罪之人，而作虚假证明帮助他掩饰的行为。例如，当司法人员调查犯罪嫌疑人 A 抢劫某商店的犯罪事实时，B 明知是 A 实施的抢劫商店的行为，但他为了掩盖 A 的犯罪事实，向司法人员证明案发之时，A 不在现场，B 的行为就是作假证明包庇犯罪分子，因而符合本罪的构成特征。“作假证明包庇”可以是掩盖犯罪之人的犯罪事实，也可以是掩盖犯罪人的行踪，可以是掩盖全部犯罪事实，也可以是掩盖部分犯罪事实。除了作假证明包庇之外，包庇还有别的表现形式吗？我们在讨论“帮助毁灭、伪造证据罪”时曾经指出，1997 年刑法出台之前对于“作假证明包庇”作了广义的解释，认为帮助当事人毁灭证据的行为也属于包庇，但现行刑法已经专门规定了帮助毁灭、伪造证据罪，就不能够再这样解释，现在的包庇只能理解为“作假证明包庇”的行为。

(2) 窝藏的含义。“窝藏”在法条中罪状表述为“提供隐藏处所、财物，帮助其逃匿”。具体来说，第一种是提供隐藏处所，如将犯罪人留宿在家中，为犯罪人提供其他房源，介绍犯罪人到某地方隐藏等，通过对犯罪人的藏匿行为，使犯罪人不能或难以被发现，从而使其逃避法律惩罚；第二种是提供财物，如给犯罪分子提供资金、食品、衣物、交通工具或提供有关证件等，目的是对犯罪人给予帮助，利于他逃跑。第三种是帮助犯罪人逃匿，如为犯罪的人提供便利条件帮助逃匿，为犯罪分子指示逃跑的方向、路线、提供交通便利等。规定第三种行为实际上有兜底作用，因为提供隐藏处所和财物实际上也是帮助犯罪人逃匿的一种方式，实践中采用其他手段来帮助犯罪人逃匿的，我们可以把它认定为第三种行为。除此之外，窝藏时间的长短对窝藏罪的定性没有影响，但可影响量刑的轻重。

(3) 关于窝藏、包庇的对象。根据法条表述，窝藏、包庇罪的对象为“犯罪的人”。这里的“犯罪的人”不是严格意义上的已经被法院定罪的罪犯，而应广义地理解为包括逍遥法外的犯罪嫌疑人和罪犯。明知是一般违法分子而故意窝藏、包庇的一般也不构成犯罪。例外的是现行刑法第 362 条规定，旅馆业、饮食服务业、文化娱乐业、出租汽车业等单位的人员，在公安机关查处卖淫、嫖娼活动时，为违法犯罪分子通风报信，情节严重的，依照本法第 310 条的规定定罪处罚。这一规定扩大了此罪的对象范围，将一般违法的卖淫者、嫖娼者纳入到行为对象范围。

关于本罪对象，实践中存在一个争议问题，即如果窝藏、包庇的涉嫌犯罪的人实际上是无罪的，此时实施窝藏、包庇者是否有罪？我们认为，犯罪之人是指已经实施了犯罪的人，既包括已决犯，也包括未决犯，但并不包括实际上并未犯罪而被司法机关误以为犯罪的人。窝藏、包庇行为之所以构成犯罪，其危害性核心在于他给予了真正实施危害社会犯罪行为的主体以帮助，使得司法机关不能够及时将这些危险分子抓获归案、追究刑事责任，从而破坏了司法活动的顺利进行，如果被包庇、窝藏者没有真正实施犯罪行为，那么对他的“窝藏”和“包庇”行为并不会真正对司法活动产生那么大的危害，这种行为是不足以动用刑事手段来进行惩罚的。

2. 本罪的主体为一般主体，即年满 16 周岁、具有刑事责任能力的自然人。单位不构成本罪。在窝藏、包庇罪的主体上值得注意的一个问题是，犯罪人的共同犯罪人能否成为本罪主体？我们认为，答案是否定的。共同犯罪人相互之间不能成为本罪的主体。对于共同犯罪的犯罪人而言，窝藏、包庇的“他人”其实和“自己”是属于同一个刑事案件的，他们窝藏、包庇同案犯实质上是为了他们自己的案件不被追究。所以，共犯不能成为其参与的特定犯罪的窝藏、包庇罪的主体。

3. 本罪的主观方面是直接故意。本罪的罪过形式为故意，一般不存在争议。因此，行为人不知道对方是犯罪分子而为其提供藏身之所或物质帮助，或者不了解事实而讲了客观上有利于犯罪人的证词的，不能以犯罪论处。本罪主观方面是否包含间接故意存在争议。有观点认为本罪主观罪过包括直接故意和间接故意两种，直接故意是确知对方是犯罪分子，而对其进行藏匿或帮助其逃跑，间接故意是指行为人不能肯定对方必然是犯罪分子，而只是认识到对方可能是犯罪分子，出于放任的心态而实施了窝藏行为。我们认为窝藏、包庇罪的主观方面只能是直接故意，行为人实施本罪具有使犯罪的人逃避法律追究的目的。根据有关刑法理论，目的犯只能存在于直接故意中，绝不可能是间接故意。

4. 本罪的客体是司法机关的正常活动。

(二) 司法认定与刑事处罚

1. 司法认定

(1) 罪与非罪的界限。此方面主要应注意本罪与知情不报行为的界限。所谓“知情不报”，是指知晓犯罪事实或犯罪人的情况而不主动或自觉向司法机关举报的行为。虽然“知情不报”的行为在客观上有利于犯罪分子逃匿，但与窝藏、包庇罪显然有巨大区别。二者的关键区别在于：窝藏、包庇罪的行为人是以积极的窝藏、包庇行为帮助犯罪分子逃避刑事制裁，而知情不报的行为人只是消极地不提供有关犯罪事实和犯罪分子的信息。由于我国刑法没有关于知晓一般犯罪事实或犯罪人情况的人必须举报的强制性规定，所以，对于知情不报的行为一般不能以犯罪论处。但可对行为人给予批评教育或某种纪律处分。值得注意的是，如果明知他人有间谍犯罪行为，在国家安全机关向其调查有关情况、收集有关证据时，拒绝提供，情节严重的，则可构成刑法第311条规定的拒绝提供间谍犯罪证据罪。

(2) 窝藏、包庇罪中的包庇行为与伪证罪的区别。包庇罪的表现形式之一就是行为人“作假证明”。这就与伪证罪中的“伪证”有了共同之处。但二者的显著区别在于：第一，主体不同。伪证罪的主体是特殊主体，即限于证人、鉴定人、记录人、翻译人；而包庇罪的主体为一般主体，可以是一切达到刑事责任年龄、具有刑事责任能力的自然人。如果是前述四类特殊主体“作伪证”的，则应按照“特别法优于普通法”的原则处理。第二，实施犯罪的时间不同。伪证罪只能发生在刑事诉讼的过程中；而包庇罪可以发生在刑事诉讼开始之前、之中和之后。第三，行为人故意内容不同。伪证罪的行为人之犯罪故意内容既可以是隐匿罪证，从而使犯罪分子逃避法律制裁的意图，也可以是为了陷害他人，使无罪者受到刑事追究；而包庇罪的故意内容只是意图使犯罪分子逃避法律制裁。

(3) 本罪与共犯中的帮助犯的区别。二者的相同之处在于他们都是一种帮助行为。其不同之处在于：本罪行为人事前与被其帮助的犯罪人没有共谋，而帮助犯一般事前与其他共同犯罪人有通谋。因此，根据刑法第310条第2款的规定：如果行为人实施窝藏、包庇行为之前与犯罪分子有通谋的，不应以本罪论处，而应按照共同犯罪论处。

2. 刑事处罚

根据刑法第310条之规定，犯本罪的，处3年以下有期徒刑、拘役或者管制；情节严重的，处3年以上10年以下有期徒刑。

八、拒绝提供间谍犯罪证据罪

拒绝提供间谍犯罪证据罪，是指明知他人有间谍犯罪行为，在国家安全机关向其调查有关情况、收集有关证据时，拒绝提供，情节严重的行为。本罪的构成要件如下：(1) 本罪的客观方面表现为实施了拒绝提供间谍犯罪证据的行为。其行为特点有三：其一，向行为人调查的对象是特定的，即调查者、收集者须是国家安全机关；其二，时间是特定的，即行为须发生在国家安全机关向其调查有关情况、收集有关证据之时；其三，行为方式是"拒绝提供"。(2) 本罪的主体为一般主体，但必须是知晓有关间谍犯罪情况的人。(3) 本罪的主观方面是故意。(4) 本罪的客体是国家安全机关打击与防范间谍犯罪的正常活动。

根据刑法第 311 条之规定，犯本罪的，处 3 年以下有期徒刑、拘役或者管制。

九、掩饰、隐瞒犯罪所得、犯罪所得收益罪

(一) 概念与构成

根据《刑法修正案（六）》对刑法第 312 条的修正，掩饰、隐瞒犯罪所得、犯罪所得收益罪，是指行为人明知是犯罪所得及其产生的收益而予以窝藏、转移、收购、代为销售或者以其他方法掩饰、隐瞒的行为。①

本罪的构成要件如下：

1. 本罪的客观方面表现为行为人实施了窝藏、转移、收购、销售、掩饰、隐瞒犯罪所得及其收益的行为。窝藏，是指行为人为犯罪分子藏匿犯罪所得及其收益；转移，是指行为人把犯罪分子犯罪所得及其收益由 A 地运往 B 地，由 B 地运往 C 地等；收购，是指行为人购买犯罪分子犯罪所得及其收益；销售，是指行为人代为犯罪分子将犯罪所得及其收益卖出；掩饰、隐瞒是指采用上述方式之外的其他手段掩盖、隐藏犯罪所得及其收益的行为。本罪属选择性罪名，只要行为人实施了上述几种行为之一，便足以成立本罪。而在对实施本罪的行为人定罪时，可根据其实施犯罪的具体情况来确定具体罪名。

2. 本罪的主体既可以是自然人，也可以是单位。

3. 本罪的主观方面是故意，即必须是行为人明知是犯罪所得及其收益而予以窝藏、转移、收购、销售、掩饰、隐瞒，否则，不构成本罪。所谓"明知"，包括明知肯定是犯罪所得及其收益以及明知可能是犯罪所得及其收益两种情况。明知肯定是犯罪所得及其收益，是指行为人根据有关事项，如根据财物的数量、种类、价值等，认识到财物的来源肯定不正常，判断出自己窝藏、转移、收购、销售、掩饰、隐瞒的肯定是犯罪所得或犯罪所得收益，不会是其他性质的财物。明知可能是犯罪所得或犯罪所得收益，是指行为人根据有关事项，如根据财物的数量、种类、价值等，认识到财物的来源可能不正常，判断出自己窝藏、转移、收购、销售、掩饰、隐瞒的可能是犯罪所得及其收益，但是不能充分肯定其性质。正如 1998 年公布的最高人民法院、最高人民检察院、公安部、国家工商行政管理局《关于依法查处盗窃、抢劫机动车案件的规定》中指出的，有下列情形之一的，可视为明知，但有证据证明属被蒙骗的除外：在非法的机动车交易场所和销售单位购买的；机动车证件手续不全或者明显违反规定的；机动车发动机号或者车架号有更改痕迹，没有合法证明的；以明显低于市场价格购买机动车的。2009 年最高人民法院颁布的《关于审理洗钱等刑事案件具体应用法律若干问题的解释》中对于本条规定的"明知"作出了说明："明知"，应当结合被告人的认知能力，接触他人犯罪所得及其收益的情况，犯罪所得及其收益的种类、数额，犯罪所得及其收益的转换、转移方式以及被告人的供述等主、客观因素进行认定。根据该司法解释，具有下列情形之一的，可以认定被告人明知系犯罪所得及其

---

① 该罪原为"窝藏、转移、收购、销售赃物罪"。法释［2007］16 号，即最高人民法院、最高人民检察院《关于执行〈中华人民共和国刑法〉确定罪名的补充规定（三）》改为现在的罪名。

收益，但有证据证明确实不知道的除外：(1) 知道他人从事犯罪活动，协助转换或者转移财物的；(2) 没有正当理由，通过非法途径协助转换或者转移财物的；(3) 没有正当理由，以明显低于市场的价格收购财物的；(4) 没有正当理由，协助转换或者转移财物，收取明显高于市场的“手续费”的；(5) 没有正当理由，协助他人将巨额现金散存于多个银行账户或者在不同银行账户之间频繁划转的；(6) 协助近亲属或者其他关系密切的人转换或者转移与其职业或者财产状况明显不符的财物的。本罪行为人的认识不要求是完全肯定，只要认识有可能即可。也就是说，掩饰、隐瞒犯罪所得、犯罪所得收益罪的故意内容，可以是确定的，也可以是不确定的。“明知”可以是在窝藏、转移、收购、销售、掩饰、隐瞒之前就明知，也可以是在窝藏、转移、收购、销售、掩饰、隐瞒的过程中才明知是犯罪所得及其收益。如果是在行为完毕以后才知道是犯罪所得及其收益的，不符合本罪故意的条件。

4. 本罪的客体是司法机关的正常活动。追缴或查处犯罪所得及其收益是国家刑事司法的一项重要内容。犯罪所得及其收益既是揭露和证实犯罪的重要证据，又是挽回被害人损失的实物。因此，能否顺利追缴或查处，关系到案件侦破、定罪量刑、挽回损失等一系列重大问题。而窝藏、转移、收购、销售、掩饰、隐瞒犯罪所得及其收益的行为无端给司法机关的正常活动增加了困难，甚至直接或间接地帮助了犯罪人，因此，国家必须以刑法严格禁止。

(二) 司法认定与刑事处罚

1. 司法认定

(1) 掩饰、隐瞒犯罪所得、犯罪所得收益罪与共同犯罪的区别。在共同犯罪的场合，因为分工的不同，可能有的共同犯罪人专门负责犯罪所得及其收益的窝藏、转移、收购、销售、掩饰、隐瞒。此种共犯中的窝藏、转移、收购、销售、掩饰、隐瞒犯罪所得及其收益的行为与本罪的客观表现十分类似。但关键区别在于：共同犯罪中负责窝藏、转移、收购、销售、掩饰、隐瞒犯罪所得及其收益的人与其他共同犯罪人有犯罪的共谋，只是分工不同而已；而本罪的行为人虽然明知自己窝藏、转移、收购、销售、掩饰、隐瞒的是犯罪所得及其收益，但事前没有与其他犯罪人通谋。如果行为人与其他犯罪人有通谋，即按照分工不同来窝藏、转移、收购、销售、掩饰、隐瞒犯罪所得及其收益，应对其按共同犯罪论处。

(2) 掩饰、隐瞒犯罪所得、犯罪所得收益罪中的窝藏行为与窝藏、包庇罪的窝藏行为的区别。二者的相同点在于都表现为一个“藏”字。但二者所藏的对象各不相同：掩饰、隐瞒犯罪所得、犯罪所得收益罪中的“窝藏”所藏的是“犯罪所得及其收益”，而窝藏、包庇罪中的“窝藏”所藏的是犯罪人。

2. 刑事处罚

根据刑法第312条之规定，犯本罪的，处3年以下有期徒刑、拘役或者管制，并处或者单处罚金；情节严重的，处3年以上7年以下有期徒刑，并处罚金。情节严重通常是指，经常或多次窝藏、转移、收购、代销、掩饰、隐瞒的；一次窝藏、转移、收购、销售、掩饰、隐瞒的数额巨大的；窝藏、转移、收购、销售、掩饰、隐瞒大案要案的犯罪所得及其收益的；手段方法狡猾，给侦查、审判活动造成严重障碍的；等等。根据《刑法修正案(七)》第10条的规定，单位犯本罪的，对单位判处罚金，并对其直接负责的主管人员和其他直接责任人员，依照前款的规定处罚。

十、拒不执行判决、裁定罪

拒不执行判决、裁定罪，是指对人民法院的判决、裁定有能力执行而拒不执行，情节严重的行为。本罪的构成要件如下：(1) 本罪的客观方面表现为行为人实施了拒不执行判决、裁定的行为。其行为特点有以下几点：1) 行为人拒不执行的是人民法院依法作出的具有执行内容并已发生法律效力的判决、裁定。人民法院为依法执行支付令、生效的调解书、仲裁裁决、公证债权文书等所作的裁定属于该罪规定的裁定。2) 行为人有能力执行而拒不执行且情节严重。对此，应当按照全国人大常委会 2002 年 8 月 29 日发布的《关于〈中华人民共和国刑法〉第三百一十三条的解释》来理解，即下列情形属于刑法第 313 条规定的“有能力执行而拒不执行，情节严重”的情形：其一，被执行人隐藏、转移、故意毁损财产或者无偿转让财产、以明显不合理的低价转让财产，致使判决、裁定无法执行的；其二，担保人或者被执行人隐藏、转移、故意毁损或者转让已向人民法院提供担保的财产，致使判决、裁定无法执行的；其三，协助执行义务人接到人民法院协助执行通知书后，拒不协助执行，致使判决、裁定无法执行的；其四，被执行人、担保人、协助执行义务人与国家机关工作人员通谋，利用国家机关工作人员的职权妨害执行，致使判决、裁定无法执行的；其五，其他有能力执行而拒不执行，情节严重的情形。[①] (2) 本罪的主体是负有执行人民法院判决、裁定义务的自然人。单位不能成为本罪主体。但是，负有执行人民法院判决、裁定义务的单位直接负责的主管人员和其他直接责任人员，为了本单位的利益实施本罪行为之一，造成特别严重后果的，对该主管人员和其他直接责任人员以拒不执行判决、裁定罪定罪处罚。(3) 本罪的观方面是故意。(4) 本罪的客体是国家审判制度。

根据刑法第 313 条之规定，犯本罪的，处 3 年以下有期徒刑、拘役或者罚金。

十一、非法处置查封、扣押、冻结的财产罪

非法处置查封、扣押、冻结的财产罪，是指隐藏、转移、变卖、故意毁损已被司法机关查封、扣押、冻结的财产，情节严重的行为。本罪的构成要件如下：(1) 本罪的客观方面表现为行为人实施了隐藏、转移、变卖、故意毁损被司法机关查封、扣押、冻结的财产的行为。其具体特征为：1) 行为的非法性，即行为人必须是违法地处置了司法机关依法查封、扣押、冻结的财产。2) 其行为方式有“隐藏、转移、变卖、故意毁损”四种，行为人至少实施了其中之一。3) 行为人之行为必须是情节严重的。只有同时符合以上三个条件，才能成立本罪。(2) 本罪的主体为一般主体。在司法实践中，大多是被查封、扣押、冻结的财产的所有人。(3) 本罪的主观方面是故意。(4) 本罪的客体是国家审判机关的正常活动。处理此种案件，应当注意区分此罪与彼罪的界限。例如，被查封财产的所有人，以非法占有为目的，窃取被查封的财物，同时触犯本罪与盗窃罪两个罪名，符合想象竞合犯的特征，应当按照处罚较重的罪名定罪处罚，即按盗窃罪定罪处罚。

根据刑法第 314 条之规定，犯本罪的，处 3 年以下有期徒刑、拘役或者罚金。

十二、破坏监管秩序罪

破坏监管秩序罪，是指依法被关押的罪犯，故意破坏监管秩序，情节严重的行为。本

① 参见 1998 年 4 月 8 日最高人民法院《关于审理拒不执行判决、裁定案件应用法律若干问题的解释》。

罪的构成要件如下：(1) 本罪的客观方面表现为行为人实施了破坏监管秩序的行为。其具体表现为以下形式：1) 殴打监管人员；2) 组织其他被监管人破坏监管秩序；3) 聚众闹事，扰乱正常监管秩序；4) 殴打、体罚或者指使他人殴打、体罚其他被监管人。行为人只要实施了前述四种行为之一，便足以成立本罪。值得注意的还有两点：其一，本罪必须是发生在行为人被监管期间。如果行为人被解除监管后对曾经监管他的人员实施殴打，则不构成本罪。对此，应视情况处理，符合故意伤害罪的构成特征的，应按照故意伤害罪论处。其二，实施前述四种行为之一还必须是情节严重的，才构成本罪。(2) 本罪的主体为特殊主体，即依法被关押的罪犯。(3) 本罪的主观方面是故意。(4) 本罪的客体是国家监管秩序。

根据刑法第315条之规定，犯本罪的，处3年以下有期徒刑。

十三、脱逃罪

(一) 概念与构成

脱逃罪，是指依法被关押的罪犯、被告人、犯罪嫌疑人脱逃的行为。

本罪的构成要件如下：

1. 本罪的客观方面表现为行为人实施了脱逃行为。所谓脱逃，是指行为人从司法机关的监所逃逸。行为人既可以是从看守所、监狱逃跑，也可以是从其他临时被关押的场所或者从被押解的交通工具上逃逸。逃逸的方法多种多样，可以是砸开门窗逃逸，也可以是乘看守人员睡着后偷偷逃逸，等等。

2. 本罪的主体是依法被关押的罪犯、被告人、犯罪嫌疑人。有关脱逃罪主体的几个问题在脱逃罪的主体上，以下几个问题值得研究：

(1)“依法被关押”的范围。有人认为这一主体范围是指被判处剥夺自由刑刑罚并正在服刑改造的罪犯。我们认为不仅如此。这一主体的范围应当包括被判处自由刑和死刑的罪犯，还包括因涉嫌犯罪而被采取强制措施关押的未决犯。

(2) 被错误羁押者能否成为脱逃罪的主体。学界对此问题有争议，存在两种不同的观点。第一种观点认为，确实被错抓的“罪犯、被告人、犯罪嫌疑人”逃离羁押场所的不构成犯罪，因为他们在实质上是无罪的人，被冤屈以后逃走的行为不能构成犯罪；第二种观点认为，只要是被司法机关依法关押的罪犯、被告人或犯罪嫌疑人，即使事实上无罪，也能成为本罪的主体，因为，“从实质上说，两种观点涉及是优先保护国家利益、还是优先保护个人利益的问题；从法律上说，两种观点涉及如何理解‘依法’二字，即只是形式上或者程序上合法，还是必须程序上与实体上或实质上都合法。根据现行刑事诉讼法，未经人民法院依法判决，对任何人都不得确定有罪。立法机关肯定已经意识到了被告人、犯罪嫌疑人不等于罪犯，然而立法机关特意将被告人、犯罪嫌疑人列为本罪主体，这表明刑事立法认为，只要司法机关的关押行为在行为时是合法的，就应认为是依法关押的。所以，是否‘依法’固然要同时考虑程序上的合法与实体上的合法，但这种合法不是事后判断的，而应根据行为时的状况进行判断。因此，只要司法机关在关押的当时符合法定的程序与实体条件，就应认为是依法关押，被关押的罪犯、被告人、犯罪嫌疑人就可以成为本罪主体”①。我们赞同这种观点。但是应当指出，如执法人员滥用职权，非法关押他人，被非

① 张明楷：《刑法学》(下)，837页，北京，法律出版社，1997。

法关押者逃跑的，不构成本罪。

（3）被超期羁押的未决犯能否成为脱逃罪的主体。对此问题理论界存在争议，第一种观点认为，超期羁押本身是违反刑事诉讼法的，被监押的未决犯因超期羁押而脱逃，发生的前提是司法机关违法在先，因此行为人脱逃不宜构成脱逃罪。第二种观点认为，虽然超期羁押是违法现象，但是行为人破坏监管秩序的行为也是客观存在的，前者的违法不能证明后者的合法。我们认为，从犯罪行为破坏法益的角度上看，这种情况下的脱逃行为仍然是以破坏监管秩序为代价的，即使超期羁押违法的行为是先行存在的，但是被超期羁押者必须依法行使正当权利，而不应该采取违规脱逃、破坏监管的方式来进行对抗。我们认为这种情况下仍能构成脱逃罪。

（4）因罪行与罪名不符的未决犯能否构成脱逃罪的主体。如果犯罪嫌疑人因涉嫌某罪而被拘押后逃走，但是实际上其行为不构成某罪而构成另外的犯罪，行为人是否符合脱逃罪主体要件？学者们对此也有相反观点。第一种认为既然原定罪名不能成立，在此期间实施的脱逃行为就不能以脱逃罪论处；第二种认为即使前后罪名不同也不影响脱逃罪的成立。我们认为，依法被关押的被告人、犯罪嫌疑人是脱逃罪的法定主体。前后所确定罪名准确与否对于行为人的“依法被关押的被告人、犯罪嫌疑人”身份毫无影响，不管行为人触犯的是何种罪名，他始终都具有脱逃罪主体的资格，因此可以构成脱逃罪。

3. 本罪的主观方面是直接故意，即犯罪人明知自己的行为是脱离监管的行为而希望能够脱离监管。本罪主观方面不可能存在间接故意，因为犯罪人行为时对逃脱监管并非出于漠不关心的放任态度，而是一心希望和积极追求的。这一点不难理解。

不过，关于脱逃罪的目的，存在一个有争议的问题：构成脱逃罪是否要求行为人必须具有永久摆脱羁押的目的？在此问题上有几种不同观点。“有论者认为，只要犯罪分子故意地采用非法手段脱离司法机关的羁押控制、破坏正常的监管秩序，就应论以脱逃罪，而不论行为人是否具有永久脱逃的目的。有论者认为，本罪行为人在主观上必须具有永久逃避继续羁押或劳动改造的目的。如果是为了暂时离开劳动场所，就不能构成本罪，只能以违反监规论处。还有论者认为，应从脱逃在行为人主观心理中所占据的地位入手，以脱逃是否为行为人所追求的结果，还是仅仅是作为达到实现其他目的的手段为标准，将非永久地脱离监管的行为加以区分，从中划分出部分行为作为犯罪论处。”① 我们赞同脱逃者主观上应当具有“永久”逃离羁押监管的主张。如果犯罪人并不具有永久逃脱的目的，在被监管过程中暂时离开监管场所事后又返回的，事实上并不是真正地要完全摆脱司法监管，这种情况不宜认定为脱逃罪。当然，“永久性”只是一种主观内容，如果犯罪人主观上想要永久地逃避监管，即使客观上脱离监控时间很短，也不会影响本罪成立。

4. 本罪的客体是国家监管秩序。

（二）司法认定与刑事处罚

1. 司法认定

（1）罪与非罪。认定本罪时一定要确认本罪主体的范围，只能是依法被关押的罪犯、被告人、犯罪嫌疑人，不能把他们与被行政拘留、劳动教养的被剥夺人身自由的主体混淆。后者不能成为本罪主体。还要注意主观方面必须确认犯罪人有永久逃避监管的故意，否则不能认定为本罪。

---

① 宣炳昭：《刑法各论的法理与实用》，298页，北京，中国政法大学出版社，2002。

(2) 脱逃罪的既遂与未遂。关于脱逃罪既遂与未遂的划分标准，存在不少争议。有的人认为，应以行为人是否脱离监管这一特定的地理范围为标准。有的人认为区分脱逃的既遂与未遂，应该以行为人是否脱离看守人员的监视控制为标准。有的人认为脱逃行为是否得逞，主要应看行为人是否逃出了羁押、改造场所，是否摆脱了看管人员的控制。我们认为脱逃的既遂可以从两个方面同时把握：第一是看犯罪人是否超越了监管场所的某个地理位置，第二是同时看犯罪人是否摆脱了追捕者的追缉。例如，犯罪人着手实施了脱逃行为但是还没有跑出监狱警戒线的，肯定是未遂。如果犯罪人已经翻越了监管地点的某一标志如围墙或者警戒线，但是已经被监管人员发现所以仍然在处于被追捕过程中的，也是未遂。如果犯罪人已经超越了监管地点的警戒性标志而且已经摆脱了追捕者的追捕，这时犯罪人完全摆脱了看守者的实力支配，就达到了既遂状态。这两个条件从本质上说，是指犯罪人脱逃到了真正摆脱了监管机关的控制时就是既遂，否则就是本罪的未遂。摆脱控制的时间长短不影响犯罪既遂成立。

2. 刑事处罚

根据刑法第316条第1款之规定，犯本罪的，处5年以下有期徒刑或者拘役。

十四、劫夺被押解人员罪

劫夺被押解人员罪，是指劫夺押解途中的罪犯、被告人、犯罪嫌疑人的行为。本罪的构成要件如下：(1) 本罪的客观方面表现为行为人实施了劫夺罪犯、被告人、犯罪嫌疑人的行为。其具体表现有以下特点：1) 行为人之劫夺行为发生在监管人员押解罪犯、被告人、犯罪嫌疑人的途中；2) 劫夺的是被押解的罪犯、被告人、犯罪嫌疑人。如果劫夺的是被非法带走的人员，则不构成犯罪。(2) 本罪的主体为一般主体。(3) 本罪的主观方面是故意。(4) 本罪的客体是国家对人犯的监管秩序。

根据刑法第316条第2款之规定，犯本罪的，处3年以上7年以下有期徒刑；情节严重的，处7年以上有期徒刑。

十五、组织越狱罪

组织越狱罪，是指依法被关押的犯罪分子、犯罪嫌疑人、被告人相互组织起来进行越狱的行为。本罪的构成要件如下：(1) 本罪的客观方面表现为行为人实施了组织越狱的行为。其具体表现有两种形式：一是组织越狱；二是积极参加有组织的越狱。行为人只要实施此两种行为之一，即可成立本罪。这里，越狱中的“狱”，泛指一切关押犯罪分子、犯罪嫌疑人、被告人的场所，包括监狱、看守所以及其他临时关押前述三类人员的场所和押解交通工具。(2) 本罪的主体为特殊主体，即依法被关押的犯罪分子、犯罪嫌疑人、被告人。(3) 本罪的主观方面是故意。(4) 本罪的客体是国家监所管理秩序。

根据刑法第317条第1款规定，犯本罪的，对首要分子和积极参加者处5年以上有期徒刑；对其他参加的，处5年以下有期徒刑或者拘役。

十六、暴动越狱罪

暴动越狱罪，是指在押的犯罪分子、犯罪嫌疑人、被告人相互勾结，使用暴力手段集体越狱逃跑的行为。本罪的构成要件如下：(1) 本罪的客观方面表现为行为人实施了暴动越狱的行为。所谓暴动，是指前述三类在押人犯组织起来，对监管人员和监管场所施以暴力，如杀死杀伤监管人员、砸烂监所门窗、撞倒监所墙壁，从而逃逸。(2) 本罪的主体是特殊主体，即在押的犯罪分子、犯罪嫌疑人、被告人。(3) 本罪的主观方面是故意。(4) 本罪的客体是国家监所管理秩序。

根据刑法第 317 条第 2 款之规定，犯本罪的，对首要分子和积极参加的，处 10 年以上有期徒刑或者无期徒刑；情节特别严重的，处死刑；其他参加的，处 3 年以上 10 年以下有期徒刑。

十七、聚众持械劫狱罪

聚众持械劫狱罪，是指聚集多人持械劫夺狱中在押人犯的行为。本罪的构成要件如下：(1) 本罪的客观方面表现为行为人实施了聚集多人持械劫夺狱中在押人犯的行为。所谓“持械”，是指行为人手拿刀、枪、棍棒等凶器实施劫狱行为。(2) 本罪的主体为一般主体。(3) 本罪的主观方面是故意。(4) 本罪的客体是国家监所管理秩序。

根据刑法第 317 条第 2 款之规定，犯本罪的，对首要分子和积极参加者，处 10 年以上有期徒刑或者无期徒刑；情节特别严重的，处死刑；其他参加的，处 3 年以上 10 年以下有期徒刑。

第四节 妨害国（边）境管理罪

一、组织他人偷越国（边）境罪

（一）概念与构成

组织他人偷越国（边）境罪，是指组织他人偷越国（边）境的行为。

本罪的构成要件如下：

1. 本罪的客观方面表现为行为人实施了非法组织他人出入国（边）境的行为。所谓“组织他人偷越国（边）境”，根据有关司法解释[①]，是指领导、策划、指挥他人偷越国（边）境或者在首要分子的指挥下，实施拉拢、引诱、介绍他人偷越国（边）境等行为。所谓偷越国（边）境，既可以是组织境内人员偷渡至境外，也可以是组织境外人员偷渡至境内。实践中存有争议的一个问题是，数名偷越国（边）境人员积极主动地寻找到行为人请求其帮助偷越国（边）境，然后行为人帮助有关人员偷越国（边）境的，能否认定为组织他人偷越国（边）境？我们认为，此种行为应当具体分析：如果行为人只是单纯应他人请求为他人偷越国（边）境做向导或提供其他帮助的，不宜按本罪处理，因为行为人之行为不具备串联、拉拢等积极特征。如果行为人应他人请求加入到偷越国（边）境行为中来，并且积极主动策划、指挥、领导的，则应认定为组织他人偷越国（边）境罪。当然，对于单纯的帮助某人偷越国（边）境的行为，应以偷越国（边）境罪的共犯论处，而不应认定为组织他人偷越国（边）境罪。

2. 本罪的主体为一般主体。

3. 本罪的主观方面是故意，行为人一般具有营利的目的。

4. 本罪的客体是国家对国（边）境的管理制度。所谓国（边）境管理制度，既指我国与邻国的国境出入管理制度，又指我国大陆与台、港、澳地区的（边）境出入境管理制度。

---

① 参见 2002 年 1 月 30 日最高人民法院《关于审理组织、运送他人偷越国（边）境等刑事案件适用法律若干问题的解释》。

(二) 司法认定与刑事处罚

1. 司法认定

(1) 介绍他人偷越国(边)境行为的定性。实践中对于介绍他人偷越国(边)境行为,在定性上有争议:有的认为应定组织他人偷越国(边)境罪;有的认为应定偷越国(边)境罪共犯;有的认为不成立犯罪。司法解释规定,在首要分子指挥下,实施介绍他人偷越国(边)境等行为的,构成组织他人偷越国(边)境罪。[①] 这是因为,介绍他人偷越国(边)境,通常是在偷越国(边)境的组织者与偷越国(边)境者之间互相引荐,即对偷越国(边)境的组织者和偷越国(边)境者的行为都是明知的,所以居间介绍的行为既帮助了组织他人偷越国(边)境行为,又帮助了偷越国(边)境行为,构成组织他人偷越国(边)境罪,同时也构成偷越国(边)境罪,应择一重罪论处,即认定为组织他人偷越国(边)境罪。

(2) 组织他人偷越国(边)境罪的罪数问题。对此,主要应注意一罪与数罪的问题。在犯本罪的过程中,造成被组织人重伤、死亡的(如从海上偷渡造成被组织偷渡者落水淹死),不以数罪论处,而是本罪的结果加重犯,对行为人仍应定本罪,适用刑法第318条第1款关于加重处罚的规定。在犯本罪的过程中,对被组织人有杀害、伤害、强奸、拐卖等犯罪行为,或者对检查人员有杀害、伤害等犯罪行为的,应以数罪论,依照数罪并罚的规定处罚。

2. 刑事处罚

根据刑法第318条之规定,犯本罪的,处2年以上7年以下有期徒刑,并处罚金;有下列情形之一的,处7年以上有期徒刑或者无期徒刑,并处罚金或者没收财产:(1)组织他人偷越国(边)境集团的首要分子;(2)多次组织他人偷越国(边)境或者组织他人偷越国(边)境人数众多的;"人数众多",是指组织他人偷越国(边)境人数在10人以上的情况[②];(3)造成被组织人重伤、死亡的;(4)剥夺或者限制被组织人人身自由的;(5)以暴力、威胁方法抗拒检查的;(6)违法所得数额巨大的;(7)有其他特别严重情节的。

根据刑法第318条第2款之规定,犯本罪并对被组织人有杀害、伤害、强奸、拐卖等犯罪行为,或者对检查人员有杀害、伤害等犯罪行为的,依照数罪并罚的规定处罚。

二、骗取出境证件罪

(一) 概念与构成

骗取出境证件罪,是指以劳务输出、经贸往来或者其他名义,弄虚作假,骗取护照、签证等出境证件,为组织他人偷越国(边)境使用的行为。

本罪的构成要件如下:

1. 本罪的客观方面表现为行为人实施了骗取出境证件的行为。其具体表现是:(1)假借劳务输出、经贸往来或者其他名义,弄虚作假;(2)骗取护照、签证等出境证件,为组织他人偷越国(边)境使用。近年来的司法实践中,骗取出境证件的行为越来越复杂多

---

① 参见2002年1月30日最高人民法院《关于审理组织、运送他人偷越国(边)境等刑事案件适用法律若干问题的解释》。

② 参见2002年1月30日最高人民法院《关于审理组织、运送他人偷越国(边)境等刑事案件适用法律若干问题的解释》。

样，出现了一些新情况，在司法认定中存在一些争议。例如，行为人先以组织他人因私出境旅游为名，取得护照等出境证件，这一步骤行为人并不弄虚作假；然后行为人再以虚假手段取得真正目的地国的签证，组织他人到达先前护照签证所不能到达的国家。在这个采用迂回方式先取得因私护照然后持因私护照前往真正目的地国的过程中，其中取得因私护照的行为能否认定为骗取出境证件行为，存有争议：肯定说认为，行为人虽然不是直接持该护照出境到达第三国，但是以因私出境旅游的理由申领护照就是为了骗取护照以达到最后的目的，这种行为应认定为骗取出境证件罪；否定说认为，不能因为行为人取得护照的最终目的是前往第三国，就认定其手段行为本身是骗取行为。因为行为人在取得因私出境旅游护照这个阶段里面没有采用欺骗手段，而是在后一个阶段才采取了欺骗手段，所以对此行为不能认定为骗取护照。我们同意第二种观点，不能以行为人日后的使用目的而将没有使用欺骗手段的行为本身定性为骗取行为。这种行为不构成本罪。

2. 本罪的主体是一般主体，单位也可以成为本罪主体。

3. 本罪的主观方面是故意，且行为人具有在组织他人偷越国（边）境过程中使用骗取的出境证件之意图。也就是说，骗取出境证件罪的主观条件必须是出于组织他人偷越国（边）境的目的，否则就不能按照骗取出境证件罪定罪。那么行为人出于其他目的骗取出境证件的应该如何定性?

(1) 行为人为了自己偷越国（边）境而骗取出境证件的。这种情况下骗取出境证件的行为是行为人自己偷越国（边）境的预备行为，不能构成本罪。如果行为人为自己偷越国（边）境使用而骗取出境证件，在还未着手实施偷越国（边）境行为以前就由于意志以外的原因而被迫停止犯罪，构成偷越国（边）境罪的犯罪预备。如果偷越国（边）境罪犯罪既遂的，这个行为也无须单独评价。

(2) 行为人明知他人要偷越国（边）境，为其骗取出境证件供其使用的。这种情况下，骗取出境证件的行为实际上是为他人的偷越国（边）境犯罪行为提供帮助。行为人在主观上明知他人要偷越国（边）境而仍为其骗取，客观上实施了骗取出境证件方便他人出境的行为，成立偷越国（边）境罪的共犯。

4. 本罪的客体是国家对出境证件的管理制度。

(二) 司法认定与刑事处罚

1. 司法认定

行为人组织他人偷越国（边）境，同时为此骗取出境证件的，如何定性? 由于骗取出境证件的目的是组织他人偷越国（边）境使用，所以两罪之间形成牵连关系，以组织他人偷越国（边）境罪一罪从重论处。

2. 刑事处罚

根据刑法第 319 条之规定，犯本罪的，处 3 年以下有期徒刑，并处罚金；情节严重的，处 3 年以上 10 年以下有期徒刑，并处罚金。所谓“情节严重”根据有关司法解释①，是指组织他人偷越国（边）境使用、骗取出境证件 5 份以上或者非法收取办证费 30 万元以上的情况。单位犯本罪的，对单位判处罚金，并对其直接负责的主管人员和其他直接责任人员，依照个人犯本罪的规定处罚。

① 参见 2002 年 1 月 30 日最高人民法院《关于审理组织、运送他人偷越国（边）境等刑事案件适用法律若干问题的解释》。

三、提供伪造、变造的出入境证件罪

提供伪造、变造的出入境证件罪，是指为他人提供伪造、变造的护照、签证等出入境证件的行为。本罪的构成要件如下：(1) 本罪的客观方面表现为行为人实施了为他人提供伪造、变造的出入境证件的行为。(2) 本罪的主体为一般主体。(3) 本罪的主观方面为故意。(4) 本罪的客体是国家出入境证件的管理制度。

根据刑法第320条之规定，犯本罪的，处5年以下有期徒刑，并处罚金；情节严重的，处5年以上有期徒刑，并处罚金。根据有关司法解释①，“情节严重”是指具有下列情形之一：(1) 为他人提供伪造、变造的护照、签证等出入境证件5份以上；(2) 违法所得30万元以上；(3) 具有其他严重情节。

四、出售出入境证件罪

出售出入境证件罪，是指向他人出售护照、签证等出入境证件的行为。本罪的构成要件如下：(1) 本罪的客观方面表现为行为人实施了出售护照、签证等出入境证件的行为。这里，出售既可以是出售本人出入境的护照、签证等，也可以是倒卖他人出入境的护照、签证等。对于出售伪造、变造的出入境证件的行为，则应以提供伪造、变造的出入境证件罪论处。(2) 本罪的主体为一般主体。(3) 本罪的主观方面是故意，行为人一般具有营利的目的。(4) 本罪的客体是国家出入境管理制度。

根据刑法第320条之规定，犯本罪的，处5年以下有期徒刑，并处罚金；情节严重的，处5年以上有期徒刑，并处罚金。“情节严重”，是指具有下列情形之一：(1) 出售护照、签证等出入境证件5份以上；(2) 违法所得30万元以上；(3) 具有其他严重情节。

五、运送他人偷越国（边）境罪

（一）概念与构成

运送他人偷越国（边）境罪，是指违反国家国（边）境管理规定，运送他人偷越国（边）境的行为。

本罪的构成要件如下：

1. 本罪的客观方面表现为行为人实施了非法运送他人偷越国（边）境的行为。
2. 本罪的主体为一般主体。
3. 本罪的主观方面是故意，行为人一般具有营利的目的。
4. 本罪的客体是国家的（边）境管理制度。

（二）司法认定与刑事处罚

1. 司法认定

司法实践中，对于如何准确认定运送他人偷越国（边）境罪中的“运送”行为存在争议。有人认为，运送是指使用交通运输工具，如车、船、航空器等运送，或者徒步带领他人、护送他人偷越国（边）境等方法，使他人逃跑到国（边）境以外的地方或者将其接送出国（边）境的行为。也有人认为，运送仅限于使用车辆、船只等交通工具将偷越国（边）境者运送出、入国（边）境的行为，徒步带领护送他人偷越的行为不属于运送。“运

---

① 参见2002年1月30日最高人民法院《关于审理组织、运送他人偷越国（边）境等刑事案件适用法律若干问题的解释》。

送”一词的含义是用交通工具进行运输送达，从实践来看，犯运送他人偷越国（边）境罪的也通常是使用交通工具帮助他人偷越国（边）境。我们认为应当将运送他人偷越国（边）境行为理解为利用一定的交通工具非法接送他人出入境。对于组织他人偷越国（边）境的行为人，其使用运输工具接送的，对其接送行为不必单独定罪，可将其理解为组织行为的一部分，以组织他人偷越国（边）境罪定罪即可。徒步送达的，如果行为人明知他人偷越国（边）境而接送出入国（边）境的，可以按照偷越国（边）境罪的共犯论处。对于组织他人偷越国（边）境的行为人，徒步接送的，对其接送行为也不必单独定罪，直接以组织他人偷越国（边）境罪定罪即可。对于既组织一批人偷越国（边）境，后又单独运送另一批人偷越国（边）境的，则应以组织他人偷越国（边）境罪和运送他人偷越国（边）境罪两罪，实行数罪并罚。

2. 刑事处罚

根据刑法第 321 条之规定，犯本罪的，处 5 年以下有期徒刑、拘役或者管制，并处罚金；有下列情形之一的，处 5 年以上 10 年以下有期徒刑，并处罚金：(1) 多次实施运送行为或者运送人数众多的；根据有关司法解释[①]，“人数众多”是指运送他人偷越国（边）境 10 人以上的情况；(2) 所使用的船只、车辆等交通工具不具备必要的安全条件，足以造成严重后果的；(3) 违法所得数额巨大的；(4) 有其他特别严重情节的。在运送他人偷越国（边）境中造成被运送人重伤、死亡，或者以暴力、威胁方法抗拒检查的，处 7 年以上有期徒刑，并处罚金。犯本罪而对被运送人有杀害、伤害、强奸、拐卖等犯罪行为，或者对检查人员有杀害、伤害等犯罪行为的，依照数罪并罚的规定处罚。

六、偷越国（边）境罪

（一）概念与构成

偷越国（边）境罪，是指违反国（边）境管理法规，偷越国（边）境，情节严重的行为。

本罪的构成要件如下：

1. 本罪的客观方面是违反国（边）境管理法规，偷越国（边）境，情节严重的行为。

(1)“偷越”的含义。理论和实践中对偷越国（边）境行为的理解存在分歧。第一种观点认为，偷越是指未经办理有关出国、出境证件和手续偷越国（边）境，如从非出入境口岸、边防站等关卡通过的行为。第二种观点认为，偷越还应包括使用伪造的出入境证件在规定的地点出入国（边）境。我们赞同第二种观点。从司法实践情况来看，偷越国（边）境者不仅会采用偷渡等从非出入境关卡偷越的传统方式，也会采用假护照、假签证等手段从出入境关卡实施偷越行为。

(2) 情节严重。所谓“情节严重”，根据有关司法解释[②]，是指具有下列情况之一：在境外实施损害国家利益的行为；偷越国（边）境 3 次以上；拉拢、引诱他人一起偷越国（边）境；因偷越国（边）境被行政处罚后 1 年内又偷越国（边）境；其他严重情节。只有情节严重的偷越国（边）境行为才构成犯罪，对一般情节轻微的偷越国（边）境行为，不

---

① 参见 2002 年 1 月 30 日最高人民法院《关于审理组织、运送他人偷越国（边）境等刑事案件适用法律若干问题的解释》。

② 参见 2002 年 1 月 30 日最高人民法院《关于审理组织、运送他人偷越国（边）境等刑事案件适用法律若干问题的解释》。

能以犯罪论处。

2. 本罪的主体是一般主体。

3. 本罪的主观方面是故意。

4. 本罪的客体是国家的国（边）境管理制度。

（二）司法认定与刑事处罚

1. 司法认定

（1）拉拢、引诱他人一起偷越国（边）境行为的认定。如何认定此行为性质要具体分析：第一，根据《关于审理组织、运送他人偷越国（边）境等刑事案件适用法律若干问题的解释》第1条的规定，如果是在首要分子的指挥下实施拉拢、引诱他人偷越国（边）境行为的，应当以组织他人偷越国（边）境罪论处。第二，按照该解释第5条的规定，如果不是在首要分子的指挥下实施拉拢、引诱行为的，而是拉拢、引诱他人一起偷越国（边）境的，属于构成偷越国（边）境罪所必需的"严重情节"之一。也就是说，如果行为人在自己偷越国（边）境的同时拉拢、引诱他人和自己一起偷越国（边）境的，该拉拢和引诱行为只是作为偷越国（边）境罪的一个量刑情节，不必独立评价，行为人构成偷越国（边）境罪。第三，如果不是在首要分子的指挥下实施拉拢、引诱行为，而且行为人自己也不偷越国（边）境，此时行为人拉拢、引诱其他人偷越国（边）境，按照偷越国（边）境罪的教唆犯论处。

（2）组织他人偷越与自身偷越行为交织的认定。有人在组织他人偷越国（边）境时自己也偷越国（边）境，此种情况如何认定？此种情况下，行为人既构成组织他人偷越国（边）境罪，又构成偷越国（边）境罪，但是否应当数罪并罚则有不同认识：一种观点认为，组织他人偷越国（边）境与偷越国（边）境之间形成牵连关系，应依一重罪即组织他人偷越国（边）境罪从重论处。另一种观点认为，组织他人偷越国（边）境与偷越国（边）境是两种不同的行为，同时成立犯罪的，应当实行数罪并罚。我们认为，组织他人偷越国（边）境行为包括了运送行为在内，而运送行为本身就包括行为人自己偷越，所以组织者本人的偷越行为是包含在组织行为当中的。在组织他人偷越国（边）境中，组织者本人实施的偷越国（边）境行为不应单独评价。可考虑按照吸收犯原理，以组织他人偷越国（边）境罪吸收偷越国（边）境罪。

2. 刑事处罚

根据刑法第322条之规定，犯本罪的，处1年以下有期徒刑、拘役或者管制，并处罚金。

七、破坏界碑、界桩罪

破坏界碑、界桩罪，是指明知是国家边境的界碑、界桩而故意进行破坏的行为。本罪的构成要件如下：（1）本罪的客观方面表现为行为人实施了破坏界碑、界桩的行为。（2）本罪的主体为一般主体，既可以是中国人，也可以是外国人或无国籍人。（3）本罪的主观方面为故意。（4）本罪的客体是国家对国（边）境界碑、界桩的管理制度。

根据刑法第323条之规定，犯本罪的，处3年以下有期徒刑或者拘役。

八、破坏永久性测量标志罪

破坏永久性测量标志罪，是指明知是永久性测量标志而故意进行破坏的行为。本罪的构成要件如下：（1）本罪的客观方面表现为行为人实施了破坏永久性测量标志的行为。如果破坏的是临时性测量标志或非测量标志，则不能构成本罪。（2）本罪的主体为一般主体。（3）本罪的主观方面是故意。（4）本罪的客体是国家对永久性测量标志的管理制度。

根据刑法第 323 条之规定，犯本罪的，处 3 年以下有期徒刑或者拘役。

第五节　妨害文物管理罪

一、故意损毁文物罪

故意损毁文物罪，是指故意损毁国家保护的珍贵文物或者被确定为全国重点文物保护单位、省级文物保护单位的文物的行为。本罪的构成要件如下：（1）本罪的客观方面表现为行为人实施了故意损毁珍贵文物的行为。根据有关立法解释①，刑法有关文物的规定，适用于具有科学价值的古脊椎动物化石、古人类化石。所谓损毁包括损坏和毁灭，其具体表现形式多种多样。（2）本罪的主体为一般主体。（3）本罪的主观方面是故意。（4）本罪的客体为国家的文物管理制度。

根据刑法第 324 条第 1 款之规定，犯本罪的，处 3 年以下有期徒刑或者拘役，并处或者单处罚金；情节严重的，处 3 年以上 10 年以下有期徒刑，并处罚金。

二、故意损毁名胜古迹罪

故意损毁名胜古迹罪，是指故意损毁国家保护的名胜古迹，情节严重的行为。本罪的构成要件如下：（1）本罪的客观方面表现为行为人实施了损毁国家保护的名胜古迹的行为。所谓损毁，其表现形式多种多样，如炸毁、污损、刻画、砸烂、拆卸、挖掘、焚烧等。（2）本罪的主体为一般主体。（3）本罪的主观方面是故意。此外，成立本罪必须是“情节严重”的行为。（4）本罪的客体是国家名胜古迹的管理制度。

根据刑法第 324 条第 2 款之规定，犯本罪的，处 5 年以下有期徒刑或者拘役，并处或者单处罚金。

三、过失损毁文物罪

过失损毁文物罪，是指过失损毁国家保护的珍贵文物或者被确定为全国重点文物保护单位、省级文物保护单位的文物，造成严重后果的行为。本罪的构成要件如下：（1）本罪的客观方面表现为行为人因过失而实施了损毁珍贵文物的行为，其犯罪对象是国家保护的珍贵文物或者被确定为全国重点文物保护单位、省级文物保护单位的文物，过失损毁珍贵文物的行为必须是造成了严重后果的，才以本罪论处。否则，不以犯罪论处。（2）本罪的主体为一般主体。（3）本罪的主观方面为过失。（4）本罪的客体是国家的文物管理制度。

根据刑法第 324 条第 3 款之规定，犯本罪的，处 3 年以下有期徒刑或者拘役。

四、非法向外国人出售、赠送珍贵文物罪

（一）概念与构成

非法向外国人出售、赠送珍贵文物罪，是指违反文物保护法规，将收藏的国家禁止出

---

① 参见 2005 年 12 月 29 日全国人大常委会《关于〈中华人民共和国刑法〉有关文物的规定适用于具有科学价值的古脊椎动物化石、古人类化石的解释》。

口的珍贵文物私自出售或者私自赠送给外国人的行为。

本罪的构成要件如下：

1. 本罪的客观方面表现为行为人违反文物保护法律中的有关规定，将收藏的国家禁止出口的珍贵文物私自出售或者私自赠送给外国人的行为。

（1）出售和赠送珍贵文物的行为违反了文物保护管理法规。《文物保护法》规定，私人收藏的珍贵文物可以出售给文化行政管理部门指定的文物收购单位，也可以捐赠给国家，但不能出售或赠送给外国人。国有图书馆、博物馆和其他单位的文物藏品，属于国家所有，禁止经营管理单位出卖，也不能赠送给外国人。如果经有关部门批准，在外交活动中赠送珍贵文物的行为，属于合法的行为。任何组织和个人违反上述规定，未经有关部门批准，私自将收藏的国家禁止出口的珍贵文物出售或赠送给外国人，构成本罪。

（2）行为人实施了非法向外国人出售、赠送珍贵文物两种行为之一。犯罪对象是收藏的国家禁止出口的珍贵文物。这里，“收藏”既指国有单位、集体单位收藏，也指个人收藏。本罪行为对象只能是珍贵文物。私自出售是指有偿出卖给外国人，而私自赠送是指无偿地给予外国人文物的行为。出售、赠送的对象必须是外国人，包括无国籍人。否则，不构成本罪。本罪属选择性罪名，在司法实践中，应根据具体案情确定具体罪名。

2. 本罪的主体是一般主体，既包括年满16周岁、具有刑事责任能力的自然人，也包括单位。

3. 本罪的主观方面是故意，包括直接故意与间接故意。具体来说，行为人明知自己出售或赠送的属于珍贵文物，也明知对方是外国人，但是仍然希望或者放任此结果的发生。

4. 本罪的客体是国家对珍贵文物的管理制度。珍贵文物具有重大历史、艺术、科学价值，其价值无法用金钱估量，对于这样宝贵的物质文化遗产，国家制定了一系列具体制度加以保护。私自向外国人出售、赠送珍贵文物的行为之所以被规定为犯罪，就是因为它侵犯了国家对珍贵文物的管理制度。

（二）司法认定与刑事处罚

1. 司法认定

（1）罪与非罪问题。构成本罪，必须是行为人向外国人出售、赠送的是珍贵文物，如果行为人出售、赠送的文物不是国家珍贵文物，就不能构成犯罪。只有行为人出售、赠送珍贵文物的对象是外国人的，才构成本罪；如果行为人向本国公民出售或者赠送珍贵文物的，不构成本罪。行为人的出售、赠送行为还须违反文物保护管理法规，如果是合法的经过批准的赠送行为不构成犯罪。行为人在主观上必须明知自己出售或赠送的文物属于珍贵文物，明知受赠人是外国单位或个人，否则不能构成本罪。

（2）非法向外国人出售、赠送珍贵文物罪与其他犯罪的界限。

第一，非法向外国人出售、赠送珍贵文物罪与走私文物罪的界限。

非法向外国人出售、赠送珍贵文物罪与走私文物罪的区别是：其一，犯罪客体不同。本罪的客体是国家对珍贵文物的管理制度，走私文物罪的客体是复杂客体，既侵犯了国家对外贸易管制制度，又侵犯了国家对珍贵文物的出口管制制度。其二，犯罪客观方面不同。本罪在客观上是私自向外国人出售、赠送珍贵文物，而走私文物罪的表现是私自携带、邮寄文物出境。如果行为人先将文物偷运、携带、邮寄出境，然后在境外出售或赠送给外国人，应认为行为人构成走私文物罪，而不构成本罪。其三，犯罪对象不同。本罪对象限于珍贵文物，走私文物罪的对象是国家禁止出口的文物。

第二，非法向外国人出售、赠送珍贵文物罪和非法出售、私赠文物藏品罪的界限。

非法向外国人出售、赠送珍贵文物罪和非法出售、私赠文物藏品罪的区别在于：其一，犯罪对象不同。本罪中非法出售、赠送的文物既可以是单位收藏的，也可以是个人收藏的，既可以是国有单位收藏的，也可以是非国有单位收藏的，而且仅限于珍贵文物；在非法出售、私赠文物藏品罪中，非法出售、赠送的文物是国有单位收藏的文物，它不限于珍贵文物，也可以是一般文物。其二，非法出售、赠送文物的对象不同。本罪仅限于外国人，而后罪中的出售、赠送文物的对象不限于外国人，为非国有单位或个人。其三，犯罪主体不同。本罪主体是单位或者个人，对单位的所有制性质没有限制。后罪主体只能是单位，个人不能构成，而且单位也仅限于国有博物馆、图书馆等单位。如果国有博物馆、图书馆等单位将收藏的珍贵文物非法出售或者私赠给外国人的，同时触犯非法向外国人出售、赠送珍贵文物罪和非法出售、私赠文物藏品罪，属于法条竞合犯，以非法向外国人出售、赠送珍贵文物罪论处。

2. 刑事处罚

根据刑法第325条之规定，自然人犯本罪的，处5年以下有期徒刑或者拘役，可以并处罚金；单位犯本罪的，对单位判处罚金，并对其直接负责的主管人员和其他直接责任人员，依照自然人犯罪的规定处罚。

五、倒卖文物罪

(一) 概念与构成

倒卖文物罪，是指以牟利为目的，倒卖国家禁止经营的文物，情节严重的行为。

本罪的构成要件如下：

1. 本罪的客观方面表现为行为人实施了倒卖文物的行为。其具体表现有以下几点：(1) 行为人之行为违反了国家文物经营管理法规。根据国家有关文物管理的法律、法规的规定，经营文物的单位应当经国家文物局或者省、自治区、直辖市人民政府文物行政管理部门批准，并经工商行政管理部门办理登记手续；经营文物对外销售业务，应经国家文物局批准；未经许可不得经营一、二、三级珍贵文物，以及其他受国家保护并由有关主管部门核定公布禁止自由买卖的文物。这些规定说明，国家并非禁止所有的文物买卖行为，只是禁止文物的非法买卖。(2) 行为人实施了倒卖文物的行为。倒卖，即为了营利而买进或卖出。(3) 行为人倒卖的是国家禁止经营的文物。有人认为国家禁止经营的文物就是珍贵文物，这种看法是不正确的。依照《文物保护法》第51条的规定，公民、法人和其他组织不得买卖下列文物：国有文物，但是国家允许的除外；非国有馆藏珍贵文物；国有不可移动文物中的壁画、雕塑、建筑构件等，但是依法拆除的国有不可移动文物中的壁画、雕塑、建筑构件等不属于本法第20条第4款规定的应由文物收藏单位收藏的除外；来源不符合本法第50条规定的文物。不得买卖的文物不限于珍贵文物，还包括一般文物，第51条所说的“国有文物”、“来源不符合本法第五十条规定的文物”（来源不合法）就是证明。所以，把国家禁止经营的文物理解为珍贵文物，不适当地缩小了本罪的适用范围。应该理解为，倒卖文物罪的对象是国家禁止经营的一切文物，既包括珍贵文物，也包括一般文物。

2. 本罪的主体为一般主体，单位也可成为本罪主体。

3. 本罪的主观方面是故意，且行为人具有牟利的目的。因此，如果买进文物是为了个人欣赏与收藏，则不构成本罪。

4. 本罪的客体是国家文物管理制度。

(二) 司法认定与刑事处罚

1. 司法认定

在司法实践中，要注意本罪与非法向外国人出售、赠送珍贵文物罪的区别。二者的相同之处在于：二者在客观方面均表现为有“卖”或“出售”文物的举动；二者侵犯的客体都是国家的文物管理制度；二者都可以由单位构成。但其显著区别在于：(1) 售卖对象不同。本罪中行为人售卖文物的对象可以是中国人，也可以是外国人；而非法向外国人出售珍贵文物罪中，行为人售卖文物的对象只能是外国人。(2) 犯罪对象不同。本罪的犯罪对象是国家禁止经营的一切文物，包括珍贵文物和一般文物；而非法向外国人出售珍贵文物罪的犯罪对象，限于单位或个人收藏的且是国家禁止出口的珍贵文物。(3) 行为人的故意内容不同。本罪的成立要求行为人必须具有牟利的目的；而非法向外国人出售珍贵文物罪之成立，并不以特定目的为必要。(4) 犯罪主体不同。本罪的犯罪主体为一般主体，任何未经许可经营文物的单位或个人都可成为本罪主体；而非法向外国人出售珍贵文物罪的主体是特殊主体，即限于收藏文物的单位或个人。应当注意的是，如果行为人倒卖的是自己收藏的国家禁止出口的文物，且售卖的对象又是外国人，这就产生了法条竞合的问题。对此，应按处理法条竞合的原则办理，即从一重罪处断。

2. 刑事处罚

根据刑法第326条之规定，犯本罪的，处5年以下有期徒刑或者拘役，并处罚金；情节特别严重的，处5年以上10年以下有期徒刑，并处罚金。单位犯本罪的，对单位判处罚金，并对其直接负责的主管人员和其他直接责任人员，依照自然人犯罪的规定处罚。

六、非法出售、私赠文物藏品罪

非法出售、私赠文物藏品罪，是指国有博物馆、图书馆等单位违反文物保护法规，将国家保护的文物藏品出售或私自赠送给非国有单位或者个人的行为。本罪的构成要件如下：(1) 本罪的客观方面表现为行为人实施了将国有文物藏品非法出售或私自赠送给非国有单位或个人的行为。犯罪对象具有特定性，即须是国有馆藏文物。至于行为人非法出售、私赠的文物是否属于珍贵文物，并不影响本罪的成立。(2) 本罪的主体为单位，且具有特定性，即只能是国有博物馆、图书馆等单位，非国有单位和个人不能成为本罪主体。(3) 本罪的主观方面是故意。至于行为人出于何种目的与动机，均不影响本罪的成立。(4) 本罪的客体是国家文物保护管理制度和国有文物藏品的所有权。

根据刑法第327条之规定，犯本罪的，对单位判处罚金，并对其直接负责的主管人员和其他直接责任人员，处3年以下有期徒刑或者拘役。

七、盗掘古文化遗址、古墓葬罪

(一) 概念与构成

盗掘古文化遗址、古墓葬罪，是指盗掘具有历史、艺术、科学价值的古文化遗址、古墓葬的行为。

本罪的构成要件如下：

1. 本罪的客观方面表现为行为人实施了盗掘古文化遗址、古墓葬的行为。

(1) 何谓古文化遗址、古墓葬？古文化遗址、古墓葬是指清代和清代以前的具有历史、艺术、科学价值的古文化遗址、古墓葬，以及辛亥革命以后与著名历史事件有关的名人墓葬、遗址和纪念地。其中，古文化遗址还包括石窟、地下城、古建筑、古人类居住地遗址、历代皇帝陵墓和革命烈士墓地等。

(2) 何谓盗掘？盗掘，是指未经国家有关主管部门批准而私自挖掘。至于是秘密挖掘，还是公开挖掘，是白天挖掘，还是夜间挖掘，在所不问。理论上存在争议的是，盗掘古文化遗址、古墓葬罪是单一行为还是复合行为？即本罪是由私自挖掘和盗取文物两个行为组成，还是仅有私自挖掘行为即可？第一种意见认为是复合行为，本罪客观方面表现为私自挖掘并窃取文物的行为，如果只是私自挖掘却没有窃取文物，或者没有私自挖掘而只是窃取挖掘出的文物，都不构成本罪。第二种观点认为是单一行为，本罪客观方面表现为私自挖掘，不包括盗取文物的行为。盗取文物不是本罪构成客观方面所要求的行为，而是量刑的情节。我们认为第二种观点是正确的。考察本罪构成要件客观方面实行行为，并没有明文要求实施盗窃行为，盗掘行为就足以成罪。虽然实际上盗掘一般还隐含着盗取文物的后续行为，但后者不属于构成要件，仅是量刑情节，具体而言，盗取一般文物的，属于酌定量刑情节，盗窃珍贵文物的，属于法定量刑情节。因此，盗掘古文化遗址、古墓葬罪客观方面是单一行为。

2. 本罪的主体为一般主体。

3. 本罪的主观方面是故意。行为人之目的与动机均不影响本罪的成立。

4. 本罪的客体是国家对古文化遗址、古墓葬的管理制度和国家对古文化遗址、古墓葬的所有权。

(二) 司法认定与刑事处罚

1. 司法认定

(1) 本罪与故意损毁名胜古迹罪的区别。二者的共同之处在于：它们都在客观上造成了名胜古迹的损毁。但二者的显著区别在于：1) 犯罪对象不同。本罪的犯罪对象是清代和清代以前的具有历史、艺术、科学价值的古文化遗址、古墓葬以及辛亥革命以后与著名历史事件有关的名人墓葬、遗址和纪念地；而故意损毁名胜古迹罪的犯罪对象是国家保护的名胜古迹。2) 客观表现不同。本罪的客观表现为“盗掘”；故意损毁名胜古迹罪的客观表现是“损毁”。3) 行为人故意的内容不同。本罪行为人是要通过盗掘古文化遗址、古墓葬来获取文物；而故意损毁名胜古迹罪行为人是想通过损毁行为来破坏名胜古迹。

(2) 本罪与故意损毁文物罪的区别。其区别在于：1) 犯罪对象不同。本罪侵害的对象是古文化遗址、古墓葬；故意损毁文物罪侵害的对象是国家保护的珍贵文物或者被确定为全国重点文物保护单位、省级文物保护单位的文物。2) 客观表现不同。本罪的客观表现是“盗掘”，故意损毁文物罪的客观表现是“损毁”，而损毁则有多种表现形式。3) 犯罪的故意内容不同。本罪行为人的故意内容是非法占有文物；而故意损毁文物罪行为人的故意内容则是要损毁文物。

值得注意的是，对盗掘古文化遗址、古墓葬而又造成国家珍贵文物损毁的行为如何认定？事实上，此属于想象竞合犯的情况。故对此应按照处理想象竞合犯的原则来处理，即从一重罪处断。

2. 刑事处罚

根据《刑法修正案（八）》对于刑法第328条第1款的修订，犯本罪的，处3年以上10年以下有期徒刑，并处罚金；情节较轻的，处3年以下有期徒刑、拘役或者管制，并处罚金；有下列情形之一的，处10年以上有期徒刑或者无期徒刑，并处罚金或者没收财产：(1) 盗掘确定为全国重点文物保护单位和省级文物保护单位的古文化遗址、古墓葬的；(2) 盗掘古文化遗址、古墓葬集团的首要分子；(3) 多次盗掘古文化遗址、古墓葬的；

(4) 盗掘古文化遗址、古墓葬，并盗窃珍贵文物或者造成珍贵文物严重破坏的。

八、盗掘古人类化石、古脊椎动物化石罪

(一) 概念与构成

盗掘古人类化石、古脊椎动物化石罪，指盗掘国家保护的具有科学价值的古人类化石、古脊椎动物化石的行为。

本罪的构成要件如下：

1. 本罪的客观方面表现为行为人实施了盗掘古人类化石或古脊椎动物化石的行为。古人类化石，是指保存在各地质时期岩层中或埋藏于地下的万年前直立人、早晚期智人的遗骸和遗迹。古脊椎动物化石，是指保存在各地质时期岩层中或埋藏于地下的万年前古爬行动物、哺乳动物和鱼类的遗骸和遗迹。

2. 本罪的主体是一般主体，年满16周岁、具有刑事责任能力的自然人。

3. 本罪的主观方面是故意。

4. 本罪的客体是国家文物保护管理制度和古人类化石、古脊椎动物化石的国家所有权。

(二) 司法认定与刑事处罚

1. 司法认定

(1) 盗掘古人类化石、古脊椎动物化石罪与盗掘古文化遗址、古墓葬罪的界限。盗掘古人类化石、古脊椎动物化石罪与盗掘古文化遗址、古墓葬罪相比有许多共同的地方。首先，二者犯罪主体都是一般主体；其次，犯罪手段均采取了“盗掘”的行为，即均表现为未经国家主管部门批准，私自进行挖掘行为；最后，犯罪的主观方面均是故意，即行为人明知是受保护的古文化遗址、古墓葬、古人类化石、古脊椎动物化石而私自予以掘取，犯罪目的是非法占有或以此牟取非法利益。因此，可以说，盗掘古人类化石、古脊椎动物化石罪与盗掘古文化遗址、古墓葬罪在犯罪构成方面大体上是相同的。但二者的不同也是明显存在的。首先，二者侵犯客体不同。盗掘古人类化石、古脊椎动物化石罪侵犯的客体是国家对古人类化石、古脊椎动物化石的保护管理制度及其所有权；盗掘古文化遗址、古墓葬罪侵犯的客体则是国家的文物管理制度。其次，犯罪对象不同。盗掘古人类化石、古脊椎动物化石罪的犯罪对象是具有科研价值的人类化石、古脊椎动物化石，即对人类发展史和自然科学的研究具有重要意义的化石。而盗掘古文化遗址、古墓葬罪的犯罪对象则是具有文化、历史、艺术、科学价值的古文化遗址、古墓葬。古文化遗址，是指在人类历史发展中由古代人类创造并留下的表明其文化发展水平的地区，如周口店地区北京人生活的遗址。古墓葬，是指古代（一般指清代以前，包括清代）人们将死者及其生前遗物、陪葬品安放的固定场所。这些遗物、陪葬品等对于研究那个历史时期的政治、经济、文化等具有重要的参考价值。

(2) 盗掘古人类化石、古脊椎动物化石罪与盗窃罪的界限。盗掘古人类化石、古脊椎动物化石罪与盗窃罪的相同之处在于：其一，主体都是一般主体；其二，主观方面相同，即都属于故意犯罪，且行为人都具有非法占有不属于自己的财物（古人类化石、古脊椎动物化石因具有相当大的物质价值，因而一定意义上也具有财物的性质）的目的。其区别在于：其一，侵犯的客体、对象不同。盗掘古人类化石、古脊椎动物化石罪侵犯的客体是国家对古人类化石、古脊椎动物化石的保护管理制度和所有权，犯罪对象是古人类化石、古脊椎动物化石；而盗窃罪侵犯的是公私财物的所有权，犯罪对象是国有、集体所有或公民

私人所有的各种财物，包括一切有形的（如汽车、冰箱等）和无形的（如电、煤气等）物质。其二，客观方面表现不同。盗掘古人类化石、古脊椎动物化石罪表现为未经国家行政管理部门批准，私自掘取国家保护的具有科研价值的古人类化石、古脊椎动物化石的行为，这种行为既可以是秘密的，也可以是公开的。盗窃罪则表现为秘密窃取数额较大的公私财物或多次窃取公私财物的行为。秘密窃取，是指行为人采取自以为不使财物所有者、保管者发觉的方法，暗中将财物取走。其三，两罪成立标准不同。盗窃罪的成立要求行为人秘密窃取了数额较大的财物或者多次实施盗窃行为，且盗窃罪属结果犯；而盗掘古人类化石、古脊椎动物化石罪的成立并无数额要求。

（3）盗掘古人类化石、古脊椎动物化石罪与故意损毁文物罪的界限。二者存在某些相同点，例如，二者都具有破坏性，而且都是由国家文物保护法所禁止的行为，但其本质的不同十分明显。具体言之，主要区别在于：其一，犯罪客体不同。盗掘古人类化石、古脊椎动物化石罪侵犯的客体是国家对古人类化石、古脊椎动物化石的保护管理制度和古人类化石、古脊椎动物化石的国家所有权；故意损毁文物罪侵犯的客体则是国家对珍贵文物和国家级、省级文物保护单位的管理制度。其二，侵犯对象不同。根据我国《文物保护法》第2条之规定，具有科学价值的古脊椎动物化石和古人类化石同文物一样受国家保护。可见，古人类化石、古脊椎动物化石虽视同文物一样受国家保护，但毕竟不同于文物，文物是指反映各时代、各民族的社会制度、社会生产、社会生活的代表性实物。而化石是指保存在各地质时期岩层中生物的遗骸和遗迹，它对研究人类发展史和自然科学具有重要意义。因此，盗掘古人类化石、古脊椎动物化石罪的犯罪对象是具有科研价值的古人类化石、古脊椎动物化石。而故意损毁文物罪的犯罪对象是可以移动的珍贵文物（含一、二、三级）或者不可移动的国家级、省级文物保护单位的文物。其三，犯罪客观方面不同。盗掘古人类化石、古脊椎动物化石罪的客观方面表现为行为人公开或秘密地“挖掘”古人类化石或古脊椎动物化石的行为。而故意损毁文物罪的客观方面则表现为“损毁”珍贵文物或国家级、省级文物保护单位的文物的行为，包括打碎、涂抹、拆散、烧毁等使文物失去价值的一切破坏行为。

（4）盗掘古人类化石、古脊椎动物化石罪与故意损毁名胜古迹罪的界限。盗掘古人类化石、古脊椎动物化石罪与故意损毁名胜古迹罪的相同点在于：第一，二者都是一般主体；第二，二者都是故意犯罪；第三，二者都可能造成犯罪对象的破坏。但二者的区别在于：其一，侵犯的客体不同。盗掘古人类化石、古脊椎动物化石罪侵犯的客体是国家对古人类化石、古脊椎动物化石的保护管理制度及其国家所有权；故意损毁名胜古迹罪侵犯的客体是国家对名胜古迹的管理制度。其二，犯罪对象不同。盗掘古人类化石、古脊椎动物化石罪的犯罪对象是具有科研价值的古人类化石、古脊椎动物化石，而故意损毁名胜古迹罪的犯罪对象是名胜古迹，是指除国家级、省级文物保护单位的文物古迹外，可供游览的著名风景区、县级文物保护单位的文物古迹，以及受国家保护、尚未确定保护单位等级的文物古迹。其三，客观方面的表现不同。盗掘古人类化石、古脊椎动物化石罪的客观方面表现为盗掘行为，指未经国家文化行政主管部门的批准，私自挖掘具有科研价值的古人类化石、古脊椎动物化石的行为。行为人之行为既可以公开实施，也可以在秘密的、不为人知的状态下进行。故意损毁名胜古迹罪的客观方面则表现为人为地对风景名胜区、文物古迹进行涂污、刻画、烧毁、打碎等破坏行为。其四，盗掘古人类化石、古脊椎动物化石罪的成立没有数额、情节方面的要求，只要行为人实施了掘取具有科研价值的古人类化石、古脊椎动物化石的行为，即可构成犯罪。故意损毁名胜古迹罪则属于情节犯，行为人损毁名胜古迹的程度，必须达到情节严重，才能构成犯罪，否则，只能作为一般的违法行为处理。

（5）盗掘古人类化石、古脊椎动物化石罪的既遂与未遂。盗掘古人类化石、古脊椎动物化石罪的成立没有数额、情节方面的要求，只要行为人私自掘取了有科学价值的古人类化石、古脊椎动物化石，不论行为人在盗掘中取得了多少古人类化石或古脊椎动物化石，均不影响本罪的成立。那么，这是否意味着本罪是行为犯呢？所谓行为犯，是指刑法上规定的以实施法定的犯罪行为作为犯罪成立标志而不以实际危害结果发生作为犯罪成立必要条件的犯罪类型。就刑法第328条第2款的规定来看，盗掘古人类化石、古脊椎动物化石罪是与作为行为犯的盗掘古文化遗址、古墓葬罪规定在一个法条中（刑法第328条第1款），但是，盗掘古人类化石、古脊椎动物化石罪本质上应属于结果犯的范畴。不难理解，与盗掘古文化遗址、古墓葬罪不同的是，盗掘古文化遗址、古墓葬罪的行为人之犯罪目的在于通过盗掘行为而获取古文化遗址和古墓葬所藏有的文物，而盗掘古人类化石、古脊椎动物化石罪之行为人的盗掘目的就是要获取古人类化石、古脊椎动物化石本身。事实上，由于古人类化石、古脊椎动物化石的准确埋藏处所具有不确定性，而盗掘古人类化石、古脊椎动物化石罪之行为人的盗掘目的就是要获取古人类化石、古脊椎动物化石本身，即使在国家和省级古生物化石保护区内，行为人也并非能一下子就准确掘取到古人类化石或古脊椎动物化石，因此，对于那些虽然实施了擅自挖掘行为但没有挖掘到古人类化石或古脊椎动物化石的，至多也只能以本罪未遂论处。只有行为人不仅实施了擅自挖掘行为而且事实上挖掘到了古人类化石或古脊椎动物化石的，才能认定为犯罪既遂。

2. 刑事处罚

根据刑法第328条第2款之规定，犯本罪的，依照第328条第1款的规定处罚。

九、抢夺、窃取国有档案罪

抢夺、窃取国有档案罪，是指抢夺、窃取国有档案的行为。本罪的构成要件如下：（1）本罪的客观方面表现为行为人实施了抢夺、窃取国家所有的档案的行为。犯罪对象是国有档案。所谓档案，是指过去和现在由国家机构、社会组织以及个人从事政治、经济、军事、科学、技术、文化、宗教等活动而直接形成的对国家和社会具有保存价值的各种文字、图表、音像等不同形式的记录。（2）本罪的主体是一般主体。（3）本罪的主观方面是故意。（4）本罪的客体是国家的档案管理制度和档案的国家所有权。

根据刑法第329条第1款、第3款的规定，犯本罪的，处5年以下有期徒刑或者拘役；犯本罪同时又构成刑法规定的其他犯罪的，依照处罚较重的规定定罪处罚。

十、擅自出卖、转让国有档案罪

擅自出卖、转让国有档案罪，是指违反档案法的规定，擅自出卖、转让国有档案，情节严重的行为。本罪的构成要件如下：（1）本罪的客观方面表现为行为人实施了擅自出卖、转让国有档案的行为。所谓擅自，是指未经国家档案行政管理部门批准，自作主张，出售或转让国有档案或其复制件。本罪属选择罪名，行为人实施擅自出卖和擅自转让这两种行为之一，就能构成本罪。（2）本罪的主体是一般主体。（3）本罪的主观方面为故意。（4）本罪的客体是国家档案管理制度和档案的国家所有权。

根据刑法第329条第2款、第3款的规定，犯本罪的，处3年以下有期徒刑或者拘役；犯本罪同时又构成刑法规定的其他犯罪的，依照处罚较重的规定定罪处罚。

第六节 危害公共卫生罪

一、妨害传染病防治罪

妨害传染病防治罪，是指违反传染病防治法的规定，引起甲类传染病传播或者有传播严重危险的行为。本罪的构成要件如下（1）本罪的客观方面表现为行为人违反国家传染病防治法的规定，其行为具有引起甲类传染病传播或者有传播严重危险。所谓甲类传染病，其范围依照我国《传染病防治法》和国务院有关规定确定。具体言之，本罪的客观方面有以下几种具体表现形式：1）供水单位供应的饮用水不符合国家规定的卫生标准的；2）拒绝按照卫生防疫机构提出的卫生要求，对传染病病原体污染的污水、污物、粪便进行消毒处理的；3）准许或者纵容传染病病人、病原携带者和疑似传染病病人从事国务院卫生行政部门规定禁止从事的易使该传染病扩散的工作的；4）拒绝执行卫生防疫机构依照传染病防治法提出的预防、控制措施的。本罪属于危险犯，行为人只要实施了上列行为之一，引起了甲类传染病传播或者有传播严重危险，便足以成立本罪。（2）本罪的主体为一般主体，单位也可成为本罪的主体。（3）本罪的主观方面为过失。（4）本罪的客体是国家关于传染病防治的管理制度。

根据刑法第330条之规定，犯本罪的，处3年以下有期徒刑或者拘役；后果特别严重的，处3年以上7年以下有期徒刑。单位犯本罪的，对单位判处罚金，并对其直接负责的主管人员和其他直接责任人员，依照自然人犯罪的规定处罚。

二、传染病菌种、毒种扩散罪

传染病菌种、毒种扩散罪，是指从事实验、保藏、携带、运输传染病菌种、毒种的人员，违反国务院卫生行政部门的有关规定，造成传染病菌种、毒种扩散，后果严重的行为。本罪的构成要件如下：（1）本罪的客观方面表现为行为人实施了造成传染病菌种或者毒种扩散，后果严重的行为。其特点有三：一是在实验、保藏、携带、运输传染病菌种、毒种过程中，违反了国务院卫生行政部门的有关规定；二是造成了传染病菌种、毒种的扩散；三是产生了严重后果。（2）本罪的主体是特殊主体，只有从事实验、保藏、携带、运输传染病菌种、毒种的人员才能成为本罪主体。（3）本罪的主观方面为过失。（4）本罪的客体是国家关于传染病菌种、毒种实验、保藏、携带、运输的管理制度。

根据刑法第331条之规定，犯本罪的，处3年以下有期徒刑或者拘役；后果特别严重的，处3年以上7年以下有期徒刑。

三、妨害国境卫生检疫罪

妨害国境卫生检疫罪，是指违反国境卫生检疫规定，引起检疫传染病传播或者有引起检疫传染病传播严重危险的行为。本罪的构成要件如下：（1）本罪的客观方面表现为行为人实施了妨害国境卫生检疫的行为。其具体特征有二：一是不遵守国境卫生检疫规定，如逃避或者抗拒国境卫生检疫等；二是引起了检疫传染病传播或者有引起检疫传染病传播严重危险。（2）本罪的主体是一般主体，单位也可成为本罪的主体。（3）本罪的主观方面为过失。（4）本罪的客体是国家的国境卫生检疫制度。

根据刑法第332条之规定，犯本罪的，处3年以下有期徒刑或者拘役，并处或者单处罚金；单位犯本罪的，对单位判处罚金，并对其直接负责的主管人员和其他直接责任人员，依照自然人犯本罪的规定处罚。

四、非法组织卖血罪

非法组织卖血罪，是指违反国家有关规定，组织他人出卖血液的行为。本罪的构成要件如下：(1) 本罪的客观方面表现为行为人实施了非法组织卖血的行为。非法，是指违反国家卫生行政部门《采供血机构和血液管理办法》等行政法规，擅自组织他人出卖血液。其具体表现形式可能多种多样。(2) 本罪的主体是一般主体。(3) 本罪的主观方面为故意，行为人一般具有牟取暴利的目的。(4) 本罪的客体是国家血液采集、供应的管理制度和公民的身体健康与生命安全。

根据刑法第333条第1款之规定，犯本罪的，处5年以下有期徒刑，并处罚金。根据该条第2款的规定，实施本罪行为，对他人造成伤害的，应依照刑法第234规定的故意伤害罪定罪处罚。

五、强迫卖血罪

强迫卖血罪，是指以暴力、威胁方法强迫他人出卖血液的行为。本罪的构成要件如下：(1) 本罪的客观方面表现为行为人实施了以暴力、威胁方法强迫他人出卖血液的行为。(2) 本罪的主体是一般主体。(3) 本罪的主观方面是故意。(4) 本罪的客体是国家血液采集、供应的管理制度和公民的身体健康与生命安全。

根据刑法第333条第1款之规定，犯本罪的，处5年以上10年以下有期徒刑，并处罚金。根据该条第2款的规定，实施本罪行为而对他人造成伤害的，依照刑法第234条规定的故意伤害罪定罪处罚。

六、非法采集、供应血液、制作、供应血液制品罪

非法采集、供应血液、制作、供应血液制品罪，是指非法采集、供应血液或者制作、供应血液制品，不符合国家规定的标准，足以危害人体健康的行为。本罪的构成要件如下：(1) 本罪的客观方面表现为行为人实施了非法采集、供应血液、制作、供应血液制品的行为之一。其行为具体发生在采集、供应血液、制作、供应血液制品的过程中。本罪的突出特点是行为的非法性，即行为人没有严格按照国家规定的标准采集、供应血液、制作、供应血液制品。本罪属危险犯，只要行为人之行为“足以危害人体健康”，便成立本罪。(2) 本罪的主体是一般主体。(3) 本罪的主观方面是故意，且行为人一般具有非法牟利的目的。(4) 本罪的客体是国家对血液的采集、供应和血液制品的制作、供应的管理制度和受血者的生命安全和身体健康。

根据刑法第334条之规定，犯本罪的，处5年以下有期徒刑或者拘役，并处罚金；对人体健康造成严重危害的，处5年以上10年以下有期徒刑，并处罚金；造成特别严重后果的，处10年以上有期徒刑或者无期徒刑，并处罚金或者没收财产。

七、采集、供应血液、制作、供应血液制品事故罪

采集、供应血液、制作、供应血液制品事故罪，是指经国家主管部门批准采集、供应血液或者制作、供应血液制品的部门，不依照规定进行检测或者违背其他操作规定，造成危害他人身体健康后果的行为。本罪的构成要件如下：(1) 本罪的客观方面表现为行为人

实施了在采集、供应血液或者制作、供应血液制品的工作中，不依照规定进行检测或者违背其他操作规定，造成危害他人身体健康后果的行为。本罪行为特征有二：一是行为人在采集、供应血液或者制作、供应血液制品的工作中，不依照规定进行检测或者违背其他操作规定进行作业；二是行为人之行为造成了危害他人身体健康的后果。(2) 本罪的主体只能是经国家主管部门批准采集、供应血液或者制作、供应血液制品的部门。(3) 本罪的主观方面为过失。(4) 本罪的客体是国家对血液的采集、供应或血液制品制作、供应的管理制度和受血者的生命安全和身体健康。

根据刑法第334条第2款之规定，犯本罪的，对单位判处罚金，并对其直接负责的主管人员和其他直接责任人员，处5年以下有期徒刑或者拘役。

八、医疗事故罪

(一) 概念与构成

医疗事故罪，是指医务人员在医务工作中由于严重不负责任，造成就诊人死亡或者严重损害就诊人身体健康的行为。

本罪的构成要件如下：

1. 本罪的客观方面表现为，医务人员由于严重不负责任，造成就诊人死亡或者严重损害就诊人身体健康的行为。

(1) 行为人在医务工作中严重不负责任。所谓严重不负责任，即行为人违背了国家有关医务工作的法律、法规、医务部门的规章制度，诊疗护理常规，没有履行医生应尽的义务。具体而言，包括行为人没有履行诊断、处方、麻醉、手术、输血、护理、化验、消毒、医嘱、查房等各个环节的规程、职责要求。这些要求是正常开展诊疗护理工作必须遵守的规范和依据，是医疗活动的安全保障。违反这些要求，就属于本罪的严重不负责任行为。

需要注意的是，医务人员严重不负责任的行为，必须是发生在自己正常合法的职务范围内，才可能构成本罪。如果医务人员私自以个人名义对病人进行诊疗护理，或者超越自己的医疗职责范围，擅自实施医疗行为，造成就诊人死亡或者严重损害就诊人身体健康的，不应视为医疗事故罪。对此类行为应视具体情况，按照刑法规定的相关犯罪论处。

(2) 行为方式。医疗事故罪既可以是积极的作为，也可以是消极的不作为。所谓作为，表现为医务人员积极实施规章制度和常规所禁止的行为，如错误地发药给病人服用。不作为表现为医务人员本应履行某项职责而无正当理由没有履行，如应当对病人的伤口进行消毒而不消毒。

(3) 造成了就诊人死亡或者严重损害了就诊人身体健康的后果。

第一，死亡的认定标准。按照传统的标准，死亡是呼吸和心跳的停止。但是，自20世纪中叶以来，随着现代医学的发展，被医学界认为更加科学的脑死亡概念和脑死亡标准产生了，人们开始接受新的死亡定义和死亡标准。脑死亡是指大脑、小脑、脑干在内的全脑功能完全地、不可逆地停止，即全脑死亡。目前，世界上有多个国家制定了脑死亡法律，承认脑死亡是宣布死亡的依据。我国目前没有在司法中应用这个概念，刑法中所指的和法学界所理解的死亡，一般仍是指呼吸和心跳的停止。

第二，严重损害就诊人身体健康的认定标准。怎样理解刑法第335条规定的“严重损害就诊人身体健康”的问题？有一种意见认为，“严重损害就诊人身体健康”应理解为国务院颁布的《医疗事故处理办法》所称的二级医疗事故和三级医疗事故，包括造成就诊人严重残废或者严重功能障碍的和造成就诊人残废或者功能障碍的。另一种意见认为，将三级医疗事故也纳入“严重损害就诊人身体健康”的范围必将扩大打击面。笔者认为，适用1990年3月29日司法部、最高人民法院、最高人民检察院、公安部联合发布的《人体重伤鉴定标准》来衡量“严重损害就诊人身体健康”较为合理。我国刑法规定的重伤是指“使人肢体残废或者毁人容貌的”；“使人丧失听觉、视觉或者其他器官机能的”；“其他对于人体健康有重大伤害的”，这与医疗事故罪所规定的“严重损害就诊人身体健康”的含义一致，而《人体重伤鉴定标准》又是以刑法有关重伤的规定为基础制定的，因此，凡符合重伤鉴定标准规定的状况应该属于医疗事故罪的“严重损害就诊人身体健康”。同时重伤是刑法中的一个传统概念，经过多年实践的发展已比较成熟，在实践中也容易被司法人员所把握，这个概念在多个犯罪条文中都存在。这样一来，在认定医疗事故罪时使用“重伤”作判断标准也易于使本罪与其他犯罪的认定标准一致，保持刑法的稳定性。

2. 本罪的主体为特殊主体，即医务人员。对于医务人员应作广义解释，医生、护士、防疫人员、药剂人员、麻醉人员等都属于医务人员的范畴。这类人员具有两个特征：第一，具备医学专业知识。作为防病治病的专业技术人员，必须具备相应的专业知识和技能才能胜任工作。医疗行为的特殊性决定了卫生技术人员必须具备一定的专业知识。第二，除了具备相应的专业知识之外，还须经过有关机关审查批准，发给行医许可证。执行医疗业务的机构可能是国家和集体的医疗机构，如国营医院、卫生院、医务室等，也可能是个体医疗者，如私人诊所、民办医院、乡村医生等。无论是在何种所有制的医疗单位从事医疗工作，经过卫生行政机关批准、承认从事医务职业的，就享有医务人员的资格。现在，理论界对上述医务人员构成医疗事故罪的主体没有争议。

但是，在医疗机构中的其他工作人员如党政干部、后勤服务人员等能否成为本罪的主体问题，法律理论界有争议。卫生部《关于〈医疗事故处理办法〉若干问题的说明》中已经明确指出，“因诊疗护理工作是群体性的活动，构成医疗事故的行为人，还应包括从事医疗管理、后勤服务等人员”，所以在医学界看来，上述人员当然属于医务人员。但是，法学界从犯罪构成的角度来审视，认为医务人员仅包括卫生技术性人员，党政、后勤人员不能成为医疗事故罪的主体。

我们认为，一般情况下只有直接从事医疗活动的卫生技术人员才可成为医疗事故罪的主体，但在特殊情况下，医疗单位的党政、后勤等人员也能成为医疗事故罪的主体，关键要看他们在行为当时是否负有为保障公民的健康权益而必须实施某种行为的特定义务，看他们在当时行为是否承担了特定职责。通常情况下，医疗卫生技术人员有义务为病人进行病情检查，对疾病作出诊断，进而采用缓解病情的手段以及提供护理，这些行为直接服务于就诊人的生命安全和身体健康。通常党政管理人员和后勤人员的职责是对本单位事务进行统一管理调配，通过各项服务工作，为医疗工作和科研工作提供服务，也就是说，后勤人员和党政管理人员一般不会直接为维护就诊人生命健康提供服务，而是以管理、服务等活动间接地为保障就诊人身体健康、生命安全提供服务，所以他们不负责任的工作行为一般不可能直接侵害就诊人的身体健康和生命安全。但是，在特定条件下，如果这类人员承担了保障有关就诊人生命健康的职责，就能够成为本罪主体。例如，医院司机在需要及时出车急诊的时候，不及时出急救车，导致就诊人因延误治疗而死亡，这种情况下由于其特定职责决定了他的出车行为与就诊人的生命健康有直接重大的联系，虽然行为人并不具有医务技术人员的身份，也能够成为本罪主体。

3. 本罪的主观方面为过失。医务人员由于其从事职业的特殊性，其注意义务相对于一般人来说更加严格。医务人员的义务主要来源于依照医疗卫生管理领域的法律、行政法规、部门规章和规章制度所产生的注意义务，依照诊疗护理规范和常规所产生的注意义务，依照医疗职业道德而产生的注意义务。违背这些义务，主观上就可能产生罪过，犯罪时行为人主观上可能是疏忽大意的过失，也可能是过于自信的过失。疏忽大意的过失中，医务人员违反了预见义务，应当预见自己的医疗行为可能给患者带来的损害，但是由于疏忽大意而没有预见，进而也就没有采取措施避免危害结果的发生。过于自信的过失中，医务人员已经预见到自己的行为可能会给患者带来严重损害，但是过高地估计了主客观的有利因素，认为这种结果不会发生，最后导致了严重后果。医务人员疏忽大意、过于自信过失是因为医务人员的注意力没有集中或没有足够地保持谨慎。通常表现为：粗心大意，诊断错误，开错药，打错针；擅离职守，延误诊治和有效抢救的时机；违反操作规程；过于疲劳导致注意力不集中；等等。

4. 本罪的客体是国家医务工作管理秩序和就诊人的生命和健康权利。有人认为医疗事故罪侵害的客体是公民的人身权利这一单一客体，即病人的生命和健康。我们认为，医疗事故罪侵犯的客体是复杂客体，即国家医务工作管理秩序和就诊人的生命和健康权利。在生命、健康权利和管理秩序的关系上，前者是后者实质保护的内容，后者是前者的概括表现方式。

（二）司法认定与刑事处罚

1. 司法认定

（1）本罪与一般医疗事故的界限。二者的相同之处在于：行为人在医务工作中都有违规和不负责任的表现，都给被害人造成了损害，都是过失行为。但区分二者的关键在于：是否造成了就诊人死亡或者严重损害了就诊人身体健康。如果没有造成就诊人死亡或者身体健康严重损害的，即使给被害人造成了一般轻微伤害，只能作为一般医疗事故处理，可以对行为人给予行政或纪律处分，不能作为犯罪处理。

（2）本罪与医疗技术事故的界限。所谓医疗技术事故，是指医务人员在医务工作中，由于业务水平低下，或者经验不足，或者单位医疗技术设备太差等客观原因，在医疗过程中出现事故，对就诊人已尽力抢救，但由于前述客观原因而造成就诊人病情恶化或者死亡的，一般不应按犯罪论处。行为人有民事过错的，可按民事违法行为处理。

（3）本罪与医疗风险事故的界限。所谓医疗风险事故，是指由于现代医疗水平的有限性，尤其是由于一些高难度的医疗手术伴有巨大风险，在诊疗过程中，发生了事与愿违的不良后果。例如，在给心脏病人做开刀手术时病人突然休克死亡。本罪与医疗风险事故的区别就在于：本罪中“造成就诊人死亡或者严重损害就诊人身体健康”是医务人员严重不负责任的过失行为所致；而医疗风险事故造成的就诊人伤亡，则属于不可避免的正常现象，行为人不具备主观过失，不能作为犯罪处理。是否有主观过失是认定犯罪的关键所在。

（4）本罪与重大责任事故罪的界限。重大责任事故罪是刑法第134条规定的犯罪。它与本罪的相同之处在于二者都属于责任事故，都是过失行为，都有伤亡发生。但二者的显著区别在于：1）侵犯客体不同。本罪的犯罪客体是国家医务工作管理秩序和就诊人的生命和健康权利；而重大责任事故罪侵犯的是公共安全。2）客观表现不同。本罪的客观表现是行为人在医务工作中严重不负责任，造成了就诊人的伤亡结果；而重大责任事故罪的表现形式是在生产、作业中违反有关安全管理的规定，因而发生重大伤亡事故或者造成其他严重后果的行为。3）主体不同。本罪主体限于医务人员；而重大责任事故罪的主体一般是工矿、农林、建筑等企事业单位的工作人员。

2. 刑事处罚

根据刑法第335条之规定，犯本罪的，处3年以下有期徒刑或者拘役。

九、非法行医罪

(一) 概念与构成

非法行医罪，是指未取得医生执业资格的人非法行医，情节严重的行为。

本罪的构成要件如下：

1. 本罪的客观方面表现为行为人在没有取得医生执业资格的情况下擅自从事医疗活动，情节严重的行为。

(1) 必须有擅自从事医疗活动的行为。首先，界定“医疗行为”的范围。医疗行为有广义与狭义两种。广义的医疗行为是指出于医疗目的所实施的，包括疾病的治疗与预防、按摩、针灸等符合医疗目的的行为，就其外延来看包括各种护理行为。狭义的医疗行为则是指广义的医疗行为中只能由医生根据医学知识与技能实施的行为，不包括护理行为。我们认为，我国设立非法行医罪的目的是规范实践中医生的医疗行为，护理活动虽然是医疗活动的重要构成部分，但是医疗护理人员并不受医师执业资格的限制，在《医师执业资格法》中只是规范医师的医疗活动，并没有规范护理等活动。因此，非法从事护理卫生技术业务的，不属于非法行医；只有非法从事医师的医疗行为才能理解为非法行医。其次，非法医疗行为的表现形式。实践中擅自从事医疗活动有多种表现形式，例如，利用巫术、封建迷信、假称会气功等行医，以各种虚假手段愚弄就诊人，骗取钱财；又如，非医疗机构超越服务范围进行医疗活动，不具备某种资格却从事该种医疗行为；又如，本身具备了一定医学知识的人，他们可能经过一定专业学习，其中有的已经行医多年确实具备一定的医疗水平和行医经验，但没有医师执业证或其所开办的诊所没有“医疗机构执业许可证”，没有经过审批擅自开办诊所，等等。这些行为都是非法行医的表现形式。

(2) 擅自从事医疗活动的行为达到“情节严重”的程度。我国刑法第336条第1款所规定的“情节严重”属于构成要件，如果没有情节严重这个条件，非法行医行为不构成犯罪。但法律并没有明确规定哪些行为属“情节严重”的行为，也没有相应的司法解释。我们认为，“情节严重”主要是指以下一些情况：没有基本的医疗知识而冒充医生为他人进行诊疗，延误时机的；医疗条件严重不符合国家规定的标准的；因非法行医被行政处罚多次，继续进行非法行医活动的；在非法医疗行为中牟取暴利的；非法行医行为在社会上造成恶劣影响的；在医疗过程中对就医者有其他违法行为的；等等。

2. 本罪的主体为一般主体，但限于没有取得医生执业资格的人。判断是否取得“医生执业资格”的标准是什么，在刑法理论上和司法实践中存在争议。第一种观点认为，医生执业资格只要求医生本人具备由医疗卫生主管部门按照规定颁发的从事医生职业的许可证件。例如，行为人被授予医师等卫生技术职务任职资格，就属于具有“医生执业资格”，而无须要求医生一定在取得医疗机构执业许可证的机构中执业。第二种观点则认为，“医生执业资格”是指行医人员必须具有相应的行医资格证书或文件，且其必须在具有医疗机构执业许可证的医疗机构行医。我们认为第一种观点更符合刑法第336条的立法本意，第二种观点混淆了行医者个人应具有的资格与医疗机构应具备的资格的概念。

3. 本罪的主观方面。理论界对于非法行医罪的主观方面具有行为故意这一点已经基本一致，即认为行为人对非法行医行为的心理态度是直接故意——明知自己未取得医师执业资格而仍然实施非法行医行为。争论主要在行为人对非法行医可能造成的后果——对于损害就诊人的身体健康或造成就诊人死亡这一后果，行为人到底是何种心理态度？我们认为，行为人对造成不良后果的心理态度不是故意，否则主观上的罪过就是伤害或者杀人的故意了，应该构成故意伤害或者故意杀人罪。行为人对严重后果的心理态度可以是疏忽大意的过失和过于自信的过失，即行为人虽然知道自己是非法行医，但是认为自己的医术高明不会产生任何严重后果，或者应该认识到会造成严重后果却由于疏忽大意而没有认识到，导致严重后果的产生。

非法行医罪是否一定需要具有牟利目的？有的学者认为非法行医罪必须以牟利为目的。我们认为，尽管实践中许多非法行医者是出于营利目的而非法行医，但是也不排除不为了营利而非法行医的情况，而且刑法条文并没有规定非法行医罪必须出于营利目的，所以没有理由凭空加上这一个限制，使得我们在实践中对后一种情况无法追究刑事责任。因此，不以营利为目的的非法行医行为也可能成立非法行医罪。

4. 本罪的客体是复杂客体，其主要客体是国家对医疗卫生工作的管理制度，次要客体是就诊人的身体健康和生命安全。行医是关系到公民生命健康的特殊职业，为了确保公民生命安全与健康，我国对从事医疗职业的人员规定了有关执业资格制度，要求行医者除要通过国家执业医师或执业助理医师资格考试，还要进行注册，取得医师执业证书，制定了一整套管理工作规范和制度对医师的执业活动进行监督管理，保障公民的生命健康安全，促进我国医疗卫生事业有序、健康发展。未取得医生执业资格而非法行医，一方面严重破坏了国家医务管理制度，另一方面，由于未取得医生执业资格的行医人员往往缺乏必要的医学知识，这就随时可能给就诊人的生命和健康造成伤害。

(二) 司法认定与刑事处罚

1. 司法认定

(1) 本罪与医疗事故罪的区别。二者的相同点在于：侵害的都是国家的医务管理制度和公民的生命与健康权利；都造成了就诊人的生命与健康的损害；行为人都是在行医的过程中造成了危害结果；等等。但二者的显著区别在于主体不同。本罪的主体为国家不认可的未取得医生执业资格的人；而医疗事故罪的主体是国家认可的医务人员。

(2) 本罪与以行医的方式实施的诈骗行为的区别。以行医为名而行诈骗钱财之实，此乃诈骗罪的表现形式之一。实践中，对于走街串巷或者在路边兜售所谓祖传秘方而实际并无药性的药品的行为，以诈骗罪论处。如果未取得医生执业资格的行为人借行医之名来骗取钱财数额较大，如何定性？我们认为，此属于想象竞合的情况。对此，应按处理想象竞合的原则，即从一重罪处断，亦即应按诈骗罪处理。

(3) 取得了医生执业资格者在没有医疗机构许可证的医院或诊所过失造成病人重伤或死亡的，应如何处理？我们认为，对此不能以非法行医罪论处，而应当按照医疗事故罪处理。理由如下：首先，非法行医罪行为人是没有取得医生执业资格者，而前述情况中行为人已取得了医生执业资格。其次，医疗事故罪关键在于强调医护人员尽到注意义务，取得医生执业资格者无论在何处工作，都须履行医生的注意义务，即便其在没有医疗机构许可证的医院或诊所过失造成病人重伤、死亡，同样应当按照医疗事故罪追究其刑事责任。

2. 刑事处罚

根据刑法第 336 条第 1 款的规定，犯本罪的，处 3 年以下有期徒刑、拘役或者管制，并处或者单处罚金；严重损害就诊人身体健康的，处 3 年以上 10 年以下有期徒刑，并处罚金；造成就诊人死亡的，处 10 年以上有期徒刑，并处罚金。

十、非法进行节育手术罪

非法进行节育手术罪，是指未取得医生执业资格的人擅自为他人进行节育复通手术、假节育手术、终止妊娠手术或者摘取宫内节育器，情节严重的行为。本罪的构成要件如下：犯罪客观方面表现为行为人实施了非法为他人进行节育手术的行为。这里，“节育手术”是指节育复通手术、假节育手术、终止妊娠手术或者摘取宫内节育器四种行为。行为人只要实施其中之一，且情节严重的，即可成立本罪。犯罪主体是一般主体，但须是没有取得医生执业资格的人。犯罪主观方面是故意。犯罪客体是国家计划生育制度和就诊人的身体健康和生命安全。

根据刑法第336条第2款之规定，犯本罪的，处3年以下有期徒刑、拘役或者管制，并处或者单处罚金；严重损害就诊人身体健康的，处3年以上10年以下有期徒刑，并处罚金；造成就诊人死亡的，处10年以上有期徒刑，并处罚金。

十一、妨害动植物防疫、检疫罪

妨害动植物防疫、检疫罪，是指违反有关动植物防疫、检疫的国家规定，引起重大动植物疫情的，或者有引起重大动植物疫情危险，情节严重的行为。本罪经《刑法修正案(七)》修改而来。本罪的构成要件如下：(1) 本罪的客观方面表现为行为人违反有关动植物防疫、检疫的国家规定，引起重大动植物疫情或者引起重大动植物疫情危险，并且情节严重。国家有关规定是指我国《动物防疫法》等有关行政管理法规中的关于动植物防疫、检疫的规定。有两点值得注意：一是行为人违反了进出境动植物检疫法的规定；二是行为人之行为引起了重大动植物疫情。此两点必须同时具备，方可成立本罪。(2) 本罪的主体既可以是自然人，也可以是单位。(3) 本罪的主观方面是故意。(4) 本罪的客体是国家进出境动植物检疫制度。

根据修订后刑法第337条之规定，犯本罪的，处3年以下有期徒刑或者拘役，并处或者单处罚金；单位犯本罪的，对单位判处罚金，并对其直接负责的主管人员和其他直接责任人员，依照自然人犯本罪的规定处罚。

第七节　破坏环境资源保护罪

一、污染环境罪

(一) 概念与构成

污染环境罪，是指违反国家规定，排放、倾倒或者处置有放射性的废物、含传染病病原体的废物、有毒物质或者其他有害物质，严重污染环境的行为。本罪由《刑法修正案(八)》修订而来。

本罪的构成要件如下：

1. 本罪的客观方面表现为行为人之行为严重污染环境。具体言之，行为人之行为须同时符合以下三个要件：(1) 行为人之行为违反了国家规定，即违反了《环境保护法》、《水污染防治法》、《大气污染防治法》、《海洋环境保护法》、《固体废物污染环境防治法》等一系列环境保护法律、法规。(2) 排放、倾倒或者处置有放射性的废物、含传染病病原体的废物、有毒物质或者其他危险废物。排放，通常而言是指将液态与气态的有放射性的废物、含传染病病原体的废物、有毒物质或者其他危险废物，排入土地、水体、大气；倾倒，通常指将固态有放射性的废物、含传染病病原体的废物、有毒物质或者其他危险废物弃置于土地、水体；处置，是指以不符合环境保护要求的方式来处理有放射性的废物、含传染病病原体的废物、有毒物质或者其他危险废物。(3) 严重污染环境。本罪罪量要素修订后只要求“严重污染环境”，不要求要造成重大环境污染的结果。

2. 本罪的主体为一般主体，自然人或单位均可成为本罪主体。从司法实践来看，实施本罪行为的主要是从事生产经营活动的单位或个体经营者。

3. 本罪的主观方面为过失。

4. 本罪的客体是国家环境保护制度和公私财产与公民健康、生命安全。所谓环境保护制度，是指由《环境保护法》、《水污染防治法》、《大气污染防治法》等一系列法律、法规所形成的环境保护制度。

(二) 司法认定与刑事处罚

1. 司法认定

(1) 本罪与意外事件的区别。现实生活中，难免有因种种非人为原因而严重污染环境，造成公私财物重大损失或者人身伤亡的事件发生。例如，因雷电击中存储有毒、有害化学液体的容器，致使有毒、有害化学物质流入饮水源，从而使饮用该水源的群众发生中毒。此种事件与本罪在客观表现上极为相似。但由于意外事件缺乏犯罪构成的主体与主观内容，所以具有不可罚性。因此，对于因为意外事件引起的环境污染，即使造成了严重后果，也不能以犯罪论处。

(2) 本罪与危险物品肇事罪的区别。危险物品肇事罪，是指违反爆炸性、易燃性、放射性、毒害性、腐蚀性物品的管理规定，在生产、储存、运输、使用中发生重大事故，造成严重后果的行为。由于危险物品肇事罪一旦发生，其“危险物品”常常引起环境污染的严重后果，所以，它与本罪就有了很多相似之处。但二者的显著区别有二：1) 侵害的客体不同。本罪侵害的客体是国家环境保护制度和公私财产与公民健康、生命安全；而危险物品肇事罪侵害的客体是公共安全。2) 客观表现不同。本罪的犯罪客观方面表现为违反国家规定向土地、水体、大气排放、倾倒或者处置危险废物的行为，就行为人的“排放”、“倾倒”、“处置”而言，是故意实施的；而危险物品肇事罪则表现为行为人在生产、储存、运输、使用危险物品的过程中因过失而导致了严重后果，行为人始终没有故意排放、倾倒或处置的行为。

2. 刑事处罚

根据刑法第 338 条之规定，犯本罪的，处 3 年以下有期徒刑或者拘役，并处或者单处罚金；后果特别严重的，处 3 年以上 7 年以下有期徒刑，并处罚金。根据 2006 年最高人民法院《关于审理环境污染刑事案件具体应用法律若干问题的解释》，“后果特别严重”是指：(1) 致使公私财产损失 100 万元以上的；(2) 致使水源污染、人员疏散转移达到《国家突发环境事件应急预案》中突发环境事件分级Ⅱ级以上情形的；(3) 致使基本农田、防护林地、特种用途林地 15 亩以上，其他农用地 30 亩以上，其他土地 60 亩以上基本功能丧失或者遭受永久性破坏的；(4) 致使森林或者其他林木死亡 150 立方米以上，或者幼树死亡 7 500 株以上的；(5) 致使 3 人以上死亡、10 人以上重伤、30 人以上轻伤，或者 3 人以上重伤并 10 人以上轻伤的；(6) 致使传染病发生、流行达到《国家突发公共卫生事件应急预案》中突发公共卫生事件分级Ⅱ级以上情形的；(7) 其他后果特别严重的情形。根据刑法第 346 条之规定，单位犯本罪的，对单位判处罚金，并对其直接负责的主管人员和其他直接责任人员，依照自然人犯本罪的规定处罚。

二、非法处置进口的固体废物罪

非法处置进口的固体废物罪，是指违反国家规定，将境外固体废物进境倾倒、堆放、处置的行为。本罪的构成要件如下：(1) 本罪的客观方面表现为行为人实施了非法处置进口的固体废物的行为。(2) 本罪的主体是一般主体，可以是自然人，也可以是单位。(3) 本罪的主观方面是故意。(4) 本罪的客体是国家环境保护制度。

根据刑法第339条第1款之规定，犯本罪的，处5年以下有期徒刑或者拘役，并处罚金；造成重大环境污染事故，致使公私财产遭受重大损失或者严重危害人体健康的，处5年以上10年以下有期徒刑，并处罚金；后果特别严重的，处10年以上有期徒刑，并处罚金。本罪中的“公私财产遭受重大损失”和“严重危害人体健康”的认定标准同前罪，在此不再赘述。根据刑法第346条之规定，单位犯本罪的，对单位判处罚金，并对其直接负责的主管人员和其他直接责任人员，依照自然人犯本罪的规定处罚。

三、擅自进口固体废物罪

擅自进口固体废物罪，是指未经国务院有关主管部门许可，擅自进口固体废物用做原料，造成重大环境污染事故，致使公私财产遭受重大损失，或者严重危害人体健康的行为。本罪的构成要件如下：(1) 本罪的客观方面表现为行为人实施了擅自进口固体废物的行为。擅自进口固体废物的行为必须造成了公私财产重大损失或者严重危害了人体健康的后果，才可以本罪论处。一般擅自进口固体废物，没有造成前述严重后果的，不应以犯罪处理。但根据《刑法修正案（四）》第5条修正后的刑法第339条第3款之规定，以原料利用为名，进口不能用做原料的固体废物、液态废物、气态废物的，应当依照修正后的刑法第152条第2款、第3款以走私废物罪定罪处罚。(2) 本罪的主体是一般主体，既可以是自然人，也可以是单位。(3) 本罪的主观方面是故意。(4) 本罪的客体是国家对废物进口管理制度与环境保护制度。

根据刑法第339条第2款之规定，犯本罪的，处5年以下有期徒刑或者拘役，并处罚金；后果特别严重的，处5年以上10年以下有期徒刑，并处罚金。根据刑法第346条之规定，单位犯本罪的，对单位判处罚金，并对其直接负责的主管人员和其他直接责任人员，依照自然人犯本罪的规定处罚。

四、非法捕捞水产品罪

非法捕捞水产品罪，是指违反保护水产资源法规，在禁渔区、禁渔期或者使用禁用的工具、方法捕捞水产品，情节严重的行为。本罪的构成要件如下：(1) 本罪的客观方面表现为行为人实施了非法捕捞水产品的行为。其具体表现是：违反国家有关规定，在禁渔区、禁渔期或者使用禁用的工具、方法捕捞水产品。本罪属情节犯，必须是行为人之行为属“情节严重的”，才构成本罪。(2) 本罪的主体既可以是自然人，也可以是单位。(3) 本罪的主观方面为故意。(4) 本罪的客体是国家保护水产资源制度。

根据刑法第340条之规定，犯本罪的，处3年以下有期徒刑、拘役、管制或者罚金。根据刑法第346条之规定，单位犯本罪的，对单位判处罚金，并对其直接负责的主管人员和其他直接责任人员，依照自然人犯本罪的规定处罚。

五、非法猎捕、杀害珍贵、濒危野生动物罪

非法猎捕、杀害珍贵、濒危野生动物罪，是指猎捕、杀害国家重点保护的珍贵、濒危野生动物的行为。本罪的构成要件如下：(1) 犯罪客观方面表现为行为人实施了非法猎捕、杀害珍贵、濒危野生动物的行为。犯罪对象限于国家重点保护的珍贵、濒危野生动物，具体言之，是指列入国家重点保护野生动物名录的国家一、二级保护野生动物、列入《濒危野生动植物种国际贸易公约》附录一、附录二的野生动物以及人工驯养的上述物种。(2) 本罪的主体既可以是自然人，也可以是单位。(3) 本罪的主观方面是故意。(4) 本罪的客体是国家珍贵、濒危野生动物保护制度。

根据刑法第341条之规定，犯本罪的，处5年以下有期徒刑或者拘役，并处罚金；情节严重的，处5年以上10年以下有期徒刑，并处罚金；情节特别严重的，处10年以上有期徒刑，并处罚金或者没收财产。根据刑法第346条之规定，单位犯本罪的，对单位判处罚金，并对其直接负责的主管人员和其他直接责任人员，依照自然人犯本罪的规定处罚。

六、非法收购、运输、出售珍贵、濒危野生动物、珍贵、濒危野生动物制品罪

非法收购、运输、出售珍贵、濒危野生动物、珍贵、濒危野生动物制品罪，是指非法收购、运输、出售国家重点保护的珍贵、濒危野生动物及其制品的行为。本罪的构成要件如下：(1) 本罪的客观方面表现为行为人实施了非法收购、运输、出售国家重点保护的珍贵、濒危野生动物及其制品的行为。“收购”是指包括以营利、自用等为目的的购买行为；“运输”，包括采用携带、邮寄、利用他人、使用交通工具等方法进行运送的行为；“出售”，包括出卖和以营利为目的的加工利用行为。凡违反法律规定，有收购、运输、出售珍贵、濒危野生动物或者其制品的行为之一，便足以成立本罪。(2) 本罪的主体是一般主体，既可以是自然人，也可以是单位。(3) 本罪的主观方面是故意。(4) 本罪的客体是国家珍贵、濒危野生动物保护制度。

根据刑法第341条第1款之规定，犯本罪的，处5年以下有期徒刑或者拘役，并处罚金；情节严重的，处5年以上10年以下有期徒刑，并处罚金；情节特别严重的，处10年以上有期徒刑，并处罚金或者没收财产。根据刑法第346条之规定，单位犯本罪的，对单位判处罚金，并对其直接负责的主管人员和其他直接责任人员，依照自然人犯本罪的规定处罚。

七、非法狩猎罪

(一) 概念与构成

非法狩猎罪，是指违反狩猎法规，在禁猎区、禁猎期或者使用禁用的工具、方法进行狩猎，破坏野生动物资源，情节严重的行为。

本罪的构成要件如下：

1. 本罪的客观方面表现为行为人实施了非法狩猎的行为。所谓非法狩猎，其具体表现是违反狩猎法规，在禁猎区、禁猎期狩猎，或者使用禁用的工具、方法狩猎。违反狩猎法规，主要是指违反《野生动物保护法》等相关野生动物保护的法律、法规；禁猎区，是指国家根据野生动物保护需要，划定的禁止狩猎的区域；禁猎期，是指国家为了充分保护和合理利用野生动物资源，根据野生动物的繁殖和皮毛、肉食、药材的成熟季节，分别规定

的禁止狩猎的期间；禁用的工具，一般是指具有极大杀伤力的狩猎器械，如地弓、地枪、大铁夹、军用武器等；禁用的方法，是指一切足以破坏野生动物资源的方法，如以化学药品毒杀、布电网围杀、爆炸等方法。

本罪的犯罪对象是珍贵、濒危野生动物以外的其他野生动物。值得注意的是，非法狩猎的行为必须是“情节严重的”，才构成本罪。“情节严重”是指：非法狩猎野生动物20只以上的；违反狩猎法规，在禁猎区或者禁猎期使用禁用的工具、方法狩猎的；具有其他严重情节的。

2. 本罪的主体是一般主体，可以是自然人，也可以是单位。

3. 本罪的主观方面是故意。

4. 本罪的客体是国家野生动物保护制度。非法狩猎的行为违反了《野生动物保护法》等相关野生动物保护的法律、法规，破坏了国家野生动物保护制度，故对其中破坏野生动物资源情节严重的行为必须以犯罪论处。

(二) 司法认定与刑事处罚

1. 司法认定

(1) 罪与非罪的界限。对此，主要应注意一般违法狩猎行为与本罪的区别。二者区别的关键在于：行为人之行为是否属于情节严重的破坏野生动物资源的行为。只有情节严重的非法狩猎行为，才构成本罪。而一般违法狩猎的行为虽然也会造成野生动物的死伤，但由于其情节显著轻微，没有对野生动物资源造成严重破坏，故不应以犯罪论处。

(2) 本罪与非法猎捕、杀害珍贵、濒危野生动物罪的区别。二者在侵犯客体等方面有一些相似之处，但二者的显著区别在于：第一，二者的侵害对象不同。本罪侵害的对象是一般野生动物；而非法猎捕、杀害珍贵、濒危野生动物罪侵害的对象是国家重点保护的珍贵、濒危野生动物。第二，犯罪时间、地点、工具、方法对于犯罪成立的意义不同。对于本罪来说，特定的时间（禁猎期）、地点（禁猎区）、工具（禁用的工具）或方法（禁用的方法）是本罪成立的必要条件；而对于非法猎捕、杀害珍贵、濒危野生动物罪来说，犯罪的时间、地点、工具和方法并非犯罪成立要件。第三，本罪属情节犯，只有非法狩猎，且情节严重的，才构成犯罪；而非法猎捕、杀害珍贵、濒危野生动物罪的成立并无捕杀数量的限制，只要实施了非法猎捕、杀害珍贵、濒危野生动物的行为，不论情节如何，都可成立犯罪。

(3) 罪数问题。使用爆炸、投放危险物质、设置电网等危险方法破坏野生动物资源，构成非法狩猎罪，同时构成刑法第114条或者第115条规定之罪的，依照处罚较重的规定定罪处罚。实施非法狩猎罪，又以暴力、威胁方法抗拒查处，构成其他犯罪的，依照数罪并罚的规定处罚。伪造、变造、买卖国家机关颁发的狩猎证等公文、证件构成犯罪的，依照刑法第280条第1款的规定以伪造、变造、买卖国家机关公文、证件罪定罪处罚。实施上述行为构成犯罪，同时构成刑法第225条第2项规定的非法经营罪的，依照处罚较重的规定定罪处罚。

2. 刑事处罚

根据刑法第341条第2款之规定，犯本罪的，处3年以下有期徒刑、拘役、管制或者罚金。根据刑法第346条之规定，单位犯本罪的，对单位判处罚金，并对其直接负责的主管人员和其他直接责任人员，依照自然人犯本罪的规定处罚。

八、非法占用农用地罪

非法占用农用地罪，是指违反土地管理法规，非法占用耕地、林地等农用地，改变被占用土地用途，数量较大，造成耕地、林地等农用地大量毁坏的行为。本罪的构成要件如下：(1) 本罪的客观方面表现为行为人实施了违反土地管理法规，非法占用农用地改作他用，数量较大，造成农用地大量毁坏的行为。本罪为《刑法修正案（二）》所修正。所谓“违反土地管理法规”，是指违反《土地管理法》、《森林法》、《草原法》等法律以及行政法规中关于土地管理的规定。本罪属于结果犯，即要求行为人之行为造成了农用地大量毁坏才构成本罪。造成农用地大量毁坏，是指行为人之行为导致数量较大的农用土地土壤沙化、盐碱化、水土流失等严重不适宜农作物种植的情况发生。根据司法解释[①]规定，违反土地管理法规，非法占用林地，改变被占用林地用途，在非法占用的林地上实施建窑、建坟、建房、挖沙、采石、采矿、取土、种植农作物、堆放或排泄废弃物等行为或者进行其他非林业生产、建设，造成林地的原有植被或林业种植条件严重毁坏或者严重污染，并具有下列情形之一的构成本罪：1) 非法占用并毁坏防护林地、特种用途林地数量分别或者合计达到5亩以上；2) 非法占用并毁坏其他林地数量达到10亩以上；3) 非法占用并毁坏第1) 项、第2) 项规定的林地，数量分别达到相应规定的数量标准的50%以上；4) 非法占用并毁坏第1) 项、第2) 项规定的林地，其中一项数量达到相应规定的数量标准的50%以上，且两项数量合计达到该项规定的数量标准。(2) 本罪的犯罪主体是一般主体，既可以是自然人，也可以是单位。(3) 本罪的主观方面是故意。(4) 本罪的客体是国家土地管理制度。

根据刑法第342条之规定，犯本罪的，处5年以下有期徒刑或者拘役，并处或者单处罚金。根据刑法第346条之规定，单位犯本罪的，对单位判处罚金，并对其直接负责的主管人员和其他直接责任人员，依照自然人犯本罪的规定处罚。

九、非法采矿罪

(一) 概念与构成

本罪经《刑法修正案（八）》修订而来，具体是指违反矿产资源法的规定，未取得采矿许可证擅自采矿，擅自进入国家规划矿区、对国民经济具有重要价值的矿区和他人矿区范围采矿，或者擅自开采国家规定实行保护性开采的特定矿种，情节严重的行为。

本罪的构成要件如下：

1. 本罪的客观方面表现为行为人实施了非法采矿行为。所谓“矿”，即“矿产”，是指地壳中有开采价值的物质，如铜矿、铁矿、云母、天然气、石油、煤炭等。一般普通的沙石虽可用作建筑材料，但是不属于本罪行为所指对象。所谓非法采矿，包括以下三项内容：(1) 行为人之行为违反了矿产资源法的规定。(2) 行为人具体实施了以下行为之一：其一，未取得采矿许可证擅自采矿。具体包含下列情形：无采矿许可证开采矿产资源的；采矿许可证被注销、吊销后继续开采矿产资源的；超越采矿许可证规定的矿区范围开采矿产资源的；未按采矿许可证规定的矿种开采矿产资源的（共生、伴生矿种除外）；其他未取得采矿许可证开采矿产资源的情形。其二，擅自进入国家规划矿区、对国民经济具有重要价值的矿区和他人矿区范围进行采矿。其三，擅自开采国家规定实行保护性开采的特定矿种。(3) 情节严重。情节严重可以是造成矿产资源破坏、多次非法采矿等情况。以上三项内容同时具备才能成立本罪。

---

① 参见2005年12月26日公布的最高人民法院《关于审理破坏林地资源刑事案件具体应用法律若干问题的解释》。

2. 本罪的主体是一般主体，既可以是自然人，也可以是单位。

3. 本罪的主观方面是故意。

4. 本罪的客体是国家矿产资源保护制度。

(二) 司法认定与刑事处罚

1. 司法认定

违反矿产资源法的规定，非法采矿，造成重大伤亡事故或者其他严重后果，同时构成本罪和刑法第134条或者第135条规定的犯罪的，依照数罪并罚的规定处罚。

2. 刑事处罚

根据刑法第343条第1款之规定，犯本罪的，处3年以下有期徒刑、拘役或者管制，并处或者单处罚金；情节特别严重的，处3年以上7年以下有期徒刑，并处罚金。参照2003年5月29日最高人民法院发布的《关于审理非法采矿、破坏性采矿刑事案件具体应用法律若干问题的解释》第3条，非法采矿造成矿产资源破坏的价值，数额在30万元以上的，属于刑法第343条第1款规定的"情节特别严重"。多次非法采矿，依法应当追诉的，或者一年内多次非法采矿未经处理的，造成矿产资源破坏的数额累计计算。根据刑法第346条之规定，单位犯本罪的，对单位判处罚金，并对其直接负责的主管人员和其他直接责任人员，依照自然人犯本罪的规定处罚。

十、破坏性采矿罪

破坏性采矿罪，是指违反矿产资源法的规定，采取破坏性的方法开采矿产资源，造成矿产资源严重破坏的行为。本罪的构成要件如下：(1) 本罪的客观方面表现为行为人实施了破坏性采矿的行为。其具体行为内容有以下三点：1) 违反了矿产资源法的规定。2) 采取破坏性的开采方法开采矿产资源。这是指行为人违反地质矿产主管部门审查批准的矿产资源开发利用方案开采矿产资源，并造成矿产资源破坏。3) 造成了矿产资源严重破坏，如因破坏性开采，造成矿区地质层结构大面积破坏、矿产资源严重浪费等。破坏性采矿造成矿产资源破坏的价值，数额在30万元以上的，属于刑法第343条第2款规定的"造成矿产资源严重破坏"。(2) 本罪的主体为特殊主体，即取得采矿许可证的个人或单位。如果未取得采矿许可证的个人或单位采取破坏性的方法开采矿产资源，则应以非法采矿罪论处。(3) 本罪的主观方面是故意。(4) 本罪的客体是国家矿产资源保护制度。违反矿产资源法的规定，采取破坏性的开采方法开采矿产资源，造成重大伤亡事故或者其他严重后果，同时构成本罪和刑法第134条或者第135条规定的犯罪的，依照数罪并罚的规定处罚。

根据刑法第343条第2款之规定，犯本罪的，处5年以下有期徒刑或者拘役，并处罚金。破坏性采矿构成犯罪，依法应当追诉的，或者一年内多次破坏性采矿未经处理的，造成矿产资源破坏的数额累计计算。根据刑法第346条之规定，单位犯本罪的，对单位判处罚金，并对其直接负责的主管人员和其他直接责任人员，依照自然人犯本罪的规定处罚。

十一、非法采伐、毁坏国家重点保护植物罪

非法采伐、毁坏国家重点保护植物罪，是指违反国家规定，非法采伐、毁坏珍贵树木或者国家重点保护的其他植物的行为。本罪为《刑法修正案（四）》第6条修改原刑法第344条后所确立。本罪的构成要件如下：(1) 本罪的客观方面表现为行为人实施了违反国家规定，非法采伐、毁坏珍贵树木或者国家重点保护的其他植物的行为。其犯罪对象必须是珍贵树木或者国家重点保护的其他植物。本罪属选择罪名。(2) 本罪的主体是一般主

体，既可以是自然人，也可以是单位。(3) 本罪的主观方面是故意。(4) 本罪的客体是国家的植物保护制度。

根据刑法第344条之规定，犯本罪的，处3年以下有期徒刑、拘役或者管制，并处罚金；情节严重的，处3年以上7年以下有期徒刑，并处罚金。根据刑法第346条之规定，单位犯本罪的，对单位判处罚金，并对其直接负责的主管人员和其他直接责任人员，依照自然人犯本罪的规定处罚。

十二、非法收购、运输、加工、出售国家重点保护植物、国家重点保护植物制品罪

本罪系《刑法修正案（四）》对刑法第344条修正后所确立之罪名。非法收购、运输、加工、出售国家重点保护植物、国家重点保护植物制品罪，是指违反国家规定，非法收购、运输、加工、出售珍贵树木或者国家重点保护的其他植物及其制品的行为。本罪的构成要件如下：(1) 本罪的客观方面表现为行为人实施了违反国家规定，非法收购、运输、加工、出售珍贵树木或者国家重点保护的其他植物及其制品的行为。其犯罪对象必须是珍贵树木或者国家重点保护的其他植物及其制品。本罪属选择性罪名。(2) 本罪的主体是一般主体，既可以是自然人，也可以是单位。(3) 本罪的主观方面是故意。(4) 本罪的客体是国家的植物保护制度。

根据刑法第344条的规定，犯本罪的，处3年以下有期徒刑、拘役或者管制，并处罚金；情节严重的，处3年以上7年以下有期徒刑，并处罚金。根据刑法第346条的规定，单位犯本罪的，对单位判处罚金，并对其直接负责的主管人员和其他直接责任人员，依照自然人犯本罪的规定处罚。

十三、盗伐林木罪

(一) 概念与构成

盗伐林木罪，是指盗伐森林或者其他林木，数量较大的行为。

本罪的构成要件如下：

1. 本罪的客观方面表现为行为人实施了盗伐森林或者其他林木，且数量较大的行为。所谓盗伐，是指下列行为之一：擅自砍伐国家、集体、他人所有或者他人承包经营管理的森林或者其他林木；擅自砍伐本单位或者本人承包经营管理的森林或者其他林木；在林木采伐许可证规定的地点以外采伐国家、集体、他人所有或者他人承包经营管理的森林或者其他林木。至于行为人是偷偷砍伐还是公开砍伐，对于成立本罪并不重要。成立本罪，还必须是行为人盗伐了数量较大的林木。盗伐林木“数量较大”，以2立方米至5立方米或者幼树100株至200株为起点；盗伐林木“数量巨大”，以20立方米至50立方米或者幼树1 000株至2 000株为起点；盗伐林木“数量特别巨大”，以100立方米至200立方米或者幼树5000株至1万株为起点。

2. 本罪的主体是一般主体，既可以是自然人，也可以是单位。

3. 本罪的主观方面是故意。

4. 本罪的客体是国家林业管理制度和国家、集体或公民的林木所有权。

(二) 司法认定与刑事处罚

1. 司法认定

关于本罪的认定，主要应注意本罪与盗窃罪中盗窃树木（指在房前屋后等处零星种植

的树木）行为的区别。由于本罪在侵犯国家林木管理制度的同时，也侵犯了林木的国家、集体或个人的所有权，这就使本罪与盗窃罪中盗窃树木的犯罪行为极为相似。但二者的区别在于：(1) 侵犯的客体有所不同。本罪的犯罪客体虽然也包括国家、集体或他人的林木所有权，但主要是国家林业管理制度；而盗窃罪中盗窃树木的行为，侵犯的客体只是公私财产所有权。(2) 成立犯罪的标准不同。本罪的成立须符合盗伐数量较大的要求；而盗窃罪中盗窃树木的犯罪，其成立标准是"数额较大"或"多次盗窃"。

2. 刑事处罚

根据刑法第345条第1款之规定，犯本罪的，处3年以下有期徒刑、拘役或者管制，并处或者单处罚金；数量巨大的，处3年以上7年以下有期徒刑，并处罚金；数量特别巨大的，处7年以上有期徒刑，并处罚金。根据该条第4款的规定，盗伐国家级自然保护区内的森林或者其他林木的，从重处罚。根据刑法第346条之规定，单位犯本罪的，对单位判处罚金，并对其直接负责的主管人员和其他直接责任人员，依照自然人犯本罪的规定处罚。

十四、滥伐林木罪

滥伐林木罪，是指违反森林法的规定，滥伐森林或者其他林木，数量较大的行为。本罪的构成要件如下：(1) 本罪的客观方面表现为行为人实施了滥伐林木的行为。滥伐，是指违反森林法的规定，未经林业行政主管部门及法律规定的其他主管部门批准并核发林木采伐许可证，或者虽持有林木采伐许可证，但违反采伐许可证所规定的时间、数量、树种、方式，而任意砍伐本单位所有或本人所有的森林或者其他林木的；超过林木采伐许可证规定的数量采伐他人所有的森林或者其他林木的。此外，林木权属争议一方在林木权属确权之前，擅自砍伐森林或者其他林木，数量较大的，以滥伐林木罪论处。根据司法解释[①]的规定，违反森林法的规定，在林木采伐许可证规定的地点以外，采伐本单位或者本人所有的森林或者其他林木的，除农村居民采伐自留地和房前屋后个人所有的零星林木以外，属于"未经林业行政主管部门及法律规定的其他主管部门批准并核发林木采伐许可证"规定的情形。本罪属于数额犯，只有滥伐林木数量较大的才构成本罪。滥伐林木"数量较大"，以10立方米至20立方米或者幼树500株至1 000株为起点；滥伐林木"数量巨大"，以50立方米至100立方米或者幼树2 500株至5 000株为起点。(2) 本罪的主体是一般主体，既可以是自然人，也可以是单位。(3) 本罪的主观方面是故意。(4) 本罪的客体是国家森林保护制度。

根据刑法第345条第2款之规定，犯本罪的，处3年以下有期徒刑、拘役或者管制，并处或者单处罚金；数量巨大的，处3年以上7年以下有期徒刑，并处罚金。根据该条第4款之规定，滥伐国家级自然保护区内的森林或者其他林木的，从重处罚。根据刑法第346条之规定，单位犯本罪的，对单位判处罚金，并对其直接负责的主管人员和其他直接责任人员，依照自然人犯本罪的规定处罚。

十五、非法收购、运输盗伐、滥伐的林木罪

本罪为《刑法修正案（四）》对刑法第345条第3款进行修正所确立的罪名。非法收

① 参见2004年4月1日起施行的最高人民法院《关于在林木采伐许可证规定的地点以外采伐本单位或者本人所有的森林或者其他林木的行为如何适用法律问题的批复》。

购、运输盗伐、滥伐的林木罪，是指非法收购、运输明知是盗伐、滥伐的林木，情节严重的行为。本罪的构成要件如下：(1) 本罪的客观方面表现为行为人实施了非法收购、运输盗伐、滥伐的林木的行为。本罪属情节犯，只有情节严重的非法收购盗伐、滥伐的林木的行为，才构成本罪。"情节严重"是指：非法收购、运输盗伐、滥伐的林木 20 立方米以上或者幼树 1 000 株以上的；非法收购、运输盗伐、滥伐的珍贵树木 2 立方米以上或者 5 株以上的；其他情节严重的情形。(2) 本罪的主体是一般主体，可以是自然人，也可以是单位。(3) 本罪的主观方面是故意。行为人明知是盗伐、滥伐的林木而仍然收购、运输。"明知"，是指知道或者应当知道。具有下列情形之一的，可以视为应当知道，但是有证据证明确属被蒙骗的除外：在非法的木材交易场所或者销售单位收购木材的；收购以明显低于市场价格出售的木材的；收购违反规定出售的木材的。(4) 本罪的客体是国家森林保护制度。

根据刑法第 345 条第 3 款之规定，犯本罪的，处 3 年以下有期徒刑、拘役或者管制，并处或者单处罚金；情节特别严重的，处 3 年以上 7 年以下有期徒刑，并处罚金。"情节特别严重"是指：非法收购、运输盗伐、滥伐的林木 100 立方米以上或者幼树 5 000 株以上的；非法收购、运输盗伐、滥伐的珍贵树木 5 立方米以上或者 10 株以上的；其他情节特别严重的情形。根据刑法第 346 条之规定，单位犯本罪的，对单位判处罚金，并对其直接负责的主管人员和其他直接责任人员，依照自然人犯本罪的规定处罚。

第八节　走私、贩卖、运输、制造毒品罪

毒品犯罪具有极大的社会危害性，是世界各国重点打击的严重犯罪。在我国的现状是，国内贩毒分子在暴利驱动下疯狂实施毒品犯罪，同时日趋严重的国际毒品犯罪也对我国进行渗透。因此，当前和今后一个时期内我国打击毒品犯罪的形势十分严峻。依法严厉打击毒品犯罪是刻不容缓的任务。刑法第六章第七节规定了 12 个毒品犯罪。在讨论本节具体犯罪之前，先探讨本节个罪的一些共性问题。

第一，毒品的含义。

根据刑法第 357 条第 1 款的规定，毒品是指鸦片、海洛因、甲基苯丙胺（冰毒）、吗啡、大麻、可卡因以及国家规定管制的其他能够使人形成瘾癖的麻醉药品和精神药品。由于麻醉药品、精神药品既具有医用性，又可能具有滥用可能性，而基于前者意义上的麻醉药品、精神药品是不具有社会危害性的，所以只有流入非法渠道的管制麻醉药品、精神药品才属于毒品。对于实践中出现的新型毒品能否认定为刑法规定的毒品，要考察其是否属于我国参加的国际公约或者国内法明确规定的管制麻醉药品、精神药品的范围，如果属于这个范围又进入了非法范畴，就应当认定为刑法规定的毒品。

第二，毒品的含量（即纯度）与数量。

(1) 毒品的含量。根据刑法第 357 条第 2 款的规定，毒品的数量以查证属实的走私、贩卖、运输、制造、非法持有毒品的数量计算，不以纯度折算。有观点认为毒品犯罪的定罪与量刑完全不必考虑毒品的纯度问题。但理论界大多数观点认为，毒品纯度还是会影响毒品犯罪的量刑，应当将纯度作为量刑情节在这一法定刑幅度内加以考虑；毒品犯罪适用死刑更应当考虑毒品的纯度。2000 年《全国法院审理毒品犯罪案件工作座谈会纪要》在谈到毒品含量时也明确指出：根据刑法的规定，对于毒品的数量不以纯度折算。但对于查获的毒品有证据证明大量掺假，经鉴定查明毒品含量极少，确有大量掺假成分的，在处刑时

应酌情考虑。特别是掺假之后毒品的数量才达到判处死刑的标准的，对被告人可不判处死刑立即执行。为掩护运输而将毒品融入其他物品中，不应将其他物品计入毒品的数量。

(2) 毒品的数量。毒品犯罪中涉及的毒品的数量，对毒品犯罪的定罪，特别是量刑，具有重要影响。除了遵循上述考察含量的规定之外，定罪量刑时要注意毒品数量毕竟是依法惩处毒品犯罪的重要情节之一，而不是全部情节。因此，执行量刑的数量标准不能简单化。特别是对被告人可能判处死刑的案件，确定刑罚必须综合考虑被告人的犯罪情节、危害后果、主观恶性等多种因素。对于毒品数量刚刚达到实际应判处死刑的标准，但纵观全案，危害后果不是特别严重，或者被告人的主观恶性不是特别大，或者具有可酌情从轻处罚等情节的，可不判处死刑立即执行。对于被告人被公安机关查获的毒品数量不够判处死刑的标准，但加上坦白交代的毒品数量超过了判处死刑的数量标准的，一般应予从轻处罚，可不判处死刑立即执行。

混合型毒品犯罪的毒品数量如何计算？多数观点认为，混合型毒品犯罪的量刑应当按混合毒品中危害性最大的毒品种类为标准来定罪量刑，如果混合毒品是由多种毒性相当的毒品合成的，就按照数量最多、比重最大的毒品种类为标准来定罪量刑。少数观点认为，混合型毒品犯罪应当以某一有明确量刑标准的毒品为参照物，将混合型毒品按一定比例折算，然后按照参照物的标准量刑。对此，我们认为可参考最高人民法院刑一庭 2006 年 8 月《关于审理若干新型毒品案件定罪量刑的指导意见》来处理。①

第三，关于毒品再犯。

刑法第 356 条规定：“因走私、贩卖、运输、制造、非法持有毒品罪被判过刑，又犯本

---

① 参见最高人民法院刑一庭《关于审理若干新型毒品案件定罪量刑的指导意见》的规定：

近年来，新型毒品案件频发，呈上升趋势。为坚决打击和有效遏制这类毒品犯罪的发展蔓延势头，统一司法标准，现作如下规定：

一、新类型毒品的定罪量刑数量标准暂按以下比例与海洛因进行折算：

1 克海洛因＝20 克氯胺酮［化学名：2—（2—氯苯）2—甲氨基环已酮，俗称：K 粉］；

1 克海洛因＝20 克美沙酮；

1 克海洛因＝10 克替甲基苯丙胺（MDMA）（化学名：N，a—3，4 亚甲基二氧甲基苯丙胺，俗称：摇头丸，迷魂药）；

1 克海洛因＝10 克替苯丙胺（MDA）（化学名：a—3，4 亚甲基二氧苯丙胺，俗称：摇头丸，迷魂药）；

1 克海洛因＝1 000克三唑仑（化学名：8—氯—6—（邻—氯苯基）—1—甲基—4H—s—三氮唑（4，3—）1，4 苯丙二氮杂卓，俗称：蓝精灵，海乐神）；

1 克海洛因＝1 500克安眠酮（又称甲喹酮）；

1 克海洛因＝10 000克氯氮卓（化学名：7—氯—2—甲氨基—5—苯基—3H1，4—苯丙二氮杂卓—4—氧化物，俗称：利眠宁，绿豆仔）；

1 克海洛因＝10 000克地西泮（化学名：俗称：安定）；

1 克海洛因＝10 000克艾西唑仑（化学名：俗称：舒乐安定）；

1 克海洛因＝10 000 克溴西泮（化学名：俗称：宁神定）。

二、对新型毒品要做含量鉴定，确定单一型毒品还是混合型毒品；如果是混合型毒品，要鉴定主要毒品成分及比例。对不符合要求的鉴定结论，应作重新鉴定或补充鉴定，否则不能作为定罪量刑的证据使用。因某种原因不能作出重新鉴定或补充鉴定的，应按有利于被告人的原则进行处理，判处重刑及死刑的应特别慎重。

三、对新型混合毒品的量刑应以其主要毒品成分为依据。将危害较大的主要几类毒品成分按其比例折算成海洛因后再确定数量量刑。

四、新型毒品案件适用死刑的主要对象是从事制造、走私等源头犯罪行为的首要分子和其他主犯，对仅从事了运输、贩卖等中间环节行为的犯罪分子，原则上可不适用死刑，尤其是立即执行。

五、上述规定仅供法院系统内部掌握，执行中遇到问题请及时层报我院刑一庭。

节规定之罪的，从重处罚。”这条规定被称为“毒品再犯”，它的构成特点是：（1）前罪限制严格，必须是走私、贩卖、运输、制造、非法持有毒品罪，而且被判刑；（2）后罪限制较宽，只要是刑法分则第六章第七节规定之罪即可，没有刑种刑期限制；（3）前后两罪之间没有时间限制。

当一种行为既符合毒品再犯的条件，也符合累犯条件的时候，即因走私、贩卖、运输、制造、非法持有毒品罪被判处有期徒刑以上刑罚的犯罪分子，刑罚执行完毕或者赦免以后，在5年以内再犯应当判处有期徒刑以上刑罚的毒品犯罪的，同时成立毒品再犯和累犯。因为累犯和毒品再犯这两种情节的法律后果都应当从重处罚，所以从量刑角度来看，无论采用哪种定性都不会影响量刑，去探究行为人到底属于累犯还是毒品特殊再犯，对于量刑并没有实质意义，而只是具有形式上的意义。2000年《全国法院审理毒品犯罪案件工作座谈会纪要》指出：对依法同时构成再犯和累犯的被告人，今后一律适用刑法第356条规定的再犯条款从重处罚，不再援引刑法关于累犯的条款。但是这并不妨碍对于符合累犯条件的毒品再犯分子适用刑法第74条和第81条的规定，即这类毒品再犯同时符合了累犯条件的，不能适用缓刑和假释：即按照上述会议纪要的精神，对行为人依照毒品再犯条款从重处罚，同时依照刑法总则中有关累犯条款不予假释和缓刑。当然，如果行为只符合毒品再犯的条件，不符合累犯条件的时候，那么按照毒品再犯条款从重处罚，不再按照累犯条款禁止假释和缓刑。

一、走私、贩卖、运输、制造毒品罪

（一）概念与构成

走私、贩卖、运输、制造毒品罪，是指违反国家毒品管理法规，走私、贩卖、运输、制造毒品的行为。

本罪的构成要件如下：

1. 本罪的客观方面表现为行为人实施了走私、贩卖、运输、制造毒品这四种行为之一。

（1）走私的含义。这里的走私与走私罪中的“走私”相同，但本罪中走私的对象限于毒品。

（2）贩卖的含义。理论界对何谓贩卖有不同表述。例如，有人认为，贩卖毒品是指为销售而非法收购毒品或者明知是毒品而非法销售的行为。有人认为，贩卖毒品是指有偿转让毒品或者以贩卖为目的而非法收购毒品。有人认为，贩卖是有偿转让，包括转卖与交换。1994年12月20日公布的最高人民法院《关于执行〈全国人民代表大会常务委员会关于禁毒的决定〉的若干问题的解释》中对贩卖的定义是：“明知是毒品而非法销售或者以贩卖为目的而非法收买毒品的行为”。实践中依据此司法解释来定义贩卖行为是合理的。在司法实践中，贩卖毒品的行为主要表现为以下几种情况：第一种是买卖行为，既有买的行为，又有卖的行为。行为人为了出卖毒品而先从别处买进毒品，然后转手出卖。第二种是出卖行为。行为人没有经历“买”的阶段，毒品来源是自己制造或者是捡拾到的等，行为人将这些毒品卖出牟利。第三种是购买行为。行为人还没有实施出卖行为，但是已经实施了购买毒品行为，而且购买毒品不是为了自己吸食或者为他人吸食代买，而是要转手卖出。实施前述三种行为之一即构成贩卖毒品罪。

（3）运输的含义。关于运输的含义，理论界存在不同的表述，例如，有人认为，运输是指转运和输送，不论是自身携带或交运输部门承运，还是在国内各地之间运输或国内运往国外或国外运往国内，只要实施了运输行为即构成犯罪。有人认为，运输毒品是指行为人明知是毒品而为他人运送，包括利用飞机、火车、汽车、船只等交通工具或采用随身携带的方法将毒品从甲地运往乙地的运输行为。有人认为，运输是指采用携带、邮寄、利用他人或者使用交通工具等方法在我国领域内将毒品从此地转移到彼地。有人认为，运输是指自身或者利用他人携带，或者伪装后以合法形式交邮政、交通部门托运毒品的行为。此外还有种种不同表述，不再一一列举。

总结学界关于运输的讨论，有以下几个问题需要澄清：第一，运输行为是仅限于在国内还是既包括国内也包括运送到国外？我们认为，应当限于在国内，如果是跨国运输，那么行为实际上属于走私的范畴，不再定性为运输。第二，运输是否有距离的要求？有人认为只要行为人在我国境内通过自身携带、托人或雇人携带，以及将伪装后的毒品以合法形式交运输部门托运，不论距离远近，都构成本罪。相反观点认为，运输要求具有一定的距离性，距离较近的不构成运输。可能构成贩卖毒品的帮助犯或者转移毒品罪，或者非法持有毒品罪。我们认为，运输不必具有距离远近的要求。即使距离很近，符合运输条件的行为也应该定罪。第三，运输是否应当具有特殊目的？有人认为，只要主观上明知是毒品，客观上使得毒品发生位移了就是运输。有的认为，运输在主观上不仅必须明知是毒品，而且还必须具有特定的故意，即将毒品进行流通，否则不是运输。我们认可后一种观点。运输行为必须具有将毒品进行流通的目的，否则不构成运输毒品罪。例如，吸毒者为个人吸毒而携带毒品或驾驶交通工具从一个地点到另一个地点，虽然毒品在客观上发生了位移，但是这个行为不是运输毒品罪，吸毒者携带毒品数量较大的，可以构成非法持有毒品罪。又如，行为人为了逃避侦查，随身携带毒品或利用驾驶交通工具、邮寄等各种方式将毒品从一个地点位移到另一个地点，这种行为因为行为人主观上没有使毒品流通的目的，也不构成运输毒品罪，可以构成刑法第 349 条包含的转移毒品罪。由此看出，我们在给运输行为定性的时候，必须同时注意强调行为的主客观两个方面特征。如果只注意到该罪的基本客观行为是使毒品发生位移，而忽视主观方面的特征，就很难准确界定运输的含义，在实践中就难以区分运输毒品行为和其他与之客观行为特征相似的毒品犯罪行为。因为非法持有毒品、转移毒品的行为，在客观上都可能使毒品发生位移，它们与运输毒品的区别，实际上就在于行为当时的主观目的。

(4) 制造的含义。刑法典对于制造的含义没有详细的解释，对于制造含义作出了详细规定的法律文件是 1994 年 12 月 20 日公布的最高人民法院《关于执行〈全国人民代表大会常务委员会关于禁毒的决定〉的若干问题的解释》，其中将制造定义为“非法用毒品原植物直接提炼或者用化学方法加工、配制毒品的行为”。我们认为，鉴于现阶段毒品制造的现状，1994 年法律文本对于制造毒品的理解已不能满足司法实践的需要。在理论界也有许多不同表述，例如，有观点认为，制造毒品行为，指用原料配制毒品。有观点认为，制造毒品是指对毒品或者毒品原植物进行加工、提炼、配制以得到毒品，或者利用化学原料合成毒品的行为。有观点认为，制造毒品一般是指使用毒品原植物而制作成毒品。其包括以下几种情况：一是将毒品以外的物作为原料，提取或制作成毒品。二是毒品的精制，即去掉毒品中的不纯物，使之成为纯毒品或纯度更高的毒品。三是使用化学方法使一种毒品变成另一种毒品。四是使用化学方法以外的方法使一种毒品变成另一种毒品。五是非法按照一定的处方针对特定人的特定情况调制毒品。[①] 我们认为，“制造”不仅包括非法用毒品原

① 参见张明楷：《刑法学》(下)，867 页，北京，法律出版社，1997。

植物直接提炼或者用化学方法加工配制毒品的行为，而且包括提纯毒品和加工改变毒品外部物理形态的行为，其本质是使毒品从无到有地产生、增加毒品的危害性或改变毒品的效用。

本罪为选择罪名，如果行为人实施了前述四种行为中的某一种或某几种，则根据具体实施之行为对其确定罪名。本罪为行为犯，走私、贩卖、运输或制造毒品，无论数量多少，都应以本罪追究刑事责任。

2. 本罪的主体既可以是自然人，也可以是单位。刑法第 17 条第 2 款规定："已满十四周岁不满十六周岁的人，犯故意杀人、故意伤害致人重伤或者死亡、强奸、抢劫、贩卖毒品、放火、爆炸、投毒罪①的，应当负刑事责任。"根据本条的规定，对于已满 14 周岁未满 16 周岁的未成年人犯贩卖毒品罪的，应当负刑事责任，对于已满 14 周岁未满 16 周岁的未成年人犯走私、运输、制造毒品罪的，不负刑事责任。有观点指出，本罪客观方面有四种选择性行为，而且这四种选择性行为的危害性程度是相当的，尤其是走私毒品和贩卖毒品这两种行为危害性十分接近，法律却规定某类主体对其中一种行为承担刑事责任而不对另一类行为承担刑事责任，这很难找到合理理由来解释。刑法这种对极其类似行为给予不同评价的做法并不合理。因此有人主张对"贩卖毒品"的含义进行扩大解释，将"贩卖毒品"扩大解释为"走私、贩卖、运输、制造毒品"。我们认为，该观点指出了刑法客观存在的不协调，在学理上有一定道理，但是现在在司法实践中仍然要坚持罪刑法定原则，在法律没有修改或者立法解释没有出台之前，只能对已满 14 周岁不满 16 周岁的人实施的贩卖毒品行为追究刑事责任，对其他三种行为则不能追究刑事责任。

3. 本罪的主观方面为故意，行为人必须明知行为对象是毒品。在制造毒品的行为中，行为人不可能找到借口辩解说自己不知道制造的是毒品，这种情况下对于制造对象是毒品这一点当然应该是明知的。在走私、贩卖、运输毒品的行为中，行为人可能找到各种理由辩解说自己不是故意犯罪，他们并不明知走私、贩卖、运输的就是毒品。此时不能仅凭行为人的口头供述，应该综合各种主客观情况来进行断定。

主观故意中的"明知"，是指行为人知道或者应当知道所实施的行为是走私、贩卖、运输、非法持有毒品行为。具有下列情形之一，并且犯罪嫌疑人、被告人不能作出合理解释的，可以认定其"应当知道"，但有证据证明确属被蒙骗的除外：(1) 执法人员在口岸、机场、车站、港口和其他检查站检查时，要求行为人申报为他人携带的物品和其他疑似毒品物，并告知其法律责任，而行为人未如实申报，在其所携带的物品内查获毒品的；(2) 以伪报、藏匿、伪装等蒙蔽手段逃避海关、边防等检查，在其携带、运输、邮寄的物品中查获毒品的；(3) 执法人员检查时，有逃跑、丢弃携带物品或逃避、抗拒检查等行为，在其携带或丢弃的物品中查获毒品的；(4) 体内藏匿毒品的；(5) 为获取不同寻常的高额或不等值的报酬而携带、运输毒品的；(6) 采用高度隐蔽的方式携带、运输毒品的；(7) 采用高度隐蔽的方式交接毒品，明显违背合法物品惯常交接方式的；(8) 其他有证据足以证明行为人应当知道的。

至于行为人的目的与动机如何不影响本罪的成立。

4. 本罪的客体是国家毒品管理制度，并且本罪中走私毒品的行为还侵犯了国家进出口管理制度。本罪的犯罪对象是毒品。

---

① 现行刑法第 17 条第 2 款仍用"投毒罪"，但第 114 条原规定的投毒罪已被《刑法修正案（三）》改为"投放危险物质罪"。

(二) 司法认定与刑事处罚

1. 司法认定

走私、贩卖、运输、制造毒品罪是一个十分复杂的犯罪。在司法实践中，处理本罪时主要应注意以下几点：

(1) 本罪罪名确定问题。“走私、贩卖、运输、制造毒品罪”是选择性罪名。如果行为人对同一宗毒品实施了两种以上犯罪行为的，应当按照所实施的犯罪行为的性质并列确定罪名。罪名不以行为实施的先后、危害后果的大小排列，一律以刑法条文规定的顺序表述，如对同一宗毒品，既制造又走私的则以“走私、制造毒品罪”定罪，但不实行数罪并罚。对不同宗毒品分别实施了不同种犯罪行为的，应对不同行为并列确定罪名，累计计算毒品数量，也不实行数罪并罚。

(2) 毒品数量的计算。由于本罪的处罚与行为人走私、贩卖、运输、制造毒品的数量有重大关系，所以准确认定毒品数量具有十分重要的意义。1) 根据刑法第347条第7款之规定，对多次走私、贩卖、运输、制造毒品而未经处理的，其毒品数量累计计算；2) 根据刑法第357条第2款之规定，毒品的数量以查证属实的走私、贩卖、运输、制造的数量计算，不以纯度折算。但如前所述，对于查获的毒品有证据证明大量掺假，经鉴定查明毒品含量极少，确有大量掺假成分的，在处刑时应酌情考虑。

(3) 本罪的既遂与未遂。由于对本罪到底是结果犯还是行为犯存在争议，所以对本罪四种行为的既遂、未遂标准都存在争议。目前理论界对几种行为的既遂、未遂标准主要存在以下观点：

第一，对于走私毒品罪。有的学者认为走私毒品罪是行为犯，只要查明行为人有走私毒品行为的，就构成走私毒品罪的既遂。有的学者认为是结果犯。我们赞同行为犯的观点，但认为走私毒品罪存在既遂和未遂之分：走私毒品的方式具有多样性，走私毒品罪的既遂、未遂标准要根据不同情况加以认定。如果是通过正规海关关口走私的，毒品进入口岸就构成既遂，反之未遂；没有通过正规关口入境走私的，以毒品是否进入国界为既遂、未遂标准。

第二，对于贩卖毒品罪。有的学者认为贩卖毒品罪是行为犯，只要行为人开始实施贩卖毒品的行为，就具备贩卖毒品罪的全部构成要件，成立犯罪既遂。其中对“开始贩卖”又有不同理解：一种认为将毒品带入交易环节就足矣，另一种则认为以贩卖为目的的买入毒品即为既遂。有的学者认为贩卖毒品罪是结果犯。我们认为该罪是结果犯，其既遂包含以下几种情况：其一，因为贩卖毒品行为本身就包括贩与卖两种类型，所以实际卖出毒品和以卖出为目的实际买入了毒品的行为，构成既遂；其二，是否实际卖出和买入，判断标准是已经将毒品实际交付至对方的控制之中，如果买卖双方只是达成买卖协议而尚未实际交付毒品的，不属于犯罪既遂。我们不同意以毒品买卖契约的达成为标志作为实际买进、卖出的标准。贩卖毒品罪未遂的情形比较复杂，如贩毒分子为贩卖而购买毒品，毒品尚未到手被查获的；对毒品着手实施贩卖但尚未卖出就被查获的；不知是假毒品而当做真毒品贩卖的；等等。

第三，关于运输毒品罪。有的学者认为运输毒品罪是行为犯，实施运输行为本身就是既遂。具体来说又有几种不同观点：一种观点认为只要起运或者将毒品交运输部门办理完托运或邮寄手续就构成既遂。另一种观点认为无论运输毒品采取何种形式，只要毒品已经在运输途中就构成既遂，但是如果刚起运或托运而因故被阻止的只能构成未遂。还有观点认为运输毒品罪是结果犯，认为运输毒品必须到达目的地才构成既遂，刚起运或托运，或在运输途中尚没有到达目的地的均为未遂。我们赞同第二种观点。

第四，关于制造毒品罪。有的学者认为制造毒品罪是行为犯，行为人只要开始实施制造毒品的行为就构成既遂。有的学者认为制造毒品罪是结果犯，毒品制造出成品的才构成既遂。我们赞同后一种观点。

（4）关于本罪的共同犯罪问题。二人以上共同故意实施走私、贩卖、运输、制造毒品等犯罪行为的，是共同犯罪。在毒品共同犯罪中，首先要正确区分主犯和从犯。在共同犯罪中起意贩毒、为主出资、毒品持有者以及其他起主要作用的是主犯；在共同犯罪中起次要或者辅助作用的是从犯。对于确有证据证明在共同犯罪中起次要或者辅助作用的，不能因为其他共同犯罪人未归案而不认定为从犯，甚至将其认定为主犯或按主犯处罚。只要认定了从犯，无论主犯是否到案，均应依照并援引刑法关于从犯的规定从轻、减轻或者免除处罚。其次要正确认定共同犯罪案件中主犯和从犯的毒品犯罪数量。对于毒品犯罪集团的首要分子，应按集团毒品犯罪的总数量处罚；对一般共同犯罪的主犯，应当按其组织、指挥的毒品犯罪数量处罚；对于从犯，应当按其个人直接参与实施的毒品犯罪数量处罚。最后要根据行为人在共同犯罪中作用和罪责的大小确定刑罚。不同案件不能简单地类比，这一案件的从犯参与毒品犯罪的数量可能比另一案件的主犯参与毒品犯罪的数量大，但对这一案件从犯的处罚不是必然重于另一案件的主犯。共同犯罪中能分清主从犯的，不能因为涉案的毒品数量特别巨大，就一律将被告人认定为主犯并判处重刑甚至死刑。受雇于他人实施毒品犯罪的，应根据其在犯罪中的作用具体认定为主犯或从犯。受他人指使实施毒品犯罪并在犯罪中起次要作用的，一般应认定为从犯。

除了按一般共同犯罪的理论解决本罪的共犯问题以外，还应注意两种特殊情况：其一，根据刑法第349条第3款之规定，犯包庇毒品犯罪分子罪与窝藏、转移、隐瞒毒品、毒赃罪而事先通谋的，以走私、贩卖、运输、制造毒品罪的共犯论处；其二，根据刑法第350条第2款之规定，明知他人制造毒品而为其提供制毒物品的，对行为人应以制造毒品罪的共犯论处。

（5）实践中常见的其他疑难问题。

第一，对吸毒者的处理。依照刑法规定，仅仅吸食毒品不构成犯罪。对于吸毒者实施的行为，在认定犯罪事实和确定罪名上一定要慎重。吸毒者在购买、运输、存储毒品过程中被抓获的，如没有证据证明被告人实施了其他毒品犯罪行为的，不应定罪处罚，但查获的毒品数量大的，应当以非法持有毒品罪定罪；毒品数量未超过刑法第348条规定的数量最低标准的，不定罪处罚。对于以贩养吸的被告人，毒品数量应该如何认定？有观点认为贩卖部分应当认定贩卖毒品罪，吸食部分不应计入贩卖毒品的数量之内；另有观点认为如果在查获时行为人已将毒品贩卖了一部分，还留下一部分自己吸食，对留下的这部分仍应计入贩卖毒品的数量之内。相关司法解释①认为，被查获的毒品数量应认定为其犯罪的数量，但量刑时应考虑被告人吸食毒品的情节。

第二，关于居间介绍买卖毒品行为的定性。在毒品买卖双方之间介绍，促成毒品交易的居间介绍行为，实质上是贩卖毒品的帮助行为，应以贩卖毒品罪的共犯论处。

第三，代买毒品行为的定性。如果有证据证明行为人不是以营利为目的，为他人代买仅用于吸食的毒品，毒品数量超过刑法第348条规定的数量最低标准，构成犯罪的，托购

---

① 参见1995年11月9日最高人民法院《关于办理毒品刑事案件适用法律几个问题的答复》。

者、代购者均构成非法持有毒品罪，不能定性为贩卖毒品罪。

第四，贩卖假毒品行为的认定。

其一，明知是假毒品的。如果行为人制造假毒品出售，或者明知不是毒品而假冒毒品卖给他人的，是定本罪还是定诈骗罪？这是一个值得注意的问题。我们认为，从行为人的主客观情况来分析，此种情况下行为人只是利用假毒品骗取他人钱财，故更符合诈骗行为的特征。如果行为人售卖假毒品骗得了数额较大的钱财，应对其以诈骗罪论处。

其二，将假毒品误认为真毒品贩卖牟利行为的认定。对此应以刑法上的认识错误理论来解决。此种情况下行为人主观上具有犯本罪的故意，客观上实施了贩卖行为，仅仅因为发生了错误认识而卖出了假毒品，所以，对其仍应以贩卖毒品罪（未遂）论处。

2. 刑事处罚

对本罪的刑事处罚分以下几种情况：

（1）根据刑法第347条第2款之规定，犯本罪而有下列情形之一的，处15年有期徒刑、无期徒刑或者死刑，并处没收财产：第一，走私、贩卖、运输、制造鸦片1千克以上、海洛因或者甲基苯丙胺50克以上或者其他毒品数量大的。根据2000年的司法解释[①]，“其他毒品数量大”是指：苯丙胺类毒品（甲基苯丙胺除外）100克以上；大麻油5千克、大麻脂10千克、大麻叶及大麻烟150千克以上；可卡因50克以上；吗啡100克以上；度冷丁（杜冷丁）250克以上（针剂100mg/支规格的2 500支以上，50mg/支规格的5 000支以上；片剂25mg/片规格的1万片以上，50mg/片规格的5 000片以上）；盐酸二氢埃托啡10毫克以上（针剂或者片剂20μg/支、片规格的500支、片以上）；咖啡因200千克以上；罂粟壳200千克以上；上述毒品以外的其他毒品数量大的。根据2007年相关司法解释[②]，走私、贩卖、运输、制造、非法持有下列毒品，“其他毒品数量大”是指：二亚甲基双氧安非他明（MDMA）等苯丙胺类毒品（甲基苯丙胺除外）100克以上；氯胺酮、美沙酮1千克以上；三唑仑、安眠酮50千克以上；氯氮卓、艾司唑仑、地西泮、溴西泮500千克以上；上述毒品以外的其他毒品数量大的。第二，走私、贩卖、运输、制造毒品集团的首要分子。第三，武装掩护走私、贩卖、运输、制造毒品的。第四，以暴力抗拒检查、拘留、逮捕，情节严重的。第五，参与有组织的国际贩毒活动的。

（2）根据刑法第347条第3款之规定，走私、贩卖、运输、制造鸦片200克以上不满1千克、海洛因或者甲基苯丙胺10克以上不满50克或者其他毒品数量较大的，处7年以上有期徒刑，并处罚金。根据司法解释[③]，“其他毒品数量较大”是指：苯丙胺类毒品（甲基苯丙胺除外）20克以上不满100克；大麻油1千克以上不满5千克、大麻脂2千克以上不满10千克，大麻叶及大麻烟30千克以上不满150千克；可卡因10克以上不满50克；吗啡20克以上不满100克；度冷丁（杜冷丁）50克以上不满250克（针剂100mg/支规格的500支以上不满2 500支，50mg/支规格的1 000支以上不满5 000支；片剂25mg/片规格的2 000片以上不满1万片，50mg/片规格的1 000片以上不满5 000片）；盐酸二氢埃托啡2毫克以上不满10毫克（针剂或者片剂20μg/支、片规格的100支、片以上不满500支、片）；咖啡因50千克以上不满200千克；罂粟壳50千克以上不满200千克；上述毒品以外

① 参见2000年6月6日最高人民法院《关于审理毒品案件定罪量刑标准有关问题的解释》。

② 参见2007年12月18日最高人民法院、最高人民检察院、公安部《办理毒品犯罪案件适用法律若干问题的意见》。

③ 参见2000年6月6日最高人民法院《关于审理毒品案件定罪量刑标准有关问题的解释》。

的其他毒品数量较大的。根据2007年相关司法解释①，走私、贩卖、运输、制造下列毒品，应当认定“其他毒品数量较大”：二亚甲基双氧安非他明（MDMA）等苯丙胺类毒品（甲基苯丙胺除外）20克以上不满100克的；氯胺酮、美沙酮200克以上不满1千克的；三唑仑、安眠酮10千克以上不满50千克的；氯氮卓、艾司唑仑、地西泮、溴西泮100千克以上不满500千克的；上述毒品以外的其他毒品数量较大的。

(3) 根据刑法第347条第4款之规定，走私、贩卖、运输、制造鸦片不满200克、海洛因或者甲基苯丙胺不满10克或者其他少量毒品的，处3年以下有期徒刑、拘役或者管制，并处罚金；情节严重的，处3年以上7年以下有期徒刑，并处罚金。根据2007年相关司法解释②，“其他少量毒品”是指：二亚甲基双氧安非他明（MDMA）等苯丙胺类毒品（甲基苯丙胺除外）不满20克的；氯胺酮、美沙酮不满200克的；三唑仑、安眠酮不满10千克的；氯氮卓、艾司唑仑、地西泮、溴西泮不满100千克的；上述毒品以外的其他少量毒品的。根据2000年的司法解释③，“情节严重”是指具有下列情形之一的：走私、贩卖、运输、制造鸦片140克以上不满200克、海洛因或者甲基苯丙胺7克以上不满10克或者其他数量相当毒品的；国家工人员走私、制造、运输、贩卖毒品；在戒毒监管场所贩卖毒品的；向多人贩毒或者多次贩毒的；其他情节严重的行为。

(4) 根据刑法第347条第5款之规定，单位犯本罪的，对单位判处罚金，并对其直接负责的主管人员和其他直接责任人员，依照自然人犯本罪的规定处罚。

(5) 根据刑法第347条第6款之规定，利用、教唆未成年人走私、贩卖、运输、制造毒品，或者向未成年人出售毒品的，从重处罚。

(6) 根据刑法第349条之规定，缉毒人员或者其他国家机关工作人员掩护、包庇走私、贩卖、运输、制造毒品的犯罪分子的，依照本罪从重处罚。

(7) 根据刑法第350条第2款之规定，明知他人制造毒品而为其提供制毒物品的，以制造毒品罪的共犯论处，单位亦同。

(8) 根据刑法第356条之规定，因犯本罪和非法持有毒品罪被判过刑又犯本罪的，从重处罚。

二、非法持有毒品罪

(一) 概念与构成

非法持有毒品罪，是指违反国家毒品管理法规，非法持有毒品且数量较大的行为。

本罪的构成要件如下：

1. 本罪的客观方面表现为行为人实施了非法持有毒品的行为。

(1)“非法”。非法是指行为人违反了《药品管理法》、《麻醉药品管理办法》和《精神药品管理办法》等有关禁止个人持有毒品的规定，未经主管部门批准或许可而持有。

(2)“持有”。“持有”是一种区别于一般作为和不作为的特殊行为类型。持有型犯罪是以持有特定物品或财产的不法状态为基本构成要素的犯罪。对毒品犯罪而言，行为人不

---

① 参见2007年12月18日最高人民法院、最高人民检察院、公安部《办理毒品犯罪案件适用法律若干问题的意见》。

② 参见2007年12月18日最高人民法院、最高人民检察院、公安部《办理毒品犯罪案件适用法律若干问题的意见》。

③ 参见2000年6月6日最高人民法院《关于审理毒品案件定罪量刑标准有关问题的解释》。

会没有任何理由而持有毒品，可能是因走私、制造、贩卖、运输、窝藏毒品等毒品犯罪行为而持有毒品，只有特殊情况下才会因为非其他犯罪行为而持有毒品，如捡到毒品后持有、为吸食而购买毒品并持有等。立法者考虑到实践中直接证明持有状态的先行犯罪或者后续犯罪存在一定的困难，所以增设持有型犯罪使公诉机关无须证明毒品的来源或去向，只要证明具有“持有”毒品的行为就构成犯罪。可见立法上对于持有毒品罪的规定，主要是为了在公诉机关难以证明毒品的来源或去向的情况下设置的一个堵截条款。换句话说，非法持有毒品罪必须是在没有证据证明持有行为以进行其他毒品犯罪为目的或没有证据证明持有行为是其他毒品犯罪的后续行为的前提下才能认定，即只有在不能把毒品持有人的行为认定为走私、贩卖、运输、制造毒品等其他毒品犯罪的情况下，才能认定为非法持有毒品罪。如果能够证明持有毒品的原因或目的是其他毒品犯罪，那么持有毒品的行为就应该包含在那个毒品犯罪之中，作为其自然附随产生的行为存在，没有单独存在和定罪的余地。

对持有的含义，应作广义理解，既可以是暗藏于自己家中，也可以是委托他人代为收藏；既可以是随身携带，也可以是置于车船之内。只要是处于行为人可以控制和自由支配的范围内，无论毒品放置的地点和方式如何，都可以理解为持有。

(3) 数量较大。本罪属于数额犯，即非法持有的毒品必须达到法定数量，才构成本罪。“法定数量”，是指非法持有鸦片200克以上、海洛因或者甲基苯丙胺10克以上或者其他毒品数量较大的情况。其他毒品数量大或者数量较大的标准，参照刑法第347条的标准，不再赘述。

2. 本罪的主体是一般主体，即具有刑事责任能力、年满16周岁的自然人。已满14周岁未满16周岁的未成年人不是本罪的犯罪主体。

3. 本罪的犯罪主观方面是故意，过失不构成犯罪。行为人对其持有毒品的明知，并不要求明知毒品的具体名称、准确的数量、含量的高低及实际价值等，只要明知是毒品即可。

4. 本罪的客体是单一客体，即国家毒品管理制度。基于鸦片、海洛因、甲基苯丙胺等毒品具有的强烈成瘾性和巨大毒害性，国家建立了一套严格的管理制度，个人是被严禁非法持有毒品的，非法持有即构成对国家毒品管制的侵害。非法持有毒品行为，由于毒品尚未实际使用，毒品危害尚未在吸毒人身上得以体现，所以该犯罪行为还未直接侵犯除国家对毒品管制秩序以外的他人身心健康。

(二) 司法认定与刑事处罚

1. 司法认定

(1) 本罪与走私、贩卖、运输、制造毒品罪的区别。实施走私、贩卖、运输、制造毒品的犯罪行为，一般都会持有毒品一段时间。这就使其与本罪具有了相似之处。但二者的显著区别在于：其一，客观表现不同。本罪的行为特点是各种形式的“持有”；而走私、贩卖、运输、制造毒品罪的行为方式限于“走私、贩卖、运输、制造”四种。走私、贩卖、运输、制造毒品的过程中行为人“持有”毒品的行为被主行为——“走私、贩卖、运输、制造”毒品的行为所吸收，不能独立成罪。其二，成立犯罪的标准不同。本罪属于数额犯，须行为人持有法定数量的毒品才构成犯罪；而走私、贩卖、运输、制造毒品罪则是只要行为人实施了走私、贩卖、运输、制造毒品的行为之一，不论数量多少，便足以成立犯罪。

(2) 持有假毒品的行为认定。如果行为人误将假毒品当做真毒品而持有，是否能以本

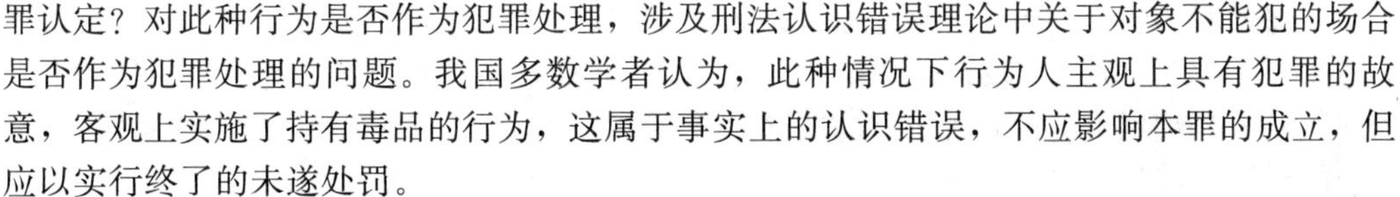

罪认定？对此种行为是否作为犯罪处理，涉及刑法认识错误理论中关于对象不能犯的场合是否作为犯罪处理的问题。我国多数学者认为，此种情况下行为人主观上具有犯罪的故意，客观上实施了持有毒品的行为，这属于事实上的认识错误，不应影响本罪的成立，但应以实行终了的未遂处罚。

2. 刑事处罚

根据刑法第 348 条之规定，犯本罪的，处 3 年以下有期徒刑、拘役或者管制，并处罚金；情节严重的，处 3 年以上 7 年以下有期徒刑，并处罚金；非法持有鸦片 1 千克以上、海洛因或者甲基苯丙胺 50 克以上或者其他毒品数量大的，处 7 年以上有期徒刑或者无期徒刑，并处罚金。根据刑法第 356 条的规定，因走私、贩卖、运输、制造、非法持有毒品罪被判过刑，又犯本罪的，从重处罚。

三、包庇毒品犯罪分子罪

（一）概念与构成

包庇毒品犯罪分子罪，是指明知是走私、贩卖、运输、制造毒品的犯罪分子而包庇的行为。

本罪的构成要件如下：

1. 本罪的客观方面表现为行为人实施了包庇走私、贩卖、运输、制造毒品的犯罪分子的行为。包庇，是指明知是走私、贩卖、运输、制造毒品的犯罪分子，为其掩盖罪行向司法机关作虚假证明，从而使其逃避法律制裁。本罪行为人包庇的对象，限于走私、贩卖、运输、制造毒品的犯罪分子。如果包庇其他毒品犯罪分子，不构成本罪。

2. 本罪的主体是一般主体，年满 16 周岁、具有刑事责任能力的自然人。

3. 本罪的主观方面是故意，过失不构成本罪。

4. 本罪的客体是国家司法机关同毒品犯罪作斗争的正常活动。

（二）司法认定与刑事处罚

1. 司法认定

（1）本罪与包庇罪。行为人明知是走私、贩卖、运输、制造毒品的犯罪分子而包庇的行为，既符合包庇毒品犯罪分子罪的构成，又符合刑法第 310 条规定的包庇罪的犯罪构成。此时刑法第 349 条与第 310 条形成特殊法与一般法的竞合，依照特殊法优于一般法的原则，以包庇毒品犯罪分子罪论处。

（2）窝藏毒品犯罪分子行为的定性。刑法规定了行为人明知是走私、贩卖、运输、制造毒品的犯罪分子而包庇的行为，构成包庇毒品犯罪分子罪，但是没有规定行为人明知是走私、贩卖、运输、制造毒品的犯罪分子而窝藏的行为如何定性。对此行为能否认定为包庇毒品犯罪分子罪？如何对此行为定性关系到对包庇毒品犯罪分子罪中的“包庇”的解释。能否将此处的“包庇”扩大解释为包括“窝藏”行为在内？有人认为包庇毒品犯罪分子罪中的“包庇”行为应包括窝藏行为，我们不赞同此种观点。刑法第 310 条明确将“包庇”与“窝藏”并列，证明这两种行为是互不隶属的。所谓“窝藏”行为针对的是犯罪分子本人，是指为犯罪分子提供藏身处所，使之不被司法机关发现，或者为犯罪分子提供资金、衣物、食品、交通工具、指引方向等帮助使之逃避搜捕的行为。所谓包庇是“作假证明包庇”，针对的是证据，是指向司法机关作虚假证明使犯罪分子不被发现、追诉的行为，表现为虚构事实、出示虚假证明等。“包庇”和“窝藏”含义是有区别的，不能进行没有根据的类推。

窝藏走私、贩卖、运输、制造毒品的犯罪分子的行为完全符合窝藏罪的构成要件，可以按照刑法第310条规定的窝藏罪论处，窝藏罪与包庇毒品犯罪分子罪的法定刑是完全一样的，这样处理也不会出现法定刑过轻过重的情况。

2. *刑事处罚*

根据刑法第349条第1款之规定，犯本罪的，处3年以下有期徒刑、拘役或者管制；情节严重的，处3年以上10年以下有期徒刑。根据刑法第349条第2款、第3款之规定，缉毒人员或者其他国家机关工作人员掩护、包庇走私、贩卖、运输、制造毒品的犯罪分子的，依照本罪的规定从重处罚；犯本罪事先通谋的，以走私、贩卖、运输、制造毒品罪的共犯论处。根据刑法第356条之规定，因走私、贩卖、运输、制造、非法持有毒品罪被判过刑，又犯本罪的，从重处罚。

四、窝藏、转移、隐瞒毒品、毒赃罪

(一) 概念与构成

窝藏、转移、隐瞒毒品、毒赃罪，是指明知是走私、贩卖、运输、制造毒品的犯罪分子的毒品或毒赃，而予以窝藏、转移、隐瞒的行为。

本罪的构成要件如下：

1. 本罪的客观方面表现为行为人实施了为走私、贩卖、运输、制造毒品的犯罪分子窝藏、转移、隐瞒毒品、毒赃的行为。帮助窝藏、转移、隐瞒的必须限于走私、贩卖、运输、制造毒品的犯罪分子，不包括其他毒品犯罪的犯罪分子。所谓毒赃，是指毒品犯罪分子通过走私、贩卖、运输、制造毒品所获得的钱或物。

2. 本罪的主体是一般主体，年满16周岁、具有刑事责任能力的自然人。

3. 本罪的主观方面是故意，行为人明知是走私、贩卖、运输、制造毒品的犯罪分子的毒品、毒赃而故意予以窝藏、转移、隐瞒。过失不成立本罪。

4. 本罪的客体是国家司法机关同毒品犯罪作斗争的正常活动。毒品、毒赃是毒品犯罪的重要证据，查获毒品、毒赃是国家打击毒品犯罪的重要步骤，对走私、贩卖、运输、制造毒品的犯罪分子的毒品或毒赃予以窝藏、转移、隐瞒的行为会妨害国家打击毒品犯罪的司法活动。所以本罪侵犯了国家司法机关同毒品犯罪作斗争的正常活动。

(二) 司法认定与刑事处罚

1. *司法认定*

转移毒品罪与运输毒品罪如何区别？转移毒品罪的最高法定刑只有10年有期徒刑，运输毒品罪的最高法定刑为死刑，悬殊巨大，实践中必须严格区分“运输毒品罪”与“转移毒品罪”。有人认为应当以地理位置远近来划分两罪界限，认为转移是指对毒品进行短距离的位移，必须受到“一定距离的限制”。如果行为人的转移超过一定范围就可能超出转移毒品罪的范围而构成运输毒品罪。

我们认为，以距离作为区分运输毒品罪与转移毒品罪的标准，没有抓住问题的本质。我们认为，毒品最终能够产生社会危害性在于将毒品广泛流通到社会上，使得民众身心健康受害，所以毒品流通性越强的行为危害性越重，毒品流通性越弱的行为危害性相对越轻。既然运输和转移都会使得毒品发生位移，为什么法律规定运输毒品罪的法定刑会比转移毒品的法定刑重很多？就是因为运输行为使得毒品能够得以进一步流通，而转移行为不能够使毒品进一步流通，只是在客观上妨害了司法机关的查处活动。所以，区别运输与转移应以行为人使毒品发生位移的目的和毒品是否进一步流通作为区别标准。“运输”的目的是便于毒品直接流通，不是逃避制裁。运输客观上使毒品流向下一个控制人，无论这个控制人是贩毒者还是吸毒者，这种行为都造成了毒品在社会上进一步流通。“转移”的目的不是直接使毒品流通，而是帮助毒品罪犯逃避法律制裁。转移行为可能是行为人本人随身带着毒品转移，这种情况客观上不发生毒品向社会流通的问题；转移行为也可能是将毒品从前一个人手中转交到后一个人手中，使后者代为保管毒品，前者暂时没有持有毒品但是具有对毒品控制处理的权力，后者实际上持有毒品但是对毒品缺乏实际控制权，不能处置毒品，所以也不发生毒品进一步流通到社会上的问题，这种行为性质就是转移。两种情况如果发生竞合，按照想象竞合犯处理。

2. 刑事处罚

根据刑法第 349 条之规定，犯本罪的，处 3 年以下有期徒刑、拘役或者管制；情节严重的，处 3 年以上 10 年以下有期徒刑。根据该条第 3 款之规定，犯本罪事先通谋的，以走私、贩卖、运输、制造毒品罪的共犯论处。根据刑法第 356 条之规定，因走私、贩卖、运输、制造、非法持有毒品罪被判过刑，又犯本罪的，从重处罚。

五、走私制毒物品罪

（一）概念与构成

走私制毒物品罪，是指违反国家规定，非法运输、携带醋酸酐、乙醚、三氯甲烷或者其他用于制造毒品的原料或者配剂进出境的行为。

本罪的构成要件如下：

1. 本罪的客观方面表现为违反国家规定，非法运输、携带醋酸酐、乙醚、三氯甲烷或者其他用于制造毒品的原料或者配剂进出境的行为。

（1）违反国家规定。国家规定的范畴包括哪些？根据刑法第 96 条的规定，国家规定是指全国人民代表大会及其常务委员会制定的法律和决定，国务院制定的行政法规、规定的行政措施、发布的决定和命令。另外，经全国人民代表大会及其常务委员会批准、缔结的国际性条约以及经全国人民代表大会及其常务委员会、国务院授权的部门制定的规范性文件，亦应属于国家规定。具体来说，本罪违反的国家法律规定，主要是指违反国家有关管理制毒原料、配剂的法律、法规和规章等的规定，如《药品管理法》和卫生部、对外贸易部、公安部、海关总署《关于对三种特殊化学品实行准许证管理的通知》以及我国参加的《联合国禁止非法贩运麻醉药品和精神药物公约》等的有关规定。

（2）走私行为。制造毒品的原料或者配剂属于违禁品，是不能够私自运输进出境的，非法运输制造毒品的原料或者配剂进境或者出境，属于走私行为。

（3）犯罪对象。犯罪对象是制毒原料或配剂，是指能够用于制造毒品的原料或者配剂。常见的有醋酸酐、乙醚、三氯甲烷、麻黄碱、麦角新碱、麦角胺、麦角酸、丙酮、邻氨基苯甲酸、苯乙酸、哌吮以及上述物质可能存在的盐类。

2. 本罪的主体是一般主体，自然人与单位均可成为本罪主体。自然人需具有刑事责任能力、年满 16 周岁。

3. 本罪的主观方面是故意犯罪。

4. 本罪的客体是国家对制毒物品的管理制度。

（二）司法认定与刑事处罚

1. 司法认定

走私制毒物品罪的构成是否要求制毒物品必须客观上用于制造毒品？我们认为答案是

否定的，走私制毒物品构成犯罪并不需要制毒物品必须客观上用于制造毒品，只要行为人走私的对象是制毒物品就可构成走私制毒物品罪。如果行为人明知他人制造毒品而为其提供制毒物品的，应以制造毒品罪的共犯论处。

2. 刑事处罚

根据刑法第350条和最高人民法院的司法解释①之规定，犯本罪具有下列情形之一的，处3年以下有期徒刑、拘役或者管制，并处罚金：（1）麻黄碱、伪麻黄碱及其盐类和单方制剂5千克以上不满50千克；麻黄浸膏、麻黄浸膏粉100千克以上不满1 000千克；（2）醋酸酐、三氯甲烷200千克以上不满2 000千克；（3）乙醚400千克以上不满3 000千克；（4）上述原料或者配剂以外其他相当数量的用于制造毒品的原料或者配剂。超过前述所列数量标准的，应当认定为刑法第350条第1款规定的“数量大”。而数量大的，处3年以上10年以下有期徒刑，并处罚金。单位犯本罪的，对单位判处罚金，并对其直接负责的主管人员和其他直接责任人员，依照上述规定处罚。又据刑法第356条之规定，因走私、贩卖、运输、制造、非法持有毒品罪被判过刑，又犯本罪的，从重处罚。

六、非法买卖制毒物品罪

（一）概念与构成

非法买卖制毒物品罪，是指违反国家规定，在境内非法买卖醋酸酐、乙醚、三氯甲烷或者其他用于制造毒品的原料或配剂的行为。

本罪的构成要件如下：

1. 本罪的客观方面表现为，违反国家规定，在境内非法买卖醋酸酐、乙醚、三氯甲烷或者其他用于制造毒品的原料或配剂的行为。

（1）违反国家规定。这是本罪的法律特征，含义同前。

（2）在境内非法买卖。所谓在境内，理论上是指在中华人民共和国境内，包括内地以及香港、澳门特区以及我国台湾地区，但司法实践中是指中国大陆（内地）。所谓买卖，包括购买和售卖。行为人只要实施买和卖的行为之一，即可构成本罪；同时实施买卖两种行为的，亦只构成本罪。值得注意的是，本罪中的“非法买卖”，是指在境内非法买卖，包括无经营权的单位或个人在境内进行制毒物品买卖，也包括虽有经营权的单位或个人超范围、超数量经营的行为。根据法律规定，行为人实施了上述非法买卖制毒原料、配剂的行为即符合本罪客观方面的要求，并不要求“数量较大”或“情节严重”。不过，根据现行刑法的基本精神，如果行为人非法买卖制毒原料、配剂数量少，情节显著轻微，危害不大的，可以不认定为犯罪，司法解释②对此也有具体规定。

2. 本罪的主体是一般主体，包括自然人和单位。自然人具有刑事责任能力、年满16周岁。

3. 本罪的主观方面是故意犯罪。其动机多是牟利。动机如何不是本罪的构成要件。

4. 本罪的客体是国家对制毒物品的管制。

---

① 2000年6月6日最高人民法院《关于审理毒品案件定罪量刑标准有关问题的解释》。

② 根据2000年6月6日最高人民法院《关于审理毒品案件定罪量刑标准有关问题的解释》第4条的规定，认定本罪，其数量应达到该条标准。其具体内容参见下页“刑事处罚”部分。

（二）司法认定与刑事处罚

1. 司法认定

非法买卖制毒物品罪的构成是否要求制毒物品必须客观上用于制造毒品？我们认为，只要行为人非法买卖的对象是制毒物品就可以构成非法买卖制毒物品罪，如果行为人明知他人制造毒品而为其提供制毒物品的，以制造毒品罪的共犯论处。

2. 刑事处罚

根据刑法第350条和最高人民法院的司法解释[①]之规定，本罪具有下列情形之一的，处3年以下有期徒刑、拘役或者管制，并处罚金：（1）麻黄碱、伪麻黄碱及其盐类和单方制剂5千克以上不满50千克；麻黄浸膏、麻黄浸膏粉100千克以上不满1 000千克；（2）醋酸酐、三氯甲烷200千克以上不满2 000千克；（3）乙醚400千克以上不满3 000千克；（4）上述原料或者配剂以外其他相当数量的用于制造毒品的原料或者配剂。超过前述所列数量标准的，应当认定为刑法第350条第1款规定的“数量大”。数量大的，处3年以上10年以下有期徒刑，并处罚金。单位犯本罪的，对单位判处罚金，并对其直接负责的主管人员和其他直接责任人员，依照自然人犯本罪的规定处罚。根据刑法第356条之规定，因走私、贩卖、运输、制造、非法持有毒品罪被判过刑，又犯本罪的，从重处罚。

七、非法种植毒品原植物罪

（一）概念与构成

非法种植毒品原植物罪，是指违反国家毒品原植物种植管制法规，私自种植罂粟、大麻等毒品原植物，情节严重的行为。

本罪构成要件如下：

1. 本罪的客观方面表现为行为人实施了非法种植毒品原植物的行为，并符合法定情形。

（1）所谓非法，是指行为人违反了国家《麻醉药品管理办法》、《精神药品管理办法》等有关法规规定，擅自种植毒品原植物，包括未获批准而种植与超计划种植。

（2）何谓“种植”？一种观点认为，种植是指以收获为目的的播种、培植（如施肥、锄草等），包括自己播种、培植和自然生长或他人播种由自己培植两种情况。另一种观点认为，种植是指为了获得毒品原植物而进行的播种、培植、施肥、灌溉、收获等农作活动，是指从播种到收割等生产过程中的种种行为，只要实施其中的一种行为，就可视为种植，也就是说只要是为收获毒品原植物而播下种子，即使尚未实施管理和收割，也可以认定实施了该行为。我们赞成第二种观点，种植行为不仅限于“播种”和“培植”，而且包括从“播种”到“收获”的整个过程，这个过程包含了从播种后到出苗前的行为、从出苗后到收获前的行为以及收获成熟的毒品原植物的行为。

（3）符合法定情形。行为人之行为符合以下情形之一就以犯罪论处：一是种植罂粟500株以上或者其他毒品原植物数量较大的；根据最高人民法院《关于审理毒品案件定罪量刑标准有关问题的解释》第5条的规定，非法种植大麻5 000株以上不满3万株，应当认定为刑法第351条第1款第1项规定的非法种植大麻“数量较大”；二是经公安机关处理后又种植的；三是抗拒铲除的。本罪属于情节犯，不符合以上情形之一的，不能以犯罪

---

① 参见2000年6月6日最高人民法院《关于审理毒品案件定罪量刑标准有关问题的解释》。

论处。

2. 本罪的主体是一般主体，即年满16周岁、具有刑事责任能力的自然人。

3. 本罪的主观方面表现为故意。过失不构成本罪。

4. 本罪的客体是国家毒品原植物种植的管制制度。本罪的犯罪对象限于罂粟、大麻等毒品原植物。

(二) 司法认定与刑事处罚

1. 司法认定

种植毒品原植物的收获行为应该如何认定？对行为人在毒品原植物成熟后的收获行为的认定存在争议。有观点认为，如能证实行为人非法种植毒品原植物的目的在于为自己制造毒品，该行为就是制造毒品罪的预备行为，应该认定为制造毒品罪。有观点认为，只要行为人明知是毒品原植物而非法种植，不论行为人出于何种目的，只要情节严重，均可构成非法种植毒品原植物罪。我们赞成后一种观点。正如前面所说，我们认为种植行为包含三个阶段，最后一个阶段就是植物成熟后进行收获的行为，这个行为是符合刑法第351条的犯罪构成、可以独立构成非法种植毒品原植物罪的行为。虽然种植毒品原植物的过程的确是制造毒品罪的预备阶段，而且有证据证明行为人确实是为制造毒品而种植毒品原植物的，但是鉴于刑法已将该行为独立出来规定为一种独立的罪名了，就应该独立适用刑法第351条的规定，而不是作为制造毒品罪的预备犯罪来看待。

2. 刑事处罚

根据刑法第351条第1款之规定，犯本罪的，处5年以下有期徒刑、拘役或者管制，并处罚金；根据该条第2款和最高人民法院的司法解释[①]之规定，非法种植罂粟3 000株以上或者大麻5 000株以上不满3万株或者其他毒品原植物数量大的，处5年以上有期徒刑，并处罚金或者没收财产。根据该条第3款之规定，非法种植罂粟或者其他毒品原植物，在收获前自动铲除的，可以免除处罚。此外，根据刑法第356条之规定，因走私、贩卖、运输、制造、非法持有毒品罪被判过刑，又犯本罪的，从重处罚。

八、非法买卖、运输、携带、持有毒品原植物种子、幼苗罪

非法买卖、运输、携带、持有毒品原植物种子、幼苗罪，是指非法买卖、运输、携带、持有数量较大的未经灭活的罂粟等毒品原植物种子或者幼苗的行为。本罪的构成要件如下：(1) 本罪的客观方面表现为非法买卖、运输、携带、持有毒品原植物种子或者幼苗，数量较大的行为。所谓非法，是指违反国家法律规定，未经合法批准。我国有关法律法规对于毒品原植物的生产及种子的管理等活动作了规制，如《麻醉药品管理办法》、《关于严禁非法种植罂粟的通知》等法律、法规和规章。违反这些规定即为非法。本罪的行为方式表现为买卖、运输、携带、持有。其中，持有是指行为人对毒品原植物种子或者幼苗事实上的控制状态。毒品原植物种子、幼苗是指未经灭活的罂粟、大麻等毒品原植物种子或者幼苗。“未经灭活”，是指没有经过烘烤、放射线照射等方法，进行消灭植物繁殖和生长机能的处理。本罪在客观上有“数量较大”的要求，即非法买卖、运输、携带、持有未经灭活的毒品原植物种子或者幼苗，数量较大的才构成本罪。但何谓“数量较大”，司法解释没有明确规定。在作出司法解释之前，可参照非法种植毒品原植物罪的数量标准，即

① 参见2000年6月6日最高人民法院《关于审理毒品案件定罪量刑标准有关问题的解释》第5条。

以毒品原植物种子或者幼苗500粒（株）为“数量较大”。本罪是选择性罪名，实施上述四种行为的任何一种即可构成犯罪，实施数种行为的也构成一罪。（2）本罪的主体是一般主体，即具有刑事责任能力、年满16周岁的自然人。（3）本罪的主观方面是故意，即明知是未经灭活的毒品原植物种子或者幼苗，而故意非法买卖、运输、携带、持有。（4）本罪的客体是国家毒品管制制度。

根据刑法第352条之规定，犯本罪的，处3年以下有期徒刑、拘役或者管制，并处或者单处罚金。根据刑法第356条之规定，因走私、贩卖、运输、制造、非法持有毒品罪被判过刑，又犯本罪的，从重处罚。

九、引诱、教唆、欺骗他人吸毒罪

（一）概念与构成

引诱、教唆、欺骗他人吸毒罪，是指违反国家关于麻醉药品、精神药品管理法规，采用引诱、教唆、欺骗的手段，使他人吸食、注射毒品的行为。

本罪的构成要件如下：

1. 本罪的客观方面表现为违反国家关于麻醉药品、精神药品的管理法规，实施了引诱、教唆、欺骗他人吸食、注射毒品的行为。行为具有非法性，违反了国家关于麻醉药品、精神药品的管理法规。行为人具体采用了引诱、教唆、欺骗三种手段。所谓引诱，是指采用金钱、物质或其他利益进行诱惑，以使他人产生吸毒欲望的行为，所谓教唆，是指通过劝说、怂恿、请求、示范等方法使他人产生吸毒欲望的行为，包括教唆本来无吸毒愿望的人进行吸毒以及教唆本来就有吸毒愿望但尚不坚决的人。所谓欺骗，是指捏造虚假事实，掩盖事实真相，以使他人在被蒙蔽不知是毒品的状态下吸食、注射毒品的行为。引诱方式本来也属于教唆行为的表现方式，不过立法已经将引诱行为独立出来作为本罪的一种方式，那么对于引诱他人吸毒的，就只能定性为引诱他人吸毒罪而非教唆他人吸毒罪。吸毒主要有吸食、注射两种方式，吸食毒品是指利用口、鼻等器官将各种形态的毒品吸入或吃入身体内的行为，注射毒品是指利用针头等注射工具将液态的毒品注射到身体内。行为人实施三种犯罪行为与他人吸毒这一后果之间具有因果关系。行为人的引诱、教唆、欺骗行为导致了他人吸毒结果的构成本罪既遂。

2. 本罪的主体是一般主体，即年满16周岁、具有刑事责任能力的自然人。

3. 本罪的主观方面是故意。

4. 本罪的客体是国家毒品管制制度和他人的身心健康。

（二）司法认定与刑事处罚

1. 司法认定

（1）教唆他人吸毒罪与教唆犯的区别。教唆犯是指故意唆使他人实施犯罪的情况。教唆他人吸毒罪与教唆犯罪有些相似之处，但是，两者性质不同。具体而言，教唆他人吸毒罪与教唆犯的区别是：第一，罪名不同。教唆犯不是独立的罪名，要按照所教唆的犯罪来定罪，但是教唆他人吸毒罪是一个独立的罪名。第二，教唆犯是共同犯罪范畴的概念，教唆者与被教唆者构成共同犯罪，而教唆他人吸毒罪不是共同犯罪，被教唆吸毒的人不构成犯罪。第三，教唆内容不同。教唆犯是教唆他人实施犯罪的行为，而教唆他人吸毒罪是教唆他人实施吸毒行为，吸毒行为不是犯罪行为。第四，侵犯客体不同。教唆犯侵犯的客体具有不确定性，要具体地根据教唆犯的教唆之罪来判定其侵犯客体，教唆他人吸毒罪的客体是确定的，同时侵犯了国家对毒品的管制制度和他人的身心健康。第五，教唆对象不尽相同。教唆犯的教唆对象只能是具有刑事责任能力的人，如果教唆没有刑事责任能力的人，教唆者就是间接正犯。教唆他人吸毒罪的教唆对象没有限制。

（2）本罪的既遂与未遂。有观点认为，本罪是行为犯。即只要实施了引诱、教唆、欺骗他人吸食毒品的行为，就构成了本罪的既遂。至于他人是否被引诱吸毒、欺骗吸毒或是否产生了吸毒的意图，都不影响既遂形态的成立。如果实施了引诱、教唆、欺骗他人的行为但未使他人吸毒，可以作为量刑时的酌定情节考虑。我们认为引诱、教唆、欺骗他人吸食、注射毒品罪是结果犯。只有被引诱、教唆、欺骗的人实际吸食、注射了毒品，才构成本罪的既遂，否则就是未遂。如果在引诱、教唆、欺骗他人吸食、注射毒品的过程中，行为人误将不是毒品的物品给人吸食、注射的，属于认识错误，构成本罪的未遂。

（3）本罪的罪数问题。本罪属选择性罪名，行为人只要实施了三种行为之一，便可成立本罪，同时实施上述三种行为的也只能定一罪。行为人如果出于贩毒目的而引诱、教唆、欺骗他人吸毒，事后再将毒品卖给他人的，由于引诱、教唆、欺骗他人吸毒的行为和贩毒行为之间存在手段行为和目的行为之间的牵连关系，应按牵连犯处理，以贩卖毒品罪从重处罚。如果行为人出于故意杀人或故意伤害的目的，引诱、教唆、欺骗他人吸毒，使他人吸毒后身体健康被损害或者失去生命的，属于竞合犯，以故意杀人罪或故意伤害罪处罚。

（4）在食品中掺入罂粟壳的行为的认定。罂粟壳俗称大烟壳，含有吗啡等物质，易使人体产生瘾癖，对人体肝脏、心脏有毒害作用。罂粟壳属国家管制的毒品，国家法律对罂粟壳管理使用有明确规定，禁止非法供应、运输、使用。但是，个别个体饮食摊店店主，利欲熏心，置国家法律、法规和人民群众的身体健康于不顾，在食品中掺用罂粟壳来招揽顾客、吸引回头客，扩大生意。实践中，公安机关接连查获一些个体饮食摊店在食品中非法掺用罂粟壳的违法犯罪活动，引起社会的关注。这种行为应该如何定性？1993年公安部在《关于坚决制止、查处在食品中掺用罂粟壳违法犯罪行为的通知》中指出：由于顾客都是在不知道的情况下被骗食用的，因此这种行为属于欺骗他人吸食毒品的违法犯罪行为。对曾使用、现自行停止并表示悔改的，可不予追究；对继续使用的，要依据有关法规严厉惩处。虽然这里“有关法规”语焉不详，但我们认为对此可以参照贩卖毒品的有关法律规定来处理。

2. 刑事处罚

根据刑法第353条第1款之规定，犯本罪的，处3年以下有期徒刑、拘役或者管制，并处罚金；情节严重的，处3年以上7年以下有期徒刑，并处罚金。根据该条第3款之规定，引诱、教唆、欺骗未成年人吸食、注射毒品的，从重处罚。根据刑法第356条之规定，因走私、贩卖、运输、制造、非法持有毒品罪被判过刑，又犯本罪的，从重处罚。

十、强迫他人吸毒罪

强迫他人吸毒罪，是指违背他人意志，强迫他人吸食、注射毒品的行为。本罪的构成要件如下：（1）本罪的客观方面表现为行为人实施了强迫他人吸毒的行为。所谓强迫，是指违背他人意志，使用暴力、胁迫等手段，迫使他人吸食、注射毒品。（2）本罪的主体是一般主体，即具有刑事责任能力、年满16周岁的自然人。（3）本罪的主观方面是故意。（4）本罪的客体是国家毒品管制制度和他人的身心健康。

根据刑法第353条第2款、第3款之规定，犯本罪的，处3年以上10年以下有期徒刑，并处罚金。强迫未成年人吸食、注射毒品的，从重处罚。根据刑法第356条之规定，因走私、贩卖、运输、制造、非法持有毒品罪被判过刑，又犯本罪的，从重处罚。

十一、容留他人吸毒罪

容留他人吸毒罪，是指为他人吸食、注射毒品提供场所的行为。本罪的构成要件如下：(1) 本罪的客观方面表现为行为人实施了为他人吸食、注射毒品提供场所的行为。所谓容留，是指行为人容许他人在自己的住处或其他场所吸毒，或者主动为他人吸毒提供场所及便利的行为。容留时间长短、次数多少，不影响定罪；但对量刑有影响。“场所”，这里应作广义解释，它泛指一切可供吸毒的空间，如住宅、旅店、办公室、娱乐场所等。本罪属行为犯，原则上只要行为人实施了容留他人吸食、注射毒品的行为，便成立本罪。(2) 本罪的主体是一般主体，即具有刑事责任能力、年满16周岁的自然人。(3) 本罪的主观方面是故意，包括直接故意和间接故意。过失不构成本罪。(4) 本罪的客体是国家毒品管制制度和他人的身心健康。

根据刑法第354条之规定，犯本罪的，处3年以下有期徒刑、拘役或者管制，并处罚金。又根据刑法第356条之规定，因走私、贩卖、运输、制造、非法持有毒品罪被判过刑，又犯本罪的，从重处罚。

十二、非法提供麻醉药品、精神药品罪

(一) 概念与构成

非法提供麻醉药品、精神药品罪，是指依法从事生产、运输、管理、使用国家管制的麻醉药品、精神药品的人员，违反国家规定，向吸食、注射毒品的人提供国家规定管制的能够使人形成瘾癖的麻醉药品、精神药品的行为。

本罪的构成要件如下：

1. 本罪的客观方面表现为行为人实施了非法向他人提供麻醉药品、精神药品的行为。首先，“非法提供”是指行为人违反国家有关毒品管理规定，向吸食、注射毒品的人提供麻醉药品、精神药品。其次，提供行为不能具有牟利性质。行为人在提供麻醉药品、精神药品时，不是出于牟利目的。如果行为人提供行为具有牟利性质，则行为人会构成其他性质更严重的毒品犯罪，如贩卖毒品罪。刑法第355条第2款明确规定，如果以牟利为目的，向吸食、注射毒品的人提供国家规定管制的能够使人形成瘾癖的麻醉药品、精神药品的，以贩卖毒品罪定罪处罚。最后，本罪的提供对象限于吸毒者。刑法第355条第2款规定，向走私、贩卖毒品的犯罪分子提供国家规定管制的能够使人形成瘾癖的麻醉药品、精神药品的，以走私、贩卖毒品罪定罪处罚。如果提供给既不是走私贩卖毒品犯罪分子，也不是吸毒者的其他人的，不构成犯罪，按行政法规予以行政处罚。

2. 本罪的主体为特殊主体，即限于依法从事生产、运输、管理、使用国家管制的麻醉药品、精神药品的人员，单位也可成为本罪主体，但单位通常是依法从事生产、运输、管理、使用国家管制的麻醉药品、精神药品的单位。

3. 本罪的主观方面是故意。行为人明知对方是吸食、注射毒品的人，而故意向他们提供国家规定管制的能够使人形成瘾癖的麻醉药品、精神药品。

4. 本罪的客体是国家毒品管制制度。

(二) 司法认定与刑事处罚

1. 司法认定

本罪的提供对象是吸毒者。对贩毒者和走私毒品者提供的，构成走私、贩卖毒品罪。对一般人提供的，不构成犯罪。司法实践中要确定吸毒者的范围，划清吸毒者与非吸毒者尤其是病人的界限。对病人可以按照规定在药用范围之内合理使用麻醉药品、精神药品。这种合理使用麻醉药品、精神药品的病人不是吸毒者，对他们提供药品不构成本罪。如果行为人明知病人滥用此类药物，对麻醉药品、精神药品形成瘾癖，已经转化成吸毒者了，再向其提供的，就可以构成本罪。

2. 刑事处罚

根据刑法第355条之规定，犯本罪的，处3年以下有期徒刑或者拘役，并处罚金；情节严重的，处3年以上7年以下有期徒刑，并处罚金。向走私、贩卖毒品的犯罪分子或者以牟利为目的，向吸食、注射毒品的人提供国家规定管制的能够使人形成瘾癖的麻醉药品、精神药品的，依照刑法第347条规定的走私、贩卖毒品罪定罪处罚。单位犯本罪的，对单位判处罚金，并对其直接负责的主管人员和其他直接责任人员，依照自然人犯本罪的规定处罚。根据刑法第356条之规定，因走私、贩卖、运输、制造、非法持有毒品罪被判过刑，又犯本罪的，从重处罚。

第九节 组织、强迫、引诱、容留、介绍卖淫罪

一、组织卖淫罪

(一) 概念与构成

组织卖淫罪，是指以招募、雇佣、引诱、容留等方式，组织他人卖淫的行为。

本罪的构成要件如下：

1. 本罪的客观方面表现为行为人实施了组织他人卖淫的行为。“组织他人卖淫”，是指以招募、雇佣、引诱、容留等方式，有计划、有组织地使他人从事卖淫活动。

组织他人卖淫罪的行为人既可以是一个人，也可以是多人。值得注意的是，依照法律规定，对于本罪来说，只处罚组织者，对一般从事卖淫者则不以犯罪论处，而通常按违反治安管理处罚法的行为来处理。本罪中卖淫者都是自愿出卖自己的肉体。如果组织者以强制的手段迫使他人卖淫，则应以强迫他人卖淫的行为来认定。本罪属于行为犯，只要行为人实施了组织他人卖淫的行为，便足以成立本罪。

(1) 对于组织卖淫罪的对象的“他人”的理解。“他人”肯定包括女性，但是是否包括男性？一种观点认为，“他人”仅指妇女，或者包括妇女和幼女在内的所有女性；另一种观点认为，“他人”既包括女性，也包括男性，这是多数人的观点。其实，1992年12月11日公布的最高人民法院、最高人民检察院《关于执行〈全国人民代表大会常务委员会关于严禁卖淫嫖娼的决定〉的若干问题的解答》明确肯定了第二种观点：“组织、协助组织、强迫、引诱、容留、介绍他人卖淫中的‘他人’，主要指女人，也包括男人”。在本罪中，“他人”的人数也有限制，必须是3人以上（包括3人在内）。如果组织他人卖淫少于3人的，不能构成组织卖淫罪。

(2) 对组织卖淫罪中“组织”行为的理解。行为人实施了卖淫的组织行为。组织是指实施了领导、策划、指挥他人卖淫的行为。例如，发起、建立卖淫集团和卖淫窝点，在其

中起领导作用控制卖淫行为，为组织卖淫活动进行制订计划等的行为，实际指挥安排卖淫行为的具体实施场所、时间、人员等。上述行为都具有明显的组织性，属于组织行为，只要实施其中一种或数种行为，就可认定其实施了组织卖淫行为。组织他人卖淫的具体手段包括：招募、雇佣等。“招募”是指将自愿卖淫者聚集到卖淫组织内从事卖淫活动。“雇佣”是指以财物给付为条件雇请自愿卖淫者参加卖淫组织并进行卖淫活动。“强迫”是指以暴力、胁迫或者其他方法，强制迫使不愿卖淫者或者不愿参加卖淫组织者参加卖淫组织进行卖淫活动。“引诱”是指以金钱、物资或者其他利益为诱饵，诱使他人参加卖淫组织进行卖淫活动。“容留”是指容纳、收留自愿卖淫者参加卖淫组织进行卖淫活动。几种具体手段，无论是使用其中一种或者数种，都可以构成组织他人卖淫罪。要注意的是，强迫、引诱、容留他人卖淫的行为在刑法典中都是可以单独成罪的行为，但是这些行为又同时是组织卖淫罪的具体行为手段，为组织卖淫罪的“组织”行为所包含。行为人在组织他人卖淫的犯罪过程中，对被组织卖淫的人有强迫、引诱、容留、介绍卖淫的行为的，只需定组织卖淫罪一罪即可，对其强迫等行为应作为组织卖淫罪的量刑情节予以考虑，不实行数罪并罚。显而易见，如果组织者对被组织卖淫者以外的其他人实施几种行为的，该行为就应当单独定罪，然后与之前的组织卖淫罪并罚。

2. 本罪的主体是一般主体，即年满16周岁、具有刑事责任能力的自然人。单位不能成为本罪主体。如果旅馆业、饮食服务业、文化娱乐业、出租汽车业等单位利用本单位的条件，组织他人卖淫的，亦应按自然人犯罪处理，即对直接负有责任的主管人员或其他直接责任人员按本罪论处。

3. 本罪的主观方面是故意，即明知自己是在组织他人卖淫，并且决意实施此种行为的心理态度。过失不能构成本罪。关于本罪主观方面有无营利、牟利目的这一点存在争议。一种观点认为只要故意组织他人卖淫，无论出于何种目的均可构成本罪。另一种观点认为组织他人卖淫者主观上必须具有营利目的。我们认为立法上没有明确要求本罪主观上必须具有营利目的，我们不能随便给犯罪构成增加限制条件。所以，本罪主观方面并不以具有营利目的为必要条件。

4. 本罪的客体是社会主义的道德风尚。有人认为，本罪的客体是“社会主义的社会风尚和他人的身心健康”，“本罪是复杂客体，在一些具有强迫行为的组织活动中，还有他人的性和自由权利”。我们认为，本罪的犯罪客体是单一客体，即我国社会主义社会道德风尚。尽管本罪由于客观行为可以表现为招募、雇佣等多种手段或方式，所以在侵害我国社会主义道德风尚的同时往往还可能侵害他人的身心健康、人身自由权利和性自由权利等，但本罪在任何情况下都必定会侵害的客体只有社会主义社会道德风尚，身心健康、人身自由、性自由等权利不是本罪必定侵害的对象，只有社会主义道德风尚才是本罪的客体。

（二）司法认定与刑事处罚

1. 司法认定

（1）本罪与卖淫者自动结伙卖淫的区别。要将组织卖淫罪与卖淫者自动结伙卖淫的行为区别开来。自动结伙卖淫，是指卖淫者为了更多赚取钱财，相互传递信息、互相提供方便、互为掩护，共同从事卖淫的行为。由于此种情况下结伙人都是卖淫者，没有主从，也没有较为固定的组织策划者，对此一般不应以犯罪论处，而应以违反治安管理处罚法的行为论处。但应当指出，如果行为人自己参与卖淫，同时又组织他人卖淫的，应当以组织卖淫罪论处。

（2）组织他人嫖娼的行为如何定性。现行刑法只是规定了组织卖淫罪，没有规定组织他人嫖娼罪。对组织他人嫖娼行为如何定性，存在不同观点：一种认为组织他人嫖娼与组织他人卖淫两者具有对向性，严重危害社会道德风尚，都具有严重的社会危害性，因而应该定罪，比照组织他人卖淫犯罪处罚；第二种认为这种行为不构成犯罪。我们赞同第二种观点。处理组织他人嫖娼行为应该严格坚持罪刑法定原则：刑法只规定了组织卖淫罪，而没有规定组织嫖娼罪，而组织卖淫与组织嫖娼是两种不同的行为，虽然都有社会危害性，但是行为的内涵是不同的，所以对仅仅组织他人嫖娼的应当作无罪处理。如果行为人两头引荐，一边在组织卖淫者卖淫，另一边组织他人嫖娼，此时因为实施了组织卖淫行为，定为组织卖淫罪即可。

(3) 罪数问题。如果行为人在组织他人卖淫的过程中，同时又组织或者参与聚众淫乱、引诱未成年人聚众淫乱的行为，应该如何定性？我们认为，组织卖淫时又同时构成聚众淫乱罪、引诱未成年人聚众淫乱罪的，应数罪并罚。

2. 刑事处罚

根据刑法第358条之规定，犯本罪的，处5年以上10年以下有期徒刑，并处罚金；情节严重的，处10年以上有期徒刑或者无期徒刑，并处罚金或者没收财产；情节特别严重的，处无期徒刑或者死刑，并处没收财产。根据刑法第361条之规定，旅馆业、饮食服务业、文化娱乐业、出租汽车业等单位的人员，利用本单位的条件，组织他人卖淫的，依照自然人犯本罪的规定处罚；前述单位的主要负责人犯本罪的，从重处罚。

二、强迫卖淫罪

(一) 概念与构成

强迫卖淫罪，是指以暴力、胁迫或者其他强制手段，迫使他人卖淫的行为。

本罪的构成要件如下：

1. 本罪的客观方面表现为行为人实施了强迫他人卖淫的行为。这里的“他人”包括男性和女性。所谓强迫，是指以暴力、胁迫或者其他强制手段，迫使他人违背自己的意愿出卖色相。所谓暴力，是指对他人使用殴打、捆绑、拘禁等直接危及人身安全与自由的方法压服被害人就范。所谓胁迫，是指用威胁、恐吓、要挟等精神强制方法逼使被害人屈服。所谓其他强制手段，是指除暴力、胁迫以外的对被害人具有强制意义的方法，如将被害人灌醉之后，令其卖淫等。

2. 本罪的主体为一般主体。

3. 本罪的主观方面是故意。目的与动机不是本罪的构成要件。

4. 本罪的客体是社会主义道德风尚和公民的人身权利。

(二) 司法认定与刑事处罚

1. 司法认定

(1) 本罪与组织卖淫罪的区别。二者虽然都有“卖淫”的内容，但它们的区别是明显的：第一，二者侵害的客体不完全相同。本罪侵害的客体是复杂客体，即既侵犯了社会主义道德风尚，同时又侵犯了公民的人身权利；而组织卖淫罪侵犯的是单一客体，即社会主义道德风尚。第二，客观方面不同。本罪的犯罪客观方面表现为强迫没有卖淫意愿者去卖淫；组织卖淫罪的客观表现则是把自愿卖淫者组织起来进行卖淫。假如行为人以暴力、胁迫等方法组织他人卖淫，此属于想象竞合犯，应按照处理想象竞合犯的原则来处理，即从一重罪处断。鉴于本罪与组织卖淫罪的法定刑完全相同，故对行为人之行为仍可以强迫卖淫罪定罪处罚。

（2）本罪与强奸罪的区别。由于本罪在客观上亦表现为以暴力、胁迫等方法强迫被害人与他人发生性行为，故与强奸罪就有了若干相似之处。但二者的区别是明显的：第一，二者侵害的客体不同。本罪侵害的客体是社会主义的道德风尚与公民的人身权利；而强奸罪侵害的客体是妇女的性自由权利。第二，二者侵害的对象不同。本罪侵害的对象既可以是女性，又可以是男性；而强奸罪侵害的对象只能是女性。第三，行为人的故意内容不同。本罪行为人的故意内容是为了获取钱财而强迫他人卖淫；强奸罪的行为人则是为了同他人发生性关系而实施暴力、胁迫等行为。值得注意的是，如果行为人为使被害妇女从心理上消除贞操意识，而先对妇女实行强奸，然后逼其卖淫，是定强迫卖淫罪还是以强迫卖淫罪与强奸罪实行数罪并罚？对此，我国学者有不同看法。但由于刑法第358条第1款第4项已把"强奸后迫使卖淫的"明确规定为强迫卖淫的严重情节之一，故此种情况下，对行为人以强迫卖淫罪从重处罚即可。但是，如果被强奸的妇女并未被迫卖淫，则应对强奸行为以强奸罪论处。

2. 刑事处罚

根据刑法第358条第1款之规定，犯本罪的，处5年以上10年以下有期徒刑，并处罚金；有下列情形之一的，处10年以上有期徒刑或者无期徒刑，并处罚金或者没收财产：（1）组织他人卖淫，情节严重的；（2）强迫不满14周岁的幼女卖淫的；（3）强迫多人卖淫或者多次强迫他人卖淫的；（4）强奸后迫使卖淫的；（5）造成被强迫卖淫的人重伤、死亡或者其他严重后果的。根据刑法第358条第2款之规定，犯本罪且情节特别严重的，处无期徒刑或者死刑，并处没收财产。根据刑法第361条第1款之规定，旅馆业、饮食服务业、文化娱乐业、出租汽车业等单位的人员，利用本单位的条件，强迫他人卖淫的，按照强迫卖淫罪定罪处罚。根据刑法第361条第2款之规定，上列单位的主要负责人，利用本单位的条件，犯强迫卖淫罪的，从重处罚。

三、协助组织卖淫罪

《刑法修正案（八）》对本罪的构成要件进行了修改，依照修正后的条文，协助组织卖淫罪，是指为组织卖淫的人招募、运送人员或者其他协助组织他人卖淫的行为。本罪的构成要件如下：（1）本罪的客观方面表现为行为人实施了协助他人组织卖淫的行为。"招募"是指行为人把自愿卖淫者聚集起来从事卖淫活动的行为；"运送"是指行为人为组织卖淫者运输、接送卖淫者的行为；其他协助组织他人卖淫的行为包括协助组织卖淫者寻找卖淫场所等。这些行为的共同特点是为组织卖淫的犯罪分子提供某种方便。由于立法者把这种"协助"行为作为一种独立犯罪加以规定，故它就不再是一般共同犯罪中的帮助行为，而成为一个独立的罪名。（2）本罪的主体是一般主体。（3）本罪的主观方面是故意。目的与动机不影响本罪的成立。（4）本罪的客体是社会主义的道德风尚。

根据修订后刑法第358条第3款之规定，犯本罪的，处5年以下有期徒刑，并处罚金；情节严重的，处5年以上10年以下有期徒刑，并处罚金。

四、引诱、容留、介绍卖淫罪

引诱、容留、介绍卖淫罪，是指以金钱、物质或其他利益诱使他人卖淫，或为他人卖淫提供场所，或为卖淫进行介绍的行为。本罪的构成要件如下：（1）本罪的客观方面表现为行为人实施了引诱、容留、介绍他人卖淫的行为。引诱，是指行为人以金钱、物质或者其他利益为诱饵，勾引、拉拢、唆使他人卖淫；容留，是指为卖淫者卖淫提供场所；介绍，是指在卖淫者与嫖客之间牵线搭桥，促使卖淫嫖娼行为得以顺利进行。本罪属选择性罪名，“引诱”、“容留”、“介绍”这三种行为只要实施其中之一，便足以成立本罪。(2) 本罪的主体是一般主体。(3) 本罪的主观方面是故意。(4) 本罪的客体是社会主义的道德风尚。

根据刑法第 359 条第 1 款之规定，犯本罪的，处 5 年以下有期徒刑、拘役或者管制，并处罚金；情节严重的，处 5 年以上有期徒刑，并处罚金。根据刑法第 361 条的规定，旅馆业、饮食服务业、文化娱乐业、出租汽车业等单位的人员，利用本单位的条件，引诱、容留、介绍他人卖淫的，依照自然人犯本罪的规定处罚。该单位的主要负责人犯本罪的，从重处罚。

五、引诱幼女卖淫罪

引诱幼女卖淫罪，是指引诱不满 14 周岁的幼女卖淫的行为。本罪的构成要件如下：(1) 本罪的客观方面表现为行为人实施了引诱幼女卖淫的行为。其犯罪对象限于不满 14 周岁的幼女。(2) 本罪的主体是一般主体。(3) 本罪的主观方面是故意，即行为人明知被引诱者是不满 14 周岁的幼女而引诱其卖淫。(4) 本罪的客体是社会主义道德风尚和幼女的身心健康。

根据刑法第 359 条第 2 款之规定，犯本罪的，处 5 年以上有期徒刑，并处罚金。根据刑法第 361 条第 1 款、第 2 款的规定，旅馆业、饮食服务业、文化娱乐业、出租汽车业等单位的人员，利用本单位的条件犯本罪的，依照自然人犯本罪的规定处罚；前述单位主要负责人犯本罪的，从重处罚。

六、传播性病罪

传播性病罪，是指明知自己患有梅毒、淋病等严重性病而卖淫或者嫖娼的行为。本罪的构成要件如下：(1) 本罪的客观方面表现为行为人在明知自己患有梅毒、淋病等严重性病的情况下而卖淫或者嫖娼。本罪为选择性罪名，行为人实施“卖淫”或“嫖娼”之一即可成立本罪。所谓卖淫、嫖娼，是指行为人双方以金钱或者其他物质利益为交易条件的性行为。如果行为人双方不是以金钱或者其他物质利益为交易条件而发生性行为，即使行为人明知自己患有梅毒、淋病等严重性病而有性接触，也不构成本罪。(2) 本罪的主体为特殊主体，即行为人限于有梅毒、淋病等严重性病的人。(3) 本罪的主观方面是故意。(4) 本罪的客体是社会主义的道德风尚和公民的人身健康权利。

根据刑法第 360 条第 1 款之规定，犯本罪的，处 5 年以下有期徒刑、拘役或者管制，并处罚金。

七、嫖宿幼女罪

(一) 概念与构成

嫖宿幼女罪，是指嫖宿不满 14 周岁幼女的行为。

本罪的构成要件如下：

1. 本罪的客观方面表现为行为人实施了嫖宿幼女的行为。要注意，这里的对象必须是从事卖淫职业的幼女，而且嫖宿幼女必须取得卖淫幼女自愿的承诺。只有获得卖淫的幼女的承诺后才属于刑法上所说的嫖宿，没有得到自愿卖淫幼女的承诺的，可能构成强奸罪。通常，行为人通过实际给付或承诺给付金钱或者其他财物来取得卖淫幼女的承诺，之后行为人实施奸淫或猥亵幼女的目的行为。注意这里的“嫖宿”并不一定指“嫖娼并且过夜”的意思，只要是嫖娼即可。

2. 本罪的主体是一般主体，即年满16周岁、具有刑事责任能力的自然人。我们认为犯罪主体不限于男性，女性也可能因猥亵方式嫖宿幼女而成为本罪主体。实践中的确存在卖淫者对有同性恋倾向的人卖淫的情况。因此，本罪主体是年满16周岁的一般主体，包括男性和女性。

3. 本罪的主观方面是故意没有争议，但是是否包含间接故意存在争议。根据2001年6月11日最高人民检察院《关于构成嫖宿幼女罪主观上是否需要具备明知要件的解释》的规定，我们认为，两种故意形式都是存在的。前引解释指出：“行为人知道被害人是或者可能是不满14周岁幼女而嫖宿的……以嫖宿幼女罪追究刑事责任。”这就意味着行为人完全可能以放任心态实施本罪。所以直接故意和间接故意都可构成本罪。

4. 本罪的客体是社会主义道德风尚和幼女的身心健康。实施本罪行为会危害社会主义道德风尚，这一点不言自明。同时实施本罪也会侵害幼女的身心健康。刑法规定本罪旨在对幼女给予特殊保护，因为幼女生理上尚未发育成熟，心理上也不成熟，对性行为的性质、后果等认识和控制能力不足，所以刑法推定幼女不具有性自主权利，因此，即使是幼女自愿的性行为也违背了幼女的意愿。在任何情况下与幼女发生性关系的行为，即使是与卖淫职业的幼女发生性关系的行为也构成犯罪。因此，本罪的客体是复杂客体，在侵害社会主义道德风尚的同时也损害了幼女的身心健康。

(二) 司法认定与刑事处罚

1. 司法认定

根据2001年6月11日最高人民检察院发布的《关于构成嫖宿幼女罪主观上是否需要具备明知要件的解释》的规定，构成本罪，行为人必须“知道被害人是或者可能是不满十四周岁幼女”。如果行为人确实没有认识到嫖宿对象是幼女，也无从认识其真实年龄，且被害人自己说明自己已满14周岁的，即使客观上有嫖宿幼女的行为，根据最高人民法院2003年1月17日发布的《关于行为人不明知是不满十四周岁的幼女双方自愿发生性关系是否构成强奸罪问题的批复》的规定，未造成严重后果，情节显著轻微的，不认为是犯罪。但是，造成严重后果的，则可能构成强奸罪。

2. 刑事处罚

根据刑法第360条第2款之规定，犯本罪的，处5年以上有期徒刑，并处罚金。

第十节　制作、贩卖、传播淫秽物品罪

一、制作、复制、出版、贩卖、传播淫秽物品牟利罪

(一) 概念与构成

制作、复制、出版、贩卖、传播淫秽物品牟利罪，是指以牟利为目的，制作、复制、出版、贩卖、传播淫秽物品的行为。

本罪的构成要件如下：

1. 本罪的客观方面表现为行为人实施了制作、复制、出版、贩卖、传播淫秽物品的行为。本罪属选择性罪名，只要行为人实施了制作、复制、出版、贩卖、传播淫秽物品五种行为之一，原则上便足以成立本罪。在定罪时则应以行为人实施之具体行为来确定具体罪

名。所谓淫秽物品，应以刑法第367条规定之定义来认定，即“是指具体描绘性行为或者露骨宣扬色情的诲淫性的书刊、影片、录像带、录音带、图片及其他淫秽物品”。根据相关司法解释[①]的规定，“其他淫秽物品”，包括具体描绘性行为或者露骨宣扬色情的诲淫性的视频文件、音频文件、电子刊物、图片、文章、短信息等互联网、移动通讯终端电子信息和声讯台语音信息。值得注意的是，有关人体生理、医学知识的科学著作不是淫秽物品；包含有色情内容的有艺术价值的文学、艺术作品不视为淫秽物品。针对利用互联网、移动通讯终端制作、复制、出版、贩卖、传播淫秽信息等犯罪活动，为了维护公共网络、通讯的正常秩序，保障公众的合法权益，上述司法解释规定，以牟利为目的，利用互联网、移动通讯终端制作、复制、出版、贩卖、传播淫秽电子信息的，以及利用聊天室、论坛、即时通信软件、电子邮件等方式，实施前述行为的，以制作、复制、出版、贩卖、传播淫秽物品牟利罪定罪处罚。以牟利为目的，通过声讯台传播淫秽语音信息的，对直接负责的主管人员和其他直接责任人员以传播淫秽物品牟利罪定罪处罚。

2010年2月公布的最高人民法院、最高人民检察院《关于办理利用互联网、移动通讯终端、声讯台制作、复制、出版、贩卖、传播淫秽电子信息刑事案件具体应用法律若干问题的解释（二）》中指出，对于以牟利为目的，利用互联网、移动通讯终端制作、复制、出版、贩卖、传播内容含有不满14周岁未成年人的淫秽电子信息的行为，降低入罪标准（比不含不满14周岁未成年人的这类行为的入罪标准在数额和数量上降低一半），以制作、复制、出版、贩卖、传播淫秽物品牟利罪处罚。另外，该司法解释还规定，以牟利为目的，网站建立者、直接负责的管理者明知他人制作、复制、出版、贩卖、传播的是淫秽电子信息，允许或者放任他人在自己所有、管理的网站或者网页上发布，符合该司法解释所规定的数额、数量要求的，将构成传播淫秽物品牟利罪。电信业务经营者、互联网信息服务提供者明知是淫秽网站，为其提供互联网接入、服务器托管、网络存储空间、通讯传输通道、代收费等服务，并收取服务费的，符合该司法解释规定的数量、数额条件的也构成传播淫秽物品牟利罪。明知是淫秽网站，以牟利为目的，通过投放广告等方式向其直接或者间接提供资金，或者提供费用结算服务，符合该司法解释规定的数额、数量条件的，以制作、复制、出版、贩卖、传播淫秽物品牟利罪的共同犯罪处罚。淫秽网站，是指以制作、复制、出版、贩卖、传播淫秽电子信息为目的建立或者建立后主要从事制作、复制、出版、贩卖、传播淫秽电子信息活动的，可以通过互联网域名、IP地址等方式访问的内容提供站点。上述“明知”可以从以下几个方面来认定：行政主管机关书面告知后仍然实施上述行为的；接到举报后不履行法定管理职责的；为淫秽网站提供互联网接入、服务器托管、网络存储空间、通讯传输通道、代收费、费用结算等服务，收取服务费明显高于市场价格的；向淫秽网站投放广告，广告点击率明显异常的。行为人有这些行为之一的，应当认定其明知，除非有证据证明其确实不知道。

2. 本罪的主体为一般主体，既可以是自然人，也可以是单位。单位主体主要有广告商、电信业务经营者、互联网信息服务提供者等。

3. 本罪的主观方面是故意，并具有牟利的目的。如果行为人制作、复制、出版、贩卖、传播淫秽物品不是以牟利为目的，则不构成本罪。如果其行为符合其他淫秽物品犯罪成立要件的，应以相应犯罪论处。

---

① 参见2004年9月3日最高人民法院、最高人民检察院《关于办理利用互联网、移动通讯终端、声讯台制作、复制、出版、贩卖、传播淫秽电子信息刑事案件具体应用法律若干问题的解释》。

4. 本罪的客体是社会主义道德风尚和国家文化市场管理制度。

(二) 司法认定与刑事处罚

1. 司法认定

(1) 制作、复制、出版、贩卖、传播淫秽物品牟利行为的罪与非罪。在认定本罪时，应注意区分罪与非罪。根据刑法第 363 条之规定，原则上只要行为人实施了制作、复制、出版、贩卖、传播淫秽物品的行为之一，便可成立本罪。但是如果情节很轻微的，应该根据刑法总则第 13 条但书的规定，不认定为犯罪。最高人民法院的司法解释[①]也说明了这一点，该解释规定，具有下列情形之一的，才应当以本罪追究刑事责任：1）制作、复制、出版淫秽影碟、软件、录像带 50 至 100 张（盒）以上，淫秽音碟、录音带 100 至 200 张（盒）以上，淫秽扑克、书刊、画册 100 至 200 副（册）以上，淫秽照片、画片 500 至 1 000 张以上的；2）贩卖淫秽影碟、软件、录像带 100 至 200 张（盒）以上，淫秽音碟、录音带 200 至 400 张（盒）以上，淫秽扑克、书刊、画册 200 至 400 副（册）以上，淫秽照片、画片 1 000 至 2000 张以上的；3）向他人传播淫秽物品达 200 至 500 人次以上，或者组织播放淫秽影、像达 10 至 20 场次以上的；4）制作、复制、出版、贩卖、传播淫秽物品，获利 5 000 至 1 万元以上的。

本罪来源于 1990 年 12 月 28 日全国人大常委会《关于惩治走私、制作、贩卖、传播淫秽物品的犯罪分子的决定》，根据刑法第 452 条的精神，虽然该决定的有关刑法规范已失效，但其中的行政处罚规范仍然有效，故该决定第 2 条第 1 款后半段关于实施制作、贩卖、传播淫秽物品“情节较轻的，由公安机关依照治安管理处罚条例的有关规定处罚”的规定仍然有效。因此，对于情节较轻的制作、复制、出版、贩卖、传播淫秽物品行为，不应以犯罪处理。

行为人制作、复制、出版、贩卖、传播的若是淫秽电子信息，那么其入罪标准则依照 2004 年 9 月公布的最高人民法院、最高人民检察院《关于办理利用互联网、移动通讯终端、声讯台制作、复制、出版、贩卖、传播淫秽电子信息刑事案件具体应用法律若干问题的解释》和 2010 年 2 月公布的最高人民法院、最高人民检察院《关于办理利用互联网、移动通讯终端、声讯台制作、复制、出版、贩卖、传播淫秽电子信息刑事案件具体应用法律若干问题的解释（二）》的相关规定来认定。根据这两个司法解释，行为人制作、复制、出版、贩卖、传播淫秽电子信息的认定标准如下：制作、复制、出版、贩卖、传播淫秽电影、表演、动画等视频文件 20 个以上的；制作、复制、出版、贩卖、传播淫秽音频文件 100 个以上的；制作、复制、出版、贩卖、传播淫秽电子刊物、图片、文章、短信息等 200 件以上的；制作、复制、出版、贩卖、传播的淫秽电子信息实际被点击数达到 1 万次以上的；利用淫秽电子信息收取广告费、会员注册费或其他费用，违法所得 1 万元以上的；数量或者数额虽未达到前面几项规定的标准，但分别达到其中两项以上标准一半以上的；造成严重后果的。这些标准只要达到一项即可构成本罪。需要注意的是，2010 年 2 月的司法解释中规定，如果行为人以牟利为目的，制作、复制、出版、贩卖、传播的是内容含有不满 14 周岁未成年人的淫秽电子信息的，那么其认定标准是上述数额或数量的一半以上，或者为上述数额、数量两项以上标准的 1/4 以上，或者造成严重后果的。以牟利为目的，网站建立者、直接负责的管理者明知他人制作、复制、出版、贩卖、传播的是淫秽电子信

---

① 参见 1998 年 12 月 17 日最高人民法院《关于审理非法出版物刑事案件具体应用法律若干问题的解释》。该解释第 8 条规定了构成本罪的相关数量标准。

息，允许或者放任他人在自己所有、管理的网站或者网页上发布构成本罪的标准是前述以牟利为目的传播内容含有不满14周岁未成年人淫秽物品认定标准的5倍以上，或者前述两项以上标准2倍以上，或者造成严重后果的。电信业务经营者、互联网信息服务提供者明知是淫秽网站而提供帮助，收取服务费构成本罪的入罪标准是：为5个以上淫秽网站提供服务的；为其提供服务，收取服务费数额在2万元以上的；为淫秽网站代收费，收取服务费数额在5万元以上的；造成严重后果的。明知是淫秽网站，以牟利为目的，通过投放广告等方式向其直接或间接提供资金或者费用结算服务构成本罪的入罪标准是：向10个以上淫秽网站投放广告或者以其他方式提供资金的；向淫秽网站投放广告20条以上的；向10个以上淫秽网站提供费用结算服务的；以投放广告或其他方式向淫秽网站提供资金数额在5万元以上的；为淫秽网站提供费用结算，收取服务费数额在2万元以上的；造成严重后果的。如果利用声讯台，以牟利为目的传播淫秽语音信息的，其认定标准为：向100人以上传播的；违法所得1万元以上的；造成严重后果的。

（2）对于传播行为范围的认定。传播是指广泛散布，即通过出租、出借、运输、携带、播放、展览、发表、赠与、邮寄以及利用网络传播等方式，使淫秽物品或其内容广为流传的行为，可能是扩散淫秽物品内容，也可能是扩散淫秽物品本身。传播的范围如何界定？有观点认为在非熟识的人群之间传播淫秽物品的构成犯罪，在基于血缘、亲缘关系的熟识人群之间进行淫秽物品传播不构成犯罪。我们认为，从我国刑法条文规定来看，法律并未含有构成本罪必须在非熟识人群中传播的限制，所以无论是在陌生人之间，还是在熟人之间进行淫秽物品传播的，都可构成犯罪。但是，传播的对象必须是多数人，可以是特定多数，也可以是不特定多数，否则不能构成传播淫秽物品犯罪。换句话说，传播对象的数量多少决定犯罪性质，而传播对象是否特定，不影响行为定性。如果针对不特定少数或者特定少数人传播淫秽物品的，不属于犯罪范畴，应当按照刑法总则第13条但书，不认为是犯罪。

2. 刑事处罚

根据刑法第363条第1款之规定，犯本罪的，处3年以下有期徒刑、拘役或者管制，并处罚金；情节严重的，处3年以上10年以下有期徒刑，并处罚金；情节特别严重的，处10年以上有期徒刑或者无期徒刑，并处罚金或者没收财产。根据最高人民法院的司法解释[①]，“情节严重”是指：（1）制作、复制、出版淫秽影碟、软件、录像带250至500张（盒）以上，淫秽音碟、录音带500至1 000张（盒）以上，淫秽扑克、书刊、画册500至1 000副（册）以上，淫秽照片、画片2 500至5 000张以上的；（2）贩卖淫秽影碟、软件、录像带500至1 000张（盒）以上，淫秽音碟、录音带1 000至2 000张（盒）以上，淫秽扑克、书刊、画册1 000至2 000副（册）以上，淫秽照片、画片5 000至1万张以上的；（3）向他人传播淫秽物品达1 000至2 000人次以上，或者组织播放淫秽影、像达50至100场次以上的；（4）制作、复制、出版、贩卖、传播淫秽物品，获利3万至5万元以上的。以牟利为目的，实施本罪的行为，其数量（数额）达到前款规定的数量（数额）5倍以上的，应当认定为制作、复制、出版、贩卖、传播淫秽物品牟利罪“情节特别严重”。行为人制作、复制、出版、贩卖、传播淫秽电子信息的，其“情节严重”的标准是前述相关标准的5倍以上，“情节特别严重”是前述相关标准的25倍以上。

---

① 参见1998年12月17日最高人民法院《关于审理非法出版物刑事案件具体应用法律若干问题的解释》。该解释第8条规定了构成本罪的相关数量标准。

根据刑法第366条和上述司法解释之规定，单位犯本罪的，对单位判处罚金，并对其直接负责的主管人员和其他直接责任人员，按自然人犯本罪的规定追究刑事责任。

二、为他人提供书号出版淫秽书刊罪

为他人提供书号出版淫秽书刊罪，是指违反国家书刊出版管理法规，为他人出版淫秽书刊提供书号，出版淫秽书刊的行为。本罪的构成要件如下：（1）本罪的客观方面表现为行为人实施了为他人出版淫秽书刊提供书号，出版淫秽书刊的行为。（2）本罪的主体为特殊主体，一般是新闻出版部门的管理人员或是单位。（3）本罪的主观方面为过失。如果行为人故意为他人出版淫秽书刊提供书号，则应按刑法第363条第1款规定的出版淫秽物品牟利罪论处。（4）本罪的客体是国家书刊出版管理制度和社会主义道德风尚。

根据刑法第363条第2款之规定，犯本罪的，处3年以下有期徒刑、拘役或者管制，并处或者单处罚金。根据刑法第366条之规定，单位犯本罪的，对单位判处罚金，并对其直接负责的主管人员和其他直接责任人员，依照自然人犯本罪的规定处罚。

三、传播淫秽物品罪

传播淫秽物品罪，是指传播淫秽书刊、影片、音像、图片或者其他淫秽物品，情节严重的行为。本罪的构成要件如下：（1）本罪的客观方面表现为行为人实施了传播淫秽书刊、影片、音像、图片或其他淫秽物品的行为。所谓传播，主要指将淫秽书刊、影片、音像、图片或者其他淫秽物品在社会上广为散播。其具体方式多种多样，如将淫秽书刊、图片等散发给群众，向不特定多数人播放淫秽影片、音像等。根据司法解释①的规定，不以牟利为目的，利用互联网或者移动通讯终端，利用聊天室、论坛、即时通信软件、电子邮件等方式传播淫秽电子信息的，以传播淫秽物品罪定罪处罚。（2）本罪的主体为一般主体，既可以是自然人，也可以是单位。（3）本罪的主观方面为故意，但不具有牟利的目的。如果行为人以牟利为目的实施本罪行为，则构成传播淫秽物品牟利罪。（4）本罪的客体是社会主义道德风尚。值得注意的是，成立本罪还必须是“情节严重”的传播淫秽物品行为。根据最高人民法院的司法解释②，“情节严重”是指：向他人传播淫秽的书刊、影片、音像、图片等出版物达300至600人次以上或者造成恶劣社会影响的情形。如果行为人传播的是淫秽电子信息，其入罪标准是：传播淫秽电影、表演、动画等视频文件40个以上的；传播淫秽音频文件200个以上的；传播淫秽电子刊物、图片、文章、短信息等400件以上的；传播的淫秽电子信息实际被点击数达到2万次以上的；以会员方式出版、贩卖、传播淫秽电子信息，注册会员达400人以上的；数量分别达到上述两项以上标准一半以上的；造成严重后果的。行为人传播内容含有不满14周岁未成年人的淫秽电子信息的，其入罪标准为前述具体数量数额标准的一半以上或者数量分别达到前述具体数量两项以上标准1/4以上的以及造成严重后果的。网站建立者、直接负责的管理者明知他人制作、复制、出版、贩卖、传播的是淫秽电子信息，允许或者放任他人在自己所有、管理的网站或者网

---

① 参见2004年9月3日最高人民法院、最高人民检察院《关于办理利用互联网、移动通讯终端、声讯台制作、复制、出版、贩卖、传播淫秽电子信息刑事案件具体应用法律若干问题的解释》。

② 参见1998年12月17日最高人民法院《关于审理非法出版物刑事案件具体应用法律若干问题的解释》第10条。

页上发布构成本罪的条件是：制作、复制、出版、贩卖、传播的是淫秽电影、表演、动画等视频文件100个以上的；制作、复制、出版、贩卖、传播淫秽音频文件500个以上的；制作、复制、出版、贩卖、传播淫秽电子刊物、图片、文章、短信息等1 000件以上的；制作、复制、出版、贩卖、传播的淫秽电子信息实际被点击数达到5万次以上的；以会员方式出版、贩卖、传播淫秽电子信息，注册会员达1 000人以上的；数量分别达到前述两项以上标准一半以上的；造成严重后果的。

根据刑法第364条第1款和第4款之规定，犯本罪的，处2年以下有期徒刑、拘役或者管制；向不满18周岁的未成年人传播淫秽物品的，从重处罚。根据刑法第366条之规定，单位犯本罪的，对单位判处罚金，并对其直接负责的主管人员和其他直接责任人员，依照自然人犯本罪的规定处罚。

四、组织播放淫秽音像制品罪

组织播放淫秽音像制品罪，是指非营利性将他人组织起来播放淫秽的电影、录像等音像制品的行为。本罪的构成要件如下：（1）本罪的客观方面表现为行为人实施了组织播放淫秽音像制品的行为。“组织播放”，是指通过筹划安排，聚集多人收听、收看淫秽音像制品。（2）本罪的主体为一般主体，既可以是个人，也可以是单位。（3）本罪的主观方面是故意，且行为人不具有牟利的目的。如果行为人以牟利为目的实施本罪行为，则应以传播淫秽物品牟利罪论处。（4）本罪的客体是社会主义道德风尚。

根据刑法第364条第2款至第4款和最高人民法院的司法解释[①]之规定，犯本罪组织播放淫秽的电影、录像等音像制品达15至30场以上或者造成恶劣社会影响的，处3年以下有期徒刑、拘役或者管制，并处罚金；情节严重的，处3年以上10年以下有期徒刑，并处罚金；制作、复制淫秽的电影、录像等音像制品组织播放的，依照前述规定从重处罚；向不满18周岁的未成年人传播淫秽物品的，从重处罚。根据刑法第366条之规定，单位犯本罪的，对单位判处罚金，并对其直接负责的主管人员和其他直接责任人员，依照自然人犯本罪的规定处罚。

五、组织淫秽表演罪

组织淫秽表演罪，是指组织他人进行淫秽表演的行为。本罪的构成要件如下：（1）本罪的客观方面表现为行为人实施了组织他人进行淫秽表演的行为。“组织”，是指为了进行淫秽表演而召集、聚合多人；“表演”，是指以体态动作表达色情意识，如跳裸体舞、性行为表演等。（2）本罪的主体为一般主体，既可以是个人，也可以是单位。（3）本罪的主观方面是故意，目的与动机不影响本罪的成立。（4）本罪的客体是社会主义道德风尚。

根据刑法第365条之规定，犯本罪的，处3年以下有期徒刑、拘役或者管制，并处罚金；情节严重的，处3年以上10年以下有期徒刑，并处罚金。根据刑法第366条之规定，单位犯本罪的，对单位判处罚金，并对其直接负责的主管人员和其他直接责任人员，依照自然人犯本罪的规定处罚。

---

① 参见1998年12月17日最高人民法院《关于审理非法出版物刑事案件具体应用法律若干问题的解释》。

【附录】

一、司法考试真题

1. 孙某制作、复制大量的淫秽光盘，除出卖外，还多次将淫秽光盘借给许多人观看。对其行为应如何处理？（　　）

A. 以制作、复制、贩卖、传播淫秽物品牟利罪处罚

B. 以组织播放淫秽音像制品罪从重处罚

C. 以制作、复制、贩卖淫秽物品牟利罪和传播淫秽物品罪数罪并罚

D. 以传播淫秽物品罪从重处罚

答案：C

2. 根据有关司法解释，下列哪些情形（有证据证明确属受蒙骗的除外）可以认定（或推定）行为人“非法收购明知是盗伐、滥伐的林木”？（　　）

A. 收购违反规定出售的木材的

B. 在发生过盗伐、滥伐林木案的林区收购木材的

C. 在非法的木材交易场所或者销售单位收购木材的

D. 收购以明显低于市场价格出售的木材的

答案：ACD

3. 甲将头痛粉冒充海洛因欺骗乙，让乙出卖“海洛因”，然后二人均分所得款项。乙出卖后获款 4 000 元，但在未来得及分赃时，被公安机关查获。关于本案，下列哪些说法是正确的？（　　）

A. 甲与乙构成贩卖毒品罪的共犯　　B. 甲的行为构成诈骗罪

C. 甲属于间接正犯　　D. 甲的行为属于犯罪未遂

答案：BC

4. 黄某、王某二人从境外走私入境假币 150 余万元。运载假币的渔船刚一到岸，即被海关缉私人员发现。黄某、王某手持铁棍、匕首将缉私人员打成重伤后携带假币逃走。对黄某、王某的行为应以哪些犯罪论处？（　　）

A. 走私假币罪　　B. 运输假币罪

C. 故意伤害罪　　D. 妨害公务罪

答案：AC

5. 某镇医院医生贾某在为患者输血时不按规定从县血站提取，而是习惯于直接从献血者身上采血后输给患者。住院病人于某因输了贾某采集的不符合国家规定的血液发生不良反应死亡。贾某的行为构成何罪？（　　）

A. 非法采集、供应血液罪　　B. 采集、供应血液事故罪

C. 医疗事故罪　　D. 过失致人死亡罪

答案：A

6. 李某多次尾随盗伐林木人员，将其砍倒尚未运走的林木偷偷运走，销赃获利数千元。此外，他还盗伐了他人自留地、责任田等地边田坎种植的零星树木 5 个多立方米。对李某的上述行为应当如何定罪处罚？（　　）

A. 以盗伐林木罪定罪处罚

B. 以盗窃罪定罪处罚

C. 以盗伐林木罪和盗窃罪定罪，实行数罪并罚

D. 以盗伐林木罪、盗窃罪和销售赃物罪定罪，实行数罪并罚

答案：B

7. 李某花5 000元购得摩托车一辆，半年后，其友王某提出借用摩托车，李某同意。王某借用数周不还，李某碍于情面，一直未讨还。某晚，李某乘王某家无人，将摩托车推回。次日，王某将摩托车丢失之事告诉李某，并提出用4 000元予以赔偿。李某故意隐瞒真情，称："你要赔就赔吧。"王某于是给付李某摩托车款4 000元。后李某恐事情败露，又将摩托车偷偷卖给丁某，获得款项3 500元。李某的行为构成何罪？（　　）

A. 盗窃罪　　B. 诈骗罪

C. 销售赃物罪　　D. 盗窃罪和诈骗罪的牵连犯

答案：A

8. 律师王某在代理一起民事诉讼案件时，编造了一份对自己代理的一方当事人有利的虚假证言，指使证人李某背熟以后向法庭陈述，致使本该败诉的己方当事人因此而胜诉。王某的行为构成何罪？（　　）

A. 伪证罪　　B. 诉讼代理人妨害作证罪

C. 妨害作证罪　　D. 帮助伪造证据罪

答案：C

9. 甲从A地购得面值2万元的假币，然后携带假币乘坐火车到B地。甲在车上与几个朋友赌博时被乘警发现，乘警按规定对甲处以罚款，甲欺骗乘警，以假币交纳罚款，被乘警发现。甲的行为构成下列哪些罪？（　　）

A. 购买、运输假币罪　　B. 诈骗罪

C. 持有、使用假币罪　　D. 赌博罪

答案：AC

10. 下列哪些犯罪行为，应按数罪并罚的原则处理？（　　）

A. 拐卖妇女又奸淫被拐卖妇女

B. 司法工作人员枉法裁判又构成受贿罪

C. 参加黑社会性质组织又杀人

D. 组织他人偷越国边境又强奸被组织人

答案：CD

11. 下列帮助、教唆行为中，能独立构成犯罪，不按共犯处理的有哪些？（　　）

A. 协助他人实施组织卖淫犯罪

B. 煽动他人颠覆国家政权

C. 有查禁犯罪活动职责的国家机关工作人员，向犯罪分子通风报信、提供便利，帮助犯罪分子逃避处罚

D. 帮助当事人毁灭、伪造证据，情节严重

答案：ABCD

12. 关于黑社会性质组织犯罪的认定问题，下列说法哪些是正确的？（　　）

A. 黑社会性质组织是犯罪集团，具有犯罪集团的一般属性

B. 黑社会性质组织所从事的危害行为，既包括犯罪行为，又包括违法行为

C. 组织、领导、参加黑社会性质组织罪，既包括组织、领导、参加黑社会性质组织的

行为，又包括在该黑社会性质组织统一策划、指挥下从事的其他犯罪行为

D. 具有国家工作人员的非法保护，是认定黑社会性质组织的必要条件

答案：AB

13. 甲 15 周岁，系我国某边镇中学生。甲和乙一起上学，在路上捡到一手提包。打开后，发现内有 1 000 元钱和 4 小袋白粉末。甲说："这袋上有中文'海洛因'和英文'heroin'及'50g'的字样。我在电视上看过，这东西就是白粉，我们把它卖了，还能发一笔财。"二人遂将 4 袋白粉均分。甲先将一袋白粉卖与他人，后在学校组织去邻国旅游时，携带另一袋白粉并在境外出售。甲的行为：（　　）。

A. 构成走私毒品罪　　B. 构成非法持有毒品罪

C. 构成贩卖毒品罪　　D. 构成走私、贩卖毒品罪

答案：C

14. 下列哪一种行为可以构成伪证罪？（　　）

A. 在民事诉讼中，证人作伪证的

B. 在刑事诉讼中，辩护人伪造证据的

C. 在刑事诉讼中，证人故意作虚假证明意图陷害他人的

D. 在刑事诉讼中，诉讼代理人帮助当事人伪造证据的

答案：C

15. 某国间谍戴某，结识了我某国家机关机要员黄某。戴某谎称来华投资建厂需了解政策动向，让黄某借工作之便为其搞到密级为"机密"的《内参报告》四份。戴某拿到文件后送给黄某一部手机，并为其子前往某国留学提供了 6 万元资金。对黄某的行为如何定罪处罚？（　　）

A. 资助危害国家安全犯罪活动罪、非法获取国家秘密罪，数罪并罚

B. 为境外窃取、刺探、收买、非法提供国家秘密、情报罪与受贿罪，数罪并罚

C. 非法获取国家秘密罪、受贿罪，数罪并罚

D. 故意泄露国家秘密罪、受贿罪，从一重罪处断

答案：B

16. 关于故意的认识内容，下列哪一选项是正确的？（　　）

A. 甲明知自己的财物处于国家机关管理之中，但不知此时的个人财物应以公共财产论而窃回。甲缺乏成立盗窃罪所必需的对客观事实的认识，故不成立盗窃罪

B. 乙以非法占有财物的目的窃取军人的手提包时，明知手提包内可能有枪支仍然窃取，该手提包中果然有一支手枪。乙没有非法占有枪支的目的，故不成立盗窃枪支罪

C. 成立猥亵儿童罪，要求行为人知道被害人是或者可能是不满 14 周岁的儿童

D. 成立贩卖毒品罪，不仅要求行为人认识到自己贩卖的是毒品，而且要求行为人认识到所贩卖的毒品种类

答案：C

17. 甲到本村乙家买柴油时，因屋内光线昏暗，甲欲点燃打火机看油量。乙担心引起火灾，上前阻止。但甲坚持说柴油见火不会燃烧，仍然点燃了打火机，结果引起油桶燃烧，造成火灾，导致甲、乙及一旁观看的丙被火烧伤，乙、丙经抢救无效死亡。后经检测，乙储存的柴油闪点不符合标准。甲的行为构成何罪？（　　）

A. 危险物品肇事罪　　B. 失火罪

C. 放火罪　　D. 重大责任事故罪

答案：B

18. 1998年11月4日，甲到娱乐场所游玩时，将卖淫女乙（1984年12月2日生）带到住所嫖宿。一星期后甲请乙吃饭时，乙告知了自己年龄，并让甲到时为自己过生日。饭后，甲又带乙到住处嫖宿。甲的行为属于：（　　）。

A. 奸淫幼女罪　　B. 强奸罪

C. 嫖宿幼女罪　　D. 应受治安处罚的嫖娼行为

答案：C

19. 甲、乙共谋杀害在博物馆工作的丙，两人潜入博物馆同时向丙各开一枪，甲击中丙身边的国家重点保护的珍贵文物，造成文物毁损的严重后果；乙未击中任何对象。关于甲、乙的行为，下列哪一选项是正确的？（　　）

A. 甲成立故意毁损文物罪，因为毁损文物的结果是甲故意开枪的行为造成的

B. 甲、乙成立故意杀人罪的共犯

C. 对甲应以故意杀人罪和过失损毁文物罪实行数罪并罚

D. 甲的行为属于一行为触犯数罪名，成立牵连犯

答案：B

20. 甲晚上潜入一古寺，将寺内古墓室中有珍贵文物编号的金佛的头用钢锯锯下，销赃后获赃款10万元。对甲应以什么罪追究刑事责任？（　　）

A. 故意损毁文物罪　　B. 倒卖文物罪

C. 盗窃罪　　D. 盗掘古文化遗址、古墓葬罪

答案：C

21. 下列哪些人可以成为脱逃罪的主体？（　　）

A. 被判处管制的犯罪分子

B. 依法被关押的罪犯

C. 依法被关押的被告人

D. 依法被关押但尚无充分证据证明有罪的犯罪嫌疑人

答案：BCD

22. 雷某为购买正式书号用于出版淫秽录像带，找某音像出版社负责人任某帮忙。雷某向任某谎称自己想制作商业宣传片，需要一个书号，并提出付给出版社1万元“书号费”。任某同意，但要求雷某给自己2万元好处费，雷某声称盈利后会考虑。任某随后指示有关部门立即办理。雷某拿到该书号出版了淫秽录像带，发行数量极大、影响极坏。雷某牟利后给任某2万元好处费，任某收下。关于本案，下列哪些说法是错误的？（　　）

A. 雷某与任某的行为构成为他人提供书号出版淫秽书刊罪的共犯

B. 雷某的行为构成传播淫秽物品罪，任某的行为构成为他人提供书号出版淫秽书刊罪

C. 雷某的行为构成出版淫秽物品牟利罪，任某的行为构成出版淫秽物品牟利罪的共犯

D. 雷某与任某的行为构成非法经营罪的共犯

答案：ABCD

23. 某法院开庭审理一起民事案件，参加旁听的原告之夫李某认为证人王某的证言不实，便当场大声指责，受到法庭警告。李某不听劝阻，大喊“给我打”，在场旁听的十多个原告方的亲属一拥而上，对王某拳打脚踢，法庭秩序顿时大乱。审判长予以制止，李某一伙又对审判长和审判员进行围攻、殴打，审判长只好匆匆宣布休庭。李某的上述行为触犯了什么罪名？（　　）

A. 打击报复证人罪　　　　　　　　　　B. 聚众冲击国家机关罪

C. 扰乱法庭秩序罪　　　　　　　　　　D. 妨害作证罪

答案：AC

24. 下列说法不正确的是：（　　）。

A. 刑法第 266 条规定的诈骗罪的法定最高刑为无期徒刑，而第 198 条规定保险诈骗罪的法定最高刑为 15 年有期徒刑。为了保持刑法的协调和实现罪刑相适应原则，对保险诈骗数额特别巨大的，应以诈骗罪论处

B. 根据刑法第 358 条的规定，“强奸后迫使卖淫的”成立强迫卖淫罪，不实行数罪并罚。已满 14 周岁不满 16 周岁的人，伙同他人强奸妇女后迫使卖淫的，不负刑事责任；因为刑法第 17 条没有规定已满 14 周岁不满 16 周岁的人应对强迫卖淫罪承担刑事责任

C. 刑法第 382 条明文规定一般公民与国家工作人员勾结伙同贪污的，以共犯论处，所以，一般公民可以与国家工作人员构成贪污罪的共犯；刑法第 385 条对于受贿罪没有类似规定，所以，一般公民不可能与国家工作人员构成受贿罪的共犯

D. 刑法第 399 条第 4 款规定，“司法工作人员收受贿赂”有徇私枉法等行为的，依照处罚较重的规定定罪处罚。但是，司法工作人员索取贿赂并有徇私枉法等行为的，则应实行数罪并罚

答案：ABCD

25. 对刑法关于组织、强迫、引诱、容留、介绍卖淫罪的规定，下列解释正确的是：（　　）。

A. 引诱、容留、介绍卖淫罪，包括引诱、容留、介绍男性向同性恋者卖淫

B. 引诱成年人甲卖淫、容留成年人乙卖淫的，成立引诱、容留卖淫罪，不实行并罚

C. 引诱幼女甲卖淫，容留幼女乙卖淫的，成立引诱幼女卖淫罪与容留卖淫罪，实行并罚

D. 引诱幼女向他人卖淫后又嫖宿该幼女的，以引诱幼女卖淫罪论处，从重处罚

答案：ABC

26. 毒贩甲得知公安机关近来要开展“严打”斗争，遂将尚未卖掉的 50 多克海洛因和贩毒所得赃款 8 万多元拿到家住偏远农村的亲戚乙处隐藏。公安机关得到消息后找乙调查此事，乙矢口否认。乙当晚将上述毒品、赃款带到后山山洞隐藏时被跟踪而至的公安人员当场抓获。乙的上述行为应当以何罪论处？（　　）

A. 非法持有毒品罪　　　　　　　　　　B. 窝藏、转移赃物罪

C. 窝藏、转移、隐瞒毒品、毒赃罪　　　D. 包庇毒品犯罪分子罪

答案：C

27. 甲系某医院外科医师，应邀在朋友乙的私人诊所兼职期间，擅自为多人进行了节育复通手术。对甲的行为应当如何定性？（　　）

A. 构成非法行医罪　　　　　　　　　　B. 构成非法进行节育手术罪

C. 构成医疗事故罪　　　　　　　　　　D. 不构成犯罪

答案：D

28. 甲系某市国有博物馆的馆长。某日，市政府领导带某国博物馆代表团来参观。甲当即决定将本馆收藏的一件战国时期的青铜奔马赠送给市政府，作为新落成的市政府办公大楼的装饰；同时，将一件国家禁止出口的珍贵文物赠送给该外国博物馆代表团。另外，

甲还偷偷将本馆的一件珍贵文物据为己有。甲的行为构成：（　　）。

A. 贪污罪　　B. 私赠文物藏品罪

C. 非法向外国人赠送珍贵文物罪　　D. 盗窃珍贵文物罪

答案：AC

29. 下列哪些情形应以破坏计算机信息系统罪论处？（　　）

A. 甲采用密码破解手段，非法进入国家尖端科学技术领域的计算机信息系统，窃取国家机密

B. 乙因与单位领导存在矛盾，即擅自对单位在计算机中存储的数据和应用程序进行修改操作，给单位的生产经营管理造成严重的混乱

C. 丙通过破解密码的手段，进入某银行计算机信息系统，为其朋友的银行卡增加存款额10万元

D. 丁为了显示自己在计算机技术方面的本事，设计出一种计算机病毒，并通过互联网进行传播，影响计算机系统正常运行，造成严重后果

答案：BD

30. 对下列哪一情形应当实行数罪并罚？（　　）

A. 在走私普通货物、物品过程中，以暴力、威胁方法抗拒缉私的

B. 在走私毒品过程中，以暴力方法抗拒检查，情节严重的

C. 在组织他人偷越国（边）境过程中，以暴力方法抗拒检查的

D. 在运送他人偷越国（边）境过程中，以暴力方法抗拒检查的

答案：A

31. 已满14周岁不满16周岁的人实施下列哪些行为应当承担刑事责任？（　　）

A. 参与运送他人偷越国（边）境，造成被运送人死亡的

B. 参与绑架他人，致使被绑架人死亡的

C. 参与强迫卖淫集团，为迫使妇女卖淫，对妇女实施了强奸行为的

D. 参与走私，并在走私过程中暴力抗拒缉私，造成缉私人员重伤的

答案：CD

32. 对下列哪些行为不能认定为强奸罪？（　　）

A. 拐卖妇女的犯罪分子奸淫被拐卖的妇女的

B. 利用职权、从属关系，以胁迫手段奸淫现役军人的妻子的

C. 利用迷信奸淫妇女的

D. 组织卖淫的犯罪分子强奸妇女后迫使其卖淫的

答案：AD

33. 下列哪些说法是错误的？（　　）

A. 甲盗窃乙的一本存折后，假冒乙的名义从银行取出存折中的5万元存款。甲的行为构成盗窃罪与诈骗罪

B. 甲盗窃了乙的200克海洛因，因本人不吸毒，就将海洛因转卖给丙。甲的行为构成盗窃罪和贩卖毒品罪

C. 甲盗窃了博物馆的一件国家珍贵文物，以20万元的价格转卖给乙。甲的行为构成盗窃罪和倒卖文物罪

D. 甲盗窃了乙的一块名表，以2万元的价格转卖给丙，甲的行为构成盗窃罪和销售赃物罪

答案：AD

34. 对下列哪些行为不应当认定为脱逃罪？（　　）

A. 犯罪嫌疑人在从甲地押解到乙地的途中，乘押解人员不备，偷偷溜走

B. 被判处管制的犯罪分子未经执行机关批准到外地经商，直至管制期满未归

C. 被判处有期徒刑的犯罪分子组织多人有计划地从羁押场所秘密逃跑

D. 被判处无期徒刑的 8 名犯罪分子采取暴动方法逃离羁押场所

答案：BCD

35. 甲、乙通过丙向丁购买毒品，甲购买的目的是为自己吸食，乙购买的目的是为贩卖，丙则通过介绍毒品买卖，从丁处获得一定的好处费。对于本案，下列哪些选项是正确的？（　　）

A. 甲的行为构成贩卖毒品罪　　B. 乙的行为构成贩卖毒品罪

C. 丙的行为构成贩卖毒品罪　　D. 丁的行为构成贩卖毒品罪

答案：BCD

36. 下列哪些行为不构成包庇罪？（　　）

A. 国家机关工作人员包庇黑社会性质的组织的

B. 帮助当事人毁灭、伪造证据的

C. 明知他人有间谍行为，在国家安全机关向其收集有关证据时，拒绝提供，情节严重的

D. 包庇走私、贩卖、运输、制造毒品的犯罪分子的

答案：ABCD

37. 关于强奸罪及相关犯罪的判断，下列哪一选项是正确的？（　　）

A. 甲欲强奸某妇女遭到激烈反抗，一怒之下卡住该妇女喉咙，致其死亡后实施奸淫行为。甲的行为构成强奸罪的结果加重犯

B. 乙为迫使妇女王某卖淫而将王某强奸，对乙的行为应以强奸罪与强迫卖淫罪实行数罪并罚

C. 丙在组织他人偷越国（边）境过程中，强奸了被组织的妇女李某。丙的行为虽然触犯了组织他人偷越国（边）境罪与强奸罪，但只能以组织他人偷越国（边）境罪定罪量刑

D. 丁在拐卖妇女的过程中，强行奸淫了该妇女。丁的行为虽然触犯了拐卖妇女罪与强奸罪，但根据刑法规定，只能以拐卖妇女罪定罪量刑

答案：D

38. 陈某向王某声称要购买 80 克海洛因，王某便从外地购买了 80 克海洛因。到达约定交货地点后，陈某掏出仿真手枪威胁王某，从王某手中夺取了 80 克海洛因。此后半年内，因没有找到买主，陈某一直持有 80 克海洛因。半年后，陈某将 80 克海洛因送给其毒瘾很大的朋友刘某，刘某因过量吸食海洛因而死亡。关于本案，下列哪一选项是错误的？（　　）

A. 王某虽然是陈某抢劫的被害人，但其行为仍成立贩卖毒品罪

B. 陈某持仿真手枪取得毒品的行为构成抢劫罪，但不属于持枪抢劫

C. 陈某抢劫毒品后持有该毒品的行为，被抢劫罪吸收，不另成立非法持有毒品罪

D. 陈某将毒品送给刘某导致其过量吸食进而死亡的行为，成立过失致人死亡罪

答案：D

39. 关于利用计算机网络的犯罪，下列哪一选项是正确的？（　　）

A. 通过互联网将国家秘密非法发送给境外的机构、组织、个人的，成立故意泄露国家秘密罪

B. 以营利为目的，在计算机网络上建立赌博网站，或者为赌博网站担任代理，接受投注的，属于刑法第303条规定的“开设赌场”

C. 以牟利为目的，利用互联网传播淫秽电子信息的，成立传播淫秽物品罪

D. 组织多人故意在互联网上编造、传播爆炸、生化、放射威胁等虚假恐怖信息，严重扰乱社会秩序的，成立聚众扰乱社会秩序罪

答案：B

40. 无业人员甲通过伪造国家机关公文，骗取某县工商局副局长的职位。在该局股级干部竞争上岗时，甲向干部乙声称：“如果不给我2万元，你这次绝对没有机会。”乙为获得岗位，只好送甲2万元。关于对甲的行为的处理意见，下列哪一选项是正确的？（　　）

A. 甲触犯的伪造国家机关公文罪与招摇撞骗罪之间具有牵连关系，应从一重罪论处

B. 对甲的行为以伪造国家机关公文罪与敲诈勒索罪实行并罚

C. 对甲的行为以伪造国家机关公文罪与受贿罪实行并罚

D. 甲触犯的伪造国家机关公文罪与受贿罪之间具有牵连关系，应从一重罪论处

答案：C

41. 丁某盗窃了农民程某的一个手提包，发现包里有大量现金和一把手枪。丁某将真情告诉崔某，并将手枪交给崔某保管，崔某将手枪藏在家里。关于本案，下列哪些选项是正确的？（　　）

A. 丁某构成盗窃罪　　B. 丁某构成盗窃枪支罪

C. 崔某构成窝藏罪　　D. 崔某构成非法持有枪支罪

答案：AD

42. 王某担任辩护人时，编造了一份隐匿罪证的虚假证言，交给被告人陈小二的父亲陈某，让其劝说证人李某背熟后向法庭陈述，并给李某5 000元好处费。陈某照此办理。李某收受5 000元后，向法庭作了伪证，致使陈小二被无罪释放。后陈某给陈小二10万美元，让其逃往国外。关于本案，下列哪些选项是错误的？（　　）

A. 王某的行为构成辩护人妨害作证罪

B. 陈某劝说李某作伪证的行为构成妨害作证罪的教唆犯

C. 李某构成辩护人妨害作证罪的帮助犯

D. 陈某让陈小二逃往国外的行为构成脱逃罪的共犯

答案：BCD

43. 甲系某国有公司经理。生意人乙见甲掌管巨额资金，就以小恩小惠拉拢甲。后乙以做生意需要资金为由，劝诱甲出借公款，并与甲共同策划了挪用的方式，还送给甲好处费5万元。甲未经公司董事会决定就将100万元资金借给乙。乙得到巨款以后，告知银行职员丙该款的真实来源，丙为乙提供资金账户，乙随时提款用于贩卖毒品。在甲的催促下，一年后，乙归还30万元，后来就拒绝和甲见面。甲见追回剩余70万元无望，就携带乙归还的30万元潜逃。甲半年内将30万元挥霍一空，走投无路后向司法机关投案，并交待了借公款给乙、接受乙贿赂和携款潜逃的事实，并提供线索协助司法机关将乙捉拿归案。乙归案后主动交待了行贿和司法机关尚未掌握的贩卖毒品的犯罪事实。银行职员丙的行为构成：（　　）。

A. 挪用公款罪的共犯　　　　B. 贩卖毒品罪的共犯

C. 洗钱罪　　　　D. 赃物犯罪

答案：C

44. 案例分析题

李某长期在甲市行人较多的马路边询问行人是否需要身份证，然后将需要身份证的人的照片、住址等资料送交何某伪造。何某伪造后，李某再交给购买者。在此期间，李某使用伪造的身份证办理手机入网手续并使用手机，造成电信资费损失3 000余元。为了防止司法人员的抓捕，李某一直将一把三角刮刀藏在内衣口袋中。2001 年 4 月下旬的一天晚上，李某在马路上询问行人是否需要身份证时，发现钱某孤身一人行走，便蹿至其背后将其背包（内有价值 2 000 元的财物）夺走后迅速逃跑。钱某大声呼喊抓强盗。适逢民警赵某经过此地，赵某将李某拦住。此时李某掏出三角刮刀，朝赵某的腰部捅了一刀后逃离，致赵某重伤。甲市公安机关抓获李某后，与李某居住地乙市公安机关联系，发现李某是因为在乙市使用信用卡透支 1 万元后，为逃避银行催收而逃至甲市的。请结合上述案情，分析李某各行为的性质，并请说明理由。

答案：

李某在马路边询问行人是否需要身份证，然后送何某伪造，伪造后再由李某交给购买者。李某和何某的这些行为构成了伪造、变造居民身份证的共同犯罪。相关司法解释规定，以虚假、冒用的身份证件办理入网手续并使用移动电话，造成电信资费损失数额较大的，依照刑法第 266 条以诈骗罪定罪处罚。李某使用伪造的身份证办理手机入网手续造成电信资费损失 3 000 余元，构成诈骗罪。携带凶器抢夺的，应该依照抢劫罪处理。李某携带三角刮刀进行抢夺，构成抢劫罪。李某妨害赵某履行公务，并将赵某刺成重伤，是想象竞合犯，应从一重罪即按故意伤害罪处理。李某携带凶器抢夺已经构成抢劫罪，因此，不存在由抢夺罪转化为抢劫罪的问题。李某使用信用卡进行恶意透支，并且数额较大，构成信用卡诈骗罪。

45. 案例分析题

丁某系某市东郊电器厂（私营企业，不具有法人资格）厂长，2003 年因厂里资金紧缺，多次向银行贷款未果。为此，丁某仿照银行存单上的印章模式，伪造了甲银行的储蓄章和行政章，以及银行工作人员的人名章，伪造了户名分别为黄某和唐某的在甲银行存款额均为 50 万元的存单两张。随后，丁某约请乙银行办事处（系国有金融机构）副主任朱某吃饭，并将东郊电器厂欲在乙银行办事处申请存单抵押贷款的打算告诉了朱某，承诺事后必有重谢。朱某见有利可图，就让丁某第二天到办事处找信贷科科长张某办理，并答应向张某打招呼。次日，丁某来到乙银行办事处。朱某将其介绍给张某，让其多加关照。

张某在审查丁某提交的贷款材料时，对甲银行的两张存单有所怀疑，遂发函给甲银行查询。此时，丁某通过朱某催促张某，张某遂打电话询问查询事宜。甲银行储蓄科科长答应抓紧办理，但张某未等回函，就为丁某办理了抵押贷款手续，并报朱某审批。后甲银行未就查询事宜回函。

朱某审批时发现材料有问题，就把丁某找来询问。丁某见瞒不过朱某，就将假存单之事全盘托出，并欺骗朱某说有一笔大生意保证挣钱，贷款将如期归还，并当场给朱某 10 万元好处费。朱某见丁某信誓旦旦，便收受了好处费，同意批给丁某 100 万元贷款。丁某获得贷款后，以感谢为名送给张某 5 万元，张某予以收受。丁某将贷款全部投入电器厂经营，结果亏损殆尽，致使银行贷款不能归还。检察机关将本案起诉至法院。简析丁某、朱某和张某涉嫌犯罪行为触犯的罪名，然后根据有关的刑法理论和法律规定确定三人分别应如何定罪处罚。

答案：

丁某：伪造企业印章罪，伪造金融凭证罪，金融凭证诈骗罪，贷款诈骗罪，行贿罪。其中：(1) 伪造企业印章罪和伪造金融凭证罪之间存在牵连关系，按照从一重罪处断的原则，应定伪造金融凭证罪；(2) 伪造金融凭证罪与金融凭证诈骗罪之间又存在牵连关系，按照从一重罪处断的原则，应以金融凭证诈骗罪论处；(3) 金融凭证诈骗罪与贷款诈骗罪之间也存在法条竞合关系，按照重法优于轻法的原则，应以金融凭证诈骗罪论处。所以丁某构成金融凭证诈骗罪和行贿罪，数罪并罚。

朱某：金融凭证诈骗罪的共犯和受贿罪，数罪并罚。

张某：国有公司、企业人员失职罪和受贿罪，数罪并罚。

二、模拟试题

1. 甲、乙二人自幼熟识，一天乙找到甲，交给甲1个纸包，里面有2万元现金，乙说在甲处暂放，甲问钱的来源，乙说是偷来的。数日后，乙又交给甲一个纸包，说是“白面”，找到买主就取走。后来乙听到公安禁毒行动的风声觉得放在甲处也不安全，于是托甲将纸包转交给乙的另外一个朋友丙代为保管数日，甲便为乙转交。数日后乙到丙处取回毒品。甲的行为构成何罪？（　　）

A. 窝藏毒品罪　　B. 转移毒品罪

C. 掩饰、隐瞒犯罪所得罪　　D. 运输毒品罪

答案：ABC

2. 在实施组织他人偷越国境的犯罪行为过程中，具有下列哪些情形的应当数罪并罚？（　　）

A. 组织他人偷越国境又杀害检查人员

B. 组织他人偷越国境又剥夺被组织人人身自由

C. 组织他人偷越国境又以暴力、威胁方法抗拒检查

D. 组织他人偷越国境又拐卖被组织人

答案：AD

3. 下列行为中，应当以包庇罪论处的有：（　　）。

A. 明知是犯罪的人，帮助其毁灭证据逃避制裁的

B. 明知是走私犯罪的违法所得，为掩饰其来源和性质而提供资金账户

C. 包庇贩卖毒品的犯罪分子

D. 旅馆业人员在公安机关查处卖淫嫖娼活动时为违法犯罪分子通风报信，情节严重的

答案：D

4. 下列哪一种行为可以构成妨害作证罪？（　　）

A. 在民事诉讼中，以暴力阻止证人作证

B. 在民事诉讼中，帮助当事人伪造证据

C. 在刑事诉讼中，辩护人引诱证人作伪证

D. 在刑事诉讼中，帮助当事人毁灭证据

答案：A

5. 下列行为中构成医疗事故罪的有：（　　）。

A. 私人诊所的医生甲粗心大意，未对患者认真检查就说没有问题，让其回家休息，造成患者失去听觉

B. 药剂师乙在配药时心不在焉，错将患者 A 的药拿给患者 B，幸亏护士及时发现，否则会造成患者死亡的后果

C. 护士丙在护理病人时，因看电视剧耽误了护理时间，造成危重病人严重缺氧成为植物人

D. 医院急救车司机丁，因为看球赛，在接到急救电话以后不及时出急救车，造成病人延误抢救时机而死亡

答案：ACD

6. 案例分析题

甲某晚从公安部门偷到一套警服、3 000 元人民币和一包可卡因（50 克许）。此后，甲的好友乙提出和甲一起去弄点钱花。甲便拿出偷来的可卡因让乙去卖钱。乙照办。此后不久，甲又让乙穿上自己偷来的警服扮成警察到洗浴中心、发廊等场所以进行治安检查为由收取罚款。乙又照办，并向有关场所收取了五千多元罚款。

问题：结合上述案情，分析甲的行为性质，并说明理由。

答案：

甲独自实施的盗窃行为构成盗窃罪。其让乙出卖可卡因的行为与乙构成共同犯罪，即甲与乙共同构成贩卖毒品罪。其中，甲为教唆犯，乙为实行犯。甲让乙冒充警察以查治安为由收取罚款的行为，构成共同犯罪，即甲、乙共同构成冒充国家机关工作人员招摇撞骗罪，甲为教唆犯，乙为实行犯。

第八章 贪污贿赂罪

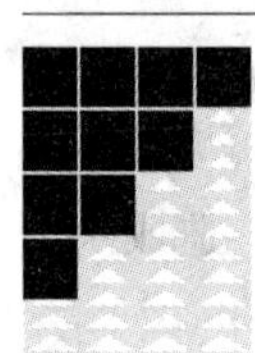

参考文献

王作富主编:《刑法》,3版,第28章,中国人民大学出版社,2007;高铭暄、马克昌主编:《刑法学》,修订版,第30章,中国法制出版社,2007;张明楷:《刑法学》,3版,第26章,法律出版社,2007;赵慧、张忠国:《贪污贿赂犯罪司法适用》,法律出版社,2006;杨兴国:《贪污贿赂犯罪:法律与司法解释应用问题解疑》,中国检察出版社,2002。

第一节　贪污贿赂罪概说

贪污贿赂罪，是指国家工作人员利用职务便利，贪污、挪用公共财物，或者索取、收受贿赂，或者不履行法定财产申报、境外存款申报等义务，侵犯职务行为的廉洁性、不可收买性的行为。此外，作为与上述国家工作人员的受贿行为相对应的对向行为或者其他紧密相连的行为还包括：行贿罪、单位行贿罪、对单位行贿罪、介绍贿赂罪、利用影响力受贿罪等，一并规定在本章之中。

在1979年刑法中，贪污罪被规定在侵犯财产罪中，贿赂罪被规定在渎职罪中；现行刑法为了凸显贪污贿赂罪的严重侵害性，并考虑到其行为侵害客体的同类性——其侵害客体均为职务行为的廉洁性和职务行为的不可收买性，因而将其作为独立一章加以规定。

本章规定之罪的主体，大体分为三种：其一，只能由自然人主体构成，例如，贪污罪、挪用公款罪、受贿罪、巨额财产来源不明罪、隐瞒境外存款罪、行贿罪、介绍贿赂罪、利用影响力受贿罪；其二，只能由单位构成，例如，单位受贿罪、单位行贿罪、私分国有资产罪、私分罚没财物罪，不过，前两者为两罚的规定，而后两者则为单罚的规定，即仅仅处罚直接负责的主管人员和其他直接责任人员；其三，既可以由自然人，也可以由单位构成，例如，对单位行贿罪。①

在贪污贿赂罪中，主要的主体就是国家工作人员，对此需深入理解。刑法第93条规定，本法所称国家工作人员，是指国家机关中从事公务的人员。国有公司、企业、事业单位、人民团体中从事公务的人员和国家机关、国有公司、企业、事业单位委派到非国有公司、企业、事业单位、社会团体从事公务的人员，以及其他依照法律从事公务的人员，以国家工作人员论。按照这一规定，国家工作人员分为两种：国家机关工作人员和准国家工作人员。

（一）国家机关工作人员的范围

就国家机关工作人员的范围而言，首要的问题是界定国家机关的范围。通常所称国家机关包括依照宪法规定设立的各级国家权力机关、行政机关、司法机关和军事机关，在上述机关从事公务的人员即为国家机关工作人员。但是根据2002年12月28日全国人大常委会第三十一次会议通过的《关于〈中华人民共和国刑法〉第九章渎职罪主体适用问题的解释》，在依照法律、法规规定行使国家行政管理职权的组织中从事公务的人员，或者在受国家机关委托代表国家机关行使职权的组织中从事公务的人员，或者虽未列入国家机关人员编制但在国家机关中从事公务的人员，在代表国家机关行使职权时，有渎职行为，构成犯罪的，依照刑法关于渎职罪的规定追究刑事责任。由于渎职罪尤其是滥用职权罪、玩忽职守罪的主体是国家机关工作人员，因而在司法实践中，上述人员也被视为国家机关工作人员。例如，中国证券监督管理委员会系国务院直属事业单位，是全国证券期货市场的主管部门，为具有职责的事业单位，因此其干部应视为国家机关工作人员。同时，在乡（镇）以上中国共产党机关、人民政协机关中从事公务的人员，也应当被视为国家机关工

---

① 实际上，将受贿罪区分为受贿罪和单位受贿罪，将行贿罪区分为行贿罪、单位行贿罪、对单位行贿罪，并无积极的适用意义，而仅仅是形式上相应法条对其法定刑的分别规定。因为在立法论上，对相类似行为，仅仅因为行为主体或行为对象的区别，而规定差异巨大的刑罚，其合理性很难予以肯定。在某种意义上，例如，单位受贿罪的社会影响及其危害可能远远大于自然人的受贿罪。

作人员。

(二) 准国家工作人员的范围

1. 国有公司、企业、事业单位、人民团体中从事公务的人员。国有公司、企业、事业单位是指由国家投资，其财产归国家所有，以实现国家利益为目标而建立的组织。所谓人民团体，是指其最高领导机关的成立及其活动经费，享受国家财政拨款的单位。

2. 国家机关、国有公司、企业、事业单位委派到非国有公司、企业、事业单位、社会团体从事公务的人员。所谓委派，即委任、派遣，其形式多种多样，如任命、指派、提名、批准等。不论被委派的人身份如何，只要是接受国家机关、国有公司、企业、事业单位委派，代表国家机关、国有公司、企业、事业单位在非国有公司、企业、事业单位、人民团体中从事组织、领导、监督、管理等工作，都可以认定为国家机关、国有公司、企业、事业单位委派到非国有公司、企业、事业单位、社会团体从事公务的人员。如国家机关、国有公司、企业、事业单位委派在国有控股或者参股的股份有限公司从事组织、领导、监督、管理等工作的人员，应当以国家工作人员论。不过，对于这一认定，必要的、合法的委派程序不可缺少。国有公司、企业改制为股份有限公司后，原国有公司、企业的工作人员和股份有限公司新任命的人员中，除代表国有投资主体行使监督、管理职权的人员外，不以国家工作人员论。当然，国家机关、国有公司、企业委派到非国有公司、企业从事公务但尚未依照规定程序获取该单位职务的人员，涉嫌职务犯罪时，也应当视为“国家机关、国有公司、企业委派到非国有公司、企业、事业单位、社会团体从事公务的人员”。

3. 其他依照法律从事公务的人员。此类人员应当符合两个特征：一是在特定条件下行使国家管理职能；二是依照法律规定从事公务。具体包括：(1) 依法履行职责的各级人民代表大会代表；(2) 依法履行审判职责的人民陪审员；(3) 协助乡镇人民政府、街道办事处从事行政管理工作的村民委员会、居民委员会等农村和城市基层组织人员；(4) 其他由法律授权从事公务的人员。因此，村民委员会等村基层组织人员协助人民政府从事救灾、抢险、防汛、优抚、扶贫、移民、救济款物的管理、社会捐助公益事业款物的管理、国有土地的经营和管理、土地征用补偿费用的管理、代征、代缴税款、有关计划生育、户籍、征兵工作以及协助人民政府从事其他行政管理工作时，就属于其他依照法律从事公务的人员。

无论是国家机关工作人员还是准国家工作人员，其本质特征就是从事公务，即代表国家机关、国有公司、企业、事业单位、人民团体等履行组织、领导、监督、管理等职责。公务主要表现为与职权相联系的公共事务以及监督、管理国有财产的职务活动。如国家机关工作人员依法履行职责，国有公司的董事、经理、监事、会计、出纳人员等管理、监督国有财产等活动，即属于公务。但是，是否认定为国家工作人员，并不根本性地取决于其所在的单位是否为国有性质，也并不根本性地取决于其个人所具有的所谓编制问题，而在于其是否代表国有单位从事上述公务。因此，那些不具备职权内容的劳务活动、技术服务工作，如售货员、售票员等所从事的工作，一般不认为是公务。

需要注意的是，行为人通过伪造国家机关公文、证件担任国家工作人员职务后，利用职务上的便利实施侵占本单位财物、收受贿赂、挪用本单位资金等行为的，仍应构成国家工作人员，其行为应当分别按照伪造国家机关公文、证件罪和相应的贪污罪、受贿罪、挪用公款罪等追究刑事责任，实行数罪并罚。

第二节　贪污贿赂罪分述

一、贪污罪

（一）概念与构成

贪污罪，是指国家工作人员利用职务上的便利，侵吞、窃取、骗取或者以其他手段非法占有公共财物的行为。受国家机关、国有公司、企业、事业单位、人民团体委托管理、经营国有财产的人员，利用职务上的便利，侵吞、窃取、骗取或者以其他手段非法占有国有财物的，以贪污论。

本罪的构成要件如下：

1. 本罪的客观方面是：典型的贪污罪其客观要件为利用职务上的便利，侵吞、窃取、骗取或者以其他手段非法占有公共财物的行为。而拟制的贪污罪，则是指相应主体利用职务上的便利，侵吞、窃取、骗取或者以其他手段非法占有国有财物的行为。

首先，构成本罪必须利用职务上的便利，即利用职务上主管、管理、经手公共财物或者国有财物的权力及方便条件。主管主要是指负责调拨、处置及其他支配公共财物或国有财物的职务活动；管理是指负责经营、保管、监管、处理公共财物或国有财物的职务活动；经手是指领取、支出等经办公共财物或国有财物的职务活动。利用职务上的便利是贪污罪区别于普通的侵犯财产客体的犯罪而具有渎职性的本质要素，因此仅仅利用与职务无关的其他便利，例如因为工作关系方便出入、熟悉环境等非法占有财物的，不应成立贪污罪。因此区分行为人是否利用职务上的便利就成为界限性的区别特征之一。

其次，必须实施了侵吞、窃取、骗取或者以其他手段非法占有公共财物的行为。侵吞是将自己因职务便利而占有、经手的财物非法占有。刑法第394条规定，国家工作人员在国内公务活动或者对外交往中接受礼物，依照国家规定应当交公而不交公，数额较大的，以贪污罪论处。这样的行为实际上亦属于侵吞。窃取是指利用职务的便利以平稳方式转移公共财物的占有。对于窃取和侵吞的区别，有的人认为在于手段的秘密性或公开性，有的人则认为在于窃取只能针对其保管的公共财物，而侵吞则针对为行为人合法占有的、应当上交或者下发的财物，因此侵吞局限于监守自盗的情形。但是从占有是否转移的角度区别侵吞和窃取的观点更为合理，因此应当赞同认为对于自己占有、管理的财物以所有之意进行处分的，实际上属于侵吞而非窃取的观点，因为通常所谓的监守自盗情形下的占有转移行为所针对的对象也是行为人合法控制的公共财物。不过，无论是侵吞还是窃取，在构成贪污罪的意义上，其区分并不具有实践意义。所谓骗取是指利用职务上的便利，采取欺骗手段，通过使具有处分权的公共财务管理人、经手人、支配人等产生认识错误而处分并将其交付给行为人而达到对公共财物的占有。例如刑法第183条第2款所规定的，国有保险公司工作人员和国有保险公司委派到非国有保险公司从事公务的人员，利用职务上的便利，故意编造未曾发生的保险事故进行虚假理赔，骗取保险金归自己所有的，认定构成贪污罪。另外，多报销差旅费用骗取公款，也应当认为构成贪污罪而不应构成诈骗罪，在此，利用的职务上的便利应当是指经手差旅费用的报销的便利。所谓其他手段则是指除侵吞、窃取、骗取以外的其他利用职务便利的手段，例如，挪用公款携款潜逃的，也应以贪污罪论处。

再次，行为人必须非法占有了相应公共财物。这种非法占有可以是占为己有，也可以为第三者所不法占有；可以最一般性地表现为行为人在事实上对财物的支配和控制，也可以表现为行为人事实上并未控制财物的使用，但在法律上却已经将该财物占有，例如，在房屋仍然为单位所使用的情况下，将其登记为自己所有的情形；最后，还可以表现为行为人在事实上或者法律上以所有人的名义对公共财物的处分。

贪污罪的典型对象是公共财物，即刑法第91条所规定的财物。不过，按照刑法第382条第2款的规定，受国家机关、国有公司、企业、事业单位、人民团体委托管理、经营国有财产的人员成立贪污罪，必须非法占有其管理、经营的国有财物。因此，对于贪污罪而言，其认定过程中至关重要的一个问题就是必须认定该财物的属性。同时，该公共财物对于行为人而言，属于其职务所对应的单位所占有的财物。虽然刑法的规定并未明确贪污罪的对象必须是本单位的公共财物或者国有财物，但是考虑到行为人所利用的职务总是具有一定的单位属性或者范围限制，因此财物也应当具有一定的单位属性或者范围限制；同时考虑到刑法第271条规定之职务侵占罪的对象仅限于本单位财物，因此，相对应的贪污罪的对象并不是所有公共财物或者国有财物，也必须是本单位的公共财物或者国有财物。因此，冒用本单位名义，对外以其单位名义索取贿赂而实际为个人所占有的，也不构成对相应贿赂款项的贪污。

最后，行为人非法占有财物必须数额较大或者情节严重。贪污公共财物数额较小且情节较轻的，不按照贪污罪论处，由其所在单位或者上级主管机关酌情给予行政处分。[①] 按照刑法第383条的规定，贪污罪的定罪标准实际上分为两个：首先，考察其数额是否达到5 000元，5 000元即为其数额较大的标准，对多次贪污未经处理的，按照累计贪污数额处罚[②]；其次，在数额不满5 000元时，仍然考察其情节是否较重，如果具有贪污救灾、抢险、防疫、优抚、扶贫、移民、救济款物及募捐款物、赃款赃物、罚没款物、暂扣款物，以及贪污手段恶劣、毁灭证据、转移赃物等严重情节的，应按照贪污罪论处。显然，不能简单地认为贪污罪是数额犯。

2. 本罪的主体包含典型主体和拟制主体两类：对于典型的贪污罪而言，本罪主体是国家工作人员，但是按照刑法第382条第2款的规定，受国家机关、国有公司、企业、事业单位、人民团体委托管理、经营国有财产的人员非法占有其管理、经营的国有财物，也构成贪污罪。由于仅仅存在着委托关系，因而不能认为他们属于国家工作人员；这一规定也仅仅是拟制的规定，因此此类主体只能构成贪污罪，而不能构成其他需要国家工作人员主体身份的职务犯罪。认定时，需要注意：其一，被委托人原先并非管理、经营国有财产的人员。其二，委托单位只能是国家机关、国有公司、企业、事业单位、人民团体。其三，委托关系必须是基于合法的承包、租赁、聘用等管理、经营国有财产而建立的。理论上，只要存在国有单位的合法聘任或者雇用，就可以被认为存在对国有财物的管理、经营，因而均应构成贪污罪而非职务侵占罪。其四，委托管理的对象必须是国有财物。

3. 本罪的主观要件是故意，并以非法占有为目的。考虑到贪污罪是一种以非法占有为

---

① 有的学者认为，由于刑法第383条第1款规定的是“对犯贪污罪的，根据情节轻重，分别依照下列规定处罚”，这表明贪污不满5 000元且情节较轻的，也可以被理解构成贪污罪（参见张明楷：《刑法学》，86页，北京，法律出版社，2006），不过这样的见解可能是对该条规定作过于机械地理解了。

② “未经处理”应当是指多次贪污未经行政处罚处理的。这一规定同刑法第153条第3款“对多次走私未经处理的，按照累计走私货物、物品的偷逃应缴税额处罚”的规定一样，但是需要注意比较的是，1997年11月4日最高人民法院《关于审理盗窃案件具体应用法律若干问题的解释》第5条规定，多次盗窃构成犯罪，依法应当追诉的，或者最后一次盗窃构成犯罪，前次盗窃行为在1年以内的，应当累计其盗窃数额。

目的的财产性职务犯罪，因而单纯出于毁坏的故意，将财物加以占有然后直接予以毁坏的行为，并不构成贪污罪。按照其主体是否为国家机关工作人员，区别地认定构成滥用职权罪和故意毁坏财物罪、破坏生产经营罪等。但在犯意转化的情况下，即先有占有的故意实施了贪污的行为，然后以毁灭罪证为目的而毁坏公共财物的，仍然构成贪污罪。

4. 本罪的客体除侵犯职务行为的廉洁性外，还侵犯了公共财物的所有权。

（二）司法认定与刑事处罚

1. 司法认定

（1）贪污罪和职务侵占罪的界限。两者的区别主要表现在：首先，主体身份不同，前者的主体必须是国家工作人员和受国家机关、国有公司、企业、事业单位、人民团体委托管理、经营国有财产的人员，而后者的主体则是除上述人员以外的公司、企业或其他单位的人员。刑法第 271 条第 2 款仅仅规定国有公司、企业或者其他国有单位中从事公务的人员和国有公司、企业或者其他国有单位委派到非国有公司、企业以及其他单位从事公务的人员有前款行为的，构成贪污罪，但是显然未将“受国家机关、国有公司、企业、事业单位、人民团体委托管理、经营国有财产的人员”排除在外。虽然仅仅是一个注意规定，但仍然可以认为这一规定是不严谨的。况且，国有公司、企业或者其他国有单位中的工作人员，即使并未从事公务，但是由于其管理、经营的均为国有财物，因而按照刑法第 382 条第 2 款均构成贪污罪，而刑法第 271 条第 2 款却强调其必须具备从事公务的特征，显然与第 382 条第 2 款相矛盾。在这一点上，刑法第 183 条第 2 款则明确规定，国有保险公司工作人员和国有保险公司委派到非国有保险公司从事公务的人员有前款行为的，构成贪污罪，其并未强调国有保险公司工作人员必须从事公务才能构成贪污罪，这一规定同刑法第 382 条第 2 款的规定是相符的。

其次，前者的对象只能是公共财物，而且主要是国有财物；而后者的对象可能包括公共财物，还可能包括私营公司、企业的财物。

在司法实践中成为问题的主要是：首先，上述贪污罪主体同其他无身份者共同非法占有公共财物的行为如何定性？按照 2000 年 6 月 30 日最高人民法院发布的《关于审理贪污、职务侵占案件如何认定共同犯罪几个问题的解释》的规定，行为人与国家工作人员勾结，利用国家工作人员的职务便利，共同侵吞、窃取、骗取或者以其他手段非法占有公共财物的，以贪污罪共犯论处。其次，贪污罪主体和公司、企业或者其他单位的人员共同非法占有本单位财物的行为如何定性？按照上述司法解释，公司、企业或者其他单位中，不具有国家工作人员身份的人与国家工作人员勾结，分别利用各自的职务便利，共同将本单位财物非法占为己有的，按照主犯的犯罪性质定罪。司法实践中，如果根据案件的实际情况，各共同犯罪人在共同犯罪中的地位、作用相当，难以区分主、从犯的，可以贪污罪定罪处罚。

不过，这一解释同样忽略了贪污罪中拟制主体的存在，另外，在无身份者利用国家工作人员职务便利可以构成贪污罪的前提下，公司、企业或者其他单位中不具有国家工作人员身份的人虽然利用自身的职务便利，但是在与国家工作人员共同占有公共财物的过程中，至少同时构成了贪污罪的共犯，应当按照想象竞合的原则，按照重罪即贪污罪论处。因此，上述解释的结论值得商榷。

（2）贪污罪既遂与未遂的认定。贪污罪是一种以非法占有为目的的财产性职务犯罪，应当以行为人是否实际控制财物作为区分贪污罪既遂和未遂的标准。对于行为人利用职务上的便利，实施了虚假平账等贪污行为，但公共财物尚未实际转移，或者尚未被行为人控制就被查获的，应当认定为贪污未遂。行为人控制公共财物后，是否将财物据为已有，不影响贪污既遂的认定。

2. 刑事处罚

根据刑法第383条的规定，犯贪污罪的，应当根据数额大小及其情节轻重分别处罚：

(1) 个人贪污数额在10万元以上的，处10年以上有期徒刑或者无期徒刑，可以并处没收财产；情节特别严重的，处死刑，并处没收财产。上述情节特别严重的，应当是指在符合贪污数额10万元标准的前提下。所谓情节特别严重的，例如，重大贪污犯罪中的首要分子、贪污数额特别巨大，致使国家造成特别重大经济损失的等。

(2) 个人贪污数额在5万元以上不满10万元的，处5年以上有期徒刑，可以并处没收财产；情节特别严重的，处无期徒刑，并处没收财产。

(3) 个人贪污数额在5 000元以上不满5万元的，处1年以上7年以下有期徒刑；情节严重的，处7年以上10年以下有期徒刑。个人贪污数额在5 000元以上不满1万元，犯罪后有悔改表现、积极退赃的，可以减轻处罚或者免予刑事处罚，由其所在单位或者上级主管机关给予行政处分。因此，如果贪污数额在1万元以上，即便犯罪后有悔改表现、积极退赃的，也不能仅仅依据这一规定而减轻处罚或者免予刑事处罚。

(4) 个人贪污数额不满5 000元，情节较重的，处2年以下有期徒刑或者拘役；情节较轻的，由其所在单位或者上级主管机关酌情给予行政处分。例如，犯罪后有悔改表现、积极退赃的，就可以被认为属于情节较轻，而予以免除处罚。

对多次贪污未经处理的，按照累计贪污数额处罚。这里的未经处理是指既没有受过刑事处罚，也没有受过行政处罚的情况。

在共同犯罪场合，个人贪污数额的认定应当根据其在共同犯罪中的地位加以决定，不能笼统地把共同贪污的全部数额作为其贪污数额，也不能单纯地将分赃数额作为其贪污数额，而应当是在共同贪污犯罪案件中，其个人所参与或者组织、指挥共同贪污的数额。因此，首要分子应当对贪污犯罪集团涉及的所有数额承担责任；而主犯则应当按照其所参与的贪污行为的全部数额负责；而从犯也是按照其实际所参与的贪污行为的数额负责，并依照刑法第27条第2款的规定应当从轻、减轻处罚或者免除处罚。

在贪污罪包括受贿罪的处罚中，目前存在的问题是：由于贪污、受贿数额的急剧增长，再加上经济发展，导致贪污10万元以上的案件大量增加，而司法实践中对于经济犯罪的死刑判处极为谨慎，并且一旦贪污数额超过10万元，无论是100万元还是1 000万元甚至几千万元，其中的量刑差异极为有限。在此情况下，如何既能够做到保持惩治贪污受贿的力度，又能够做到罪刑均衡，确实是以后的立法需要考虑的问题。

二、挪用公款罪

(一) 概念与构成

挪用公款罪，是指国家工作人员利用职务上的便利，挪用公款归个人使用，进行非法活动的，或者挪用公款数额较大、进行营利活动的，或者挪用公款数额较大、超过3个月未还的行为。

本罪的构成要件如下：

1. 本罪的客观方面表现为国家工作人员利用职务上的便利挪用公款归个人使用。根据其用途，又分为三种情形：其一，挪用公款进行非法活动；其二，挪用公款进行营利活动，数额较大；其三，挪用公款进行营利活动、非法活动以外的活动，数额较大，挪用时间超过3个月。

（1）本罪的对象原则上必须是公款，但当挪用对象为救灾、抢险、防汛、优抚、扶贫、移民、救济款物时，并不局限于公款。另外，失业保险基金和下岗职工基本生活保障资金属于救济款物，对其挪用一样可以构成本罪。挪用上述特定款物以外的非特定公物归个人使用的，不构成挪用公款罪。如果构成其他犯罪的，依照刑法的相关规定定罪处罚。当然，公款并非局限于现金，公有的或者本单位的资金、国库券等也都属于公款。挪用金融凭证、有价证券用于质押从而使公款处于风险之中，同挪用公款为他人提供担保没有实质差别，因此也构成挪用公款罪，挪用的数额以实际或者可能承担的风险数额认定。另外，公款并不一定必须是行为人所在单位的公款，这一点同挪用资金罪的对象必须是本单位资金略有不同，例如，国有单位领导利用职务上的便利指令具有法人资格的下级单位将公款挪用归个人使用的，也属于挪用公款行为。

（2）行为人必须利用职务的便利而实施挪用行为，即利用职务权力和地位所形成的主管、管理、经营、经手公款或者特定款物的便利条件实施挪用行为。所谓挪用，是指未经合法批准程序或者违反财经纪律，私自使公款脱离单位占有并加以使用的行为。有的学者认为使公款脱离单位占有的行为就是挪用，本罪的核心在于挪而不在于用，为用而挪但未用的，仍然构成挪用公款。最高人民法院《全国法院审理经济犯罪案件工作座谈会纪要》规定，挪用公款后尚未投入实际使用的，只要同时具备“数额较大”和“超过三个月未还”的构成要件，就应当认定为挪用公款罪，但可以酌情从轻处罚。这一规定强调了：虽然在主观上挪用目的是营利使用或者用于非法活动，但客观上尚未投入实际使用的，不应按照个人营利使用或者非法活动使用的要件加以定罪，最多只能按照挪用公款归个人使用，即其第三种类型加以定罪。

不过，这一解释的立场仍然是不彻底的。虽然就客体侵害而言，挪而未用的行为同样侵害了公款的使用权，但是由于刑法第384条的规定强调了挪用的三种类型，如果并未加以使用，就无法按照其类型加以正确地定罪，更何况，从立法规定上看，在构成要件上，非法活动、营利活动等，均属于客观构成要件要素而非主观构成要件要素；另外，如果挪而未用的情形均要定罪的话，在实践中存在着占有应当上缴的公款而不及时上缴的情形，也要认定构成挪用公款罪，那么挪用公款的构成要件就变成了挪动公款，这样的解释存在扩大处罚的风险。因为所谓尚未投入实际使用，就意味着尚未归个人使用。因此，挪而未用的，一般不宜认定构成犯罪。不过，如行为人将公款占有后存入私人存折，准备用于购房居住，由于将公款存入银行属于挪用公款用于营利活动，即便最终并未购房，仍然可以认定构成挪用公款罪。①

（3）挪用公款归个人使用包括：其一，将公款供本人、亲友或者其他自然人使用的；其二，以个人名义将公款供其他单位使用的；其三，个人决定以单位名义将公款供其他单位使用，谋取个人利益的。因此，挪用公款给私有公司、私有企业使用的，需要区别不同情况，而不能一概地认定构成挪用公款归个人使用。在司法实践中，对于将公款供其他单位使用的，认定是否属于“以个人名义”，不能只看形式，要从实质上把握。对于行为人

① 在实践中，可能存在着主观意图和客观用途的分离，例如，在行为人意图用于非法活动而将公款挪用，但后来实际用于营利活动，而数额并未达到较大的场合，按照主观要素说，该行为已经构成挪用公款罪的既遂；或者行为人意图购房而挪用公款后，将公款先存入自己存折准备购房，但最后并未用于购房，且挪用时间并未超过3个月的，按照主观要素说的统一见解，似乎应该认定无罪，但是上述结论仍然有待进一步讨论。

逃避财务监管或者与使用人约定以个人名义进行，或者借款、还款都以个人名义进行，将公款给其他单位使用的，应当认定为“以个人名义”。“个人决定”既包括行为人在职权范围内决定，也包括超越职权范围决定。但经单位领导集体研究决定将公款给个人使用，或者单位负责人为了单位利益，决定将公款给个人使用的，不以挪用公款罪定罪处罚。上述行为致使单位遭受重大损失，构成其他犯罪的，依照刑法的有关规定对责任人员定罪处罚。所谓谋取个人利益，在此属于客观要件，但只要行为人与使用人之间具有谋取利益的合意即可。因此这一要件既包括行为人事先约定并且已经从使用人手中实际获取利益的情形，也包括行为人与使用人事先约定谋取个人利益但尚未实际获取的情形，还包括虽然没有事先约定但实际获取个人利益的情形。另外，所谓的个人利益是相对集体利益而言的，因而在行为人共同挪用公款的情形下，此处的个人也可以是特定的一部分人。所谓的利益既包括正当利益，也包括不正当利益；既可以是财产性利益，也可以是非财产性利益。因此，不应将此类情形中的“谋取个人利益”等同于受贿罪中的“谋取个人利益”，但是非财产性利益应当是具体的实际利益，例如，升学、就业等。

(4) 对挪用行为，应区分三种不同情况来认定：

其一，挪用公款归个人使用，数额较大，超过3个月未还的，构成挪用公款罪。挪用正在生息或者需要支付利息的公款归个人使用，数额较大，超过3个月，但在案发前全部归还本金的，可以从轻处罚或者免除处罚。给国家、集体造成的利息损失应予追缴。挪用公款数额巨大，超过3个月，案发前全部归还的，可以酌情从轻处罚。以挪用公款1万元至3万元为“数额较大”的起点；挪用救灾、抢险、防汛、优抚、扶贫、移民、救济款物归个人使用的数额标准，参照挪用公款归个人使用进行非法活动的数额标准。

其二，挪用公款数额较大，归个人进行营利活动的，构成挪用公款罪，不受挪用时间和是否归还的限制。在案发前部分或者全部归还本息的，可以从轻处罚；情节轻微的，可以免除处罚。挪用公款存入银行、用于集资、购买股票、国债等，属于挪用公款进行营利活动。所获取的利息、收益等违法所得，应当追缴，但不计入挪用公款的数额。但是明显用于个人非营利使用目的，例如用于个人生活所用的，虽将公款临时存入银行但之后确实用于个人生活，例如自住购房所用而非炒卖投机的，不宜认定为营利活动。挪用公款用于申报注册资本的，由于这一行为是为生产经营作准备，因而也应该认定属于营利活动。挪用公款用于归还个人欠款的，应当按照其所归还的借款的原来用途加以认定，如果原来借款的用途是为了从事营利活动或者非法活动的，那么应当按照挪用公款用于营利活动或者非法活动予以认定。本类型行为以挪用公款1万元至3万元为“数额较大”的起点。

其三，挪用公款归个人使用，进行赌博、走私等非法活动的，构成挪用公款罪，不受“数额较大”和挪用时间的限制。不过在实践中，“挪用公款归个人使用，进行非法活动的”，以挪用公款5 000元至1万元为追究刑事责任的数额起点。

挪用公款给他人使用，不知道使用人用公款进行营利活动或者非法活动，数额较大、超过3个月未还的，构成挪用公款罪；明知使用人用于营利活动或者非法活动的，应当认定为挪用人挪用公款进行营利活动或者非法活动，按照后两种情形的标准来定罪。在多次挪用公款未还的场合，挪用公款数额累计计算；多次挪用公款但以后次挪用的公款归还前次挪用的公款，挪用公款数额以案发时未还的实际数额认定。

2. 本罪的主体为国家工作人员。受国家机关、国有公司、企业、事业单位、人民团体委托管理、经营国有财产的人员，不能构成挪用公款罪。

3. 本罪的主观方面为故意，即明知自己的行为侵犯了公款的占有权、使用权和收益权以及职务行为的廉洁性，并希望或者放任这种结果的发生。但本罪不能以非法占有为目的，否则就构成贪污罪。

4. 本罪的客体是公款的占有权、使用权和收益权以及职务行为的廉洁性，但不能侵害公款所有权的整体。

（二）司法认定与刑事处罚

1. 司法认定

（1）挪用公款罪三种用途的认定，应当按照其最终客观的、实际的使用性质予以判断，而不能根据其计划的目的加以认定。例如，起初出于非法活动使用的目的而挪用公款，但最终将该公款用于个人消费的，不应当认定为挪用公款用于非法活动。

（2）行为人挪用公款分别用于非法活动、营利活动或者其他活动，用于某项活动的公款数额未达到定罪标准，但挪用公款的总数额达到某项定罪标准的，应当如何处理？考虑到挪用公款用于非法活动、营利活动的危害性显然要重于这两者以外的其他活动，因此，在挪用公款用于非法活动或者营利活动均未达到定罪标准的场合，在均超过 3 个月未还的前提下，可以将相应数额同用于其他活动的数额累计计算，达到定罪标准的，就按照挪用公款归个人使用用于其他活动的构成条件加以定罪。但是在 3 个月之内归还的数额，不应计算在内。同样，在挪用公款分别用于非法活动和营利活动时，在用于非法活动的公款数额不足以定罪时，可以将该笔数额同挪用公款用于营利活动的数额累计计算，再确定其是否构成挪用公款罪。但是不能将较轻的挪用类型的数额计算在较重的挪用类型中。

（3）挪用公款罪的共同犯罪：挪用公款给他人使用，使用人和挪用人共谋，指使或者参与策划取得挪用款的，以挪用公款罪的共犯定罪处罚。但是不能将单纯地提议借用公款的行为作为挪用公款罪的教唆犯对待；而明知所使用公款系行为人挪用之公款的，只要事前未通谋，也不应认定构成挪用公款罪的共犯。

（4）挪用公款罪同贪污罪之间的区分：除了主体范围不同以外，两者的区别主要在于：前者是暂时占有、使用公款，而后者是非法将公共财物占为所有。因此后者要求具备非法占有的目的，而前者不仅不能具备非法占有的目的，还要求具备日后归还的意图。但实践中，存在着挪用公款行为向贪污罪转化的情形：携带挪用的公款潜逃的，对其携带的部分以贪污罪定罪处罚；挪用公款后采取虚假发票平账、销毁有关账目等手段，使所挪用的公款难以在单位财务账目上反映出来，且没有归还行为的；截取单位收入不入账，非法占有，使所占有的公款难以在单位财务账目上反映出来，且没有归还行为的；有证据证明行为人有能力归还所挪用的公款而拒不归还，并隐瞒挪用公款的去向的，上述也均以贪污罪定罪处罚。

（5）因挪用公款索取、收受贿赂构成犯罪的，或者挪用公款进行非法活动构成其他犯罪的，依照数罪并罚的规定处罚。明知他人将公款用于犯罪活动而仍实施挪用行为的，也应按挪用公款罪和其他犯罪的共同犯罪数罪并罚。①

（6）挪用公款的追诉期限：挪用公款归个人使用，进行非法活动或者挪用公款数额较大、进行营利活动的，犯罪的追诉期限从挪用行为实施完毕之日起计算；挪用公款数额较大、超过 3 个月未还的，犯罪的追诉期限从挪用公款成立之日起计算。挪用公款呈连续状

① 但是在“用于非法活动”成为挪用公款罪的构成要件要素这一见解的前提下，将利用公款所从事的犯罪活动作为独立的犯罪认定并加以并罚而不是按照想象竞合的原理从一重罪处断，是否违背禁止重复评价这一原则仍然是可以商榷的问题。

态的，犯罪的追诉期限应当从最后一次挪用行为实施完毕之日或者犯罪成立之日起计算。

2. 刑事处罚

构成挪用公款罪的基本罪的，处5年以下有期徒刑或者拘役；情节严重的，处5年以上有期徒刑。所谓情节严重，是指挪用公款数额巨大，或者数额虽未达到巨大，但挪用公款手段恶劣；多次挪用公款；因挪用公款严重影响生产、经营，造成严重损失等情形。“数额巨大”是以挪用公款15万元～20万元为起点。不过挪用公款归个人使用，进行非法活动的，数额在5万元～10万元以上，即为情节严重的情形之一。

挪用公款数额巨大不退还的，处10年以上有期徒刑或者无期徒刑。“挪用公款数额巨大不退还的”是指挪用公款数额巨大，因客观原因在一审宣判前不能退还的。在共同犯罪的场合，如果部分共犯人全部退还的，对其他共犯人也应理解为已经退还；仅仅退还其所分得的公款的，仍然理解为“不退还”。但是，即便部分共犯人全部退还所有公款，而其他共犯人存在着转化为贪污罪的行为的，例如有证据证明其他共犯人有能力归还所挪用的公款而拒不归还，并隐瞒挪用公款的去向的或者携带挪用公款潜逃的，对于退还公款的共犯人可以认定构成挪用公款并退还的情形，但是其余共犯人则仍可能构成贪污罪。

三、受贿罪

（一）概念与构成

受贿罪，是指国家工作人员利用职务上的便利，索取他人财物的，或者非法收受他人财物，为他人谋取利益的行为。

本罪的构成要件如下：

1. 本罪的客观方面是利用职务上的便利，索取他人财物的，或者非法收受他人财物，为他人谋取利益的行为。

（1）本罪的对象是财物。关于受贿罪的对象，理论上主要存在着三种观点：一是将其限定为财物；二是包括财物以及其他可计算、折价的财产性利益；三是包括财物、财产性利益以及非财产性利益。就受贿罪的侵害客体而言，第三种观点在立法论上有当然的合理性，但是在解释论上却不得不认为持扩张态度的第二种观点更有道理。因此，此处的财物包括具有价值的物品和财产性利益。由于财产性利益，例如提供旅游、免除债务等，可以通过金钱的折算而计算其经济价值，因此同狭义的财物并没有任何区别。况且司法实践中此类案件很多，同样侵害了职务行为的廉洁性和不可收买性，因而应当予以认定。至于非财产性利益，即无法按照金钱价值进行折算的利益，例如所谓的性贿赂等一般不应予以认定。[①] 其他诸如提供一定地位、升学的机会等，也不宜认定构成受贿罪。

（2）行为人必须利用职务上的便利。贿赂的本质在于通过支付不正当报酬同国家工作人员的职务行为进行交换，如果所交换的并非是国家工作人员的职务，也就不存在着对职务廉洁性和不可收买性的侵犯。职务的内容包括作为，也包括不作为；所谓利用职务上的便利既包括利用本人职务上主管、负责、承办某项公共事务的职权，也包括利用职务上有隶属、制约关系的其他国家工作人员的职权。担任单位领导职务的国家工作人员通过利用不属于自己主管的下级部门的国家工作人员的职务，也属于利用职务上的便利。

（3）受贿行为包括索取或者收受贿赂。索取贿赂包括要求、索要甚至勒索财物。要

① 不过，在行贿人以支付嫖资性质进行性贿赂的，可以认定国家工作人员构成变相地收受财物，但这一结论仍有待进一步讨论。

求、索要或者勒索仅仅在非法要求的程度上具有一定差别，但是并没有本质差异。而收受贿赂则是指行为人主动提供财物，国家工作人员将该财物加以取得、占有。刑法第385条第2款还规定，国家工作人员在经济往来中，违反国家规定，收受各种名义的回扣、手续费，归个人所有的，也构成受贿。至于属于索取还是收受财物，则取决于行为人收受财物的主动性和被动性，如果国家工作人员主动索要的，则按照索贿认定；如果国家工作人员被动接受的，则构成收受财物。

无论是索贿还是收受财物，并不局限于受贿人直接占有财物的情形，还包括受贿人要求、指使行贿人将财物向第三者提供的情形。在第三人同国家工作人员通谋的情形下，第三人同时构成了受贿罪的共犯。但是与自己收受财物不同，在国家工作人员明知他人已经向第三人支付财物的情形下，从而为他人谋取利益的，如果第三人同国家工作人员之间具有某种特定的共同利益关系或者事前通谋的，也可以被认定构成受贿。因此，在实践中，国家工作人员确实不知第三人收受财物，而利用职务的便利为他人谋取利益的，不应认定构成受贿。

需要注意的是，根据有关司法解释，下列行为也属于收受贿赂，应当以受贿论处：

其一，行为人以交易形式收受贿赂：以明显低于市场的价格向请托人购买房屋、汽车等物品的；以明显高于市场的价格向请托人出售房屋、汽车等物品的；以其他交易形式非法收受请托人财物的。在此情形下，受贿数额按照交易时当地市场价格与实际交付价格的差额计算。所谓的市场价格包括商品经营者事先设定的不针对特定人的最低优惠价格，根据商品经营者事先设定的各种优惠交易条件，以优惠价格购买商品的不属于受贿。

其二，收受干股形式的受贿问题：干股是指未出资而获得的股份，国家工作人员利用职务上的便利为请托人谋取利益，收受请托人提供的干股的，以受贿论处。进行了股权转让登记或者有相关证据证明股份发生了实际转让的，受贿数额按转让行为时股份价值计算，所分红利按受贿孳息处理；股份未实际转让，以股份分红名义获取利益的，实际获利数额应当认定为受贿数额。

其三，开办公司等合作投资名义收受贿赂问题：国家工作人员利用职务上的便利为请托人谋取利益，由请托人出资，“合作”开办公司或者进行其他“合作”投资的，以受贿论处。受贿数额为请托人给国家工作人员的出资额。国家工作人员利用职务上的便利为请托人谋取利益，以“合作”开办公司或者其他“合作”投资的名义获取利润，没有实际出资和参与管理、经营的，以受贿论处。

其四，以委托请托人投资证券、期货或者其他委托理财的名义收受贿赂的问题：国家工作人员利用职务上的便利为请托人谋取利益，以委托请托人投资证券、期货或者其他委托理财的名义，未实际出资而获取“收益”；或者虽然实际出资，但获取“收益”明显高于出资应得收益的，以受贿论处。受贿数额，前一情形，以“收益”额计算；后一情形，以“收益”额与出资应得收益额的差额计算。

其五，以赌博形式收受贿赂的认定：国家工作人员利用职务上的便利为请托人谋取利益，通过赌博方式收受请托人财物的，构成受贿。具体认定时，应当注意区分贿赂与赌博活动、娱乐活动的界限，主要结合以下因素进行判断：1）赌博的背景、场合、时间、次数；2）赌资来源；3）其他赌博参与者有无事先通谋；4）输赢钱物的具体情况和数额大小。

其六，特定关系人“挂名”领取薪酬问题：国家工作人员利用职务上的便利为请托人谋取利益，要求或者接受请托人以给特定关系人安排工作为名，使特定关系人不实际工作却获取所谓薪酬的，以受贿论处。

刑法第385条第2款同时规定，国家工作人员在经济往来中，违反国家规定，收受各种名义的回扣、手续费，归个人所有的，以受贿论处。当然，并不是所有的收受回扣的行为都构成受贿罪，如果收受的回扣或者手续费依法入账并未被个人占有，且未违反国家规定的，不应认定构成受贿。

但是，按照司法解释的规定，国家工作人员收受请托人财物后及时退还或者上交的，不是受贿。反之，国家工作人员受贿后，因自身或者与其受贿有关联的人、事被查处，为掩饰犯罪而退还或者上交的，不影响受贿的认定。

（4）行为人具有为他人谋取利益的行为。也正是因为两者之间在财物的收受上存在着被动和主动的区别，因而对于索贿而言，只需要利用职务上的便利收受财物就成立受贿罪，并不要求为他人谋取利益。而收受贿赂的则只有在为他人谋取利益时才成立受贿罪。

所谓为他人谋取利益，理论上存在主观要件和客观要件的争论，而主张其为客观要件的观点有的认为仅需要承诺即可，有的则认为需要进一步地实现利益的谋取。一般认为，为他人谋取利益包括承诺、实施和实现三个阶段的行为，只要具有其中一个阶段的行为，如国家工作人员收受他人财物时，根据他人提出的具体请托事项，承诺为他人谋取利益的，就具备了为他人谋取利益的要件；明知他人有具体请托事项而收受其财物的，也视为承诺为他人谋取利益。因此，为他人谋取利益既不是我们通常所称的纯粹的主观要件，即只要受贿人具有为他人谋取利益的主观意图即可构成受贿罪，也并不需要受贿人已经为他人实际去谋取或者已经谋取了利益，即承诺仍然是一种客观行为。这种承诺既可以是明示的，也可以是默认的；既可以针对行贿人作出，也可以针对行贿人以外的第三人作出；既可以是真实的，也可以是虚假的。不过尤其在虚假的承诺场合，必须要求行为人所承诺的内容与其本身的职务便利具有关联，行为人确实具有为他人谋取利益的条件或职务便利，即该承诺是一个现实的承诺。在此情况下，行为人的承诺已经对职务行为的不可收买性造成了侵害，因而可以认定构成受贿罪，而不论行为人是否确实具有为他人谋取利益的主观想法。因此，如果行为人根本没有为他人谋取利益的职权或者便利条件，而谎称为他人谋取利益的，则不应构成受贿，一般视情况按照诈骗罪或者招摇撞骗罪认定。

行为人虽然有接受他人财物的行为，但财物的支付者并没有现实的利益需要，行为人也没有对具体的利益谋取进行承诺的，不应认定构成受贿罪。在司法实践中，虽然并非合理报酬或者正当馈赠，例如过年过节的礼金，支付者仅仅是出于联络感情、拉拢关系的目的的，接受者的行为虽然可能构成违纪，但不应认定构成受贿罪。但是在接受超出合理范围的馈赠的一段时间后，支付者提出利益谋取的请求，而接受者同意为其谋取利益，且可以认定所接受的财物同利益谋取之间具有实质性的客观联系的，仍然可以认定构成受贿罪。

所谓“为他人谋取利益”中的“他人”不局限于行贿人，可以是行为人所针对的第三人；同时，此处的“他人”可以是自然人，也可以是单位。所谋取的“利益”既可以是不正当利益，也可以是正当利益。

2. 本罪的主体是国家工作人员。因此，冒充国家工作人员的人员不能成为受贿罪的主体，但是通过伪造国家机关公文、证件担任国家工作人员职务的，仍然可以构成受贿罪。尚未成为国家工作人员的人员，以成为国家工作人员之后为他人谋取利益为要约，而收受他人财物的，也不能构成受贿罪，但在其成为国家工作人员之后因此利用职务的便利而为他人谋取利益的，仍然可以构成受贿罪。按照2000年7月21日最高人民法院颁布的《关于国家工作人员利用职务上的便利为他人谋取利益离退休后收受财物行为如何处理问题的批复》的规定，国家工作人员利用职务上的便利为请托人谋取利益，并与请托人事先约定在其离退休后收受请托人财物，并在离退休后收受的，以受贿罪论处。按照这一解释，在没有事先约定的情况下，即便行为人明知他人就是因为其所谋取的利益而给付财物的，也不能认定构成受贿罪。不过，抛开实践中事先约定的证明难度问题，就权钱交易的本质而言，这样的行为同样是对国家工作人员职务行为的不正当报酬，侵害了职务行为的不可收买性，因而也应当按照受贿罪论处。如果认为国家工作人员在职时明知他人交付的财物是对自己职务行为的不正当报酬而予以收受的事后受财行为仍应按受贿认定①，就没有理由否定在离职后收受财物的仍然有构成受贿的余地。国家工作人员利用职务上的便利为请托人谋取利益，离职前后连续收受请托人财物的，离职前后收受的财物均应计入受贿数额。

利用职务便利的国家工作人员与其他人（其他人可能是一般人，也可能是国家工作人员，但并非利用职务便利的在职者）勾结，伙同受贿的，以受贿罪的共犯论处。与国家工作人员具有特定关系的人员，向国家工作人员代为转达请托事项，收受请托人财物并告知该国家工作人员；或者国家工作人员明知与其具有特定关系的人员收受了他人财物，仍按照该特定关系人的要求利用职权为他人谋取利益的，对该国家工作人员认定构成受贿罪，该特定关系人以受贿罪的共犯论处。同样，国家工作人员利用职务上的便利为请托人谋取利益，授意请托人将有关财物给予特定关系人的，以受贿论处；而特定关系人与国家工作人员通谋，共同实施上述行为的，对其按照受贿罪的共犯论处。所谓特定关系人，实践中是指与国家工作人员有近亲属、情妇（夫）以及其他共同利益关系的人。特定关系人员以外的其他人与国家工作人员通谋，由国家工作人员利用职务上的便利为请托人谋取利益，收受请托人财物后双方共同占有的，构成受贿罪的共犯。不过，仍然要强调的是，构成共犯的前提必须存在着通谋，因此首先必须证明两者之间确实存在着共同犯罪的故意。

3. 本罪的主观方面是故意。首先，行为人具有占有贿赂财物的意思，即具有将他人提供的财物加以占有的意思，具体是占为己有还是为第三人所占有，或者在占有后以己有的意思加以处分（即使是用于所谓的正当用途的），都不影响本罪的认定。其次，行为人必须对财物的贿赂性具有认识，即认识到该财物的交付同其职务行为之间具有对价关系，认识到其行为是损害职务行为不可收买性的行为。但是受贿人的故意同行贿人的故意之间并不必然具有对应性，因此即便是支付财物的人并非出于行贿的意图，例如财物提供者的行为仅仅是为了配合司法机关查处腐败案件的，其虽然没有行贿的意思，但是并不影响接受财物者的受贿意识。至于涉及类似于警察圈套的问题，则是另外的问题。

4. 本罪的客体是职务行为的不可收买性或廉洁性。关于本罪的客体，一般刑法理论上大体上存在着四种观点：一是公务人员职务行为的不可收买性，因为公务人员接受财物作为职务行使的对价，那么职务行为的公正性就已经受到侵害，而不论其之后职务行为的形式是否确实正当。二是认为职务行为的公正性是本罪的客体，按照这一观点，收受贿赂后只有不正当地行使职权的，才构成受贿罪，如果行为人收受贿赂后并未违背职务行使的正当性原则，那么就不应认定构成受贿罪。三是信赖保护的观点，认为受贿罪侵害了职务行为的公正性和社会对这一公正性的信赖感。因为权钱交易的形成，所以公民可能会对公务人员的职务行为行使本身的公正性缺乏信赖和期待。四是国家意志篡改说，认为受贿罪的

---

① 参见张明楷：《刑法学》，881页，北京，法律出版社，2007。

客体是国家意志，公务人员在接受财物之后，就不能依法客观、公平、公正地执行其公务职责，因而被视为本质上已经将国家意志予以篡改，其已无法完全真实、客观地按照作为国家意志体现的法律执行公务。我国的刑法学界对这一问题除上述观点以外，还有的人认为受贿罪所侵害的客体主要是国家机关的正常管理活动；还有的人认为除行为人所在国家机关、企业、事业单位等机构的正常活动外，还包括公私财产的所有权。由于公私财物在本罪中并不属于受保护的对象，因而将其作为保护客体并不合适。同时考虑到受贿罪的构成并不以行为人违背职责、不公正地行使职责为要件，因此，我们认为本罪的客体应当为职务行为的不可收买性，正是因为职务行为的不可收买性，在行为人以职务行为为交易对象换取财物的场合，就侵害了职务行为的廉洁性，即对职务行为的廉洁性的侵害并不是通过职权的滥用得到体现，权钱交易承诺本身就已经构成了对它的侵害。

（二）司法认定与刑事处罚

1. 司法认定

（1）斡旋受贿的认定：刑法第388条规定，国家工作人员利用本人职权或者地位形成的便利条件，通过其他国家工作人员职务上的行为，为请托人谋取不正当利益，索取请托人财物或者收受请托人财物的，以受贿论处。此即所谓的斡旋受贿。与典型的受贿不同的地方在于，斡旋受贿是一种间接性受贿，但这种间接性并不是表现在收受财物上，而是表现在不正当利益谋取上。

首先，行为人所利用的必须是本人职权或者地位形成的便利条件。这是指行为人与被其利用的国家工作人员之间在职务上虽然没有隶属、制约关系，但是行为人利用了本人职权或者地位产生的影响和一定的工作联系，如单位内不同部门的国家工作人员之间、上下级单位没有职务上隶属、制约关系的国家工作人员之间、有工作联系的不同单位的国家工作人员之间等。显然，如果行为人与所利用的国家工作人员之间在职务上具有隶属、制约关系，或者担任领导职务的国家工作人员通过不属于自己主管的下级部门的国家工作人员的职务为他人谋取利益，以及地方县、市、省级领导通过隶属该地方的下级部门国家工作人员的职务为他人谋取利益的，就没有必要适用刑法第388条，均应直接适用刑法第385条。

其次，行为人索取或者收受了请托人的财物。与典型的受贿罪不同的是，无论是索取请托人财物的还是收受请托人财物的，都必须为请托人谋取利益，而且所谋取的必须是不正当利益。但是与典型的受贿罪相同的是，在此同样不需要已经为财物提供者实际谋取了不正当利益，行为人只要对此实施了承诺行为即可，也不要求其他国家工作人员认识到行为人索取、收受了贿赂。因此，如果行为人与其他国家工作人员通谋，利用后者的职务便利为他人谋取利益的，则直接按照后者的受贿罪的共犯论处。如果在行为人不知情的情形下，其他国家工作人员也索取或者收受他人财物，因而构成受贿罪的场合，后者构成典型的受贿罪，按照刑法第385条认定；行为人则构成斡旋受贿，按照刑法第388条认定，两者并不构成共犯。

（2）受贿罪与取得合理报酬、接受正当馈赠、借贷的界限：判断合理报酬、正当馈赠应当实质性地进行，而不能仅仅按照其形式加以认定。应当对财物支付者和接受者的关系进行多方面的考察，例如，两者之间是否存在职务行为的利用问题，接受者是否承诺为财物支付者谋取利益或者恰巧正在为其谋取利益甚至已经现实地谋取了利益；财物交付和利益谋取之间是否存在客观、实质性联系；是否具有取得报酬、接受馈赠的合理理由；取得的报酬和接受的馈赠是否超出合理范围；是否存在着故意隐瞒、掩盖报酬取得、馈赠接受的行为；等等。

就借贷而言，同样应当进行实质性地考察，而不应完全依据借贷形式或者因为已经还款而认定不构成受贿罪；或者由于存在着职务行为的利用就一律地认定构成受贿罪。应当考察：有无正当、合理的借款事由；款项的去向；双方平时关系如何；有无经济往来；出借方是否要求国家工作人员利用职务上的便利为其谋取利益；借款后是否有归还的意思表示及行为；是否有归还的能力；未归还的原因；等等。

与此相类似，实践中国家工作人员利用职务上的便利，为请托人谋取利益，通过赌博活动收受请托人财物的，构成受贿罪。不过需要区分贿赂与赌博活动、娱乐活动的界限，应当结合以下因素进行判断：赌博的背景、场合、时间、次数；赌资的来源；其他赌博参与者有无事先同谋；输赢钱物的具体情况和金额大小。不过，请托人为国家工作人员直接提供赌资用于赌博活动的，该国家工作人员则直接认定构成受贿罪。

(3) 受贿罪与非国家工作人员受贿罪的界限：在构成要件上，后者是数额犯，因而其定罪量刑的唯一标准就是受贿的数额；同时在索取财物的情况下，同样需要具备为他人谋取利益的要件。不过，两者区别的界限主要在于犯罪主体的不同。受贿罪的主体必须是国家工作人员，除此以外的公司、企业或者其他单位人员的受贿，一律按照非国家工作人员受贿罪认定。

(4) 受贿罪与贪污罪的区别：受贿罪与贪污罪一般而言并不会发生混淆，不过，在所占有的所谓贿赂财物本应属于本单位所有的场合，则可能发生两者的混淆。例如，在非法收受回扣和手续费的场合，向对方提出加大应付款数额，但是要求对方同意从收到的货款中支付超额回扣、手续费然后才同意付款，进而要求收款方将超额款项返回并加以占有的，实际上都是以侵吞的方式占有本单位公款，应当认定构成贪污罪而非受贿罪。

(5) 受贿罪与诈骗罪的界限：在没有通谋的前提下，国家工作人员的家属以通过国家工作人员的职务行为为他人谋取利益之名，欺骗对方获取财物的，应当认定构成诈骗罪；但如果其家属隐瞒获取财物的事实，要求国家工作人员为财物的提供者谋取利益，国家工作人员并不构成受贿罪，其家属也不应认定构成诈骗罪。关于虚假承诺问题，一般而言只要国家工作人员作出的是现实的承诺，无论其是否具有为他人谋取利益的真实意思都应当认定构成受贿罪；但是其所作出的承诺显然不是一个现实的承诺时，则应认定构成诈骗罪。

(6) 受贿罪与敲诈勒索罪的界限：在同敲诈勒索罪的区分上，主要是受贿罪的索贿行为容易与之产生混淆。

首先，索贿是否包括敲诈勒索的行为？对此有的人认为索贿不包括勒索，但是也有的人认为索贿包括要求、索要与勒索贿赂。我们赞同后一观点。首先，由于国家工作人员利用职务便利对他人进行的索要和勒索只有程度的不同，并没有性质的不同，因而导致两者在实践中很难加以区分。如果认为程度相对较低的索要应当认定构成受贿罪，而程度相对较严重的勒索只能认定构成敲诈勒索罪，那么在很多场合索贿人都会承认自己的行为是勒索而希望以法定刑相对较轻的敲诈勒索罪论处，由此产生严重的罪刑不均衡的后果。其次，刑法第389条第3款规定，因被勒索给予国家工作人员以财物，没有获得不正当利益的，不是行贿。换言之，如果因被勒索给予国家工作人员以财物而获得不正当利益的，仍然构成行贿，那么就应当存在着对应的受贿罪。

其次，正是因为索贿包含着敲诈勒索的情形，因而可能同敲诈勒索罪发生混淆。在国家工作人员采取勒索方法索要财物时，如果未利用职务的便利，财物的提供者所要求的利益或者事项也并非国家工作人员职务范围之内的事项，仅仅是其利用他人的违法行为等错误而勒索财物的，应当认定构成敲诈勒索罪。如果勒索的事项是行为人利用了其职务的便利，财物提供者所要求的利益或者事项属于国家工作人员职权范围之内的事项，则构成敲诈勒索罪和受贿罪的想象竞合，应当从一重罪论处。一律按照受贿罪论处的问题在于，并不是在任何情况下受贿罪的法定刑都会高于敲诈勒索罪，例如，以勒索方式受贿3万元以上5万元以下，在不能明确勒索情节构成受贿罪情节严重的情形时，只能判处1年以上7年以下有期徒刑（当然，如果能够认定构成情节严重情形的，则按照受贿罪判处7年以上10年以下有期徒刑即可），但是按照敲诈勒索罪，则可以按照数额巨大的情形，判处3年以上10年以下有期徒刑。再如，以勒索方式受贿不满4 000元的，即便认定属于情节严重，按照受贿罪也只能判处2年以下有期徒刑或者拘役，而按照敲诈勒索罪则可以判处3年以下有期徒刑、拘役或者管制，显然应当按照想象竞合的方式处理。

最后，被勒索的财物交付者如何处理：有的人认为被勒索者是被害人，将其作为犯罪人处罚并不合适，单纯处罚勒索者足以保护公务行为的不可收买性。但是如果认为被勒索者不能被认定构成行贿罪，那么刑法第389条第3款的规定实际就失去了意义。而认为在勒索者构成受贿罪的场合，被勒索者应当构成行贿罪；在勒索者构成敲诈勒索罪的场合，被勒索者就不能认定构成行贿罪的观点，显然忽视了按照想象竞合犯从一重罪处断原则仅仅是影响到勒索者的刑事责任，而不影响到被勒索者的刑事责任，更何况勒索者实质上仍然构成受贿罪，仅仅是因为罪数问题而不按照受贿罪定罪而已。

（7）受贿罪既遂标准的设定：一般认为受贿罪的既遂以取得财物为标准。也有的人认为受贿罪应当以是否获得利益的实现为既遂标准，但受贿罪的成立并不需要利益的实现，因此将其作为既遂标准可能导致既遂设定过晚。也有的人认为，应当按照收贿和索贿的不同，前者按照财物的取得为标准，后者按照实施了索要行为为标准，原因在于索要行为已经侵害了职务行为的不可收买性。不过考虑到即便在收贿场合，对职务行为不可收买性的侵害在行为人作出权钱交易的承诺时就已经产生，那么就应该同索贿的场合做同样的既遂标准考虑，区分两者的必要性不大。但是在没有获得财物的场合，有时可以认为权钱交易并未彻底完成，因而可以按照未遂处理。在以取得财物为标准的前提下，应当实质性地考察取得标准的认定，例如，国家工作人员接受他人购物卡，但未来得及购物的，仍应按照受贿罪的既遂认定。在取得财物后未办理权属变更的，例如，收受汽车、房屋等物品，未变更权属登记或者借用他人名义办理权属变更登记的，既不影响受贿的认定，也不影响既遂的认定。不过此种场合尤其要注意区分借用行为，例如，具体认定以房屋、汽车等物品为对象的受贿时，除双方交待或者书面协议之外，主要应当结合以下因素进行判断：有无借用的合理事由；是否实际使用；借用时间的长短；有无归还的条件；有无归还的意思表示及行为。

（8）行为人收受他人财物构成受贿罪，为他人谋取利益的行为本身又构成他罪的，由于受贿罪中“为他人谋取利益”只要求承诺足矣，而不要求利益的谋取甚至实现行为，因此后一行为超出了受贿罪的构成要件范围的，应当认为构成数罪，原则上可以并罚。不过，刑法第399条第4款规定，司法工作人员收受贿赂，构成徇私枉法罪，民事、行政枉法裁判罪，执行判决、裁定失职罪，执行判决、裁定滥用职权罪等罪的，依照处罚较重的规定定罪处罚，这实际上是将其作为牵连犯而从一重罪处断。

2. 刑事处罚

对于受贿罪，应当根据受贿所得数额及其情节，分别处罚：（1）个人受贿数额在10万元以上的，处 10 年以上有期徒刑或者无期徒刑，可以并处没收财产；情节特别严重的，处死刑，并处没收财产。(2) 个人受贿数额在 5 万元以上不满 10 万元的，处 5 年以下有期徒刑，可以并处没收财产；情节特别严重的，处无期徒刑，并处没收财产。(3) 个人受贿数额在 5 000 元以上不满 5 万元的，处 1 年以上 7 年以下有期徒刑；情节严重的，处 7 年以上 10 年以下有期徒刑。个人受贿数额在 5 000 元以上不满 1 万元，犯罪后有悔改表现、积极退赃的，可以减轻处罚或者免予刑事处罚，由其所在单位或者上级主管机关给予行政处分。(4) 个人受贿数额不满 5 000 元，情节较重的，处 2 年以下有期徒刑或者拘役；情节较轻的，由其所在单位或者上级主管机关酌情给予行政处分。(5) 对多次受贿未经处理的，按照累计受贿数额处罚。(6) 索贿的从重处罚。同贪污罪类似，受贿罪并非单纯的数额犯，无论在定罪标准还是量刑标准上，都考虑到了情节的影响。

在涉及股票受贿的案件中，应当注意：国家工作人员利用职务上的便利，索取或者非法收受股票，没有支付股本金，为他人谋取利益构成受贿罪的，其受贿数额按照收受股票时的实际价格计算；行为人支付股本金而购买较有可能升值的股票，由于不是无偿收受请托人财物，不以受贿论处；股票已经上市且已升值，行为人仅支付股本金，其"购买"股票时的实际价格与股本金的差价部分应认定为受贿。

四、利用影响力受贿罪

(一) 概念与构成

利用影响力受贿罪，是指国家工作人员的近亲属或者其他与该国家工作人员关系密切的人，通过该国家工作人员职务上的行为，或者利用该国家工作人员职权或者地位形成的便利条件，通过其他国家工作人员职务上的行为，为请托人谋取不正当利益，索取请托人财物或者收受请托人财物，数额较大或者有其他较重情节的行为。离职的国家工作人员或者其近亲属以及其他与其关系密切的人，利用该离职的国家工作人员原职权或者地位形成的便利条件，实施上述行为的，亦构成本罪。

本罪的构成要件如下：

1. 本罪的客观方面包括两方面：其一，指与国家工作人员关系密切的人通过该国家工作人员职务上的行为，或者利用该国家工作人员职权或者地位形成的便利条件，通过其他国家工作人员职务上的行为，为请托人谋取不正当利益，索取请托人财物或者收受请托人财物，数额较大或者有其他严重情节的行为。其二，指离职的国家工作人员或者其近亲属以及其他与其关系密切的人，利用该离职的国家工作人员原职权或者地位形成的便利条件，实施的上述行为。规定上述两种行为主要是为了弥补刑罚处罚的两个真空或者漏洞：首先，从理论上讲，虽然与国家工作人员关系密切但本人并不具备国家工作人员身份的人，只有在与国家工作人员通谋的情形下，才可能构成受贿罪的共犯而被处罚。在没有通谋或者没有证据证明通谋的情况下，不具备国家工作人员身份的人通过国家工作人员的职务行为为请托人谋取利益，国家工作人员不构成受贿罪，而非国家工作人员也无法被认定为有罪，甚至通常也不能认定构成受贿罪的间接正犯，从而产生处罚的漏洞。其次，受贿罪往往仅处罚国家工作人员在职时的行为，或者谋取利益和收受财物两者之一发生于在职期间，但是国家工作人员在离职后仍然可以利用其原有职权斡旋受贿，却不能被处罚。所谓利用影响力受贿就是指密切关系人利用关系密切的国家工作人员的影响力，以及离职后的国家工作人员及其密切关系人利用该离职国家工作人员离职前的职权的影响力，收受财物。

需要指出的是：首先，上述密切关系人构成本罪，必须是同国家工作人员之间未形成受贿的共犯，如果已经认定构成受贿的共犯，则没有成立本罪的余地；而离职的国家工作人员构成本罪，其为他人谋取利益的行为以及收受请托人财物的行为均必须发生在离职后，因而离职的国家工作人员及其密切关系人利用离职后的国家工作人员构成本罪，必然属于斡旋受贿情形。其次，构成本罪，需为请托人谋取不正当利益。因此，谋取正当利益的仍然不构成本罪。在此，构成本罪，需要数额较大或者具有其他严重情节。

2. 本罪的主体包括：在第一种情形中，本罪的主体为密切关系人，即国家工作人员的近亲属或者其他与国家工作人员关系密切的人。所谓密切关系人，应当理解为其范围较之受贿罪中的特定关系人的范围更为广泛。特定关系人主要强调其与国家工作人员之间具有的共同利益关系，从而为确定两者之间构成共犯奠定身份基础。但密切关系人除了特定关系人以外，还包括虽然不具备共同利益关系，但能够利用其与国家工作人员之间较为特殊的关系而从中牟利的关系，例如，国家工作人员的秘书或者司机等。在第二种情形中，本罪的主体为离职的国家工作人员及其密切关系人。所谓离职包括各种正常和非正常原因离开岗位。

3. 本罪的主观方面是故意。

4. 本罪的犯罪客体同样是职务行为的不可收买性。

（二）刑事处罚

按照刑法第388条之一规定，犯利用影响力受贿罪的，处3年以下有期徒刑或者拘役，并处罚金；数额巨大或者有其他严重情节的，处3年以上7年以下有期徒刑，并处罚金；数额特别巨大或者有其他特别严重情节的，处7年以上有期徒刑，并处罚金或者没收财产。

五、单位受贿罪

（一）概念与构成

单位受贿罪，是指国家机关、国有公司、企业、事业单位、人民团体索取、非法收受他人财物，为他人谋取利益，情节严重的行为。

本罪的构成要件如下：

1. 本罪的客观方面是指：索取、非法收受他人财物，为他人谋取利益，情节严重的行为。与一般的受贿罪不同的是，无论是索取还是非法收受他人财物，都要求具有为他人谋取利益的情节，但是利益的正当性与否不影响定罪。另外，单位受贿罪是纯粹的情节犯，必须情节严重的才能构成犯罪，数额毫无疑问是其中极为重要的情节甚至是基础性情节之一。按照最高人民检察院有关立案标准的解释，单位受贿有下列情形之一的，应予立案：单位受贿数额在10万元以上的；单位受贿数额不满10万元，但具有下列情形之一的：故意刁难、要挟有关单位、个人，造成恶劣影响的；强行索取财物的；致使国家或者社会利益遭受重大损失的。上述单位在经济往来中，在账外暗中收受各种名义的回扣、手续费的，以受贿论处。单位受贿罪要求受贿所得的财物应当归单位所有，因此如果自然人以单位的名义收受贿赂，并且归个人所有的，应当按照刑法第386条规定的自然人的受贿罪论处。

单位受贿罪虽然并未规定利用职务便利这一要件，但作为受贿犯罪而言，本质上仍然需要职务便利的利用。

2. 本罪的主体是国家机关、国有公司、企业、事业单位、人民团体。就本罪的主体而言，在理论上仍然存在着争议，主要表现在对于国家机关是否应当成为单位受贿罪的处罚主体这一问题上，存在着对于被认定构成单位受贿罪的国家机关是否还能够继续作为国家机关存在的争议。但是考虑到单位受贿罪的设立主要是为了保障公共权力的正当行使，因此不应将国有单位被处罚后所碰到的问题同处罚的必要性和可能性问题相互混淆。构成单位受贿罪，当然需要经单位的决策机构的授权或者同意，并通过其直接负责的主管人员和其他直接责任人员收受、索取贿赂的行为表现出来。另外，本罪中所规定的国有公司、企业应当是指国有独资的公司、企业，而不应包括国有控股或者参股的公司、企业。本罪虽然规定的是国家机关、国有公司、企业、事业单位、人民团体，但是上述单位的分支机构或者内设机构、部门以其自己的名义实施受贿行为，违法所得亦归分支机构、部门所有的，仍然应当认定构成单位受贿罪。

本罪的主体虽然是国有性质的单位，但是本罪中财物的提供者（即"他人"）既可以是单位，也可以是自然人。

3. 本罪的主观方面是故意。

4. 本罪的犯罪客体是职务行为的不可收买性。

（二）刑事处罚

按照刑法第 387 条规定，单位犯受贿罪的，对单位判处罚金，并对其直接负责的主管人员和其他直接责任人员，处 5 年以下有期徒刑或者拘役。

六、行贿罪

（一）概念与构成

行贿罪，是指为谋取不正当利益，给予国家工作人员以财物的行为。

本罪的构成要件如下：

1. 本罪的客观方面是指为谋取不正当利益，给予国家工作人员以财物的行为。

（1）本罪中，行贿人所提供的只能是财物，而不包括其他非物质性利益。

（2）本罪中，行为人必须是为了谋取不正当利益。如果谋取的是正当利益，则不构成本罪。[①] 所谓不正当利益，是指违反法律、法规、国家政策和国务院各部门规章规定的利益，以及要求国家工作人员提供违反法律、法规、国家政策和国务院各部门规章规定的帮助或者便利条件。至于实际上是否已经谋取了不正当利益，不影响本罪的成立。在实践中，以下利益一般可以被认定为不正当利益：其一，在任何情况下，法律都禁止得到的利益，例如偷税、走私等情形；其二，在不具备取得某种利益的条件或者该利益具有不确定性的，行为人采取不正当手段取得该利益或者使自己在竞争中获得原来不存在的优势的；其三，依法应当履行的义务通过此类不正当手段得到减免，例如通过行贿得以减免债务。本罪的"为了谋取不正当利益"属于主观要素，因此并不需要行为人已经向受贿人明确提出这一要求或者已经实际获得了不正当利益。虽然按照刑法第 389 条的规定，财物的支付是为了谋取不正当利益的目的，因此谋取不正当利益的目的与财物的给付之间应当存在着因果联系，但是对于已经实现了不正当利益的谋取的情形，行为人之后向国家工作人员支付财物的，仍然构成行贿罪。

（3）行为人实施了给予财物的行为。无论是行为人自愿还是被要求甚至被勒索的，都

---

① 不过就对公务行为不可收买性的侵害而言，此类行为同样侵害了公务行为的不可收买性。

不影响本罪的成立。不过在谋取不正当利益过程中，因被勒索而给予国家工作人员以财物，如果行为人没有获得不正当利益的，不是行贿；反之，如果确实获得不正当利益的，则应当定罪。在经济往来中，违反国家规定，给予国家工作人员以财物，数额较大的；或者违反国家规定，给予国家工作人员以各种名义的回扣、手续费的，以行贿罪论处。

一般而言，行贿行为情节严重的才构成行贿罪。按照相关司法解释，涉嫌行贿，有下列情形之一的，应予立案：(1) 行贿数额在1万元以上的。(2) 行贿数额不满1万元，但具有下列情形之一的：为牟取非法利益而行贿的；向3人以上行贿的；向党政领导、司法工作人员、行政执法人员行贿的；致使国家或者社会利益遭受重大损失的。成为问题的是，行贿罪本身就要求具备谋取不正当利益的目的，而所谓不正当利益，就是指违反法律、法规、国家政策和国务院各部门规章规定的利益，以及要求国家工作人员提供违反法律、法规、国家政策和国务院各部门规章规定的帮助或者便利条件，可见原则上，不正当利益完全属于非法利益，由此在此规定下如何区分不正当利益和非法利益就成为困难。考虑到可以将不正当利益区分为利益本身的不正当和利益取得手段的不正当，因此将上述规定中的非法利益限定为违反法律、法规、国家政策和国务院各部门规章规定的利益，而不包括要求国家工作人员提供违反法律、法规、国家政策和国务院各部门规章规定的帮助或者便利条件。

2. 本罪的主体是自然人，如果是单位行贿的，构成单位行贿罪。

3. 本罪的主观方面是故意，行贿人对于其行为侵犯国家工作人员职务行为的不可收买性明知，并且希望或者放任这一结果的发生。同时，本罪还要求行为人具有谋取不正当利益的目的，但是这一目的是否实现，不影响本罪的认定。另外，为谋取不正当利益而给予国家工作人员以财物，事后通过其他手段，例如以告发为勒索借口而加以索回的，仍然构成行贿罪。

4. 本罪的客体是职务行为的公正性。行贿行为与受贿行为本是对合行为，不过由于行贿罪的处罚局限于谋取不正当利益的行为，因此虽然都是对职务行为的不可收买性存在侵害，但是根本上仍然同受贿罪的客体略有不同，主要是指其中职务行为的公正性。

(二) 司法认定与刑事处罚

1. 司法认定

行贿人行贿当然会要求、帮助受贿人予以接受，但是考虑到行贿和受贿之间的必要共犯关系，因此不能认定行贿人另外构成受贿罪的教唆犯或者帮助犯。与此不同的是，行贿人在此过程中必然要求受贿人为其谋取不正当利益，并借助该不正当利益进一步实施独立的犯罪行为，例如生产、销售伪劣商品，走私等，从而可能构成其他犯罪，相关罪行已经超越了行贿罪的构成要件，构成独立的新罪，此时应当分别定罪，数罪并罚。成为问题的是，行贿人行贿要求受贿人为其谋取不正当利益，而该不正当利益本身就构成犯罪，例如行贿人给予司法工作人员以财物，要求其枉法裁判或者私放在押人员的，行贿人是否构成枉法裁判罪或者私放在押人员罪的教唆犯？考虑到行贿人要求受贿人为其谋取不正当利益本身就属于行贿罪的构成要件内容，因此行贿人只能构成行贿罪和因所欲谋取不正当利益而构成之罪的共犯之间的想象竞合，按照从一重罪处断的原则处理。即便在行贿对象（即国家工作人员）没有接受财物，也未承诺为其谋取不正当利益，因而不构成受贿罪场合，按照刑法第29条第2款规定，如果被教唆的人没有犯被教唆的罪，对于教唆犯，可以从轻或者减轻处罚，行贿人仍然可能构成行贿罪和因所欲谋取不正当利益而构成之罪的教唆犯之间的想象竞合，按照从一重罪原则处断。

另外，需要注意的是，行贿和受贿属于对合犯罪，通常对于行贿罪和受贿罪应当同样予以打击，但是考虑到刑事诉讼中的证明问题，有时候不得不既要坚持从严惩处的方针，又要注意宽严相济的政策。原则上，对于行贿行为和受贿行为不应偏纵任何一方，从而导致对贿赂犯罪的打击过于片面。不过，同样要注意的是，并不一定在所有成立行贿罪的场合，始终存在着对应的受贿犯罪。例如，国家工作人员收受请托人财物后及时退还或者上交的情形，不应认定构成受贿，但是行贿人的行为仍然可能构成行贿罪。

2. 刑事处罚

按照刑法第 390 条的规定，对犯行贿罪的，处 5 年以下有期徒刑或者拘役；因行贿谋取不正当利益，情节严重的，或者是使国家利益遭受重大损失的，处 5 年以上 10 年以下有期徒刑；情节特别严重的，处 10 年以上有期徒刑或者无期徒刑，可以并处没收财产。行贿人在被追诉前主动交待行贿行为的，可以减轻处罚或者免除处罚。

七、单位行贿罪

（一）概念与构成

单位行贿罪，是指单位为谋取不正当利益而行贿，或者违反国家规定，给予国家工作人员以回扣、手续费，情节严重的行为。

本罪的构成要件如下：

1. 本罪的客观方面同行贿罪相同，都是为谋取不正当利益而行贿；或者违反国家规定，给予国家工作人员以回扣、手续费，情节严重的行为。值得注意的是，虽然刑法第 393 条规定本罪的基本行为是行贿而非给予财物，因而并没有明确贿赂的界限，似乎存在着可将贿赂扩张解释的余地，但是从罪刑均衡的角度出发，仍然应当严格限定此处的行贿只能是给予财物。另外，虽然没有明确行贿的对象，不过考虑到对单位行贿罪的存在，因此本罪财物的接受者只能是国家工作人员，如果财物的接受者为国家机关、国有公司、企业、事业单位、人民团体的，则只能构成对单位行贿罪。

一般而言，单位行贿行为情节严重的才构成犯罪。按照相关司法解释，涉嫌单位行贿，有下列情形之一的，应予立案：(1) 单位行贿数额在 20 万元以上的。(2) 单位为谋取不正当利益而行贿，数额在 10 万元以上不满 20 万元，但具有下列情形之一的：为谋取非法利益而行贿的；向 3 人以上行贿的；向党政领导、司法工作人员、行政执法人员行贿的；致使国家或者社会利益遭受重大损失的。

2. 本罪的主体只能是单位，其性质没有限制。但虽然是以单位的名义行贿，行贿的违法所得却归个人所有的，仍然构成行贿罪而非单位行贿罪。[①]

3. 本罪的主观方面是故意，并且具有为单位谋取不正当利益的目的，其目的是否实现不影响本罪认定。

4. 本罪的客体同行贿罪相同，即职务行为的公正性。

（二）刑事处罚

根据刑法第 393 条的规定，犯本罪的，对单位判处罚金，并对其直接负责的主管人员

---

① 但是也可能存在着个人，例如公司负责人为谋取单位的不正当利益而用个人财产行贿的情况，或者销售人员为了扩大公司销售额从而增加自己的业绩或者提成而用个人财产行贿的情况，虽然行贿的违法所得归单位所有，但是在不能将该行为归属于单位的前提下，仍然应当认定构成行贿罪而非单位行贿罪。

和其他直接责任人员，处5年以下有期徒刑或者拘役。[①] 需要注意的是，刑法第389条第3款中规定“因被勒索给予国家工作人员以财物，没有获得不正当利益的，不是行贿”以及刑法第390条第2款规定“行贿人在被追诉前主动交待行贿行为的，可以减轻处罚或者免除处罚”，虽然在刑法第393条中没有明确规定，但是考虑到行贿罪和单位行贿罪的性质完全相同，而且就法定刑而言，单位行贿罪的法定刑远远轻于行贿罪，即相比较于行贿罪而言，单位行贿罪是一个轻罪，而在一个重罪中能够适用的法定事由没有理由不能在性质相同的轻罪中加以适用，因此上述规定完全能够适用于单位行贿罪，而并不违背罪刑法定。不过，疑问在于：固然在定性上存在着解释的余地，可以将适用于行贿罪的“因被勒索给予国家工作人员以财物，没有获得不正当利益的，不是行贿”这一规定，适用于单位行贿罪，但是在减轻处罚或者免除处罚上，没有对单位行贿罪作相应的规定，因此在单位行贿罪场合，因为没有法定减轻事由而不得不作为酌定减轻事由，这就势必存在着巨大的程序性障碍或拖累，从而导致这种适用无法顺利进行。对此，可以将刑法第389条第3款、第390条第2款扩张地解释为适用于所有的行贿犯罪，甚至可以将刑法第389条第1款、第2款理解为是对所有向国家工作人员行贿行为的概括性规定，并因此应当将刑法第390条第2款中的行贿人理解为既包括自然人，也包括单位，因而单位行贿人因被勒索给予国家工作人员以财物，没有获得不正当利益的，不构成行贿；单位行贿人在被追诉前主动交待行贿行为的，可以减轻处罚或者免除处罚。这一适用也并非比照适用，完全可以直接援引。

八、对单位行贿罪

(一) 概念与构成

对单位行贿罪，是指行为人为谋取不正当利益，给予国家机关、国有公司、企业、事业单位、人民团体以财物的，或者在经济往来中，违反国家规定，给予各种名义的回扣、手续费的行为。

本罪的构成要件如下：

1. 本罪的客观方面：给予国家机关、国有公司、企业、事业单位、人民团体以财物的，或者在经济往来中，违反国家规定，给予各种名义的回扣、手续费的行为。财物接受者必须是国家机关、国有公司、企业、事业单位、人民团体，针对其他性质的单位行贿的不构成本罪[②]，而财物也确实是为上述单位而非上述单位中的个人所接受，否则构成行贿罪。当然，此处的单位应当包括上述单位的分支机构或者内设机构、部门。

2. 本罪的主体是自然人和单位，作为主体的单位并没有任何所有制的限制，国家机关、国有公司、企业、事业单位、人民团体同样可以构成对单位行贿罪。

3. 本罪的主观方面是故意，并且具有谋取不正当利益的主观目的，但是该利益是否实

---

① 在立法上，对客体侵害同质性的行贿行为，例如同样是对国家工作人员行贿，区分自然人行贿和单位行贿并设定不同罪名，不考虑自然人犯罪与单位犯罪的定罪数额标准相差巨大，而设置差别巨大的法定刑；并进而区分行贿对象为国家工作人员和国家机关、国有公司、企业、事业单位、人民团体，又进一步将对单位行贿罪设置极轻的法定刑，并且在此情形上又有别于对国家工作人员的行贿犯罪，不考虑区分对自然人主体和单位主体处罚的法定刑，这样的立法体系的合理性有待商榷。

② 就立法体例而言，其他性质的单位中的工作人员能够构成非国家工作人员受贿罪，而其所在的非国有单位，例如国有控股公司却不能构成相应的受贿犯罪；单位和自然人都能构成对非国家工作人员行贿罪，但是任何单位和自然人却不能因此构成对非国有单位，例如国有控股公司的行贿犯罪，这样的客体保护体系是令人难以理解的。

现不影响本罪认定。同时，行贿罪与对单位行贿罪的主要区别就在于行贿对象的不同，但是可能出现对对象发生误认的场合，为区别二者，则以行为人的主观认识为判断标准：如果财物的接受者实际为个人，行为人误认为是单位而行贿的，应当认定构成对单位行贿罪；如果财物的接受者实际为单位，行为人误认为是个人而行贿的，应当认定构成行贿罪。

4. 本罪的客体同行贿罪的客体一样，都是职务行为的公正性。

（二）刑事处罚

刑法第 391 条规定，自然人犯本罪，处 3 年以下有期徒刑或者拘役。单位犯本罪的，对单位判处罚金，并对其直接负责的主管人员和其他直接责任人员，依照上述规定处罚。按照相关司法解释，涉嫌对单位行贿，具有下列情形之一的，应当立案：（1）个人行贿数额在 10 万元以上、单位行贿数额在 20 万元以上的。（2）个人行贿数额不满 10 万元、单位行贿数额在 10 万元以上不满 20 万元，但具有下列情形之一的：为谋取非法利益而行贿的；向 3 个以上单位行贿的；向党政机关、司法机关、行政执法机关行贿的；致使国家或者社会利益遭受重大损失的。

同样，刑法第 389 条第 3 款中规定的“因被勒索给予国家工作人员以财物，没有获得不正当利益的，不是行贿”以及刑法第 390 条第 2 款规定的“行贿人在被追诉前主动交待行贿行为的，可以减轻处罚或者免除处罚”，仍然可以适用于本罪。存在的疑问是：本罪的对象是国家机关、国有公司、企业、事业单位、人民团体，而刑法第 389 条第 3 款规定的对象是国家工作人员，能否直接援引适用？考虑到对国家机关、国有公司、企业、事业单位、人民团体的行贿在形式上一般都通过向国家工作人员交付财物而实现，因而可以直接援引该规定，认定不构成对单位行贿罪。

九、介绍贿赂罪

（一）概念与构成

介绍贿赂罪，是指行为人向国家工作人员介绍贿赂，情节严重的行为。

本罪的构成要件如下：

1. 本罪的客观方面是指向国家工作人员介绍贿赂，情节严重的行为。所谓介绍贿赂是指行为人在行贿人与国家工作人员之间进行引见、撮合、沟通，促使行贿和受贿行为得以实现的行为。首先，本罪中行贿人并无限定，但介绍的对象应当是国家工作人员，因此向非国家工作人员的自然人介绍贿赂的，不构成本罪。介绍的对象虽然是国家机关、国有公司、企业、事业单位、人民团体，但其形式上是通过向所属的国家工作人员介绍贿赂的，也仍然可以认定构成介绍贿赂罪。[①] 其次，虽然刑法第 392 条规定的是“向国家工作人员介绍贿赂”，但是严格而言，根据国家工作人员的受贿企图，从而为其寻找行贿人的行为似乎并不属于介绍贿赂的行为。但通常的理解认为：所谓介绍贿赂，包括接受行贿人的委托，向国家工作人员介绍贿赂；也包括接受国家工作人员的委托，介绍行贿者。再次，行为人的行为必须情节严重。按照相关司法解释，涉嫌介绍贿赂有下列情形的，应当立案：（1）介绍个人向国家工作人员行贿，数额在 2 万元以上的；介绍单位向国家工作人员行贿，数额在 20 万元以上的。（2）介绍贿赂数额不满上述标准，但具有下列情形之一的：为使行

---

① 对此否定的观点参见张明楷：《刑法学》，889 页，北京，法律出版社，2007。

贿人获取非法利益而介绍贿赂的；3次以上或者为3人以上介绍贿赂的；向党政领导、司法工作人员、行政执法人员介绍贿赂的；致使国家或者社会利益遭受重大损失的。

2. 本罪的主体是一般主体，无论是否是国家工作人员均可构成本罪。

3. 本罪的主观方面是故意，即行为人明知行贿人、受贿人的行贿与受贿故意，仍然故意从中撮合，使贿赂行为得以实现。至于行为人出于何种动机，是否因介绍贿赂而从行贿人或者收贿人处获取某种利益，均不影响本罪认定。

4. 本罪的客体是职务行为的不可收买性。

(二) 司法认定与刑事处罚

1. 司法认定

(1) 介绍贿赂罪与行贿罪、受贿罪的共犯的区分：在很多国家的刑法中，并没有介绍贿赂罪的规定，类似的行为均被包括在行贿罪和受贿罪的共犯之中，因此也有学者主张介绍贿赂罪在立法中就应当被取消。而在刑法解释论上，则采取了极为严格的限制解释，认为所谓的“向国家工作人员介绍贿赂”是指行为人明知某人欲通过行贿谋求利用国家工作人员的职务行为，而向国家工作人员提供该行为的行为，因而介绍贿赂罪实质上面临着被取消的结论。[①] 但是既然我国刑法规定了介绍贿赂罪，在司法上无论如何都需要区分介绍贿赂行为与行贿、受贿共犯行为，更何况介绍贿赂罪的法定刑同作为行贿罪、受贿罪的共犯的法定刑之间，存在着巨大差距。

司法实践中，区分介绍贿赂罪与行贿罪、受贿罪的帮助犯或者教唆犯的标准之一是：考察行为人是否参与了国家工作人员利用职务便利为他人谋取利益的行为。如果行为人参与了，则构成受贿罪的共犯而非介绍贿赂罪。但是无身份者虽然通常都因欠缺身份的便利无法参加为受贿者谋取利益的行为，却通常都毫无疑问地被认为可以构成受贿罪的共犯，可见这一标准显然不合理。因此，应当以行为人在客观上是否获得利益，其主观上是具有行贿或者受贿的共犯故意还是具有撮合贿赂的故意，来区分介绍贿赂罪和行贿罪、受贿罪的共犯。如果行为人主观上就是以行贿或者受贿的共犯的故意，并且同行贿人或者受贿人具有共同利益体的关系的（共同利益体并不需要共同地占有贿赂），那么就应该认定构成行贿人或者受贿人的共犯，而非介绍贿赂罪。但是如果行为人并非出于行贿或者受贿的故意，同行贿人和受贿人之间也并不具有共同利益体关系的，那么就应当认定构成介绍贿赂罪。这样的区分仍然是极为模糊的，事实上，不得不承认，即便不同行贿人或者受贿人具有共同利益体关系，其介绍、撮合、沟通的行为实质上也确实可以被认定为属于为行贿或者受贿提供了帮助；而如果将不具有共同利益体关系的行为人的介绍贿赂行为理解为立法机关的特别规定，也未尝不可。但是如果行为人确实对行贿人、受贿人进行了行贿或者受贿的教唆，而非单纯地撮合，则应当构成行贿罪或者受贿罪的教唆犯。

(2) 介绍贿赂罪同其他犯罪的区分：接受行贿人委托与受贿者进行沟通联络，但是在转交财物过程中，行为人将其中部分财物占为己有的，原则上应当构成本罪和侵占罪的数罪并罚。以介绍贿赂的意思，冒充某一单位的工作人员，假借为他人行贿或者受贿进行撮合而诈骗财物的，应当认定构成诈骗罪。

2. 刑事处罚

犯介绍贿赂罪的，处3年以下有期徒刑或者拘役。介绍贿赂人在被追诉前主动交待介

---

① 参见张明楷：《刑法学》，891页，北京，法律出版社，2007。

绍贿赂行为的，可以减轻或者免除处罚。

十、巨额财产来源不明罪

（一）概念与构成

所谓巨额财产来源不明罪，是指国家工作人员的财产或者支出明显超过合法收入，差额巨大，本人不能说明其来源的行为。

本罪的构成要件如下：

1. 本罪的客观方面条件表现为：国家工作人员的财产或者支出明显超过合法收入，差额巨大的，可以责令其说明来源，本人不能说明其来源的行为，即构成巨额财产来源不明罪。所谓不能说明包括以下几种情况：行为人拒不说明其财产来源；行为人无法说明财产的具体来源；行为人所说的财产来源经司法机关查证并非属实；行为人所说的财产来源因线索不具体等原因，司法机关无法查实。所谓的“非法所得”，一般是指行为人的全部财产与能够认定的所有支出的总和减去能够证实的有真实来源的所得。在具体计算时，应当注意以下问题：(1) 应把国家工作人员个人财产和与其共同生活的家庭成员的财产、支出等一并计算，而且一并减去他们所有的合法收入以及确属于与其共同生活的家庭成员个人的非法收入。(2) 行为人所有的财产包括房产、家具、生活用品及股票、债券、存款等动产和不动产；行为人的支出包括合法支出和不合法支出，包括日常生活、工作、学习费用、罚款及向他人行贿的财物等；行为人的合法收入包括工资、奖金、稿酬等法律和政策允许的各种收入。(3) 为了便于计算犯罪数额，对于行为人的财产和合法收入，一般可以从行为人有比较确定的收入和财产时开始计算。所谓的差额巨大，按照有关的司法解释，要求数额在30万元以上的才能立案。很显然，本罪的实行行为是应当说明相应财产差额的来源而拒不说明的行为，因此，巨额财产来源不明罪属于广义范畴内的持有型犯罪，而且属于真正的不作为犯。

2. 本罪的主观构成要件为故意，即行为人明知自己具有超过其合法收入的、差额巨大的财产或者支出，因而被责令说明其来源，但无法说明或者能够说明但不予说明的情形。

3. 本罪的主体是国家工作人员。需要注意的是，在实践中经常碰到非国家工作人员同国家工作人员一起占有财产的现象，考虑到只有国家工作人员具有这样的义务，因此非国家工作人员一般不能成为本罪。但是在例如夫妻双方均为国家工作人员的场合，家庭财产明显超过合法收入，差额巨大，双方均拒不说明来源的，都应当认定构成本罪。

4. 本罪的客体是国家工作人员职务行为的廉洁性。虽然本罪表面上侵害的是财产如实申报的义务，但是不能说明数额巨大的财产差额的原因很多，未必均是因为其不廉洁而引起的。结合如实申报义务，无法说明合法来源的财产被一般性地推定为非法所得，因而本罪的设定本质上还是要打击国家工作人员收入的非法性，其客体本质上还是国家工作人员的廉洁性，而非如实申报义务。如果其客体是如实申报义务，那么无论其财产来源是否合法，只要没有如实申报，就应该被认定构成犯罪了。同时虽然本罪侵害了职务行为的廉洁性，但由于并没有明确其所犯的其他罪行，因而也无法认定本罪客体是国家对渎职、经济犯罪进行追究的司法秩序。

（二）司法认定与刑事处罚

1. *司法认定*

国家工作人员虽然不能说明巨额财产的来源，但是能够被证明相应财产确实属于贪污、受贿或者走私、赌博、盗窃等其他犯罪所得的，应当以其实际实施的行为定罪处罚。

在能够被证明的贪污、受贿等犯罪以外，同时仍然有巨额财产来源不明的，以巨额财产来源不明罪和所构成的其他犯罪数罪并罚。因此，在认定本罪过程中，应当明确巨额财产来源不明罪是一个兜底性罪名，虽然国家工作人员具有如实申报收入、说明财产来源的义务，但是司法机关仍然要尽可能地通过调查取证查明财产来源，以便尽可能地按照其所实施的犯罪行为认定构成贪污罪、受贿罪等；避免不认真核查，简单地将行为人的巨额财产认定构成本罪，从而宽纵犯罪。反之，在认定是否构成贪污、受贿犯罪时，也应当认真查证，不能将未能充分证明为贪污或者受贿的行为，认定为贪污罪、受贿罪，而仍然应当认定构成巨额财产来源不明罪。

行为人明知财产或者支出明显超过合法收入，拒不说明合法来源，检察机关也确实无法查证是否构成贪污、受贿犯罪的，人民法院在认定其构成巨额财产来源不明罪后，又有新的证据证明上述巨额财产的全部或者部分是通过贪污、受贿等犯罪所得，应当认定构成贪污罪、受贿罪或者其他犯罪。问题在于，在对新发现的犯罪作出判决时，是否需要撤销原来巨额财产来源不明罪的认定？通常认为，原判的巨额财产来源不明罪不得撤销，其正确性必须得到维持。① 考虑到巨额财产来源不明罪的侵害客体与贪污罪、受贿罪等犯罪的侵害客体有所不同，相对独立，无论其后的贪污罪、受贿罪是否认定，国家工作人员如实申报财产的义务都已经受到侵害，就此而言，似乎不应撤销原来的巨额财产来源不明罪的认定，但是考虑到以下因素：(1) 巨额财产来源不明罪同贪污罪、受贿罪等犯罪之间的兜底关系；(2) 其后认定的贪污罪、受贿罪的数额已经被巨额财产来源不明罪所全部或者部分包括，这意味着同一数额被重复评价、处罚，这对被告人无论如何都是不公平的；(3) 如果不撤销原来的巨额财产来源不明罪的认定，维持原来的判决，就只能按照在刑罚尚未执行完毕之前发现漏罪的情形进行数罪并罚，这会造成刑罚的重复，导致罪刑不均衡；(4) 究其本质而言，本罪的客体并非如实申报义务，否则财产就不是问题的关键了，但是既然原来的无法说明来源的财产被推定为非法，在存在反驳推定的事实的情况下，就应该认定其为合法，而不应再认定构成本罪。因此，应该根据新发现的事实，按照审判监督程序对全案作出重新认定，或者明确全部数额构成贪污罪、受贿罪，从而撤销原判巨额财产来源不明罪，已经执行的刑期应当折抵；或者认定部分数额构成贪污罪、受贿罪等犯罪，部分数额仍然构成巨额财产来源不明罪，从而进行数罪并罚，已经执行的刑期应当折抵；或者认定部分数额构成贪污罪、受贿罪等犯罪，剩余数额不构成巨额财产来源不明罪，则同样撤销原判巨额财产来源不明罪，已经执行的刑期应当折抵。

同样，行为人拥有巨额财产，本人当时不能说明其合法来源，人民法院判决构成本罪，但司法机关后来查清了该巨额财产的来源系合法所得的，或行为人后来能够证明其来源合法的，也应当撤销原判巨额财产来源不明罪。如果按照通常的观点，原来的判决在这种情况下也不能更改，而必须得到维持，这就显然是将犯罪的认定、对行为的惩罚建立在对行为人记忆能力的考验基础之上，这是不合理的。显然，在这种情况下，原被追缴的行为人合法财产也应当予以返还或者得到补偿。

2. 刑事处罚

刑法第395条第1款规定，犯本罪的，处5年以下有期徒刑或者拘役；差额特别巨大的，处5年以上10年以下有期徒刑。财产的差额部分予以追缴。

---

① 参见周光权：《刑法各论》，488页，北京，中国人民大学出版社，2008。

十一、隐瞒境外存款罪

(一) 概念与构成

隐瞒境外存款罪，是指国家工作人员在境外的存款数额较大，违反应当申报的规定，隐瞒不报的行为。

本罪的构成要件如下：

1. 本罪的客观方面是国家工作人员在境外的存款数额较大，隐瞒不报的行为。国家工作人员负有如实申报境外存款的义务，不履行法定的申报义务，就可能构成本罪。本罪的对象是行为人在境外的存款，包括在外国、中国港澳台地区的银行或者其他金融机构存入的货币、有价证券、货币支付凭证以及黄金、白银等贵重金属。虽然并未存放于境外金融机构，但是存放于境外的个人或者其他机构中的上述款项，同样应当认定构成本罪。只要境外的存款确实属于行为人所有，至于隐瞒不报的是行为人在境外的全部存款还是部分存款，是否以自己的名义存入，是否属于行为人在境内外的合法工作报酬、遗产继承还是接受赠予或者违法所得，是原来就存放于境外还是将境内款项汇往境外后存放，均不影响本罪认定。但是如果能够证明境外的存款属于贪污、受贿或者走私等犯罪所得的，直接按照贪污罪、受贿罪或者走私罪等犯罪处罚，而不应认定构成本罪，更不应将其与贪污罪、受贿罪等犯罪并罚。如果隐瞒境外存款的同时又构成巨额财产来源不明罪的，按照想象竞合的处理原则，认定构成巨额财产来源不明罪。构成本罪，需要隐瞒境外的存款数额较大。按照相关司法解释，涉嫌隐瞒境外存款，折合人民币数额在30万元以上的，应当立案。

2. 本罪的主体是国家工作人员，如果是国有公司、企业或者其他国有单位，违反国家规定，擅自将外汇存放于境外，或者将境内的外汇非法转移到境外的，构成逃汇罪而不构成本罪。

3. 本罪的主观方面是故意，即明知自己负有如实申报义务而拒不申报，过失的不构成本罪。

4. 本罪的客体是如实申报境外存款的义务。

(二) 刑事处罚

犯本罪的，按照刑法第395条第2款规定，处2年以下有期徒刑或者拘役；情节较轻的，由其所在单位或者上级主管机关酌情给予行政处分。

十二、私分国有资产罪

(一) 概念与构成

私分国有资产罪，是指国家机关、国有公司、企业、事业单位、人民团体，违反国家规定，以单位名义将国有资产集体私分给个人，数额较大的行为。

本罪的构成要件如下：

1. 本罪的客观方面是上述单位违反国家规定，以单位名义将国有资产集体私分给个人，数额较大的行为。本罪对象是国有资产。所谓国有资产是指国家依法取得和认定的，或者国家以各种形式对企业投资和投资收益，或者国家向行政事业单位拨款等形成的资产。如果私分的财产中包含有非国有的成分，那么应当只认定其中国有资产的部分。所谓违反国家规定，是指违反法律、行政法规有关国有资产管理方面的各种规定，例如隐瞒、截留应当向国家上缴的利润、行政性收费或者其他各项财政收入。“以单位名义”意味着私分行为是经过单位领导集体研究决定，是相关人员利用职务上的便利，违背职责的行为。但是这一行为体现了集体的意志而非某个人或者某几个人的意志，即并非私自决定。私分是以单位名义将财物发放给个人。正是由于是以单位的名义进行私分，所以私分国有资产的场合，往往有正式的或者非正式的文字记载或者财务凭据，绝大多数场合因私分获得财物的人可能都在相应文件上签收，在很多场合也并不需要通过涂改账目、虚报冒领等手段，因此私分国有资产行为同贪污行为相比，往往具有公开性和形式性。所谓集体私分，是指最后获得财物的人员为该单位中的全部人员或者多数人员。将国有资产私自分配给单位中的少数成员或者特定成员的，应当认定构成共同贪污。本罪具有集体性，具有利益均沾的特点，但是究竟是以什么样的理由进行私分，不影响本罪的认定。

构成本罪，应当数额较大，按照有关司法解释，涉嫌私分国有资产，累计数额在10万元以上的，应予立案。

2. 本罪的主体是国家机关、国有公司、企业、事业单位、人民团体。但在处罚时，只处罚上述单位中直接负责的主管人员和其他直接责任人员。虽然参与私分并且获得财产，但并非直接责任人员的，不承担刑事责任；反过来，即便没有获得财产或者仅仅获得少量财产，但确实属于上述行为的直接责任人员的，仍应认定构成本罪。不过，本罪中的单位主体不一定必须是单位整体，单位的内部机构或者科室也可以成为私分国有资产罪的主体。既然是单位行为，因此不能认为获得利益的是全体或者绝大多数的单位成员因而不认定构成本罪。

3. 本罪的主观方面是故意，即明知是国有资产不应分配而仍然予以私分。

4. 本罪的客体是国有资产的所有权和国有单位职务行为的廉洁性。国有资产的所有权只能为国家所有，任何单位和个人均不能擅自处分。国有单位将其私分，不仅侵害了国有资产的所有权，同时更侵害了国有单位职务行为的廉洁性。

（二）司法认定与刑事处罚

1. 司法认定

实践中，成为问题的主要是私分国有资产罪和贪污罪的区别：首先，私分国有资产罪的获益者是单位全体成员或者绝大多数成员，因此如果获益者仅仅是其中一小部分人，甚至就是个别领导，则属于上述人员利用职务的便利，假公济私，以单位名义将国有资产非法占为己有，应当认定构成贪污罪。其次，私分行为属于单位行为，体现了单位的集体意志，而贪污罪只是体现了共同贪污的行为人之间的意图。再次，本罪行为属于单位行为，是单位意志，也正是因此，在私分国有资产的场合，往往不会采取欺骗、盗窃等秘密手段，更多地采取公开或者半公开的手段。而贪污罪则属于自然人犯罪，需要采取盗窃、侵吞、骗取等行为。

2. 刑事处罚

按照刑法第396条规定，犯本罪的，对其直接负责的主管人员和其他直接责任人员，处3年以下有期徒刑或者拘役，并处或者单处罚金；数额巨大的，处3年以上7年以下有期徒刑，并处罚金。

十三、私分罚没财物罪

（一）概念与构成

私分罚没财物罪，是指司法机关、行政执法机关违反国家规定，将应当上缴国家的罚没财物，以单位名义集体私分给个人，数额较大的行为。

本罪的构成要件如下：

1. 本罪的客观方面是违反国家规定，将应当上缴国家的罚没财物以单位名义集体私分给个人，数额较大的行为。本罪的对象只能是罚没财物，即依照法律判处罚金、罚款或者没收财产、没收违法所得、没收供犯罪所用的本人财物等所取得的，应当上缴给国家的财物。罚没财物实际上也属于国有资产，因此私分罚没财物的行为同时构成私分国有资产罪，按照特别法优于普通法的规定，认定构成本罪。集体私分的财产中既有罚没财物，又有罚没财物以外的国有资产的，一般不适宜作为数罪并罚，而应按照私分罚没财物罪（部分数额）和私分国有资产罪（整体数额）的想象竞合，从一重罪处断。

违反国家规定是违反法律、法规关于罚没财物必须上缴国家财政的规定。按照有关法律规定，罚没财物必须上缴国库，是司法机关、行政执法机关财务收支两条线的问题，任何人都不应截留、私分罚没财物。私分行为必须是单位决策机构研究决定，以单位名义实施的，单位成员的全部或者绝大多数都能够获得罚没财物，因此此类行为往往也具有公开性。司法机关、行政执法机关中的少数人利用职务上的便利假借单位名义私分罚没财物，非法占为己有的，应当认定构成贪污罪。构成本罪，必须具有私分行为，即将罚没财物最终分配至个人手中，如果仅仅是改变罚没财物的用途，例如将应当上缴的罚没财物改作办公使用或者单位支出的，则只能认定属于违反财经纪律，而不能构成本罪。构成本罪，还应当数额较大，按照有关司法解释，涉嫌私分国有资产，累计数额在 10 万元以上的，应予立案。相关单位将罚没财物低价评估，进而将其私分的，应当按照财物的实际价值而非虚假评估价值进行数额认定。

2. 本罪的主体是司法机关、行政执法机关，不过在处罚时，仅仅处罚直接负责的主管人员和其他直接责任人员。

3. 本罪的主观方面是故意。

4. 本罪的客体是罚没财物的所有权和职务行为的廉洁性。

（二）刑事处罚

按照刑法第 396 条第 2 款的规定，犯本罪的，对其直接负责的主管人员和其他直接责任人员，处 3 年以下有期徒刑或者拘役，并处或者单处罚金；数额巨大的，处 3 年以上 7 年以下有期徒刑，并处罚金。

【附录】

一、司法考试真题

1. 下列哪些情形不实行数罪并罚？（　　）

A. 在运送他人偷越（国）边境过程中以暴力、威胁方法抗拒检查的

B. 在走私过程中以暴力、威胁方法抗拒缉私的

C. 司法工作人员因收受贿赂而枉法裁判的

D. 同一行为人既向国家工作人员行贿，又向国家机关行贿的

答案：AC

2. 挪用公款给他人使用的，使用人在下列何种情况下，构成挪用公款罪的共犯？（　　）

A. 知道是挪用的公款仍然使用　　B. 指使挪用人挪用公款

C. 应当知道其使用的是挪用款　　D. 参与策划取得挪用款

答案：BD

3. 李某系某国有外贸公司经理，1998年因涉嫌犯罪被捕，李某具有以下涉案事实：1995年6月，在一外贸业务中，李某轻信外商，擅自变更结算方式，使公司数百万元货物被骗，导致国家利益遭受特别重大的损失。1996年3月，李某未经集体研究，将公司的钱（200万元）借给好友吴某主管的某运输公司（集体企业），1998年案发时，尚有80余万元未归还。1997年底，吴某为表感谢，送1万元给李某作为“过节费”。

1996年5月，张某之子因寻衅滋事被捕，张某托李某帮忙疏通关系，李某提出要花3万元。张某给李某4万元，言明1万元作为李某的“辛苦费”，李某遂将3万元送给其认识的办案人员，使张某之子罪责得以开脱。根据以上案情，回答下列问题：

（1）李某在外贸业务中被骗的行为应如何定罪？为什么？

（2）李某将200万元借给运输公司的行为是否构成犯罪？为什么？

（3）李某收受吴某“过节费”和为张某“帮忙”并收“辛苦费”的行为是否构成犯罪？为什么？

答案：

（1）李某在外贸业务中被骗的行为不能定罪。李某作为该国有外贸公司经理，在签订、履行合同中因过失被骗，致使国家利益遭受重大损失，属于签订、履行合同失职被骗的行为。但是由于行为时的刑法并未规定该行为为犯罪，根据从旧兼从轻原则，对李某的行为应适用当时的刑法，因而不能定罪。

（2）李某将200万元借给运输公司的行为构成挪用公款罪。李某作为国企经理，利用职务上的便利，个人决定挪用单位资金借贷给其他单位，谋取个人利益，数额较大，超过3个月未还，应认定构成挪用公款罪。

（3）李某收受吴某“过节费”的行为构成受贿罪。李某为在国有公司从事公务的人员，利用职务便利，挪用公司资金借给其他单位，并收受财物1万元，数额较大，构成受贿罪。李某为张某帮忙并收“辛苦费”的行为构成介绍贿赂罪，因为其介绍向国家工作人员行贿数额较大，并使行贿人获取非法利益。

4. 某甲被聘在国有公司担任职务，后因该国有企业与外商企业合资，国有公司占10%的股份，某甲被国有公司委派到合资企业担任副总经理。在任职期间，某甲利用职务上的便利将合资企业价值5万元的财物非法占为己有。对甲的行为应如何定罪？（　　）

A. 侵占罪　　B. 职务侵占罪

C. 盗窃罪　　D. 贪污罪

答案：D

5. 某甲在国家机关任职，某乙有求于他的职务行为，给某甲送去5万元的好处费。某甲答应给乙办事，但因故未成。某乙见事未成，要求某甲退还好处费，某甲拒不退还，并威胁某乙如果再来要钱就告某乙行贿。对某甲的行为应如何定罪？（　　）

A. 受贿罪　　B. 诈骗罪

C. 敲诈勒索罪　　D. 受贿罪与敲诈勒索罪

答案：A

6. 李某系A市建设银行某储蓄所记账员。2002年3月20日下午下班时，李某发现本所出纳员陈某将2万元营业款遗忘在办公桌抽屉内（未锁）。当日下班后，李某趁所内无人之机，返回所内将该2万元取出，用报纸包好后藏到自己办公桌下面的垃圾堆中，并用纸箱遮住垃圾袋。次日上午案发，赃款被他人找出。对此，下列哪一说法是正确的？（　　）

A. 李某的行为属于贪污既遂　　　　　　　B. 李某的行为属于贪污未遂

C. 李某的行为属于盗窃既遂　　　　　　　D. 李某的行为属于盗窃未遂

答案：C

7. 税务稽查员甲发现A公司欠税80万元，便私下与A公司有关人员联系，要求对方汇10万元到自己存折上以了结此事。A公司将10万元汇到甲的存折上后，甲利用职务上的便利为A公司免交80万元税款办理了手续。对甲的行为应如何处理？（　　）

A. 认定为徇私舞弊不征、少征税款罪，从重处罚

B. 认定为受贿罪，从重处罚

C. 认定为徇私舞弊不征、少征税款罪与受贿罪的竞合，从一重罪处罚

D. 认定为徇私舞弊不征、少征税款罪与受贿罪，实行并罚

答案：C

8. 甲找到在某国有公司任出纳员的朋友乙，提出向该公司借款5万元用于购买假币，并许诺出售假币获利后给乙好处费。乙便擅自从自己管理的公司款项中借给甲5万元。甲拿到5万元后，让丙从外地购得假币若干，然后在本地出售。出售一部分后，甲便送给乙2万元好处费。甲后来在出售假币的过程中被公安人员抓获。甲如实交待了让丙购买假币和自己出售假币的行为，还主动交待了自己使用面值5 000元的假币购买家电产品的事实，但未能如实说明购买假币的5万元现金的来源。乙得知甲被抓后，担心受刑罚处罚，便携带10万元公款潜逃外地，后被司法机关抓获归案。请根据上述案情回答（1）～（5）题。

（1）关于出售、购买假币罪的共犯关系，下列哪些说法是错误的？（　　）

A. 甲、乙、丙三人成立出售、购买假币罪的共犯

B. 甲、乙二人成立出售、购买假币罪的共犯

C. 甲、丙二人成立出售、购买假币罪的共犯

D. 甲单独成立出售、购买假币罪，乙、丙不成立出售、购买假币罪

答案：ACD

（2）关于挪用公司5万元的行为，下列哪些说法是错误的？（　　）

A. 甲唆使乙挪用公司5万元，故甲与乙就挪用行为成立共同犯罪

B. 甲没有指使、参与策划挪用公司5万元，故甲与乙就挪用行为不成立共同犯罪

C. 甲明知是挪用的款项而使用，故甲与乙就挪用行为成立共同犯罪

D. 乙明知甲欲从事营利活动，却仍然挪用5万元，故即使没有超过3个月也构成犯罪

答案：BCD

（3）关于甲出售、购买假币与使用假币的行为，下列哪些说法是错误的？（　　）

A. 使用假币罪应被出售、购买假币罪吸收

B. 使用假币罪与出售、购买假币罪为牵连关系，应从一重罪处罚

C. 对使用假币罪与出售、购买假币罪应实行并罚

D. 甲就使用假币罪成立自首

答案：BCD

（4）关于乙携带10万元公款潜逃的行为，下列哪些说法是错误的？（　　）

A. 对该行为应认定为贪污罪

B. 对该行为应认定为职务侵占罪

C. 该行为属于挪用公款罪中的挪用公款数额巨大不退还

D. 该行为属于挪用资金罪中的挪用本单位资金数额较大不退还

答案：BCD

(5) 关于乙的全部犯罪行为，下列哪些说法是错误的？（　　）

A. 对乙应以挪用公款罪、贪污罪、出售、购买假币罪论处，实行数罪并罚

B. 对乙应以挪用资金罪、职务侵占罪、出售、购买假币罪论处，实行数罪并罚

C. 对乙应在挪用公款罪与受贿罪中择一重罪从重处罚

D. 对乙应以贪污罪、受贿罪论处，实行数罪并罚

答案：BCD

9. 下列哪些情形，属于挪用公款归个人使用，从而可能构成挪用公款罪？（　　）

A. 国有公司经理甲将公款供亲友使用

B. 国有企业财会人员乙以个人名义将公款供其他国有单位使用

C. 国家机关负责人丙个人决定以单位名义将公款供其他单位使用，但未谋取个人利益

D. 国有企业的单位领导集体研究决定将公款给私有企业使用

答案：AB

10. 下列关于受贿罪的说法哪些是不正确的？（　　）

A. 甲系地税局局长，1993年向王某借钱3万元。1994年王某所办企业希望免税，得到甲的批准，王当时就对甲说："上次借给你的钱就不用还了，算我给你的感谢费"。但甲始终不置可否。2003年5月甲因其他罪被抓获时，主动交待了借钱不还的事实。甲不构成受贿罪

B. 乙的妻子在乡村小学教书，乙试图通过关系将其妻调往县城，就请县公安局局长胡某给教育局局长黄某打招呼，果然事成。事后，乙给胡某2万元钱，胡将其中1万元给黄某，剩余部分自己收下。本案中，黄某构成受贿罪、胡某构成介绍贿赂罪、乙构成行贿罪

C. 丙为贷款而给某银行行长李某5万元钱，希望在贷款审批时多多关照。李某收过钱，点了点头。但事后，在行长办公会上，由于其他领导极力反对发放此笔贷款，丙未获取分文贷款资金。李某虽然收受他人财物，但由于没有为他人谋取利益，所以不构成受贿罪

D. 丁系工商局局长，1995年在对赵某所办企业进行年检时，发现该企业并不完全符合要求，就要求其补充材料。在某些主要材料难以补齐的情况下，赵某多次找到丁，希望高抬贵手。丁见赵某开办企业也不容易，就为其办理了年检手续，但未向赵提出任何不法要求。2001年丁退休后欲自己开办公司，就向赵某提出：6年前自己帮助了赵，希望赵给2万元作为丁自己公司的启动资金，赵推脱不过，只好给钱。丁应当构成受贿罪

答案：ABCD

11. 某市人民检察院接到举报后，对张某的受贿行为进行立案侦查，经过侦查和审查起诉后，发现指控其受贿罪的证据不足。但是该检察院发现张某拥有小别墅一栋、私家宝马车一部，另有近百万元银行存款，犯罪嫌疑很大。如果检察机关要追究张某的刑事责任，对张某提起公诉，需要证明下列哪些事项？（　　）

A. 张某是国家机关工作人员

B. 张某是国家工作人员

C. 张某的合法收入数、实际财产数以及二者之间的差距为30万元以上

D. 上述C项中所指差距部分的来源情况

答案：BC

12. 某事业单位负责人甲决定以单位名义将本单位资金 150 余万元贷给另一公司，所得高额利息归本单位所有。甲虽未牟取个人利益，但最终使本金无法收回。关于该行为的定性，下列哪几种是可以排除的？(　　)

A. 挪用公款罪　　B. 挪用资金罪

C. 违法发放贷款罪　　D. 高利转贷罪

答案：CD

13. 甲的女儿 2003 年参加高考，没有达到某大学录取线。甲委托该高校所在市的教委副主任乙向该大学主管招生的副校长丙打招呼，甲还交付给乙 2 万元现金，其中 1 万元用于酬谢乙，另 1 万元请乙转交给丙。乙向丙打了招呼，并将 1 万元转交给丙。丙收下 1 万元，并答应尽量帮忙，但仍然没有录取甲的女儿。一个月后，丙的妻子丁知道此事后，对丙说："你没有帮人家办事，不能收这 1 万元，还是退给人家吧。"丙同意后，丁将 1 万元退给甲。关于本案，下列哪些说法是错误的？(　　)

A. 乙的行为成立不当得利与介绍贿赂罪

B. 丙没有利用职务上的便利为他人牟取利益，所以不成立受贿罪

C. 丙在未能为他人牟取利益之后退还了财物，所以不成立受贿罪

D. 丁将 1 万元贿赂退给甲而不移交司法机关，构成帮助毁灭证据罪

答案：ABCD

14. 某国税稽查局对某电缆厂的偷税案件进行查处。该厂厂长甲送给国税稽查局局长乙 3 万元，要求给予关照。乙收钱后，将某电缆厂已涉嫌构成偷税罪的案件仅以罚款了事。次年 8 月，上级主管部门清理税务违法案件。为避免电缆厂偷税案件移交司法机关处理，乙私自更改数据，隐瞒事实，使该案未移交司法机关。对乙应以何罪论处？(　　)

A. 受贿罪　　B. 滥用职权罪

C. 帮助犯罪分子逃避处罚罪　　D. 徇私舞弊不移交刑事案件罪

答案：ACD

15. 下列说法不正确的是：(　　)。

A. 刑法第 266 条规定的诈骗罪的法定最高刑为无期徒刑，而第 198 条规定保险诈骗罪的法定最高刑为 15 年有期徒刑。为了保持刑法的协调和实现罪刑相适应原则，对保险诈骗数额特别巨大的，应以诈骗罪论处

B. 根据刑法第 358 条的规定，"强奸后迫使卖淫的"成立强迫卖淫罪，不实行数罪并罚。已满 14 周岁不满 16 周岁的人，伙同他人强奸妇女后迫使卖淫的，不负刑事责任；因为刑法第 17 条没有规定已满 14 周岁不满 16 周岁的人应对强迫卖淫罪承担刑事责任

C. 刑法第 382 条明文规定一般公民与国家工作人员勾结伙同贪污的，以共犯论处，所以，一般公民可以与国家工作人员构成贪污罪的共犯；刑法第 385 条对于受贿罪没有类似规定，所以，一般公民不可能与国家工作人员构成受贿罪的共犯

D. 刑法第 399 条第 4 款规定，"司法工作人员收受贿赂"有徇私枉法等行为的，依照处罚较重的规定定罪处罚。但是，司法工作人员索取贿赂并有徇私枉法等行为的，则应实行数罪并罚

答案：ABCD

16. 甲为非国家工作人员，是某国有公司控股的股份有限公司主管财务的副总经理；

乙为国家工作人员，是该公司财务部主管。甲与乙勾结，分别利用各自的职务便利，共同侵吞了本单位的财物100万元。对甲、乙两人应当如何定性？（　　）

A. 甲定职务侵占罪，乙定贪污罪，两人不是共同犯罪

B. 甲定职务侵占罪，乙定贪污罪，但两人是共同犯罪

C. 甲定职务侵占罪，乙是共犯，也定职务侵占罪

D. 乙定贪污罪，甲是共犯，也定贪污罪

答案：C

17. 下列行为人所谋取的利益，哪些是行贿罪中的“不正当利益”？（　　）

A. 甲向某国有公司负责人米某送2万元，希望能承包该公司正在发包的一项建筑工程

B. 乙向某高校招生人员刘某送2万元，希望刘某在招生时对其已经进入该高校投档线的女儿优先录取

C. 丙向某法院国家赔偿委员会委员高某送2万元，希望高某按照国家赔偿法的规定处理自己的赔偿申请

D. 丁向某医院药剂科长程某送2万元，希望程某在质量、价格相同的条件下优先采购丁所在单位生产的药品

答案：ABD

18. 甲公司走私汽车获利人民币4 000万元后，欲通过乙公司（非国有）的账户将这笔资金换成外汇转移至香港，并说明可按资金数额的10%支付“手续费”。乙公司得知该笔资金为甲公司走私犯罪所得，仍同意为该资金转账提供账户，并在收取“手续费”400万元后，将该资金折换成438万美元，以预付货款为名汇往甲公司在香港的账户。乙公司的行为构成：（　　）。

A. 走私罪（共犯）　　B. 洗钱罪

C. 逃汇罪　　D. 单位受贿罪

答案：B

19. 国家工作人员甲利用职务上的便利为某单位谋取利益。随后，该单位的经理送给甲一张购物卡，并告知其购物卡的价值为2万元、使用期限为1个月。甲收下购物卡后忘记使用，导致购物卡过期作废，卡内的2万元被退回到原单位。关于甲的行为，下列哪一选项是正确的？（　　）

A. 甲的行为不构成受贿罪　　B. 甲的行为构成受贿（既遂）罪

C. 甲的行为构成受贿（未遂）罪　　D. 甲的行为构成受贿（预备）罪

答案：B

20. 下列哪些选项属于“挪用公款归个人使用”？（　　）

A. 以个人名义将公款借给某国有企业使用

B. 以个人名义将公款借给某私营企业使用

C. 个人决定以单位名义将公款借给其他单位使用，谋取个人利益的

D. 以单位名义将公款借给其他自然人使用，未谋取个人利益的

答案：ABCD

21. 关于受贿罪的判断，下列哪些选项是错误的？（　　）

A. 公安局副局长甲收受犯罪嫌疑人家属10万元现金，允诺释放犯罪嫌疑人，因为局长不同意未成。由于甲并没有为他人谋取利益，所以不构成受贿罪

B. 国家机关工作人员乙在退休前利用职务便利为钱某谋取了不正当利益，退休后收受

了钱某 10 万元。尽管乙与钱某事前并无约定，仍应以受贿罪论处

C. 基层法院法官内受被告人孙某家属之托，请中级法院承办法官李某对孙某减轻处罚，并无减轻情节的孙某因此被减轻处罚。事后，丙收受孙某家属 10 万元现金。丙不具有制约李某的职权与地位，不成立受贿罪

D. 海关工作人员丁收受 10 万元贿赂后徇私舞弊，放纵走私，触犯受贿罪和放纵走私罪。由于具有牵连关系，应从一重罪论处

答案：ABCD

22. 甲系某国有公司经理。生意人乙见甲掌管巨额资金，就以小恩小惠拉拢甲。后乙以做生意需要资金为由，劝诱甲出借公款，并与甲共同策划了挪用的方式，还送给甲好处费 5 万元。甲未经公司董事会决定就将 100 万元资金借给乙。乙得到巨款以后，告知银行职员丙该款的真实来源，丙为乙提供资金账户，乙随时提款用于贩卖毒品。在甲的催促下，一年后，乙归还 30 万元，后来就拒绝和甲见面。甲见追回剩余 70 万元无望，就携带乙归还的 30 万元潜逃。甲半年内将 30 万元挥霍一空，走投无路后向司法机关投案，并交待了借公款给乙、接受乙贿赂和携款潜逃的事实，并提供线索协助司法机关将乙捉拿归案。乙归案后主动交待了行贿和司法机关尚未掌握的贩卖毒品的犯罪事实。请回答（1）～（4）题。

（1）关于甲的犯罪行为，下列说法正确的是：（ ）。

A. 甲将公款挪用给乙使用的行为属于挪用公款进行营利活动

B. 甲不知道乙将公款用于犯罪活动，所以甲乙不构成挪用公款罪的共犯

C. 甲携带 30 万元公款潜逃的行为构成贪污罪

D. 对甲的行为应以挪用公款罪、受贿罪、贪污罪实行并罚

答案：ACD

（2）关于乙的犯罪行为，下列说法正确的是：（ ）。

A. 乙的行为属于挪用公款进行非法活动

B. 乙与甲不构成挪用公款罪的共犯

C. 乙归还 30 万元公款的行为导致甲犯贪污罪，故乙成立贪污罪的帮助犯

D. 对乙的行为应以挪用公款罪、行贿罪、贩卖毒品罪实行并罚

答案：AD

（3）关于甲投案以及乙归案后的行为，下列说法正确的是：（ ）。

A. 甲在走投无路的情况下被迫投案，不应认定为自首

B. 甲提供线索致使乙被抓获的行为属于立功

C. 乙对贩卖毒品罪成立自首

D. 乙对行贿罪不成立自首

答案：BCD

（4）银行职员丙的行为构成：（ ）。

A. 挪用公款罪的共犯　　B. 贩卖毒品罪的共犯

C. 洗钱罪　　D. 赃物犯罪

答案：C

23. 某国有公司出纳甲意图非法占有本人保管的公共财物，但不使用自己手中的钥匙和所知道的密码，而是使用铁棍将自己保管的保险柜打开并取走现金 3 万元。之后，甲伪造作案现场，声称失窃。关于本案，下列哪一选项是正确的？（ ）

A. 甲虽然是国家工作人员，但没有利用职务上的便利，故应认定为盗窃罪

B. 甲虽然没有利用职务上的便利，但也不属于将他人占有的财物转移为自己占有，故应认定为侵占罪

C. 甲将自己基于职务保管的财物据为己有，应成立贪污罪

D. 甲实际上是通过欺骗手段获得财物的，应认定为诈骗罪

答案：C

24. 国有公司财务人员甲于2007年6月挪用单位救灾款100万元，供自己购买股票，后股价大跌，甲无力归还该款项。2008年1月，甲挪用单位办公经费70万元为自己购买商品房。两周后，甲采取销毁账目的手段，使挪用的办公经费70万元中的50万元难以在单位财务账上反映出来。甲一直未归还上述所有款项。关于甲的行为定性，下列选项正确的是：（　　）。

A. 甲挪用救灾款的行为，不构成挪用特定款物罪

B. 甲挪用办公经费的行为构成挪用公款罪，挪用数额为70万元

C. 甲挪用办公经费后销毁账目且未归还的行为构成贪污罪，贪污数额为50万元

D. 对于甲应当以挪用公款罪、贪污罪实行并罚

答案：ACD

25. 某中级法院的主审法官甲收受故意杀人案被告人乙的家属现金1万元后，伪造乙防卫过当、自首的证据，欺骗该院审判委员会，导致原本可能被判死刑的乙最终仅被判处3年有期徒刑。对甲应当以何罪论处？（　　）

A. 徇私枉法罪　　B. 滥用职权罪

C. 受贿罪　　D. 伪证罪

答案：A

26. 甲找到某国有企业出纳乙称自己公司生意困难，让乙想办法提供点资金，并许诺给乙好处。乙便找机会从公司账户中拿出15万元借给甲。甲从中拿了2万元给乙。之后，甲因违法行为被公安机关逮捕，乙害怕受牵连，携带100万元公款潜逃。关于乙的全部犯罪行为，下列哪些说法是错误的？（　　）

A. 挪用公款罪与受贿罪，应择一重罪从重处罚

B. 应以挪用资金罪、职务侵占罪论处，实行数罪并罚

C. 应以挪用公款罪、贪污罪论处，实行数罪并罚

D. 应以挪用公款罪、贪污罪、受贿罪论处，实行数罪并罚

答案：ABC

27. 下列哪些行为应当以贪污罪论处？（　　）

A. 国家工作人员甲在国内公务活动中收受礼物，依照国家规定应当交公而不交公，数额较大

B. 乙受国家机关的委托经营某小型国有企业，利用职务上的便利，将该国有企业的资产转移到个人名下

C. 国家工作人员丙利用职务上的便利，挪用公款数额巨大不能退还

D. 国家工作人员丁利用职务之便，将依法扣押的陈某私人所有的汽车据为己有

答案：ABD

28. 甲受国有事业单位委派，担任某农村信用合作社主任。某日，乙找甲，说要贷款200万元做生意，但无任何可抵押财产也无担保人，不符合信贷条件。乙表示若能贷出款

来，就会给甲10万元作为辛苦费。于是甲嘱咐该合作社主管信贷的职员丙“一定办好此事”。丙无奈，明知不符合条件仍然放贷。乙当即给甲10万元，其余190万元贷后用于挥霍，经合作社多次催收，乙拒绝归还。请回答（1）～（2）题。

（1）甲的行为触犯的罪名是：（　　）。

A. 受贿罪

B. 贷款诈骗罪

C. 玩忽职守罪

D. 违法发放贷款罪

答案：AD

（2）对于乙、丙的行为，下列说法正确的是：（　　）。

A. 乙构成贷款诈骗罪

B. 乙构成行贿罪

C. 丙构成违法发放贷款罪

D. 丙构成玩忽职守罪

答案：ABC

29. 何经理为了销售本公司经营的医疗器械，安排公司监事刘某在与某市立医院联系销售业务过程中，按销售金额25%的比例给医院四位正、副院长回扣共计25万余元。本案中，该公司提供回扣的行为构成何罪？（　　）

A. 行贿罪

B. 对非国家工作人员行贿罪

C. 单位行贿罪

D. 对单位行贿罪

答案：C

30. 根据《刑法》有关规定，下列哪些说法是正确的？（　　）

A. 甲系某国企总经理之妻，甲让其夫借故辞退企业财务主管，而以好友陈某取而代之，陈某赠甲一辆价值12万元的轿车。甲构成犯罪

B. 乙系已离职的国家工作人员，请接任处长为缺少资质条件的李某办理了公司登记，收取李某10万元。乙构成犯罪

C. 丙系某国家机关官员之子，利用其父管理之便，请其父下属将不合条件的某企业列入政府采购范围，收受该企业5万元。丙构成犯罪

D. 丁系国家工作人员，在主管土地拍卖工作时向一家房地产公司通报了重要情况，使其如愿获得黄金地块。丁退休后，该公司为表示感谢，自作主张送与丁价值5万元的按摩床。丁构成犯罪

答案：ABC

31. 甲为某国有企业出纳，为竞争公司财务部主任职位欲向公司副总经理乙行贿。甲通过涂改账目等手段从公司提走20万元，委托总经理办公室秘书丙将15万元交给乙，并要丙在转交该款时一定为自己提升一事向乙“美言几句”。乙收下该款。八天后，乙将收受钱款一事报告了公司总经理，并将15万元交到公司纪检部门。

一个月后，甲得知公司委任其他人担任财务部主任，恼羞成怒找到乙说：“还我15万，我去把公司钱款补上。你还必须付我10万元精神损害赔偿，否则我就将你告到检察院。”乙反复向甲说明钱已上交不能退还，但甲并不相信。数日后，甲携带一桶汽油闯入乙办公室纵火，导致室内空调等财物被烧毁。请回答（1）～（4）题。

（1）关于甲从公司提出公款20万元并将其中一部分行贿给乙的行为，下列选项错误的是？（　　）

A. 甲构成贪污罪，数额是20万元；行贿罪与贪污罪之间是牵连关系，不再单独定罪

B. 甲构成贪污罪、行贿罪，数罪并罚，贪污数额是5万元，行贿15万元

C. 甲构成贪污罪、行贿罪，数罪并罚，贪污数额是20万元，行贿15万元

D. 甲对乙说过要“去把公司钱款补上”，应当构成挪用公款罪，数额是20万元，再与行贿罪并罚

答案：ABD

(2) 关于乙的行为，下列选项错误的是？（ ）

A. 乙构成受贿罪既遂

B. 乙构成受贿罪中止

C. 乙犯罪以后上交赃物的行为，属于酌定从轻处罚情节

D. 乙不构成犯罪

答案：ABC

(3) 关于丙的行为，下列选项正确的是？（ ）

A. 丙构成受贿罪共犯

B. 丙构成介绍贿赂罪

C. 丙构成行贿罪共犯

D. 丙没有实行行为，不构成犯罪

答案：C

(4) 关于甲得知财务部主任由他人担任后实施的行为，下列选项错误的是？（ ）

A. 甲的行为只构成放火罪

B. 甲索要10万元“精神损害赔偿”的行为不构成敲诈勒索罪

C. 甲的行为是敲诈勒索罪与放火罪的想象竞合犯

D. 甲的行为是敲诈勒索罪与放火罪的吸收犯

答案：ABCD

32. 下列哪一情形不属于“挪用公款归个人使用”？（ ）

A. 国家工作人员甲，将公款借给其弟炒股

B. 国家机关工作人员甲，以个人名义将公款借给原工作过的国有企业使用

C. 某县工商局局长甲，以单位名义将公款借给某公司使用

D. 某国有公司总经理甲，擅自决定以本公司名义将公款借给某国有事业单位使用，以安排其子在该单位就业

答案：C

33. 关于没收财产，下列哪些选项是错误的？（ ）

A. 甲受贿100万元，巨额财产来源不明200万元，甲被判处死刑并处没收财产。甲被没收财产的总额至少应为300万元

B. 甲抢劫他人汽车被判处死刑并处没收财产。该汽车应上缴国库

C. 甲因走私罪被判处无期徒刑并处没收财产。此前所负赌债，经债权人请求应予偿还

D. 甲因受贿罪被判有期徒刑十年并处没收财产30万元，因妨害清算罪被判有期徒刑三年并处罚金2万元。没收财产和罚金应当合并执行

答案：ABC

34. 关于贿赂犯罪，下列哪些选项是错误的？（ ）

A. 国家工作人员利用职务便利，为请托人谋取利益并收受其财物而构成受贿罪的，请托人当然构成行贿罪

B. 因被勒索给予国家工作人员以财物的，当然不构成行贿罪

C. 行贿人在被追诉前主动交待行贿行为的，可以从轻或者减轻处罚

D. 某国家机关利用其职权或地位形成的便利条件，通过其他国家机关的职务行为，为请托人谋取利益，索取请托人财物的，构成单位受贿罪

答案：ABCD

二、模拟试题

1. 下列犯罪中，需要主观上具有“谋取不正当利益”要件的有：(　　)。

A. 行贿罪

B. 受贿罪

C. 单位受贿罪

D. 对单位行贿罪

答案：AD

2. 某部委工作人员甲，为乙公司审批一项目，涉及金额1亿元，该乙公司向其提出给予其现金15万元，甲提出自己正欲资助某希望小学的15名学生，即让乙公司以甲名义向该希望小学打入资金10万元，将剩余5万元直接存入甲的个人账号。后来，甲又向乙公司提出，自己的母校正在举办校庆，希望能够由乙公司在其母校设立一个奖学金项目，乙公司考虑到以后还可能有别的项目要其帮忙，经讨论决定在该大学设立乙公司奖学金基金会，捐赠100万元。甲的行为(　　)。

A. 构成受贿罪，数额认定为5万元

B. 构成受贿罪，数额认定为15万元

C. 构成受贿罪，数额认定为115万元

D. 构成受贿罪，数额认定为105万元

答案：B

3. 甲系某县组织部一科长，乙因在法院有一案子需要甲帮忙，就找到甲，给甲5万元，并希望能够通过甲认识的法院院长帮其解决纠纷，仅判决其赔偿20万元，要求法院院长批示给承办法官。甲实际上并不认识法院院长，也不想为其帮忙，但咨询他人后得知该案件应该能够得到同乙所希望的结果差不多的结果，就故意满口答应乙，实际上并未对该案件提供任何实际的帮助，最后乙被判决赔偿20万元。甲的行为：(　　)。

A. 构成刑法第388条规定的受贿罪既遂

B. 构成刑法第388条规定的受贿罪未遂

C. 构成受贿罪和诈骗罪的想象竞合

D. 构成诈骗罪

答案：D

4. 甲系文化局财务处处长，2007年10月8日，广播电视局广播电视中心向文化局要求拆借100万元资金，文化局经讨论，决定将该笔款项借给广播电视中心。等到月底，甲仍未指示财务处将该款项汇出，广播电视局财务处工作人员乙找到甲，甲暗示自己正在炒股，急需一笔短期流动资金，并暗示这同汇出款项的时间具有一定联系。2007年11月6日，经广播电视局财务处处长乙决定，借给甲10万元，并在2007年11月10日将该款项汇往甲的个人账户。甲收到该款项后，立刻将100万元汇往广播电视中心。后甲因股市情况不好，没有购买股票，而是在2007年11月21日将该10万元款项用于购房的首付款，准备短期抛售牟利。2008年2月1日，甲将该房出售后，获利5万元，并将10万元还给广播电视局。甲的行为如何认定？(　　)

A. 甲构成受贿罪

B. 甲构成挪用公款罪

C. 甲构成受贿罪、诈骗罪，数罪并罚

D. 甲的行为无罪

答案：B

5. 甲系某国有公司财务处处长，在四川的乙公司欠该公司货款50万元。在“5·12”四川地震后，甲向乙公司询问是否受灾，乙公司报告说虽然受灾，但情况尚可。甲即向公司汇报要求核销乙公司货款30万元，甲所在公司同意。之后甲向乙公司要求支付货款50万元，乙公司请求核销其中的10万元，甲要求其向自己支付1万元，乙公司同意，并将1万元打入甲的个人账户，然后将40万元打入甲指定的丙公司账号，甲接着指令丙公司将其中20万元打入甲所在公司账号，将剩余20万元打入某房产公司账号，并以甲所在公司名义购买住房一套，至今未还。甲的行为如何认定？（　　）

A. 甲构成受贿罪、贪污罪，数罪并罚

B. 甲构成挪用公款罪、受贿罪，数罪并罚

C. 甲构成挪用公款罪

D. 甲的行为无罪

答案：A

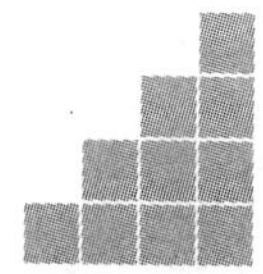

第九章 渎职罪

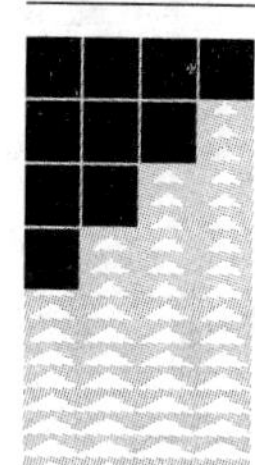

二十二、传染病防治失职罪
二十三、非法批准征用、占用土地罪
二十四、非法低价出让国有土地使用权罪
二十五、放纵走私罪
二十六、商检徇私舞弊罪
二十七、商检失职罪
二十八、动植物检疫徇私舞弊罪
二十九、动植物检疫失职罪
三十、放纵制售伪劣商品犯罪行为罪
三十一、办理偷越国（边）境人员出入境证件罪
三十二、放行偷越国（边）境人员罪
三十三、不解救被拐卖、绑架妇女、儿童罪
三十四、阻碍解救被拐卖、绑架妇女、儿童罪
三十五、帮助犯罪分子逃避处罚罪
三十六、招收公务员、学生徇私舞弊罪
三十七、失职造成珍贵文物损毁、流失罪

参考文献

高铭暄、马克昌主编：《刑法学》，3版，北京大学出版社、高等教育出版社，2007；王作富主编：《刑法》，3版，中国人民大学出版社，2007；张明楷：《刑法学》，2版，法律出版社，2003；李希慧主编：《刑法各论》，中国人民大学出版社，2007；高铭暄、马克昌主编：《中国刑法解释》，中国社会科学出版社，2005；王作富主编：《刑法分则实务研究》，中国方正出版社，2007；敬大力主编：《渎职罪》，中国人民公安大学出版社，2003；孙谦主编：《国家工作人员职务犯罪研究》，法律出版社，1998。

第一节 渎职罪概述

一、渎职罪的概念和特征

渎职罪，是指国家机关工作人员滥用职权、玩忽职守或者徇私舞弊，妨害国家机关的管理活动，损害公众对国家机关工作人员职务活动公正性的信赖，致使公共财产或者国家人民利益遭受重大损失的行为。刑法分则第九章规定了这类犯罪。第九届全国人大常委会第三十一次会议于2002年12月28日通过《刑法修正案（四）》、第十届全国人大常委会第二十二次会议于2006年6月29日通过的《刑法修正案（六）》以及第十一届全国人大常委会第十九次会议于2011年2月25日通过的《刑法修正案（八）》对该章部分犯罪进行了修正。渎职罪具有以下特征：

1. 渎职罪的客观方面表现为，行为人实施了滥用职权、玩忽职守、徇私舞弊并致使公共财产、国家和人民利益遭受重大损失的行为。具体包括两方面的含义：一是，实施了滥用职权、玩忽职守、徇私舞弊的行为。滥用职权，是指国家机关工作人员超越职权，违法决定、处理其无权决定、处理的事项，或者违反规定处理公务的行为；玩忽职守，是指国家机关工作人员严重不负责任，不履行或者不认真履行职责的行为；徇私舞弊，是指国家机关工作人员为徇私情、私利，故意违背事实和法律，伪造材料，隐瞒情况，弄虚作假的行为。二是，致使公共财产、国家和人民利益遭受重大损失。

2. 渎职罪的主体为国家机关工作人员，即在国家各级立法机关、各级行政机关、各级司法机关、各级军事机关中从事公务的人员。2002年12月28日第九届全国人大常委会第三十一次会议通过的《关于〈中华人民共和国刑法〉第九章渎职罪主体适用问题的解释》规定，在依照法律、法规规定行使国家行政管理职权的组织中从事公务的人员，或者在受国家机关委托代表国家机关行使职权的组织中从事公务的人员，或者虽未列入国家机关人员编制但在国家机关中从事公务的人员，在代表国家机关行使职权时，有渎职行为，构成犯罪的，依照刑法关于渎职罪的规定追究刑事责任。2002年4月24日最高人民检察院《关于企业事业单位的公安机构在机构改革过程中其工作人员能否构成渎职侵权犯罪主体问题的批复》规定，企业事业单位的公安机构在机构改革过程中虽尚未列入公安机关建制，其工作人员在行使侦查职责时，实施渎职侵权行为的，可以成为渎职侵权犯罪的主体。需要强调的是，故意泄露国家秘密、过失泄露国家秘密罪的主体包括非国家机关工作人员；对于军人违反职责的犯罪，在刑法有特别规定的情况下，应适用特别规定，不以渎职罪中的具体犯罪定罪。

3. 渎职罪的客体是国家机关的正常管理活动。国家机关的正常管理活动，是指各级国家机关依法行使国家管理职权的正常活动，如工商、卫生、贸易、海关、教育、财政税收、交通等行政部门、司法部门的正常管理活动。

二、渎职罪的种类

刑法分则第九章共有25个条文，37个罪名。依据犯罪主体的不同，本章犯罪可分为三类：

1. 一般国家机关工作人员的渎职罪，包括滥用职权罪，玩忽职守罪，故意泄露国家秘密罪，过失泄露国家秘密罪，国家机关工作人员签订、履行合同失职被骗罪，招收公务员、学生徇私舞弊罪和失职造成珍贵文物损毁、流失罪。

2. 司法工作人员的渎职罪，包括徇私枉法罪，民事、行政枉法裁判罪，执行判决、裁定失职罪，执行判决、裁定滥用职权罪、枉法仲裁罪，私放在押人员罪，失职致使在押人员脱逃罪和徇私舞弊减刑、假释、暂予监外执行罪。

3. 其他特定部门工作人员的渎职罪，包括徇私舞弊不移交刑事案件罪，滥用管理公司、证券职权罪，徇私舞弊不征、少征税款罪，徇私舞弊发售发票、抵扣税款、出口退税罪，违法提供出口退税凭证罪，违法发放林木采伐许可证罪，环境监管失职罪，食品监管渎职罪，传染病防治失职罪，放纵走私罪，商检徇私舞弊罪，商检失职罪，动植物检疫徇私舞弊罪，动植物检疫失职罪，放纵制售伪劣商品犯罪行为罪，办理偷越国（边）境人员出入境证件罪，放行偷越国（边）境人员罪，非法批准征用、占用土地罪，非法低价出让国有土地使用权罪，不解救被拐卖、绑架妇女、儿童罪，阻碍解救被拐卖、绑架妇女、儿童罪和帮助犯罪分子逃避处罚罪。

第二节 渎职罪分述

一、滥用职权罪

（一）概念与构成

滥用职权罪，是指国家机关工作人员超越职权，违法决定、处理其无权决定、处理的事项，或者违反规定处理公务，致使公共财产、国家和人民利益遭受重大损失的行为。

本罪的构成要件如下：

1. 本罪的客观方面表现为，超越职权，违法决定、处理其无权决定、处理的事项，或者违反规定处理公务，致使公共财产、国家和人民利益遭受重大损失的行为。

对本罪的客观方面应从两个方面理解：（1）行为人实施了滥用职权的行为。滥用职权，具体又包括两种情形：一是，超越职权，违法决定、处理其无权决定、处理的事项。这种情形下，行为人并不具有一定的职权，但是擅自扩大职权处理有关事项。二是，违反规定处理公务。这种情形下，行为人虽然具有一定的职权，但是不按有关程序或者要求行使职权或者不依法行使职权。（2）行为人滥用职权的行为，致使公共财产、国家和人民利益遭受重大损失的行为。根据2006年7月26日最高人民检察院《关于渎职侵权犯罪案件立案标准的规定》确定的立案标准，符合下列情形之一的，应以本罪立案追究：“1. 造成死亡1人以上，或者重伤2人以上，或者重伤1人、轻伤3人以上，或者轻伤5人以上的；2. 导致10人以上严重中毒的；3. 造成个人财产直接经济损失10万元以上，或者直接经济损失不满10万元，但间接经济损失50万元以上的；4. 造成公共财产或者法人、其他组织财产直接经济损失20万元以上，或者直接经济损失不满20万元，但间接经济损失100万元以上的；5. 虽未达到3、4两项数额标准，但3、4两项合计直接经济损失20万元以上，或者合计直接经济损失不满20万元，但合计间接经济损失100万元以上的；6. 造成公司、企业等单位停业、停产6个月以上，或者破产的；7. 弄虚作假，不报、缓报、谎报或者授意、指使、强令他人不报、缓报、谎报情况，导致重特大事故危害结果继续、扩大，或者致使抢救、调查、处理工作延误的；8. 严重损害国家声誉，或者造成恶劣社会影响的；9. 其他致使公共财产、国家和人民利益遭受重大损失的情形。”根据该司法解释规定，“直接经济损失”，是指与行为有直接因果关系而造成的财产损毁、减少的实际价值；“间接经济损失”，是指由直接经济损失引起和牵连的其他损失，包括失去的在正常情况下可以获得的利益和为恢复正常的管理活动或者挽回所造成的损失所支付的各种开支、费用等。有下列情形之一的，虽然有债权存在，但已无法实现债权的，可以认定为已经造成了经济损失：(1) 债务人已经法定程序被宣告破产，且无法清偿债务；(2) 债务人潜逃，去向不明；(3) 因行为人责任，致使超过诉讼时效；(4) 有证据证明债权无法实现的其他情况。直接经济损失和间接经济损失，是指立案时确已造成的经济损失。移送审查起诉前，犯罪嫌疑人及其亲友自行挽回的经济损失，以及由司法机关或者犯罪嫌疑人所在单位及其上级主管部门挽回的经济损失，不予扣减，但可作为对犯罪嫌疑人从轻处理的情节考虑。人民法院在审判过程中，对于行为人滥用职权，致使公共财产、国家或者人民利益遭受的重大损失计算至侦查机关立案之时；立案以后，判决宣告以前追回的损失，作为量刑情节予以考虑。

2. 本罪的主体为国家机关工作人员。根据前述司法解释规定，是指在国家机关中从事公务的人员，包括在各级国家权力机关、行政机关、司法机关和军事机关中从事公务的人员。在依照法律、法规规定行使国家行政管理职权的组织中从事公务的人员，或者在受国家机关委托代表国家行使职权的组织中从事公务的人员，或者虽未列入国家机关人员编制但在国家机关中从事公务的人员，在代表国家机关行使职权时，视为国家机关工作人员。在乡（镇）以上中国共产党机关、人民政协机关中从事公务的人员，视为国家机关工作人员。2000 年 5 月 4 日最高人民检察院《关于镇财政所所长是否适用国家机关工作人员的批复》规定：对于属行政执法事业单位的镇财政所中按国家机关在编干部管理的工作人员，在履行政府行政公务活动中，滥用职权或玩忽职守构成犯罪的，应以国家机关工作人员论。

3. 本罪的主观方面为间接故意和过失。关于本罪的罪过形式，有不同的观点，或认为包括直接故意或者间接故意[①]，或认为是间接故意[②]，或认为是过失。[③] 从行为人实施滥用职权行为时，对可能导致公共财产、国家和人民利益遭受重大损失的认识因素看，行为人可能是有认识的，或者是虽没有认识但应当认识的；从意志因素看，行为人要么是放任，要么是反对的，因而，根据刑法关于故意犯罪和过失犯罪的规定，对本罪的罪过形式，应界定为间接故意和过失。至于行为人滥用职权，希望公共财产、国家和人民利益遭受重大损失的，则不应以本罪论处，而应以触犯的相应的故意犯罪定罪。

4. 本罪的客体为国家机关的正常管理活动，即各级各类国家机关对社会各领域的管理活动。

(二) 司法认定与刑事刑罚

1. 司法认定

(1) 特定人员或者特定情形滥用职权行为的定性。有关司法解释对一些特定人员实施的滥用职权行为或者特定情形的滥用职权行为作出规定：1) 2003 年 5 月 14 日最高人民法院、最高人民检察院《关于办理妨害预防、控制突发传染病疫情等灾害的刑事案件具体应用法律若干问题的解释》第 15 条规定，在预防、控制突发传染病疫情等灾害的工作中，负

---

① 参见王作富主编：《刑法分则实务研究》，3 版，1888 页，北京，中国方正出版社，2007。

② 参见张明楷：《刑法学》，2 版，941 页，北京，法律出版社，2003。

③ 参见储槐植、杨书文：《复合罪过形式探析——刑法理论对现行刑法内含的新法律现象之解读》，载《法学研究》，1999 (1)。

有组织、协调、指挥、灾害调查、控制、医疗救治、信息传递、交通运输、物资保障等职责的国家机关工作人员，滥用职权或者玩忽职守，致使公共财产、国家和人民利益遭受重大损失的，以滥用职权罪或者玩忽职守罪定罪处罚。2）2003年9月4日最高人民法院、最高人民检察院《关于办理非法制造、买卖、运输、储存毒鼠强等禁用剧毒化学品刑事案件具体应用法律若干问题的解释》第4条规定，对非法制造、买卖、运输、储存毒鼠强等禁用剧毒化学品行为负有查处职责的国家机关工作人员，滥用职权或者玩忽职守，致使公共财产、国家和人民利益遭受重大损失的，以滥用职权罪或者玩忽职守罪追究刑事责任。3）2003年11月12日最高人民法院、最高人民检察院、公安部《关于严格执行刑事诉讼法，切实纠防超期羁押的通知》规定，凡违反刑事诉讼法和本通知的规定，造成犯罪嫌疑人、被告人超期羁押的，对于直接负责的主管人员和其他直接责任人员，由其所在单位或者上级主管机关依照有关规定予以行政或者纪律处分；造成犯罪嫌疑人、被告人超期羁押，情节严重的，对于直接负责的主管人员和其他直接责任人员，以玩忽职守罪或者滥用职权罪追究刑事责任。4）2007年1月15日最高人民法院、最高人民检察院《关于办理盗窃油气、破坏油气设备等刑事案件具体应用法律若干问题的解释》第7条规定，国家机关工作人员滥用职权或者玩忽职守，实施下列行为之一，致使公共财产、国家和人民利益遭受重大损失的，以滥用职权罪或者玩忽职守罪定罪处罚："（一）超越职权范围，批准发放石油、天然气勘查、开采、加工、经营等许可证的；（二）违反国家规定，给不符合法定条件的单位、个人发放石油、天然气勘查、开采、加工、经营等许可证的；（三）违反《石油天然气管道保护条例》等国家规定，在油气设备安全保护范围内批准建设项目的；（四）对发现或者经举报查实的未经依法批准、许可擅自从事石油、天然气勘查、开采、加工、经营等违法活动不予查封、取缔的。"5）2007年2月28日最高人民法院、最高人民检察院《关于办理危害矿山生产安全刑事案件具体应用法律若干问题的解释》第9条规定："国家机关工作人员滥用职权或者玩忽职守，危害矿山生产安全，具有下列情形之一，致使公共财产、国家和人民利益遭受重大损失的，依照刑法第三百九十七条的规定定罪处罚：（一）对不符合矿山法定安全生产条件的事项予以批准或者验收通过的；（二）对于未依法取得批准、验收的矿山生产经营单位擅自从事生产经营活动不依法予以处理的；（三）对于已经依法取得批准的矿山生产经营单位不再具备安全生产条件而不撤销原批准或者发现违反安全生产法律法规的行为不予查处的；（四）强令审核、验收部门及其工作人员实施本条第（一）项行为，或者实施其他阻碍下级部门及其工作人员依法履行矿山安全生产监督管理职责行为的；（五）在矿山生产安全事故发生后，负有报告职责的国家机关工作人员不报或者谎报事故情况，贻误事故抢救的；（六）其他滥用职权或者玩忽职守的行为。"6）2007年5月9日最高人民法院、最高人民检察院《关于办理与盗窃、抢劫、诈骗、抢夺机动车相关刑事案件具体应用法律若干问题的解释》第3条第1款规定："国家机关工作人员滥用职权，有下列情形之一，致使盗窃、抢劫、诈骗、抢夺的机动车被办理登记手续，数量达到三辆以上或者价值总额达到三十万元以上的，依照刑法第三百九十七条第一款的规定，以滥用职权罪定罪，处三年以下有期徒刑或者拘役：（一）明知是登记手续不全或者不符合规定的机动车而办理登记手续的；（二）指使他人为明知是登记手续不全或者不符合规定的机动车办理登记手续的；（三）违规或者指使他人违规更改、调换车辆档案的；（四）其他滥用职权的行为。"7）2007年5月16日最高人民检察院《关于对林业主管部门工作人员在发放林木采伐许可证之外滥用职权玩忽职守致使森林遭受严重破坏的行为适用法律问题的批复》规定，林业主管部门工作人员违法发放林木采伐许可证，致使森林遭受严重破坏的，以违法发放林木采伐许可证罪追究刑事责任；以其他方式滥用职权或者玩忽职守，致使森林遭受严重破坏的，以滥用职权罪或者玩忽职守罪追究刑事责任。此外，最高司法机关有关部门对于特定人员实施滥用职权行为也作出过解释。①

（2）本罪与其他滥用职权型犯罪的区分。刑法第 397 条规定："本法另有规定的，依照规定。"在刑法分则第九章中有一些属于滥用职权型的犯罪，这些犯罪与本罪呈现出法条竞合的关系，而实施这些具体的滥用职权型的犯罪，应直接以相关犯罪定罪处罚，而不适用本罪。例如，刑法第 399 条第 1 款徇私枉法罪，即属于滥用职权型的犯罪，对于徇私枉法的行为，直接以该罪定罪，而不适用本罪。此外，刑法分则其他章中也有属于滥用职权型的犯罪，如刑法第 168 条中规定的国有公司、企业、事业单位人员滥用职权罪，由于主体范围不同且没有重合关系，该罪与本罪并非法条竞合关系。对于国有公司、企业、事业单位人员实施的滥用职权行为，应当以国有公司、企业、事业单位人员滥用职权罪定罪。

2. 刑事处罚

根据刑法第 397 条的规定，犯本罪的，处 3 年以下有期徒刑或者拘役；情节特别严重的，处 3 年以上 7 年以下有期徒刑。国家机关工作人员徇私舞弊，犯本罪的，处 5 年以下有期徒刑或者拘役；情节特别严重的，处 5 年以上 10 年以下有期徒刑。

二、玩忽职守罪

（一）概念与构成

玩忽职守罪，是指国家机关工作人员严重不负责任，不履行或者不认真履行职责，致使公共财产、国家和人民利益遭受重大损失的行为。

本罪的构成要件如下：

1. 本罪的客观方面表现为，严重不负责任，不履行或者不认真履行职责，致使公共财产、国家和人民利益遭受重大损失的行为。对于本罪客观方面，应从两方面理解：（1）行为人实施了严重不负责任，不履行或者不认真履行职责的行为。不履行，是指行为人应当履行且有能力、有条件履行职责，但违背职责没有履行；不正确履行，是指在履行职责的过程中，违背职责规定，不尽职责或者违反程序等具体要求。（2）行为人玩忽职守的行为致使公共财产、国家和人民利益遭受重大损失。根据 2005 年 12 月 29 日最高人民检察院《关于渎职侵权犯罪案件立案标准的规定》确定的立案标准，符合下列情形之一的，应以本罪立案追究："1. 造成死亡 1 人以上，或者重伤 3 人以上，或者重伤 2 人、轻伤 4 人以上，或者重伤 1 人、轻伤 7 人以上，或者轻伤 10 人以上的；2. 导致 20 人以上严重中毒的；3. 造成个人财产直接经济损失 15 万元以上，或者直接经济损失不满 15 万元，但间接经济损失 75 万元以上的；4. 造成公共财产或者法人、其他组织财产直接经济损失 30 万元以上，或者直接经济损失不满 30 万元，但间接经济损失 150 万元以上的；5. 虽未达到 3、4 两项数额标准，但 3、4 两项合计直接经济损失 30 万元以上，或者合计直接经济损失不满

---

① 如最高人民检察院研究室《关于买卖尚未加盖印章的空白〈边境证〉行为如何适用法律问题的答复》指出，对买卖尚未加盖发证机关的行政印章或者通行专用章印鉴的空白《中华人民共和国边境管理区通行证》的行为，不宜以买卖国家机关证件罪追究刑事责任。国家机关工作人员实施上述行为，构成犯罪的，可以按滥用职权等相关犯罪依法追究刑事责任。最高人民检察院研究室《关于对海事局工作人员如何使用法律问题的答复》指出，海事局负责行使国家水上安全监督和防止船舶污染及海上设施检验、航海保障的管理职权，是国家执法监督机构。海事局及其分支机构工作人员在从事上述公务活动中，滥用职权或者玩忽职守，致使公共财产、国家和人民利益遭受重大损失的，以滥用职权罪或者玩忽职守罪追究刑事责任。

30万元，但合计间接经济损失150万元以上的；6. 造成公司、企业等单位停业、停产1年以上，或者破产的；7. 海关、外汇管理部门的工作人员严重不负责任，造成100万美元以上外汇被骗购或者逃汇1 000万美元以上的；8. 严重损害国家声誉，或者造成恶劣社会影响的；9. 其他致使公共财产、国家和人民利益遭受重大损失的情形。”

2. 本罪的主体为国家机关工作人员。关于本罪的主体，有关单行刑法和司法解释还作出特别规定和解释：1998年12月29日全国人大常委会《关于惩治骗购外汇、逃汇和非法买卖外汇犯罪的决定》第6条规定，海关、外汇管理部门的工作人员严重不负责任，造成大量外汇被骗购或者逃汇，致使国家利益遭受重大损失的，依照本罪定罪处罚。2000年10月9日最高人民检察院《关于合同制民警能否成为玩忽职守罪主体问题的批复》指出，合同制民警在依法执行公务期间，属其他依照法律从事公务的人员，应以国家机关工作人员论。对合同制民警在依法执行公务活动中的玩忽职守行为，符合玩忽职守罪构成条件的，依法以玩忽职守罪追究刑事责任。

2000年10月31日最高人民检察院《关于属工人编制的乡（镇）工商所所长能否依照刑法第397条的规定追究刑事责任问题的批复》规定，根据刑法第93条第2款的规定，经人事部门任命，但为工人编制的乡（镇）工商所所长，依法履行工商行政管理职责时，属其他依照法律从事公务的人员，应以国家机关工作人员论；如果玩忽职守，致使公共财产、国家和人民利益遭受重大损失，可适用刑法第397条的规定，以玩忽职守罪追究刑事责任。

3. 本罪的主观方面为过失，即应当预见自己玩忽职守的行为可能发生使公共财产、国家和人民利益遭受重大损失的危害结果，因为疏忽大意而没有预见，或者已经预见而轻信能够避免，以致该结果发生。

4. 本罪的客体为国家机关的正常管理活动。

（二）司法认定与刑事刑罚

1. 司法认定

（1）罪与非罪的界分。认定本罪，应当把玩忽职守罪与一般的玩忽职守行为、工作失误相区分。区分本罪与一般玩忽职守行为的关键即在于是否使公共财产、国家和人民利益遭受重大损失；如果行为人虽有玩忽职守行为，但是造成的损失尚未达到重大程度的，即不应以本罪定罪处罚。区分本罪与工作失误，应着重从主观心态上相区分。工作失误的行为人，并没有严重不负责任的主观心态，而因为工作水平和认识能力有限而造成损失，因而不应以犯罪论处。

（2）本罪与滥用职权罪的界分。本罪与滥用职权罪的不同之处在于两点：一是危害行为不同。滥用职权罪的危害行为表现为，超越职权，违法决定、处理其无权决定、处理的事项，或者违反规定处理公务；玩忽职守罪的危害行为表现为，严重不负责任，不履行或者不认真履行职责。二是罪过形式不同。滥用职权罪的罪过形式包括间接故意和过失，而玩忽职守罪的罪过形式为过失。

（3）本罪与有关安全事故的犯罪的界分。刑法分则第二章规定了一些有关安全事故的犯罪，如重大责任事故罪、强令违章冒险作业罪、重大劳动安全事故罪、大型群众性活动重大安全事故罪、危险物品肇事罪、工程重大安全事故罪、教育设施重大安全事故罪、消防责任事故罪、不报、谎报安全事故罪。本罪与这些事故犯罪的不同之处在于：一是，本罪属于渎职罪，其客体为国家机关的正常管理活动，而其主体为国家机关工作人员，而这些事故犯罪则危害公共安全罪，其客体为公共安全，其主体不限于国家机关工作人员；二是，本罪发生在各种事务管理的过程中，而这些事故犯罪一般发生在各种生产、作业以及直接从事指挥、作业的过程中。在相当多的情况下，本罪的行为人的过失类型属于监督、管理过失，表现为作为监督直接责任者却没有实施必要的监督行为，从而导致结果的发生，或者应当确立完备的安全体制、管理体制，却没有确立这种体制，而导致了结果发生。①

（4）本罪与其他玩忽职守型犯罪的界分。本罪与刑法分则第九章中其他玩忽职守型犯罪呈现出法条竞合的关系，根据特别法优于一般法适用的一般原则，应当直接以该具体犯罪定罪。如执行判决、裁定失职罪（刑法第399条第3款）即与本罪为法条竞合关系，对于在执行判决、裁定活动中，严重不负责任，致使当事人或者其他人的利益遭受损失的，应直接以该罪定罪，而不以本罪定罪。本罪与刑法其他章中玩忽职守型犯罪，因为主体范围不同，并非法条竞合关系。例如，国有公司、企业、事业单位人员失职罪（刑法第168条）与本罪的客观行为具有相似之处，但是两罪主体不同且不重合，因而并非法条竞合关系。

2. 刑事处罚

根据刑法第397条的规定，犯本罪的，处3年以下有期徒刑或者拘役；情节特别严重的，处3年以上7年以下有期徒刑。国家机关工作人员徇私舞弊，犯本罪的，处5年以下有期徒刑或者拘役；情节特别严重的，处5年以上10年以下有期徒刑。

三、故意泄露国家秘密罪

（一）概念与构成

故意泄露国家秘密罪，是指国家机关工作人员或者非国家机关工作人员违反保守国家秘密法，故意使国家秘密被不应知悉者知悉，或者故意使国家秘密超出了限定的接触范围，情节严重的行为。

本罪的构成要件如下：

1. 本罪的客观方面表现为，违反保守国家秘密法，故意使国家秘密被不应知悉者知悉，或者故意使国家秘密超出了限定的接触范围，情节严重的行为。保守国家秘密法，即第七届全国人大常委会第三次会议于1988年9月5日通过，第十一届全国人大常委会第十四次会议于2010年4月29日修订的《中华人民共和国保守国家秘密法》。国家秘密，根据该法第2条的规定，是指关系国家的安全和利益，依照法定程序确定，在一定时间内只限一定范围的人员知悉的事项。该法第9条的规定："下列涉及国家安全和利益的事项，泄露后可能损害国家在政治、经济、国防、外交等领域的安全和利益的，应当确定为国家秘密：（一）国家事务重大决策中的秘密事项；（二）国防建设和武装力量活动中的秘密事项；（三）外交和外事活动中的秘密事项以及对外承担保密义务的事项；（四）国民经济和社会发展中的秘密事项；（五）科学技术中的秘密事项；（六）维护国家安全活动和追查刑事犯罪中的秘密事项；（七）经国家保密行政管理部门确定的其他秘密事项。政党的秘密事项中符合前款规定的，属于国家秘密。"根据该法第10条的规定，国家秘密的密级分为绝密、机密、秘密三级。绝密级国家秘密是最重要的国家秘密，泄露会使国家安全和利益遭受特别严重的损害；机密级国家秘密是重要的国家秘密，泄露会使国家安全和利益遭受

① 参见张明楷：《刑法学》，2版，943页，北京，法律出版社，2003。

严重的损害；秘密级国家秘密是一般的国家秘密，泄露会使国家安全和利益遭受损害。根据2006年7月26日最高人民检察院《关于渎职侵权犯罪案件立案标准的规定》确定的立案标准，符合下列情形之一的，应以本罪立案追究："1. 泄露绝密级国家秘密1项（件）以上的；2. 泄露机密级国家秘密2项（件）以上的；3. 泄露秘密级国家秘密3项（件）以上的；4. 向非境外机构、组织、人员泄露国家秘密，造成或者可能造成危害社会稳定、经济发展、国防安全或者其他严重危害后果的；5. 通过口头、书面或者网络等方式向公众散布、传播国家秘密的；6. 利用职权指使或者强迫他人违反国家保守秘密法的规定泄露国家秘密的；7. 以牟取私利为目的泄露国家秘密的；8. 其他情节严重的情形。"

2. 本罪的主体包括国家机关工作人员和非国家机关工作人员。这里的非国家机关工作人员，是指一切知悉或者掌握国家秘密的非国家机关工作人员。

3. 本罪的主观方面为故意，包括直接故意和间接故意，即明知自己的行为会发生泄露国家秘密的结果，并且希望或者放任这种结果发生。

4. 本罪的客体为国家的保密制度。

（二）司法认定与刑事刑罚

1. 司法认定

（1）本罪与为境外窃取、刺探、收买、非法提供国家秘密、情报罪的界分。两罪的不同之处在于：1）本罪的客观方面表现为，违反保守国家秘密法，故意使国家秘密被不应知悉者知悉，或者故意使国家秘密超出了限定的接触范围，情节严重的行为，而后者的客观方面表现为，为境外的机构、组织、人员窃取、刺探、收买、非法提供国家秘密或者情报的行为。2）本罪的主观方面包括直接故意和间接故意，而后者的主观方面限于间接故意。3）本罪的客体为国家保密制度，而后者的客体为国家安全。行为人明知是境外的机构、组织、人员而故意向其泄露国家秘密的，应以为境外窃取、刺探、收买、非法提供国家秘密、情报罪论处。2001年1月17日最高人民法院《关于审理为境外窃取、刺探、收买、非法提供国家秘密、情报案件具体应用法律若干问题的解释》第6条规定，通过互联网将国家秘密或者情报非法发送给境外的机构、组织、个人的，以为境外窃取、刺探、收买、非法提供国家秘密、情报罪定罪处罚；将国家秘密通过互联网予以发布，情节严重的，以本罪定罪处罚。

（2）本罪与非法获取国家秘密罪、非法持有国家绝密、机密文件、资料、物品罪的界分。本罪与非法获取国家秘密罪、非法持有国家绝密、机密文件、资料、物品罪的不同之处在于其危害行为不同：本罪的行为是泄露，即使国家秘密被不应知悉者知悉，或者故意使国家秘密超出了限定的接触范围；非法获取国家秘密罪的行为表现为，以窃取、刺探、收买方法，非法获取国家秘密；而非法持有国家绝密、机密文件、资料、物品罪的行为表现为，非法持有属于国家绝密、机密的文件、资料或者其他物品，拒不说明来源与用途。如果行为人非法获取国家秘密后又故意予以泄露的，应当以一重罪论处。

2. 刑事处罚

根据刑法第398条的规定，犯本罪的，处3年以下有期徒刑或者拘役；情节特别严重的，处3年以上7年以下有期徒刑。非国家机关工作人员犯前款罪的，依照前款的规定酌情处罚。

四、过失泄露国家秘密罪

过失泄露国家秘密罪，是指国家机关工作人员或者非国家机关工作人员违反保守国家秘密法，过失泄露国家秘密，或者遗失国家秘密载体，致使国家秘密被不应知悉者知悉或者超出了限定的接触范围，情节严重的行为。根据 2005 年 12 月 29 日最高人民检察院《关于渎职侵权犯罪案件立案标准的规定》确定的立案标准，符合下列情形之一的，应以本罪立案追究：(1) 泄露绝密级国家秘密 1 项（件）以上的；(2) 泄露机密级国家秘密 3 项（件）以上的；(3) 泄露秘密级国家秘密 4 项（件）以上的；(4) 违反保密规定，将涉及国家秘密的计算机或者计算机信息系统与互联网相连接，泄露国家秘密的；(5) 泄露国家秘密或者遗失国家秘密载体，隐瞒不报、不如实提供有关情况或者不采取补救措施的；(6) 其他情节严重的情形。根据刑法第 398 条的规定，犯本罪，处 3 年以下有期徒刑或者拘役；情节特别严重的，处 3 年以上 7 年以下有期徒刑。非国家机关工作人员犯前款罪的，依照前款的规定酌情处罚。

五、徇私枉法罪

(一) 概念与构成

徇私枉法罪，是指司法工作人员徇私枉法、徇情枉法，对明知是无罪的人而使他受追诉、对明知是有罪的人而故意包庇不使他受追诉，或者在刑事审判活动中故意违背事实和法律作枉法裁判的行为。

本罪的构成要件如下：

1. 本罪的客观方面表现为，徇私枉法、徇情枉法，对明知是无罪的人而使他受追诉、对明知是有罪的人而故意包庇不使他受追诉，或者在刑事审判活动中故意违背事实和法律作枉法裁判的行为。徇私枉法，即为了谋取个人利益或者小团体利益而枉法；徇情枉法，即出于个人情谊而枉法。本罪客观方面的行为具体包括三种情形：(1) 对明知是无罪的人而使他受追诉。无罪的人，即指没有实施任何犯罪行为的人；使无罪的人受追诉，是指故意对无罪的人立案侦查、适用强制措施、提起公诉、进行审判。对无罪的人进行追诉，还可能发生在立案前的初查阶段。行为人明知他人无罪，而将其作为“逃犯”进行通缉的，也属于追诉无罪的人。(2) 对明知是有罪的人而故意包庇不使他受追诉。有罪的人，是指事实上实施了犯罪行为且依法应当予以刑事追究的人，并非指法院依刑法宣告其有罪的人；故意包庇不使他受追诉，即对明知有犯罪事实且应追究刑事责任的人，采取伪造、隐匿、毁灭证据或者其他隐瞒事实、违背的法律的手段，使其不被立案、侦查、起诉或者审判。明知是有罪的人，故意不收集或者不及时保全证据，导致证据灭失的，或者在侦查、起诉等阶段放弃职责致使该有罪的人有机会逃离司法机关侦控的，也属于这种情形。(3) 在刑事审判活动中故意违背事实和法律作枉法裁判的行为。这种情形仅针对刑事审判人员。即指刑事审判人员故意枉法进行判决、裁定，使有罪判无罪、使无罪判有罪或者重罪轻判、轻罪重判。根据 2006 年 7 月 26 日最高人民检察院《关于渎职侵权犯罪案件立案标准的规定》确定的立案标准，符合下列情形之一的，应以本罪立案追究：“1. 对明知是没有犯罪事实或者其他依法不应当追究刑事责任的人，采取伪造、隐匿、毁灭证据或者其他隐瞒事实、违反法律的手段，以追究刑事责任为目的立案、侦查、起诉、审判的；2. 对明知是有犯罪事实需要追究刑事责任的人，采取伪造、隐匿、毁灭证据或者其他隐瞒事实、违反法律的手段，故意包庇使其不受立案、侦查、起诉、审判的；3. 采取伪造、隐匿、毁灭证据或者其他隐瞒事实、违反法律的手段，故意使罪重的人受较轻的追诉，或者使罪轻的人受较重的追诉的；4. 在立案后，采取伪造、隐匿、毁灭证据或者其他隐瞒事实、违反法律的手段，应当采取强制措施而不采取强制措施，或者虽然采取强制措施，但中断侦查或者超过法定期限不采取任何措施，实际放任不管，以及违法撤销、变更强制措施，致使犯罪嫌疑人、被告人实际脱离司法机关侦控的；5. 在刑事审判活动中故意违背事实和法律，作出枉法判决、裁定，即有罪判无罪、无罪判有罪，或者重罪轻判、轻罪重判的；6. 其他徇私枉法应予追究刑事责任的情形。”

2. 本罪的主体为司法工作人员。根据刑法第 94 条的规定，司法工作人员，是指有侦查、检察、审判、监管职责的工作人员。非司法工作人员与司法工作人员勾结，共同实施徇私枉法行为，构成犯罪的，应当以徇私枉法罪的共犯追究刑事责任。[①]

3. 本罪的主观方面为故意，且限于直接故意，即行为人明知是徇私枉法的行为而有意为之，并且希望无罪的人被追诉，或者有罪的人不受追诉，或者造成枉法裁判的事实。

4. 本罪的客体是司法公正和国家司法机关的正常活动。

（二）司法认定与刑事刑罚

1. 司法认定

（1）罪与非罪的界限。对于司法实践中出现的错案、冤案，应当对有关司法人员的主观心态和具体司法行为进行分析；如果是因为对法律理解的偏差、认识水平有限或者对证据的使用和把握存在误差而导致错案、冤案发生的，不应以本罪论处，而只应给予必要的行政处分；如果行为人徇私枉法或者徇情枉法而故意造成错案或者冤案的，则应以本罪定罪。此外，在界分罪与非罪的界限时，还应考虑刑法第 13 条“但书”的规定，如果情节显著轻微危害不大的枉法行为，不应以本罪追究。

（2）本罪与非法拘禁罪的界分。司法工作人员徇私枉法使无罪的人受到追诉，可能会使其人身自由受到不正当的剥夺。对于这种情形，如果司法工作人员利用职权且假借合法程序或者名义而采取强制措施，使无罪的人的人身自由被剥夺的，应当以本罪定罪处罚；如果司法工作人员只是利用职务所形成的方便条件，不具备采取强制措施的形式条件的，则应以非法拘禁罪定罪。

（3）本罪与诬告陷害罪的界分。两罪的不同之处在于：1）客观方面不同。本罪的客观方面是，徇私枉法、徇情枉法，对明知是无罪的人而使他受追诉、对明知是有罪的人而故意包庇不使他受追诉，或者在刑事审判活动中故意违背事实和法律作枉法裁判的行为，行为人一般是利用承办有关刑事案件徇私枉法；后者的客观方面表现为，捏造事实诬告陷害他人，意图使他人受刑事追究，情节严重的行为，即利用司法机关来追诉无罪的人。2）主体不同。本罪的主体为特殊主体，即司法工作人员；后者的主体为一般主体。3）客体不同。本罪的客体是司法公正和司法机关的正常活动，而后者的客体为公民的人身权利。

（4）本罪与包庇罪的界分。本罪包括徇私枉法故意包庇有罪的人的情形。这种情形与包庇罪的不同之处在于：1）本罪是利用司法职务之便而使有罪的人不受追诉，发生的时间应在刑事判决生效之前，包庇的对象是犯罪嫌疑人、被告人；而包庇罪是向司法机关作假证明包庇有罪的人，发生的时间并没有具体限制，包庇的对象包括犯罪嫌疑人、被告人和已决犯。2）主体不同。本罪的主体为司法工作人员，而包庇罪的主体为一般主体。

2. 刑事处罚

根据刑法第 399 条第 1 款的规定，犯本罪的，处 5 年以下有期徒刑或者拘役；情节严

---

① 参见 2003 年 4 月 16 日最高人民检察院研究室《关于非司法工作人员是否可以构成徇私枉法罪共犯问题的答复》。

重的，处 5 年以上 10 年以下有期徒刑；情节特别严重的，处 10 年以上有期徒刑。根据该条第 4 款的规定，犯本罪又构成受贿罪的，应依照处罚较重的规定定罪处罚。

六、民事、行政枉法裁判罪

民事、行政枉法裁判罪，是指司法工作人员在民事、行政审判活动中，故意违背事实和法律作枉法裁判，情节严重的行为。本罪的构成要件如下：（1）本罪的客观方面表现为，在民事、行政审判活动中，故意违背事实和法律作枉法裁判，情节严重的行为。“民事、行政审判”，是指适用民事诉讼法或者行政诉讼法进行的审判活动。根据最高人民检察院《关于渎职侵权犯罪案件立案标准的规定》确定的立案标准，符合下列情形之一的，应以本罪立案追究：“1. 枉法裁判，致使当事人或者其近亲属自杀、自残造成重伤、死亡，或者精神失常的；2. 枉法裁判，造成个人财产直接经济损失 10 万元以上，或者直接经济损失不满 10 万元，但间接经济损失 50 万元以上的；3. 枉法裁判，造成法人或者其他组织财产直接经济损失 20 万元以上，或者直接经济损失不满 20 万元，但间接经济损失 100 万元以上的；4. 伪造、变造有关材料、证据，制造假案枉法裁判的；5. 串通当事人制造伪证，毁灭证据或者篡改庭审笔录而枉法裁判的；6. 徇私情、私利，明知是伪造、变造的证据予以采信，或者故意对应当采信的证据不予采信，或者故意违反法定程序，或者故意错误适用法律而枉法裁判的；7. 其他情节严重的情形。”（2）本罪的主体为司法工作人员。（3）本罪的主观方面为故意，且为直接故意。（4）本罪的客体为司法公正和审判机关的正常审判活动。与徇私枉法罪不同，本罪仅发生在人民法院的民事和行政审判过程中，而徇私枉法罪可以发生在立案侦查、审查起诉和审判各个阶段。如果行为人在刑事附带民事诉讼案件的审判中故意枉法裁判的，应当以徇私枉法罪定罪，不过，如果行为人只是在附带民事诉讼部分故意枉法裁判的，则应当以本罪定罪处罚。

根据刑法第 399 条第 2 款的规定，犯本罪的，处 5 年以下有期徒刑或者拘役；情节特别严重的，处 5 年以上 10 年以下有期徒刑。根据该条第 4 款的规定，犯本罪又构成受贿罪的，应依照处罚较重的规定定罪处罚。

七、执行判决、裁定失职罪

执行判决、裁定失职罪，是指司法工作人员在执行判决、裁定活动中，严重不负责任，不依法采取诉讼保全措施、不履行法定执行职责，或者违法采取保全措施、强制执行措施，致使当事人或者其他人的利益遭受重大损失的行为。本罪的构成要件如下：（1）本罪的客观方面表现为，在执行判决、裁定活动中，严重不负责任，不依法采取诉讼保全措施、不履行法定执行职责，或者违法采取保全措施、强制执行措施，致使当事人或者其他人的利益遭受重大损失的行为。这里的“判决、裁定”，是指人民法院依法作出的具有执行内容并已发生法律效力的判决、裁定。人民法院为依法执行支付令、生效的调解书、仲裁裁决、公证债权文书等所作的裁定属于该条规定的裁定。①（2）本罪的主体为司法工作人员，主要是人民法院中负责执行工作的人员。（3）本罪的主观方面为过失。（4）本罪的客体为司法机关的正常活动。

根据最高人民检察院《关于渎职侵权犯罪案件立案标准的规定》确定的立案标准，符

① 参见 2002 年 8 月 29 日全国人大常委会《关于〈中华人民共和国刑法〉第三百一十三条的解释》的规定。

合下列情形之一的，应以本罪立案追究："1. 致使当事人或者其近亲属自杀、自残造成重伤、死亡，或者精神失常的；2. 造成个人财产直接经济损失15万元以上，或者直接经济损失不满15万元，但间接经济损失75万元以上的；3. 造成法人或者其他组织财产直接经济损失30万元以上，或者直接经济损失不满30万元，但间接经济损失150万元以上的；4. 造成公司、企业等单位停业、停产1年以上，或者破产的；5. 其他致使当事人或者其他人的利益遭受重大损失的情形。"

根据刑法第399条第3款和《刑法修正案（四）》第8条的规定，犯本罪的，处5年以下有期徒刑或者拘役；致使当事人或者其他人的利益遭受特别重大损失的，处5年以上10年以下有期徒刑。根据刑法第399条第4款的规定，犯本罪又构成受贿罪的，应依照处罚较重的规定定罪处罚。

八、执行判决、裁定滥用职权罪

执行判决、裁定滥用职权罪，是指司法工作人员在执行判决、裁定活动中，滥用职权，不依法采取诉讼保全措施、不履行法定执行职责，或者违法采取保全措施、强制执行措施，致使当事人或者其他人的利益遭受重大损失的行为。本罪的构成要件如下：（1）本罪的客观方面表现为，在执行判决、裁定活动中，滥用职权，不依法采取诉讼保全措施、不履行法定执行职责，或者违法采取保全措施、强制执行措施，致使当事人或者其他人的利益遭受重大损失的行为。（2）本罪的主体是司法工作人员。（3）本罪的主观方面为故意。（4）本罪的客体为司法机关的正常活动。

根据2005年12月29日最高人民检察院通过的《关于渎职侵权犯罪案件立案标准的规定》确定的立案标准，符合下列情形之一的，应以本罪立案追究："1. 致使当事人或者其近亲属自杀、自残造成重伤、死亡，或者精神失常的；2. 造成个人财产直接经济损失10万元以上，或者直接经济损失不满10万元，但间接经济损失50万元以上的；3. 造成法人或者其他组织财产直接经济损失20万元以上，或者直接经济损失不满20万元，但间接经济损失100万元以上的；4. 造成公司、企业等单位停业、停产6个月以上，或者破产的；5. 其他致使当事人或者其他人的利益遭受重大损失的情形。"根据刑法第399条第3款和《刑法修正案（四）》第8条的规定，犯本罪的，处5年以下有期徒刑或者拘役；致使当事人或者其他人的利益遭受特别重大损失的，处5年以上10年以下有期徒刑。根据刑法第399条第4款的规定，犯本罪又构成受贿罪的，应依照处罚较重的规定定罪处罚。

九、枉法仲裁罪

枉法仲裁罪，是指依法承担仲裁职责的人员，在仲裁活动中故意违背事实和法律作枉法裁决，情节严重的行为。本罪的构成要件如下：（1）本罪的客观方面表现为，在仲裁活动中故意违背事实和法律作枉法裁决，情节严重的行为。仲裁，是指发生争议的当事人，根据其在争议发生前或者争议发生后达成的协议，或者根据法律规定，将其争议事项提交中立的第三者进行裁决、解决争议的制度。（2）本罪的主体为依法承担仲裁职责的人员，即依照《中华人民共和国仲裁法》及相关法律法规在各种仲裁机构中行使仲裁权的人员。在我国国际仲裁机构中担任仲裁员的外国人，也属于本罪主体的范围之内。（3）本罪的主观方面为故意，且为直接故意。（4）本罪的客体为仲裁机构的正常活动和威信。

根据刑法第399条之一和《刑法修正案（六）》第20条的规定，犯本罪的，处3年以下有期徒刑或者拘役；情节特别严重的，处3年以上7年以下有期徒刑。

十、私放在押人员罪

私放在押人员罪，是指司法工作人员私放在押的犯罪嫌疑人、被告人或者罪犯的行为。本罪的构成要件如下：(1) 本罪的客观方面为，私放在押的犯罪嫌疑人、被告人或者罪犯的行为。私放，是指利用职权便利，非法将在押的犯罪嫌疑人、被告人或者罪犯放走，使其脱离羁押的行为；私放可以作为方式实施，也可以不作为方式实施。在押的犯罪嫌疑人、被告人或者罪犯，包括在羁押场所和押解途中的这类人员。(2) 本罪的主体为司法工作人员。2001年3月2日最高人民检察院《关于工人等非监管机关在编监管人员私放在押人员行为和失职致使在押人员脱逃行为适用法律问题的解释》规定，工人等非监管机关在编监管人员在被监管机关聘用受委托履行监管职责的过程中私放在押人员的，以私放在押人员罪定罪处罚。(3) 本罪的主观方面为故意。(4) 本罪的客体为司法机关对犯罪嫌疑人、被告人或者罪犯的监管秩序。

根据最高人民检察院《关于渎职侵权犯罪案件立案标准的规定》确定的立案标准，符合下列情形之一的，应以本罪立案追究：(1) 私自将在押的犯罪嫌疑人、被告人、罪犯放走，或者授意、指使、强迫他人将在押的犯罪嫌疑人、被告人、罪犯放走的；(2) 伪造、变造有关法律文书、证明材料，以使在押的犯罪嫌疑人、被告人、罪犯逃跑或者被释放的；(3) 为私放在押的犯罪嫌疑人、被告人、罪犯，故意向其通风报信、提供条件，致使该在押的犯罪嫌疑人、被告人、罪犯脱逃的；(4) 其他私放在押的犯罪嫌疑人、被告人、罪犯应予追究刑事责任的情形。如果司法工作人员帮助在押人员脱逃，但没有利用职务之便的，应以脱逃罪的共犯论处；司法人员利用职权私放在押人员的，被私放的人员应以脱逃罪定罪，而不宜以本罪的共犯定罪；司法工作人员利用职务上的便利，徇私枉法，对明知是有罪的人而故意包庇不使其受追诉或者故意宣告无罪，致使罪犯被放走的，应以徇私枉法罪定罪。①

根据刑法第400条第1款的规定，犯本罪的，处5年以上10年以下有期徒刑；情节特别严重的，处10年以上有期徒刑。

十一、失职致使在押人员脱逃罪

失职致使在押人员脱逃罪，是指司法工作人员由于严重不负责任，不履行或者不认真履行职责，致使在押（包括在羁押场所和押解途中）的犯罪嫌疑人、被告人、罪犯脱逃，造成严重后果的行为。本罪的构成要件如下：(1) 本罪的客观方面表现为，严重不负责任，不履行或者不认真履行职责，致使在押（包括在羁押场所和押解途中）的犯罪嫌疑人、被告人、罪犯脱逃，造成严重后果的行为。(2) 本罪的主体为司法工作人员。根据2000年9月14日最高人民法院《关于未被公安机关正式录用的人员、狱医能否构成失职致使在押人员脱逃罪主体问题的批复》的规定，对于未被公安机关正式录用，受委托履行监管职责的人员，由于严重不负责任，致使在押人员脱逃，造成严重后果的，应当以本罪定罪处罚；不负监管职责的狱医，不构成失职致使在押人员脱逃罪的主体，但是受委派承担了监管职责的狱医，由于严重不负责任，致使在押人员脱逃，造成严重后果的，应当以本罪定罪处罚。根据最高人民检察院《关于工人等非监管机关在编监管人员私放在押人员

---

① 参见张明楷：《刑法学》，2版，953页，北京，法律出版社，2003。

行为和失职致使在押人员脱逃行为适用法律问题的解释》的规定，工人等非监管机关在编监管人员由于严重不负责任，致使在押人员脱逃，造成严重后果的，应当以失职致使在押人员脱逃罪定罪处罚。(3) 本罪的主观方面为过失。(4) 本罪的客体为司法机关对犯罪嫌疑人、被告人或者罪犯的监管秩序。

根据最高人民检察院《关于渎职侵权犯罪案件立案标准的规定》确定的立案标准，符合下列情形之一的，应以本罪立案追究：(1) 致使依法可能判处或者已经判处10年以上有期徒刑、无期徒刑、死刑的犯罪嫌疑人、被告人、罪犯脱逃的；(2) 致使犯罪嫌疑人、被告人、罪犯脱逃3人次以上的；(3) 犯罪嫌疑人、被告人、罪犯脱逃以后，打击报复报案人、控告人、举报人、被害人、证人和司法工作人员等，或者继续犯罪的；(4) 其他致使在押的犯罪嫌疑人、被告人、罪犯脱逃，造成严重后果的情形。

根据刑法第400条第2款的规定，犯本罪的，处3年以下有期徒刑或者拘役；造成特别严重后果的，处3年以上10年以下有期徒刑。

十二、徇私舞弊减刑、假释、暂予监外执行罪

徇私舞弊减刑、假释、暂予监外执行罪，是指司法工作人员徇私舞弊，对不符合减刑、假释、暂予监外执行条件的罪犯予以减刑、假释、暂予监外执行的行为。本罪的构成要件如下：(1) 本罪的客观方面表现为，徇私舞弊，对不符合减刑、假释、暂予监外执行条件的罪犯予以减刑、假释、暂予监外执行的行为。(2) 本罪的主体为司法工作人员。(3) 本罪的主观方面为故意，且限于直接故意。(4) 本罪的客体为刑罚执行的正常管理秩序。

根据最高人民检察院《关于渎职侵权犯罪案件立案标准的规定》确定的立案标准，符合下列情形之一的，应以本罪立案追究：(1) 刑罚执行机关的工作人员对不符合减刑、假释、暂予监外执行条件的罪犯，捏造事实，伪造材料，违法报请减刑、假释、暂予监外执行的；(2) 审判人员对不符合减刑、假释、暂予监外执行条件的罪犯，徇私舞弊，违法裁定减刑、假释或者违法决定暂予监外执行的；(3) 监狱管理机关、公安机关的工作人员对不符合暂予监外执行条件的罪犯，徇私舞弊，违法批准暂予监外执行的；(4) 不具有报请、裁定、决定或者批准减刑、假释、暂予监外执行权的司法工作人员利用职务上的便利，伪造有关材料，导致不符合减刑、假释、暂予监外执行条件的罪犯被减刑、假释、暂予监外执行的；(5) 其他徇私舞弊减刑、假释、暂予监外执行应予追究刑事责任的情形。

根据刑法第401条的规定，犯本罪的，处3年以下有期徒刑或者拘役；情节严重的，处3年以上7年以下有期徒刑。

十三、徇私舞弊不移交刑事案件罪

徇私舞弊不移交刑事案件罪，是指工商行政管理、税务、监察等行政执法人员，徇私舞弊，对依法应当移交司法机关追究刑事责任的案件不移交，情节严重的行为。本罪的主要特征如下：(1) 本罪的客观方面表现为，徇私舞弊，对依法应当移交司法机关追究刑事责任的案件不移交，情节严重的行为。徇私舞弊，是指为徇私情、私利，而故意违背事实和法律，伪造材料，隐瞒情况，弄虚作假；不移交刑事案件，是指根据有关法律规定应当移交而没有移交司法机关立案侦查的情形。判断是否“应当移交司法机关追究刑事责任”，应当以行政机关发现的事实为根据，从该事实的性质、情节以及涉及犯罪数额、数量等因素综合考虑，认为有关行为人的行为很可能构成犯罪或者有重大犯罪嫌疑的，且符合刑事

案件的立案标准。(2) 本罪的主体为行政执法人员。(3) 本罪的主观方面为故意。

根据最高人民检察院《关于渎职侵权犯罪案件立案标准的规定》确定的立案标准，符合下列情形之一的，应以本罪立案追究：(1) 对依法可能判处3年以上有期徒刑、无期徒刑、死刑的犯罪案件不移交的；(2) 不移交刑事案件涉及3人次以上的；(3) 司法机关提出意见后，无正当理由仍然不予移交的；(4) 以罚代刑，放纵犯罪嫌疑人，致使犯罪嫌疑人继续进行违法犯罪活动的；(5) 行政执法部门主管领导阻止移交的；(6) 隐瞒、毁灭证据，伪造材料，改变刑事案件性质的；(7) 直接负责的主管人员和其他直接责任人员为牟取本单位私利而不移交刑事案件，情节严重的；(8) 其他情节严重的情形。

根据刑法第402条的规定，犯本罪的，处3年以下有期徒刑或者拘役；造成严重后果的，处3年以上7年以下有期徒刑。

十四、滥用管理公司、证券职权罪

滥用管理公司、证券职权罪，是指工商行政管理、证券管理等国家有关主管部门的工作人员徇私舞弊，滥用职权，对不符合法律规定条件的公司设立、登记申请或者股票、债券发行、上市申请予以批准或者登记，致使公共财产、国家和人民利益遭受重大损失的行为，以及上级部门、当地政府强令登记机关及其工作人员实施上述行为的行为。本罪的构成要件如下：(1) 本罪的客观方面表现为，徇私舞弊，滥用职权，对不符合法律规定条件的公司设立、登记申请或者股票、债券发行、上市申请予以批准或者登记，致使公共财产、国家和人民利益遭受重大损失的行为，以及强令登记机关及其工作人员实施上述行为的行为。(2) 本罪的主体为即工商行政管理、证券管理等国家有关主管部门的工作人员；上级部门强令登记机关及其工作人员该行为的，对其直接负责的主管人员，依照本罪处罚。(3) 本罪的主观方面为故意。(4) 本罪的客体为国家对公司和证券市场的管理秩序。

根据最高人民检察院《关于渎职侵权犯罪案件立案标准的规定》确定的立案标准，符合下列情形之一的，应以本罪立案追究：(1) 造成直接经济损失50万元以上的；(2) 工商管理部门的工作人员对不符合法律规定条件的公司设立、登记申请，违法予以批准、登记，严重扰乱市场秩序的；(3) 金融证券管理机构工作人员对不符合法律规定条件的股票、债券发行、上市申请，违法予以批准，严重损害公众利益，或者严重扰乱金融秩序的；(4) 工商管理部门、金融证券管理机构的工作人员对不符合法律规定条件的公司设立、登记申请或者股票、债券发行、上市申请违法予以批准或者登记，致使犯罪行为得逞的；(5) 上级部门、当地政府直接负责的主管人员强令登记机关及其工作人员，对不符合法律规定条件的公司设立、登记申请或者股票、债券发行、上市申请予以批准或者登记，致使公共财产、国家或者人民利益遭受重大损失的；(6) 其他致使公共财产、国家和人民利益遭受重大损失的情形。

根据刑法第403条的规定，犯本罪的，处5年以下有期徒刑或者拘役。

十五、徇私舞弊不征、少征税款罪

徇私舞弊不征、少征税款罪，是指税务机关工作人员徇私舞弊，不征、少征应征税款，致使国家税收遭受重大损失的行为。本罪的构成要件如下：(1) 本罪的客观方面表现为徇私舞弊，不征、少征应征税款，致使国家税收遭受重大损失的行为。不征，是指违反税法规定，不向纳税人征收应征税款的行为；少征，是指违反税法规定，降低税收额或者税率进行征收；应征税款，是指依照有关税收的法律法规规定，税务机关应当向纳税人征收的税款。(2) 本罪的主体为税务机关工作人员。(3) 本罪的主观方面为故意。(4) 本罪的客体为国家税收管理秩序。

根据最高人民检察院《关于渎职侵权犯罪案件立案标准的规定》确定的立案标准，符合下列情形之一的，应以本罪立案追究：(1) 徇私舞弊不征、少征应征税款，致使国家税收损失累计达10万元以上的；(2) 上级主管部门工作人员指使税务机关工作人员徇私舞弊不征、少征应征税款，致使国家税收损失累计达10万元以上的；(3) 徇私舞弊不征、少征应征税款不满10万元，但具有索取或者收受贿赂或者其他恶劣情节的；(4) 其他致使国家税收遭受重大损失的情形。

根据刑法第404条的规定，犯本罪的，处5年以下有期徒刑或者拘役；造成特别重大损失的，处5年以上有期徒刑。

十六、徇私舞弊发售发票、抵扣税款、出口退税罪

徇私舞弊发售发票、抵扣税款、出口退税罪，是指税务机关工作人员违反法律、行政法规的规定，在办理发售发票、抵扣税款、出口退税工作中徇私舞弊，致使国家利益遭受重大损失的行为。本罪的构成要件如下：(1) 本罪的客观方面表现为，违反法律、行政法规的规定，在办理发售发票、抵扣税款、出口退税工作中徇私舞弊，致使国家利益遭受重大损失的行为。(2) 本罪的主体为税务工作人员。(3) 本罪的主观方面为故意。(4) 本罪的客体为国家的税收管理秩序。

根据最高人民检察院《关于渎职侵权犯罪案件立案标准的规定》确定的立案标准，符合下列情形之一的，应以本罪立案追究：(1) 徇私舞弊，致使国家税收损失累计达10万元以上的；(2) 徇私舞弊，致使国家税收损失累计不满10万元，但发售增值税专用发票25份以上或者其他发票50份以上或者增值税专用发票与其他发票合计50份以上，或者具有索取、收受贿赂或者其他恶劣情节的；(3) 其他致使国家利益遭受重大损失的情形。

根据刑法第405条的规定，犯本罪，致使国家利益遭受重大损失的，处5年以下有期徒刑或者拘役；致使国家利益遭受特别重大损失的，处5年以上有期徒刑。

十七、违法提供出口退税凭证罪

违法提供出口退税凭证罪，是指海关、外汇管理等国家机关工作人员违反国家规定，在提供出口货物报关单、出口收汇核销单等出口退税凭证的工作中徇私舞弊，致使国家利益遭受重大损失的行为。本罪的构成要件如下：(1) 本罪的客观方面表现为，违反国家规定，在提供出口货物报关单、出口收汇核销单等出口退税凭证的工作中徇私舞弊，致使国家利益遭受重大损失的行为。(2) 本罪的主体为海关、外汇管理等国家机关工作人员。(3) 本罪的主观方面为故意。(4) 本罪的客体为国家的税收管理秩序。

根据最高人民检察院《关于渎职侵权犯罪案件立案标准的规定》确定的立案标准，符合下列情形之一的，应以本罪立案追究：(1) 徇私舞弊，致使国家税收损失累计达10万元以上的；(2) 徇私舞弊，致使国家税收损失累计不满10万元，但具有索取、收受贿赂或者其他恶劣情节的；(3) 其他致使国家利益遭受重大损失的情形。

根据刑法第405条第2款的规定，犯本罪的，处5年以下有期徒刑或者拘役；致使国家利益遭受特别重大损失的，处5年以上有期徒刑。

十八、国家机关工作人员签订、履行合同失职被骗罪

国家机关工作人员签订、履行合同失职被骗罪，是指国家机关工作人员在签订、履行合同过程中，因严重不负责任，不履行或者不认真履行职责被诈骗，致使国家利益遭受重大损失的行为。本罪的构成要件如下：（1）本罪的客观方面表现为，在签订、履行合同过程中，因严重不负责任，不履行或者不认真履行职责被诈骗，致使国家利益遭受重大损失的行为。（2）本罪的主体为国家机关工作人员。（3）本罪的主观方面为过失。（4）本罪的客体为国家机关的正常管理活动。

根据最高人民检察院《关于渎职侵权犯罪案件立案标准的规定》确定的立案标准，符合下列情形之一的，应以本罪立案追究：（1）造成直接经济损失30万元以上，或者直接经济损失不满30万元，但间接经济损失150万元以上的；（2）其他致使国家利益遭受重大损失的情形。

根据刑法第406条的规定，犯本罪的，处3年以下有期徒刑或者拘役；致使国家利益遭受特别重大损失的，处3年以上7年以下有期徒刑。

十九、违法发放林木采伐许可证罪

违法发放林木采伐许可证罪，是指林业主管部门的工作人员违反森林法的规定，超过批准的年采伐限额发放林木采伐许可证或者违反规定滥发林木采伐许可证，情节严重，致使森林遭受严重破坏的行为。本罪的构成要件如下：（1）本罪的客观方面表现为，违反森林法的规定，超过批准的年采伐限额发放林木采伐许可证或者违反规定滥发林木采伐许可证，情节严重，致使森林遭受严重破坏的行为。根据2000年11月22日最高人民法院《关于审理破坏森林资源刑事案件具体应用法律若干问题的解释》的规定，林业主管部门的工作人员违反森林法的规定，超过批准的年采伐限额发放林木采伐许可证或者违反规定滥发林木采伐许可证，具有下列情形之一的，属于"情节严重，致使森林遭受严重破坏"，以本罪处罚：1）发放林木采伐许可证允许采伐数量累计超过批准的年采伐限额，导致林木被采伐数量在10立方米以上的；2）滥发林木采伐许可证，导致林木被滥伐20立方米以上的；3）滥发林木采伐许可证，导致珍贵树木被滥伐的；4）批准采伐国家禁止采伐的林木，情节恶劣的；5）其他情节严重的情形。（2）本罪的主体为林业主管部门的工作人员。根据最高人民检察院《关于渎职侵权犯罪案件立案标准的规定》的规定，林业主管部门工作人员之外的国家机关工作人员，违反森林法的规定，滥用职权或者玩忽职守，致使林木被滥伐40立方米以上或者幼树被滥伐2 000株以上，或者致使防护林、特种用途林被滥伐10立方米以上或者幼树被滥伐400株以上，或者致使珍贵树木被采伐、毁坏4立方米或者4株以上，或者致使国家重点保护的其他植物被采伐、毁坏后果严重的，或者致使国家严禁采伐的林木被采伐、毁坏情节恶劣的，以滥用职权罪或者玩忽职守罪追究刑事责任。（3）本罪的主观方面为故意。（4）本罪的客体为林业管理机关的正常活动和森林资源。

根据刑法第407条的规定，犯本罪的，处3年以下有期徒刑或者拘役。

二十、环境监管失职罪

环境监管失职罪，是指负有环境保护监督管理职责的国家机关工作人员严重不负责任，不履行或者不认真履行环境保护监管职责导致发生重大环境污染事故，致使公私财产遭受重大损失或者造成人身伤亡的严重后果的行为。本罪的构成要件如下：（1）本罪的客

观方面表现为，严重不负责任，不履行或者不认真履行环境保护监管职责导致发生重大环境污染事故，致使公私财产遭受重大损失或者造成人身伤亡的严重后果的行为。根据2006年7月21日最高人民法院《关于审理环境污染刑事案件具体应用法律若干问题的解释》第1条的规定，具有下列情形之一的，属于“公私财产遭受重大损失”：“（一）致使公私财产损失三十万元以上的；（二）致使基本农田、防护林地、特种用途林地五亩以上，其他农用地十亩以上，其他土地二十亩以上基本功能丧失或者遭受永久性破坏的；（三）致使森林或者其他林木死亡五十立方米以上，或者幼树死亡二千五百株以上的。”根据该解释第2条的规定，具有下列情形之一的，属于“人身伤亡的严重后果”：1）致使1人以上死亡、3人以上重伤、10人以上轻伤，或者1人以上重伤并且5人以上轻伤的；2）其他致使“人身伤亡的严重后果”的情形。(2) 本罪的主体为负有环境保护监督管理职责的国家机关工作人员。(3) 本罪的主观方面为过失。(4) 本罪的客体为环境保护监管机关的正常活动和环境资源。

根据刑法第408条的规定，犯本罪，处3年以下有期徒刑或者拘役。

二十一、食品监管渎职罪

食品监管渎职罪，是指负有食品安全监管职责的国家机关工作人员，滥用职权或者玩忽职守，导致发生重大食品安全事故或者造成其他严重后果的行为。本罪是《刑法修正案（八）》第49条规定的新罪。本罪的构成要件如下：(1) 本罪的客观方面包括两种形式：一是滥用职权导致发生重大食品安全事故或者造成其他严重后果的行为；二是玩忽职守导致重大食品安全事故或者造成其他严重后果的行为。(2) 本罪的主体为负有食品安全监管职责的国家机关工作人员，如食品卫生管理部门的国家机关工作人员。(3) 本罪的主观方面也根据其行为方式的不同而有所差异：第一种形式（即滥用职权型）的主观方面为间接故意或者过失，第二种形式（即玩忽职守型）的主观方面为过失。(4) 本罪的客体为国家食品安全监管秩序。

根据刑法第408条之一（《刑法修正案（八）》第49条）的规定，犯本罪，处5年以下有期徒刑或者拘役；造成特别严重后果的，处5年以上10年以下有期徒刑。徇私舞弊犯前款罪的，从重处罚。

二十二、传染病防治失职罪

传染病防治失职罪，是指从事传染病防治的政府卫生行政部门的工作人员严重不负责任，不履行或者不认真履行传染病防治监管职责，导致传染病传播或者流行，情节严重的行为。本罪的构成要件如下：(1) 本罪的客观方面表现为，严重不负责任，不履行或者不认真履行传染病防治监管职责，导致传染病传播或者流行，情节严重的行为。2003年5月14日最高人民法院、最高人民检察院《关于办理妨害预防、控制突发传染病疫情等灾害的刑事案件具体应用法律若干问题的解释》第16条第2款规定：“在国家对突发传染病疫情等灾害采取预防、控制措施后，具有下列情形之一的，属于刑法第四百零九条规定的‘情节严重’：（一）对发生突发传染病疫情等灾害的地区或者突发传染病病人、病原携带者、疑似突发传染病病人，未按照预防、控制突发传染病疫情等灾害工作规范的要求做好防疫、检疫、隔离、防护、救治等工作，或者采取的预防、控制措施不当，造成传染范围扩大或者疫情、灾情加重的；（二）隐瞒、缓报、谎报或者授意、指使、强令他人隐瞒、缓报、谎报疫情、灾情，造成传染范围扩大或者疫情、灾情加重的；（三）拒不执行突发传染病疫情等灾害应急处理指挥机构的决定、命令，造成传染范围扩大或者疫情、灾情加重的；（四）具有其他严重情节的。”（2）本罪的主体为从事传染病防治的政府卫生行政部门的工作人员。根据上述解释第16条第1款的规定，预防、控制突发传染病疫情等灾害期间，从事传染病防治的政府卫生行政部门的工作人员，或者在受政府卫生行政部门委托代表政府卫生行政部门行使职权的组织中从事公务的人员，或者虽未列入政府卫生行政部门人员编制但在政府卫生行政部门从事公务的人员，在代表政府卫生行政部门行使职权时，严重不负责任，导致传染病传播或者流行，情节严重的，依照刑法第409条的规定，以传染病防治失职罪定罪处罚。（3）本罪的主观方面为过失。（4）本罪的客体为国家关于传染病防治的管理秩序。

根据最高人民检察院《关于渎职侵权犯罪案件立案标准的规定》确定的立案标准，符合下列情形之一的，应以本罪立案追究：（1）导致甲类传染病传播的；（2）导致乙类、丙类传染病流行的；（3）因传染病传播或者流行，造成人员重伤或者死亡的；（4）因传染病传播或者流行，严重影响正常的生产、生活秩序的；（5）在国家对突发传染病疫情等灾害采取预防、控制措施后，对发生突发传染病疫情等灾害的地区或者突发传染病病人、病原携带者、疑似突发传染病病人，未按照预防、控制突发传染病疫情等灾害工作规范的要求做好防疫、检疫、隔离、防护、救治等工作，或者采取的预防、控制措施不当，造成传染范围扩大或者疫情、灾情加重的；（6）在国家对突发传染病疫情等灾害采取预防、控制措施后，隐瞒、缓报、谎报或者授意、指使、强令他人隐瞒、缓报、谎报疫情、灾情，造成传染范围扩大或者疫情、灾情加重的；（7）在国家对突发传染病疫情等灾害采取预防、控制措施后，拒不执行突发传染病疫情等灾害应急处理指挥机构的决定、命令，造成传染范围扩大或者疫情、灾情加重的；（8）其他情节严重的情形。

根据刑法第409条的规定，犯本罪的，处3年以下有期徒刑或者拘役。

二十三、非法批准征用、占用土地罪

非法批准征用、占用土地罪，是指国家机关工作人员徇私舞弊，违反土地管理法、森林法、草原法等法律以及有关行政法规中关于土地管理的规定，滥用职权，非法批准征用、占用耕地、林地等农用地以及其他土地，情节严重的行为。本罪的构成要件如下：（1）本罪的客观方面表现为，徇私舞弊，违反土地管理法、森林法、草原法等法律以及有关行政法规中关于土地管理的规定，滥用职权，非法批准征用、占用耕地、林地等农用地以及其他土地，情节严重的行为。根据2001年8月29日全国人民代表大会常务委员会《关于〈中华人民共和国刑法〉第二百二十八条、第三百四十二条、第四百一十条的解释》的规定，“违反土地管理法规”，是指违反土地管理法、森林法、草原法等法律以及有关行政法规中关于土地管理的规定；“非法批准征用、占用土地”，是指非法批准征用、占用耕地、林地等农用地以及其他土地。根据2000年6月19日最高人民法院《关于审理破坏土地资源刑事案件具体应用法律若干问题的解释》第4条的规定，国家机关工作人员徇私舞弊，违反土地管理法规，滥用职权，非法批准征用、占用土地，具有下列情形之一的，属于非法批准征用、占用土地“情节严重”，以非法批准征用、占用土地罪定罪处罚：1）非法批准征用、占用基本农田10亩以上的；2）非法批准征用、占用基本农田以外的耕地30亩以上的；3）非法批准征用、占用其他土地50亩以上的；4）虽未达到上述数量标准，但非法批准征用、占用土地造成直接经济损失30万元以上；造成耕地大量毁坏等恶劣情节的。根据该解释第9条的规定，多次实施该解释规定的行为依法应当追诉的，或者一年内多次实施该解释规定的行为未经处理的，按照累计的数量、数额处罚。根据最高人民法院《关于审理破坏林地资源刑事案件具体应用法律若干问题的解释》第2条的规定，国家机关工作人员徇私舞弊，违反土地管理法规，滥用职权，非法批准征用、占用林地，具有下列情形之一的，属于刑法第410条规定的“情节严重”，应当以非法批准征用、占用土地罪判处3年以下有期徒刑或者拘役：1）非法批准征用、占用防护林地、特种用途林地数量分别或者合计达到10亩以上；2）非法批准征用、占用其他林地数量达到20亩以上；3）非法批准征用、占用林地造成直接经济损失数额达到30万元以上，或者造成本条第1）项规定的林地数量分别或者合计达到5亩以上或者本条第2）项规定的林地数量达到10亩以上毁坏。(2) 本罪的主体为国家机关工作人员。(3) 本罪的主观方面为故意。(4) 本罪的客体为国家的土地管理秩序。

根据刑法第410条的规定，犯本罪的，处3年以下有期徒刑或者拘役；致使国家或者集体利益遭受特别重大损失的，处3年以上7年以下有期徒刑。根据最高人民法院《关于审理破坏土地资源刑事案件具体应用法律若干问题的解释》第5条的规定，具有下列情形之一的，属于非法批准征用、占用土地“致使国家或者集体利益遭受特别重大损失”：“（一）非法批准征用、占用基本农田二十亩以上的；（二）非法批准征用、占用基本农田以外的耕地六十亩以上的；（三）非法批准征用、占用其他土地一百亩以上的；（四）非法批准征用、占用土地，造成基本农田五亩以上，其他耕地十亩以上严重毁坏的；（五）非法批准征用、占用土地造成直接经济损失五十万元以上等恶劣情节的。”根据最高人民法院《关于审理破坏林地资源刑事案件具体应用法律若干问题的解释》第3条的规定，具有下列情形之一的，属于“致使国家或者集体利益遭受特别重大损失”：“（一）非法批准征用、占用防护林地、特种用途林地数量分别或者合计达到二十亩以上；（二）非法批准征用、占用其他林地数量达到四十亩以上；（三）非法批准征用、占用林地造成直接经济损失数额达到六十万元以上，或者造成本条第（一）项规定的林地数量分别或者合计达到十亩以上或者本条第（二）项规定的林地数量达到二十亩以上毁坏。”

二十四、非法低价出让国有土地使用权罪

非法低价出让国有土地使用权罪，是指国家机关工作人员徇私舞弊，违反土地管理法、森林法、草原法等法律以及有关行政法规中关于土地管理的规定，滥用职权，非法低价出让国有土地使用权，情节严重的行为。本罪的构成要件如下：(1) 本罪的客观方面表现为，徇私舞弊，违反土地管理法、森林法、草原法等法律以及有关行政法规中关于土地管理的规定，滥用职权，非法低价出让国有土地使用权，情节严重的行为。根据最高人民法院《关于审理破坏土地资源刑事案件具体应用法律若干问题的解释》第6条的规定，具有下列情形之一的，属于“情节严重”，以非法低价出让国有土地使用权罪定罪处罚：“（一）出让国有土地使用权面积在三十亩以上，并且出让价额低于国家规定的最低价额标准的百分之六十的；（二）造成国有土地资产流失价额在三十万元以上的。”根据该解释第9条的规定，多次实施该解释规定的行为依法应当追诉的，或者一年内多次实施该解释规定的行为未经处理的，按照累计的数量、数额处罚。根据最高人民法院《关于审理破坏林地资源刑事案件具体应用法律若干问题的解释》第4条的规定，具有下列情形之一的，属于“情节严重”：“（一）林地数量合计达到三十亩以上，并且出让价额低于国家规定的最低价额标准的百分之六十；（二）造成国有资产流失价额达到三十万元以上。”(2) 本罪的主体为国家机关工作人员。(3) 本罪的主观方面为故意。(4) 本罪的客体为国家的土地管

理秩序。

根据刑法第410条的规定，犯本罪，处3年以下有期徒刑或者拘役；致使国家或者集体利益遭受特别重大损失的，处3年以上7年以下有期徒刑。根据最高人民法院《关于审理破坏土地资源刑事案件具体应用法律若干问题的解释》第5条的规定，有下列情形之一的，属于非法低价出让国有土地使用权，"致使国家和集体利益遭受特别重大损失"："（一）非法低价出让国有土地使用权面积在六十亩以上，并且出让价额低于国家规定的最低价额标准的百分之四十的；（二）造成国有土地资产流失价额在五十万元以上的。"根据最高人民法院《关于审理破坏林地资源刑事案件具体应用法律若干问题的解释》第4条的规定，国家机关工作人员徇私舞弊，违反土地管理法规，非法低价出让国有林地使用权，造成国有资产流失价额达到60万元以上的，属于"致使国家和集体利益遭受特别重大损失"，应当以非法低价出让国有土地使用权罪判处3年以上7年以下有期徒刑。

二十五、放纵走私罪

放纵走私罪，是指海关工作人员徇私舞弊，放纵走私，情节严重的行为。本罪的构成要件如下：(1) 本罪的客观方面表现为，徇私舞弊，放纵走私，情节严重的行为。徇私舞弊，即为徇私情、私利，故意违背事实和法律，伪造材料，隐瞒情况，弄虚作假的行为；放纵走私，明知是走私行为，利用职权而放任、纵容他人走私的行为。放纵走私行为，一般是消极的不作为。① (2) 本罪的主体为海关工作人员。(3) 本罪的主观方面为故意。(4) 本罪的客体为国家海关的正常管理活动。

根据最高人民检察院《关于渎职侵权犯罪案件立案标准的规定》确定的立案标准，符合下列情形之一的，应以本罪立案追究：(1) 放纵走私犯罪的；(2) 因放纵走私致使国家应收税额损失累计达10万元以上的；(3) 放纵走私行为3起次以上的；(4) 放纵走私行为，具有索取或者收受贿赂情节的；(5) 其他情节严重的情形。如果海关工作人员与走私分子通谋，在放纵走私过程中以积极的行为配合走私分子逃避海关监管或者在放纵走私之后分得赃款的，应以共同走私犯罪追究刑事责任。海关工作人员收受贿赂又放纵走私的，应以受贿罪和放纵走私罪数罪并罚。② 海关工作人员在办理走私案件中，发现行为构成走私罪，但徇私舞弊不将案件移交司法机关追究刑事责任，也不按海关法作出处理的，应认定为放纵走私罪；如果徇私舞弊不将案件移交司法机关追究刑事责任，但按海关法作出处理的，则应认定徇私舞弊不移交刑事案件罪。③

根据刑法第411条的规定，犯本罪的，处5年以下有期徒刑或者拘役；情节特别严重的，处5年以上有期徒刑。

二十六、商检徇私舞弊罪

商检徇私舞弊罪，是指出入境检验检疫机关、检验检疫机构工作人员徇私舞弊，伪造检验结果的行为。本罪的构成要件如下：(1) 本罪的客观方面表现为，徇私舞弊，伪造商品检验结果的行为，即提供与事实不相吻合的检验结论。(2) 本罪的主体为出入境检验检

---

①② 参见2002年7月8日最高人民法院、最高人民检察院、海关总署《关于办理走私刑事案件适用法律若干问题的意见》。

③ 参见高铭暄、马克昌主编：《刑法学》，3版，755～756页，北京，北京大学出版社、高等教育出版社，2007。

疫机关、检验检疫机构工作人员。(3) 本罪的主观方面为故意。(4) 本罪的客体为国家商品检验管理秩序。

根据最高人民检察院《关于渎职侵权犯罪案件立案标准的规定》确定的立案标准，符合下列情形之一的，应以本罪立案追究：(1) 采取伪造、变造的手段对报检的商品的单证、印章、标志、封识、质量认证标志等作虚假的证明或者出具不真实的证明结论的；(2) 将送检的合格商品检验为不合格，或者将不合格商品检验为合格的；(3) 对明知是不合格的商品，不检验而出具合格检验结果的；(4) 其他伪造检验结果应予追究刑事责任的情形。

根据刑法第412条第1款的规定，犯本罪的，处5年以下有期徒刑或者拘役；造成严重后果的，处5年以上10年以下有期徒刑。

二十七、商检失职罪

商检失职罪，是指出入境检验检疫机关、检验检疫机构工作人员严重不负责任，对应当检验的物品不检验，或者延误检验出证、错误出证，致使国家利益遭受重大损失的行为。本罪的构成要件如下：(1) 本罪的客观方面表现为，严重不负责任，对应当检验的物品不检验，或者延误检验出证、错误出证，致使国家利益遭受重大损失的行为。(2) 本罪的主体为出入境检验检疫机关、检验检疫机构工作人员。(3) 本罪的主观方面为过失。(4) 本罪的客体为国家商品检验管理秩序。

根据最高人民检察院《关于渎职侵权犯罪案件立案标准的规定》确定的立案标准，符合下列情形之一的，应以本罪立案追究：(1) 致使不合格的食品、药品、医疗器械等商品出入境，严重危害生命健康的；(2) 造成个人财产直接经济损失15万元以上，或者直接经济损失不满15万元，但间接经济损失75万元以上的；(3) 造成公共财产、法人或者其他组织财产直接经济损失30万元以上，或者直接经济损失不满30万元，但间接经济损失150万元以上的；(4) 未经检验，出具合格检验结果，致使国家禁止进口的固体废物、液态废物和气态废物等进入境内的；(5) 不检验或者延误检验出证、错误出证，引起国际经济贸易纠纷，严重影响国家对外经贸关系，或者严重损害国家声誉的；(6) 其他致使国家利益遭受重大损失的情形。

根据刑法第412条第2款的规定，犯本罪的，处3年以下有期徒刑或者拘役。

二十八、动植物检疫徇私舞弊罪

动植物检疫徇私舞弊罪，是指出入境检验检疫机关、检验检疫机构工作人员徇私舞弊，伪造检疫结果的行为。本罪的构成要件如下：(1) 本罪的客观方面表现为，徇私舞弊，伪造动植物检疫结果的行为。(2) 本罪的主体为出入境检验检疫机关、检验检疫机构工作人员。(3) 本罪的主观方面为故意。(4) 本罪的客体为国家动植物检疫管理秩序。根据最高人民检察院《关于渎职侵权犯罪案件立案标准的规定》确定的立案标准，符合下列情形之一的，应以本罪立案追究：(1) 采取伪造、变造的手段对检疫的单证、印章、标志、封识等作虚假的证明或者出具不真实的结论的；(2) 将送检的合格动植物检疫为不合格，或者将不合格动植物检疫为合格的；(3) 对明知是不合格的动植物，不检疫而出具合格检疫结果的；(4) 其他伪造检疫结果应予追究刑事责任的情形。

根据刑法第413条第1款的规定，犯本罪的，处5年以下有期徒刑或者拘役；造成严重后果的，处5年以上10年以下有期徒刑。

二十九、动植物检疫失职罪

动植物检疫失职罪，是指出入境检验检疫机关、检验检疫机构工作人员严重不负责任，对应当检疫的检疫物不检疫，或者延误检疫出证、错误出证，致使国家利益遭受重大损失的行为。本罪的构成要件如下：(1) 本罪的客观方面表现为，严重不负责任，对应当检疫的检疫物不检疫，或者延误检疫出证、错误出证，致使国家利益遭受重大损失的行为。(2) 本罪的主体为出入境检验检疫机关、检验检疫机构工作人员。(3) 本罪的主观方面为过失。(4) 本罪的客体为国家动植物检疫管理秩序。

根据最高人民检察院《关于渎职侵权犯罪案件立案标准的规定》确定的立案标准，符合下列情形之一的，应以本罪立案追究：(1) 导致疫情发生，造成人员重伤或者死亡的；(2) 导致重大疫情发生、传播或者流行的；(3) 造成个人财产直接经济损失 15 万元以上，或者直接经济损失不满 15 万元，但间接经济损失 75 万元以上的；(4) 造成公共财产或者法人、其他组织财产直接经济损失 30 万元以上，或者直接经济损失不满 30 万元，但间接经济损失 150 万元以上的；(5) 不检疫或者延误检疫出证、错误出证，引起国际经济贸易纠纷，严重影响国家对外经贸关系，或者严重损害国家声誉的；(6) 其他致使国家利益遭受重大损失的情形。

根据刑法第 413 条第 2 款的规定，犯本罪的，处 3 年以下有期徒刑或者拘役。

三十、放纵制售伪劣商品犯罪行为罪

放纵制售伪劣商品犯罪行为罪，是指对生产、销售伪劣商品犯罪行为负有追究责任的国家机关工作人员徇私舞弊，不履行法律规定的追究职责，情节严重的行为。本罪的构成要件如下：(1) 本罪的客观方面表现为，徇私舞弊，不履行法律规定的对生产、销售伪劣商品犯罪行为依法查处的追究职责，情节严重的行为。本罪的行为方式为不作为。根据 2001 年 4 月 9 日最高人民法院、最高人民检察院《关于办理生产、销售伪劣商品刑事案件具体应用法律若干问题的解释》第 8 条的规定，具有下列情形之一的，属于“情节严重”：“(一) 放纵生产、销售假药或者有毒、有害食品犯罪行为的；(二) 放纵依法可能判处二年有期徒刑以上刑罚的生产、销售、伪劣商品犯罪行为的；(三) 对三个以上有生产、销售伪劣商品犯罪行为的单位或者个人不履行追究职责的；(四) 致使国家和人民利益遭受重大损失或者造成恶劣影响的。”(2) 本罪的主体为对生产、销售伪劣商品犯罪行为负有追究责任的国家机关工作人员。(3) 本罪的主观方面为故意。(4) 本罪的客体为国家对制售伪劣商品犯罪行为的追诉活动。行为人的行为符合本罪的构成，同时又符合徇私舞弊不移交刑事案件罪的构成的，应从一重罪定罪处罚。

根据刑法第 414 条的规定，犯本罪的，处 5 年以下有期徒刑或者拘役。

三十一、办理偷越国（边）境人员出入境证件罪

办理偷越国（边）境人员出入境证件罪，是指负责办理护照、签证以及其他出入境证件的国家机关工作人员，对明知是企图偷越国（边）境的人员，予以办埋出人境证件的行为。本罪的构成要件如下：(1) 本罪的客观方面表现为，对明知是企图偷越国（边）境的人员，予以办理出入境证件的行为。(2) 本罪的主体为负责办理护照、签证以及其他出入境证件的国家机关工作人员。(3) 本罪的主观方面为故意，且要求对企图偷越国（边）境的人员存在明知。(4) 本罪的客体为国家出入境管理秩序和相关管理机关的正常管理

活动。

根据最高人民检察院《关于渎职侵权犯罪案件立案标准的规定》的规定，负责办理护照、签证以及其他出入境证件的国家机关工作人员涉嫌在办理护照、签证以及其他出入境证件的过程中，对明知是企图偷越国（边）境的人员而予以办理出入境证件的，应予立案。

根据刑法第415条的规定，犯本罪的，处3年以下有期徒刑或者拘役；情节严重的，处3年以上7年以下有期徒刑。

三十二、放行偷越国（边）境人员罪

放行偷越国（边）境人员罪，是指边防、海关等国家机关工作人员，对明知是偷越国（边）境的人员予以放行的行为。本罪的构成要件如下：（1）本罪的客观方面表现为，对明知是偷越国（边）境的人员予以放行的行为。（2）本罪的主体为边防、海关等国家机关工作人员。（3）本罪的主观方面为故意。（4）本罪的客体为国家出入境管理秩序和相关管理机关的正常管理活动。根据最高人民检察院《关于渎职侵权犯罪案件立案标准的规定》的规定，边防、海关等国家机关工作人员涉嫌在履行职务过程中，对明知是偷越国（边）境的人员而予以放行的，应予立案。

根据刑法第415条的规定，犯本罪的，处3年以下有期徒刑或者拘役；情节严重的，处3年以上7年以下有期徒刑。

三十三、不解救被拐卖、绑架妇女、儿童罪

不解救被拐卖、绑架妇女、儿童罪，是指对被拐卖、绑架的妇女、儿童负有解救职责的公安、司法等国家机关工作人员接到被拐卖、绑架的妇女、儿童及其家属的解救要求或者接到其他人的举报，而对被拐卖、绑架的妇女、儿童不进行解救，造成严重后果的行为。本罪的构成要件如下：（1）本罪的客观方面表现为，接到被拐卖、绑架的妇女、儿童及其家属的解救要求或者接到其他人的举报，而对被拐卖、绑架的妇女、儿童不进行解救，造成严重后果的行为。（2）本罪的主体为对被拐卖、绑架的妇女、儿童负有解救职责的公安、司法等国家机关工作人员。（3）本罪的主观方面为故意，且要求行为人必须对妇女、儿童被拐卖、绑架的事实存在明知。（4）本罪的客体为国家机关的正常管理活动和妇女、儿童的人身自由权利。

根据最高人民检察院《关于渎职侵权犯罪案件立案标准的规定》确定的立案标准，符合下列情形之一的，应以本罪立案追究：（1）导致被拐卖、绑架的妇女、儿童或者其家属重伤、死亡或者精神失常的；（2）导致被拐卖、绑架的妇女、儿童被转移、隐匿、转卖，不能及时进行解救的；（3）对被拐卖、绑架的妇女、儿童不进行解救3人次以上的；（4）对被拐卖、绑架的妇女、儿童不进行解救，造成恶劣社会影响的；（5）其他造成严重后果的情形。

根据刑法第416条第1款的规定，犯本罪的，处5年以下有期徒刑或者拘役。

三十四、阻碍解救被拐卖、绑架妇女、儿童罪

阻碍解救被拐卖、绑架妇女、儿童罪，是指对被拐卖、绑架的妇女、儿童负有解救职责的公安、司法等国家机关工作人员利用职务阻碍解救被拐卖、绑架的妇女、儿童的行为。本罪的构成要件如下：（1）本罪的客观方面表现为，利用职务阻碍解救被拐卖、绑架

的妇女、儿童的行为。(2) 本罪的主体为，对被拐卖、绑架的妇女、儿童负有解救职责的公安、司法等国家机关工作人员。(3) 本罪的主观方面为故意。(4) 本罪的客体为国家机关的正常管理活动和妇女、儿童的人身自由权利。

根据最高人民检察院《关于渎职侵权犯罪案件立案标准的规定》确定的立案标准，符合下列情形之一的，应以本罪立案追究：(1) 利用职权，禁止、阻止或者妨碍有关部门、人员解救被拐卖、绑架的妇女、儿童的；(2) 利用职务上的便利，向拐卖、绑架者或者收买者通风报信，妨碍解救工作正常进行的；(3) 其他利用职务阻碍解救被拐卖、绑架的妇女、儿童应予追究刑事责任的情形。

根据刑法第 416 条第 2 款的规定，犯本罪的，处 2 年以上 7 年以下有期徒刑；情节较轻的，处 2 年以下有期徒刑或者拘役。

三十五、帮助犯罪分子逃避处罚罪

帮助犯罪分子逃避处罚罪，是指有查禁犯罪活动职责的司法及公安、国家安全、海关、税务等国家机关工作人员，向犯罪分子通风报信、提供便利，帮助犯罪分子逃避处罚的行为。本罪的构成要件如下：(1) 本罪的客观方面表现为，向犯罪分子通风报信、提供便利，帮助犯罪分子逃避处罚的行为。这里的处罚，仅限于刑事处罚。(2) 本罪的主体为有查禁犯罪活动职责的司法及公安、国家安全、海关、税务等国家机关工作人员。根据 1998 年 5 月 8 日最高人民法院、最高人民检察院、公安部、国家工商行政管理局《关于依法查处盗窃、抢劫机动车案件的规定》第 10 条的规定，公安人员对盗窃、抢劫的机动车辆，非法提供机动车牌证或者为其取得机动车牌证提供便利，帮助犯罪分子逃避处罚的，以本罪定罪处罚。(3) 本罪的主观方面为故意。(4) 本罪的客体为司法机关的正常活动。

根据最高人民检察院《关于渎职侵权犯罪案件立案标准的规定》确定的立案标准，符合下列情形之一的，应以本罪立案追究：(1) 向犯罪分子泄露有关部门查禁犯罪活动的部署、人员、措施、时间、地点等情况的；(2) 向犯罪分子提供钱物、交通工具、通讯设备、隐藏处所等便利条件的；(3) 向犯罪分子泄露案情的；(4) 帮助、示意犯罪分子隐匿、毁灭、伪造证据，或者串供、翻供的；(5) 其他帮助犯罪分子逃避处罚应予追究刑事责任的情形。如果犯本罪，同时触犯徇私枉法的，则应从一重罪论处。

根据刑法第 417 条的规定，犯本罪的，处 3 年以下有期徒刑或者拘役；情节严重的，处 3 年以上 10 年以下有期徒刑。

三十六、招收公务员、学生徇私舞弊罪

招收公务员、学生徇私舞弊罪，是指国家机关工作人员在招收公务员、省级以上教育行政部门组织招收的学生工作中徇私舞弊，情节严重的行为。本罪的构成要件如下：(1) 本罪的客观方面表现为，在招收公务员、省级以上教育行政部门组织招收的学生工作中徇私舞弊，情节严重的行为。(2) 本罪的主体为国家机关工作人员。(3) 本罪的主观方面为故意。(4) 本罪的客体为国家公务员、学生招收的正常管理秩序。

根据最高人民检察院《关于渎职侵权犯罪案件立案标准的规定》确定的立案标准，符合下列情形之一的，应以本罪立案追究：(1) 徇私舞弊，利用职务便利，伪造、变造人事、户口档案、考试成绩或者其他影响招收工作的有关资料，或者明知是伪造、变造的上述材料而予以认可的；(2) 徇私舞弊，利用职务便利，帮助 5 名以上考生作弊的；(3) 徇私舞弊招收不合格的公务员、学生 3 人次以上的；(4) 因徇私舞弊招收不合格的公务员、

学生，导致被排挤的合格人员或者其近亲属自杀、自残造成重伤、死亡，或者精神失常的；（5）因徇私舞弊招收公务员、学生，导致该项招收工作重新进行的；（6）其他情节严重的情形。

根据刑法第418条的规定，犯本罪的，处3年以下有期徒刑或者拘役。

三十七、失职造成珍贵文物损毁、流失罪

失职造成珍贵文物损毁、流失罪，是指文物行政部门、公安机关、工商行政管理部门、海关、城乡建设规划部门等国家机关工作人员严重不负责任，造成珍贵文物损毁或者流失，后果严重的行为。本罪的构成要件如下：（1）本罪的客观方面表现为，严重不负责任，造成珍贵文物损毁或者流失，后果严重的行为。（2）本罪的主体为文物行政部门、公安机关、工商行政管理部门、海关、城乡建设规划部门等国家机关工作人员。（3）本罪的主观方面为过失。（4）本罪的客体为国家文物管理制度。

根据最高人民检察院《关于渎职侵权犯罪案件立案标准的规定》确定的立案标准，符合下列情形之一的，应以本罪立案追究：（1）导致国家一、二、三级珍贵文物损毁或者流失的；（2）导致全国重点文物保护单位或者省、自治区、直辖市级文物保护单位损毁的；（3）其他后果严重的情形。

根据刑法第419条的规定，犯本罪的，处3年以下有期徒刑或者拘役。

【附录】

一、司法考试真题

1. 某国税稽查局对某电缆厂的偷税案件进行查处。该厂厂长甲送给国税稽查局局长乙3万元，要求给予关照。乙收钱后，将某电缆厂已涉嫌构成偷税罪的案件仅以罚款了事。次年8月，上级主管部门清理税务违法案件。为避免电缆厂偷税案件移交司法机关处理，乙私自更改数据，隐瞒事实，使该案未移交司法机关。对乙应以何罪论处？（　　）

A. 受贿罪　　B. 滥用职权罪

C. 帮助犯罪分子逃避处罚罪　　D. 徇私舞弊不移交刑事案件罪

答案：AD

2. 派出所所长陈某在“追逃”专项斗争中，为得到表彰，在网上通缉了7名仅违反治安管理处罚条例并且已受过治安处罚的人员。虽然陈某通知本派出所人员不要“抓获”这7名人员，但仍有5名人员被外地公安机关“抓获”后关押。关于陈某行为的性质，下列哪些说法是错误的？（　　）

A. 陈某的行为构成滥用职权罪　　B. 陈某的行为构成玩忽职守罪

C. 陈某的行为构成非法拘禁罪　　D. 陈某的行为不构成犯罪

答案：BCD

二、模拟试题

1. 王某系某中级人民法院刑一庭审判员，在审理一起故意伤害致死案件中，收受被告人辛某的亲属所送财物达5万元后，违背事实和法律，故意对李某轻判。王某的行为构

成(　　)。

A. 徇私枉法罪

B. 受贿罪

C. 徇私枉法罪和受贿罪并罚

D. 以徇私枉法罪和受贿罪处罚较重的犯罪定罪处罚

答案：D

2. 于某系某国家机关工作人员，在工作中知悉大量国家经济秘密。为获取钱财，于某将这些经济秘密出卖给外国某机构，给国家造成了巨大的经济损失。于某的行为构成(　　)。

A. 故意泄露国家秘密罪

B. 间谍罪

C. 为境外非法提供国家秘密、情报罪

D. 非法获取国家秘密罪

答案：C

3. 国有公司经理吴某在签订合同过程中，严重不负责任，对对方的资信情况不作认真调查，致使被诈骗上千万元之巨。吴某的行为构成(　　)。

A. 国家机关工作人员签订、履行合同失职被骗罪

B. 签订、履行合同失职被骗罪

C. 玩忽职守罪

D. 重大责任事故罪

答案：B

4. 犯罪主体可能是非国家机关工作人员的犯罪有(　　)。

A. 故意泄露国家秘密罪

B. 过失泄露国家秘密罪

C. 滥用职权罪

D. 玩忽职守罪

答案：AB

5. 司法工作人员严重不负责任，致使在押人员脱逃，构成(　　)。

A. 私放在押人员罪

B. 玩忽职守罪

C. 脱逃罪的共犯

D. 失职致使在押人员脱逃罪

答案：D

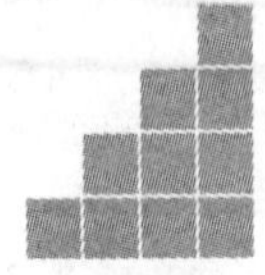

第十章

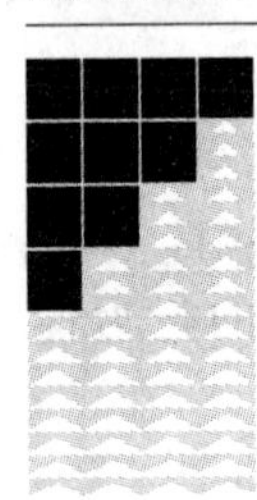

危害国防利益罪

第一节 危害国防利益罪概述	一、危害国防利益罪的概念 二、危害国防利益罪的类型
第二节 危害国防利益罪分述	一、阻碍军人执行职务罪 二、阻碍军事行动罪 三、破坏武器装备、军事设施、军事通信罪 四、过失损坏武器装备、军事设施、军事通信罪 五、故意提供不合格武器装备、军事设施罪 六、过失提供不合格武器装备、军事设施罪 七、聚众冲击军事禁区罪 八、聚众扰乱军事管理区秩序罪 九、冒充军人招摇撞骗罪 十、煽动军人逃离部队罪 十一、雇用逃离部队军人罪 十二、接送不合格兵员罪 十三、伪造、变造、买卖武装部队公文、证件、印章罪，盗窃、抢夺武装部队公文、证件、印章罪 十四、非法生产、买卖武装部队制式服装罪 十五、伪造、盗窃、买卖、非法提供、非法使用武装部队专用标志罪

十六、战时拒绝、逃避征召、军事训练罪
十七、战时拒绝、逃避服役罪
十八、战时故意提供虚假敌情罪
十九、战时造谣扰乱军心罪
二十、战时窝藏逃离部队军人罪
二十一、战时拒绝、故意延误军事订货罪
二十二、战时拒绝军事征用罪

参考文献

陈兴良：《陈兴良刑法学教科书之规范刑法学》，中国政法大学出版社，2003；张明楷：《刑法学》，3版，法律出版社，2007；周光权：《刑法各论讲义》，清华大学出版社，2003；王作富主编：《刑法分则实务研究》（上），3版，中国方正出版社，2007；高铭暄、马克昌主编：《刑法学》，3版，北京大学出版社、高等教育出版社，2007；高铭暄、马克昌主编：《中国刑法解释》（下卷），中国社会科学出版社，2005；周道鸾、张军主编：《刑法罪名精释》，3版，人民法院出版社，2007。

第一节　危害国防利益罪概述

一、危害国防利益罪的概念

1979年刑法并没有专章规定危害国防利益罪。但是，由于国防是国家生存和发展的安全保障，国防利益是国家的根本利益，所以，1997年刑法修订时，新增加了危害国防利益罪这一类犯罪。危害国防利益罪，是指个人或者单位故意或者过失在平时或者战时危害国防利益的行为。本类犯罪所侵犯的客体（法益）是国防利益。国防利益，是指国家为了维护国家的统一和领土完整、抵御外国侵略、制止武装叛乱等而进行的军事活动及其利益。

二、危害国防利益罪的类型

根据不同的分类标准，可以将危害国防利益罪做不同的分类，如按照侵害客体（侵害对象）的不同，可将本章罪分为：（1）妨害军事活动罪；（2）侵害军事设施、场所、装备罪；(3) 针对军人的犯罪三类。[①] 按照大致类似的标准，还有的教材认为危害国防利益罪可分为危害作战和军事行动方面的犯罪，危害国防建设方面的犯罪，危害国防管理秩序方面的犯罪和拒不履行国防义务方面的犯罪几类。[②] 也有的教材将本章犯罪区分为平时危害国防利益的犯罪和战时危害国防利益的犯罪。后者是只能在战时实施的犯罪，前者是既可以平时实施也可以战时实施的犯罪。[③] 本书认为，将本章的犯罪分为"平时危害国防利益的犯罪"和"战时危害国防利益的犯罪"，比较简洁、明快，可能有助于对具体犯罪构成要件的理解与把握，因此是具有积极意义的。而且，这样的分类与刑法分则第七章条文所规定的顺序也相适应。因此，本书按照刑法分则第七章的条文顺序，结合"平时危害国防利益的犯罪"与"战时危害国防利益的犯罪"这一分类，对于危害国防利益罪这一类罪进行具体分析。

作为本章的共性问题，需要明确"战时"的定义。刑法第451条对于"战时"作出了明确的定义性规定，这一规定虽然是针对刑法分则第十章的军人违反职责罪而言，但是，理所当然也应适用于本章以及刑法分则其他章节中"战时"的含义界定。根据这一规定，战时，是指国家宣布进入战争状态、部队受领作战任务或者遭敌突然袭击时；部队执行戒严任务或者处置突发性暴力事件时，以战时论。

第二节　危害国防利益罪分述

一、阻碍军人执行职务罪

（一）概念与构成

阻碍军人执行职务罪，是指以暴力、威胁方法阻碍军人依法执行职务的行为。

本罪的构成要件如下：

1. 本罪的客观方面表现为，以暴力、威胁方法阻碍军人依法执行职务。(1) 行为人使用了暴力、威胁方法。暴力方法，是指通过行使有形力对军人进行袭击或者人身强制。问题是，在阻碍军人执行职务罪的暴力行为造成了军人伤害或死亡结果的时候，该如何处理？对此，如果暴力行为仅造成军人轻伤，由于本罪的刑罚后果与故意伤害（轻伤）的法定刑相同，此时只定本罪即可，轻伤的后果被本罪的犯罪构成所吸收；但如果暴力行为致军人重伤或者死亡的，则由于本罪的法定刑过低，无法评价故意致人重伤、死亡的行为，换言之，此时重伤、死亡的结果已经超出了本罪犯罪构成所预定的范围，所以应以故意伤害罪、故意杀人罪论处。认为本罪中的暴力"就其内涵而言，应是指侵犯军人自由权、健康权直至生命权的施加于军人本人或他人的人身或者其物品的强力打击或强制行为"[④] 的观点，应该说是不准确的。威胁方法，是指以对该军人不利的后果相逼迫，使军人屈服进而实现行为人的目的。常见的威胁方法有以杀害、伤害、毁坏财产、加害近亲属、毁坏名誉等相要挟等。(2) 实施暴力、威胁行为所针对的对象是军人。针对非军人进行暴力和威胁的，不构成本罪。(3) 必须阻碍军人依法执行职务，即导致军人不能正常履行其应当履

---

① 周光权教授在其《刑法各论讲义》（清华大学出版社，2003）中对于危害国防利益罪采取了这样的分类。

② 参见高铭暄、马克昌主编：《刑法学》，3版，684页，北京，北京大学出版社、高等教育出版社，2007。

③ 参见张明楷：《刑法学》，3版，850页，北京，法律出版社，2007。

④ 高铭暄、马克昌主编：《中国刑法解释》（下卷），2604页，北京，中国社会科学出版社，2005。

行的职责。如果军人的行为本身具有非法性，行为人对此使用暴力、威胁加以阻止的，不能以本罪论处。

2. 本罪的主体为一般主体，无论是国家工作人员、普通公民，还是外国人或者无国籍人，无论是军人①还是非军人，只要达到了刑事责任年龄、具备刑事责任能力，都可以成为本罪的主体。

3. 本罪的主观方面表现为故意，即行为人必须明知对方是军人，明知对方正在依法执行职务，而故意以暴力、威胁方法予以阻碍。如果行为人将军人误认为是其他国家机关工作人员，由于本条的规定与刑法第 277 条的妨害公务罪是特别法与普通法的关系，此时应该以妨害公务罪论处。

4. 本罪的客体是军人依法执行职务的正常秩序，并由此干扰了军人的正常工作，最终侵害了国防利益。

（二）刑事处罚

根据刑法第 368 条第 1 款规定，犯本罪的，处 3 年以下有期徒刑、拘役、管制或者罚金。

二、阻碍军事行动罪

（一）概念与构成

阻碍军事行动罪，是指故意阻碍武装部队军事行动，造成严重后果的行为。

本罪的构成要件如下：

1. 本罪的客观方面表现为，故意阻碍武装部队军事行为，造成严重后果。其中，武装部队包括中国人民解放军的各种部队、中国人民武装警察部队和预备役部队。阻碍，即阻挠和妨碍，其具体方式并无限制，既可以通过暴力、威胁方式，也可以通过其他手段，如堵塞道路、在军事行动地区静坐、污染军事行动区域饮水源等。

军事行动，包括作战、军事演习、训练等活动以及为实施以上行动所进行的准备活动，军事行动的实质是有组织的使用武装力量的行动。阻碍武装部队军事行动，只有造成严重后果的，才成立犯罪。这里的严重后果，包括在和平时期使部队不能完成重要军事演习，造成重大军事任务不能完成，给部队或国家造成重大损失；在战时影响战斗、战役行动并导致战斗、战役失利或造成了部队伤亡，或贻误重要战机等。虽然故意阻碍了武装部队军事行动，但未造成严重后果的，不构成本罪。

2. 本罪的主体是一般主体，且军人也可以成为本罪主体。如果认为军人不能成为本罪的犯罪主体，会导致军人故意阻碍武装部队军事行动并造成严重后果的行为无法予以刑事规制，会造成不均衡、不协调的结果。

3. 本罪的主观方面为故意，即明知武装部队正在或者即将实施军事行动，明知自己的阻碍行为会造成危害国防利益的结果，而希望或放任结果发生。

4. 本罪的客体是武装部队的军事行动。根据《中华人民共和国国防法》的要求，公民应当为武装力量的军事训练、战备勤务、防卫作战等活动提供便利条件或者其他协助。故意阻碍武装部队军事行动造成严重后果的，严重妨害了国防和军队建设，最终危害了国防利益。

---

① 当军人犯罪所侵害的对象为指挥人员或者值班、执勤人员时，应按照刑法第 426 条规定的阻碍执行军事职务罪处罚。

(二) 刑事处罚

根据刑法第368条第2款的规定，犯本罪的，处5年以下有期徒刑或者拘役。

三、破坏武器装备、军事设施、军事通信罪

(一) 概念与构成

破坏武器装备、军事设施、军事通信罪，是指故意破坏武器装备、军事设施、军事通信的行为。

本罪的构成要件如下：

1. 本罪的客观方面表现为，故意破坏武器装备、军事设施、军事通信的行为。

其中，本罪的行为对象为武器装备、军事设施、军事通信，由于是选择性罪名，具体定罪时根据行为的实际破坏对象确定具体罪名。武器装备是武装部队用于实施和保障作战行动的武器、武器系统和军事技术材料的统称，武器则是指直接用于杀伤敌人有生力量和破坏敌人作战设施的器械；军事设施是指国家直接用于军事目的的建筑、场地与设备；军事通信是指武装部队为实施指挥或武器控制等而运用各种通信手段所进行的信息传递。破坏，包括使行为对象全部或者部分不能正常使用，换言之，是使武器装备、军事设施、军事通信的效用丧失或者减少的一切行为。常见的破坏手段包括使用爆炸、放火、决水等危险手段破坏，发射某种信号干扰、盗用军用无线电频率等技术手段，以及毁损、砸毁、压坏等其他手段。本罪的成立不要求发生在战时。

2. 本罪的主体为一般主体，无论是中国公民还是外国人、无国籍人，也无论是否是军人，都可以成为本罪的主体。此外，最高人民法院2007年6月26日公布了《关于审理危害军事通信刑事案件具体应用法律若干问题的解释》，其中第5条指出，建设、施工单位直接负责的主管人员、施工管理人员，明知是军事通信线路、设备而指使、强令、纵容他人予以损毁的，或者不听管护人员劝阻，指使、强令、纵容他人违章作业，造成军事通信线路、设备损毁的，以破坏军事通信罪定罪处罚。

3. 本罪的主观方面为故意。本罪为刑法第369条第1款所确定的犯罪，其罪状描述中并未明确要求本罪的主观方面为故意。但从本款与同条第2款的对应关系上看，得出本罪主观方面为故意的结论可谓必然。即，行为人明知自己的行为会发生破坏武器装备、军事设施或者军事通信的结果，并且希望或者放任这种结果的发生。

4. 本罪的客体是武装部队对武器装备、军事设施、军事通信的管理秩序，并进而影响了我国的武装力量建设和国防建设，最终危害了国防利益。

根据前述最高人民法院2007年6月26日的司法解释规定，破坏、过失损坏军事通信，并造成公用电信设施损毁，危害公共安全，同时构成刑法第124条和第369条规定的犯罪的，依照处罚较重的规定定罪处罚。盗窃军事通信线路、设备，不构成盗窃罪，但破坏军事通信的，依照刑法第369条第1款的规定定罪处罚；同时构成刑法第124条、第264条和第369条第1款规定的犯罪的，依照处罚较重的规定定罪处罚。违反国家规定，侵入国防建设、尖端科学技术领域的军事通信计算机信息系统，尚未对军事通信造成破坏的，依照刑法第285条的规定定罪处罚；对军事通信造成破坏，同时构成刑法第285条、第286条、第369条第1款规定的犯罪的，依照处罚较重的规定定罪处罚。违反国家规定，擅自设置、使用无线电台、站，或者擅自占用频率，经责令停止使用后拒不停止使用，干扰无线电通讯正常进行，构成犯罪的，依照刑法第288条的规定定罪处罚；造成军事通信中断或者严重障碍，同时构成刑法第288条、第369条第1款规定的犯罪的，依照处罚较重的

规定定罪处罚。

(二) 刑事处罚

根据刑法第369条第1款的规定，犯本罪的，处3年以下有期徒刑、拘役或者管制；破坏重要武器装备、军事设施、军事通信的，处3年以上10年以下有期徒刑；情节特别严重的，处10年以上有期徒刑、无期徒刑或者死刑。同条第3款规定，战时犯本罪的，从重处罚。就本罪的定罪处罚标准而言，最高人民法院2007年6月26日前述司法解释就破坏军事通信罪的定罪量刑问题作出了较明确的界定，值得参照。

四、过失损坏武器装备、军事设施、军事通信罪

(一) 概念与构成

过失损坏武器装备、军事设施、军事通信罪，是指过失破坏武器装备、军事设施、军事通信，造成严重后果的行为。

本罪为2005年2月28日《刑法修正案（五）》所增加的犯罪，其罪名由2007年的最高人民法院、最高人民检察院《关于执行〈中华人民共和国刑法〉确定罪名的补充规定(三)》所确定。本罪作为过失犯罪，刑法规定成立本罪以造成严重后果为必要。本罪不限于战时。

本罪的构成要件如下：

1. 本罪的客观方面表现为过失破坏武器装备、军事设施、军事通信，并造成严重后果。

2. 本罪的主体为一般主体。根据前述最高人民法院2007年6月26日司法解释第5条第2款，建设、施工单位直接负责的主管人员、施工管理人员，忽视军事通信线路、设备保护标志，指使、纵容他人违章作业，致使军事通信线路、设备损毁，构成犯罪的，以过失损坏军事通信罪定罪处罚。

3. 本罪的主观方面为疏忽大意或者过于自信的过失。

4. 本罪客体与前罪相同，也是侵害了国家对于武器装备、军事设施、军事通信的管理秩序，最终危害了国防利益。

(二) 刑事处罚

根据刑法第369条第2款规定，犯本罪的，处3年以下有期徒刑或者拘役；造成特别严重后果的，处3年以上7年以下有期徒刑。战时犯本罪的，从重处罚。前述最高人民法院2007年6月26日《关于审理危害军事通信刑事案件具体应用法律若干问题的解释》第3条规定，过失损坏军事通信，造成重要军事通信中断或者严重障碍的，属于刑法第369条第2款规定的“造成严重后果”；该解释第4条规定，过失损坏军事通信，具有下列情形之一的，属于刑法第369条第2款规定的“造成特别严重后果”：(1) 造成重要军事通信中断或者严重障碍，严重影响部队完成作战任务或者致使部队在作战中遭受损失的；(2) 造成部队执行抢险救灾、军事演习或者处置突发性事件等任务的通信中断或者严重障碍，并因此贻误部队行动，致使死亡3人以上、重伤10人以上或者财产损失100万元以上的；(3) 其他后果特别严重的情形。

五、故意提供不合格武器装备、军事设施罪

(一) 概念与构成

故意提供不合格武器装备、军事设施罪，是指明知是不合格的武器装备、军事设施，

而提供给武装部队的行为。

本罪的构成要件如下：

1. 本罪的客观方面表现为，将不合格的武器装备、军事设施提供给武装部队。

这里的武装部队包括中国人民解放军的各种部队、武装警察部队和预备役部队。本罪中的提供，应作广义上的理解，不仅包括有关生产、建设单位将武器装备、军事设施提供给武装部队使用，还包括在武器装备、军事设施的科研、勘探、设计、建造、修理、验收等各个环节中，行为人弄虚作假，故意提供不合格的武器装备、军事设施的行为。[①] 至于是有偿提供还是无偿提供，均不影响本罪成立。本罪中所谓的不合格武器装备、军事设施，是指不符合有关部门有关武器装备、军事设施的质量标准。

2. 本罪的主体既可以是达到刑事责任年龄、具备刑事责任能力的自然人，也可以是单位。

3. 本罪的主观方面表现为故意，即行为人明知是不合格的武器装备、军事设施而提供。

4. 本罪的客体是武器装备、军事设施的质量管理秩序。武器装备、军事设施的质量管理在国防建设中占有重要的地位，故意提供不合格的武器装备、军事设施的行为，严重侵犯了武器装备、军事设施的质量管理秩序，从而也严重危害了国家的国防利益。

（二）刑事处罚

刑法第370条第1款规定，犯本罪的，处5年以下有期徒刑或者拘役；情节严重的，处5年以上10年以下有期徒刑；情节特别严重的，处10年以上有期徒刑、无期徒刑或者死刑。同条第3款规定，单位犯本罪的，对单位判处罚金，并对其直接负责的主管人员和其他直接责任人员，依照上述规定处罚。

六、过失提供不合格武器装备、军事设施罪

（一）概念与构成

过失提供不合格武器装备、军事设施罪，是指由于过失而提供不合格的武器装备、军事设施给武装部队，造成严重后果的行为。本罪作为过失犯罪，只有在造成了严重后果的情况下，才可成立犯罪。

本罪的构成要件如下：

1. 本罪的客观方面表现为，由于过失而提供不合格的武器装备、军事设施给武装部队，并造成严重后果的行为。

2. 本罪的主体为自然人一般主体，单位不能成为本罪的主体。

3. 本罪的主观方面表现为过失，具体表现为应当预见到自己提供给武装部队的武器装备、军事设施不合格，将会造成严重后果，因为疏忽大意没有预见，或者已经预见而轻信能够避免，以致发生严重后果的心理态度。

4. 本罪的客体同故意提供不合格武器装备、军事设施罪一样，也是武器装备、军事设施的质量管理秩序，并最终危害了国防利益。

（二）刑事处罚

根据刑法第370条第2款的规定，犯本罪的，处3年以下有期徒刑或者拘役；造成特

---

① 参见周光权：《刑法各论讲义》，611页，北京，清华大学出版社，2003；高铭暄、马克昌主编：《中国刑法解释》（下卷），2614页，北京，中国社会科学出版社，2005。

别严重后果的，处 3 年以上 7 年以下有期徒刑。

七、聚众冲击军事禁区罪

（一）概念与构成

聚众冲击军事禁区罪，是指聚众冲击军事禁区，严重扰乱军事禁区秩序的行为。

本罪的构成要件如下：

1. 本罪的客观方面表现为，聚众冲击军事禁区，严重扰乱军事禁区秩序的行为。所谓军事禁区，是指国家根据军事设施的性质、特点、作用、安全、保密的需要以及使用效能方面的特殊要求，依法划定的采取特殊措施重点保护的区域。军事禁区由国务院和中央军委确定，或者由军区根据国务院或者中央军委的规定确定。所谓聚众，是指纠集 3 人以上，一起实施犯罪行为，聚众者中有起组织、策划、指挥作用的首要分子，还有情节比较严重的积极参加者。聚首者聚集众人的手段多种多样，可以是煽动、收买、挑拨、教唆等。聚众冲击，是指在首要分子的纠集之下，多人强行进入军事禁区的行为。冲击军事禁区的具体手段，刑法没有明文要求，一般表现为暴力性的对抗等。并非所有的聚众冲击军事禁区的行为都成立本罪，只有这样的行为“严重扰乱军事禁区秩序”时，才成立本罪。所谓军事禁区的秩序，是指军事禁区中的作战、训练、生产、生活等各方面的秩序。严重扰乱军事禁区秩序，是指聚众冲击军事禁区的行为使得军事禁区严重失控，致使其管理、作战、训练、科研等正常工作无法进行，比如致使军事人员无法通过、飞机无法起飞或降落等。

2. 本罪的主体是一般主体，并且作为聚众犯罪，刑法只处罚其中的首要分子和积极参加者。由于聚众冲击军事禁区罪往往牵涉多人，实践中应当严格掌握积极参加者的范围，不可打击面过大。对于围观起哄的人等一般参加者，都不作为犯罪处罚。

3. 本罪的主观方面表现为故意，即行为人明知聚集多人冲击军事禁区会扰乱军事禁区的秩序，影响军事禁区的正常工作开展，并最终危害国防利益，仍希望或者放任这一结果的发生。

4. 本罪的客体是军事禁区的正常秩序，并最终危害了国防利益。

（二）刑事处罚

根据刑法第 371 条第 1 款的规定，犯聚众冲击军事禁区罪的，对首要分子，处 5 年以上 10 年以下有期徒刑；对其他积极参加的，处 5 年以下有期徒刑、拘役、管制或者剥夺政治权利。

八、聚众扰乱军事管理区秩序罪

（一）概念与构成

刑法第 371 条在第 1 款规定了聚众冲击军事禁区罪之后，又在同条第 2 款规定了聚众扰乱军事管理区秩序罪。聚众扰乱军事管理区秩序罪，是指聚众扰乱军事管理区秩序，情节严重，致使军事管理区工作无法进行，造成严重损失的行为。

本罪的构成要件如下：

1. 本罪的客观方面表现为，聚众扰乱军事管理区秩序，情节严重，致使军事管理区工作无法进行，造成严重损失的行为。

本罪的犯罪对象是军事管理区。所谓军事管理区，是指国家根据军事设施的特点、作用、安全、保密的需要和使用效能上的特殊要求，在依法划定的一定范围内采取比较严格措施保护的区域。

本罪的成立也要求聚众的方式，并且是通过各种方式扰乱军事管理区的秩序。由于军事管理区与军事禁区在重要地位上有所区别，故聚众扰乱军事管理区秩序罪的构成要件，较之聚众冲击军事禁区罪更为严格：聚众冲击军事禁区，只要是严重扰乱军事禁区秩序的，就成立聚众冲击军事禁区罪；聚众扰乱军事管理区秩序的，只有情节严重，致使军事管理区工作无法进行，造成了严重损失的，才成立聚众扰乱军事管理区秩序罪。如何理解这里的"情节严重"？对此，有论者认为，"情节严重，是指由于行为人的聚众扰乱行为，致使军事管理区工作无法进行，并造成严重损失"①。但是，这样的解释实际上等于消解了"情节严重"这一条件在认定本罪中的独立意义。应该认为，成立本罪在客观上所要求的"情节严重"与"致使军事管理区工作无法进行"以及"造成严重损失"三者之间是并列的关系，其中的情节严重不应该从聚众扰乱军事管理区秩序的后果上来考虑，而还是应该还原为从聚众扰乱的行为本身来考虑，应该解释为"多次实施扰乱行为，经军事管理区工作人员制止仍不停止其扰乱活动的，采取暴力扰乱军事管理区秩序的等情况"②。本罪构成要件中的"致使军事管理区工作无法进行"，主要是指使军事管理区内的作战、训练、科研、教学等工作无法正常进行。造成严重损失，是指造成军事机密的泄露，或者造成人员伤亡、重大财产损失等。

需要说明的是，刑法第371条所规定的聚众冲击军事禁区罪与聚众扰乱军事管理区秩序罪与刑法第290条规定的聚众扰乱社会秩序罪、聚众冲击国家机关罪之间，存在着法条竞合的关系。符合刑法第371条两罪的构成要件的，不另认定为刑法第290条规定的相应犯罪。但是，聚众扰乱非军事管理区秩序，情节严重，致使军事工作、教学、科研等秩序无法进行，造成严重损失的，或者聚众冲击未划入军事禁区、军事管理区的军事机关的，成立聚众扰乱社会秩序罪、聚众冲击国家机关罪。③

2. 本罪的主体是一般主体，并且作为聚众犯罪，刑法只处罚其中的首要分子和积极参加者。对扰乱军事管理区秩序的一般参加者的行为，不得以犯罪论处。

3. 本罪的主观方面表现为故意，即行为人明知聚集多人扰乱军事管理区秩序会危害国防利益，仍希望或者放任这一结果的发生。

4. 本罪的客体是军事管理区的正常秩序，并最终危害了国防利益。

（二）刑事处罚

根据刑法第371条第2款的规定，犯聚众扰乱军事管理区秩序罪的，对首要分子，处3年以上7年以下有期徒刑；对其他积极参加的，处3年以下有期徒刑、拘役、管制或者剥夺政治权利。

九、冒充军人招摇撞骗罪

（一）概念与构成

冒充军人招摇撞骗罪，是指假冒军人身份进行招摇撞骗的行为。

本罪的构成要件如下：

1. 本罪在客观方面表现为，冒充军人进行招摇撞骗。军人在我国具有特殊的作用，事实上拥有不同于普通公民的特别的地位，在一些社会生活中也会受到不同于普通公民的待

---

① 高铭暄、马克昌主编：《中国刑法解释》（下卷），2622页，北京，中国社会科学出版社，2005。

② 周光权：《刑法各论讲义》，614页，北京，清华大学出版社，2003。

③ 参见张明楷：《刑法学》，3版，853页，北京，法律出版社，2007。

遇，所以，就有一些犯罪分子假借军人身份以达到个人不法目的。所谓“冒充军人身份进行招摇撞骗”，就是假借军人的身份、地位、名义，蒙蔽不知情者，进行欺诈活动。招摇撞骗所得到的利益不限于财物，也可能是地位、他人的感情等。根据司法解释的规定，冒充军人使用伪造、变造、盗窃的武装部队车辆号牌，造成恶劣影响的，应以本罪论处（最高人民法院 2002 年 4 月 10 日公布的《关于审理非法生产、买卖武装部队车辆号牌等刑事案件具体应用法律若干问题的解释》第 4 条）。

2. 本罪的主体。非军人冒充军人招摇撞骗从而成为本罪的主体没有疑问，问题是，军人是否能够成为本罪的主体？对此，如果严格从字面的角度解释“冒充军人招摇撞骗”的话，则由于“冒充”是指不具有某一身份的人假冒、充任某一身份，所以，具有军人身份的人由于不能“冒充”军人，所以，难以成为本罪的主体。但是，这是一种过于形式化的解释，不利于本罪的法益保护。事实上，机械地认为本罪的主体只限于非军人的观点在学界非常少见，认为本罪的主体主要是但不限于非军人的观点，是学界的主流观点。据此，这里的冒充军人身份既包括非军人冒充军人（如身穿军装，使用、携带证明军人身份的证件、公文，或者自称是军人），也包括军衔、职务较低的军人冒充级别较高的军人，以及一般部门的军人假冒要害部门的军人。①

3. 本罪的主观方面是故意，具体表现在，明知自己的行为是冒充军人而故意加以利用，借以到处炫耀，谋取非法利益。本罪的犯罪目的是谋取非法利益，但是本罪的成立不要求行为人实际上取得非法利益。如果行为人冒充军人并非为了谋取非法利益，而是追求合法利益，如为了与他人结婚，为了顺利购买车船票，或者仅仅是出于虚荣心，都应当以思想作风问题进行批评教育，而不构成本罪。

4. 本罪的客体是复杂客体，主要侵犯的是军队的声誉及正常活动，同时侵犯了社会管理秩序。②

（二）司法认定与刑事处罚

1. 司法认定

在认定本罪的过程中，需要注意本罪与相关犯罪之间的界限，其中，本罪与刑法第 279 条所规定的招摇撞骗罪较易混淆。不难理解，规定本罪的法条与规定招摇撞骗罪的法条之间，是特别法与普通法的竞合关系。从而，冒充军人招摇撞骗的，只适用刑法第 372 条的规定，而不适用刑法第 279 条。实践之中，行为人有时冒充军人，有时冒充其他国家机关工作人员进行连续的招摇撞骗的，宜根据行为人主要冒充的对象确定犯罪性质。如果主要冒充军人、偶尔冒充其他国家机关工作人员招摇撞骗的，宜认定为冒充军人招摇撞骗罪；反之亦然。但是，行为人在一段时间内冒充军人招摇撞骗，在另一段时间又冒充其他国家机关工作人员招摇撞骗，分别构成犯罪的，应实行数罪并罚。③ 此外，冒充军人招摇撞骗罪与诈骗罪在犯罪手段上都有“骗”，即虚构事实、隐瞒真相，而且，冒充军人招摇撞骗罪常常也是为了谋取一定的财产利益。但是，两罪在侵犯的客体方面存在明显不同。从犯罪目的的角度看，冒充军人招摇撞骗罪是为了谋取非法利益，而不限于追求非法占有

---

① 参见陈兴良：《刑法疏议》，604 页，北京，中国人民公安大学出版社，1997；周光权：《刑法各论讲义》，618 页，北京，清华大学出版社，2003；高铭暄、马克昌主编：《中国刑法解释》（下卷），2624 页，北京，中国社会科学出版社，2005；张明楷：《刑法学》，3 版，853 页，北京，法律出版社，2007。

② 参见高铭暄、马克昌主编：《中国刑法解释》（下卷），2624 页，北京，中国社会科学出版社，2005。

③ 参见张明楷：《刑法学》，3 版，853～854 页，北京，法律出版社，2007。

他人财物，冒充军人招摇撞骗罪中所谋取的非法利益不包括骗取数额巨大的财物的行为；对冒充军人骗取数额巨大财物的，应认定为诈骗罪。

2. 刑事处罚

根据刑法第372条的规定，犯本罪的，处3年以下有期徒刑、拘役、管制或者剥夺政治权利；情节严重的，处3年以上10年以下有期徒刑。本罪中的情节严重，主要包括：(1) 屡教不改、手段恶劣的；(2) 战时冒充军人招摇撞骗的；(3) 因冒充军人招摇撞骗引起军政、军民纠纷的；(4) 造成严重经济损失或者恶劣社会影响、损害军队声誉的；(5) 造成其他严重后果的。[①]

十、煽动军人逃离部队罪

(一) 概念与构成

煽动军人逃离部队罪，是指以口头、书面或者其他方式唆使、怂恿、鼓动不特定军人擅自离开部队，情节严重的行为。

本罪的构成要件如下：

1. 本罪的客观方面表现为，以口头、书面或者其他方式唆使、怂恿、鼓动不特定军人擅自离开部队、情节严重。这里，与其他的“煽动型”犯罪一样，本罪的成立也要求被唆使、怂恿的对象是不特定的军人，具有公然性。如果唆使特定的军人逃离部队，则成立刑法第435条的逃离部队罪的教唆犯。行为人具体唆使、鼓动军人逃离部队的方式多种多样，具体行为方式对本罪的成立不产生影响。本罪的成立在时间上没有要求，既可以在战时实施，也可以在平时实施。

本罪的成立是否要求被煽动的军人实际逃离部队？对此，如果从限制犯罪的成立范围的角度来看，要求成立本罪以被煽动者事实上逃离部队为条件似乎更有道理。但是，由于本罪的成立要求“情节严重”，若将“被煽动者实际上逃离部队”作为本罪的成立条件，实际上等于虚置或者弱化了“情节严重”在本罪认定中的作用。实际上，由于完全可能存在被煽动者虽未逃离部队但仍属于“情节严重”的情形，所以，应该以情节严重而非实际上逃离部队作为限制本罪成立范围的要件。

本罪中的情节严重，主要指如战时煽动军人逃离部队，煽动军队指挥人员逃离部队，导致军人已经逃离部队，多次煽动军人逃离部队，煽动多名军人逃离部队，煽动军人逃离部队以致影响重要军事任务完成，煽动军人携带武器装备逃离部队，等等。[②]

2. 本罪的主体是一般主体，可以是军人，也可以是非军人，可以是中国人，也可以是外国人或者无国籍人。

3. 本罪在主观方面表现为故意，即行为人明知对方是军人，明知自己的煽动行为可能会导致他人逃离部队的结果，希望或者放任这种结果的发生。煽动军人逃离部队罪的犯罪动机多种多样，动机不影响本罪的成立。有必要指出的是，有论者认为本罪的犯罪主体也可能是与被煽动者有特定关系的人，比如亲属、朋友、同学、同乡，犯罪的动机可能是怕亲友打仗伤亡、怕被煽动人吃苦等[③]，但是，这样的情况之下，实际上更可能是针对特定

① 参见高铭暄、马克昌主编：《中国刑法解释》(下卷)，2627页，北京，中国社会科学出版社，2005。

② 参见周光权：《刑法各论讲义》，619页，北京，清华大学出版社，2003；高铭暄、马克昌主编：《中国刑法解释》(下卷)，2629页，北京，中国社会科学出版社，2005。

③ 参见高铭暄、马克昌主编：《中国刑法解释》(下卷)，2629页，北京，中国社会科学出版社，2005。

对象的怂恿、鼓动，不符合成立本罪所要求的针对不特定军人煽动这一特征。以上情况下，按照逃离部队罪的教唆犯处理可能更为适宜。

4. 本罪的客体是部队的兵员管理秩序以及国家的国防利益。

（二）刑事处罚

根据刑法第373条的规定，犯本罪的，处3年以下有期徒刑、拘役或者管制。

十一、雇用逃离部队军人罪

（一）概念与构成

本罪和前述的煽动军人逃离部队罪规定在同一个刑法条文（刑法第373条）中，属于一个刑法分则本条规定了数个犯罪的情形。所谓雇用逃离部队军人罪，是指明知是逃离部队的军人而雇用，情节严重的行为。

本罪的构成要件如下：

1. 本罪的客观方面表现为，雇用逃离部队的军人，情节严重。这里的雇用，是指有偿使用劳动力为自己一方服务，即出资使逃离部队的军人为自己或者单位劳动。至于具体的劳务报酬，可能是金钱，也可能是实物或者财产性利益。成立本罪要求情节严重，情节严重的具体情形法律和司法解释没有明确的规定，结合学界的研究，具体应该包括雇用多个逃离部队的军人、多次或长期雇用逃离部队的军人、因为雇用逃离部队的军人而影响作战任务的完成、雇用因犯罪而逃离部队的军人、雇用战时逃离部队的军人等。[①]

行为人明知他人是逃离部队的军人而为其提供隐藏处所、财物的，需要视犯罪发生的时间来确定成立何罪，如果行为发生在平时，则构成窝藏、包庇罪（由于军人逃离部队的行为本身构成犯罪，所以，逃离部队的军人属于“犯罪的人”）；如果发生在战时，刑法作出了特别的规定，构成第379条的战时窝藏逃离部队军人罪。

2. 本罪的主体是自然人一般主体。在司法实践中，虽然雇用逃离部队军人的更可能是公司、企事业单位、机关、团体等单位，但由于刑法第373条并未将本罪规定为单位犯罪，所以，单位不能成为本罪的主体。单位雇用逃离部队军人，达到情节严重程度的，虽然不能将单位作为犯罪的主体，但是从法益保护的角度出发，可以对该单位的直接负责的主管人员和其他直接责任人员按照本罪处理。

3. 本罪的主观方面表现为故意，成立本罪要求“明知是逃离部队的军人”，不明知是逃离部队的军人而雇用的，不成立本罪。

4. 本罪的客体是军队的管理秩序以及国家的国防利益。

（二）刑事处罚

根据刑法第373条的规定，犯本罪的，处3年以下有期徒刑、拘役或者管制。

十二、接送不合格兵员罪

（一）概念与构成

接送不合格兵员罪，是指在征兵工作中徇私舞弊，接送不合格兵员，情节严重的行为。

本罪的构成要件如下：

---

① 参见周光权：《刑法各论讲义》，620页，北京，清华大学出版社，2003。

1. 本罪的客观方面表现为，在征兵工作中徇私舞弊，接送不合格兵员。征兵工作，是指按照兵役法的规定，征集应征公民到军队服兵役，包括应征公民登记、身体检查、政治条件审查、接收兵员等。接送不合格兵员，包括两种情况，一种是“接”，即部队人员接收不合格兵员，另一种是“送”，即地方人员向部队输送不合格兵员。这里的“不合格兵员”，即不符合征兵条件的兵员，既可以是身体不合格，也可以是政治不合格。本罪的成立要求情节严重。此处情节严重的具体标准，司法解释没有规定，一般认为包括接送多名不合格兵员、接送不合格兵员造成了严重后果，接送违法犯罪人员、脱逃犯为兵员等。

2. 本罪的主体是特殊主体，即负责或者参与征兵工作的有关人员，如地方各级人民武装部负责征兵的工作人员、负责兵员政审、体检的工作人员、部队派出的负责征集新兵的人员等。

3. 本罪的主观方面表现为故意，即行为人明知是不合格的兵员，而故意予以接收或者输送。此外，刑法还明文规定本罪的成立要求“徇私舞弊”，这里徇私是本罪的动机（舞弊没有特别的意义，凡是将不合格兵员作为合格兵员接送的，就属于舞弊）。对此，需要稍加说明的是，不同于一般的犯罪动机不影响定罪而仅影响量刑，本罪中的“徇私”动机属于主观的构成要件要素①，因此，有无徇私动机直接关系本罪的成立与否。

4. 本罪的客体是部队的兵员质量管理秩序。接送不合格的兵员入伍，直接影响部队建设，削弱部队的战斗力，影响部队各项任务的完成；接送犯罪分子到部队的，更是败坏部队的声誉，影响部队的团结稳定。

（二）刑事处罚

根据刑法第374条的规定，犯本罪的，处3年以下有期徒刑或者拘役；造成特别严重后果的，处3年以上7年以下有期徒刑。这里的“特别严重后果”，刑法理论上认为，主要包括：（1）不合格兵员入伍后实施严重刑事犯罪的；（2）严重影响部队军事任务完成的；（3）接送大量不合格兵员进入部队造成退兵的；（4）不合格兵员在部队造成恶性政治事件的；等等。②

十三、伪造、变造、买卖武装部队公文、证件、印章罪，盗窃、抢夺武装部队公文、证件、印章罪

（一）刑法第375条第1款的罪名

根据自1997年12月16日公布起施行的最高人民法院关于执行《中华人民共和国刑法》确定罪名的规定，刑法第375条第1款规定的是两个罪名，即伪造、变造、买卖武装部队公文、证件、印章罪和盗窃、抢夺武装部队公文、证件、印章罪。这两个犯罪规定在同一款，其犯罪对象是武装部队的公文、证件、印章，对犯罪对象的侵害方式分别是伪造、变造、买卖或者盗窃、抢夺。两罪都属于选择性罪名，并且都存在着行为方式和犯罪对象的双重选择，根据选择性罪名的罪名确定规则，按照具体的行为方式和具体的犯罪对象，确定具体的罪名；出现属于同一罪名之内的多种行为方式（如既有伪造，又有变造）或者多个侵害对象（如既涉及公文又涉及证件）的，也只定一罪而不实行并罚（如前例中定伪造、变造武装部队公文、证件罪一罪）；但是，由于盗窃、抢夺武装部队的公文、证件、印章罪属于不同的另一罪名，所以，对于出现在两个罪名之间的多种行为方式的，则

---

① 参见张明楷：《刑法学》，3版，249页，北京，法律出版社，2007。

② 参见高铭暄、马克昌主编：《中国刑法解释》（下卷），2635页，北京，中国社会科学出版社，2005。

应该数罪并罚（比如既伪造了武装部队的印章，又盗窃了武装部队的印章的，应按照伪造武装部队印章罪和盗窃武装部队印章罪实行两罪并罚）。这里，需要回答的是，为什么司法解释将刑法第375条第1款的罪刑规范解释为两个罪名？这样的解释是否具有合理性？本书初步认为，无论是伪造、变造、买卖，还是盗窃、抢夺武装部队的公文、证件、印章，都是一种创设、取得犯罪对象的行为，伪造、变造、买卖相互之间具有选择性，盗窃、抢夺也具有选择性，而伪造、变造、买卖和盗窃、抢夺之间则具有互补性而非选择性。所以，司法解释将本款解释为两个独立的选择性罪名是可取的。

（二）两罪的概念与构成

两罪的构成要件如下：

1. 伪造、变造、买卖武装部队公文、证件、印章罪的客观方面，是指伪造、变造、买卖武装部队的公文、证件、印章的行为。盗窃、抢夺武装部队公文、证件、印章罪的客观方面，是指盗窃、抢夺武装部队的公文、证件、印章的行为。刑法第375条第1款通过两个罪名共规定了对犯罪对象的五种侵害方式，并且采用了明示列举而非概括式的规定方式。那么，如果行为人针对犯罪对象采取了以上五种侵害方式之外的其他方式加以侵害的，该如何处理？对此，不能简单、机械地认为"法无明文规定不为罪"，而是应该通过体系解释等方式尽量寻求补正的途径。通过对于刑法分则条文的观察可以看出，刑法第280条第1款的规定与第375条第1款中的两罪规定，存在普通法条与特别法条的竞合关系，前者的犯罪对象是国家机关的公文、证件、印章，而后者的犯罪对象是武装部队的公文、证件、印章。按照法条竞合的处理原则，如行为符合特别法条的规定，则按照第375条第1款的罪名定罪量刑（只要是伪造、变造、买卖武装部队的公文、证件、印章，或者盗窃、抢夺武装部队的公文、证件、印章的，就认定为本款之罪，而不适用刑法第280条）；若不符合特别法条的规定但是符合普通法条的规定（如毁灭了武装部队的公文、证件、印章），则可以按照普通法条定罪（定毁灭国家机关公文、证件、印章罪，因为武装部队也属于国家机关）①；若行为既不符合特别法条的规定也不符合普通法条，则只能认定为无罪。

正确理解和认定刑法第375条所规定的两个犯罪，需要了解有关司法解释的规定。根据司法解释（最高人民法院2002年4月10日《关于审理非法生产、买卖武装部队车辆号牌等刑事案件具体应用法律若干问题的解释》），伪造、变造、买卖或者盗窃、抢夺武装部队车辆行驶证、车辆驾驶证、车辆监理印章，具有下列情形之一的，以伪造、变造、买卖武装部队证件、印章或者盗窃、抢夺武装部队证件、印章罪定罪处罚：(1) 伪造、变造、买卖或者盗窃、抢夺武装部队车辆监理印章的；(2) 伪造、变造、买卖或者盗窃、抢夺武装部队车辆行驶证、车辆驾驶证3本以上的。

2. 两罪的主体是自然人一般主体，单位不能成为本罪的主体（刑法第375条第3款规定单位只能成立该条第2款的犯罪，即后述的非法生产、买卖军用标志罪）。

3. 两罪的主观方面是故意，即明知自己的行为是在伪造、变造、买卖或者盗窃、抢夺武装部队的公文、证件、印章而有意为之。此处两罪的犯罪动机多样，动机不影响本罪的成立。

4. 两罪所侵犯的对象是武装部队的公文、证件、印章，客体是武装部队的公文、证

① 对毁灭武装部队公文、证件、印章问题的处理，参见张明楷：《刑法学》，3版，855页，北京，法律出版社，2007。

件、印章的管理秩序，并进而影响武装部队的正常管理活动，危害国防利益。

（三）两罪的刑事处罚

根据刑法第375条第1款规定，犯本罪的，处3年以下有期徒刑、拘役、管制或者剥夺政治权利；情节严重的，处3年以上10年以下有期徒刑。这里的所谓情节严重，根据前述司法解释（最高人民法院2002年4月10日《关于审理非法生产、买卖武装部队车辆号牌等刑事案件具体应用法律若干问题的解释》第1条），包括：（1）伪造、变造、买卖或者盗窃、抢夺武装部队车辆监理印章3枚以上的；（2）伪造、变造、买卖或者盗窃、抢夺武装部队车辆行驶证、车辆驾驶证10本以上的；（3）具有其他严重情节的。

十四、非法生产、买卖武装部队制式服装罪

（一）概念与构成

非法生产、买卖武装部队制式服装罪，是指非法生产、买卖武装部队制式服装，情节严重的行为。

本罪的构成要件如下：

1. 本罪的客观方面表现为，非法生产、买卖武装部队的制式服装，并且情节严重。制式服装，是指武装部队（包括解放军和武警部队）依法订购的仅供其官兵使用的服装（军官服、警官服、文职干部服、士兵服等）。本罪客观要件中的非法生产、买卖，既可以是无权者（未经合法批准）擅自生产、买卖武装部队的制式服装，也可以是有权者（具有生产、买卖资格的单位与个人）超量生产、买卖相应的制式服装。成立本罪还要求情节严重，达不到情节严重标准的，不以本罪论处。

2. 本罪的犯罪主体是一般主体，既可以是军人，也可以是非军人，已满16周岁、具有刑事责任能力的自然人都能成为本罪主体。此外，依照刑法第375条第4款的规定，单位也可以成为本罪的主体。这里的单位，既可以是有权生产、买卖武装部队制式服装的单位，也可以是无权生产、买卖制式服装的单位。

3. 本罪的主观方面为故意，即行为人必须明知是武装部队的制式服装而非法生产、买卖。

4. 本罪的客体，即本罪侵害了武装部队制式服装的管理秩序，并进而侵害了国家的国防利益。

（二）刑事处罚

刑法第375条第2款规定，犯本罪的，处3年以下有期徒刑、拘役或者管制，并处或者单处罚金。同条第4款规定，单位犯本罪的，对单位判处罚金，并对其直接负责的主管人员和其他直接责任人员依照本条第2款的规定处罚。

十五、伪造、盗窃、买卖、非法提供、非法使用武装部队专用标志罪①

（一）概念与构成

伪造、盗窃、买卖、非法提供、非法使用武装部队专用标志罪，是指伪造、盗窃、买

---

① 本罪和前一项的“非法生产、买卖武装部队制式服装罪”，原本规定在1997年刑法的同一款（第375条第2款）中，罪名统一为非法生产、买卖军用标志罪。2009年2月实施的《刑法修正案（七）》对本罪作了修正，将之分列为两个单独的罪名，即非法生产、买卖武装部队制式服装罪与伪造、盗窃、买卖、非法提供、非法使用武装部队专用标志罪，一方面突出了制式服装与车辆号牌等专用标志的不同（并体现在是否存在“情节特别严重”的加重规定上），另一方面也使得两罪各自的罪状描述在行为方式上有了明确的区分，从而与实践状况更为契合。

卖或者非法提供、非法使用武装部队车辆号牌等专用标志，情节严重的行为。

本罪的构成要件如下：

1. 本罪的客观方面表现为，伪造、盗窃、买卖或者非法提供、非法使用武装部队车辆号牌等专用标志，并且情节严重。刑法第375条第3款对本罪行为对象的描述中，在列举了车辆号牌之后，使用了“等”字。这是因为，除车辆号牌外，其他显示部队性质与军人身份，且只能由部队与军人使用的标记物品（如帽徽、胸章、臂章、军种符号、兵种符号等），也属于武装部队的“专用标志”。本罪客观要件中的行为方式包括伪造、盗窃、买卖、非法提供与非法使用。刑法规定了“伪造”专用标志情节严重的构成本罪，但并未规定“变造”，那么变造武装部队的车辆号牌等专用标志的，如何处理？本书认为，既然刑法上有的条文只规定“伪造”（如第170条伪造货币罪）而有的条文则将“伪造”与“变造”并列（如第174条的伪造、变造、转让金融机构经营许可证、批准文件罪），则应该认为“伪造”不包括“变造”，不能将“变造”解释为“伪造”。从而，单纯的变造武装部队的车辆号牌等专用标志的，根据罪刑法定原则的要求，无法评价为本罪。如果变造之后又予以非法提供或者非法使用且情节严重的，则仍能够成立本罪。本罪行为方式的买卖，既可以是无权者（未经合法批准）擅自买卖武装部队的车辆号牌等专用标志，也可以是有权者（具有买卖资格的单位与个人），超量买卖相应的专用标识。除此之外，成立本罪还要求情节严重，达不到情节严重标准的，不以本罪论处。根据最高人民法院2002年4月10日《关于审理非法生产、买卖武装部队车辆号牌等刑事案件具体应用法律若干问题的解释》，具有下列情形之一的，属于“情节严重”：(1) 非法生产、买卖武装部队军以上领导机关专用车辆号牌的；(2) 非法生产、买卖武装部队其他车辆号牌3副以上的；(3) 具有其他严重情节的。这虽然是刑法修正之前的司法解释，但对于本罪的认定仍具有参照价值。

2. 本罪的犯罪主体是一般主体，既可以是军人，也可以是非军人，已满16周岁、具有刑事责任能力的自然人都能成为本罪主体。此外，依照刑法第375条第4款的规定，单位也可以成为本罪的主体。

3. 本罪的主观方面为故意，即行为人必须明知是武装部队的车辆号牌等专用标志，而伪造、盗窃、买卖、非法提供、非法使用。

4. 本罪的客体，即本罪侵害了武装部队车辆号牌等专用标志的管理秩序，并进而侵害了国家的国防利益。

(二) 刑事处罚

刑法第375条第3款规定，犯本罪的，处3年以下有期徒刑、拘役或者管制，并处或者单处罚金；情节特别严重的，处3年以上7年以下有期徒刑，并处罚金（单纯从罪状和法定刑设置来说，本罪较之刑法修正之前的非法生产、买卖军用标志罪而言，对于武装部队的制式服装之外的专用标志，增设了“情节特别严重”的规定并配置了“3年以上7年以下有期徒刑，并处罚金”的较高法定刑）。同条第4款规定，单位犯本罪的，对单位判处罚金，并对其直接负责的主管人员和其他直接责任人员依照第3款的规定处罚。

十六、战时拒绝、逃避征召、军事训练罪

(一) 概念与构成

战时拒绝、逃避征召、军事训练罪，是指预备役人员战时拒绝、逃避征召或者军事训练，情节严重的行为。

本罪的构成要件如下：

1. 本罪的客观方面表现为预备役人员战时拒绝、逃避征召或者军事训练。根据《中华人民共和国兵役法》第2条、第5条的规定，我国实行义务兵与志愿兵相结合、民兵与预备役相结合的兵役制度。兵役分为现役和预备役。在中国人民解放军服现役的称现役军人；编入民兵组织或者经过登记服预备役的称预备役人员。本罪的客观行为是战时拒绝、逃避征召或者军事训练。成立本罪要求发生在战时，平时拒绝、逃避征召、军事训练的，不构成本罪。战时，按照刑法第451条的规定，是指国家宣布进入战争状态、部队受领作战任务或者遭敌突然袭击时；部队执行戒严任务或者处置突发性暴力事件时，以战时论。征召，是指兵役机关依法向预备役人员发出通知，要求其按规定时间、地点报到，准备服现役。军事训练，是指预备役人员进行军事理论教育以及作战技能训练。本罪的具体行为方式体现为两种：拒绝、逃避，其中的拒绝，是指拒不接受征召、参加军事训练的通知或者虽接受通知但拒不报到的行为；逃避，是指假借各种名目、手段躲避征召和参加军事训练。除此之外，本罪的成立还要求情节严重，如果情节尚不严重，则不构成本罪。这里的情节严重，没有司法解释的明确界定，理论上有论者认为，本罪中的情节严重，包括以下情况：(1) 以暴力方法抗拒征召或者军事训练；(2) 煽动他人抗拒征召和军事训练的；(3) 因拒绝、逃避征召或军事训练影响军事任务完成、产生恶劣影响的；(4) 经多次教育仍拒绝、逃避征召、军事训练的；(5) 多次伙同他人拒绝、逃避征召或军事训练的。[①] 本书认为，以上 (1)、(3)、(4)、(5) 四种情形属于本罪中的“情节严重”没有问题，而将第 (2) 项（煽动他人抗拒征召和军事训练的）作为本罪中的情节严重或许值得讨论，因为“煽动他人”抗拒征召和军事训练，其本身并不具备战时拒绝、逃避征召、军事训练罪的实行行为，而是可以归入拒绝、逃避行为的教唆行为[②]，应该按照教唆犯的处罚原则处理，不宜认定为属于本罪中的“情节严重”。

2. 本罪是特殊主体，即预备役人员，具体包括预备役军官和预备役士兵。单位不能成为本罪的主体。

3. 本罪的主观方面表现为故意，即行为人明知是在战时，明知自己的拒绝、逃避征召、军事训练的行为会危害部队工作需要和危害国防利益，而希望或放任这种结果的发生。过失不构成本罪。

4. 本罪的客体是战时部队的征召制度和军事训练的正常进行，进而危害的是国防利益。

（二）刑事处罚

根据刑法第376条第1款的规定，犯本罪的，处3年以下有期徒刑或者拘役。

十七、战时拒绝、逃避服役罪

（一）概念与构成

战时拒绝、逃避服役罪，是指公民战时拒绝、逃避服役，情节严重的行为。

本罪的构成要件如下：

1. 本罪的客观方面表现为，公民战时拒绝、逃避兵役，情节严重的行为。本罪发生在

---

① 参见周光权：《刑法各论讲义》，620页，北京，清华大学出版社，2003。

② “煽动”虽并不等同于“教唆”（前者要求公然性），但是在刑法并未将煽动他人战时拒绝、逃避征召、军事训练的行为单独规定为犯罪的情况下，将这一行为按照教唆犯处理或许更为适宜。

战时，平时拒绝、逃避服役的，不构成本罪。本罪中的拒绝，是指拒不接受服役，主要表现为拒绝进行兵役登记，拒绝进行兵役体检，拒绝到指定地点报到等。逃避，是指通过藏匿、躲避等方式，不去参加兵役登记、体检或者报到等。拒绝、逃避属于本罪的选择性行为方式。服役，是指服兵役，根据《兵役法》第5条的规定，兵役分为现役和预备役，其中现役是公民服兵役的主要形式，而预备役是国家储备后备兵员的主要形式。成立本罪也要求情节严重，其具体内容刑法和司法解释都没有明确规定，一般认为，凡是采用暴力、胁迫等方法或者行贿等方式拒绝、逃避服役的，因为逃避、拒绝服役而影响作战或者其他重要军事任务的，结伙带头并煽动他人拒绝、逃避服兵役的等情形，属于这里的情节严重。

2. 本罪的主体是公民，但是并非所有达到刑事责任年龄、具有刑事责任能力的人都能成为本罪的主体。成为本罪的主体还必须是具备服兵役条件的我国公民。因此，不但外国人和无国籍人不能成为本罪主体，而且因为年龄、身体状况、其他原因（如依法被剥夺政治权利的人，以及被羁押正在受侦查、起诉、审判的或被判处徒刑、拘役、管制正在服刑）而不具备服兵役条件者，都不能成为本罪的主体。

3. 本罪的主观方面表现为故意，即行为人明知自己拒绝、逃避服役的行为会妨害部队的战时兵役管理，却希望或放任此种结果的发生。

4. 本罪的客体是战时部队的兵役管理秩序，并最终危害了国防利益。

（二）刑事处罚

根据刑法第376条第2款的规定，犯本罪的，处2年以下有期徒刑或者拘役。

十八、战时故意提供虚假敌情罪

（一）概念与构成

战时故意提供虚假敌情罪，是指战时故意向武装部队提供虚假敌情，造成严重后果的行为。

本罪的构成要件如下：

1. 本罪的客观方面表现为，在战时向武装部队提供虚假敌情，造成严重后果的行为。本罪的成立首先要求行为发生在战时，平时向武装部队提供虚假敌情的，不构成本罪。这里的武装部队，参照《兵役法》第4条的规定，具体包括中国人民解放军、中国人民武装警察部队和民兵组织。向武装部队提供虚假敌情，一般表现为向武装部队的特定军事机关或具有搜集情报职责的军事人员提供。不是向武装部队提供，而是针对不特定的军事人员编造或散布谣言，扰乱军心的，按照后述的战时造谣扰乱军心罪定罪处罚。虚假敌情，是指与客观事实不符的有关敌方的军事情报，具体包括虚假的敌方军事、政治、技术、地理等方面的情报。需要说明的是，这里的所谓“虚假”情报，必须从客观上加以把握，即行为人所提供的敌方情报与客观事实不符；行为人主观上认为是虚假的情报而向武装部队加以提供，客观上却提供了与事实相符的情报的，不属于这里的“虚假”敌情（客观主义的立场）。成立本罪还要求提供虚假敌情的行为造成了严重后果。本章中其他一些犯罪的成立要求“情节严重”因此属于情节犯，而本罪的成立则要求造成严重后果，因此属于结果犯。这里的严重后果，是一个较之情节严重范围更窄的概念，对此，有论者认为，可以从如下方面加以综合考虑：（1）导致作战部署做较大调整的；（2）致使战斗、战役或者其他重要军事行动遭受损失的；（3）造成人员重伤死亡的；（4）严重毁损武装设备、军用物资的；（5）贻误了战机的；（6）严重影响部队完成重要任务的；等等。[①] 本书认为，以上（2）至（6）项内容作为本罪中的"严重后果"可以成立，而第1项（导致作战部署做较大调整）本身不足以被认定为属于"造成严重后果"，如果事实上依照较大调整后的作战部署并未遭受较大损失甚至取得了胜利，则当然不能认为提供虚假敌情的行为"造成了严重后果"。

2. 本罪的主体是已满16周岁、具有刑事责任能力的自然人，但不能是军人。如果军人战时实施了为武装部队提供虚假敌情的行为，应按照隐瞒、谎报军情罪（刑法第422条）定罪处罚。

3. 本罪的主观方面为故意，即行为人必须明知是虚假的敌情而向武装部队提供，明知自己提供虚假敌情的行为会给我方造成严重后果，并希望或者放任这一结果的发生。战时过失向武装部队提供虚假敌情（以为是真实敌情但事实上是虚假的，并且行为人存在疏忽大意或者过于自信的罪过）的，不成立本罪。

4. 本罪的客体是武装部队的作战部署和作战秩序，并且最终侵害了国防利益。

（二）刑事处罚

根据刑法第377条的规定，犯本罪的，处3年以上10年以下有期徒刑；造成特别严重后果的，处10年以上有期徒刑或者无期徒刑。这里的特别严重后果，一般应限于造成部队人员重大伤亡、影响重要军事任务完成、贻误重要战机、导致战斗、战役重大失利等。

十九、战时造谣扰乱军心罪

（一）概念与构成

战时造谣扰乱军心罪，是指战时造谣惑众，扰乱军心的行为。

本罪的构成要件如下：

1. 本罪的客观方面表现为，在战时制造和散布谣言，从而扰乱军心。其中，造谣惑众，是指故意制造或者散布虚构的对作战不利的谣言，用以蛊惑军人的情绪。

其通常的表现包括夸大敌方散布的所谓战绩、战况、优俘政策、受降条件；编造我军失利或损失惨重的信息等。而扰乱军心，是指使军人产生厌战、怯战情绪或者悲观、恐惧心理，从而士气低落。本罪中，造谣惑众和扰乱军心两者缺一不可。一方面，造谣惑众的行为必须实际上导致了扰乱军心的结果，或者至少具有扰乱军心的具体危险；虽然造谣惑众，但是不可能扰乱军心的（比如造谣惑众的内容与军事无关），不成立本罪。[②] 另一方面，行为虽然客观上造成了扰乱军心的危害或者危险，但是行为人并未造谣惑众而仅是将一些真实的重要军事机密（如我军的伤亡数字、战役失利、军需供应困难、敌军增加援兵等）加以散布和渲染的，由于宣扬、散布的并非虚构的事实，所以欠缺"造谣"惑众的要件，也不成立本罪。[③]

此外，就本罪的客观方面而言，有论者认为本罪行为必须是向多数人传谣，向个别人私下传谣的，不构成本罪。[④] 但是，这恐怕是混淆了"造谣惑众"行为与"煽动"行为的界限，从而人为地限定了本罪的成立范围。对此，正如批评者指出，"造谣'惑众'是要

---

① 参见高铭暄、马克昌主编：《中国刑法解释》（下卷），2646页，北京，中国社会科学出版社，2005。

② 参见张明楷：《刑法学》，3版，857页，北京，法律出版社，2007。

③ 参见周光权：《刑法各论讲义》，609页，北京，清华大学出版社，2003。

④ 参见郎胜主编：《〈中华人民共和国刑法〉释解》，504页，北京，群众出版社，1997。

求行为人制作、散布谣言，进而使众人受到迷惑，而不是要求针对众人造谣；事实上，针对少数人散布谣言，也可能使众人受迷惑”。“虽然是向个别军人传谣，但只要足以使不特定人得知造谣内容，进而扰乱军心的，也应认为是造谣惑众。”①

2. 本罪的主体是非军人。军人在战时情况下，造谣惑众、扰乱军心的，应按照刑法第433条战时造谣惑众罪定罪处罚。

3. 本罪的主观方面表现为故意，即行为人明知自己造谣惑众的行为可能会扰乱军心，影响部队士气，而希望或者放任这种结果的发生。战时因为自己的过失行为客观上导致了扰乱军心的后果的，不构成本罪。

4. 本罪的客体是战时的国防利益，具体是通过对战时的军心、士气的影响而达到对客体的侵害。

（二）刑事处罚

根据刑法第378条的规定，犯本罪的，处3年以下有期徒刑、拘役或者管制；情节严重的，处3年以上10年以下有期徒刑。这里的“情节严重”，并无司法解释的明确规定，有研究者从学理上概括为以下情形：（1）大量散发造谣惑众、扰乱军心材料或者谣言扩散的范围大、人数多的；（2）指挥、组织他人造谣惑众、扰乱军心的；（3）在紧要关头或者危急时刻造谣惑众、扰乱军心的；（4）所制造、传播的谣言煽动性、欺骗性很强的；（5）勾结敌人造谣惑众的；（6）造成部队混乱、指挥失控、人员逃亡或者其他严重后果的；（7）影响完成重要军事任务的；（8）具有其他严重情节的。② 但是，其第（3）项中的“紧要关头”和“危急时刻”还需要再解释，其第（4）项被作为“情节严重”的情形则更值得商榷——本罪作为危险犯，正是因为谣言具有很强的煽动性、欺骗性才可能达到扰乱军心的危险，否则则难以认定为本罪的成立；第（6）项中的后半段也是一个需要进一步解释的“同义反复”；其第（8）项更是对于被解释对象的同义反复，本身毫无实质内容。而以上论者所列举的（1）、（2）、（5）、（7）项关于本罪中“情节严重”的情形，本书认为是可以成立的。

二十、战时窝藏逃离部队军人罪

（一）概念与构成

战时窝藏逃离部队军人罪，是指战时明知是逃离部队的军人而为其提供隐蔽处所、财物，情节严重的行为。

本罪的构成要件如下：

1. 本罪的客观方面表现为战时明知是逃离部队的军人而为其提供隐蔽处所、财物且情节严重。本罪之中，逃离部队的军人，是指未履行请假等手续、不具有正当理由而私自离开部队，以及休假、探亲、学习、住院等逾期不归的军人。行为人对于逃离部队军人的资助方式，法律明文规定为“提供隐蔽处所或财物”，而资助的时间仅限于战时。此外，构成本罪还要求情节严重。这里的所谓情节严重，有研究者指出主要指以下几种情况：（1）战时窝藏多名逃离部队军人的；（2）战时多次窝藏逃离部队军人的；（3）因窝藏逃离部队军人影响部队完成重要军事任务的；（4）因窝藏逃离部队军人造成其他严重后果的；

---

① 张明楷：《刑法学》，3版，857页，北京，法律出版社，2007。

② 参见高铭暄、马克昌主编：《中国刑法解释》（下卷），2649页，北京，中国社会科学出版社，2005。

等等。[1] 本书认为，论者在学理上关于“情节严重”的以上（1）～（3）项的列举，还是可以成立的，对于本罪的认定来说，也有一定的实际意义；而其第（4）项，虽其本身并无实质内容，也属于对于“情节严重”含义的堵漏性规定，也可以理解。

2. 本罪的主体是一般主体，只要达到刑事责任年龄、具备刑事责任能力的自然人，均可构成本罪。而且，成立本罪对于行为人是否军人没有限制，换言之，无论是军人还是非军人，都可以成为本罪的主体。

3. 本罪的主观方面为故意，即行为人必须明知对方是军人、并且是逃离部队的军人而为之提供资助。不具有这种故意的，不成立本罪。

4. 本罪的客体是战时的部队管理秩序及国防利益。

此外，有论者指出，在战时事先煽动军人逃离部队，后又为逃离部队的军人提供隐蔽处所、财物，情节严重的，应按煽动军人逃离部队罪和战时窝藏逃离部队军人罪并罚。[2] 本书对于这一观点予以认可。战时事先煽动军人逃离部队，后又为逃离部队的军人提供隐蔽处所、财物，如果情节并不严重的，其事后的窝藏行为应该为先前的煽动行为所吸收，不具有独立评价的意义；而如果事后的窝藏行为达到了“情节严重”的条件（窝藏行为本身构成了犯罪），则先前的煽动军人逃离部队罪由于法定刑较轻且并无升格法定刑的规定，所以无法评价此后情节严重的窝藏行为，所以对此时的窝藏行为单独予以评价，两罪并罚应该是恰当的选择。

（二）刑事处罚

根据刑法第379条的规定，犯本罪的，处3年以下有期徒刑或者拘役。

二十一、战时拒绝、故意延误军事订货罪

（一）概念与构成

战时拒绝、故意延误军事订货罪，是指战时拒绝或者故意延误军事订货，情节严重的行为。

本罪的构成要件如下：

1. 本罪在客观上表现为，战时拒绝或者延误军事订货。本罪发生在战时，平时拒绝、故意延误军事订货的，不成立本罪。军事订货，是指军事单位根据国防需要，采用协议等方式向军工部门等单位订购武器设备或者其他军用物资的行为。本罪具体的行为方式表现为拒绝或者故意延误。所谓拒绝，是指对军事订货没有正当理由拒不接受；所谓故意延误，是指故意违反订货合同等的约定期限，拖延推迟交付订购物品。此外，成立本罪还必须情节严重。这里的情节严重，主要包括多次拒绝、拖延军事订货，拒绝、延误重要军事订货的，延误军事订货数量大的，使用暴力、威胁方法拒绝军事订货的，等等。

2. 本罪的主体为单位及其直接负责的主管人员以及其他直接责任人员。

3. 本罪的主观方面表现为故意，即明知是军事订货而予以拒绝或者故意拖延交付。单位根本不知是军事订货而拒绝或者故意延误的，不以本罪论处。

4. 本罪的直接客体是战时军事订货秩序，并进而使武装部队的作战能力受到影响，最终危害了国防利益。

---

① 参见高铭暄、马克昌主编：《中国刑法解释》（下卷），2650页，北京，中国社会科学出版社，2005。

② 参见周光权：《刑法各论讲义》，621页，北京，清华大学出版社，2003。

(二) 刑事处罚

根据刑法第380条的规定，犯本罪的，对单位判处罚金，并对其直接负责的主管人员和其他直接责任人员，处5年以下有期徒刑或者拘役；造成严重后果的，处5年以上有期徒刑。这里的所谓严重后果，主要包括因拒绝、故意延误军事订货致使战斗、战役或者其他重要军事行动遭受严重损失的，因拒绝、故意延误军事订货严重影响部队完成重要的军事任务的，因拒绝、故意延误军事订货造成较大的人员伤亡的，等等。

二十二、战时拒绝军事征用罪

(一) 概念与构成

战时拒绝军事征用罪，是指在战时拒绝军事征用，情节严重的行为。

本罪的构成要件如下：

1. 本罪的客观方面表现为，战时拒绝军事征用的行为。本罪发生在战时，平时的拒绝军事征用的行为，即便情节严重，也不成立本罪。军事征用，是指国家和武装部队在战时出于军事需要，对机关、团体、企业、事业单位，以及公民个人的设施、设备、物资进行的带有一定强制性的征购或调用。拒绝军事征用，是指有条件、有能力提供征购或者调用的物资、设备等而拒不提供。本罪的成立要求情节严重。这里的情节严重，包括以暴力、威胁方法抗拒军事征用，多次拒绝军事征用、屡教不改，因拒绝军事征用影响部队重要军事任务完成等。

2. 本罪的主体为自然人一般主体，单位不能成为本罪主体。由于战时军事征用的对象更可能为单位，所以，如果是单位在战时拒绝军事征用的，对于单位的直接负责的主管人员和其他责任人员，要以自然人犯本罪的形式定罪处罚。

3. 本罪的主观方面表现为故意，即明知是军事征用而予以拒绝。

4. 本罪的直接客体是战时的军事征用秩序，并且最终危害了国防利益。

(二) 刑事处罚

根据刑法第381条规定，犯本罪的，处3年以下有期徒刑或者拘役。

【附录】

一、司法考试真题

村民张某，为了筹集结婚费用，动起了盗窃国防通信线路的念头，先后三次用钢丝钳等工具，偷剪该线路电缆2 000余米，价值2万元，销赃后得赃款3 000元，致使该线路中断通信三个多小时。张某的行为构成何罪？（ ）

A. 盗窃罪　　B. 破坏公用通信设备罪

C. 破坏军事通信罪　　D. 故意毁坏财物罪

答案：C

二、模拟试题

1. 无业游民苏某冒充武装警察部队上尉军官在火车上结识一名女大学生并开始交往，一次两人在校园露天过夜时被学校保安人员发现。经盘查，揭穿了苏某的伪装。苏某的行为已构成（　　）。

A. 招摇撞骗罪　　B. 冒充军人招摇撞骗罪

C. 诈骗罪　　D. 侮辱妇女罪

答案：B

2. 下列犯罪可由单位构成的是：（　　）。

A. 破坏武器装备、军事设施、军事通信罪

B. 故意提供不合格武器装备、军事设施罪

C. 过失提供不合格武器装备、军事设施罪

D. 雇用逃离部队军人罪

答案：B

3. 下列犯罪可由单位构成的是：（　　）。

A. 非法生产、买卖军用标志罪

B. 伪造、变造、买卖武装部队公文、证件、印章罪

C. 盗窃、抢夺武装部队公文、证件、印章罪

D. 接送不合格兵员罪

答案：A

4. 战时拒绝、逃避征召、军事训练罪的主体是：（　　）。

A. 中国公民　　B. 军职人员

C. 预备役人员　　D. 国家工作人员

答案：C

5. 以下犯罪，属于危害国防利益罪的是：（　　）。

A. 投敌叛变罪　　B. 虐待俘虏罪

C. 雇用逃离部队军人罪　　D. 战时造谣扰乱军心罪

答案：CD

第十一章

军人违反职责罪

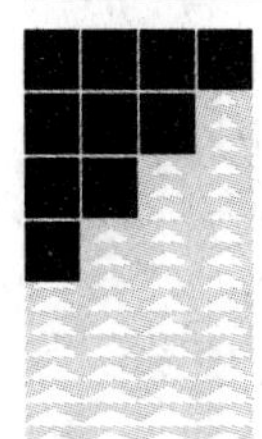

二十二、非法出卖、转让武器装备罪
二十三、遗弃武器装备罪
二十四、遗失武器装备罪
二十五、擅自出卖、转让军队房地产罪
二十六、虐待部属罪
二十七、遗弃伤病军人罪
二十八、战时拒不救治伤病军人罪
二十九、战时残害居民、掠夺居民财物罪
三十、私放俘虏罪
三十一、虐待俘虏罪

参考文献

陈兴良：《陈兴良刑法学教科书之规范刑法学》，中国政法大学出版社，2003；张明楷；《刑法学》，3版，法律出版社，2007；周光权：《刑法各论讲义》，清华大学出版社，2003；王作富主编：《刑法分则实务研究》（上），3版，中国方正出版社，2007；高铭暄、马克昌主编：《刑法学》，3版，北京大学出版社、高等教育出版社，2007；高铭暄、马克昌主编：《中国刑法解释》（下卷），中国社会科学出版社，2005；周道鸾、张军主编：《刑法罪名精释》，3版，人民法院出版社，2007。

第一节　军人违反职责罪概述

1979年我国的第一部刑法典之中，并没有关于军人违反职责罪的专门规定。1981年6月10日颁布、1982年1月1日施行的《中华人民共和国惩治军人违反职责罪暂行条例》第一次以单行刑法的方式对此加以规定，在1997年修订刑法时将相应的内容予以补充完善，整合纳入了刑法典之中，并作为专门的一章即刑法分则第十章。军人违反职责罪这一类罪的特殊性首先在于，本章犯罪的主体是特殊主体，即军人。刑法第450条明确规定："本章适用于中国人民解放军的现役军官、文职干部、士兵及具有军籍的学员和中国人民武装警察部队的现役警官、文职干部、士兵及具有军籍的学员以及执行军事任务的预备役人员和其他人员。"因此，如果军人的同一行为既触犯了本章的条文，又触犯了刑法分则其他章的条文，就应根据特别法优于普通法的原则，适用刑法分则第十章的有关规定，而不能适用其他普通法条。

根据刑法第420条规定，军人违反职责，危害国家军事利益，依照法律应当受刑罚处罚的行为，是军人违反职责罪。

第二节　军人违反职责罪分述

一、战时违抗命令罪

战时违抗命令罪，是指军人在战时故意违抗命令，对作战造成危害的行为。本罪的构成要件如下：(1) 本罪的客观方面表现为战时违抗作战命令，对作战造成危害的行为。首先，行为必须发生在战时。战时的具体含义，刑法第451条作出了明确的规定，即国家宣布进入战争状态、部队受领作战任务或者遭敌突然袭击时；部队执行戒严任务或处置突发性暴力事件时，以战时论。其次，实施了违抗命令的行为。违抗命令，是指主观上出于故意，客观上违背、抗拒首长、上级职权范围内的命令，包括拒绝接受命令，或者不按照命令的具体要求行动等。最后，并非所有的战时违抗命令的行为都一律构成本罪，只有由于违抗命令对作战造成危害的行为，才成立本罪。根据中国人民解放军总政治部2002年1月31日起实施的《中国人民解放军总政治部关于军人违反职责罪案件立案标准的规定》(试行)(本章为叙述方便，以下将此规定简称为《立案标准》)，战时违抗命令，涉嫌下列情形之一的，应予立案：1) 扰乱作战部署、贻误战机的；2) 造成重大任务不能完成或者迟缓完成的；3) 造成死亡1人以上，或者重伤2人以上，或者轻伤3人以上的；4) 造成军事装备、设施损毁，直接影响作战任务完成的；5) 造成其他危害的。(2) 本罪的主体是战时的军人。(3) 本罪的主观方面表现为故意，即明知违抗命令的行为会发生对作战造成危害的结果，并且希望或者放任这种结果发生。(4) 本罪的客体是作战利益或者作战指挥秩序。

根据刑法第421条的规定，犯战时违抗命令罪的，处3年以上10年以下有期徒刑；致使战斗、战役遭受重大损失的，处10年以上有期徒刑、无期徒刑或者死刑。

二、隐瞒、谎报军情罪

隐瞒、谎报军情罪，是指军人故意掩盖真实的军事情况，不报告或者报告不真实的军事情况，因而对作战造成危害的行为。本罪的构成要件如下：(1) 本罪的客观方面表现为，隐瞒军情不报告，或者报告不真实的军情，对作战造成危害。本罪之中，隐瞒军情，是指将应当向首长、上级报告的军事情况隐瞒不报。谎报军情，是指用编造或者篡改的军事情况欺骗首长、上级。报告，是指用口头或者书面等形式，将军事情况正式告诉首长、上级或者部队。军情，是指与作战有关的我军、友军和敌军的情报及其他重要信息。刑法第422条虽未明文要求“战时”，但从罪状中“对作战造成危害”这一要求来看，应认为行为必须发生在战时。[①] 根据《立案标准》的规定，隐瞒、谎报军情，涉嫌下列情形之一的，应予立案：1) 造成首长、上级决策失误的；2) 造成重大任务不能完成或者迟缓完成的；3) 造成死亡1人以上，或者重伤2人以上，或者轻伤3人以上的；4) 造成军事装备、设施损毁，直接影响作战任务完成的；5) 造成其他危害的。(2) 本罪的主体是军人。(3) 本罪的主观方面表现为故意，即明知自己隐瞒、谎报军情的行为会发生对作战造成危害之结

---

① 参见张明楷：《刑法学》，3版，922页，北京，法律出版社，2007。

果，并且希望或者放任这种结果发生。(4) 本罪的客体是作战利益。

根据刑法第422条的规定，犯隐瞒、谎报军情罪的，处3年以上10年以下有期徒刑；致使战斗、战役遭受重大损失的，处10年以上有期徒刑、无期徒刑或者死刑。这里的致使战斗、战役遭受重大损失，“是指造成我军人员重大伤亡，武器装备、军事设施和军用物资严重损失，直至战斗、战役失利等”①。

三、拒传、假传军令罪

拒传、假传军令罪，是选择性罪名，按照实际行为方式的不同，可分解为拒传军令罪和假传军令罪。拒传军令罪是指负有传递军令职责的军人，明知是与作战有关的命令、指示而故意拒绝传递或拖延传递，对作战造成危害的行为。假传军令罪是指军人故意伪造、篡改军令并予以传达或发布，对作战造成危害的行为。本罪中的军令，是指与部队军事活动有关的命令、指示等。按照《立案标准》的规定，涉嫌下列情形之一的，应予立案：(1) 造成首长、上级决策失误的；(2) 造成重大任务不能完成或迟缓完成的；(3) 造成死亡1人以上，或者重伤2人以上，或者轻伤3人以上的；(4) 造成军事装备、设施损毁，直接影响作战任务完成的；(5) 造成其他危害的。本罪的主体是军人，并且通常是负有传递军令职责的军人。本罪的主观方面表现为故意，即明知自己拒传军令、假传军令的行为会对作战造成危害，且希望或者放任这种结果发生。本罪的客体是军队的作战利益。

根据刑法第422条的规定，犯拒传、假传军令罪的，处3年以上10年以下有期徒刑；致使战斗、战役遭受重大损失的，处10年以上有期徒刑、无期徒刑或者死刑。本罪中的“致使战斗、战役遭受重大损失”，其含义与隐瞒、谎报军情罪的场合相同。

四、投降罪

投降罪，是指在战场上贪生怕死，自动放下武器投降敌人的行为。本罪的构成要件如下：(1) 本罪的客观方面表现为，在战场上自动放下武器投降敌人。自动放下武器，是指可以使用武器进行有效抵抗而自动放弃抵抗的。投降，是指向敌对一方表示屈服的行为。需要注意的是，本罪的客观构成要件之中，关键点在于“在战场上”和“自动放下武器”这两点。本罪虽未明确要求“战时”，但是却明确要求是在“战场上”。如果军人不是在战场上自动投降，而是在和平时期投奔敌方进行危害国家安全活动，或者虽是在战场上，但并非自动放下武器投降，而是在被捕、被俘之后投降敌人，实施危害国家安全活动的，不构成本罪，而构成刑法分则第一章中的投敌叛变罪。(2) 本罪的主体是战场上的军人。(3) 本罪的主观方面表现为故意，并出于畏惧战斗、贪生怕死的动机。(4) 本罪的客体仍然是作战利益。

根据刑法第423条的规定，犯投降罪的，处3年以上10年以下有期徒刑；情节严重的，处10年以上有期徒刑或者无期徒刑；投降后为敌人效劳的，处10年以上有期徒刑、无期徒刑或者死刑。成立投降罪本身并不要求性质恶劣、情节严重，只要是在战场上投降敌人，即可构成本罪。情节严重是本罪的加重构成要件。这里的情节严重，主要指指挥人员或者其他负有重要职责的人员投降的，组织、煽动他人投降的，携带重要武器装备投降的，因投降致使战斗、战役遭受重大损失等等。投降后为敌人效劳，

---

① 陈兴良：《陈兴良刑法学教科书之规范刑法学》，730页，北京，中国政法大学出版社，2003。

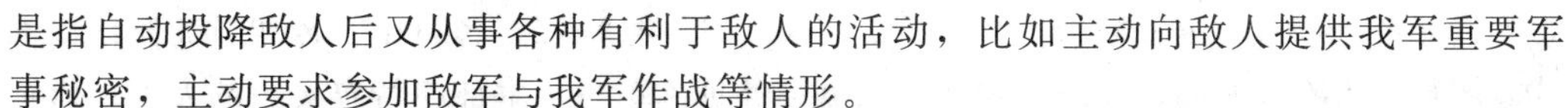

是指自动投降敌人后又从事各种有利于敌人的活动，比如主动向敌人提供我军重要军事秘密，主动要求参加敌军与我军作战等情形。

五、战时临阵脱逃罪

战时临阵脱逃罪，是指军人在战斗中或者在接受作战任务后，因畏惧战斗、贪生怕死，逃离战斗岗位的行为。本罪的构成要件如下：(1) 本罪的客观方面表现为，在战斗中或面临战斗任务而逃避战斗岗位的行为。临阵，是指部队已经受领战斗任务，进入待命出击的地域及战场。脱逃，是指擅自离开战斗岗位的行为。刑法规定成立战时临阵脱逃罪并不要求“性质恶劣”、“情节严重”等，只要是在战时面临作战任务时逃离战斗岗位的，即可构成本罪。相反，如果脱逃不是发生在战时，不是在面临战斗的时候，则不成立本罪。(2) 本罪的主体是战斗中或者接受了作战任务的军人。(3) 本罪的主观方面表现为故意，并出于畏惧战斗、贪生怕死的动机。(4) 本罪的客体是军队的作战利益。

根据刑法第 424 条的规定，犯本罪的，处 3 年以下有期徒刑；情节严重的，处 3 年以上 10 年以下有期徒刑；致使战斗、战役遭受重大损失的，处 10 年以上有期徒刑、无期徒刑或者死刑。这里的情节严重，是指指挥人员或者其他负有重要职责的人员脱逃的，组织、煽动他人脱逃的，携带重要武器装备脱逃的，在紧要关头或者危急时刻脱逃的等情形。致使战斗、战役遭受重大损失，是指造成我军人员重大伤亡，武器装备、军事设施和军用物资严重损失，直至战斗、战役失利等。

六、擅离、玩忽军事职守罪

擅离、玩忽军事职守罪，是指指挥人员和值班、值勤人员擅自离开正在履行职责的岗位，或者在履行职责的岗位上，严重不负责任，不履行或者不正确履行职责，造成严重后果的行为。

本罪是选择性罪名，根据具体行为方式的不同，分为擅离军事职守罪和玩忽军事职守罪。两罪的成立都要求造成严重后果。根据《立案标准》的规定，擅离军事职守，涉嫌下列情形之一的，应予立案：(1) 造成战斗失利，或者战役严重受挫的；(2) 造成重大任务迟缓完成或者不能完成的；(3) 造成死亡 1 人以上，或者重伤 2 人以上，或者轻伤 3 人以上的；(4) 造成枪支、手榴弹、爆炸装置或者子弹 10 发、雷管 30 枚、导火索和导爆索 30 米、炸药 1 千克以上，或者不满规定数量，但后果严重的；或者其他重要武器装备、器材丢失、被盗的；(5) 造成武器装备、军事设施、军用物资或者国家和人民财产损毁，直接经济损失 30 万元以上的，或者直接经济损失不满 30 万元，但间接经济损失超过 100 万元的；(6) 造成其他危害后果的。玩忽军事职守，涉嫌下列情形之一的，应予立案：(1) 造成战斗失利，或者战役严重受挫的；(2) 造成部队重大任务迟缓完成或者不能完成的；(3) 造成死亡 2 人以上，或者重伤 3 人以上，或者轻伤 5 人以上的；(4) 造成枪支、手榴弹、爆炸装置或者子弹 20 发、雷管 40 枚、导火索和导爆索 40 米、炸药 2 千克以上，或者不满规定数量，但后果严重的；或者其他重要武器装备、器材丢失、被盗的；(5) 造成武器装备、军事设施、军用物资或者国家和人民财产损毁，直接经济损失 50 万元以上的，或者直接经济损失不满 50 万元，但间接经济损失超过 200 万元的；(6) 造成其他危害后果的。

本罪的主体为军队中的指挥人员和值班、执勤人员。根据前述《立案标准》的规定，本罪中的指挥人员，是指对部队或者部属负有组织、领导、管理职责的军人，专业主管人员在其业务管理范围内，视为指挥人员；值班人员，是指军队各单位、各部门为保持指挥或者履行职责不间断而设立的、定期轮流负责处理本单位、本部门特定事务的人员；值勤人员，是指正在担任警卫、巡逻、观察、纠察、押运等勤务，或者作战勤务工作的人员。指挥人员、值班、执勤人员之外的其他军职人员，以及非军职人员，不能成为本罪的主体。

通常认为，擅离、玩忽军事职守罪为过失犯罪，但也有观点认为，本罪分为擅离军事职守罪与玩忽军事职守罪，从主观方面看，前者为故意犯罪，后者为过失犯罪。[①] 前述《立案标准》中，在擅离军事职守和玩忽军事职守的情况下对于应予立案的标准设置了不同的标准，并且前者的定罪条件较之后者为宽，再者从法律用语基本含义的角度看，擅离具有故意、主动离开的蕴涵在内，而玩忽则是疏忽大意的过失，因此认为擅离军事职守罪是故意犯罪，玩忽军事职守罪是过失犯罪的观点，本书予以采纳。

本罪的客体是军队指挥、值班、执勤的正常秩序。

根据刑法第425条的规定，平时犯本罪的，处3年以下有期徒刑或者拘役；造成特别严重后果的，处3年以上7年以下有期徒刑；战时犯本罪的，处5年以上有期徒刑。可见，刑法并未将"战时"作为本罪的基本构成要件而是将其作为了加重构成要件。这样的处理，主要是因为平时擅离、玩忽军事职守的行为同样具有可罚性，而战时擅离、玩忽军事职守的，则危害性更为严重。

七、阻碍执行军事职务罪

阻碍执行军事职务罪是指军人以暴力、威胁等方法，故意阻挠或者妨碍指挥、值班、值勤人员执行职务的行为。本罪的构成要件如下：（1）本罪的客观方面表现为，使用暴力、威胁方法，阻碍指挥人员或者值班、值勤人员等执行职务。暴力，是指使用捆绑、拘禁、殴打、伤害及其他方法危害人身安全或者限制人身自由，或者强行毁坏装备、设施和财物，使对方不能正常执行职务的行为。威胁，是指以实施暴力、逼迫、恫吓等方式，使对方不能正常执行职务的行为。执行职务，是指指挥、值班、执勤人员正在履行的特定职责。以暴力、威胁方法阻碍其他军人执行职务的，成立刑法第368条的阻碍军人执行职务罪。[②]（2）本罪的主体是军职人员。一般公民以暴力、威胁方法阻碍军人执行职务的，不成立本罪，而成立刑法第368条的阻碍军人执行职务罪。（3）本罪的主观方面为故意，即明知是正在执行职务的指挥人员或者值班、执勤人员而对其施以暴力、威胁，阻碍其执行职务的主观心理状态。（4）本罪的客体是军队的指挥、值班、执勤的正常秩序。

根据刑法第426条的规定，犯本罪的，处5年以下有期徒刑或者拘役；情节严重的，处5年以上有期徒刑；致人重伤、死亡的，或者有其他特别严重情节的，处无期徒刑或者死刑。战时犯本罪的，根据犯罪的情节与后果，分别按上述法定刑从重处罚。本罪中的情节严重，一般包括使用武器装备阻碍执行职务的，在紧要关头或者危急时刻阻碍执行职务

---

① 参见张明楷：《刑法学》，3版，924页，北京，法律出版社，2007。

② 也有观点认为这里的"执行职务"也包括"其他军人正在履行的特定职责"。参见陈兴良：《陈兴良刑法学教科书之规范刑法学》，735页，北京，中国政法大学出版社，2003。这种观点实际上来源于前述解放军总政治部2002年1月31日起实施的《关于军人违反职责罪案件立案标准的规定》之（七）。但是，刑法第426条明确将本罪的行为对象限定为"指挥人员或者值班、执勤人员"并且采用了封闭式的规定，所以，不应该认为"其他军职人员"也包含在本罪的犯罪对象中。

的，阻碍担任重要职责的指挥人员、值班、执勤人员执行职务的，等等。本罪中的其他特别严重情节，一般包括在紧要关头或者危急时刻阻碍担任重要职责的指挥人员、值班、执勤人员执行职务的，阻碍执行职务造成特别严重后果的，等等。

八、指使部属违反职责罪

指使部属违反职责罪，是指指挥人员滥用职权，指使部属进行违反职责的活动，造成严重后果的行为。本罪的构成要件如下：(1) 本罪的客观方面表现为，滥用职权，指使部属进行违反职责的活动，造成严重后果。滥用职权，是指不正当地运用职务上的权力，超越职权，违法决定、处理无权决定处理的事项，或者违反规定处理公务。采取与职权无关的方法使部属进行违反职责的活动，不成立本罪。指使部属进行违反职责的活动，是指指使部属实施违反军人共同职责、一般职责或专业职责的行为。这里指使部属所实施的违反职责的活动，必须是尚未构成刑法分则第十章军人违反职责罪中具体犯罪的一般违反职责的活动；否则，指使者与具体实施者构成相应犯罪的共犯。构成本罪必须要求造成了严重后果。根据《立案标准》，滥用职权，指使部属进行违反职责的活动，涉嫌下列情形之一的，应予立案：1) 造成战斗失利，或者战役严重受挫的；2) 造成重大任务迟缓完成或者不能完成的；3) 造成死亡 1 人以上，或者重伤 2 人以上，或者轻伤 3 人以上的；4) 造成武器装备、军事设施、军用物资或者国家和人民财产直接经济损失 30 万元以上的，或者直接经济损失不满 30 万元，但间接经济损失超过 100 万元的；5) 造成其他严重危害后果的。(2) 本罪的主体是军队中的指挥人员，即具有一定职权的军队中的各级首长。就本罪的成立来说，还要求行为人与行为对象（部属）之间必须具有隶属关系。(3) 本罪的主观方面为故意，即行为人明知是违反军人职责的活动，而故意滥用职权，指使部属实施。(4) 本罪的客体是军队的正常指挥秩序。

根据刑法第 427 条的规定，犯本罪的，处 5 年以下有期徒刑或者拘役；情节特别严重的，处 5 年以上 10 年以下有期徒刑。这里的情节特别严重，包括战时指使部属违反职责的，不顾部属的反对强迫其违反职责的，指使建制部队（分队）违反职责的，等等。

九、违令作战消极罪

违令作战消极罪，是指指挥人员在作战中违抗命令，临阵畏缩，作战消极，造成严重后果的行为。本罪的构成要件如下：(1) 本罪的客观方面表现为，在作战中违抗命令，临阵退缩，消极作战，造成严重后果的行为。本罪客观上并非表现为一切在作战中违抗命令的行为，而是表现为临阵畏缩、作战消极。违抗命令，临阵畏缩，作战消极，是指在作战中故意违背并抗拒执行首长、上级的命令，或者面临战斗任务而畏难怕险，怯战怠战，行动消极。本罪属于结果犯，未造成严重后果的，不能以本罪论处。根据《立案标准》，涉嫌下列情形之一的，应予立案：1) 应当按照首长、上级的要求完成作战任务而未完成或者贻误战机的；2) 造成重大任务迟缓完成或者不能完成的；3) 造成死亡 1 人以上，或者重伤 2 人以上，或者轻伤 3 人以上的；4) 紧要关头或者危急时刻行动消极的；5) 煽动、串通其他部队和人员消极怠战的；6) 造成武器装备、军事设施、军用物资或者国家和人民财产直接经济损失 30 万元以上的，或者直接经济损失不满 30 万元，但间接经济损失超过 100 万元的；7) 造成其他严重后果的。(2) 本罪的主体仅限于指挥人员，这也使本罪区别于其他的军人违反职责罪（比较相近的是战时违抗命令罪）。(3) 本罪的主观方面表现为故意，即明知是违令作战消极的行为，而有意实施。(4) 本罪的客体是作战利益。

根据刑法第428条的规定，犯本罪的，处5年以下有期徒刑；致使战斗、战役遭受重大损失或者有其他特别严重情节的，处5年以上有期徒刑。

十、拒不救援友邻部队罪

拒不救援友邻部队罪，是指指挥人员在战场上，明知友邻部队处于被敌人包围、追击或者阵地将被攻陷等紧急情况请求救援，能救援而不救援，致使友邻部队遭受重大损失的行为。

本罪的构成要件如下：

1. 本罪的客观方面：本罪中的友邻部队，是指由于驻地、配置地域或者执行任务而相邻，没有隶属关系的部队（分队）。能救援而不救援，是指根据当时自己部队（分队）所处的环境、作战能力及所担负的任务，完全有条件组织救援却没有组织救援。本罪是典型的不作为犯罪。需要注意的是，并非所有的战场上面对友邻部队的救援请求，能救援而不救援的都成立本罪，本罪的成立要求不救援的行为导致友邻部队遭受重大损失。根据《立案标准》的规定，涉嫌下列情形之一的，应予立案：（1）造成战斗失利的；（2）造成阵地失陷的；（3）造成突围严重受挫的；（4）造成死亡1人以上，或者重伤2人以上，或者轻伤3人以上的；（5）造成武器装备、军事设施、军用物资损毁，直接经济损失30万元以上的，或者直接经济损失不满30万元，但间接经济损失超过100万元的；（6）造成其他严重损失的。

2. 本罪的主体是指挥人员，刑法对此予以了明确规定。一般作战人员不能成为本罪的主体。

3. 本罪的主观方面表现为故意，即明知友邻部队处境危急请求救援，不救援行为会发生使友邻部队遭受重大损失的结果，并且希望或者放任这种结果发生。

4. 本罪的客体是部队的作战利益和作战秩序。

根据刑法第429条的规定，犯本罪的，对指挥人员处5年以下有期徒刑。

十一、军人叛逃罪

军人叛逃罪，是指军人在履行国家、国防事务以及其他军事事务期间，擅离岗位，叛逃境外或者在境外叛逃，危害国家军事利益的行为。

本罪的构成要件如下：

1. 本罪的客观方面：根据前述《立案标准》，本罪中的叛逃境外，是指通过合法或者非法手段叛逃境外的行为；在境外叛逃，是指在境外履行国家、国防事务以及其他军事事务期间，擅自离队或者与派出单位和有关部门脱离关系，并滞留不归的行为。根据《立案标准》，涉嫌下列情形之一的，应予立案：（1）因反对国家政权和社会主义制度而出逃的；（2）掌握、携带机密级以上军事秘密出境后滞留不归的；（3）出境后申请政治避难的；（4）出逃后公开发表叛国言论的；（5）出逃后投靠境外反动机构或者组织的；（6）出逃至交战对方区域的；（7）出逃后从事其他危害国家军事利益的。

2. 本罪的主体是军职人员，这是本罪区别于刑法第109条叛逃罪的特征，后者的主体是军职人员以外的国家机关工作人员以及掌握国家秘密的国家工作人员。

3. 本罪的主观方面是直接故意，且具有摆脱部队控制、逃离部队的目的。军职人员在境外由于不可抗力与单位、组织或有关部门失去联系，没有逃离部队、滞留境外的意图，不构成犯罪。

4. 本罪的客体是我军军事事务和活动的安全以及我军声誉。

根据刑法第430条规定，犯本罪的，处5年以下有期徒刑或者拘役；情节严重的，处5年以上有期徒刑；驾驶航空器、舰船叛逃的，或者有其他特别严重情节的，处10年以上有期徒刑、无期徒刑或者死刑。本罪中的情节严重，一般是指指挥人员或者其他担负重要职责的军职人员叛逃的，战时叛逃的，携带军事秘密叛逃的，等等。本罪中的其他特别严重情节，是指劫持航空器、舰船叛逃的，携带重要或者大量军事秘密叛逃的，叛逃后积极从事危害国家安全和危害国防利益的行为，等等。①

十二、非法获取军事秘密罪

非法获取军事秘密罪，是指军人违反国家和军队的保密规定，采取窃取、刺探、收买方法，非法获取军事秘密的行为。

本罪的构成要件如下：

1. 本罪的客观方面：刑法对于非法获取军事秘密的方式作了明确的封闭式列举：窃取、刺探、收买是非法获取军事秘密的三种手段，采取其中任何一种手段非法获取军事秘密的，都构成本罪，同时采取以上几种手段获取军事秘密的也只成立一罪。在非法获取军事秘密的行为方式之中，窃取，是指采取秘密手段，获取军事秘密的行为；刺探，是指搜集、侦察、探听军事秘密的行为；收买，是指以金钱或者财物等与他人交换，获取军事秘密的行为。这里，需要明确的是，无论是窃取、刺探还是收买军事秘密，都是行为人了解自己不知道的军事秘密的内容或取得自己不掌握的军事秘密的载体，所以，保密人员将自己保管的军事秘密文件私自复印并拿取和保存，仅仅是取得其已经知道的军事秘密内容和其已经掌握的军事秘密载体，不属于本条中的窃取。若保密人员将其非法复制和保存的军事秘密加以扩散，可以构成故意泄露军事秘密罪。② 军事秘密，是指直接关系国防和军队利益与安全，在一定时间内只限一定范围的人员知悉的事项。根据《立案标准》规定，军事秘密的内容包括：(1) 国防和武装力量建设规划及其实施情况；(2) 军事部署，作战和其他重要军事行动的计划及其实施情况；(3) 战备演习、军事训练计划及其实施情况；(4) 军事情报及其来源，通信、电子对抗和其他特种技术的手段、能力、机要密码及有关资料；(5) 武装力量的组织编制，部队的任务实力、素质、状态等基本情况；(6) 军以下部队及特殊单位的番号；(7) 国防动员计划及其实施情况；(8) 武器装备的研制、生产、配备情况和补充、维修能力，特种军事装备的战术技术性能；(9) 军事学术、国防科学技术研究的重要项目、成果及其应用情况；(10) 军队政治工作中不宜公开的事项；(11) 国防费用的分配和使用，军事物资的筹措、生产、供应和储备等情况；(12) 军事设施及其保护情况；(13) 军援、军贸和其他对外军事交往活动中的有关情况等；(14) 其他需要保密的事项。根据刑法规定，采取窃取、刺探、收买的方式，非法获取上述军事秘密的，即可成立本罪。本罪的成立本身既不要求情节严重、造成严重后果等，也不要求将非法获取的军事秘密泄露给他人。

2. 本罪的主体是军职人员。

3. 本罪的主观方面表现为直接故意，即明知自己获取军事秘密的方式非法，仍希望以窃取、刺探、收买的方式非法获得。目的与动机通常不影响本罪的成立，例外的是，如果

---

① 参见陈兴良：《陈兴良刑法学教科书之规范刑法学》，739页，北京，中国政法大学出版社，2003。

② 参见高铭暄、马克昌主编：《中国刑法解释》（下卷），2987页，北京，中国社会科学出版社，2005。

是为了境外的机构、组织、人员实施上述行为，则构成后述的为境外窃取、刺探、收买、非法获取军事秘密罪。

4. 本罪的直接客体是军事秘密的安全，进而也危害了国家军事利益和国家安全。

根据刑法第431条第1款的规定，犯本罪的，处5年以下有期徒刑；情节严重的，处5年以上10年以下有期徒刑；情节特别严重的，处10年以上有期徒刑。本罪中的情节严重，一般包括利用职权非法获取军事秘密的，从作战、机要、保密等重要部门非法获取军事秘密的，非法获取大量或重要军事秘密的，战时非法获取军事秘密的，将非法获取的军事秘密泄露的，等等。本罪中的情节特别严重，包括利用职权非法获取大量或者重要的军事秘密的，从作战、机要、保密等重要部门非法获取大量或者重要军事秘密的，为敌人非法获取军事秘密的，将非法获取的大量的或者重要的军事秘密泄露的，非法获取军事秘密造成特别严重后果的，等等。

十三、为境外窃取、刺探、收买、非法提供军事秘密罪

为境外窃取、刺探、收买、非法提供军事秘密罪，是指军人违反国家和军队的保密规定，以非法手段，为境外机构、组织、人员窃取、刺探、收买、非法提供国家军事秘密的行为。

本罪的构成要件如下：

1. 本罪的客观方面：本罪中的境外机构、组织、人员，是指境外企图搜集我国情报的一切机构、组织和人员。窃取、刺探、收买的含义在前罪中已有界定，而非法提供，是指违反国家和军队的保密规定，未经批准，擅自提供或者故意泄露军事秘密的行为。本罪的犯罪对象是军事秘密，军职人员为境外机构、组织、人员窃取、刺探、收买、非法提供军事秘密以外的国家秘密、情报的，以刑法第111条的为境外窃取、刺探、收买、非法提供国家秘密、情报罪论处。

2. 本罪的主体是军职人员。军职人员以外的一般公民为境外机构、组织、人员窃取、刺探、收买、非法提供国家军事秘密（以及军事秘密之外的其他国家秘密、情报）的，以刑法第111条的为境外窃取、刺探、收买、非法提供国家秘密、情报罪论处。

3. 本罪的主观方面为故意，即行为人明知是为境外的机构、组织、人员窃取、刺探、收买、非法提供军事秘密而有意为之。如果行为人只是为他人窃取、刺探、收买、非法提供军事秘密而不知对方是否为“境外”的，对行为人应该按照非法获取军事秘密罪论处。

4. 本罪所侵害的直接客体是军事秘密的安全，进而也危害了国家军事利益和国家安全。

根据刑法第431条第2款的规定，犯本罪的，处10年以上有期徒刑，无期徒刑或者死刑。刑法为本罪配置了相当严重的刑罚后果（起点刑为10年有期徒刑，最高刑为死刑），表明了立法者对于向境外非法提供军事秘密等行为的严厉谴责，这也是试图借助重刑的威慑，防止国家军事秘密向境外流失，以保卫国家的军事秘密安全。

十四、故意泄露军事秘密罪

故意泄露军事秘密罪，是指军人违反国家和军队的保密规定，故意泄露军事秘密，情节严重的行为。

本罪的构成要件如下：

1. 本罪的客观方面：本罪的犯罪对象是国家军事秘密。军事秘密的载体，包括文件、

资料、图表、书刊等纸质载体和光盘、硬盘、软盘、音像磁带等磁介质载体以及重要的内部网络信息等。军人泄露国家其他秘密情节严重的，构成刑法第 398 条的故意泄露国家秘密罪、过失泄露国家秘密罪。本罪的成立要求情节严重。根据前述《立案标准》，涉嫌下列情形之一的，应予立案：（1）泄露绝密级或者机密级军事秘密的；（2）泄露秘密级军事秘密 3 项以上的；（3）向公众散布、传播军事秘密的；（4）泄露军事秘密已造成严重危害后果的；（5）利用职权指使或者强迫他人违反保密法规，泄露军事秘密的；（6）机要、保密人员或者其他负有特殊保密义务的人员泄密的；（7）以谋取私利为目的泄露军事秘密或者出卖军事秘密的；（8）战时或者执行特殊任务时泄密的；（9）其他情节严重的泄密行为。此外，故意将国家军事秘密泄露给境外的机构、组织、人员的，不成立本罪，而成立刑法第 431 条的为境外非法提供军事秘密罪。

2. 本罪的主体是军人。一般公民泄露国家军事秘密的，构成刑法第 398 条的故意泄露国家秘密罪、过失泄露国家秘密罪。

3. 本罪的主观方面是故意，即明知是泄露军事秘密的行为而有意为之的主观心态。

4. 本罪的客体是国家的军事秘密安全或者国家的军事保密制度。

根据刑法第 432 条的规定，平时犯上述罪的，处 5 年以下有期徒刑或者拘役；情节特别严重的，处 5 年以上 10 年以下有期徒刑；战时犯上述罪的，处 5 年以上 10 年以下有期徒刑，情节特别严重的，处 10 年以上有期徒刑或者无期徒刑。本罪中的情节特别严重，应该包括泄露特别重要的军事秘密的；机要、保密人员或者其他负有特殊保密义务的人员泄露大量或者重要军事秘密的；因为泄露军事秘密而造成特别严重的后果等。

十五、过失泄露军事秘密罪

过失泄露军事秘密罪，是指军人违反保守国家秘密法规的制度，过失泄露军事秘密，情节严重的行为。本罪的构成要件如下：（1）本罪的客观方面表现为，军人过失泄露军事秘密情节严重。本罪中的过失泄露军事秘密，是指过失泄露军事秘密或者遗失军事秘密载体，致使军事秘密被不应知悉者知悉或者超出了限定的接触范围。根据前述《立案标准》，涉嫌下列情形之一的，应当予以立案：1）泄露绝密级军事秘密的；2）泄露机密级军事秘密三项以上的；3）泄露秘密级军事秘密三项以上，造成严重危害后果的；4）机要、保密人员或者其他负有特殊保密义务的人员泄密的；5）泄露军事秘密或者遗失军事秘密载体，不如实提供有关情况的，或者未及时采取补救措施的；6）其他情节严重的泄密行为。（2）本罪的主体是军人。（3）本罪的主观方面是过失，即应当预见到自己的行为可能泄露军事秘密，因为疏忽大意没有预见，或者已经预见而轻信可以避免，以致发生泄露国家军事秘密、情节严重之结果的主观心态。（4）本罪的客体是国家的军事秘密安全或者国家的军事保密制度。

刑法第 432 条将本罪的处罚与故意泄露军事秘密罪的处罚"捆绑"规定在了一起，而没有就故意、过失的场合在刑罚后果上予以区分。本书认为，一方面，在现有的刑法规定面前，过失泄露军事秘密罪虽然与故意泄露军事秘密罪共用相同的法定刑档次，但是在同一量刑幅度之内，对于过失泄露军事秘密的行为当然应该比照故意泄露军事秘密罪从轻处理；另一方面，从立法论的角度而言，刑法第 432 条规定故意泄露军事秘密罪和过失泄露军事秘密罪适用相同的法定刑幅度，这虽然也可认为是体现了对于国家军事秘密的严格保护，但从立法技术的角度而言，着实值得反思。本书认为，由于过失泄露军事秘密的场合毕竟在主观罪过和非难可能性上与故意泄露军事秘密罪有较大不同，所以刑法应该专设一款专门规定过失泄露军事秘密罪的法定刑（如规定“过失犯前款罪的，处……”），使该罪的法定刑从故意泄露军事秘密罪的法定刑中独立出来，使相关行为得到独立、恰当的评价。

十六、战时造谣惑众罪

战时造谣惑众罪，是指军人在战时造谣惑众，动摇军心的行为。本罪的构成要件如下：(1) 本罪客观方面的“造谣惑众，动摇军心”，是指战时在部队中公开或者私下，用口头或者普通文字、图像、计算机网络或者其他途径，故意制造、散布谣言，煽动怯战、厌战或恐怖情绪，蛊惑官兵，造成或者足以造成部队情绪恐慌、士气不振、军心涣散的行为。(2) 本罪的主体是军职人员，但不限于参加作战的军职人员。即便是未参战的军职人员在战时造谣惑众，动摇军心的，同样以本罪论处。军人之外的其他公民战时造谣惑众，扰乱军心的，应以刑法第378条的战时造谣扰乱军心罪论处。(3) 本罪的主观方面是直接故意，且具有动摇军心的目的。战时造谣惑众的动机多种多样，但是动机不影响本罪的成立。(4) 本罪的客体是军队的战斗力，并集中体现为对军心的影响。

根据刑法第433条规定，犯本罪的，处3年以下有期徒刑；情节严重的，处3年以上10年以下有期徒刑。勾结敌人造谣惑众，动摇军心的，处10年以上有期徒刑或者无期徒刑；情节特别严重的，可以判处死刑。

十七、战时自伤罪

战时自伤罪，是指军人在战时为了逃避履行军事义务，故意伤害自己身体的行为。本罪的构成要件如下：(1) 本罪的客观方面表现为，军职人员战时自伤身体，逃避军事义务的行为。自伤，既可以是军人亲手伤害自己，也可以是利用他人的故意或过失行为伤害自己。同时，在后果上，自伤并不以造成轻伤以上后果为前提，但必须达到足以逃避军事义务的程度。[①] 加重已有的伤害的，也属于这里的“自伤”。本罪中的逃避履行军事义务，是指逃避临战准备、作战行动、战场勤务和其他作战保障任务等与作战有关的义务。(2) 本罪的主体是军人，具体体现为参加作战或者担负作战任务的军职人员。(3) 本罪的主观方面表现为故意，并具有逃避履行军事义务的目的。[②] (4) 战时条件下军职人员的身体状况不仅关系到本人的健康，更直接体现和影响部队的战斗力。所以，本罪的直接客体就是军队的战斗力。

根据刑法第434条规定，犯本罪的，处3年以下有期徒刑；情节严重的，处3年以上7年以下有期徒刑。

十八、逃离部队罪

逃离部队罪，是指军人违反兵役法规，逃离部队，情节严重的行为。本罪的构成要件如下：(1) 本罪的客观方面表现为，违反兵役法规，逃离部队，且情节严重。违反兵役法

---

① 参见张明楷：《刑法学》，3版，924页，北京，法律出版社，2007。

② 也有观点认为“逃避履行军事义务”是本罪的动机，认为战时自伤罪中的动机是本罪的构成要件，并认为这是动机不是构成要件这一原则的例外。参见高铭暄、马克昌主编：《中国刑法解释》（下卷），2999页，北京，中国社会科学出版社，2005。本书认为，与其认为“逃避履行军事义务”是本罪的动机，不如认为是本罪的犯罪目的。

规，是指违反我国刑法、国防法、兵役法及其他涉及兵役方面的法律规定。逃离部队，是指为逃避服役擅自离开部队或者逾期拒不归队。本罪的成立要求情节严重，至于是战时逃离部队，还是平时逃离部队，对定罪没有影响。根据《立案标准》，涉嫌下列情形之一的，应予立案：1）逃离部队持续时间达3个月以上，或者3次以上，或者累计时间达6个月以上的；2）担负重要职责的人员逃离部队的；3）策动3人以上或者胁迫他人逃离部队的；4）在执行重要任务期间逃离部队的；5）有其他情节严重行为的。(2) 本罪的犯罪主体是现役军人。(3) 本罪的主观方面是故意，且行为人具有永久脱离部队的目的。如果仅是无组织、无纪律，擅自离开部队，打算办完事情即返回的，只要其擅离部队时不属于正在履行职责的指挥人员和值班、执勤人员，就不构成犯罪，否则可能构成刑法第425条的擅离军事职守罪。(4) 军人违反兵役法而逃离部队，会在多方面给军队带来损失，但是本罪首先所侵害的客体还是军人的形象和军队的战斗力。

根据刑法第435条的规定，平时犯逃离部队罪的，处3年以下有期徒刑或者拘役；战时犯逃离部队罪的，处3年以上7年以下有期徒刑。

十九、武器装备肇事罪

武器装备肇事罪，是指违反武器装备使用规定，情节严重，因而发生责任事故，致人重伤、死亡或者造成其他严重后果的行为。本罪的构成要件如下：(1) 本罪的客观方面表现为，违反武器装备使用规定，情节严重，并发生责任事故，致人重伤、死亡或者造成其他严重后果的行为。首先，行为人实施了违反武器装备使用规定的行为。其次，情节严重。情节严重，是指故意违反武器装备的使用规定，或者在使用过程中严重不负责任的行为，包括作为和不作为。最后，发生了责任事故，致人重伤、死亡或者造成其他严重后果。责任事故，是指因违反规章制度的失职行为而造成的事故。其他严重后果，是指因武器装备肇事而引起爆炸、火灾、大面积污染或者其他重大损失等。根据前述《立案标准》的规定，涉嫌下列情形之一的，应予立案：1）影响作战、军事演习、戒严、抢险救灾、处置突发事件等重大任务完成的；2）造成死亡1人以上，或者重伤2人以上，或者轻伤3人以上的；3）造成武器装备损毁，直接经济损失30万元以上的；4）造成其他物资损毁，直接经济损失50万元以上的；5）严重损害国家和军队声誉，在军内外造成恶劣影响的；6）造成其他严重后果的。正确认定武器装备肇事罪，要区分本罪与其他犯罪的界限。根据中国人民解放军军事法院1988年10月19日《关于审理军人违反职责罪案件中几个具体问题的处理意见》，军职人员在执勤、训练、作战时使用、操作武器装备，或者在管理、维修、保养武器装备的过程中，违反武器装备使用规定和操作规程，情节严重，因而发生重大责任事故，致人重伤、死亡或造成其他严重后果的，以武器装备肇事罪论处；凡违反枪支、弹药管理使用规定，私自携带枪支、弹药外出，因玩弄而造成走火或者爆炸，致人重伤、死亡或者使公私财产遭受重大损失的，分别以过失致人重伤罪、过失致人死亡罪或者过失爆炸罪论处。军职人员驾驶军用装备车辆，违反武器装备使用规定和操作规程，情节严重，因而发生重大责任事故，致人重伤、死亡或者造成其他严重后果的，即使同时违反交通运输规章制度，也应当以武器装备肇事罪论处；如果仅因违反交通运输规章制度而发生重大事故，致人重伤、死亡或者使公私财产遭受重大损失的，则以交通肇事罪论处。(2) 本罪的主体是军职人员，具体是具备使用武器装备合法资格的军职人员。(3) 本罪的主观方面是过失。武器装备肇事罪的行为人违反武器装备使用规定的行为虽然通常是有意的，但就本罪所要求的危害后果而言，本罪的主观方面应该是过失，即应当知道自己违反武器装备使用规定的行为会发生责任事故、造成严重后果，因为疏忽大意而没有预见，或者已经预见而轻信能够避免。(4) 本罪的直接客体是武器装备的管理秩序。

根据刑法第436条的规定，犯武器装备肇事罪的，处3年以下有期徒刑或者拘役；后果特别严重的，处3年以上7年以下有期徒刑。这里的后果特别严重，一般包括严重毁损大量的武器装备的，造成多人伤亡的，致使国家财产遭受重大损失的，等等。

二十、擅自改变武器装备编配用途罪

擅自改变武器装备编配用途罪，是指违反武器装备管理规定，擅自改变武器装备的编配用途，造成严重后果的行为。本罪的构成要件如下：(1) 本罪的客观方面表现为，违反武器装备管理规定，擅自改变武器装备的编配用途，造成严重后果的行为。擅自改变武器装备的编配用途，应该和违反武器装备管理规定结合起来加以理解，具体是指军职人员违反武器装备的动用权限、编配用途和使用范围等管理规定，未经有权机关批准而自行将编配的武器装备改作其他用途，造成严重后果的行为。本罪的成立要求造成严重后果。根据前述《立案标准》的规定，涉嫌下列情形之一的，应予立案：1) 造成战斗失利的；2) 造成重大任务不能完成或者迟缓完成的；3) 造成死亡1人以上，或者重伤2人以上，或者轻伤3人以上的；4) 造成武器装备或者国家和人民财产损毁，直接经济损失30万元以上的，或者直接经济损失不满30万元，但间接经济损失超过100万元的；5) 造成其他严重后果的。(2) 本罪的主体为军职人员，特别是实际管理和操作武器装备的军职人员，如各级指挥人员和武器装备的专门管理人员。(3) 本罪的主观方面为过失。这里的过失，是就行为人对其自身的行为所造成的严重结果所持的心理状态而言的，即应当预见到自己违反武器装备管理规定改变武器装备编配用途的行为可能造成严重结果，由于疏忽大意而没有预见，或者已经预见而轻信能够避免，以致发生这种危害结果的心理态度。至于违反武器装备的管理规定，擅自改变武器装备的编配用途，则完全是明知故犯的。和交通肇事罪等的主观罪过一样，认为本罪的主观方面是过失，应该不存在疑问。(4) 本罪的直接客体是部队武器装备的管理秩序。

根据刑法第437条的规定，犯本罪的，处3年以下有期徒刑或者拘役；造成特别严重后果的，处3年以上7年以下有期徒刑。这里所说的特别严重后果，包括严重毁损武器装备的，伤亡多人的，严重影响部队执行重要任务的，等等。

二十一、盗窃、抢夺武器装备、军用物资罪

盗窃、抢夺武器装备、军用物资罪，是指军人采取盗窃或者抢夺的方法，非法占有部队的武器装备或者军用物资的行为。本罪的构成要件如下：(1) 本罪的客观方面表现为，盗窃或者抢夺部队武器装备或者军用物资。本罪的犯罪对象为武器装备、军用物资，盗窃、抢夺其他财物的，则不构成本罪，而分别构成盗窃罪、抢夺罪。此外，本罪的成立客观上要求军人并非是利用职务上的便利。军人若是利用职务上的便利，非法占有军用物资符合贪污罪的构成要件的，应按贪污罪从重处罚。(2) 本罪的主体为军职人员。(3) 本罪的主观方面为故意，且具有非法占有目的。(4) 武器装备或者军用物资是军队战斗力的物质性的构成要素，任何减损这些物质要素的行为都必然侵害部队的战斗力。所以，本罪的直接客体即为部队的战斗力。

刑法第438条第2款规定："盗窃、抢夺枪支、弹药、爆炸物的，依照本法第一百二十七条的规定处罚。"自然，军人之外的一般公民盗窃、抢夺枪支、弹药、爆炸物的，成立

刑法第127条的盗窃、抢夺枪支、弹药、爆炸物罪，对此毫无疑义。问题是，军人盗窃、抢夺枪支、弹药、爆炸物的，如何处理？对此的两种解决方案，可以分别概括为罪刑合一说与罪刑分离说。罪刑合一说主张，此时按照刑法第127条的盗窃、抢夺枪支、弹药、爆炸物罪定罪处罚；罪刑分离说认为，此时仍成立刑法第438条第1款的盗窃、抢夺武器装备、军用物资罪，但是适用刑法第127条的法定刑。确实，刑法第438条第2款仅使用了“处罚”而没有使用“定罪处罚”的表述，似乎为罪刑分离说提供了理由。但是，本书认为，不但军人盗窃、抢夺枪支、弹药、爆炸物的行为具有危害公共安全的性质，适用刑法第127条较为合适；而且，分则条文中的“处罚”与“定罪处罚”的含义并不绝对，“处罚”既可以理解为“量刑”，也完全可以理解为“定罪量刑”；同样重要的，罪刑分离说导致了定罪与量刑的割裂，定此罪却适用彼刑，是对于“刑由罪生”观念的偏离。所以，本书采纳罪刑合一说的观点，即在军人盗窃、抢夺枪支、弹药、爆炸物时，以刑法第127条的盗窃、抢夺枪支、弹药、爆炸物罪定罪处罚。①

根据刑法第438条的规定，犯本罪的，处5年以下有期徒刑或者拘役；情节严重的，处5年以上10年以下有期徒刑；情节特别严重的，处10年以上有期徒刑、无期徒刑或者死刑。本罪中的情节严重，是指盗窃、抢夺重要或者多件武器装备的，盗窃、抢夺军用物资数额巨大的，战时盗窃、抢夺武器装备、军用物资的，严重影响部队完成任务的，等等。本罪中的情节特别严重，是指盗窃、抢夺大量武器装备的，盗窃、抢夺军用物资数额特别巨大的，严重影响部队完成重要任务的，等等。

二十二、非法出卖、转让武器装备罪

非法出卖、转让武器装备罪，是指军人非法出卖、转让武器装备的行为。本罪的构成要件如下：(1) 本罪的客观方面表现为，非法出卖、转让军队武器装备。非法，是指违反武器装备管理规定，未经合法的程序擅自将武器装备出卖、转让。其中，出卖与转让的区别在于，前者是有偿转让武器装备的所有权，而后者则是无偿转让武器装备的所有权。刑法并未明确要求本罪的成立需要情节恶劣、造成严重后果等定量方面的要件，但并不意味着任何的非法出卖、转让武器装备的行为都必须按照本罪处理。根据前述《立案标准》的规定，涉嫌下列情形之一的，应予立案：1) 非法出卖、转让枪支、手榴弹、爆炸装置的；2) 非法出卖、转让子弹10发、雷管30枚、导火索和导爆索30米、炸药1千克以上；或者不满规定数量，但后果严重的；3) 非法出卖、转让其他武器装备的；4) 非法出卖武器、装备零部件及维修器材和设备，致使武器装备报废或者直接经济损失30万元以上的。(2) 本罪的主体是军职人员，主要表现为合法持有或管理武器装备的军职人员。尽管理论上非法出卖、转让武器装备的行为完全可能由单位实施，但是刑法并未规定单位可以成为本罪的主体。(3) 本罪的主观方面为故意。是否具有非法占有目的，不影响本罪的成立。(4) 本罪的直接客体是军队的战斗力。非法出卖、转让武器装备直接造成了武器装备的损失，削弱了军队的战斗力，进而严重危害了国家的军事利益。

根据刑法第439条的规定，犯非法出卖、转让武器装备罪的，处3年以上10年以下有

① 关于此问题的阐述以及采纳“罪刑合一说”的理由，请参见张明楷：《刑法学》，3版，928页，北京，法律出版社，2007。采纳了“罪刑合一说”，认为刑法第438条第1款中的“武器装备”不包括“枪支、弹药、爆炸物”的观点，可参见陈兴良：《陈兴良刑法学教科书之规范刑法学》，747页，北京，中国政法大学出版社，2003；周光权：《刑法各论讲义》，636页，北京，清华大学出版社，2003；等等。

期徒刑；出卖、转让大量武器装备或者有其他特别严重情节的，处10年以上有期徒刑、无期徒刑或者死刑。这里的特别严重情节，包括出卖、转让重要武器装备的，战时出卖、转让武器装备的，致使武器装备流散社会造成严重后果的，严重影响部队完成重要任务的，等等。

二十三、遗弃武器装备罪

遗弃武器装备罪，是指违抗命令，遗弃武器装备的行为。本罪的构成要件如下：(1) 本罪在客观方面表现为，违抗命令、遗弃武器装备的行为。虽然遗弃了武器装备，但是并非由于违抗命令，而是基于上级的统一命令而为的，不成立本罪。这里的违抗命令，不是泛指所有违背上级作战命令及其他命令，而是特指违反有关武器装备的使用、保管、处置的有关命令。遗弃，既包括积极抛弃现有的能够发挥作用的武器装备，也包括将应予妥善管理的武器装备置之不理，使其丧失武器性能。(2) 本罪的主体是负有履行保管武器装备义务的军职人员。(3) 本罪的主观方面为故意，即行为人明知是能够发挥作用的武器装备而故意遗弃。(4) 本罪的直接客体是军队的战斗力。遗弃武器装备直接造成了武器装备的损失，削弱了军队的战斗力，进而严重危害了国家的军事利益。

根据刑法第440条的规定，犯本罪的，处5年以下有期徒刑或者拘役；遗弃重要或者大量武器装备的，或者有其他严重情节的，处5年以上有期徒刑。这里的重要武器装备，是指部队的主要武器装备以及其他在作战中必不可少的武器装备。这里的其他严重情节，包括指挥人员带头遗弃的，煽动他人遗弃的，战时遗弃的，因遗弃行为影响部队完成重要任务或者造成严重后果的，等等。

二十四、遗失武器装备罪

遗失武器装备罪，是指遗失武器装备，不及时报告或者有其他严重情节的行为。本罪的构成要件如下：(1) 根据刑法条文对于遗失武器装备罪罪状的描述，本罪的客观方面表现为两种情形：遗失武器装备而不及时报告，或是遗失武器装备情节严重。这两种情形是选择关系，只要行为人具备其中一种情形，即可以成立本罪，而不要求两种情形同时具备。换言之，行为人只要是遗失武器装备且不及时报告即可以构成本罪，而不问是否具有其他严重情节；而在行为人遗失武器装备且具有严重情节的场合，亦可成立本罪，而不论行为人是否及时报告。具体而言，根据前述《立案标准》，本罪中的遗失，是指在武器装备的操作、使用、维护、修理、保养、运送等过程中，因疏忽大意或者过于自信而造成武器装备丢失。不及时报告，是指丢失武器装备后不按有关规定如实向首长、上级报告，因而丧失追查、寻找武器装备的机会。其他严重情节，是指遗失武器装备严重影响部队战备、作战、训练、戒严、抢险救灾、处置突发事件等重大任务的；给人民群众生命财产安全造成严重危害的；编造虚假情况欺骗首长、上级或者嫁祸于人的；遗失的武器装备被敌人或者境外机构、组织和人员利用，造成恶劣影响的；遗失武器装备数量多、价值高的；战时遗失的。(2) 本罪的主体为军职人员，具体是指合法持有或者管理武器装备的军职人员。(3) 本罪的主观方面较为复杂，应该结合成立本罪的两种不同情形具体分析，而不能笼统地认为本罪的主观方面是过失。具体而言，本书对于遗失武器装备罪的主观方面的罪过形式支持如下的论断：在不及时报告但未发生其他严重情节时，遗失武器装备罪的主观方面是故意，此时不论遗失武器装备本身是出于过失还是意外事件，对于行为人进行责任非难的主观依据都在于其应及时报告而未及时报告的心理态度，而不及时报告是出于故意；在行为人虽然及时报告但发生其他严重情节时，成立遗失武器装备罪而对行为人进行责任非难的主观依据则在于行为人基于疏忽大意或者过于自信而导致的遗失行为本身，所以此种情形的遗失武器装备罪的主观方面是过失（如果此时遗失武器装备本身是无罪过的意外事件，则不成立本罪）；而在不及时报告和其他严重情节并存时，构成遗失武器装备罪的主观方面则可认为是过失和故意兼备的双重罪过（复合罪过）形式。[①]（4）本罪的直接客体是军队的战斗力。遗失武器装备直接造成了武器装备的损失，削弱了军队的战斗力，进而严重危害了国家的军事利益。

根据刑法第441条的规定，犯本罪的，处3年以下有期徒刑或者拘役。

二十五、擅自出卖、转让军队房地产罪

擅自出卖、转让军队房地产罪，是指违反规定，擅自出卖、转让军队房地产，情节严重的行为。本罪的构成要件如下：（1）本罪的客观方面表现为，负有直接责任的军人违反《中国人民解放军内务条令》、《中国人民解放军房地产管理条例》及其他有关军队房地产管理和使用规定，未经有权机关依法审批，有偿或者无偿改变军队土地、房屋、国防工程设施、林木的产权关系，情节严重的行为。本罪的犯罪对象具体体现为军队房地产。这里的军队房地产，是指由军队管理、使用的土地、房屋、国防工程设施、林木。其中，房屋，是指军队拥有所有权的房屋等建筑物及构筑物；国防工程设施，是指机场、码头、公路、铁路专用线、工事和其他建（构）筑设施等；林木，是指军队拥有所有权的森林、树木。成立本罪还要求情节严重。按照前述的《立案标准》的规定，涉嫌下列情形之一的，应予立案：1）出卖、转让军队土地、林木1 000平方米以上，或者房屋3 000平方米以上，或者价值30万元以上的；2）出卖、转让军队重要房地产的；3）出卖、转让军队房地产给境外机构、组织、人员的；4）出卖、转让军队房地产严重影响部队正常训练、工作和生活的；5）出卖、转让军队房地产，事后弄虚作假欺骗上级的；6）出卖、转让军队房地产给军事设施安全造成严重危害的；7）其他情节严重的行为。（2）本罪的主体为负有直接责任的军人，即各军事单位的主管人员和负有房地产管理职责的军职人员。（3）本罪的主观方面为故意，即明知出卖、转让军队房地产的行为违反有关规定，会造成军队房地产损失的结果，并且希望或者放任这种结果发生。（4）本罪的直接客体是国家、军队的资产利益。

根据刑法第442条规定，犯本罪的，对直接责任人员，处3年以下有期徒刑或者拘役；情节特别严重的，处3年以上10年以下有期徒刑。这里的情节特别严重，包括出卖、转让的房地产数量巨大的，出卖、转让特别重要的房地产的，导致部队无法正常训练和生活的，等等。

二十六、虐待部属罪

虐待部属罪，是指滥用职权，虐待部属，情节恶劣，致人重伤、死亡或者其他严重后果的行为。本罪的构成要件如下：（1）本罪的客观方面表现为，滥用职权，虐待部属，情节恶劣，致人重伤或者造成其他严重后果。其中，虐待部属，是指采取殴打、体罚、冻饿或者其他有损身心健康的手段，折磨、摧残部属的行为。成立本罪要求情节恶劣，致人重

---

① 参见高铭暄、马克昌主编：《中国刑法解释》（下卷），3018页，北京，中国社会科学出版社，2005。另可参见张明楷：《刑法学》，3版，929页注8，北京，法律出版社，2007。

伤或者造成其他严重后果。情节恶劣是指虐待部属的情节恶劣，如时间长、次数多、被害人多、手段残酷等。致人重伤是指虐待行为直接造成部属重伤。由于刑法将致人死亡作为本罪法定刑升格的条件，所以，作为虐待部属罪构成要件中的造成其他严重后果，是指虐待部属的行为造成了重伤、死亡以外的其他严重后果。虐待部属的情节是否恶劣，是否造成了他人重伤或者其他严重后果，是区别虐待部属罪罪与非罪的关键性要素。根据前述《立案标准》的规定，涉嫌下列情形之一的，应予立案：1）致人重伤、死亡的，或者轻伤3人以上的；2）致使部属自杀的；3）虐待3人以上，或者多次虐待部属的；4）虐待伤病残部属的；5）诱发案件、事故的；6）导致部属1人多次逃离部队，或者2人以上逃离部队的；7）造成恶劣社会影响的；8）有其他情节恶劣，后果严重行为的。上述《立案标准》第一种情形将“致人死亡”与“致人重伤，或者致人轻伤三人以上”作为应予立案的选择性情节予以并列虽或有不妥，但是《立案标准》的以上规定对于我们理解虐待部属罪成立要件中的“情节恶劣”与“造成其他严重后果”还是具有指导意义的。(2) 本罪的主体为被害军职人员的首长或者上级。(3) 本罪的主观方面为故意，即明知自己虐待部属的行为会发生侵害部属人身权利等结果，并且希望或者放任这种结果发生。(4) 本罪的直接客体是我军官兵一致的上下级关系以及部属的人身权利。

根据刑法第443条的规定，犯本罪的，处5年以下有期徒刑或者拘役；致人死亡的，处5年以上有期徒刑。这里的致人死亡，是指虐待行为直接导致被害人死亡，如殴打致死、有病不让医治导致病情恶化死亡等。

二十七、遗弃伤病军人罪

遗弃伤病军人罪，是指在战场上故意将我方伤病军人遗弃，情节恶劣的行为。本罪的构成要件如下：(1) 本罪的客观方面表现为，将伤病军人遗弃在战场上。有论者认为“遗弃伤病军人罪既可以是作为，也可以是不作为”①，但是，“这里的遗弃是对有条件救护的伤病军人弃置不顾，因而本罪行为方式是不作为”②。作为本罪犯罪对象的伤病军人，应该限于我方的伤病军人。将伤病的俘虏予以遗弃的，不成立本罪。此外，成立本罪还需要情节恶劣。根据前述《立案标准》的规定，涉嫌下列情形之一的，应予立案：1）挟嫌报复遗弃伤病军人的；2）指挥人员和救护人员在紧要关头或者危急时刻只顾保全自己而遗弃伤病军人的；3）遗弃伤病军人3人以上的；4）遗弃重要伤病军人的；5）致使遗弃的伤病军人死亡、失踪、被俘的；6）有其他恶劣情节的。(2) 本罪的主体是负有直接责任的军职人员，主要是指挥人员和救护人员。(3) 本罪的主观方面为故意，即明知是遗弃伤病军人的行为而有意实施。(4) 本罪侵犯的直接客体是战场救护制度，并进而危害了国家军事利益。

根据刑法第444条的规定，犯本罪的，对直接责任人员，处5年以下有期徒刑。

二十八、战时拒不救治伤病军人罪

战时拒不救治伤病军人罪，是指军队的医务人员战时在救护治疗职位上，有条件救治而拒不救治危重伤病军人的行为。本罪的构成要件如下：(1) 本罪的客观方面表现为，军队的医务人员战时在救护治疗职位上，有条件救治而拒不救治危重伤病军人。有条件救治

---

① 高铭暄、马克昌主编：《中国刑法解释》(下卷)，3024页，北京，中国社会科学出版社，2005。

② 陈兴良：《陈兴良刑法学教科书之规范刑法学》，752页，北京，中国政法大学出版社，2003。

而拒不救治，是指根据伤病军人的伤情病情，结合救护人员的技术水平、医疗单位的医疗条件及当时的客观环境等因素，能够给予救治而拒绝抢救、治疗的。本罪的成立要求发生在战时，非战时不构成本罪。行为对象不是一般的病人，而是危重伤病军人。战时拒不救治伤病军人罪的成立不要求实际上发生危害结果，只要是行为主体有条件救治而拒不救治，即可成立本罪。(2) 本罪的主体是处在战时救护治疗职位上的军职人员。具体而言，本罪的犯罪主体应该是军队的医护人员，包括专职的和临时指派的医护人员。与治疗无关，仅具有将伤病军人从敌人的火力下或者危险地带救出，从而起到保护伤病军人、以便治疗人员对其治疗这样的职责的军人，不属于本罪中的“在救护治疗职位上”，这些具有火线救人义务的军职人员，如果拒不履行该义务，不成立本罪，而应该成立遗弃伤病军人罪。[①] (3) 本罪的主观方面是故意，即明知是拒不救治危重伤病军人的行为而有意为之。战时因为过失而未能救治危重伤病军人，不构成本罪，导致严重后果的，有成立玩忽军事职守罪的可能。(4) 本罪的客体是战时的救护秩序。对战时救护秩序的侵犯会削弱我军的战斗力，进而可能会给作战带来危害。

根据刑法第 445 条的规定，犯本罪的，处 5 年以下有期徒刑或者拘役；造成伤病军人重残、死亡或者有其他严重情节的，处 5 年以上 10 年以下有期徒刑。这里的其他严重情节，一般包括挟嫌报复拒不救治的，拒不救治重要的危重伤病军人的，煽动其他医护人员共同拒不救治的，等等。

二十九、战时残害居民、掠夺居民财物罪

战时残害居民、掠夺居民财物罪，是指战时在军事行动地区，残害无辜居民，或者掠夺无辜居民财物的行为。本罪的构成要件如下：(1) 本罪的客观方面表现为，战时在军事行动地区，残害无辜居民，或者掠夺无辜居民财物的行为。残害，是指杀伤、奸淫、虐待、体罚、殴打等侵害无辜居民人身权利的残暴行为[②]；掠夺，是指以暴力、胁迫或者其他方法抢劫、抢夺、敲诈勒索无辜居民财物的行为。特别需要明确的是，刑法明文规定了本罪必须发生在战时的军事行动地区，并且必须是针对无辜居民而实施上述残害或者掠夺行为。这里的军事行动地区，是指我军作战区域，包括境内和境外。无辜居民，是指对我军无敌对行动的平民。(2) 本罪的主体是任何的军职人员。(3) 本罪的主观方面为故意，行为人必须明知是无辜居民而故意实施残害、掠夺行为。(4) 本罪的直接客体是我军的声誉和无辜居民的生命、财产权利，并最终侵犯了我军的作战利益。

根据刑法第 446 条的规定，犯本罪的，处 5 年以下有期徒刑；情节严重的，处 5 年以上 10 年以下有期徒刑；情节特别严重的，处 10 年以上有期徒刑、无期徒刑或者死刑。本罪中的情节严重，是指聚众残害无辜居民、掠夺无辜居民财物的首要分子，残害无辜居民多人的，掠夺无辜居民财物数额巨大的，严重影响我军军事行动的，等等。这里的情节特别严重，是指残害大批无辜居民的，残害无辜居民手段特别恶劣的，掠夺无辜居民财物数额特别巨大的，严重影响我军重要军事行动的，等等。

---

① 参见高铭暄、马克昌主编：《中国刑法解释》(下卷)，3027 页，北京，中国社会科学出版社，2005。

② 前述的《立案标准》对于“残害”的解释是“采用暴力手段，杀伤无辜居民或者焚烧、毁坏无辜居民财物的行为”。但是这一解释将采用暴力手段焚烧、毁坏无辜居民财物的行为也解释为“残害”，这样尽管会与后面的“掠夺”行为协调起来从而体现对无辜居民财产的全面保护，但是可能是脱离了“残害”一词的本意。所以，这一《立案标准》中的解释为本书所不采。

三十、私放俘虏罪

私放俘虏罪，是指具有监管俘虏职责以及其他有关的军职人员非法私自将俘虏放走的行为。本罪的构成要件如下：(1) 本罪的客观方面表现为，具有监管俘虏职责以及其他有关的军职人员非法私自将俘虏放走。本罪中的私放，是指不是根据相关的命令或决定，而是行为人擅自决定将俘虏放走。俘虏，是指为我方所俘获并且不再进行反抗的敌方武装人员以及其他为武装部队服务的人员。私放既可能采用作为方式，也可能采用不作为方式。(2) 本罪的主体是军职人员，主要表现为负有看押、管理俘虏职责的军职人员。(3) 本罪的主观方面表现为故意，即明知是私放俘虏的行为而有意实施。因为过失而导致所看押、管理的俘虏逃跑，造成严重后果的，可按照玩忽军事职守罪处理，不构成本罪。(4) 本罪的客体是对于俘虏的羁押、管理秩序。

根据刑法第447条的规定，犯本罪的，处5年以下有期徒刑；私放重要俘虏、私放俘虏多人或者有其他严重情节的，处5年以上有期徒刑。这里的重要俘虏，是指私放俘虏中的中、高级军官、掌握重要秘密的人员，或者为了解敌情而抓获的俘虏等。私放俘虏多人，指私放俘虏达3人以上。这里的其他重要情节，是指暴露我军秘密的，收受俘虏财物的，造成严重后果的，等等。[①]

三十一、虐待俘虏罪

虐待俘虏罪，是指对被我方俘获的敌方人员加以虐待，情节恶劣的行为。本罪的构成要件如下：(1) 本罪的客观方面表现为，对被我方俘获的敌方人员加以虐待且情节恶劣。虐待，既包括肉体上的摧残，也包括精神上的折磨，其实质是使俘虏感受非人道待遇。虐待具体可以体现为打骂、体罚、折磨、实施酷刑、强迫实行侮辱性工作、有病不给医治等。虐待俘虏只有在情节恶劣的情况下才成立本罪，仅有一般性的虐待行为的，不以本罪论处。这里的情节恶劣，根据前述《立案标准》，包括以下情况：1) 指挥人员带头虐待俘虏的；2) 虐待俘虏3人以上，或者多次虐待俘虏的；3) 虐待俘虏手段特别残忍的；4) 虐待伤病俘虏的；5) 虐待重要俘虏的；6) 因虐待导致俘虏自杀、行凶、伤亡、逃跑、集体闹事等严重后果的；7) 因虐待俘虏造成恶劣社会影响的；8) 有其他恶劣情节的。(2) 本罪的主体是军职人员，特别是具有看押、管理俘虏职责的军职人员。(3) 本罪在主观方面必须出于故意。(4) 本罪的直接客体是俘虏管理秩序，进而削弱了我军俘虏政策的威力，最终危害了国家的军事利益。

根据刑法第448条的规定，犯本罪的，处3年以下有期徒刑。

【附录】

一、司法考试真题

可能构成战时自伤罪的情况是：(　　)。

A. 预备役人员张某在战时为逃避征召，自伤身体

① 参见陈兴良：《陈兴良刑法学教科书之规范刑法学》，754页，北京，中国政法大学出版社，2003。

B. 战士李某为尽早脱离战场，在敌人火力猛烈向我方阵地射击时，故意将手臂伸于掩体之外，被敌人子弹击中，无法继续作战
C. 战士王某战时奉命守卫仓库，站岗时因困倦睡着，导致仓库失窃，为了掩盖过错，他用匕首自伤身体，谎称遭到抢劫
D. 战士陈某为了立功当英雄，战时自伤身体，谎称在与偷袭的敌人交火时受伤
答案：B

二、模拟试题

1. 下列罪中，可以由过失构成的是：（　　）。
A. 战时违抗命令罪　　B. 隐瞒、谎报军情罪
C. 擅离军事职守罪　　D. 违令作战消极罪
答案：C

2. 战士甲和乙在熄灯后，违反规定私自外出，被执勤战士丙阻拦，甲、乙两人不仅不听劝阻，反而殴打丙。甲、乙的行为构成（　　）。
A. 故意伤害罪　　B. 妨害公务罪
C. 阻碍执行军事职务罪　　D. 阻碍军人执行职务罪
答案：C

3. 军人违反职责罪的适用对象包括：（　　）。
A. 中国人民武装警察部队的现役警官
B. 中国人民解放军的文职干部
C. 具有军籍的学员
D. 预备役人员
答案：ABC

4. 军人违反职责罪中所称战时，是指（　　）。
A. 国家宣布进入战争状态　　B. 部队受领作战任务
C. 遭敌突然袭击时　　D. 部队处置突发性暴力事件时
答案：ABCD

5. 下列犯罪中，属于我国刑法规定的军人违反职责罪的有：（　　）。
A. 阻碍军事行动罪　　B. 投敌叛变罪
C. 阻碍执行军事职务罪　　D. 投降罪
答案：CD

图书在版编目（CIP）数据

刑法分论/谢望原，赫兴旺主编．2 版．—北京：中国人民大学出版社，2011.9
21 世纪法学系列教材
ISBN 978-7-300-14446-7

Ⅰ.①刑… Ⅱ.①谢… ②赫… Ⅲ.①刑法-中国-高等学校-教材 Ⅳ.①D924

中国版本图书馆 CIP 数据核字（2011）第 191641 号

21 世纪法学系列教材
总主编　曾宪义　王利明
刑法分论（第二版）
主　编　谢望原　赫兴旺
Xingfa Fenlun

出版发行	中国人民大学出版社		
社　　址	北京中关村大街 31 号	**邮政编码**	100080
电　　话	010－62511242（总编室）		010－62511398（质管部）
	010－82501766（邮购部）		010－62514148（门市部）
	010－62515195（发行公司）		010－62515275（盗版举报）
网　　址	http://www.crup.com.cn		
	http://www.ttrnet.com(人大教研网)		
经　　销	新华书店		
印　　刷	北京昌联印刷有限公司	**版　　次**	2008 年 9 月第 1 版
规　　格	185 mm×260 mm　16 开本		2011 年 10 月第 2 版
印　　张	33.25 插页 1	**印　　次**	2015 年 6 月第 3 次印刷
字　　数	834 000	**定　　价**	58.00 元

《　　　　　　　　》※任课教师调查问卷

为了能更好地为您提供优秀的教材及良好的服务，也为了进一步提高我社法学教材出版的质量，希望您能协助我们完成本次小问卷，完成后您可以在我社网站中选择与您教学相关的 1 本教材作为今后的备选教材，我们会及时为您邮寄送达！如果您不方便邮寄，也可以申请加入我社的**法学教师 QQ 群：83961183（申请时请注明法学教师）**，然后下载本问卷填写，并发往我们指定的邮箱（cruplaw@163.com）。

邮寄地址：北京市海淀区中关村大街 31 号中国人民大学出版社 411 室收

邮　　编：100080

再次感谢您在百忙中抽出时间为我们填写这份调查问卷，您的举手之劳，将使我们获益匪浅！

基本信息及联系方式：※

姓名：______________ 性别：_____________ 课程：_____________________________

任教学校：_______________________________ 院系（所）：________________________

邮寄地址：_______________________________ 邮编：_____________________________

电话（办公）：______________ 手机：______________ 电子邮件：_________________

调查问卷：※

1. 您认为图书的哪类特性对您选用教材最有影响力？（　　）（可多选，按重要性排序）

   A. 各级规划教材、获奖教材　　B. 知名作者教材

   C. 完善的配套资源　　D. 自编教材

   E. 行政命令

2. 在教材配套资源中，您最需要哪些？（　　）（可多选，按重要性排序）

   A. 电子教案　　B. 教学案例

   C. 教学视频　　D. 配套习题、模拟试卷

3. 您对于本书的评价如何？（　　）

   A. 该书目前仍符合教学要求，表现不错将继续采用

   B. 该书的配套资源需要改进，才会继续使用

   C. 该书需要在内容或实例更新再版后才能满足我的教学，才会继续使用

   D. 该书与同类教材差距很大，不准备继续采用了

4. 从您的教学出发，谈谈对本书的改进建议：___________________________________

____

____

选题征集：如果您有好的选题或出版需求，欢迎您联系我们：

联系人：黄　强　联系电话：010-62515955/65

索取样书：书名：____

书号：____

备注：※ 为必填项。

人大版
号 ③ 检